SURVEY OF GERMAN LITERATURE

Volume I

Old High German to Storm and Stress

Edited by

Kim Vivian
Guilford College

Frank Tobin
University of Nevada at Reno

Richard H. Lawson
University of North Carolina
at Chapel Hill

UNIVERSITY
PRESS OF
AMERICA

Lanham • New York • London

Copyright © 1987 by

University Press of America,® Inc.

4720 Boston Way
Lanham, MD 20706

3 Henrietta Street
London WC2E 8LU England

Printed in the United States of America

British Cataloging in Publication Information Available

Library of Congress Cataloging-in-Publication Data
(Revised for vol. 1)

Survey of German literature.

   Anthology selections in German; annotations in
English.
   Contents: v. 1. Old High German to storm and stress—
vol. 2. Classicism to naturalism.
   1. German language—Readers. 2. German literature.
3. German literature—Text-books for foreign speakers—
English. I. Vivian, Kim. II. Tobin, Frank J.
III. Lawson, Richard H.
PF3117.S88   1987   438.6'421   86–24620
ISBN 0–8191–6541–7 (alk. paper)
ISBN 0–8191–6542–5 (pbk. alk. paper)

All University Press of America books are produced on acid-free
paper which exceeds the minimum standards set by the National
Historical Publication and Records Commission.

BB
2-4-88

ACKNOWLEDGMENTS

The editors gratefully acknowledge the assistance of the following persons:

Prof. Stuart P. Atkins, for permission to use the annotations in his anthology **The Age of Goethe** (NY: Houghton Mifflin, 1969), which served in many ways as a model for this anthology.

Guilford College and Dean Sam Schuman for their financial support.

Marcy Thompson, without whose technical guidance and spiritual assistance this anthology would not have been possible.

TABLE OF CONTENTS

BAROQUE

ENLIGHTENMENT

STORM AND STRESS

Johann Wolfgang Goethe

PREFACE

The philosophy and goals enunciated in the Preface to Volume II (Classicism to Naturalism) of this Survey of German Literature, which has preceded the present Volume I into print, apply also to the material offered here for the study of the earlier periods of German literature. We have dispensed with all information about the literature in order to be able to offer the greatest number of selections from the literature itself. We have again aimed our notes at the third or fourth year undergraduate student. The division of the material into periods and literary types has been done for convenience, and not to take sides in any controversies.

Our most radical departure from conventional wisdom is how we present the literature preceding that written in modern German. Instead of following the frequent procedure of introducing students to the early periods by having them read modern German translations--usually of dubious quality, or exuding the spirit of a later age--we have chosen to confront the student with texts left in their original form. We have juxtaposed to these texts an English translation which, when at all possible, attempts to imitate the syntactical structure of the original. Our hope is that the student will be able to acquire a deeper appreciation for the older literature by reading it in the original with the help of an English translation than would be possible by others methods. The translations were designed solely to facilitate understanding the original texts and are not well-suited to be used independently. They are an instructional aid, and the instructor might frequently best employ them by taking issue with them and by pointing out their limitations. For the serious student who wants to achieve more control in approaching medieval German literature, a short appendix covering the basics of Middle High German grammar has been provided. Indeed, instructors who do not object to their students' having a ready-made translation may find this volume suitable for an introductory course in Middle High German. Some of the selections from the period of transition from Middle High German to modern German (beginning with the Ackermann aus Böhmen) have been modernized when little seemed to be gained by leaving them in the original and when notes alone seemed insufficient. However, selections of verse have generally been kept in their original form.

We hope colleagues find these volumes useful and we would welcome suggestions, comments, and corrections.

KV
FT
RL

OLD HIGH GERMAN

St. Galler Paternoster
(8th century)

Fater unseer, thu pist in himile, uuihi namun dinan, qhueme rihhi din, uuerde
uuillo din, so in himile sosa in erdu. prooth unseer emezzihic kip uns hiutu,
oblaz uns sculdi unseero, so uuir oblazem uns sculdikem, enti ni unsih
firleiti in khorunka, uzzer losi unsih fona ubile.

St. Galler Credo in Deo
(8th century)

Kilaubu in kot fater almahticun, kiscaft* himiles enti erda enti in Ihesum
christ sun sinan ainacun, unseran truhtin, der inphangan ist fona uuihemu
keiste, kiporan fona mariun macadi euuikeru, kimartrot in kiuualtiu pilates,
in cruce pislacan, tot enti picrapan, stehic in uuizzi, in drittin take
erstoont fona totem, stehic in himil, sizit az zesuun cotes fateres   5
almahtikin, dhana chuumftic ist sonen qhuekhe enti tote. kilaubu in uuihan
keist, in uuiha khirihhun catholica, uuihero kemeinitʰa, urlaz suntikero,
fleiskes urstodali, in liip euuikan, amen.

---

1 kiscaft is a mistranslation of Latin.

Die Mersburger Zaubersprüche
(possibly 8th century)

                        1.
Eiris sazum idisi,   sazun hera duoder.
suma hapt heptidun,   suma heri lezidun,
suma clubodun   umbi cuoniouuidi:
insprinc haptbandun,   inuar uigandun!

                        2.
Phol* ende Uuodan   uuorun zi holza.
du uuart demo Balderes uolon   sin uuoz birenkit.
thu biguolen Sinthgunt,   Sunna era suister,
thu biguolen Friia,   Uolla era suister,
thu biguolen Uuodan,   so he uuola conda: 5
sose benrenki,   sose bluotrenki,
        sose lidirenki:
ben zi bena,   bluot zi bluoda,
lid zi geliden,   sose gelimida sin!

---

1 Phol was probably the same as Balder, the god of light and peace and son of
Wodan (or Odin) and Friia (or Frigg).

St. Gall Paternoster
(8th century)

Our father, you are in heaven, bless your name, may your kingdom come, may your will happen, as in heaven so on earth. Give us our regular bread today, forgive us our sin as we forgive those guilty with respect to us, and do not lead us into temptation, but free us from evil.

St. Gall Credo in Deo

I believe in God the father almighty, the creation of heaven and earth and in Jesus Christ his only son, our lord, who has been received from the holy ghost, born of Mary, eternal virgin, martyred in the power of Pilate, nailed on the cross, dead and buried, he descended into hell, on the third day arose from the dead, ascended to heaven, sits at the right hand of God the   5 almighty father, from there he will come to judge the quick and the dead. I believe in the holy ghost, in the holy Catholic church, the communion of saints, the remission of sins, the resurrection of the flesh, in eternal life, amen.

The Merseburg Charms

1.
The women once were settling, settling here and there.
Some were cinching fetters, some were hindering the army,
Some were picking at shackles:
Escape from the bonds, get away from the enemy!

2.
Phol and Wodan rode to the woods.
Then Balder's young horse sprained its foot.
Then Sinthgunt cast a spell on it, then the sun, her sister,
Then Frigga cast a spell on it, then Volla, her sister,
Then Wodan cast a spell on it, as he well knew how: 5
Whether it be a dislocated bone, whether it be dislocated blood,
        Whether it be a dislocated limb:
Bone to bone, blood to blood,
Limb to limb, as if they were glued!

Das Wessobrunner Gebet
(about 800)

Dat gafregin ih mit firahim   firiuuizzo meista,
Dat ero ni uuas   noh ufhimil,
noh paum . . .*   noh pereg ni uuas,
ni . . .*   nohheinig   noh sunna ni scein,
noh mano ni liuhta,   noh der mar̨o seo.   5
Do dar niuuiht ni uuas   enteo ni uuenteo,
enti do uuas der eino   almahtico cot,
manno miltisto,   enti dar uuarun auh manake mit inan
cootlihhe geista.   enti cot heilac . . .

    Cot almahtico, du himil enti erda gauuorahtos, enti du mannun so   10
manac coot forgapi, forgip mir in dino ganaga rehta galaupa enti cotan
uuilleon, uuistóm enti spahida enti craft, tiuflum za uuidarstantanne enti
arc ze piuuisanne enti dinan uuilleon za gauurchanne.

---

3 and 4 The presumed omissions are not reflected in the manuscript of 814.

The Prayer from Wessobrunn

That I found out among the people   the greatest of miracles,
That earth did not exist   nor heaven above,
Nor tree . . .   nor were there mountains,
Nor any . . .   nor did the sun shine,
Nor did the moon illuminate,   nor the splendid sea.   5
Then there was nothing there   neither directions nor turnings,
And there was the one   almighty God,
The mildest of men,   and many were there with him
Glorious spirits.   and holy God . . .

    God almighty, you who created heaven and earth and who provided so   10
much to people, give me, in your grace, right belief and good will,
wisdom and knowledge and strength to withstand devils and
to avoid evil and to do your will.

From: Die Benediktinerregel
(about 802)

VI. De taciturnitate

Tuamees, daz qhuad uuizzago: "Qhuad, ih kehalte uueka mine, daz
nalles missitue in zungen mineru.*
"Sazta munde minemu kehaltida. Ertumbeta indi kedeomuatit pim indi
suuiketa fona cuateem."
Hiar keaugit uuizzago, ibu fona cuateem sprahhom ofto duruh suuigalii   5
sculi suuigeen, huueo meer vona ubileem uuortum duruh uuizzi dera sunta
sculi pilinnan.
Keuuisso dohdoh fona cuateem indi uuiheem indi zimbirrono sprahhoom
duruhnohteem discoom duruh suuigilii fruatii seltkaluaffo ze sprehhanne
farkeban ist urlaubii, danta kescriban ist: "In filusprahhu nierfliuhis   10
sunta."
Indi andreru steti qhuuidit: "Tod . . . . liib in hantum dera zungun."
Keuuisso sprehhan . . . . leerran meistre kerisit, suuigeen indi horran
diskin kelimfit.
. . . pidiu ibu huuelihhiu ze suahhanne sint fona heririn, mit dera   15
furistun eruuirdii, min si keduht meer sprehhan denne piderbit!
Skern keuuisso . . . . uuort uppigiu . . . . hlahtar uueckentiu euuigiu
piloh in alleem stetim nidarremees. Indi fona solihheru sprahhu discun
intluhhan mund nifarlazzamees.

---

2 The paragraphing, and some of the sentencing as well, has been introduced to
aid the reader. We have omitted the Latin original, with which the Old High
German was interlined (and which is typically printed in a parallel column).

Das Hildebrandslied
(8th or 9th century)

Ik gehorta dat seggen,
dat sih urhettun   aenon muotin,
Hiltibrant enti Hadubrant   untar heriun tuem.
sunufatarungo   iro saro rihtun.
garutun se iro gudhamun,   gurtun sih iro suert ana,   5
helidos, ubar hringa,   do sie to dero hiltiu ritun,
Hiltibrant gimahalta (Heribrantes sunu):*   her uuas heroro man,
ferahes frotoro;   her fragen gistuont
fohem uuortum,   hwer sin fater wari
fireo in folche, ...   10
. . . .   "eddo hwelihhes cnuosles du sis.
ibu du mi enan sages,   ik mi de odre uuet,

---

7 editor's addition.

From: The Benedictine Rule

VI. On Silence

Let us do what the prophet said: "I said I watch my ways so that I
don't do wrong with my tongue.
"I set a guard on my tongue, I remained silent and have been humbled
and I kept silent about what is good."
Here the prophet shows that if for the sake of silence good speeches   5
often must be suppressed--how much more of bad words must be suppressed
because of punishment of sins.
Although students are therefore seldom given permission to speak
about good and holy and excellent speeches of edification, owing to the
seriousness of silence, for it is written: "In loquacity you do not   10
escape sin."
And in another place it says: "Death (and) life (are) in the hands
of the tongue." For speaking (and) teaching befit the master; being
quiet and listening befit the student.
If, therefore, something from a more highly-placed person is to be   15
sought, then it should be sought with the greatest reverence, so that it
not give the appearance of speaking more than is useful.
Scorn, however, (and) idle words, arousing laughter, we punish with
eternal locking-in everywhere. And we do not permit the student to open
his mouth in such speech.   20

The Lay of Hildebrand

I heard it said
That Hildebrand and Hadubrant, each in a different army,
Met each other as challengers in a duel.
Son and father, they prepared their battle gear,
Readied their armor, girded their swords on,   5
The heroes, over their ringed armor, and rode to battle.
Hildebrand spoke (Heribrant's son): he was the elder,
The wiser of mind, he started asking,
With few words, who his father was
Among the people's heroes   10
. . . . "or what is your ancestry?
If you name just one for me, I'll be familiar with the others.

chind, in chunincriche: chud ist mir al irmindeot."
Hadubrant gimahalta,   Hiltibrantes sunu:
"dat sagetun mi   usere liuti,   15
alte anti frote,   dea erhina warun,
dat Hiltibrant haetti min fater: ih heittu Hadubrant.
forn her ostar giweit,   floh her Otachres* nid,
hina miti Theotrihhe*   enti sinero degano filu.
her furlaet in lante   luttila sitten   20
prut in bure,   barn unwahsan,
arbeo laosa: her raet ostar hina.
des sid Detrihhe   darba gistuontun
fatereres mines: dat uuas so friuntlaos man.
her was Otachre   ummet tirri,   25
degano dechisto   miti Deotrichhe.
her was eo folches at ente: imo was eo fehta ti leop:
chud was her . . .   chonnem mannum.
ni waniu ih iu lib habbe" . . .
"wettu irmingot (quad Hiltibrant)*   obana ab hevane,   30
dat du neo dana halt mit sus sippan man
dinc ni gileitos" . . .
want her do ar arme   wuntane bauga,
cheisuringu gitan,   so imo se der chuning gap,
Huneo truhtin:*   "dat ih dir it nu bi huldi gibu."   35
Hadubrant gimahalta,   Hiltibrantes sunu:
"mit geru scal man   geba* infahan,
ort widar orte. . . . .
du bist dir alter Hun,   ummet spaher,
spenis mih mit dinem wortun,   wili mih dinu speru werpan.   40
pist also gialtet man,   so du ewin inwit fortos.
dat sagetun mi   seolidante
westar ubar wentilseo,   dat inan wic furnam:
tot ist Hiltibrant,   Heribrantes suno."
Hiltibrant gimahalta,   Heribrantes suno:*   45
"wela gisihu ih in dinem hrustim,
dat du habes heme   herron goten,
dat du noh bi desemo riche   reccheo ni wurti."*
"welaga nu, waltant got (quad Hiltibrant),*   wewurt skihit.
ih wallota sumaro enti wintro   sehstic ur lante,   50
dar man mih eo scerita   in folc sceotantero:
so man mir at burc enigeru   banun ni gifasta,
nu scal mih suasat chind   suertu hauwan,
breton mit sinu billiu,   eddo ih imo ti banin werdan.
doh maht du nu aodlihho,   ibu dir din ellen taoc,   55

---

18 Odoacer, 434?-493, deposed the last Roman emperor in the West in 476.
19 Theodoric the Great, 454?-526, King of the Ostrogoths. 30 editor's
addition. 35 Attila. 37 the gift is to be handed over on the point of a
spear. 45 evidently a gap between here and next line, in which Hadubrant is
speaking. 48 the supreme insult: the implication is that Hildebrand was
comfortable as a vassal to the Huns. 49 editor's addition.

Young man, I know all the people in the realm."
Hadubrant spoke, Hildebrand´s son:
"This our people told me,   15
Old and wise, who formerly were,
That my father´s name was Hildebrand: my name is Hadubrant.
Long ago he traveled east--he was fleeing Odoacer´s wrath--
With Theodoric and many of the latter´s heroes.
His young wife he left behind in his own country,   20
Living in their house, as well as a boy not yet grown,
Deprived of heritage, when Hildebrand rode off to the east.
Theodoric later stood in need
Of my father. Hildebrand was a man without kinsmen.
He was extremely angry at Odoacer,   25
He was the dearest of heroes to Theodoric.
He was always in the vanguard of warriors, battle he always loved:
He was well-known to brave men.
I do not think he is still alive."
"May the Father of all (said Hildebrand) in heaven above bear witness   30
That you will never conduct a quarrel with such
A close relative."
He then took from his arm bent rings
Made of imperial gold, which the king had given him,
The ruler of the Huns: "That I will now give you this in good faith."   35
Hadubrant spoke, Hildebrand´s son:
"With the spear one shall receive a gift,
Point against point. . . . .
You are far too clever an old Hun.
You lure me with your words, but you aim to throw me with your spear.   40
You are a man aged in such a way that you have always practiced deceit.
Seafarers told me
Westward on the Mediterranean Sea: War snatched him away.
Dead is Hildebrand, Heribrant´s son."
Hildebrand spoke, Heribrant´s son,   45
"I see well in your armament
That you have at home a good lord,
That from this realm you never became an exile."
"All right then, ruling God, (said Hildebrand), the woeful deed will come
to pass. I wandered summers and winters sixty* away from my country   50
Where one always assigned me to the warriors who did the shooting:
Before no city, though, did one inflict death on me.
Now my own child shall strike me with sword,
Hit me with his sword, or I shall become his killer.
But now you can easily, if your strength avails you,   55

---

50 That is, thirty years.

in sus heremo man   hrusti giwinnan,
rauba birahanen,   ibu du dar enic reht habes."
"der si doh nu argosto (quad Hiltibrant)*   ostarliuto,
der dir nu wiges warne,   nu dih es so wel lustit,
gudea gimeinun: niuse de motti,   60
hwerdar sih hiutu   dero hregilo rumen muotti,
erdo desero brunnono   bedero uualtan."
do lẹttun se aerist   asckim scritan,
scarpen scurim: dat in dem sciltim stont.
do stoptum to samane   staim bort chludun,   65
heuwun harmlicco   huittẹ scilti,
unti im iro lintun   luttilo wurtun,
giwigan miti wabnum . . . .

─────
58 editor´s addition.

From: Otfrids Evangelienbuch
(about 870)

I, 12.* Et pastores erant in regione eadem.

Tho wárun thar in lánte   hirta háltente,
    thes féhes datun wárta   widar fíanta.
Zi ín quam bóto sconi,   engil scínenti,
    joh wúrtun sie inlíuhte   fon hímilisgen líahte.
Fórahtun sie in tho gáhun,   so sinan ánasahun,   5
    joh híntarquamun hárto   thes gotes bóten worto.
Sprah ther gótes boto sár: "ih scal iu sagen wúntar;
    iu scal sin fon góte heil,   nales fórahta nihéin.
Ih scál iu sagen ímbot,   gibot ther hímilisgo got,
    ouh níst ther er gihórti   so fronisg árunti.   10
Thes wirdit wórolt sinu   zi éwidon blídu,
    joh ál giscaft thiu in wórolti   thesa érdun ist ouh drétenti.
Níuwiboran habet thiz lánt   then hímilisgon héilant,
    theist drúhtin Krist gúater,   fon júngeru múater
In Béthlem--thiue kúninga,   thie wárun alle thánana;   15
    fon ín ward ouh gebóraniu   sin múater, magad scóniu.
Ságen ih iu, gúate man,   wio ír nan sculut fíndan,
    zéichan ouh gizámi   thuruh thaz séltsani.
Zi theru búrgi faret hínana,   ir fíndet, so ih iu ságeta,
    kínd níwiboranaz,   in krípphun gilégitaz."   20
Thó quam, unz er zi ín tho sprah,   éngilo hériscaf,
    hímilisgu ménigi,   sus alle síngenti:
In hímilriches hóhi   si gote gúallichi,
    si in érdu fridu ouh állen,   thie fól sin guates wíllen!

─────
Otfrid´s Evangelienbuch is comprised of five books, each containing a number
of sections.

Against such an old man gain his armor,
Acquire booty, if you have some right to it."
"He would now be the most cowardly (said Hildebrand) of the eastern people,*
Who would avoid battle with you, now you are so longing for it,
For joining battle. May he who can, risk,   60
Which of the two today might leave his armor behind,
Or may have possession of both sets of armor."
First then they advanced with spears,
With sharp showers: so that spears stuck in the shields.
Then they advanced on eath other   . . .* resounded   65
They hewed grimly the shining shields
Until their linden shields became small,
Destroyed with weapons   . . .*

---

58 Chiefly the Ostrogoths and the Huns. 65 staim bort cannot be
satisfactorily translated. 68 The fragment breaks off here.

From: Otfriid's Gospel Harmony

I, 12 And Shepherds Were in the Same Region.

And there in the country   shepherds were keeping watch,
     protecting the livestock   against enemies.
To them came a beautiful messenger,   a shining angel,
     and they were shone upon   by heavenly light.
They were then suddenly afraid,   when they looked at him,   5
     and were very terrified   at the words of God's messenger.
God's messenger spoke immediately: "I will tell you a miracle,
     you shall have salvation from God,   not any sort of fear.
I will tell you the command,   thus commanded the heavenly God,   9
     also there is no one who has previously heard   such a glorious message.
About that his people will be   happy in eternity,
     and every creature that among the people   is also treading the earth.
This land has, new-born,   the heavenly Saviour;
     that is the Lord Christ, the good,   of virgin mother
In Bethlehem; your kings,   they were all from there,   15
     from them was also born   his mother, the beautiful maiden.
I will tell you, good men,   how you shall find him,
     also a fitting sign,   because of the miraculous element.
From here go to the town,   you will find, as I have said to you,
     a new-born child   laid in a crib."   20
Then there came, while he was speaking to them,   a host of angels,
     the heavenly host   all singing thus:
In the highness of the kingdom of heaven   be glory to God,
     on earth be peace also to all   who are full of good will.

Mystice*

Sie kúndtun uns thia frúma frúa   joh lértun ouh thar sáng zua;   25
     in hérzen hugi thu ínne,   wáz thaz fers sínge:
Ni láz thir innan thina brúst   arges wíllen gilúst,
     thaz er fon thír nirstríche   then fridu in hímilriche.

Wir sculum úaben thaz sáng,   theist scóni gotes ántfang,
     wanta éngila uns zi bílide   bráhtun iz fon hímile.   30
Bíscof ther sih wáchorot   ubar krístinaz thíot,
     ther íst ouh wirdig scónes   éngilo gisíunes.
Thie éngila zi hímile   flugun síngente
     in gisíht frono;   thar zámun se scono.

After line 24: This occurs rarely in Otfrid--a mystical or spiritual
interpretation appended to the narration.

Der altsüdmittelfränkische Psalm 1.
(possibly 9th century)

     1. Salig man ther niuueht vor in gerede ungenethero, ende in uuege
sundigero ne stunt inde in stuole sufte ne saz;
     2. navo in euun godes uuille sin: inde in euuun sinro thenken sal
dages inde nahtes.
     3. Inde uuesan sal also holz that gesazt uuart bi fluzze uuazzero,   5
that uuahsemon sinan gevan sal in stunden sinro; inde louf sin niuueht
nithervallan sal, inde alla so uuelih so duen sal gesunt uuerthan sulen.
     4. Niuueht so ungenethe, niuueht so: nova also stuppe that foruuirpet
uuint fan anlucce erthen.
     5. Bethiu ne up standunt ungenethege in urdeile, ne och sundege in   10
gerede rehtero,
     6. uuanda uuez got uueh rehtero, in geverthe ungenethero feruuerthan
sal.

Mystical Interpretation

They proclaimed the salvation to us early   and also taught a song there;   25
    in your heart consider internally,   what that song proclaims:
Do not allow into our breast   the desire of bad will,
    so that it may not take away from you   the peace in the kingdom of
    heaven.
We shall practice the song,   that is a beautiful reception of God,
    because the angels brought it as an image   to us from heaven.   30
A bishop who watches   over Christian people,
    he is also worthy of the beautiful   sight of the angels.
The angels to heaven   flew singing
    before the face of God;   there they were splendidly appropriate.

The Old South Middle Franconian Psalm 1

    1. Blessed the man who did not walk in the counsel of the impious and
did not stand in the path of sinners and did not sit in the chair of illness:
    2. but his desire is in the laws of God: and about his laws he will
think day and night.
    3. And he will be like a tree that was placed by the river of waters,   5
that will give its fruit in its seasons, and its leaf will not fall, and
whatever he shall do will become healthy.
    4. Not so the impious, not so: but like the dust that the wind
disperses from the face of the earth.
    5. Therefore the impious will not stand up in the judgment, nor   10
the sinners in the counsel of the just,
    6. for God knows the way of the just, and the way of the impious
will perish.

From: Der Heliand*
(first half of 9th century)

Manega uuaron,   the sie iro mod gespon,
that sia bigunnun reckean that giruni,   that thie riceo Crist   2,3
undar mancunnea   marida gifrumida
mid uuordun endi mid uuercun.   That uuolda tho uuisara filo   5
liudo barno lobon, lera Cristes,
helag uuord godas,   endi mid iro handon sriban
berehtlico an buok,   huo sia is gibodscip scoldin
frummian, firiho barn.   Than uuarun thoh sia fiori te thiu
under thera menigo,   thia habdon maht godes,   10
helpa fan himila,   helagna gest,
craft fan Criste,--   sie uurdun gicorana te thio,
that sie than euangelium   enan scoldun
an buok scriban   endi so manag gibod godes,
helag himilisc uuord: sia ne muosta helido than mer,   15

firiho barno frummian,   neuan that sia fiori te thio
thuru craft godas   gecorana uurdun,
Matheus endi Marcus,--   so uuarun thia man hetana--
Lucas endi Iohannes;   sia uuarun gode lieba,
uuirdiga ti them giuuirkie.   Habda im uualdand god,   20
them helidon an iro hertan   helagna gest
fasto bifolhan   endi ferahtan hugi,
so manag uuislik uuord   endi giuuit mikil,
that sea scoldin ahebbean   helagaro stemnun
godspell that guoda,   that ni habit enigan gigadon huergin,   25
thiu uuord an thesaro uueroldi,   that io uualdand mer,
drohtin diurie   eftho derbi thing,
firinuuerc fellie   eftho fiundo nid,
strid uuiderstande--,   huand hie habda starken hugi,
mildean endi guodan,   thie thes mester uuas,   30
adalordfrumo   alomahtig.
That scoldun sea fiori thuo   fingron scriban,
settian endi singan   endi seggian ford,
that sea fan Cristes   crafte them mikilon
gisahun endi gihordun,   thes hie selbo gisprac,   35
giuuisda endi giuuarahta,   uundarlicas filo,
so manag mid mannon   mahtig drohtin,
all so hie it fan them anginne   thuru is enes craht,
uualdand gisprak,   thuo hie erist thesa uuerold giscuop
endi thuo all bifieng   mid enu uuordo,   40
himil endi erda   endi all that sea bihlidan egun
giuuarahtes endi giuuahsanes: that uuard thuo all mid uuordon godas
fasto bifangan,   endi gifrumid after thiu,

Unlike the preceding and following selections in Old High German, Der Heliand
is in Old Saxon.

Selection from Der Heliand

There were many,   whom their heart impelled,
that they began to tell the secret,   that the powerful Christ   2,3
among mankind   performed glorious deeds
with words and with works.   That, then, many children   5
of wiser people wanted to praise,   the teaching of Christ,
the holy word of God,   and with their hands to write
clearly into a book   how they should carry out
his command, the children of people. But there were four in addition
among the many,   they had the power of God,   10
help from heaven,   the holy spirit,
the power of Christ,--   they were chosen for that purpose,
that they should   write the one gospel
into a book,   and thus many a command of God,
a holy, heavenly word: these things more of the heroes then, of the
     children of people   15
could not do: only that the four for this purpose,
through the power of God,   were chosen:
Matthew and Mark,--   thus were the men called--
Luke and John;   they were beloved of God,
worthy for the work.   The ruling God   20
firmly commended to the heroes   in their hearts
the holy spirit   and wise mind,
so many a wise word   and great intelligence,
that they should begin   with holy voice
the good gospel,   which doesn't have any companion anywhere,   25
the words in this world that ever more glorify the ruler,
the Lord,   or defeat the wicked cause,
the evil deed   or resist the wrath of foes,
the fight--,   for he had a powerful spirit,
mild and good,   which was the master of this,   30
the exalted creator   almighty.
This the four should then   write with fingers,
set and sing   and speak forth,
what they of Christ's   great power
saw and heard   of what he himself had said,   35
pointed out, and done,   much that is miraculous,
so much among people,   the mighty Lord,
everything that he from the start   through his strength alone,
the ruler had said,   when he first created this world
and then embraced everything   with one word,   40
heaven and earth   and everything which they had comprised
that was made and grown: that was all then with God's words
firmly encompassed   and put into effect afterwards,

huilic than liudscepi   landes scoldi
uuidost giuualdan,   eftho huar thiu uueroldaldar   45
endon scoldin.   En uuas iro thuo noh than
firio barnun biforan,   endi thiu fibi uuarun agangan:
scolda thuo that sehsta   saliglico
cuman thuru craft godes   endi Cristas giburd.
helandero bestan,   helagas gestes,   50
an thesan middilgard   managon te helpun,
firio barnon ti frumon   uuid fiundo nid
uuid dernero duualm.

Muspilli*
(about 830)

. . . sin tac piqueme,   daz er touuan scal.
uuanta sar so sih diu sela   in den sind arheuit,
enti si den lihhamun   likkan lazzit,
so quimit ein heri   fona himilzungalon,
daz andar fona pehhe: dar pagant siu umpi.   5
sorgen mac diu sela,   unzi diu suona arget,
za uuederemo herie   si gihalot uuerde.
uuanta ipu sia daz Satanazses   kisindi kiuuinnit,
daz leitit sia sar   dar iru leid uuirdit,
in fuir enti in finstri: daz ist rehto uirinlih ding.   10
upi sia auar kihalont die   die dar fona himile quemant,
enti si dero engilo   eigan uuirdit,
die pringent sia sar uf in himilo rihi:
dar ist lip ano tod,   lioht ano finstri,
selida ano sorgun: dar nist neoman siuh.   15
denne der man in pardisu   pu kiuuinnit,
hus in himile,   dar quimit imo hilfa kinuok
pidiu ist durft mihhil
allero manno uuelihemo,   daz in es sin muot kispane,
daz er kotes uuillun   kerno tuo   20
enti hella fuir   harto uuise,
pehhes pina: dar piutit der Satanasz altist
heizzan lauc.   so mac huckan za diu,
sorgen drato,   der sih suntigen uueiz.
uue demo in uinstri scal   sino uirina stuen,   25
prinnan in pehhe: daz ist rehto paluuic dink,
daz der man haret ze gote   enti imo hilfa ni quimit.
uuanit sih kinada   diu uuenaga sela:
ni ist in kihuctin   himiliskin gote,
uuanta hiar in uuerolti   after ni uuerkota.   30

The title "Muspilli" (see also line 57) possibly means "destruction of the
earth." The fragment was given that name by its first modern editor in 1832.

which nation then   should rule
the land most widely,   or when the world ages   45
should end.   One of them was then even before
the children of people,   and the five had passed by:
the sixth was then to   blessedly
come through the power of God   and the birth of Christ,
the best of saviors,   of the holy spirit,   50
on this earth   as a help to many,
for the benefit of the children of people   against the wrath of foes,
against hidden distraction.

Muspilli

(That) his day come,   that he will die.
For as soon as the soul   is raised to that region,
And it leaves   the body lying,
Then comes one army   from the heavenly constellations,
The other from hell: there they contend.   5
The soul may well worry,   for as long as the judgment goes forth,
To which of the two armies   it will be called.
For if Satan's retinue   gains it,
It will soon lead it   where its suffering will occur,
Into fire and into darkness: that is a very horrible affair.   10
If however those who   come from heaven call it,
And it becomes   the possession of the angels,
They will soon bring it up to the kingdom of heavens:
There is life without death there,   light without darkness,
Happiness without sorrow: there no one is sick.   15
If the man gains   a dwelling in paradise,
A house in heaven,   ample help will come to him.
Therefore there is great need
To each of all men,   that his spirit attract him to it,
That he gladly do   God's will   20
And vigorously avoid   hell-fire,
The punishment of hell-fire: there the oldest Satan offers
Hot flame.   So he may think about that,
May worry severely,   he who knows himself to be sinful.
How he in darkness will   expiate his crimes,   25
Will burn in hell: that is a very horrible thing,
That the man calls to God   and help does not come to him.
The miserable soul   hopes for mercy:
It isn't in the memory   of heavenly God,
For here in the world   it did not perform commensurately.   30

```
      So denne der mahtigo khuninc    daz mahal kipannit,
dara scal queman    chunno kilihaz:
denne ni kitar parno nohhein    den pan furisizzan,
ni allero manno uuelih    ze demo mahale sculi.
dar scal er uora demo rihhe    az rahhu stantan,              35
pi daz er in uuerolti (er?)    kiuuerkot hapeta.
      Daz hortih rahhon    dia uueroltrehtuuison,
daz sculi der antichristo    mit Eliase pagan.*
der uuarch ist kiuuafanit,    denne uuirdit untar in uuic arhapan.
khenfun sint so kreftic,    diu kosa ist so mihhil.           40
Elias stritit    pi den euuigon lip,
uuili den rehtkernon    daz rihhi kistarkan:
pidiu scal imo helfan    der himiles kiuualtit
der antichristo    stet pi demo altfiante,
stet pi demo Satanase,    der* inan* uarsenkan scal:          45
pidiu scal er in deru uuicsteti    uunt piuallan
enti in demo sinde    sigalos uuerdan.
doh uuanit des uilo . . . gotmanno,
daz Elias in dem uuige    aruuartit uuerde.
so daz Eliases pluot    in erda kitriufit,                    50
so inprinnant die perga,    poum ni kistentit
enihc in erdu,    aha artruknent,
muor varsuuilhit sih,    suilizot lougiu der himil,
mano uallit,    prinnit mittilagart,*
sten ni kistentit,    uerit denne stuatago in lant,           55
uerit mit diu uuiru    uiriho uuison:
dar ni mac denne mak andremo    helfan uora demo muspille.
denne daz preita uuasal    allaz uarprinnit,
enti uuir enti luft    iz allaz arfurpit,
uuar ist denne diu marha,    dar man dar eo mit sinen magon piehc?   60

diu marha ist farprunnan,    diu sela stet pidungan,
ni uueiz mit uuiu puaze:    so uerit si za uuize.
      Pidiu ist demo manne so guot,    denner ze demo mahale quimit,
daz er rahono uueliha    rehto arteile.
denne ni darf er sorgen,    denne er ze deru suonu quimit.    65
ni uueiz der uuenago man,    uuielihan uuartil er habet,
denner mit den miaton    marrit daz rehta,
daz der tiuual der pi    kitarnit stentit.
der hapet in ruouu    rahono uueliha,
daz der man er enti sid    upiles kifrumita,                  70
daz er iz allaz kisaget,    denne er ze deru suonu quimit;
ni scolta sid manno nohhein    miatun intfahan.
      So daz himilisca horn kilutit uuirdit,
enti sih der suanari    ana den sind arheuit
```

---

38 Extra-biblical tradition held that a great battle between Elijah and the
Antichrist would precede the last judgment. 45 <u>der</u> = he who rules heaven;
<u>inan</u> = Satan. 54 Midgard in the Norse cosmogony: the middle space between
heaven and hell, that is, earth.

If the mighty king   establishes the court session,
There will come   every race:
Then no man may ignore the summons,
Nor that each of all men   should go to the court session.
There he will stand accountable   before the authority,   35
For what   he did in the world.
        That I heard proclaim   those who are wise in worldly justice,
That the Antichrist   should fight with Elijah.
The evil-doer is armed,   then the battle between them is started.
The warriors are so powerful,   the matter is so important.   40
Elijah fights   for eternal life,
He wants to strengthen   the realm for those who love what is right:
Therefore will help him   he who rules heaven.
The Antichrist   stands by the devil,
Stands by Satan;   he will destroy him: 45
Therefore on the battlefield   he will fall wounded
And in this place   be without victory.
But many of the servants of God   think,
That Elijah in the battle   will be wounded.
When Elijah's blood   drips on the earth,   50
Then the mountains will catch fire,   not a tree will stand,
Not a one on earth,   rivers will dry up,
The moor will swallow itself,   heaven will smolder with fire,
The moon will fall,   the earth will burn,
Not a stone will remain standing,   judgment day will then come to the land,55
It will come with fire   to judge the people:
There no kinsman can then help   the other before the Muspilli.
When the broad moist earth   is all burnt up,
And fire and air   are all swept clean,
Where is then the province,   where the man always fought along with his
        kinsman?   60
The province is burnt up,   the soul is oppressed,
It does not know with what to expiate: thus it proceeds to its punishment.
        Because it is so good for the man   when he comes to court,
That he judge each   punishment correctly.
Then he doesn't need to worry,   when he comes to judgment.   65
The miserable man doesn't know   what kind of judge he will have,
When with bribes   he disturbs what is right,
That thereby the devil   stands hidden.
He has in payment   every one of the things,
That the man before and after   did of evil,   70
That he will tell it all   when he comes to judgment;
No man should thereafter   receive bribes.
        When the heavenly horn is sounded,
And the judge   there rises

(der dar suannan scal   toten enti lepenten),   74a
denne heuit sih mit imo   herio meista,   75
daz ist allaz so pald,   daz imo nioman kipagan ni mak.
denne uerit er ze deru mahalsteti,   deru dar kimarchot ist:
dar uuirdit diu suona,   die man dar io sageta.
denne uarant engila   uper diu marha,
uuechant deota,   uuissant ze dinge.   80
denne scal manno gilih   fona deru moltu arsten.
lossan sih ar dero leuuo uazzon: scal imo auar sin lip piqueman,
daz er sin reht allaz   kirahhon muozzi,
enti imo after sinen tatin   arteilit uuerde.
denne der gisizzit,   der dar suonnan scal   85
enti arteillan scal   toten enti quekkhen,
denne stet dar umpi   engilo menigi,
guotero gomono: gart ist so mihhil:
dara quimit ze deru rihtungu so uilo   dia dar ar resti arstent.
so dar manno nohhein   uuiht pimidan ni mak,   90
dar scal denne hant sprehhan,   houpit sagen,
allero lido uuelihc   unzi in den luzigun uinger,
uuaz er untar desen mannun   mordes kifrumita.
dar ni ist eo so listic man   der dar iouuiht arliugan megi,
daz er kitarnan megi   tato dehheina,   95
niz al fora demo khuninge   kichundit uuerde,
uzzan er iz mit alamusanu furimegi
enti mit fastun   dio uirina kipuazti.
denne der paldet   der gipuazzit hapet,
denner ze deru suono quimit.   99a
uuirdit denne furi kitragan   daz frono chruci,   100
dar der heligo Christ   ana arhangan uuard.
denne augit er dio masun,   dio er in deru menniski anfenc,
dio er duruh desse mancunnes   minna fardoleta.

From: **Tatian**
(about 830)

99,1.* Bidiu gibilidot ist himilo richi manne cuninge ther dar
uuolta redea sezzan mit sinen scalcon.* Inti mittiu her bigonda redea
sezzan, braht uuard imo ein, ther scolta zehen thusunta talentono.
    2. Mittiu her ni habata uuanan gulti, gibót inan ther herro zi
uorkoufanne inti sina quenun inti kind inti elliu thiu her habeta inti   5
uorgeltan. Nidar tho uallanti ther scalc bat inan quedenti: gidult haba
in mir, inti ih uorgiltu alliu thir. Miltanti ther herro thes scalkes
uorliez inan inti thie scult forliez imo.

The Latin, in a column parallel to that of the Old High German, is not repro-
duced here. 1 The numbers are of the sections and subsections of the **Tatian**
gospel harmony. 2 This sentence is based on and paralleled with Matthew 18:23
in the Vulgate Bible. Our selection runs through Matthew 18:35.

(Who will judge   the dead and the living),   74a
Then there rises with him   the greatest army,   75
That is all so warlike   that no one can contend with it.
Then he will go to the place of judgment,   which is established there:
The judging will proceed,   which one has always spoken about there.
Then the angels will come   over the provinces,
They will awaken the dead,   show the way to the assembly.   80
Then will every man   arise from the dust.
He will free himself from the burden of the grave: his life will come back
So that he can narrate   his entire case,   to him
And according to his deeds   be judged.
When he is sitting,   he who will there judge   85
And will judge   the dead and the living,
Then a host of angels   is standing around there,
Good men: the area is so great:
To the judgment there will come so many   who arise there from rest.
So there no man   will be able to avoid it.   90
There the hand will speak then,   the head will speak,
Every limb   down to the little finger,
What murder he committed   among these men.
There is never such a clever man   who there could lie at all
That he could hide   any deeds,   95
But that it all before the king   would be proclaimed,
Unless he should overcome it with alms
And with fasts   have expiated the crimes.
Because he is encouraged,   he who has expiated,
When he comes to the judgment.   99a
Then will be borne forth   the holy cross,   100
On which the holy Christ   was hanged.
Then he will show the scars,   which he received in his human form,
Which he suffered   on account of love of this human race.

Selection from Tatian

    1. Therefore is the kingdom of heaven pictorially likened to a certain
king who wanted to settle accounts with his servants. And when he began
to settle accounts, one was brought to him who owed ten thousand talents.
    2. Since he did not have the wherewithal to pay, his master ordered
him to be sold, and his wife and child and everything that he had, and   5
to pay. Then falling down, the servant asked him saying, "Have patience
with me and I will pay you everything." Taking pity, the master of the
servant released him and forgave him the debt.

3. Uzganganti tho ther scalc fant einan sinan ebanscalk, ther scolta
imo zehenzug pfendingo, inti gifahanti thamfta inan sus quedenti: 10
forgilt thaz thu scalt. Nidar tho fallanti sin ebanscalk bat inan sus
quedenti: gidult haba in mir, inti ih uorgiltu alliu thir. Her tho ni
uuolta, ouh geng inti santa inan in karkeri, unz uorgulti thie sculd.
4. Tho gisehante sine ebanscalka thiu dar uuarun gitruobta uurdun
thrato, inti quamun inti sagetun iro hren alliu thiu gitaniu uuarun.   15
Tho gihalota inan sin herro inti quad imo: abuh scalk, alla sculd uorliez
thir, uuanta thu mih bati: ni gilamf thir ze miltenne thines ebenscalkes,
soso ih thir milti uuas?
5. Tho arbolgan uuard sin herro, salta inan uuizzinarin, unzan
uorgulti alla thie sculd. Inti so min fater himilisg tuot iu, oba ni   20
uorlazzit einero giuuelih sinemo bruoder fon iuuaren herzon.

Die Straßburger Eide
(842)

In godes minna ind in thes christanes folches ind unser bedhero*
gehaltnissi, fon thesemo dage frammordes, so fram so mir got geuuizci indi
mahd furgibit, so haldih* thesan minan bruodher,* soso man mit rehtu sinan
bruodher scal, in thiu thaz er mig so sama duo, indi mit Ludheren in
nohheiniu thing ne gegango, the minan uuillon imo ce scadhen uuerdhen.   5

Oba Karl then eid, then er sinemo bruodher Ludhuuuige gesuor,
geleistit, indi Ludhuuuig min herro then er imo gesuor forbrihchit, ob ih*
inan es iruuenden ne mag: noh ih noh thero nohhein, then ich es iruuenden
mag, uuidhar Karle imo ce follusti ne uuirdhit.

Pro deo amur et pro christian poblo et nostro commun salvament, d'ist   10
di in avant, in quant deus savir et podir me dunat, si salvarai eo cist
meon fradre Karlo et in aiudha et in cadhuna cosa, si cum om per dreit
son fradra salvar dist, in o quid il mi altrese fazet, et ab Ludher nul
plaid numquam prindrai, qui meon vol cist meon fradre Karle in damno sit.
Si Lodhuuigs sagrament, quę son fradre Karlo iurat, conservat et Karlus
meos sendra de suo part non los tanit, si io returnar non l'int pois:
ne io ne neuls, cui eo returnar int pois, in nulla aiudha contra Lodhuuuig
nun li iu er.

The Latin connecting text is omitted. The French and the Old High German
versions of the oath are not exactly identical. In context the French
actually precedes the Old High German. The English translation is of the
German version. 1 The grandsons of Charlemagne, that is, Louis the German and
Charles the Bald, who are agreeing to an alliance against Lothar. Louis
swears first, in French; Charles second, in German. 3 The _ih_ is Louis; the
brother is Charles. 7 This _ih_ is the individual member of Louis's army, which
took the oath contained in the second paragraph en masse.

3. Emerging then the servant found a fellow-servant, who owed him
one hundred pennies, and seizing him he choked him, speaking thus, "Pay   10
what you owe!" His fellow-servant then falling, asked him, speaking thus,
"Have patience with me and I will pay you everything." He did not want
to, but went and sent him to jail until he should pay the debt.
    4. His fellow-servants who were there, then seeing, were very
grieved and came and told their master everything that had happened.   15
Then his master summoned him and told him, "Wicked servant! I forgave
you the entire debt because you asked me: didn't it behoove you to have
pity on your fellow-servant as I was mild with you?"
    5. And his master became enraged, gave him over to the punishing
authorities until he should pay the entire debt. And thus will my heavenly 20
Father do to you if each of you from your hearts does not forgive his
brother.

The Strasbourg Oaths

    Out of love for God and the Christian people and the salvation of us
both, from this day on, to the extent that God gives me knowledge and
capability, I will proceed with my brother as one by right ought to with
his brother, so that he may do likewise with me, and I will enter into no
agreement with Lothar, which, with my allowing it, would redound to his
(Charles's) harm.
    If Charles adheres to the oath that he swore to his brother Louis,
and Louis, my lord, breaks the oath that he swore to him--if I cannot
dissuade him from it, then neither I nor anyone else whom I can dissuade
from doing so will aid him (Louis) against Charles.

Notker's Translation and Explanation of Psalm 3
(about 1000)

1,2. Domine, quid multiplicati sunt, qui tribulant me? multi insurgunt
adversum me. David chuît* vone dero genennidi Christi, dô er sînen sun
flôh: zi uuiu sint, hêro, dero sô manigi die mih arbeitent, daz ioh einer
mînero iungeron mîn âhtet? manige ûf rihtent sih uuider mir.
   3. Multi dicunt animae meae: non est salus illi in deo eius. Manige   5
versagent mînero sêla heili in iro gote, sie negetrûuent, daz ih irstên
sculi.
   4. Tu autem domine susceptor meus es, gloria mea et exaltans caput
meum. Ava dû got pist mîn imfâhare, mih imfienge dû, mih menniscen nâme
dû an dih got, pediu getuost tû mih ouh irstên uuider iro uuâne; dû bist   10
mîn guotlîchi, vone dir haban ih sia, unde dû bist irhôhendo mîn houbet
in dero urstendi.
   5. Voce mea ad dominum clamavi et exaudivit me de monte sancto suo.
Mit mînero stimma, daz chuît mit des herzen stimma hareta ih ze dir unde dû
gehôrtest mih vone dînemo heiligen berge, daz chuît vone dero unsagelîchun   15
hôhi dînero gotheiti.
   6. Ego dormivi et soporatus sum, et exsurrexi, quia dominus suscepit
me. Ih slief mînes danches âna nôt, ih slief den slâf des tôdes unde slâf
râuuota mir dâr ana, daz die sundigen netuont, uuanda er leitet sie ze
unrâuun; unde ih irstuont, uuanda mîn trohtin imphieng mih, er nam mih ana   20
sih, mit dero chrefte irstuont ih.
   7. Non timebo milia populi circumdantis me, exsurge domine, salvum me
fac deus meus! Ih ne furhti die menigi des mih umbestandentis liutes samso
er mih erstarben mege, ih ne irsterbe gerno; stant ûf, trohtin, tuo mih
gehaldenen, got mîner; kehalt mîna ecclesiam, diu mîn lîchinamo ist.   25
   8. Quoniam tu percussisti omnes adversantes mihi sine causa, dentes
peccatorum contrivisti. Vuanda dû habest irslagen, daz chuît, dû habest
gesueigot alla die mir be unrehte uuidiri uuârun; so chunt uuard in mîn
urstenti, daz si iro nehein lougen ne getorston haben; dero sundigon zene
vermultost dû, daz chuît, iro hindirsprâchon verzâri dû; sie gisueigendi   30
verzâre dû iz.
   9. Domini est salus et super populum tuum benedictio tua. Dâ scînet,
daz gotes diu heili ist, dû got kibest sia, unde dîn segen ist uber dînen
liut.

---

2 The subsequent copyist has not retained Notker's characteristic acute accent
marks.

Notker's Translation and Explanation of Psalm 3

1,2. Lord, how are they increased, those who trouble me? Many rise
up against me. David speaks in Christ's place when he fled before his
son: why, Lord, are there so many of them who torment me, so that at any
time one of my disciples besets me? Many rise up against me.

3. Many say of my soul: there is no salvation for it in its God.   5
Many deny the salvation of my soul in its God; they do not believe that
I will be resurrected.

4. But you, Lord, are my support, my glory, and the lifter-up of
my head. But you, God, are my support; you received me, you took me,
human, to you, God; therefore you will also cause me to be resurrected   10
contrary to their opinions; you are my glory, from you I have it, and
you will raise my head in the resurrection.

5. I cried with my voice to the Lord, and he heard me plainly from
his holy mountain. With my voice, that is, with the voice of my heart I
called to you, and you heard me from your holy mountain, that is, from   15
the ineffable height of your godhead.

6. I slept and slept deeply, and I rose, for the Lord supported me.
I slept voluntarily, without compulsion, I slept the sleep of death, and
the sleep rested me; this the sinful don't do, because it leads them to
restlessness; and I arose, for the Lord received me, he took me to   20
himself--with this strength I arose.

7. I will not fear thousands of people surrounding me; arise, Lord,
save me, my God! I do not fear the mass of people surrounding me; as if
it could kill me, without my wanting to die; stand up, Lord, save me, my
God; save my church, which is my body.   25

8. For you have struck all those opposing me without reason; you
have broken the teeth of the sinners. For you have struck, that is, you
have silenced all those who unjustly were against me; so well-known to
them did my resurrection become, that none of them has dared to deny it;
you crushed the sinners' teeth, that is, you destroyed their slander;   30
silencing them, you destroyed it.

9. Salvation is the Lord's, and your blessing is upon your people.
In this it is clear that salvation is God's; you, God, give it, and your
blessing is over your people.

From: <u>Der</u> <u>ältere</u> <u>Physiologus</u>
(11th century)

De <u>leone</u>

    Hier begin ih einna reda umbe diu tier uuaz siu gesliho bezehinen.
Leo bezehinet unserin trohtin. turih sine sterihchi. unde bediu uuiret
er ofto an heligero gescrifte genamit. Tannan sagit iacob to er namaeta
sinen sun iudam. Er choat. iudas min sun ist uuelf des leuin. Ter leo
hebit triu dinc ann imo. ti dir unserin trotinin bezeichenint. Ein ist   5
daz soser gat in demo uualde. un er de iagere gestincit. so uertiligot
er daz spor mit sinemo zagele ze diu daz sien ni ne uinden. So teta
unser trotin to er an der uuerilte mit menischon uuaz ze diu daz ter
fient nihet uerstunde daz er gotes sun uuare. Tenne so der leo slafet
so uuachent sinu ougen. An diu daz siu offen sint daranna bezeichenit   10
er abir unserin trotin alser selbo quad an demo buhche cantica canticorum.
Ego dormio et cor meum uigilat. Daz er rasta an demo menisgemo
lihamin. un er uuahcheta an der gotheite. So diu levin birit so ist
daz leuinchelin tot so beuuard su iz unzin an den tritten tag. Tene
so chumit ter fater unde blaset ez ana so uuirdet ez erchihit. So   15
uuahta der alemahtigo fater sinen einbornin sun uone demo tode an deme
triten tage.

Selection from Der ältere Physiologus

Concerning the Lion

Here I begin an explanation about the animals, what they mean in a
mystic sense. The lion signifies our Lord, because of his strength, and
for that reason he is often named in holy scripture. Therefore Jacob
says that he named his son Judas. He said, "Judas, my son, is the whelp
of the lion." The lion has three things about him that signify our Lord.   5
One is, that when he is walking in the woods and he smells the hunters
he eradicates the spoor with his tail so that they can't find him. That
our Lord did when he was in the world among people, so that the enemy
did not grasp that he was God's son. Furthermore, when the lion
sleeps, his eyes are awake. In the fact that they are open he again   10
signifies our Lord, when he himself said in the book, The Song of Songs:
"I sleep and my heart wakes." That he rested in his human body and was
awake in the Godhead. When the lioness whelps, the little lion is dead
and she guards it until the third day. Then the father comes and blows
on it, and thus it is brought to life. Thus the Almighty Father awakened   15
his only-begotten Son from death on the third day.

MIDDLE HIGH GERMAN

Heinrich der Glîchezâre

Aus: <u>Reinhart Fuchs</u> (c. 1180)

Reinhart was wol berâten, dâ hâte er gebrâten aele, die ersmacte Isengrîn. er dâhte: "âhâ, diz mac vil wol sîn ein teil guoter spîse." 5 der smac begunde in wîsen für sînes gevateren* tür, dâ satzte sich her Isengrîn für. dar în er bôzen begunde. Reinhart, der wunder kunde, 10 sprach: "wan gât ir dannen stân? dâ sol tâlanc nieman ûz gân, daz wizzet wol, noch her în. war tuostu,* müedinc, den sin dîn? wan bern ir vil schône? 15 ez ist tâlanc after nône, wir münche sprechen niht ein wort umb der Nibelunge hort." "gevatere", sprach her Isengrîn, "wil dû hie gemünchet sîn 20 iemer unz an dînen tôt?" "jâ ich", sprach er, "ez tuot mir nôt: dû woldest mir ân schulde versagen dîne hulde und woldest mir nemen daz leben." 25 Isengrin sprach: "ich wil dir vergeben, ob dû mir iht hâst getân, daz ich dich müge ze gesellen hân." "dû maht lîhte vergeben", sprach Reinhart, "mîn leben werde vürbaz niht gespart, 30 ob ich dir ie getaete einen wanc. woldestu* mirs* wizzen danc, zwei âles stücke gaebich* dir, diu sint hiute über worden mir." des wart Isengrîn vrô, 35 wîte begunder* ginen dô. Reinhart warf si im in den munt. "ich waere iemer mê gesunt," sprach der tôre Isengrîn, "sold ich dâ hinne koch sîn." 40	Reinhart was well supplied since he had fried eels; these Isengrin caught the smell of. He thought, "Aha! This could very well be a bit of good food." The smell began to direct him in front of the door of his cousin. Sir Isengrin sat down before it. He began to knock on it. Reinhart, who could work wonders, said, "Why don't you go from standing there? No one will go out there all day, know that well, or come in. Where, stupid, do you put your brains? Why don't you knock very nicely? It is today after nones (3:00 p.m.); we monks speak not a word even for (to gain) the treasure of the Nibelungs." "Cousin," said Sir Isengrin, "do you intend to stay here as a monk always until your death?" "I certainly do," he said, "I have to: You wanted to refuse me your favor without any fault on my part and you wanted to take my life." Isengrin said, "I shall forgive you, if you have done anything to me, so that I might have you as a companion." "You can easily forgive," said Reinhart. "May my life be no longer spared if I have ever done you a wrong. If you would know how to thank me for it, I would give you two pieces of eel which I have left over today." Isengrin became happy at this. Broadly he began to gape then. Reinhart threw them into his mouth. "I would be healthy for ever more," spoke the fool Isengrin, " if I were to be the cook in here."

In this episode the wily fox Reinhart initiates the wolf Isengrin into the "monastic" life and teaches him how to catch fish. 7 cousin, in the loose sense of relative. Here he uses it in addressing Reinhart. 14 <u>tust du</u>. 32 <u>wolltest du</u>; <u>mir dafür</u>. 33 <u>gäbe ich</u>. 36 <u>begann er</u>.

Reinhart sprach: "des mahtu* gnuoc hân,
wil dû hie bruoderschaft enphân,*
dû wirdest meister über die brâten."
dô wart er sân berâten.
"daz lobich",* sprach Isengrîn.   45
"nu stôz", sprach er, "dîn houpt herîn."
des ~as Isengrîn bereit,
dô nâhet im sîn arbeit.
dar în stiez er sîn houbet grôz.
bruoder Reinhart in begôz   50
mit heizem wazzer, daz ist wâr,
daz fuort im abe hût und hâr.
Isengrîn sprach: "diz tuot wê mir."
Reinhart sprach" "waenet ir
mit senfte paradîse besitzen?   55
daz komet von unwitzen.
ir muget gerne lîden dise nôt.
gevater, swennir* liget tôt,
diu bruoderschaft ist alsô getân,
an tûsent messen sult ir hân   60
teil allertegelich.
die von Zitiâs* füerent dich
ze dem vrône himelrîche,
daz wizze gewaerlîche."
Isengrîn wândez* waere wâr.   65
beide sîn hût und sîn hâr
ruwen in vil kleine.
er sprach: "bruoder, nû sol gemeine
die aele sîn, die da inne sint,
sît wir sîn worden gotes kint.*   70
swer mir ein stücke versaget,
ez wirt ze Zitiâs geklaget."
Reinhart sprach: "iu ist unverseit,
swaz wir hân, daz ist iu bereit,
in brüederlîcher minne.   75
hie ist niht mê vische inne.
wolt ir aber mit mir gân,
dâ wir einen tîch hân,
in dem sô vil vische gât,
daz ir nieman ahte hât?   80
die bruoder hânt si getân darîn."
"wol hin!" sprach her Isengrîn.
dô huoben sie sich âne zorn.
der tîch was übervrorn.
sie begunden daz îs schouwen,   85

Reinhart said, "You can have enough of
that; if you want to receive brotherhood
here, you will become master of the
roasts." Then and there he was well
supplied. "That I promise," said
Isengrin. "Now stick," said Reinhart,
your head in here." Isengrin was ready
(to do) this. Then misery was nearing
him. He stuck his big head in there.
Brother Reinhart poured hot water
over him, he did. That took away
his hide and hair. Isengrin said,
"That hurts me."
Reinhart said, "Do you imagine you can
gain paradise with luxury?"
That comes from (your) stupidity.
You can gladly suffer this distress.
Cousin, when you lie dead,
the brotherhood is such that you
shall have a share in a thousand
masses every single day.
They from Citeaux shall lead you to
the glory of heaven.
Know that for certain."
Isengrin imagined this was true.
He was not at all sorry about both
his hide and his hair.
He said. "Brother, now the eels shall
be common property that are in here,
since we have become God's children.
Whoever denies me a piece, I shall sent
my complaint to Citeaux."
Reinhart said, "Nothing is denied you."
Whatever we have is available to you
in brotherly love.
There are no more fish in here.
But do you want to go with me (to)
where we have a pond
in which so many fish are swimming
that no one has a reckoning of them?
The brothers have put them in there."
"Let's go!" said Sir Isengrin.
Then they arose without anger.
The pond was frozen over.
They began to look at the ice

---

41 kannst du. 42 i.e., become a monk. 45 lobe (verspreche) ich. 58 wenn ir.
62 Citeaux was the chief monastery of the Cistercians. 65 wähnte es. 70 Monks
shared everything and had nothing that was their own.

ein gruobe was drîn gehouwen,
dâ man wazzer ûz nam,
daz Isengrîn ze schaden quam.
sîn bruoder hâte sîn grôzen haz.   89
eines eimbers ich enweiz, wer dâ vergaz.
Reinhart was vrô, daz er in vant,
sînem bruoder ern* an den zagel bant.
dô sprach her Isengrîn:
"in nomine patris! waz sol diz sîn?"
"ir sult den eimber hie în lân,   95
wan ich wil stüren gân,
und stât vil senfteclîche!
wir werden vische rîche,
wan ich sihe sie durch daz îs."
her Isengrîn was niht wîs;   100
"sage, bruoder, in der minne,
ist iht vische hinne?"
"ja ez, tûsent, die ich hân gesehen."
"daz ist guot, uns sol wol geschehen."
      Isengrîn pflac tumber sinne.   105
im gevrôs der zagel drinne,
diu naht kalden geriet.
sîn bruoder warnete in niet,
Reinhartes triuwe wâren laz.
er gevrôs im ie baz und baz.   110
"dirre eimber swaert", sprach Isengrîn.
"dâ hân ich gezelet drîn
drîzic aele", sprach Reinhart,
"diz wirt uns ein nütziu vart,
kundet ir nû stille gestân,   115
hundert wellen iezuo drîn gân."
als ez dô begunde tagen,
Reinhart sprach; "ich wil iu sagen,
ich vürhte, daz wir unser rîcheit   120
vil sêre engelden, mir ist leit,
daz sô vil vische drinne ist.
ichn weiz iezuo deheinen list.
irn muget sie, waen ich, erwegen.
versuocht, ob irs muget herûz gelegen."
Isengrîn zocken geriet.   126
daz îs wolde smelzen niet.
den zagel muoster* lâzen stân.
Reinhart sprach: "ich wil gân
nâch den bruodern, daz si balde kommen.
dirre gewin mac uns allen fromen."   131
vil schiere ez schône tac wart,
dannen huop sich Reinhart.

(where) a hole had been hacked in
where one took water out.
This was to be the ruin of Isengrin.
His brother had great hatred of him.
(There was) a bucket, I don't know who
forgot it there. Reinhart was happy that
he found it. He tied it to the tail of
his brother. Then Sir Isengrim said,
"In the name of the Father! What is this
supposed to be." "You should let
the bucket in here. I want to go poking
around (in the ice). Remain here
in pleasure. We shall become rich with
fish, for I see them through the ice."
Sir Isengrin was not aware of things;
"Tell me, brother, in friendship,
are there any fish in here?"
"Certainly, thousands, I've seen them."
"Good. Things shall go well for us."
      Isengrin was very naive.
His tail froze in there.
The night began to grow cold.
His brother did not warn him.
Reinhart's trustworthiness was
lax. He froze more and more.
"The bucket is getting heavy" said
Isengrin. "I have counted in there
thirty eels," said Reinhart. "This is
going to be a worthwhile outing. If
you could just stand still now, a
hundred are about to swim into it."
As the day began to break, Reinhart
said, "I must tell you, I fear
that we shall pay for our
abundance. I am sorry that so many
fish are in there.
I don't know of any plan.
I don't imagine you can lift them out.
Try (and see) if you can lift them out."
Isengrin began to yank.
The ice would not melt.
His tail he had to let stay.
Reinhart said, "I shall go after the
brothers, that they might come quickly.
This catch can profit us all."
Very soon the beautiful day came.
Reinhart arose from there.

---

92 er ihn (den Eimer). 128 mußte er.

Isengrîn, der vischaere,	Isengrin, the fisherman,
der vernam vil leidiu maere, 135	perceived much bad news.
er sach einen rîter komen,	He saw a knight coming.
der hâte hunde ze im genomen.	He had taken dogs along with him.
er quam ûf Isengrînes vart,	He came in Isengrin's direction.
daz vischen im ze leide wart.	Fishing was becoming bad for him.
der rîter her Birtîn hiez, 140	The knight's name was Sir Birtin.
dehein tier er ungejaget liez.	He let nary an animal go unhunted.
hern Isengrîn daz ze schaden quam,	This was the ruin of Sir Isengrin.
die var er gegen im nam.	He made his way in his direction.
als er Isengrînen sach,	When he saw Isengrin,
zuo den hunden er dô sprach: 145	he said to his dogs,
"zuo!" und begund si schupfen.	"Get him!" and he began to urge them on.
dô gerieten si in rupfen.	Then they began to tear at him.
Isengrîn beiz alumbe sich,	Isengrin was biting all around him.
sîn angest was niht gemelich.	His fear was not pleasant.
her Birtîn quam gerant, 150	Sir Birtin came running;
sîn swert begreif er zehant	he grasped his sword immediately
und erbeizte vil snelle.	and dismounted very quickly.
ûf daz îs lief er ungetelle.	Onto the ice he ran clumsily.
er huop dô daz swert sîn,	Then he raised his sword.
des wart vil unvrô her Isengrîn. 155	Sir Isengrin was very unhappy about
er hâte vaste geladen,	that. He had loaded up heavily.
daz quam im dâ ze schaden.	That caused his ruin there.
wan wir hoeren wîse liute sagen:	For we hear wise people say:
"swer erhebet, daz er niht mac getragen,	"Whoever lifts what he cannot carry
der muoz ez lâzen under wegen." 160	must leave it along the way."
des muost ouch Isengrîn nû pflegen.	That is what Isengrin now had to do.
Isengrîn was besezzen,	Isengrin was (as though) possessed;
her Birtîn hâte ime gemezzen	Sir Birtin hat taken aim at him
daz ern ûf den rucke solde troffen hân;	that he might strike him on the back.
dô begunden im die vüeze engân, 165	Then his feet began to go out from
von dem slipfe er nider quam,	under him. Because of slipping he fell
der val im den swanc nam.	down. The fall took away his verve.
umb den val erz* niht enlie,	Despite the fall he did not leave off.
an den knien er dô wider gie.	On his knees he went at it there.
diu glete im aber den slac verkêrte, 170	The slipperiness again turned his
daz er im den zagel versêrte	blow, so that he destroyed his tail
und sluoc in im gar abe.	and cut it off for him completely.
sie hâten beide grôze missehabe.	They both had great cause for complaint.
dô was hern Birtînes klage,	Sir Birtin's complaint was that he had
daz er hât vermisset an dem slage. 175	missed with his blow.
ouch kleite sêre her Isengrîn	Sir Isengrin also complained bitterly
den vil lieben zagel sîn.	about his dearly beloved tail.
den muoster* dâ ze pfande lân.	He had to leave it there forfeit.
dannen begunder* balde gân.	From there he began to go quickly.

168 er es.   178 muße er.   179 begann er.

Hartmann von Aue

Der arme Heinrich
(about 1195)

Ein ritter sô gelêret was		(There was once) a knight so educated
daz er an den buochen las		that he read in books
swaz er dar an geschriben vant:		whatever he found written in them.
der was Hartman genant,		He was called Hartmann, he was
dienstman was er zOuwe.	5	a ministerial of the house of Aue.
er nam im* manige schouwe		He took for himself many a look
an mislîchen buochen:		in various books.
dar an begunde er suochen		In them he began to search
ob er iht des vunde		if he might find something of that
dâ mite er swaere stunde	10	with which he could make
môhte senfter machen,		oppr ssive hours more pleasant,
und von sô gewanten* sachen		and of such things
daz gotes êren tôhte		that would be fitting for God's honor,
und dâ mite er sich môhte		and by means of which he could
gelieben den liuten.	15	endear himself to people.
nu beginnet er iu diuten		Now he begins to tell you
ein rede die er geschriben vant.		a story that he found written down.
dar umbe hât er sich genant,		For this reason he named himself--
daz er sîner arbeit		that for his efforts
die er dar an hât geleit	20	that he spent on it
iht* âne lôn belîbe,		he may not remain without reward;
und swer nâch sînem lîbe		and whoever after his life (i.e., death)
si hoere sagen oder lese,		might hear it recited or read it,
daz er im bittende wese*		that he might be praying for him
der sêle heiles hin ze gote.	25	for the salvation of his soul to God.
man giht,* er sî sîn selbes bote		One says (that) one is his own inter-
und erloese sich dâ mite,		cessor and thereby redeems himself
swer vür des andern schulde bite.		whoever (if he) prays for (to make up for) the guilt of another.
Er las daz selbe maere,		He read the aforementioned tale--
wie ein herre waere	30	how there was a lord
ze Swâben gesezzen:		situated in Swabia.
an dem enwas vergezzen		Regarding him never had been forgotten
nie deheiner* der tugent		any of the qualities
die ein ritter in sîner jugent*		that a knight in his youth
ze vollem lobe haben sol.	35	should possess for (to win) full esteem.
man sprach dô neiman alsô wol		One then spoke of no one so highly
in allen den landen.		in all the lands.
er hete ze sînen handen		He had at his disposal (noble)
geburt unde rîcheit:*		birth and the power of abundance.
ouch was sîn tugent vil breit.	40	Also, his capabilities were very broad.
swie ganz sîn habe waere,		However sufficient his possessions were,

---

6 dat. reflexive, 3rd pers. sing. masc. 12 sô gewant = such. 21 at all.
24 pres. subj. of verb "to be." 26 from jehen: one claims. 33. gen. sing. fem.
after vergessen used impersonally. i.e., in the flower of manhood. 39 Since the
feudal system was not based on money, "wealth" to translate rîcheit is misleading.

sîn geburt unwandelbaere
und wol den vürsten gelîch,
doch was er unnâch alsô rîch*
der geburt und des guotes
so der êren und des muotes.

    Sîn name was erkennelich:
er hiez der herre Heinrich
und was von Ouwe geborn.
sîn herze hâte versworn
valsch und alle dörperheit
und behielt ouch vaste den eit
staete unz an sîn ende.
âne alle missewende
stuont sîn geburt und sîn leben.
im was der rehte wunsch gegeben
von werltlîchen êren:
die kunde er wol gemêren
mit aller hande reiner tugent.
er was ein bluome der jugent,
der werltvreude ein spiegelglas,
staeter triuwe ein adamas,*
ein ganziu krône der zuht.
er was der nôthaften vluht,
ein schîlt sîner mâge,
der milte ein glîchiu wâge:*
im enwart über noch gebrast.
er truoc den arbeitsamen last
der êren über rücke.
er was des râtes brücke
und sanc vil wol von minnen.
alsus kunde er gewinnen
der werlte lop unde prîs.
er was hövesch unde wîs.
    Dô der herre Heinrich
alsus geniete* sich
êren unde guotes
und vroelîches muotes
und werltlîcher wünne
(er was vür al sîn künne
geprîset unde gêret),
sîn hôchmuot wart verkêret
in ein leben gar geneiget.
an im wart erzeiget,
als ouch an Absalône,

45

50

55

60

65

70

75

80

85

(however) flawless his ancestry--
and certainly (it was) comparable to
(that of) princes--nevertheless he was
not nearly so rich as to birth and
possessions as (he was) in integrity and
(noble) attitude.
    His name was well known.
He was called Lord Heinrich
and was born of the House of Aue.
His heart had foresworn
duplicity and all ill-breeding
and (he) kept this oath firmly, too,
with constancy until his death.
Without any fault were
his lineage and his life.
All one might rightly wish for of
worldly honors had been given him.
These (honors) he knew how to increase
through pure qualities of all kinds.
He was a blossom of youth,
a mirror of the world's joy,
a diamond of constant loyalty,
a whole crown of courtliness.
He was a refuge of those in need,
a shield (of protection) of (for) his
relatives, a scale in balance of
generosity. (Neither) excess nor lack
were in him. He carried the wearying
burden of honors upon his back.
He was a bridge of help
and sang quite well of love.
Thus did he know how to gain
the praise and glory of the world.
He was courtly and wise.
    When Lord Heinrich
had thus striven (successfully) for
honor and possessions
and a cheerful disposition
and worldly joy
(he was praised and esteemed
before all his kinsfolk),
his exhilaration was turned
into a life completely downtrodden.
In his case was made clear,
as it was in the case of Absalom,

---

44 takes gen. complement. 62 Diamonds were valued for their hardness and for
being impervious to change. 66 i.e., he gave in correct proportion to need.
76 sich nieten w. gen.: strive for.

daz diu üppige krône
wertlîcher süeze
vellet under vüeze
ab ir besten werdekeit,
als uns diu schrift hât geseit.
ez sprichet an einer stat dâ:
´mêdiâ vîtâ
in morte sûmus.´
daz bediutet sich alsus,
daz wir in dem tôde sweben
so wir aller beste waenen leben.

    Dirre werlte veste,
ir staete und ir beste
und ir groeste magenkraft,
diu stât âne meisterschaft.
des muge wir an der kerzen sehen
ein wârez bilde geschehen,
daz si zeiner* aschen wirt
ienmitten daz si lieht birt.
wir sîn von broedn sachen.
nû sehet wie unser lachen
mit weinen erlischet.
unser süeze ist gemischet
mit bitterer gallen.
unser bluome der muoz vallen
so er aller grüenest waenet sîn.
an hern Heinrîche wart wol schîn:
der in dem hoehsten werde
lebet ûf dirre erde,
derst* der versmâhte vor gote.
er viel von sînem gebote
ab sîner bester werdekeit
in ein versmaehelîchez leit:
in ergreif diu miselsuht.
dô man die swaeren gotes zuht
gesach an sînem lîbe,
manne unde wîbe
wart er dô widerzaeme.
nû sehet wie genaeme
er ê der werlte waere,
und wart nû als unmaere
daz in niemen gerne ane sach:
als ouch Jôbe geschach,
dem edeln und dem rîchen,
der vil jaemerlîchen

that the empty crown
of worldy sweetness
falls under foot
from its highest dignity,
90 as scripture has told us.
It says in one place there:
media vita
in morte sumus.
That means this:
95 that we are hovering in the midst of
death when we think we are living to the
fullest.
    The stability of the world,
its constancy and perfection
and its greatest power--
100 it is without one who can master it.
Of this we can see a true picture
happening with a candle--
that it turns into ash
in the midst of bringing forth light.
105 We are of fragile stuff.
Just look how our laughter
is snuffed out with weeping.
Our sweetness is mixed
with bitter gall.
110 Our blossom--it must fall
just when it thinks it is greenest of
all. In the case of Lord Heinrich it
became quite clear: He who lives in
greatest esteem on this earth,
115 he is the one despised before God.
He (Heinrich) fell by his (God´s)
command from his lofty dignity
into despicable misery:
Leprosy took hold of him.
120 When one saw the severe chastisement
of God on his body,
to man and woman
he then became repugnant.
Just look. However pleasant
125 he was to the world before,
now he was even so worthless
that no one liked to look at him--
just as also happened to Job,
the noble and the wealthy,
130 who very pitifully

---

103 zu einer. 115 der ist.

dem miste wart ze teile   partook of the dung heap
mitten in sînem heile.   in the midst of good fortune.
    Dô der arme Heinrich   When poor Heinrich
von êrste verstuont* sich   first took notice
daz er der werlte widerstuont,   135   that he was repugnant to the world,
als alle sîne gelîchen tuont,   as all like him are,
dô schiet in sîn bitter leit   then his bitter regret separated him
von Jôbes geduldikeit.   from Job´s patience.
wan ez leit Jôb der guote   For Job, the good, suffered it
mit geduldigem muote,   140   with patient bearing,
dôz* im ze lîdenne geschach,   for the sake of the benefit of his soul,
durch der sêle gemach   when it happened to him to suffer
den siechtuom und die swacheit   the disease and the weakness
die er von der werlte leit: which he suffered from the world.
des lobete er got und vreute sich.   145   For it he praised God and rejoiced.
dô tete der arme Heinrich   Poor Heinrich did then
leider niender alsô: unfortunately nothing of the sort.
er was trûric und unvrô.   He was sad and gloomy.
sîn swebendez herze daz verswanc,   His soaring heart--it sank.
sin swimmendiu vreude ertranc,   150   His buoyant joy drowned.
sîn hôchvart muoze vallen,   His exhilaration had to fall.
sîn honec wart ze gallen.   His honey became gall.
ein swinde vinster donerslac   A sudden dark clap of thunder
zebrach im sînen mitten tac,   shattered for him his noontime.
ein trüebez wolken unde dic   155   A cloud dark and thick
bedahte im sîner sunnen blic.   covered for him the shining of his sun.
er sente sich vil sêre   He sighed very much (at the thought)
daz er sô manige êre   that he would have to leave so
hinder im müese lâzen.   many an honor behind him.
vervluochet und verwâzen   160   The day on which his birth lay
wart vil dicke der tac   was very frequently
dâ sîn geburt ane lac.   cursed and damned.
    Ein wênic vreute er sich doch   And yet he rejoiced a little bit
von einem trôste dannoch: because of one comfort still.
wan im wart dicke geseit*   165   For it was often said to him
daz diu selbe siecheit   that this same disease
waere vil mislich   was of various strains
und etelîchiu genislich.   and some were curable.
des wart vil maniger slahte   Because of this his hopes
sîn gedinge und sîn ahte.   170   and his thoughts were of many a kind.
er gedâhte daz er waere   He thought that he might be
vil lîhte genisbaere,   perhaps curable
und vuor alsô drâte   and so he went swiftly
nâch der arzâte râte   toward Montpellier
gegen Munpasiliere.   175   for the advice of doctors.
dâ vant er vil schiere   There he very quickly found

---

134 sich verstân: become aware of, notice. 141 dô ez. 165 gesagt.

niuwan den untrôst
daz er niemer würde erlôst.
daz hôrte er ungerne
und vuor engegen Salerne   180
und suochte ouch dâ durch genist
der wîsen arzâte list.
    Den besten meister den der dâ vant,
der sagete im zehant
ein seltsaene maere   185
daz er genislich waere
und waere doch iemer ungenesen.
dô sprach er: 'wie mac daz wesen?*
diu rede ist hart unmügelich.
bin ich genislich, sô genise ich: 190
und swaz mir vür wirt geleit*
von guote oder von arbeit,
daz trûwe ich volbringen.'
'nû lât daz gedingen'
sprach der meister aber dô: 195
'iuwer sühte ist alsô
(waz vrumet daz ichz*iu kunt tuo?)
dâ hoeret arzenîe zuo:
des waeret ir genislîch.
nu enist aber nieman sô rîch   200
noch von sô starken sinnen
der si müge gewinnen.
des sît ir iemer ungenesen,
got enwelle der arzât wesen.'
    Dô sprach der arme Heinrich: 205
'war umbe untroestet ir mich?
jâ hân ich guotes wol die kraft:
ir enwellet iuwer meisterschaft
und iuwer reht brechen
und dar zuo versprechen   210
beidiu mîn silber und mîn golt,
ich mache iuch mir alsô holt
daz ir mich harte gerne nert.'
'mir waere der wille unerwert,'
sprach der meister aber dô: 215
'und waere der arzenîe* alsô
daz man si veile vunde
oder daz man si kunde
mit deheinen* dingen erwerben,
ich enlieze iuch niht verderben.   220
nu enmac des leider niht gesîn:*

nothing but the disappointment
that he would never be freed.
He did not like to hear that
and went to Salerno
and sought there, too, for the sake of a
cure the skill of experienced doctors.
    The best physician whom he found
there, he told him immediately
a strange tale--
that he was curable
and yet would be forever uncured.
Then he (Heinrich) said, "How can that
be? What you are saying is quite
impossible. If I am curable, then I'll
recover. And whatever is imposed on me
(in the way) of a fee or strenuous
treatment, I am confident I'll
accomplish it." "Now give up your
hopes," the doctor said in reply.
"Your disease is of such a kind
(What good is it for me to make this
known to you?) (that) medicine is re-
quired for it. Hence there you would be
curable. Now, however, no one is so
wealthy or of such strong intelligence
who (that he) might attain it.
And so you shall be forever uncured,
unless God wants to be the physician."
    Then poor Heinrich said,
"Why are you discouraging me?
Indeed, I have certainly the power of
wealth. Unless you want to act against
your (medical) skill and your duty
and, in addition, turn down
my silver and my gold,
I shall make you so well disposed toward
me that you will very gladly cure me."
"For me the will would be unimpeded,"
said the physician then in reply.
"And if it were so with the medicine
that one might find it for sale
or that one might know how to
get it by some means,
I would not let you languish.
Unfortunately, nothing of this is the

---

188 sein. 191 vür...geleit: auferlegt. 197 ich ez. 216 gen. 219 dehein with
no negative particle in the clause means "any" or "some." 221 literally: nothing
of this is able to be.

dâ von muoz iu diu helfe mîn
durch alle nôt sîn versaget.
ir müeset haben eine maget
vollen hîbaere   225
diu des willen waere
daz si den tôt durch iuch lite.
nu enist ez niht der liute site
daz ez ieman gerne tuo.
so enhoeret anders niht dar zuo   230
niuwan der maget herzebluot:
daz waere vür iuwer suht guot.´

    Nu erkande der arme Heinrich
daz daz waere unmügelich
daz iemen den erwürbe   235
der gerne vür in stürbe.
alsus was im der trôst benomen
ûf den er dar was komen,
und dar nâch vür die selben vrist
hete er ze sîner genist   240
dehein gedinge mêre.
des wart sîn herzesêre
alsô kreftic unde grôz
daz in des aller meist verdrôz,
ob er langer solde leben.   245
er vuor heim und begunde geben
sîn erbe und ouch sîn varnde guot,
als in dô sîn selbes muot
und wîser rât lêrte,
da erz* aller beste kêrte.   250
er begunde bescheidenlîchen
sîne armen vriunt rîchen
und beriet ouch vremede armen
daz sich got erbarmen
geruochte über der sêle heil: 255
den kloestern viel daz ander teil.
alsus tet er sich abe
aller sîner vordern habe
unz an ein geriute:*
dar vlôch er die liute.   260
disiu jaemerlîche geschiht
diu was sîn eines klage niht:
in klageten älliu diu lant
dâ er inne was erkant
und ouch von vremeden landen   265
die in nâch sage erkanden.

case. Hence my help must be denied
you of (all) necessity.
You must have a virgin
(who is) completely marriageable
who would be of a will that
she would suffer death for your sake.
Now it is not the custom of people
that someone do it willingly.
Nothing else is required for it (your
cure) than the blood of the heart of a
virgin. That would be good for your
disease.
    Now poor Heinrich knew
that that would be impossible:
that someone acquire a person
who would like to die for him.
Thus the consolation had been taken from
him for which he had come thither;
and after that for the same period
he had for his recovery
no more hope.
Hence the pain of his heart became
so powerful and great
that it bothered him most of all
if (that) he should continue living.
He went home and began to give away
his inherited property and also his per-
sonal effects according to how his own
feeling and wise advice counseled
that he might apply it best of all.
He began judiciously to
make his poor relations wealthy
and also to enrich poor people unknown
(to him) so that God might deign to have
mercy for the salvation of his soul.
The other part fell to the monasteries.
Thus did he get rid of
all his major possessions
except for one farm on cleared land.
Thither he fled people.
This lamentable happening--
it was not the complaint of him alone.
All the lands bewailed him
in which he was known and (he was
mourned) also by (people in) foreign
lands who knew him by reputation.

---

250 er ez. 259 land cleared of forest for farming.

Der ê diz geriute	He who earlier had cultivated
und der ez dannoch biute,	this farm and who was still doing so--
daz was ein vrîer bûman	that was a free peasant
der vil selten ie gewan	270 who very seldom (never) had ever
dehein grôz ungemach,	any (of the) great trouble that
daz andern gebûren doch geschach	indeed happened to the other peasants
die wirs geherret wâren	who had worse lords
und si die niht verbâren	(and) who did not spare them both
beidiu mit stiure und mit bete.	275 with taxes and other demands.
swaz dirre gebûre gerne tete,	Whatever this peasant did freely,
des* dûhte sînen herren genuoc:	that seemed enough to his lord.
dar zuo er in übertruoc	In addition, he protected him
daz er deheine arbeit	so that he suffered no affliction
von vremedem gewalte leit.	280 from outside power.
des was deheiner sîn* gelîch	Because of this no one similar to him
in dem lande alsô rîch.	was so well off in that country.
ze dem gebûren zôch sich	To this peasant came his
sîn herre, der arme Heinrich.	lord, poor Heinrich.
swaz er im hete ê gespart,	285 Whatever he had spared him earlier--
wie wol daz nû gedienet wart	how well that was now returned
und wie schône er sîn genôz!	and how handsomely he had benefit of it!
wan in vil lützel des* verdrôz	For it disturbed him very little
swaz im ze tuonne geschach durch in.	whatever it befell him to do for him.
er hete die triuwe und ouch den sin	290 He possessed the loyalty and also the
daz er vil willeclîchen leit	(good) sense that he very willingly put
den kumber und die arbeit	up with the bother and the work that
diu im ze lîdenne geschach.	fell to his lot to suffer.
er schuof ime rîch gemach.	He made rich comfort for him.
Got hete dem meier gegeben	295 God had given the farmer according to
nâch sîner ahte ein reinez leben.	his class a good life.
er hete ein wol erbeiten lîp	He had a body capable of hard work
und ein wol werbendez wîp,	and a very capable wife.
dar zuo hete er schoeniu kint,	In addition, he had beautiful children,
diu gar des mannes vreude sint,	300 which are really the joy of a man.
unde hete, sô man saget,	And (he) had, as one tells,
under den eine maget,	among them a girl,
ein kint von ahte jâren:	a child of eight years.
daz kunde gebâren	It knew how to behave
sô rehte güetlîchen:	305 very nicely.
diu wolde nie entwîchen	She never wanted to budge
von ir herren einen vuoz.	from her lord one foot.
umbe sîn hulde und sînen gruoz	For his favor and his greeting
diente si im alle wege	she served him constantly
mit ir güetlîchen phlege.	310 with her kind attention.
si was ouch sô genaeme	She was also so pleasant
daz si wol gezaeme	that she would certainly be fitting

---

277 gen. after dûhte.   281 gen. referring to the peasant.   288 gen. after verdrôz.

ze kinde dem rîche*
an ir waetlîche.

as a child for the empire
in her loveliness.

Die andern hâten den sin
daz si ze rehter mâze in
wol gemîden kunden:
sô vlôch si zallen* stunden
zim* und niender anderswar.
si was sîn kurzwîle gar.
si hete ir gemüete
mit reiner kindes güete
an ir herren gewant,
daz man si zallen zîten vant
under sînem vuoze.
mit süezer unmuoze
wonte si ir herren bî.
dar zuo liebete er ouch sî
swâ mite er mohte
und daz der maget tohte
zuo ir kintlîchen spil:
des gap ir der herre vil.
ouch half in sêre daz diu kint
sô lîhte ze wenenne sint.
er gewan ir swaz er veile vant,
spiegel unde hârbant
und swaz kinden liep solde sîn,
gürtel unde vingerlîn.
mit dienste brâhte er si ûf die vart
daz si im alsô heimlich wart
daz er si sîn gemahel hiez.
diu guote maget in liez
belîben selten eine:
er dûhte si vil reine.
swie starke ir daz geriete
diu kindische miete,
iedoch geliebete irz* aller meist
von gotes gebe ein süezer geist.

315

320

325

330

335

340

345

The others had the sense
that they in correct measure knew
how to avoid him well.
But she fled at all times
to him and never anywhere else.
She was indeed his entertainment.
She had turned her affections
to her lord with the pure
goodness of a child,
so that one found her at all times
at his feet.
With sweet eagerness
she attended to her lord.
In turn, he made himself pleasing to
her in whatever way he could
and which was fitting for the girl
with her childhood games.
The lord gave her much of this.
It also helped him very much that
children are so easy to win over.
He obtained for her whatever he found
for sale--a mirror and hair ribbons, and
whatever should be dear to children--
a belt and rings.
With (such) service he brought things to
the point that she became so close to
him that he called her his bride.
The kind girl seldom let him
remain alone. He seemed
to her (to be) completely healthy.
However strongly the playthings
urged this of her,
still a sweet disposition, a gift of
God, made it (this way of behaving)
please her.

Ir dienest was sô güetlich.
dô der arme Heinrich
driu jâr dâ entwelte
und im got gequelte
mit grôzem sêre den lîp,
nû saz der meier und sîn wîp
und ir tohter, diu maget
von der ich iu hân gesaget,
bî im in ir unmüezikeit*

350

355

Her service was very kind.
When poor Heinrich had
spent three years there and
God had tormented his body
with great affliction,
the farmer and his wife were then
sitting, along with their daughter, the
girl of whom I have told you,
with him while working,

---

313 i.e., she could have been the child of the emperor. 318 <u>zu allen</u>. 319 <u>zu im</u>.
347 <u>ir ez</u>. 357 literally: in their being busy.

und weinden ir herren leit.
der klage gienc in michel nôt:
wan si vorhten daz sîn tôt   360
si sêre solde letzen
und vil gar entsetzen
êren unde guotes,
und daz herters muotes
würde ein ander herre.   365
si gedâhten alsô verre
unz der selbe bûman
alsus vrâgen began.
    Er sprach: 'lieber herre mîn,
möhtez* mit iuwern hulden sîn,   370
ich vrâgete vil gerne:
sô vil zuo Salerne
von arzenîen meister ist,
wie kummet daz ir deheines list
ziuwerm* ungesunde   375
niht gerâten kunde?
herre, des* wundert mich.'
dô holte der arme Heinrich
tiefen sûft von herzen
mit bitterlîchem smerzen: 380
mit solher riuwe er dô sprach
daz im der sûft daz wort zebrach:
    'Ich hân den schämelîchen spot
vil wol gedienet umbe got.
wan dû saehe* wol hie vor   385
daz hôch offen stuont mîn tor
nâch werltlîcher wünne
und daz niemen in sînem künne
sînen willen baz hete dan ich:
und was daz joch unmügelich,   390
wan ich in hete mit vollen gar.
dô nam ich sîn* vil kleine war
der mir daz selbe wunschleben
von sînen gnâden hete gegeben.
daz herze mir dô alsô stuont,   395
als alle werlttôren tuont
den daz raetet ir muot
daz si êre unde guot
âne got mügen hân.
sus truoc ouch mich mîn tumber wân,   400
wan ich in lützel ane sach
von des gnâden mir geschach
vil êren unde guotes.

and (they) were lamenting the suffering
of their lord. There was much need of
their lament, for they feared that his
death would harm them very much and
would remove them quite completely
from honor and possessions, and that
another lord would be
of a severer disposition.
They continued thinking farther
until the peasant
began to inquire thus.
    He said, "My dear lord,
if it might be with your favor,
I would very much like to ask:
as many doctors of medicine as
there are in Salerno--
how is it that the skill of any of them
knew how to provide no help
for your infirmity?
Lord, this makes me wonder."
Then poor Heinrich emitted
a deep sigh from his heart
with bitter pain.
He then spoke with such sorrow that the
sighing interrupted for him the words.
    "I have very much deserved this
shameful humiliation in God's eyes.
For you well saw previously
that my gate stood wide open
for worldly joy
and that no one among his kin
had his will better than I.
And this was certainly impossible,
for I had it (my will) utterly.
Then I was very little aware of him
who had given me this same ideal life
out of his good graces.
My heart then was for me just
as it is for all utter fools
for whom their mind advises them
that they can have honor
and possessions without God.
My foolish notions deceived me thus,too.
For I seldom looked to him
from whose favor so much honor
and possessions came about for me.

---

370 möhte ez. 375 zu iuwerm. 377 wundern is impersonal and takes acc. of person
and gen. of thing. 389 du sahest. 392 gen. sing. masc. obj. of verb: of him.

dô des hôchmuotes
den hôhen portenaere verdrôz,*   405
die saelden porte er mir beslôz.
dâ kum ich leider niemer in:
daz verworhte mir mîn tumber sin.
got hât durch râche an mich geleit*
ein sus gewante siecheit   410
die nieman mac erloesen.
nu versmâhe ich den boesen,
die biderben ruochent mîn niht.
swie boese er ist der mich gesiht,
des boeser muoz ich dannoch sîn.   415
sîn unwert tuot er mir schîn:
er wirfet diu ougen abe mir.
nû schînet alrêst an dir
dîne triuwe die dû hâst,
daz dû mich siechen bî dir lâst   420
und von mir niene vliuhest.
swie dû mich niht enschiuhest,
swie ich niemen liep sî wan dir,
swie vil dîns heiles stê an mir,
du vertrüegest doch wol mînen tôt.   425

nû wes unwert und wes nôt
wart ie zer werlte merre?
hie vor was ich dîn herre
und bin dîn dürftige nû.
mîn lieber vriunt, nû koufestû*   430
und mîn gemahel und dîn wîp
an mir den êwigen lîp
daz dû mich siechen bî dir lâst.
des* dû mich gevrâget hâst,
daz sage ich dir vil gerne.   435
ich enkunde zuo Salerne
deheinen meister vinden
der sich mîn underwinden*
getörste oder wolde.
wan dâ mite ich solde   440
mîner sühte genesen,
daz müese ein solhiu sache wesen
die in der werlte nieman
mit nihte* gewinnen kan.
mir wart anders niht gesaget   445
wan daz ich müese hân ein maget
vollen hîbaere

When this arrogance
irritated the exalted Gatekeeper,
he closed the portals of blessedness to
me. Alas, I´ll never come in there.
My foolish attitude spoiled that for me.
As punishment God imposed on me
such an infirmity
which no one can free (me from).
Now I have become repugnant to common
people. The prominent take no notice of
me. However lowly he is who looks at
me, I am still more lowly than he.
He shows me his contempt:
He turns his eyes from me.
Now for the first time the loyalty
which you have becomes visible on you--
that you let me (stay) with you sick
(though I be) and (you) do not at all
flee from me. (But) although you do not
shun me, although I am dear to no one
but you, although much of your
prosperity depends on me, still you
would easily bear my death.
Now whose worthlessness and whose
distress in the world was ever greater?
Before I was your lord
and now I am your indigent.
My dear friend, now you are obtaining
(for yourself) and for my bride and your
wife eternal life through me--that you
allow me (though) sick (to be) with you.
That about which you asked me,
that I shall be glad to tell you.
At Salerno I was able
to find no doctor
who dared or wanted
to take me into his charge.
For that by which I was supposed
to recover from my sickness
would have to be such a thing
that no one in the world
knows how to obtain by any means.
Nothing else was told to me
but that I would have to have a virgin,
fully marriageable,

---

405 verdriezen is impersonal and takes acc. of person and gen. of thing.
409 gelegt. 430 koufst du. 434 wonach. 438 underwinden is reflexive with gen.:
take charge of. 444 double negatives are sometimes used to intensify the
negative.

diu des willen waere
daz si den tôt durch mich lite
und man si zem* herzen snite,
und mir waere niht anders guot
wan von ir herzen daz bluot.
nû ist genuoc unmügelich
daz ir deheiniu durch mich
gerne lîde den tôt.
des muoz ich schäntlîche nôt
tragen unz an mîn ende.
daz mirz* got schiere sende!´
          Daz er dem vater hete gesaget,
daz erhôrte diu reine maget:
wan ez hete diu vil süeze
ir lieben herren vüeze
stânde in ir schôzen.
man mohte wol genôzen
ir kintlich gemüete
hin zuo der engel güete.
sîner rede nam si war
unde marhte si gar:
si enkam von ir herzen nie
unz si des nahtes slâfen gie
zir* vater vüezen, dâ si lac,
und ouch ir muoter, sô si phlac.
dô si beide entsliefen,
manigen sûft tiefen
holte si von herzen.
umbe ir herren smerzen
wart ir riuwe alsô grôz
daz ir ougen regen begôz
der slâfenden vüeze.
sus erwahte si diu süeze.
          Dô si der trähene emphunden,
si erwacheten und begunden
si vrâgen waz ir waere
und welcher hande swaere
si alsô stille möhte klagen.
nu enwolde sis* in niht gesagen.
dô ir vater aber tete
vil manige drô unde bete
daz si ez in müese sagen,
si sprach: ´ir möhtet mit mir klagen.
waz mac uns mê gewerren
danne an unserm herren,
daz wir den suln verliesen

who would be of a will
that she would suffer death for my sake;
450   and that one would cut into her heart,
and nothing else would be beneficial for
me except the blood from her heart.
Now it is (certainly) impossible enough
that any of them for my sake
455   would freely suffer death.
And so I must bear shameful affliction
up till my end.
May God send it to me quickly!"
          What he told the father,
460   that the innocent girl heard;
for the very sweet (girl) had
the feet of her dear lord
resting in her lap.
One could well compare
465   her childlike disposition
with the goodness of the angels.
She took cognizance of his story
and marked it well.
It never left her heart (remaining
470   there) until she went to bed that night
at the feet of her father, where she
lay, and also of her mother, as she was
accustomed (to do). When they had both
fallen asleep, she pressed many a deep
475   sigh from her heart.
Her sadness because of the affliction
of her lord was so great
that the rain of her eyes poured over
the feet of the sleeping (parents).
480   Thus did the sweet (girl) awaken them.
          When they felt the tears,
they woke up and began
to ask her what was wrong with her
and a distress of what kind she
485   could be lamenting so quietly.
Well, she did not want to tell them any-
thing of it. But when her father made
many threats and entreaties that
she should tell it to them,
she said, "You might (well) lament with
491   me. What can disturb us more about our
lord but that we shall
lose him and

---

450 zu dem.   458 mir ez (den Tod).   471 zu ir.   486 si es (gen.).

und mit im verkiesen		with him shall lose
beidiu guot und êre?	495	both possessions and honor?
wir gewinnen niemer mêre		We shall never ever get
deheinen herren alsô guot		any lord so good who
der uns tuo daz er uns tuot.´		would do for us what he does for us."
si sprâchen: ´tohter, dû hâst wâr.		They said, "Daughter, you are right.
nû vrumet uns niht umbe ein hâr	500	But it does not help us one bit--
unser riuwe und diu klage.		our sadness and our lamenting.
liebez kint, dâ von gedage:		Dear child, don´t talk about it.
ez ist uns alsô leit sô dir.		We are just as sad about it as you are.
leider nû enmuge wir		Unfortunately we can be
im ze deheinen staten komen.	505	of no help to him.
got der hât in uns benomen:		God has taken him from us.
hetez* iemen anders getân,		If anyone else had done it,
der müeze unsern vluoch hân.´		he would have to have our curse."
Alsus gesweicten si si dô.		Thus did they reduce her to silence.
die naht beliep si unvrô	510	(All) that night she remained dejected
und morgen allen den tac.		and the whole next day (as well).
swes* iemen anders phlac,		Whatever anyone else was doing,
diz enkam von ir herzen nie,		this (concern) never left her heart
unz man des andern nahtes gie		until the next night one went
slâfen nâch gewonheit.	515	to sleep as usual.
dô si sich hâte geleit*		When she had laid herself (down)
an ir alte bettestat,		on her usual sleeping place,
si bereite aber ein bat		she again prepared a bath
mit weinenden ougen:		with (her) weeping eyes.
wan si truoc tougen	520	For she carried secretly
nâhen in ir gemüete		close (to her) in her heart
die aller meisten güete		the greatest goodness
die ich von kinde ie vernam.		that I ever heard of in a child.
welh kint getete ouch ie alsam?		What (other) child had ever acted like
des einen si sich gar bewac,	525	this? She was completely resolved (to
gelebete si morgen den tac,		do) one thing--if she were still alive
daz si benamen ir leben		the next day, that she would in fact
umbe ir herren wolde geben.		give her life for her lord.
Von dem gedanke wart si dô		At this thought she then became
vil ringes muotes unde vrô	530	light hearted and happy
und enhete deheine sorge mê,		and had no more cares,
wan ein vorhte diu tet ir wê:		except one fear which pained her:
sô siz* ir herren sagete,		When she would tell it (her plan) to her
daz er dar an verzagete,		lord, that he would be cowardly about
und swenne siz* in allen drin	535	it, and when she made it known to all
getaete kunt, daz si an in		three of them, that she would not at all
der state niene vunde		find the constancy in them--that one
daz mans* ir iht gunde.		would allow her anything of it.
des wart sô grôz ir ungehabe		And so her distress became so great

---

507 hete ez.   512 gen. obj. of phlegen.   516 gelegt.   525 sich bewegen w. gen.:
decide on.   533 si ez.   535 si ez.   538 man es (gen.).

daz ir muoter dar abe
und ir vater wart erwaht
als ouch an der vordern naht.
si rihten sich ûf zuo ir
und sprâchen: 'sich, was wirret dir?
dû bist vil alwaere
daz dû dich sô manige swaere
von solher klage hâst an genomen
der nieman mac zeim* ende komen.
wan* lâzestû* uns slâfen?'
sus begunden si si strâfen:
waz ir diu klage tôhte,
die nieman doch enmôhte
erwenden noch gebüezen?
sus wânden si die süezen
hân gesweiget anderstunt:
dô was ir wille in unkunt.
sus antwurte in diu maget:
'als uns mîn herre hât gesaget,
sô mac man in vil wol ernern.
zewâre ir enwelt mirz* danne wern,
so bin ich zer* arzenîe guot.
ich bin ein maget und hân den muot,
ê ich in sehe verderben,
ich wil ê vür in sterben.'
    Von dirre rede wurden dô
trûric und unvrô
beide muoter unde vater.
sîne tohter die bater*
daz si die rede lieze
und ir herren gehieze
daz si geleisten möhte,
wan ir diz niene tôhte.
'tohter, dû bist ein kint
und dîne triuwe die sint
ze grôz an disen dingen.
dû enmaht si niht bringen
als dû uns hie hâst verjehen.
dû hâst des tôdes niht gesehen.
swennez dir kumet ûf die vrist
daz des dehein rât ist,
du enmüezest ersterben,
und möhtestu daz erwerben,
dû lebetest gerner dannoch:
wan du enkaeme nie in leider loch.
tuo zuo dînen munt:

540 that her mother and her father
     were awakened by it
     just as in the previous night.
     They sat up facing her
     and said, "Look, what is bothering you?
545 You are very silly
     that you have taken on so much
     distress from such a sad thing
     which no one can bring to a (successful)
     conclusion. Why don't you let us
550 sleep?" Thus did they begin to take her
     to task: What (good) did the lamenting
     do her (about something) which no one
     after all could either turn aside or
     make good? Thus did they imagine
555 they had silenced the sweet (girl) a
     second time. But her (stubborn) will
     was unknown to them. Thus did the girl
     answer them: "As my lord has said to us,
     one can quite well heal him.
560 Truly, unless you want to keep me from
     it, I am suitable as medicine.
     I am a virgin and have the courage.
     Before I see him go to ruin,
     I would rather die for him."
565   Because of this way of talking both
     mother and father became
     sad and dejected.
     He asked his daughter
     that she abandon this (such) talk
570 and promise her lord (only)
     what she could (really) carry out;
     for this (plan) was not at all fitting
     for her. "Daughter, you are a child
     and your devotion--it is too much
575 in these matters.
     You cannot bring it about
     as you have claimed to us here.
     You have seen nothing of death.
     When it comes for you to the point
580 that there is no help of it,
     but that you have to die,
     (then) if you could bring it about,
     you would certainly rather live;
     for you have never come into a more
585 deplorable pit. (Now) be quiet.

---

548 zu einem. 549 warum nicht; lazest du. 560 mir ez. 561 zur. 568 bat er.

und wirstû* vür dise stunt
der rede iemer mêre lût,
ez gât dir ûf dîne hût.'*
alsus wânde er si dô
beidiu mit bete und mit drô   590
gesweigen: dô enmohter.*
    Sus antwurte im sîn tohter:
'vater mîn, swie tump ich sî,
mir wonet iedoch diu witze bî
daz ich von sage wol die nôt   595
erkenne daz des lîbes tôt
ist starc unde strenge.
swer joch danne die lenge
mit arbeiten leben sol,
dem ist ouch niht ze wol: 600
wan swenne er hie geringet
und ûf sîn alter bringet
den lîp mit micheler nôt,
sô muoz er lîden doch den tôt.
ist im diu sêle danne verlorn,   605
sô waere er bezzer ungeborn.
ez ist mir komen ûf das zil,
des* ich got iemer loben wil,
daz ich den jungen lîp mac geben
umbe das êwige leben.   610
nû sult ir mirz* niht leiden.
ich wil mir und iu beiden
vil harte wol mite varn.
ich mac uns eine wol bewarn
vor schaden und vor leide,   615
als ich iu nû bescheide.
wir hân êre unde guot:
daz meinet mînes herren muot,
wan er uns leit nie gesprach
und ouch daz guot nie abe gebrach.   620
die wîle daz er leben sol
sô stât unser sache wol:
und lâze wir den ersterben,
sô müeze wir verderben.
den wil ich uns vristen   625
mit alsô schoenen listen
dâ mite wir alle sîn genesen.
nû gunnet mirs,* wan ez muoz wesen.'
    Diu muoter weinende sprach,
dô si der tohter ernest sach: 630

And if you from this point on ever
again mention this (whole) business,
you'll get what's good for you."
Thus did he imagine that he, both
with entreaties and threats, had
silenced her. But he could not.
    So did his daughter answer him:
"Dear father, however young and inex-
perienced I may be, I still have the
sense that I recognize well from what
people say the harsh fact that the death
of the body is violent and severe.
But whoever then shall live a long
time with hardships,
for him things are also not so well.
For when he has struggled here
and brought his life to a (ripe old)
age with much toil,
then he must suffer death anyway.
If the soul is then lost for him,
then he would be better unborn.
The opportunity has come to me--(and)
I shall always praise God for it--
that I can give my young life
(in exchange) for eternal life.
Now you should not spoil it for me.
I want to do very well
for me and and you both.
I alone am able to preserve us well
from harm and from suffering,
as I shall now make clear to you.
We have honor and possessions. This
comes from the (favorable) disposition
of my lord, for he never has decreed
suffering for us and also never took
away possessions. As long as he shall
live, things will go well for us.
But if we let him die,
then we shall go to ruin.
I want to keep him alive for us
by such beautiful plans
so that we shall all prosper.
Now grant it to me, for it has to be."
    The mother spoke weeping, when
she saw the seriousness of her daughter:

---

586 wirst du. 588 es geht dir auf die Haut. 591 enmohte er. 608 gen. of thing
after loben: dafür. 628 mir es (gen. of thing).

´gedenke, tohter, liebez kint,
wie grôz die arbeite sint
die ich durch dich erliten hân
und lâ mich bezzern lôn emphân
dan ich dich hoere sprechen.   635
dû wilt mîn herze brechen.
senfte mir der rede ein teil.
jâ wiltû allez dîn heil
an uns verwürken wider got.

wan gedenkestû* an sîn gebot?   640
jâ gebôt er unde bater*
daz man muoter unde vater
minne und êre biete,
und geheizet daz ze miete
daz der sêle genist werde   645
und lanclîp ûf der erde.
dû gihst,* dû wellest dîn leben
durch unser beider vreude geben:
dû wilt iedoch uns beiden
daz leben vaste leiden.   650
daz dîn vater unde ich
gerne leben, daz ist durch dich.
waz solde uns lîp unde guot,   a
waz solde uns werltlîcher muot,   b
swenne wir dîn* enbaeren?   c
dû ensolt uns niht swaeren.   d
jâ soltû, liebe tohter mîn,
unser beider vreude sîn,
unser liebe âne leide,   a
unser liehtiu ougenweide,   b
unsers lîbes wünne,   655
ein bluome in dînem künne,
unsers alters ein stap.
und lâzestû* uns über dîn grap
gestân von dînen schulden,
dû muost von gotes hulden   660
iemer sîn gescheiden:
daz koufest an uns beiden.
wiltû* uns, tohter, wesen* guot,   a
sô soltû* rede und den muot   b
durch unsers herren hulde lân,   c
diu ich von dir vernomen hân.´   d

    ´Muoter, ich getrûwe dir
und mînem vater her ze mir

"Call to mind, daughter (and) dear
child, how great the hardships are
that I have suffered for your sake,
and let me receive a better reward
than I am hearing you speak (about).
You are going to break my heart.
Soften for me a bit of what you are
saying. You are really wanting to
forfeit salvation with regard to God
(by what you are doing) to us.
For are you not mindful of his command-
ment? He certainly commanded and asked
that one offer mother and
father love and honor,
and (he) promised that as a reward that
the prosperity of the soul would come
about and a long life on earth.
You claim you want to give up your
life for the joy of us both.
And yet you want to fill the lives for
us both completely with suffering.
That your father and I enjoy living--
that is because of you.
What good to us is life and possessions,
what good to us is earthly well-being
if we give up you?
You should not weigh us down.
Indeed, my dear daughter, you should
be the joy of us both,
our pleasure without suffering,
the bright delight of our eyes,
the bliss of our life,
a flower among your kin,
the staff of our (old) age.
And if you cause us to stand over your
grave through your own fault,
you must forever be separated
from God´s favor.
That is what you gain with regard to us
both. Daughter, if you wish to be good
to us, then you should abandon the talk
and the intention which I have heard
from you for the sake of our Lord´s
favor.
    "Mother, I trust you and my father
well regarding all the

---

640 gedenkest du. 641 bat er. 647 from jehen: claim. 652c gen. obj. of
enbaeren. 658 lâzest du. 662a willst du; sein. 662b sollst du.

aller der genâden wol		favors toward me which father
der* vater unde muoter sol		and mother should provide
leisten ir kinde,		for their child,
als ich ez wol bevinde		as I well experience it
an iu aller tägelich.		regarding you every day.
von iuwern gnâden hân ich	670	From your favor I have
die sêle und einen schoenen lîp.		my soul and a beautiful body.
mich lobet man unde wîp,		Man and woman praise me,
alle die mich sehende sint,		all who are seeing me,
ich sî daz schoeneste kint		(that) I am the most beautiful child
daz si zir* lebene haben gesehen.	675	that they have seen in their life.
wem solde ich der genâden jehen		To whom should I attribute this favor
niuwan iu zwein nâch gote?		after God except to you two?
des sol ich ziuwerm* gebote		Because of this I shall very gladly
iemer vil gerne stân:		stand (ready) always for your command.
wie michel reht ich des hân!	680	How great an obligation do I have of
muoter, saeligez wîp,		this! Mother, dear woman,
sît ich nû sêle unde lîp		since I then have soul and body
von iuwern genâden hân,		from your (good) graces,
sô lâtz* an iuwern hulden stân		so let it be with your favor,
daz ich ouch diu beide	685	that I separate them both
von dem tiuvel scheide		from the devil and
und mich gote müeze geben.		may give myself to God.
jâ ist dirre werlte leben		Indeed, the life of this world
niuwan der sêle verlust.		is nothing but loss to the soul.
ouch hât mich werltlich gelust	690	Also, worldly desires, which lead to
unz her noch niht berüeret,		hell, have not touched
der hin zer helle vüeret.		me up until now.
nû wil ich gote gnâde sagen		Now I shall say thanks to God
daz er in mînen jungen tagen		that he has given me in my
mir die sinne hât gegeben	695	young days the (good) sense
daz ich ûf diz broede leben		that I esteem very little
ahte harte kleine.		this fragile existence.
ich wil mich alsus reine		I shall hand myself over thus
antwürten in gotes gewalt.		pure into God's power.
ich vürhte, solde ich werden alt,	700	I fear that, if I should become old
daz mich der werlte süeze		(live long), the sweetness of the world
zuhte under vüeze,		might drag me beneath (its) feet,
als si vil manigen hât gezogen		as it has dragged very many a one
den ouch ir süeze hât betrogen:		whom its sweetness has also deceived.
sô würde ich lîhte gote entsaget.	705	Then I would be easily denied to God.
dem müezez* sîn geklaget		To him it must be lamented
daz ich unz morgen leben sol.		that I shall live (even) until tomorrow.
mir behaget diu werlt niht sô wol:		The world does not suit me so well.
ir gemach ist michel arbeit,		Its comfort is much toil.
ir meiste liep ein herzeleit,	710	Its greatest pleasure (is) sorrow of

666 gen. pl. obj. of <u>leisten</u>. 675 <u>zu ir</u>. 678 <u>zu iuwerm</u>. 684 <u>lât ez</u>. 706 <u>müeze</u> <u>ez</u>.

ir süezer lôn ein bitter nôt, | heart, its sweet reward bitter want,
ir lanclîp ein gaeher tôt. | its long life a sudden death.
wir hân niht gewisses mê | We have nothing more certain
wan hiute wol und morgen wê | than today joy and tomorrow sorrow,
und ie ze jungest der tôt: | 715 | and always at the end death.
daz ist ein jaemerlîchiu nôt. | That is a lamentable misfortune.
ez enschirmet geburt noch guot, | Neither birth nor possessions protect
schoene, sterke, hôher muot, | (one, nor) beauty, strength, (or) ex-
ez envrumet tugent noch êre | hilaration. Virtue or honor help one
vür den tôt niht mêre | 720 | in the face of death no more than
dan ungeburt und untugent. | low birth and vice.
unser leben und unser jugent | Our life and our youth are
ist ein nebel und ein stoup, | mist and dust.
unser staete bibet als ein loup. | Our steadfastness trembles like a leaf.
er ist ein vil verschaffen gouch | 725 | He is a very misguided fool
der gerne in sich vazzet rouch, | who likes to fill himself with smoke,
ez sî wîp oder man, | be it a woman or a man,
der diz niht wol bedenken kan | who does not know how to think it out
und der werlte volgende ist | well and is one following the world;
wan uns ist über den vûlen mist | 730 | for over the foul dung is spread out
der phelle gespreitet: | for us a silk cloth.
swen nû der blic verleitet, | Now whomever the splendor leads astray,
der ist zer helle geborn | he has been born for hell
und enhât niht verlorn | and has lost nothing (other)
wan beidiu sêle unde lîp. | 735 | than both soul and body.
nu gedenket, saeligez wîp, | Now be mindful, dear woman,
müeterlîcher triuwe | of your motherly devotion
und senftet iuwer riuwe | and moderate your sorrow
die ir dâ habet umbe mich: | which you have because of me.
so bedenket ouch der vater sich. | 740 | Then father will also consider (things
ich weiz wol daz er mir heiles* gan. | similarly). I know well that he does not
er ist ein alsô biderber man | begrudge me salvation. He is such an
daz er erkennet wol daz ir | honest man that he well realizes that
unlange doch mit mir | you can have, after all, your joy
iuwer vreude muget hân, | 745 | with me for only a short time,
ob ich joch lebende bestân. | even if I remain living.
belîbe ich âne man bî iu | If I remain with you without a husband
zwei jâr oder driu, | two years or three,
sô ist mîn herre lîhte tôt, | then my lord is perhaps dead, and (we)
und komen in sô grôze nôt | 750 | shall come into such great distress
vil lîhte von armuot | perhaps because of poverty
daz ir mir solhez guot | that you cannot give me such
zeinem* man niht muget geben, | possessions (dowry) for a suitor,
ich enmüeze alsô swache leben | but I would have to live so in want
daz ich iu lieber waere tôt. | 755 | that you would rather have me dead.
nû geswîge wir aber der nôt* | Now let us be silent about (disregard)

---

741 gen. obj. after gunnen. 753 zu einem. 756 gen. obj. of swîgen.

daz uns niht enwerre	this problem (and assume) that
und uns mîn lieber herre	it is not disturbing us and that my dear
wer und alsô lange lebe	lord continues and lives so long
unz man mich zeinem* manne gebe 760	until one gives me to a husband
der rîche sî unde wert:	who is prosperous and respected:
sô ist geschehen des ir dâ gert,	Then that of which you had a desire has
und waenet mir sî wol geschehen.	happened and (you) think things have
anders hât mir mîn muot verjehen.	turned out well for me. My heart has
wirt er mir liep, daz ist ein nôt: 765	told me otherwise. If I love him, that
wirt er mir leit, daz ist der tôt.	is a distress. If I find him repulsive,
sô hân ich iemer leit	that is the death (of me). Thus I have
und bin mit ganzer arbeit	always (both ways) suffering and am cut
gescheiden von gemache	off from comfort with utter distress
mit maniger hande sache 770	in matters of many a kind
diu den wîben wirret	which trouble women
und si an vreuden irret.	and lead them astray from joy.
nû setzet mich in den vollen rât	Now put me in possession of that
der dâ niemer zegât.	full abundance that never dwindles.
mîn* gert ein vrîer bûman 775	A free yeoman desires me
dem ich wol mînes lîbes gan.	to whom I give myself freely.
zewâre dem sult ir mich geben,	Truly you should give me to him freely,
sô ist geschaffen wol mîn leben.	then my life is well taken care of.
im gât sîn phluoc harte wol,	His plow goes very well for him;
sîn hof ist alles râtes vol, 780	his farm is full of all provisions.
da enstirbet ros noch daz rint,	There neither horse nor cattle die.
da enmüent diu weinenden kint,	There crying children are not a bother.
da enist ze heiz noch ze kalt,	There it is neither too hot nor too
da erwirt von jâren nieman alt	cold. There no one becomes older in
(der alte wirt junger), 785	years. The old become young.
dâ enist vrost noch hunger,	Neither frost nor hunger are there.
da enist deheiner slahte leit,	Suffering of no kind is there.
da ist ganziu vreude âne arbeit.	Complete joy without hardship is there.
ze dem wil ich mich ziehen	To him I want to betake myself
und solhen bû vliehen 790	and flee such fields,
den der schûr und der hagel sleht	which the rain and the hail destroy
und der wâc abe tweht,	and the floods wash away,
mit dem man ringet und ie ranc.	with which one struggles and has always
swaz man daz jâr alsô lanc	struggled. What one in a year so
dar ûf garbeiten mac, 795	wearily can accomplish by work, that
daz verliuset schiere ein halber tac.	a half a day suddenly loses.
den bû den wil ich lâzen:	Such a farm--that I want to leave.
er sî von mir verwâzen.	Let it be cursed by me.
ir minnet mich, deist* billich.	You love me. That is as it should be.
nû sihe ich gerne daz mich 800	I would now gladly see (that) your love
iuwer minne iht unminne.	does not at all become the opposite.
ob ir iuch rehter sinne	If you can become aware of a right
an mir verstân* kunnet	perception with regard to me,

760 zu einem. 775 gen. obj. of gern. 799 daz ist. 803 reflexive verb w. gen.
obj.: realize, become aware of.

und ob ir mir gunnet*
guotes und êren,   805
sô lâzet mich kêren
zunserm* herren Jêsû Krist
des gnâde alsô staete ist
daz si niemer zegât,
und ouch zuo mir armen hât   810
alsô grôze minne
als zeiner* küniginne.
ich sol von mînen schulden
ûz iuweren hulden
niemer komen, wil ez got.   815
ez ist gewisse sîn gebot
daz ich iu sî undertân,
wan ich den lîp von iu hân:
daz leiste ich âne riuwe.
ouch sol ich mîne triuwe   820
an mir selber niht brechen.
ich hôrte ie daz sprechen,
swer den andern vreuwet sô
daz er selbe wirt unvrô
und swer den andern kroenet   825
und sich selben hoenet,
der triuwen sî joch ze vil.
wie gerne ich iu des volgen wil
daz ich iu triuwe leiste,
mir selber doch die meiste!   830
welt ir mir wenden mîn heil,
sô lâze ich iuch ein teil
ê nâch mir geweinen,
ich enwelle mir erscheinen
wes ich mir selbe schuldic bin. 835
ich wil iemer dâ hin
da ich volle vreude vinde.
ir habet ouch mê kinde:
diu lât iuwer vreude sîn
und getroestet iuch mîn.   840
mir mac daz nieman erwern
zewâre, ich enwelle ernern
mînen herren unde mich.
muoter, jâ hôrte ich dich
klagen unde sprechen ê,   845
ez taete dînem herzen wê,
soldestû* ob mînem grabe stân.
des wirstû* harte wol erlân:
dû stâst ob mînem grabe niht,

and if you do not begrudge me
possessions and honor,
then let me turn to
our Lord, Jesus Christ,
whose grace is so constant
that it never runs out,
and (who) has as great a love for
me, poor (as I am),
as (he does) for a queen.
I shall never come out of (lose)
your favor through my own fault,
God willing.
It is certainly his commandment
that I be subject to you,
for I have my life from you.
This I do without regret.
Also,(however), I should not violate
my loyalty to myself.
I have always heard it said:
Whoever causes someone else joy in such
a way that he becomes unhappy himself,
and whoever crowns (treats like a king)
someone else and shows contempt for
himself--that is, indeed, too much of
devotion. How gladly do I want to obey
you in this, that I show you devotion,
and yet to myself (I must show) the most
(loyalty)! If you intend to turn my
salvation from me, then I would rather
let you weep a bit over me
rather than that I not want to make
evident for myself what I owe myself.
I constantly want (to go) thither
where I shall find complete joy.
You have more children besides.
Let them be your joy and (let) yourself
be comforted (for the loss) of me.
Indeed, no one can hinder this for me
that I shall save
my lord and me.
Mother, I heard you lamenting
and saying just now
(that) it would make your heart suffer
if you had to stand over my grave.
You will be very well spared this.
You will not stand over my grave,

---

804 grant, not to begrudge, with dat. of person and gen. of thing.   807 zu unserm.
812 zu einer.   847 soldest dû.   848 wirst dû

wan dâ mir der tôt geschiht,	850 for where death happens to me--
daz enlât dich nieman sehen:	no one will let you see it.
ez sol ze Salerne geschehen.	It will take place in Salerno.
dâ sol uns vieriu der tôt	a There death shall free us (all) four
loesen von aller slahte nôt.	b from distress of all kinds.
des tôdes* genese wir	We shall all recover from death,
und ich verre baz dan ir.´	and I shall much more so than you."
Dô si daz kint sâhen	855 When they saw the child
zem tôde sô gâhen	rushing thus toward death
und ez sô wîslîchen sprach	and it spoke so wisely
unde menschlich reht zebrach,	and violated (merely) human norms,
si begunden ahten under in	they began to consider between them
daz die wîsheit und den sin	860 that no tongue in the mouth of a child
niemer erzeigen kunde	could ever manifest
dehein zunge in kindes munde.	this wisdom and this perception.
si jâhen daz der heilic geist	They claimed (were convinced) that the
der rede waere ir volleist,	Holy Spirit was the cause of this (way
der ouch sant Niklauses phlac,	865 of) talking, who was active in St.
dô er in der wagen lac,	Nicholas, as he lay in the cradle,
und in die wîsheit lêrte	and taught him wisdom,
daz er ze gote kêrte	so that he turned his childlike
sîne kintlîche güete.	goodness toward God.
sich bedâhte ir gemüete	870 Their hearts considered that
daz si niene wolden	they did not at all want to
si wenden noch ensolden	turn her (away), nor should they,
daz si sich hete an genomen:	(from that) which she had taken upon
der sin sî ir von gote komen.	herself. The idea came to her from God.
mit jâmer quelten si den lîp.	875 They tortured themselves with grief.
dô der meier und sîn wîp	When the farmer and his wife
an dem bette sâzen	were so sitting on the bed
alsô daz si vergâzen	that they forgot their tongues and
durch des kindes minne	their senses
der zungen und der sinne,	880 for the love of their child,
zuo der selben stunde	at that time
ir dewederz enkunde	neither one of them
ein einic wort gesprechen.	could speak a single word.
daz gegihte begunde brechen	Weeping cramps began to plague
die muoter von leide.	885 the mother in her suffering.
sus gesâzen si beide	Thus they both sat there
riuwic und unvrô	sad and dejected
unz si sich bedâhten dô	until they realized
waz in ir trûren töhte:	what (little) good their grieving did
sô ir doch niht enmöhte	890 them, when nothing could take from her
benemen willen und den muot.	this intention or this attitude.
so enwaere in niht alsô guot	Thus nothing would be as good for them
sô daz si irs* wol gunden,	as that they grant it to her,

---

853 gen. obj. of <u>genesen</u>.   893 <u>ir es</u> (gen. of thing).

wan si doch niht enkunden
ir niemer werden âne baz.   895
gevienge si der rede haz,
ez möhte in an ir herrren
vil harte gewerren
und verviengen anders niht dâ mite.
mit vil willeclîchem site   900
jâhen si beidiu dô
daz si der rede* waeren vrô.
   Des* vreute sich diu reine maget.
dô ez vil kûme was getaget,
dô gienc si dâ ir herre slief.   905
sîn gemahel im dô rief,
si sprach: 'herre, slâfet ir?'
'nein ich, gemahel, sage mir,
wie bistû* hiute alsô vruo?'
'herre, dâ twinget mich dar zuo   910
der jâmer iuwer siecheit.'
er sprach: 'gemahel, daz ist dir leit:
daz erzeigestu* an mir wol,
als ez dir got vergelten sol.
nu enmac es dehein rât sîn.'   915
'entriuwen, lieber herre mîn,
iuwer wirt vil guot rât.
sît ez alsus umbe iuch stât
daz man iu gehelfen mac,
ich engesûme iuch niemer tac.   920
herre, ir hât uns doch gesaget,
ob ir hetet eine maget
diu gerne den tôt durch iuch lite,
dâ soldet ir genesen mite.
diu wil ich weizgot selbe sîn: 925
iuwer leben ist nützer dannez mîn.'*

   Do genâdete ir der herre
des willen harte verre
und ervolleten im diu ougen
von jâmer alsô tougen   930
er sprach: 'gemahel, ja enist der tôt
iedoch niht ein senftiu nôt,
als dû dir lîhte hâst gedâht.
dû hâst mich des wol innen brâht,
möhtestû,* dû hülfest mir.   935
des genüeget* mich von dir.
ich erkenne dînen süezen muot:

for, after all, they could not become
without (lose) her in a better way.
If (their) dislike of the plan caught
them, it could get them into a lot of
trouble with their lord,
and (they) would accomplish nothing else
thereby. With a show of willingness
they then both asserted
that they were happy with the plan.
   The innocent girl was happy because
of it. When it had barely become day,
she went where her lord was sleeping.
His bride called then to him.
She said, "Lord, are you sleeping?"
"No, I am not, (my) bride. Tell me,
why are you up so early this morning?"
"Lord, grief (because) of your sickness
forces me to it."
He said, "(My) bride, that you are
sorry--that you show well toward me,
as God shall repay you for it.
But there can be no help of it."
"Truly, my dear lord, there (can) come
about very good help of (for) you.
Since your situation is thus
that one can help you,
I shall not delay for you another day.
Lord, you told us, after all, that
if you had a virgin who would
freely suffer death for your sake,
you would thereby be healed.
This (virgin) I shall be, so help me
God, myself. Your life is more useful
than mine."
   The lord thanked her then very
much for her intention,
and the eyes filled up for him
unnoticed in grief.
He said, "(My) bride, death is not at
all a pleasant affair,
as you have perhaps imagined.
You have certainly made me aware of
this--(that) if you could, you would
help me. That is enough for me from
you. I know your sweet affection.

---

902 gen. after vrô. 903 gen. after sich vreun. 909 bist dû? 913 erzeigest dû.
926 als das meine. 935 möhtest dû. 936 genüegen is impersonal and takes acc. of
person and gen. of thing.

dîn wille ist reine unde guot,

ich ensol ouch niht mê an dich gern.

dû maht mich des niht wol gewern   940

daz dû dâ gesprochen hâst.

die triuwe die dû an mir begâst,

die sol dir vergelten got.

diz waere der lantliute spot,

swaz ich mich vür dise stunde   945

arzenîen underwunde

und mich daz niht vervienge

wan als ez doch ergienge.

gemahel, dû tuost als diu kint

diu dâ gaehes muotes sint: 950

swaz den kumet in den muot,

ez sî übel oder guot,

dar zuo ist in allen gâch

und geriuwet si dar nâch.

gemahel, alsô tuost ouch dû.   955

der rede ist dir ze muote nû:

der die von dir nemen wolde,

sô manz* danne enden solde,

so geriuwez* dich vil lîhte doch.´

daz si sich ein teil noch   960

baz bedaehte, des bater.*

er sprach: ´dîn muoter und dîn vater

die enmugen dîn* niht wol enbern.

ich ensol ouch niht ir leides gern

die mir ie gnâde tâten.   965

swaz si dir beide râten,

liebe gemahel, daz tuo.´

hie mite lachete er dar zuo,

wan er lützel sich versach

daz doch sît dâ geschach.   970

    Sus sprach zir* er guoter.

der vater und diu muoter

sprâchen: ´lieber herre,

ir hât uns vil verre

geliebet unde gêret: 975

daz enwaere niht wol gekêret,

wir engultenz*iu mit guote.

unser tohter ist ze muote

daz si den tôt durch iuch dol:

des gunne wir ir harte wol,   980

sus hât siz* umbe uns brâht.   a

si enhât sich kurze niht bedâht: b

Your will is pure and good.
I should demand nothing else of you.
You are certainly able to grant me
nothing of that which you have just
said. The devotion which you perform
regarding me, for that God shall repay
you. This would be the derision of the
people all around; (given) what up till
now I have tried (in the way) of
medicines--if this did not do anything
for me except that it (sickness) just
progressed (as before). My bride, you
act like children who are of a rash
disposition. Whatever comes for them to
mind, whether it be bad or good,
they are all quick for it (to do it),
and (it) grieves them afterwards.
(My) bride, you are doing this, too.
You are convinced of this plan now.
(But if) someone were to take you up on
it--so that one should then carry it
out, then you would very probably regret
it." That she should think a bit better
(of the matter), that he bade her.
He said, "Your mother and your father,
they cannot well give you up.
I should also not desire (something)
of suffering from those who have always
been good to me. Whatever they both
advise you, dear bride, do that."
    In saying this he smiled,
for little did he realize (that)
which happened there afterwards.
        Thus did the noble man speak to
her. The father and the mother
said, "Dear lord,
you have very much made (things)
pleasant for us and honored (us).
That would not be well returned
unless we paid you back in kind.
Our daughter has the desire
that she suffer death for your sake.
This we very gladly grant to her:
Thus has she convinced us.
She has not just considered it a short

---

958 man ez. 959 geriuwe ez, impersonal verb with acc. of person. 961 bat er.
963 gen. obj. of enbern. 971 zu ir. 977 engulten ez. 980a si ez.

ez ist hiute der dritte tac	time. Today is the third day that
daz si uns allez ane lac	she has been at us all the time
daz wir ir sîn* gunden:	that we allow it to her.
nû hât siz* an uns vunden.	Now she has achieved it regarding us.
nû lâze iuch got mit ir genesen: 985	Now may God let you recover through her.
wir wollen ir durch iuch entwesen.´	We are willing to give her up for your sake."
Dô im sîn gemahel bôt	When his bride was offering to him
vür sînen siechtuom ir tôt	her death in exchange for his disease
und man ir ernest ersach,	and one saw her seriousness, there
dô wart dâ michel ungemach 990	came about there much joylessness and
und riuweclich gebaerde.	displays of sorrow.
manic mislich beswaerde	Many various worries
huop sich dô under in,	arose then among them
zwischen dem kinde und in drin.	between the child and those three.
ir vater und ir muoter die 995	Her father and her mother, they
huoben michel weinen hie:	began much weeping here.
weinens gienc in michel nôt	There was much need of weeping for them
umbe ir vil lieben kindes tôt.	about the death of their very dear
nu begunde ouch der herre	child. Then the lord also began
gedenken alsô verre 1000	to think further about the
an des kindes triuwe	devotion of the child
und begreif in ouch ein riuwe,	and a sadness took hold of him, too,
daz er sêre weinen began,	so that he began to weep much,
und zwîvelte vaste dar an	and was very seriously hesitating
weder ez bezzer getân 1005	whether it was better to be
möhte sîn oder verlân.	done or left undone.
von vorhten weinde ouch diu maget:	Out of fear the girl was weeping, too.
si wânde er waere dar an verzaget.	She imagined he would become faint-
sus wâren si alle unvrô.	hearted. Thus they were all gloomy.
si engerten deheines dankes dô. 1010	They did not desire any cheer then.
Ze jungest dô bedâhte sich	Finally their lord, poor Heinrich,
ir herre, der arme Heinrich,	pulled himself together
und begunde sagen in	and began to express
grôze gnâde allen drin	great thanks to them all three
der triuwen und des guotes 1015	for their loyalty and generosity.
(diu maget wart rîches muotes	The girl was exuberant that he was
daz ers* gevolgete gerne)	willing to follow it (her plan).
und bereite sich ze Salerne	and (Heinrich) prepared himself for
sô er schierest mohte.	Salerno as quickly as he could.
swaz joch der maget tohte, 1020	Whatever was suitable for the girl,
daz wart vil schiere bereit:	that was very quickly prepared:
schoeniu phärt und rîchiu kleit	beautiful palfreys and expensive clothes
diu si getruoc nie vor der zît,	which she had never worn previously--
hermîn unde samît,	ermine and velvet,
den besten zobel den man vant, 1025	the best sable one found--
daz was der mägede gewant.	that was the clothing of the girl.

---

983 gen. object of gunnen. 984 si ez. 1017 er es (gen.).

Nû wer möhte vol gesagen
die herzeriuwe und daz klagen
und ir muoter grimmez leit
und ouch des vater arbeit?
ez waere wol under in beiden
ein jaemerlîchez scheiden,
dô si ir liebez kint von in
gevrumten sô gesundez hin
nie mê ze sehenne in den tôt,
wan daz in senfterte ir nôt
diu reine gotes güete
von der doch daz gemüete
dem jungen kinde bekam
daz ez den tôt gerne nam.
ez was âne ir rât komen:
dâ von wart von in genomen
älliu klage und swaere,
wan ez anders wunder waere
daz in ir herze niht zebrach.
ze liebe wart ir ungemach,
daz si dar nâch dekeine nôt
enliten umbe des kindes tôt.
    Sus vuor engegen Salerne
vroelich und gerne
diu maget mit ir herren.
waz möhte ir nû gewerren
wan daz der wec sô verre was
daz si sô lange genas?
und dô er si vol brâhte
hin als er gedâhte
dâ er sînen meister vant,
dô wart ime dâ zehant
vil vroelîchen gesaget,
er hete brâht eine maget
die er in gewinnen hiez.
dar zuo er in si sehen liez.
daz dûhte in ungeloupllich.
er sprach: 'kint, hâstû* dich
dises willen selbe bedâht
oder bistû* ûf die rede brâht
von bete oder dînes herren drô?"
diu maget antwurte im alsô,
daz si die selben raete
von ir herzen taete.
    Des nam in michel wunder
und vuorte si besunder
und beswuor si vil verre,

Now who could fully express the
deep sorrow and the lamenting
and her mother's bitter suffering
1030 and also the misery of her father?
There would have been for them both
a parting full of grief,
as they sent away their dear child
from them (she being) so healthy,
1035 never again to see (her) to her death,
except that the pure goodness of God,
from which, after all, the determination
came to the child that it willingly
accepted death, relieved for
1040 them their distress.
It had come about without any help of
theirs. Hence all self-recrimination
and depression was taken from them,
for otherwise it would have been a
1045 miracle that their heart did not break.
Their sadness turned into joy
so that afterwards they suffered no
misery because of the child's death.
    Thus did the girl ride off toward
1050 Salerno cheerfully and willingly
with her lord.
What could trouble her now
except that the journey was so long,
that she remained healthy so long?
1055 And when he had finally brought her
there, as he had intended,
where he found his physician,
then it was immediately told to him
(physician) joyfully (that) he
1060 had brought (the kind of) a girl
that he had told him to get.
Then he let him see her.
This seemed to him incredible.
He said, "Child, did you reach this
1065 decision yourself or
were you brought to this plan
by the entreaties or threats of your
lord?" The girl answered him thus,
that she made these very plans
1070 in her heart.
    Much surprise seized him at this
and (he) led her aside and
beseeched her very seriously (to say)

1064 hâst dû. 1066 bist dû.

ob ir iht ir herre
die rede hete ûz erdrôt.   1075
er sprach: ´kint, dir ist nôt
daz dû dich bedenkest baz,
und sage dir rehte umbe waz:
ob dû den tôt lîden muost
unde daz niht gerne tuost,   1080
sô ist dîn junger lîp tôt
und vrumet uns leider niht ein brôt.
nu enhil mich dînes willen niht.
ich sage dir wie dir geschiht:
ich ziuhe dich ûz, sô stâstû* blôz 1085
und wirt dîn schame harte grôz
die dû von schulden danne hâst,
sô dû nacket vor mir stâst.
ich binde dir bein und arme.
ob dich dîn lîp erbarme,   1090
so bedenke disen smerzen:
ich snîde dich zem herzen
und brichez* lebende ûz dir.
vrôuwelîn, nû sage mir
wie dîn muot dar umbe stê.   1095
ez engeschach nie kinde alsô wê
als dir muoz von mir geschehen.
daz ich ez tuon sol unde sehen,
dâ hân ich michel angest zuo.
sich wiez* dînem lîbe tuo: 1100
geriuwetz* dich eins hâres breit,
sô hân ich mîn arbeit
unde dû den lîp verlorn.´
vil tiure wart si aber besworn,
si enerkande sich vil staete,   1105
daz si sichs* abe taete.

    Diu maget lachende sprach,
wan si sich des wol versach,*
ir hülfe des tages der tôt
ûz werltlîcher nôt: 1110
´got lône iu, lieber herre,
daz ir mir alsô verre
hât die wârheit gesaget.
entriuwen ich bin ein teil verzaget:
mir ist ein zwîvel geschehen.   1115
ich wil iu rehte bejehen
wie der zwîvel ist getân
den ich nû gewunnen hân.

whether her lord had urged this plan
to her by means of threats.
He said, "Child, there is need for you
that you think better of the mattter,
and (I´ll) tell you exactly why.
If you shall suffer death
and do not do it willingly,
then your young person is dead and it
helps us, alas, not one single bit.
Now conceal from me nothing of your
will. I shall tell you what will happen
to you. I shall undress you. Then you
stand (there) naked and your shame will
become very great, which you rightly
have when you stand naked in front of
me. I shall bind for you legs and arms.
If you have any pity for your body,
then consider these pains:
I´ll cut you (open) to the heart
and tear it still beating out of you.
Miss, now tell me
how you feel about this.
Never did a child experience such pain
as will happen to you from me.
That I have to cause it and see it
makes me afraid of it.
Look what it does to your body.
If you regret it the breadth of a hair,
then I have done my work and you
have lost your life (in vain)."
Very dearly she was again entreated
that, unless she knew herself (to be)
steadfast, she should remove herself
from it.
    The girl said laughing,
for she well realized this--
On this day death would help her
out of worldly cares:
"May God reward you, dear sir,
that you have so completely told
me the truth. Indeed,
I am a little hesitant.
I have misgivings.
I shall tell you exactly
what the misgivings are which
I have gotten.

1085 stâst dû. 1093 briche ez. 1100 wie ez. 1101 geriuwet ez, impersonal verb
with acc. of person. 1106 sich es (gen.). 1108 reflexive verb with gen.

ich vürhte daz unser arbeit
gar von iuwer zageheit 1120
under wegen belîbe.
iuwer rede gezaeme einem wîbe,
ir sît eines hasen genôz.
iuwer angest ist ze grôz
dar umbe daz ich ersterben sol. 1125
deiswâr* ir handelt ez niht wol
mit iuwer grôzen meisterschaft.
ich bin ein wîp und hân die kraft:
geturret ir mich snîden,
ich tar ez wol erlîden. 1130
die angestlîche arbeit
die ir mir vor hât geseit,*
die hân ich wol âne iuch vernomen.
zewâre ich enwaere her niht komen,
wan daz ich mich weste 1135
des muotes alsô veste
daz ichz* wol mac dulden.
mir ist bî iuwern hulden
diu broede varwe gar benomen
und ein muot alsô vester komen 1140
daz ich als angestlîchen stân
als ich ze tanze süle gân:
wan dehein nôt sô grôz ist
diu sich in eines tages vrist
an minem lîbe genden* mac, 1145
mich endunke daz der eine tac
genuoc tiure sî gegeben
umbe daz êwige leben
daz dâ niemer zegât.
iu enmac, als mîn muot stât, 1150
an mir niht gewerren.
getrûwet ir mînem herren
sînen gesunt wider geben
und mir daz êwige leben,
durch got daz tuot enzît. 1155
lât sehen welh meister ir sît.
mich reizet vaste dar zuo
(ich weiz wol durch wen ichz* tuo)
in des namen ez geschehen sol:
der erkennet dienest harte wol 1160
und lât sîn* ungelônet niht.
ich weiz wol daz er selbe giht,*
swer grôzen dienest leiste,
des lôn sî ouch der meiste.

I fear that our efforts might
remain ineffectual entirely
because of your cowardice.
Your words would be more fitting for a
woman. You are the equal (in courage)
of a rabbit. Your anxiety is excessive
about the fact that I am going to die.
It is true, you are handling this
(affair) not well with your great skill.
I am a woman and have the strength.
If you dare to cut me (open),
I certainly dare to suffer it.
The gruesome business which
you have just explained to me, I heard
that well enough apart from you.
Indeed, I would not have come here
except that I knew myself (to be) so
firm in my resolve
that I can certainly endure it.
The pale color has been taken from me
completely, if you please, and
a resolve so much firmer has come
that I am standing here as fearfully
as though I were supposed to go to a
dance. For no distress for my body
is so great which can end itself in
the time of one day that it
would seem to me that this one day
would be too much to pay
for eternal life
which never passes away.
Nothing can make you uneasy about me
as my mind now stands.
If you are confident to (that you can)
give my lord his health back and
me eternal life, (then) for God's
sake do it now.
Let (one) see what kind of a physician
you are. He in whose name it shall
happen is urging me on to it strongly.
I well know for whose sake I do it.
He recognizes service very well
and leaves nothing of it unrewarded.
I know well that he says himself (that)
whoever performs the greatest service,
his reward is also the greatest.

1126 daz ist wâr. 1132 gesaget. 1137 ich ez. 1145 ge-enden. 1158 ich ez.
1161 gen. with niht. 1162 from jehen: claim, maintain.

dâ von sol ich disen tôt	1165 Hence I shall consider this death
hân vür eine süeze nôt	as a sweet affliction in accordance
nâch sus gewissem lône.	with a reward so certain.
lieze ich die himelkrône,	If I were to abandon this heavenly
sô hete ich alwaeren sin,	crown, I would have a foolish mind,
wan ich doch lîhtes künnes bin.´	1170 for I am, you see, of humble origin."
Nu vernam er daz si waere	Now he had heard that she was
genuoc unwandelbaere	sufficiently unshakable
und vuorte si wider dan	and (he) led her from there again
hin zuo dem siechen man	back to the infirm man
und sprach zuo ir herren:	1175 and said to her lord,
´uns enmac niht gewerren,	"Nothing can stop us.
iuwer maget ensî vollen guot.	Your girl is completely suitable.
nû habet vroelîchen muot:	Now be of good cheer.
ich mache iuch schiere gesunt.´	I shall quickly make you happy."
hin vuorte er si anderstunt	1180 Again he led her back
in sîn heimlich gemach,	into his private room
dâ ez ir herre niene sach,	where her lord saw it not at all,
und beslôz im vor die tür	and (he) closed the door in his face
und warf einen rigel vür:	and threw the bolt.
er enwolde in niht sehen lân	1185 He did not want to let him see
wie ir ende solde ergân.	what her death would be like.
in einer kemenâten	In a room
die er vil wol berâten	which he found well supplied
mit guoter arzenîe vant	with good medicines
hiez er die maget dâ zehant	1190 he commanded the girl
abe ziehen diu kleit.	to take off her clothes immediately.
des was si vrô und gemeit:	At this she was happy and cheerful.
si zarte diu kleider in der nât.	She tore the clothes at the seams.
schiere stuont si âne wât	Soon she stood (there) without clothes
und wart nacket unde blôz:	1195 and was naked and bare.
si enschamte sich niht eins hâres grôz.	She was not the least bit ashamed.
Dô si der meister ane sach,	When the doctor looked at her,
in sînem herzen er des jach	in his heart he affirmed this--
daz schoener krêâtiure	that a more beautiful creature would
al der werlte waere tiure.	1200 be rare for all the world.
sô gar erbarmete si in	So utterly did he feel pity for her
daz im daz herze und der sin	that his heart and mind very nearly
vil nâch was dar an verzaget.	lost heart because of it.
nû ersach diu guote maget	Then the generous girl
einen hôhen tisch dâ stân:	1205 saw a high table standing there.
dâ hiez er si ûf gân.	He told he to get up on it.
dar ûf er si vil vaste bant	He tied her upon it very tightly
und begunde nemen in die hant	and began to take into his hand
ein scharphez mezzer daz dâ lac,	a sharp knife that was lying there,
des* er ze solhen dingen phlac.	1210 which he used for such things.

1210 gen. obj. of <u>phlegen</u>.

ez was lanc unde breit,
wan daz ez sô wol niene sneit
als im waere liep gewesen.
dô si niht solde genesen,
dô erbarmete in ir nôt   1215
und wolde ir sanfte tuon den tôt.
      Nû lac dâ bî im ein
harte guot wetzestein.
da begunde erz* ane strîchen
harte unmüezeclîchen,   1220
dâ bî wetzen. daz erhôrte,
der ir vreude stôrte,
der arme Heinrich hin vür
dâ er stuont vor der tür,
und erbarmete in vil sêre   1225
daz er si niemer mêre
lebende solde gesehen.
nu begunde er suochen unde spehen,
unz daz er durch die want
ein loch gânde vant,   1230
und ersach si durch die schrunden
nacket und gebunden.
ir lîp der was vil minneclich.
nû sach er si an unde sich
und gewan einen niuwen muot: 1235
in dûhte dô daz niht guot
des er ê gedâht hâte
und verkêrte vil drâte
sîn altez gemüete
in eine niuwe güete.   1240
      Nû er si alsô schoene sach,
wider sich selben er dô sprach:
'dû hâst einen tumben gedanc
daz dû sunder sînen danc
gerst ze lebenne einen tac   1245
wider den nieman niht enmac.
du enweist ouch rehte waz dû tuost,
sît dû benamen ersterben muost,
daz dû diz lasterlîche leben
daz dir got hât gegeben   1250
niht vil willeclîchen treist*
und ouch dar zuo niene weist
ob dich des kindes tôt ernert.
swaz dir got hât beschert,
daz lâ allez geschehen.   1255
ich enwil des kindes tôt niht sehen.'

It was long and broad,
except that it did not at all cut as
well as he would have wished.
Since she was not to survive, her
sad condition caused him to feel pity
and he wanted to soften death for her.
    Now there lay next to him a
very good whetstone.
He began to stroke it (the knife) on
it very carefully
(and) thereby sharpen (it). That heard
(he) who disturbed her joy,
poor Heinrich outside
where he stood in front of the door;
and it saddened him very much
that he was nevermore to
see her alive.
Now he began to search and look about
until he found a hole
going through the wall,
and he caught a glimpse of her through
the crack--naked and bound.
Her body--it was quite lovely.
Now he looked at her and at himself
and got a new way of thinking.
That did not seem good to him
which he had thought before
and (he) very quickly changed
his old way of thinking
into a new goodness.
    As he saw her so beautiful,
to himself he then said,
"You are harboring a foolish thought--
that you desire to live (even) one day
apart from his will against whom
no one can (do) nothing (anything).
You really don't know what you are
doing, since you clearly must die,
that you do not bear quite willingly
this wretched existence that
God has given you
and, besides, (you) do not at all know
whether the death of the child will cure
you. Whatever God has assigned for you,
that let happen completely.
I will not see the child's death."

1219 er ez. 1251 trägst.

Des bewac* er sich zehant
und begunde bôzen an die want:
er hiez sich lâzen dar in.
der meister sprach: 'ich enbin   1260
nû niht müezic dar zuo
daz ich iu iht ûf tuo.'
'nein, meister, gesprechet mich.'
'herre, jâ enmac ich.
beitet unz daz diz ergê.'   1265
'nein, meister, sprechet mich ê.'
'nu saget mirz* her durch die want.'
'ja enist ez niht alsô gewant.'
zehant liez er in dar in.
dô gienc der arme Heinrich hin   1270
dâ er die maget gebunden sach.
zuo dem meister er dô sprach:
'diz kint ist alsô wünneclich:
zewâre jâ enmac ich
sînen tôt niht gesehen.   1275
gotes wille müeze an mir geschehen!
wir suln si wider ûf lân.
als ich mit iu gedinget hân,
daz silber daz wil ich iu geben.
ir sult die maget lâzen leben.'   1280
daz hôrte vil gerne   a
der meister von Salerne   b
unde volgete im zehant.   c
die maget er wider ûf bant.   d
   Dô diu maget rehte ersach
daz ir ze sterbenne niht geschach,*
dâ was ir muot beswaeret mite.
si brach ir zuht und ir site.
si hete leides genuoc: a
zuo den brüsten si sich sluoc,   b
si zarte unde roufte sich.   1285
ir gebaerde wart sô jaemerlich
daz si niemen hete gesehen,
im enwaere ze weinenne geschehen.
vil bitterlîchen si schrê:
'wê mir vil armen und ouwê!   1290
wie sol ez mir nû ergân,
muoz ich alsus verlorn hân
die rîchen himelkrône?
die waere mir ze lône
gegeben umbe dise nôt.   1295

He made up his mind about it
immediately and began pounding on the
wall. He commanded that he be let in.
The doctor said, "I don't have
the time now for that,
that I at all open up for you."
"No, doctor, talk to me."
"Sir, I cannot.
Wait until this is over with."
"No, doctor, talk to me before that."
"Well, tell it to me through the wall."
"It's not that kind of thing."
Immediately he let him in.
Then poor Heinrich went in (to)
where he saw the girl tied.
To the physician he then said,
"This child is so lovely.
Truly, I cannot
see its death.
May God's will in my regard be done!
We shall let her up again.
As I have agreed with you,
the silver I shall give to you.
You must let the girl live."
The doctor of Salerno was glad
to hear this
and obeyed him immediately.
He untied the girl.
   When the girl clearly realized
that nothing was happening to her to
die, her mood was thereby depressed.
She broke (with) her usual good
manners. She had enough of sorrow.
She beat her breast.
She tore and pulled at herself.
Her carrying on became so woeful
that no one would have seen her
without bursting into tears.
Very bitterly she shrieked,
"Alas, woe is poor me!
What is going to become of me now?
Shall I have thus lost
the splendid heavenly crown?
It would have been given to me
as a reward for this ordeal.

1257 reflexive verb with gen. obj.: to move oneself with respect to something.
1267 _mir_ _ez_. 1282 i.e., that she was not going to die.

nû bin ich alrêst tôt.
ouwê, gewaltiger Krist,
waz êren uns benomen ist,
mînem herren unde mir!
nû enbirt er und ich enbir   1300
der êren der uns was gedâht.
ob diz waere volbrâht,
sô waere im der lîp genesen,
und müese ich iemer saelic wesen.´

    Sus bat si genuoc umbe den tôt.
do enwart ir nie dar nâch sô nôt,   1306
si enverlüre gar ir bete.
dô nieman durch si niht entete,
dô huop si ein schelten.
si sprach: ´ich muoz engelten   1310
mînes herren zageheit.
mir hânt die liute misseseit:*
daz hân ich selbe wol ersehen.
ich hôrte ie die liute jehen,
ir waeret biderbe unde guot   1315
und hetet vesten mannes muot:
sô helfe mir got, si hânt gelogen.
diu werlt was ie an iu betrogen:
ir wâret alle iuwer tage
und sît noch ein werltzage.   1320
des nim ich wol dâ bî war:
daz ich doch lîden getar,
daz enturret ir niht dulden.
herre, von welhen schulden
erschrâket ir dô man mich bant?   1325
ez was doch ein dickiu want
enzwischen iu unde mir.
herre mîn, geturret ir
einen vremeden tôt niht vertragen?
ich wil iu geheizen unde sagen   1330
daz iu nieman niht entuot,
und ist iu nütze unde guot.
ob irz* durch iuwer triuwe lât,   a
daz ist ein vil swacher rât   b
des iu got niht lônen wil,   c
wan der triuwen ist ze vil.´   d
    Swie vil si vlêhe unde bete
und ouch scheltens getete,
daz enmohte ir niht vrum wesen: 1335
si muose iedoch genesen.
swaz dô scheltens ergienc,

Now I am really dead.
Alas, powerful Christ,
What honors have been taken from us,
my lord and me!
Now he will do without and I shall do
without the honors that were predestined
for us. If this had been completed,
then his body would have been healed
for him and I would have been blessed
forever."
    Thus did she (often) enough beg for
death. However much she was in need of
it, she lost (did not get) her request.
Since no one did anything as she wanted,
she then began a scolding.
She said, "I have to pay
for my lord´s cowardice.
People didn´t tell me the truth.
That I have seen for myself.
I always heard people say
you were honest and good
and had the firm character of a man.
So help me God, they lied.
The world was always deceived in you.
You were all your days
and still are a great big coward.
I have become aware of this because of
this: that although I dare to suffer
you do not dare to allow it.
Sir, from what causes did
you become afraid when one was tying me?
There was, after all, a thick wall
between you and me.
My lord, do you not have the courage
to stand someone else´s death?
I shall promise you and say
that no one will do anything to you,
and (it) is useful and good for you.
If you left it undone because of your
loyalty, that is a very poor idea
for which God shall not reward you;
for that is too much loyalty."
    No matter how much she did of
pleading and begging and even of scold-
ing, that could not be of use to her.
She still had to go on living.
Whatever of scolding then happened,

1312 **missesaget**. 1332a **ir ez**.

der arme Heinrich ez emphienc
tugentlîchen unde wol,
als ein vrumer ritter sol
dem schoener zühte niht gebrast.
dô der gnâdelôse gast
sîne maget wider kleite
und den arzât bereite
als er gedinget hâte,
dô vuor er alsô drâte
wider heim ze lande,
swie wol er dô erkande
daz er dâ heime vunde
mit gemeinem munde
niuwan laster unde spot:
daz liez er allez an got.
    Nû hete sich diu guote maget
sô gar verweinet und verklaget,
vil nâch unz an den tôt.
do erkande ir triuwe und ir nôt
cordis speculâtor*
vor dem deheines herzen tor
vürnames niht beslozzen ist.
sît er durch sînen süezen list
an in beiden des geruochte
daz er si versuochte
rehte alsô volleclîchen
sam Jôben den rîchen,
dô erzeicte der heilic Krist
wie liep im triuwe und bärmde ist
und schiet si dô beide
von allem ir leide
und machete in dâ zestunt
reine unde wol gesunt.
    Alsus bezzerte sich
der guote herre Heinrich
daz er ûf sînem wege
von unsers herren gotes phlege
harte schône genas,
daz er vil gar worden was
als von zweinzic jâren.
do si sus gevreuwet wâren,
do enbôt erz* heim ze lande
den die er erkande
der saelden und der güete
daz si in ir gemüete
sîns gelückes waeren vrô.

1340 as an able knight should for
(in) whom nothing of fine breeding was
lacking. When the luckless visitor
had dressed his girl again
and had paid the doctor
1345 as he had agreed,
then he rode straight back home
again to his country,
however well he knew
that he would find there at home
1350 in everybody's mouth
nothing but ridicule and sarcasm.
This he left completely in God's hands.
    In the meantime the dear girl had
cried and lamented herself
1355 very nearly to death.
Then the Cordis Speculator, before whom
the gate of no heart is at all closed,
saw her devotion
and her distress.
1360 Since he in his sweet providence
had seen fit of this for them both
that he try them
just as completely as (he had)
the prosperous Job,
1365 then holy Christ showed
how dear to him loyalty and compassion
are, and (he) freed them then both
from all their suffering
and made him there immediately
1370 clean and fully healthy.
    Good Sir Heinrich
improved to the extent
that while still on the journey
under the treatment of God our Lord
1375 he very perfectly regained his health,
so that he had become just as he was
as (when) he was twenty.
When they had thus been made happy,
he had it announced at home in his own
1380 country to those whom he knew would
of (in) their good will and kindness
be happy in their heart
for his good fortune.

poor Heinrich accepted it well
and with good grace,

1357 Latin: Scrutinizer of the heart.   1379 er ez.

von schulden muosen si dô		Rightly they would have
von den gnâden vreude hân	1385	to be joyful because of the favors
die got hete an im getân.		which God had worked on him.
Sîne vriunt die besten		His friends, the best ones,
die sîne kunft westen,		who knew of his coming,
die riten unde giengen		they rode and went on foot
durch daz si in emphiengen	1390	so that they might welcome him
engegen im wol drîe tage.		in his direction a good three days.
si engeloupten niemens sage		They did not believe anyone's word
niuwan ir selber ougen.		but only their own eyes.
si kurn* die gotes tougen		They saw the mysterious working of God
an sînem schoenen lîbe.	1395	on his fair body.
dem meier und sînem wîbe		The peasant and his wife, one
den mac man wol gelouben,		can certainly believe regarding them,
man enwelle si rehtes rouben,		unless one wants to rob them of justice,
daz si dâ heime niht beliben.		that they did not remain at home.
si ist iemer ungeschriben,	1400	It is still unwritten
die vreude die si hâten,		the joy that they had;
wan si got hete berâten		for God had provided them
mit lieber ougenweide:		with a dear feast for their eyes.
die gâben in dô beide		This both their daughter and
ir tohter und ir herre.	1405	their lord gave them.
ez enwart nie vreude merre		There never happened more joy
dan in beiden was geschehen,		than had happened to them both
dô si hâten gesehen		when they had seen that
daz si gesunt wâren.		they (Heinrich and girl) were healthy.
si enwesten wie gebâren.	1410	They did not know how to act.
ir gruoz wart spaehe undersniten		Their greeting was strangely mixed
mit vil seltsaenen siten:		with much unusual behavior.
ir herzeliep wart alsô grôz		Their heart's joy was so great
daz in daz lachen begôz		that the rain from their eyes
der regen von den ougen.	1415	flooded for them their laughter.
der rede ist unlougen:		The report is undenied:
si kusten ir tohter munt		They kissed their daughter's mouth
etewaz mê dan drîstunt.		somewhat more (often) than three times.
Do emphiengen in die Swâbe		The Swabians received him
mit lobelîcher gâbe:	1420	with a praiseworthy gift:
daz was ir willeclîcher gruoz.		That was their greeting of good will.
got weiz wol, den Swâben muoz		God knows, regarding the Swabians
ieglich biderbe man jehen		any honest man who has seen them
der si dâ heime hât gesehen		at home must affirm that
daz bezzers willen niene wart,	1425	nothing of better will ever came about
dan als in an der heimvart		than when his countrymen
sîn lantliut emphienge.		received him on his journey home.
wiez* dar nâch ergienge,		How things went afterwards,
waz mac ich dâ von sprechen mê?		what more can I say about it?

1394 past tense of <u>kiesen</u>: see, choose.   1428 <u>wie ez</u>.

er wart rîcher vil dan ê   1430   He became much more prosperous than
des guotes und der êren.   before in material possessions and
daz begunde er allez kêren   honor. This he referred completely
staeteclîchen hin ze gote   to God steadfastly
und warte sînem gebote   and was observant to his commandment
baz dan er ê taete.   1435   better than he had done before.
des ist sîn êre staete.   Because of this his honor is steadfast.
     Der meier und diu meierin   The farmer and the farmer´s wife,
die heten ouch vil wol umbe in   they had also well earned in their care
verdienet êre unde guot.   of him honor and possessions.
ouch hete er niht sô valschen muot, 1440   Also, he did not have such a dishonest
si enhetenz* harte wol bewant.   disposition that they would have changed
er gap in zeigen* dâ zehant   it much. He gave them for their own
daz breite geriute,   at once the extensive farm, (both)
die erde und die liute,   the land and the people,
dâ er dô siecher ûfe lac.   1445   upon which he had been lying as a sick
sîner gemaheln er dô phlac   person. His bride he presented with
mit guote und mit gemache   possessions and comforts
und mit aller slahte sache   and with things of all kinds
als einer vrouwen oder baz: as though for a noblewoman or (even)
daz reht gebôt ime daz.   1450   better. Justice demanded this of him.
     Nu begunden im die wîsen   Now the wise (counselors) began to
râten unde prîsen   advise him about and praise
umbe êlîche hîrât.   marriage.
ungesamenet was der rât.   Their advice was disparate.
er sagete in dô sînen muot: 1455   He then told them his disposition.
er wolde, diuhtez* si guot,   He wanted, if it might seem good to
nâch sînen vriunden senden   them, to send for his close friends and
und die rede mit in enden   relatives and bring the matter to a
swar si ime rieten.   conclusion whithersoever they advised
biten und gebieten   1460   him. Invitations and summonses he
hiez er allenthalben dar   ordered everywhere where they
die sînes wortes naemen war.   might have concern for his words.
dô er si alle dar gewan,   When he had gotten them all there,
beide mâge unde man,   both relatives and vassals,
dô tet er in die rede kunt.   1465   then he made the matter known to them.
nû sprach ein gemeiner munt,   Every mouth now said
ez waere reht unde zît.   it was proper and opportune (for him to
hie huop sich ein michel strît   (marry). A great dispute arose here
an dem râte under in: among them regarding their advice.
dirre riet her, der ander hin,   1470   This person advised in this direction,
als ie die liute tâten   that person in the opposite direction,
dâ si solden râten.   as people always did when they were
                                                   supposed to advise.
     Ir rât was sô mislich.   Their counsel was very disparate.
dô sprach der herre Heinrich: Then lord Heinrich said,

1441 enheten ez. 1442 zu eigen. 1456 diuhte ez.

'iu ist allen wol kunt
daz ich vor kurzer stunt
was vil ungenaeme,
den liuten widerzaeme.
nu enschiuhet mich man noch wîp:
mir hât gegeben gesunden lîp
unsers herren gebot.
nû râtet mir alle durch got,
von dem ich die genâde hân
die mir got hât getân,
daz ich gesunt worden bin,
wie ichz* verschulde wider in.´
si sprâchen: ´nemet einen muot
daz im lîp und guot
iemer undertaenic sî.´
sîn gemahel stuont dâ bî
die er vil güetlich ane sach.
er umbevienc si unde sprach:
´iu ist allen wol gesaget
daz ich von dirre guoten maget
mînen gesunt wider hân,
die ir hie sehet bî mir stân.
nû ist si vrî als ich dâ bin:
nû raetet mir al mîn sin
daz ich si ze wîbe neme.
got gebe daz ez iuch gezeme,
sô wil ich si ze wîbe hân.
zewâre, mac daz niht ergân,
sô wil ich sterben âne wîp,
wan ich êre unde lîp
hân von ir schulden.
bî unsers herren hulden
wil ich iuch biten alle
daz ez iu wol gevalle.´
    Nû sprâchen si alle gelîche,
beide arme und rîche,
ez waere ein michel vuoge.
dâ wâren phaffen genuoge:
die gâben si im ze wîbe.
nâch süezem lanclîbe
do besâzen si gelîche
daz êwige rîche.
alsô müezez uns allen
ze jungest gevallen!
den lôn den si dâ nâmen,
des helfe uns got. âmen.

1475 "It is well known to you all
that a short time ago I
was very repugnant
(and) disgusting to people.
Now (neither) man nor woman shuns me.
1480 The command of our Lord has given
me a sound body.
Now, all (of you), advise me, for God´s
sake, how I shall repay it to that
person from whom I have the favor
1485 that God has given me
that I have become healthy."
They said, "Take on the attitude
(promise) that (your) person and
possession shall be always at the
1490 service of him (this person)." His bride
was standing there whom he looked at
lovingly. He embraced her and said,
"It has certainly been told to you all
that I have my health again
1495 because of this good maiden,
whom you see standing here by me.
Now she is freeborn just as I am.
Now all my thinking advises me
that I should take her as my wife.
1500 May God grant that it seems proper to
you; then I shall have her as my wife.
Truly, if that cannot be,
then I shall die without a wife;
for I have honor and my life
1505 because of her.
By the favor of our Lord
I bid you all
that it might be well pleasing to you."
    Now they all spoke in like manner,
1510 both poor and prosperous, (that)
it would be very fitting.
Enough priests were there.
They gave her to him in marriage.
After a happy (and) long life
1515 they possessed then in like manner
the eternal kingdom.
Thus may it ultimately
fall to (the lot of) us all!
The reward which they received,
1520 may God help us (to possession) of
this. Amen.

1486 ich ez.

Hartmann von Aue

From: Iwein
(about 1200)

Prologue

Swer an rehte güete	Whoever directs his striving
wendet sîn gemüete,*	to true goodness,
dem volget saelde und êre.	happiness and honor follow him.
des gît gewisse lêre	Good King Arthur gives us
künec Artûs der guote, 5	certain proof of this,
der mit rîters muote	who in the spirit of a knight
nâch lobe kunde strîten.	could do battle for praise.
er hât bî sînen zîten	In his time he lived in such
gelebet alsô schône	an exemplary manner
daz er der êren krône 10	that he wore the crown of honor
dô truoc und noch sîn name treit.*	and his name wears it still.
des habent die wârheit	Because of this his fellow
sîne lantliute:	countrymen maintain the truth:
sî jehent er lebe noch hiute:	They claim he lives yet today.
er hât den lop erworben, 15	He has achieved glory;
ist im* der lîp erstorben,	if his body has died,
sô lebet doch iemer sîn name.	his name shall indeed live on and on.
er ist lasterlîcher schame	That person is forever completely
iemer vil gar erwert,	protected from shameful dishonor
der noch nâch sînem site vert.* 20	who even now acts according to his
	(Arthur's) standard of conduct.

Kalogrenant narrates his adventure

Ez geschach mir, dâ von ist ez wâr,	It happened to me--it is therefore
(es sint nû wol zehen jâr) 260	true--it has been about ten years now,
daz ich nâch âventiure reit,	that I rode out on a quest,
gewâfent nâch gewonheit,	(I was) armed according to custom,
ze Breziljân in den walt.	into the forest of Breziljan.
dâ wârn die wege manecvalt:	There the paths were many.
dô kêrt ich nâch der zeswen hant 265	Then I turned to the right hand
ûf einen stîc den ich dâ vant.	onto a way which I found there.
der wart vil rûch und enge:	It was very grown over and confining:
durch dorne und durch gedrenge	Through thorns and thickets
sô vuor ich allen den tac,	I thus rode the whole day,
daz ich vür wâr wol sprechen mac 270	so that I can quite truly say
daz ich sô grôze arbeit	that I had never suffered such
nie von ungeverte erleit.	great distress from pathless areas.
und dô ez an den âbent gienc,*	And when it got toward evening,
einen stîc ich dô gevienc:	I came onto a path:

Gemüete: that in a person through which he thinks, wills, and feels. 11 trägt.
16 3 pers. sing. masc. dat. reflexive. 20 fährt, here: acts or behaves.
273 ging.

der truoc mich ûz der wilde,	275 It bore me out of the wilds
und kam an ein gevilde.	and (I) came onto fields.
dem volget ich eine wîle,	I followed along them for a while
niht vol eine mîle,	for not quite a league,
unz ich eine burc ersach:	until I saw a castle.
dar kêrt ich durch mîn gemach.	280 I turned in there for the sake of
ich reit gegen dem bürgetor:	resting. I rode up to the castle
dâ stuont ein rîter vor.	gate. A knight stood before it.
er hete, den ich dâ stânde vant,	He whom I saw standing there had
einen mûzerhabech ûf der hant:	a hunting falcon on his hand:
diz was des hûses herre.	285 This was the lord of the house.
und als er mich von verre	And when he saw me from the
zuo ime sach rîten,	distance riding toward him,
nune mohter* niht erbîten	he was not able then to wait
und enlie mir niht die muoze	and did not allow me the time
daz ich zuo sînem gruoze	290 that I answer his greeting
volleclîchen waere komen,	completely.
erne hete mir ê genomen	Before (that), rather, he took hold
den zoum und den stegereif.	of my reins and stirrup.
und alser mich alsô begreif,	And as he thus took hold of me,
do enpfienc er mich als schône*	295 he received me so nicely
als im got iemer lône.	that may God ever reward him.
Nû hienc ein tavel vor dem tor	Now a (large) flat plate hung
an zwein ketenen enbor:	300 high up in front of the gate from two
dâ sluoc er an daz ez erhal	chains. Then he struck it so that it
und daz ez in die burc erschal.	resounded and echoed throughout the
dar nâch was vil unlanc	whole castle. Thereafter it was not
unz daz dort her vür spranc	long until there sprang forth
des wirtes samenunge,	305 the household of the host--
schoene unde junge	fair and young,
junkherren unde knehte	squires and pages,
gecleidet nâch ir rehte:	attired according to rank.
die hiezen mich willekomen sîn.	They all bid me welcome.
mînes rosses unde mîn	310 My horse and I were very
wart vil guot war genomen.	well taken care of.
und vil schiere sach ich komen,	And very soon I saw coming,
dô ich in die burc gienc,	when I went into the castle,
ein juncvrouwen diu mich enpfienc:	a young lady who received me.
ich gihe* noch als ich dô jach,*	315 I still say, as I said then,
daz ich nie schoener kint gesach.	that I had never seen a more
diu entwâfente mich.	beautiful young person. She relieved
und einen schaden clage ich	me of my weapons. And one regret I
(des enwunder niemen),	complain of--no one will be surprised
daz der wâfenriemen	320 at it--that the straps on one's armor
alsô rehte lützel ist,	are so terribly few,
daz sî niht langer vrist	so that she did not have to busy
mit mir solde umbe gân.	herself with me for a longer time.

288 konnte er. 295 adverb of schön. 315 gihe: present tense singular from
jehen, jâch, gejehen: to say or claim.

ez was ze schiere getân:	It was too quickly over with--
ichn ruochte, soldez* iemer sîn. 325	I would not have cared if it had
ein scharlaches mäntelîn	lasted forever. A cloak of
daz gap sî mir an.	scarlet she put on me.
ich unsaeliger man,	I (was) an unhappy man,
daz sî mîn ouge ie gesach,	that my eye had ever beheld her
dô uns ze scheidenne geschach. 330	when it happened for us to separate.
Wir zwei beliben eine.	The two of us remained alone.
nu verstuont sich wol diu reine	The unblemished (girl) was well aware
daz ich gerne bî ir was:	that I liked to be with her.
an ein das schoeneste gras	Onto the fairest lawn
daz diu werlt ie gewan, 335	that the world ever attained--
dâ vuorte sî mich an,	thither she led me,
ein wênec von den liuten baz.	a little farther from the (other) people.
daz liez ich weizgot âne haz.	I let it (happen), God knows, without
hie vant ich wîsheit bî der jugent,	being irked. Here I found wisdom mixed
grôze schoene und ganze tugent. 340	with youth, great beauty and perfection.
sî saz mir güetlichen bî:	She sat next to me kindly,
und swaz ich sprach, daz hôrte sî	and whatever I said, she heard it
und antwurt es mit güete.	and responded to it with friendliness.
ezn betwanc mîn gemüete	Never so intensely did a
unde bekumbert mînen lîp 345	maiden or woman stir up and trouble
nie sô sêre maget noch wîp	my spirit and shall
und getuot ouch lîhte nimer mê.	perhaps never again do so.
ouwê immer unde ouwê,	Alas and ever alas--
waz mir dô vreuden benam	what then took my joy from me.
ein bote der von dem wirte kam! 350	A messenger who came from the host
der hiez uns beidiu ezzen gân.	bid us both go to eat. Then
dô muose ich rede und vreude lân.	I had to leave conversation and joy.
Dô ich mit ir ze tische gienc,	When I went with her to the table,
der wirt mich anderstunt enpfienc.	the host greeted me a second time.
ezn gebôt nie wirt mêre 355	Never did a host offer
sînem gaste groezer êre.	his guest more honor.
er tete den stîgen und den wegen	He gave many a kind blessing
manegen güetlîchen segen,	to the paths and byways
die mich gewîset heten dar.	which had directed me thither.
hie mite sô übergulterz* gar, 360	He increased his goodness by this:
daz er mich ir nie verstiez	that he did not separate me from her
und mich sô güetlichen liez	and allowed me so kindly
mit der juncvrouwen ezzen.	to eat with the maiden.
ouch enwart dâ niht vergezzen	Also, nothing was left undone
wirn heten alles des die kraft 365	(to see) that we had the abundance of
daz man dâ heizet wirtschaft.	all that which one calls hospitality.
man gap uns spîse, diu was guot,	One gave us food--it was good--and,
dâ zuo den willigen muot.	in addition, ready good will.
Dô wir mit vreuden gâzen*	When we had pleasantly eaten
und dâ nâch gesâzen, 370	and had thereafter sat down,

---

325 sollte es.   360 übergulte er ez.   369 ge-âzen (gegessen hatten).

und ich im hâte geseit*
daz ich nâch âventiure reit,
des wundert in vil sêre,
und jach daz im nie mêre
dehein der gast waere komen   375
von dem er haete vernomen
daz er nâch âventiure suochte,
und bat daz ich des geruochte,
swenn ich den wec dâ wider rîte,
daz ich in danne niht vermite.   380
dâ wider het ich deheinen strît:
ich lobet ez und leistez* sît.*
    Dô slâfennes zît wart,
do gedâht ich an mîne vart.
und dô ich niene wolde   385
noch belîben solde,
dô wart der rîterlîchen maget
von mir gnâde gesaget
ir guoten handelunge.
diu süeze und die junge   390
diu lachet unde neic mir.
seht, dô muose ich von ir.
daz gesinde daz bevalch ich gote:
ze mînes wirtes gebote
dâ bôte ich mich vil dicke* zuo.   395
dan schiet ich und reit vil vruo
ze walde von gevilde.
dâ râmet ich der wilde
und vant nâch mitten morgen
in dem walde verborgen   400
ein breitez geriute
âne die liute.
da gesach ich mir vil leide
ein swaere ougenweide,
aller der tiere hande   405
die man mir ie genande,*
vehten unde ringen
mit eislîchen dingen.
dâ vâhten mit grimme
mit griulîcher stimme   410
wisente und ûrrinder.
dô gehabt ich hinder,
und rou mich daz ich dar was kommen.
und heten sî mîn war genomen,
sone triut ich mich anders niht erwern,
wan ich bat mich got genern.   416

and I had told him
that I was riding out on a quest.
He was greatly surprised at this
and said that never before had
any guest come to him
from whom he heard
that he was seeking a quest.
And he asked that I deign,
whenever I might ride back that way
again, not to avoid him.
I had no argument with that: I promised
it and afterwards carried it out.
        When it got to be the time of
sleeping, I thought about my journey.
And since I did not at all want
to stay--nor should I have,
thanks was said by me
to the courtly maiden
for her kind attention.
The sweet yount thing
smiled and nodded to me.
Look, then I had to (go) from her.
I commended the household to God.
To the service of my host
I offered myself repeatedly.
I departed from there and rode very
early away from the fields into the
forest. I strove toward the wilds
and found after the middle of the
morning hidden in the forest
an extensive cleared field
(but) without any people.
There, to my horror, I saw
a terrible sight:
all the kinds of beasts
that one had ever told me about.
(I saw them) fighting and struggling
most frighteningly.
There fighting fiercely
with terrible roars
were bison and aurochses
I halted
and regretted that I had come there.
And if they had caught sight of me,
I would not have known (how) to protect
myself except to beg God to save me.

---

371 gesagt. 382 leistete es; seither. 395 sehr oft. 406 nannte (genannt hatte).

vil gerne wold ich von dan.
do gesach ich sitzen einen man
in almitten under in:
daz getrôste mir den sin.   420
dô ich aber im nâher kam
und ich sîn rehte war genam,
dô vorht ich in alsô sêre
sam diu tier, ode mêre.
sîn menneschlîch bilde   425
was anders harte wilde:
er was einem Môre gelîch,
michel und als eislîch
daz ez niemen wol geloubet.
zewâre im was sîn houbet   430
groezer dan einem ûre.
ez hete der gebûre
ein ragendez hâr ruozvar:
daz was im vast unde gar
verwalken zuo der swarte   435
an houbet unde an barte,
sîn antlütze was wol ellen breit,
mit grôzen runzen beleit.
ouch wâren im diu ôren
als einem walttôren   440
vermieset zewâre
mit spannelangem hâre,
breit alsam ein wanne.
dem ungevüegen manne
wâren granen unde brâ   445
lanc rûch unde grâ;
diu nase als einem ohsen grôz,
kurz, wît, niender blôz;
daz antlütze dürre und vlach;
(ouwî wie eislîch er sach!)   450
diu ougen rôt, zornvar.
der munt hâte im gar
bêdenthalp diu wangen
mit wîte bevangen.
er was starke gezan,   455
als ein eber, niht ein man:
ûzerhalp des mundes tür
rageten sî im her vür,
lanc, scharpf, grôz, breit.
im was daz houbet geleit   460
daz im sîn rûhez kinnebein
gewahsen zuo den brüsten schein.
sîn rücke was im ûf gezogen,
hoveroht und ûz gebogen.

Very eagerly I wanted (to get) away from
there. Then I saw a man sitting
right in the middle among them:
That calmed my spirits.
But when I came nearer
and got a view of him clearly,
I became frightened of him just as much
as of the beasts, or more.
His appearance, though human,
was otherwise very wild.
He was like to a Moor:
huge and so terrible
that no one can quite believe it.
Honestly, his head was
bigger than that for an ox.
The fellow (peasant) had
hair sticking up the color of soot.
It (the hair) both on his head and
beard was matted to (his
crusty) skin.
His face was certainly very broad,
covered with large wrinkles.
Also, his ears were like those
of a forest goblin--
truly covered with the moss
of his very long hair, and
(his ears were) as wide as a tub.
This misshapen man's
beard and brows were
long, shaggy, and gray.
His nose as big as for an ox,
(but) short, broad, and nowhere bare (of
hair). His face (was) haggard and flat.
Oh, how horrible he looked!
His eyes--red, the color of wrath.
His mouth on both sides
took up completely
in wideness both cheeks.
He was powerfully toothed,
like a boar, not like a man:
They protruded upward and out
from the door of his mouth --
long, sharp, large, and broad.
His head was so placed
that his bristly chin
seemed (to be) grown onto his chest.
His back was thrust upward,
hunched, and bent out.

er truoc an seltsaeniu cleit: 465   He wore strange clothes.
zwô hiute* het er an geleit:*   He had put on two skins.
die heter* in niuwen stunden   These he had in recent times
zwein tieren abe geschunden.   skinned from two animals.
er truoc einn kolben alsô grôz   He carried a club so big
daz mich dâ bî im verdrôz.   470   that I was uncomfortable there near him.
     Dô ich im alsô nâhen kam   When I came so close to him
daz er mîn wol war genam,   that he certainly took notice of me,
zehant sach ich in ûf stân   I saw him suddenly stand up
unde nâhen zuo mir gân.   and come close to me.
weder wider mich sîn muot   475   Whether his attitude toward me
waere übel ode guot,   was unfriendly or friendly,
desn weste ich niht die wârheit,   of this I knew not the truth,
und was iedoch ze wer bereit.   and (I) was ready in any case to protect
weder er ensprach noch ich.   myself. Neither he spoke nor I.
dô er sweic, do versach ich mich   480   When he remained silent, I assumed
daz er ein stumbe waere,   that he was dumb
und bat mir sagen maere.   and was asking for me to say something.
ich sprach 'bistu* übel ode guot?'   I said, "Are you evil or good?"
er sprach 'swer mir niene tuot,   He said, "Whoever does nothing (bad) to
der sol ouch mich ze vriunde hân.'   485   me shall also have me as a friend."
'mahtû* mich danne wizzen lân,   "Can you then let me know
waz crêatiure bistû?'   what (kind of) a creature you are?"
'ein man, als dû gesîhest nû.'   "A man, as you well see."
'nû sage mir waz dîn ambet sî.'   "Now tell me, what is your job?"
'dâ stân ich disen tieren bî.'   490   "I take care of these beasts."
'nû sage mir, tuont sî dir iht?'   "Now tell me, do they do anything to
'si lobetenz,* taet ich in niht.'   you?" "They are happy when I don't do
'entriuwen vürhtent sî dich?'   anything to them." "Really, are they
'ich pflige ir, und sî vürhtent mich   afraid of you?" "I take care of them and
als ir meister unde ir herren.'   495   they fear me as their master and their
'sage, waz mac in gewerren   lord." "Tell me, how can your
dîn meisterschaft und dîn huote,   mastery and control (over them) keep them
sine loufen nâch ir muote   from running (off) at their pleasure
ze walde und ze gevilde?   to the woods and fields?
wan ich sihe wol, sî sint wilde,   500   For I can well see they are wild; they
sine* erkennent man noch sîn gebot.   recognize neither man nor his command.
ichn* wânde niht daz âne got   I would not imagine that, apart from God,
der gewalt iemen töhte   the power would be given to anyone
der sî betwingen möhte   that he might keep them in check
âne sloz und âne bant.'   505   without fetters and bonds."
er sprach 'mîn zunge und mîn hant,   He said, "My tongue (word) and my hand,
mîn bete unde mîn drô,   my bidding and my threats,
die hânt mirs* gemachet sô   have made them for me such
daz sî bibende vor mir stânt   that they stand before me trembling and
und durch mich* tuont unde lânt.   510   do or refrain from doing, as I want.

---

466 Häute; angelegt. 467 hatte er. 483 bist du. 486 kannst du. 492 sie lobten
es. 501 sie ne. 502 ich ne. 508 mir sie. 510 um meinetwillen.

swer ouch anders under in	If anyone else were to be
solde sîn als ich bin,	among them as I am,
der waere schiere verlorn.´	he would quickly be lost."
´herre, vürchtents* dînen zorn,	"Sir, if they fear your wrath,
so gebiut in vride her ze mir.´ 515	then bid them be peaceful with regard to
er sprach ´niene vürhte dir:	me." He said, "Don't be afraid.
sine* tuont dir bî mir dehein leit.	With me here they will cause you no harm.
nû hân ich dir vil gar geseit	Now I have told you everything
swes dû geruochtest vrâgen:	of which you have seen fit to ask:
nune sol dich niht betrâgen, 520	Now it should not offend you
dune sagest mir waz dû suochest.	to tell me what you want (here).
ob du iht von mir geruochest,	If you want anything from me,
daz ist allez getân.´	it is (as good as) done."
ich sprach ´ich wil dich wizzen lân,	I said, "I shall let you know:
ich suoche âventiure.´ 525	I am seeking a quest."
dô sprach der ungehiure	The strange creature said,
´âventiure? waz ist daz?´	"Quest? What is that?"
´daz wil ich dir bescheiden baz.	"That I shall make more clear to you.
nû sich* wie ich gewâfent bin:	Now look how I am armed.
ich heize ein rîter und hân den sin 530	I am called a knight and have the purpose
daz ich suochende rîte	to ride out searching for
einen man der mit mir strîte,	a man who will do combat with me,
der gewâfent sî als ich.	who is armed as I am.
daz prîset in, und sleht* er mich:	If he overcomes me, that brings him
gesige aber ich im an, 535	praise. But if I win over him,
sô hât man mich vür einen man,	then one considers me a (heroic) man,
und wirde werder danne ich sî.	and (I) become more esteemed than I am.
sî dir nû nâhen ode bî	If there is known to you, nearby or here-
kunt umb selhe wâge iht,	abouts, anything concerning such a
des verswîc mich niht, 540	contest, do not keep it from me,
unde wîse mich dar,	and direct me thither,
wand ich nâch anders nihte envar.´	for I am riding out for no other reason."
Alsus antwurt er mir dô	Thus did he then answer me:
´sît dîn gemüete stât alsô	"Since you are of such a mind
daz dû nâch ungemache strebest 545	that you are striving for distress
und niht gerne sanfte lebest,	and do not like to live comfortably--
ichn gehôrte bî mînen tagen	never in (all) my days have I heard
selhes nie niht gesagen	the likes of it
waz âventiure waere:	what a quest might be--
doch sag ich dir ein maere, 550	but I will tell you something:
wil dû den lîp wâgen,	If you want to risk your life,
sone darftû* niht mê vrâgen.	then you need ask no further.
hie ist ein brunne nâhen bî	Here nearby is a spring
über kurzer mîle drî:	about three short leagues away:
zewâre unde kumestû* dar 555	Truly, if you come there
und tuostû* im sîn reht gar,	and give it its due completely,

---

514 <u>fürchten sie.</u> 517 <u>sie ne.</u> 529 <u>sieh.</u> 534 <u>schlägt.</u> 552 <u>brauchst du.</u>
555 <u>kommst du.</u> 556 <u>tust du.</u>

tuostû dan die widerkêre
âne grôze dîn unêre,
sô bistû wol ein vrum man:
dâne zwîvel ich niht an.   560
waz vrumt ob i h dir mêre sage?
ich weiz wol, und bistû niht ein zage,
so gesihestû* wol in kurzer vrist
selbe was diu rede ist.
    Noch hoere waz sîn reht sî.   565
dâ stât ein capelle bî:
diu ist schoene und aber cleine.
kalt und vil reine
ist der selbe brunne:
in rüeret regen noch sunne,   570
nochn trüebent in die winde.
des schirmet im ein linde,
daz nie man schoener gesach:
diu ist sîn schate und sîn dach.
si ist breit hôch und alsô dic   575
daz regen noch der sunnen blic
niemer dar durch enkumt:
irn schadet der winter noch envrumt
an ir schoene niht ein hâr,
sine stê geloubet durch daz jâr.   580
und ob dem brunne stât ein
harte zierlîcher stein,
undersatzt mit vieren
marmelînen tieren:
der ist gelöchert vaste.   585
ez hanget von einem aste
von golde ein becke her abe:
jane waen ich niht daz iemen habe
dehein bezzer golt danne ez sî.
diu keten dâ ez hanget bî,   590
diu ist ûz silber geslagen.
wil dû danne niht verzagen,
sone tuo dem becke niht mê,
giuz ûf den stein der dâ stê
dâ mite des brunnen ein teil: 595
deiswâr,* sô hâstû guot heil,
gescheidestû* mit êren dan.'
hin wîste mich der waltman
einen stîc ze der winstern hant:
ich vuor des endes unde vant   600
der rede eine wârheit
als er mir hete geseit,
und vant dâ grôz êre.

(and) if you make the return from there
without any great dishonor to yourself,
then you are certainly a capable man.
That I do not doubt.
What good is it, if I tell you more?
I know well, if you are not a coward,
you shall certainly see in a short time
yourself what the matter is all about.
    Now hear what its (the spring's)
nature is. A chapel stands nearby.
It is beautiful but small.
Cold and very pure
is the aforementioned spring.
Neither rain nor sun touches it,
nor do the winds stir it up.
A linden tree protects it from this.
One has never seen one (linden tree)
fairer. This (tree) is its shade and its
roof. It is spread out, lofty and so
dense that neither rain nor a ray of the
sun ever comes through.
Winter neither harms nor helps it
toward its beauty the least little bit.
Rather it stands in foliage throughout
the year. Above the spring there stands
a very well-adorned stone
on a pedestal with four
marble animals.
This (stone) is deeply hollowed out.
There hangs down from a branch
a golden (shallow) dish.
I certainly don't think that anyone
possesses any better gold than it is.
The chain from which it hangs
is hammered out of silver.
If you do not want to be cowardly,
then do nothing other to the dish
(but) pour onto the stone which stands
there with it (dish) a bit of the spring
(water). Indeed, you have good fortune
if you depart from there with honor."
The forest creature pointed out to me
a path on the left hand.
I rode it to the end and found
the truth of the matter,
as he had told me,
and found there great splendor.

563 siehst du. 596 das ist wahr. 597 scheidest du.

man gehoeret nimer mêre,
diu werlt stê kurz ode lanc,
sô wünneclîchen vogelsanc
als ich ze der linden vernam,
dô ich derzuo geriten kam.
der ie gewesen waere
ein tôtriuwesaere,
des herze waere dâ gevreut.
sî was mit vogelen bestreut
daz ich der este schîn verlôs
und ouch des loubes lützel kôs.*
dern* wâren niender zwêne gelîch:
ir sanc was sô mislîch,
hôch unde nidere.
die stimme gap in widere
mit gelîchem galme der walt.*
wie dâ sanc sange galt!
den brunnen ich dar under sach,
und swes der waltman mir verjach.
ein smâreides was der stein:
ûz iegelîchem orte schein
ein alsô gelpfer rubîn,
der morgensterne möhte sîn
niht schoener, swenner* ûf gât
und in des luftes trüebe lât.

    Dô ich daz becke hangen vant,
dô gedâht ich des zehant,
sît ich nâch âventiure reit,
ez waere ein unmanheit
obe ich dô daz verbaere
ichn versuochte waz daz waere;
und riet mir mîn unwîser muot,
der mir vil dicke schaden tuot,
daz ich gôz ûf den stein.
do erlasch diu sunne diu ê schein,
und zergienc der vogelsanc,
als ez ein swaerez weter twanc.
diu wolken begunden
in den selben stunden
von vier enden ûf gân:
der liehte tac wart getân
daz ich die linden kûme gesach.
grôz ungnâde dâ geschach.
vil schiere dô gesach ich
in allen enden umbe mich
wol tûsent tûsent blicke:

One shall never again hear,
605 whether the world lasts for a short time
or long, such delightful birdsong,
as I heard (coming) from the linden tree
when I came riding up to it.
Whoever might have been deathly sad
610 before -- his heart would have been made
happy there. It (the tree) was covered
with birds, so that I lost (could not
see) the appearance of the branches
and also saw very little of the leaves.
615 There were no two of them alike.
Their song was quite varied,
high (pitched) and deep.
The forest gave the voices back to them
with the same tones.
620 How song vied with song!
I saw the spring beneath it
and whatever the forest creature had told
me. The stone was an emerald.
From each corner sparkled
625 such a bright ruby (that)
the morningstar could not be
more beautiful when it rises
and the murkiness of the air leaves it.
        When I found the dish hanging
630 (there), I immediately thought,
since I had ridden out on a quest,
it would be cowardice
if I were then not to do it,
but rather I should try out what it was
635 all about; and my rash spirit, that
often causes me trouble, advised me,
so that I poured (water) onto the stone.
Then the sun darkened that was shining
before; the birdsong grew still
640 as a severe storm checked it.
Clouds began
at that very moment
to come forth from (all) four directions.
The bright day was (so) finished
645 that I hardly saw the linden tree.
A great commotion took place there.
Very quickly I then saw
around me in all directions thousands
and thousands of lightning flashes.

---

614 sah.   615 der (gen. pl.) ne.   618-619 i.e., the birds' songs echoed in the
forest.   627 wenn er.

dar nâch sluoc alsô dicke
ein alsô kreftiger donerslac
daz ich ûf der erde gelac.
sich huop ein hagel unde ein regen,
wan daz mich der gotes segen
vriste* von des weters nôt,
ich waere der wîle dicke tôt:
das weter wart als ungemach
daz ez den walt nider brach.
was iender boum dâ sô grôz
daz er bestuont, der wart blôz
und loubes alsô laere
als er verbrennet waere.
swaz lebete in dem walde,
ez entrünne danne balde,
daz was dâ zehant tôt.
ich hete von des weters nôt
mich des lîbes begeben
und enahte niht ûf mîn leben,*
und waere ouch sunder zwîvel tôt:
wan daz der hagel und diu nôt
in kurzer wîle gelac,
und begunde liehten der tac.
    Dô diu vreise zergienc
und ez ze wetere gevienc,
waer ich gewesen vür wâr
bî dem brunnen zehen jâr,
ichn begüzze in niemer mê:
wan ich hetez baz gelâzen* ê.
die vogele kâmen widere:
ez wart von ir gevidere
diu linde anderstunt bedaht;*
sî huoben aber ir süezen braht
und sungen verre baz dan ê.
mirn* wart dâ vor nie sô wê,
desn waer nû allez vergezzen.
alsus het ich besezzen
daz ander paradîse.
die selben vreude ich prîse
vür alle die ich ie gesach.
jâ wând ich vreude ân ungemach
unangestlîchen iemer hân:
seht, dô trouc mich mîn wân.
    Mir nâhte laster unde leit.
nû seht wâ dort her reit
ein rîter; des geverte

650 Afterwards, just as often there resounded
such a mighty crash of thunder
that I fell to the ground.
Hail and rain arose.
Except that God's blessing
655 spared me from the distress of the
weather, I would have often been dead in
that time. The storm became so terrible
that it broke down the forest.
If there was anywhere a tree so large
660 that it remained standing, it was bare
and as empty of foliage
as if it had been burned.
Whatever was alive in the forest,
if it did not quickly escape from there,
665 it was dead on the spot.
Because of the fierceness of the storm
I had given up (hope for) my life
and did not value my life,
and (I) would have been without a doubt
670 dead, except that the hail and the
distress stopped in a short time,
and the day began to brighten.
    When the danger had dissipated
and the weather got better--
675 truly, if I had been next
to the spring for ten years, I would
never ever pour (water) on it again.
For I would have been better off not
doing it before. The birds came back
680 again. The linden tree was covered a
second time with their feathers.
They began again their sweet noise
and sang far better than before.
No matter what pain I had just suffered,
685 now it was all forgotten.
(It was) as though I possessed
paradise itself.
This same joy I praise before all (joys)
that I had ever seen (experienced).
690 Indeed, I imagined I would have joy
without distress and without worry for-
ever. Look, my expectation deceived me.
    Shame and trials were approaching
me. Now look where a knight came riding
695 there. His galloping

---

655 <u>fristete</u> (subjunctive). 668 i.e., I didn't think my life was worth a nickel.
678 <u>ich hätte es besser unterlassen</u>. 681 <u>bedeckt</u>. 684 <u>mir ne</u>.

was grimme und alsô herte
daz ich des wânde ez waere ein her.
iedoch bereite ich mich ze wer.
sîn ors was starc, er selbe grôz;
des ich vil lützel genôz.
sîn stimme lûte sam ein horn:
ich sach wol, im was an mich zorn.
als ab* ich in einen sach,
mîn vorhte und mîn ungemach
wart gesenftet iedoch,
und gedâhte ze lebenne noch,
und gurte mînem orse baz.
dô ich dâ wider ûf gesaz,
dô was er komen daz er mich sach.
vil lûte rief er unde sprach,
dô er mich aller verrest kôs
'rîter, ir sît triuwelôs.*
mirn wart von iu niht widerseit,*
und habent mir lasterlîchez leit
in iuwer hôchvart getân.
nu wie sihe ich mînen walt stân!
den habent ir mir verderbet
und mîn wilt ersterbet
und mîn gevügele verjaget.
iu sî von mir widersaget:
ir sult es mir ze buoze stân
od* ez muoz mir an den lîp gân.
daz kint daz dâ ist geslagen,
daz muoz wol weinen unde clagen:
alsus clag ich von schulden.
ichn hân wider iuwern hulden
mit mînem wizzen niht getân:
âne schulde ich grôzen schaden hân.
hien sol niht vrides mêre wesen:
wert iuch, ob ir welt genesen.'
    Dô bot ich mîn unschulde
und suochte sîne hulde:
wan er was merre danne ich.
done sprach er niht wider mich.
wan daz ich mich werte,
ob ich mich gerne nerte.
dô tete ich daz ich mohte,
daz mir doch lützel tohte.
ich tjostierte wider in:
des vuort er mîn ors hin.

700

705

710

715

720

725

730

735

740

was fierce and so hard
that I imagined it was an army. Never-
theless, I prepared myself for defense.
His horse was strong; he himself was big,
because of which I had very little fun.
His voice resounded like a horn.
I well saw that anger was to him toward
me. But when I saw him (all) alone,
my fear and my worry
were calmed in spite of everything,
and I thought I would yet stay alive;
and (I) tightened the girth for my horse.
When I had gotten back in the saddle,
he had come (so near) that he saw me.
Very loud he called out and said
when he saw me from very far off,
"Knight, you have broken the peace.
You did not declare a feud against me and
(yet) your hand caused me disgraceful
distress in your arrogance.
Just look at the condition of my forest!
You have devastated it for me
and killed my game
and chased away my birds.
I hereby declare my enmity to you:
You shall make satisfaction for (of) it
or I shall have to lose my life.
A child that has been beaten
must certainly weep and complain.
Thus do I rightfully complain.
I have done nothing against your
favor unknowingly.
Unjustly I have a great loss.
Here there shall no longer be peace.
Defend yourself if you want to survive."
    I claimed innocence
and sought his favor,
for he was bigger than I.
But he said nothing to me
except that I should defend myself
if I wanted to save myself.
Then I did what I could,
which helped me very little, however.
I jousted against him:
Because of this he led my horse away.

---

703 aber.   712 The words of the knight are proper for one initiating combat and
contrast with Kalogrenant's (unintentional) improper behavior.   713 from
widersagen: to declare emnity.   722 oder.

daz beste heil daz mir geschach,
daz was daz ich mîn sper zebrach.
vil schône* sazte mich sîn hant
hinder daz ors ûf daz lant,
daz ich vil gar des vergaz   745
ob ich ûf ors ie gesaz.
er nam mîn ors und lie mich ligen.
mir was gelückes dâ verzigen.
done muote mich niht sô sêre,
ern bôt mir nie die êre   750
daz er mich wolde ane gesehen.
dô im diu êre was geschehen,*
do gebârter* reht diu gelîch
als im aller tägelîch
zehenstunt geschaehe alsame.   755
der prîs was sîn, und mîn diu schame.
swaz ich doch lasters dâ gewan,
dâ was ich ein teil unschuldec an.
mir was der wille harte guot:
done* mohten mir diu werc den muot   760
an im niht volbringen:
des muose mir misselingen.
     Dô mir des orses wart verzigen,
ichn moht niht imer dâ geligen:
dô geruocht ich gân von dan   765
als ein êrlôser man
und saz aber zuo dem brunnen.
der unzuht sult ir mich verkunnen,
swie niugerne ich anders sî,
und saez ich iemer dâ bî,   770
ichn begüzze in niemer mêre:
ich engalt es ê sô sêre.

     Dô ich gnuoc lange dâ gesaz
unde betrahte daz
waz mir ze tuonne waere,   775
mîn harnasch was ze swaere
daz ichz* gânde niht enmohte getragen:
nû waz mag ich iu mêre sagen?
wan ich schuttez abe* und gie dan.
ich genâdelôser man   780
gedâhte war ich kêrte,
unz mich mîn herze lêrte,
daz mir an mînen wirt geriet,
von dem ich des morgens schiet.

The best thing that happened to me
was that I broke my lance.
Very deftly did his hand thrust
me behind the horse onto the ground,
(with such force) that I completely
forgot whether I had ever sat on a horse.
He took my horse and left me lying
(there). There luck had been withdrawn
from me. Nothing irritated me as much as
(the fact that) he did not do me the
honor that he would (even) look at me.
When the honor had happened to him,
he acted just as though
this same thing happened
to him ten times every day.
The glory was his, and mine was the
disgrace. Yet whatever of shame I gained
there, I was partly innocent of it.
I had very good will,
but my actions were not able to carry
out my intention with regard to him.
Because of this I had to fail.
     When the horse was taken away from
me, I could not just lie there forever.
I considered it good that I walk from
there like a man without honor,
and (I) sat down again at the spring.
You should not attribute to me the breach
of good breeding--however curious I
otherwise am--if I were to sit next to
it forever, that I would ever again pour
(water) over it: I had paid for it so
dearly before.
     When I had been sitting there long
enough and was considering
what I should do--
my armor was too heavy,
so that I could not carry it walking.
Well, what more can I tell you,
except that I shook it off and went from
there. I, an unhappy man,
considered whither I should turn,
until my heart gave instruction
that advised me (to return) to my host
from whom I had departed that morning.

---

743 adverb of schön. 752 i.e., after he had defeated me. 753 gebärdete er sich.
760 do ne. 777 ich es. 779 ich warf es ab.

swie ich dar kam gegangen,   785 No matter how (in what condition) I came
ichn wart niht wirs enpfangen   walking thither, I was not more poorly
danne ouch des âbents dô ich reit: welcomed than on the evening I had come
daz machet aber sîn hövescheit.   riding. This was due to his courtliness.
waer mir diu êre geschehen*   If the honor had happened to me,
als ich in dem laster wart gesehen,   790 as I was (now) being seen in disgrace,
mîn handelunge waer gnuoc guot.   his treatment of me would have been good
alsus trôstens* mir den muot,   enough. Thus did they, he and the young
er und mîn juncvrouwe.   lady, console my spirits.
daz sî got iemer schouwe!   May God ever look (with favor) upon them!
     Ich hân einem tôren glîch getân,   I have acted like a fool:
diu maere der ich laster hân,   796 The story from which I have disgrace --
daz ich diu niht kan verdagen: that I don't know how to keep quiet about
ichn woldes* ouch ê nie gesagen.   it--I have never previously wanted to
waere mir iht baz geschehen,   tell it. If something better had
des hôrtent ir mich ouch nû jehen.   800 happened to me, you would also hear me
sî iuwer deheinem geschehen baz,   tell of it now. If somethig better
ob er nû welle, der sage ouch daz.   (ever) happened to anyone of you, if he
                                                          now wishes, let him tell it, too.

_____
789 i.e., if I had been the victor. 792 <u>trôsteten sie</u>. 798 <u>wollte sie</u> (<u>diu
maere</u>).

Wolfram von Eschenbach

From: <u>Parzival</u>

(shortly after 1200)

Book III, Soltane:

vrou Herzeloide diu rîche	116,28	Lady Herzeloyde, the powerful, became
ir drîer lande wart ein gast:		a stranger of (to) her three lands.
si truoc der vreuden mangels last.	30	She bore the burden of the lack of joy.
der valsch an ir sô gar verswant,	117	Falseness so utterly vanished from her:
ouge noch ôre in nie dâ vant.		(Neither) eye nor ear found it there.
ein nebel was ir diu sunne.		For her the sun was a mist.
si vlôch der werlde wunne,		She fled the delight of the world.
ir was gelîch naht und der tac:	5	Night and day was for her the same: Her
ir herze niht wan jâmers phlac.		heart was busy with nothing but sorrow.
sich zôch diu vrouwe jâmers balt		The lady, quick to sorrow, withdrew her-
ûz ir lande in einen walt,		self from her land into a forest,
zer waste in Soltâne,		to the clearing in Soltane,
niht durch bluomen ûf die plâne.	10	not because of the flowers on the meadow.
ir herzen jâmer was sô ganz,		The pain of her heart was so complete,
si enkêrte sich an keinen kranz,		she did not turn herself toward any
er waere rôt oder val.		wreath, whether it was red or faded.
si brâhte dar durch vlühtesal		She brought thither for the sake of
des werden Gahmuretes kint.	15	refuge dear Gahmuret's child.
liute, die bî ir dâ sint,		The people that were there with her
müezen bûwen und riuten.		had to farm and clear (the land).
si kunde wol getriuten		She could well caress her
ir sun: ê daz sich der versan,		son. Before he was able to understand,
ir volc si gar vür sich gewan,	20	she won over the people completely to
ez waere man oder wîp.		herself, be it man or woman.
den gebôt si allen an den lîp,		She commanded them all on their life,
daz si immer ritters würden lût,		that they never mention (the word)
'wan vriesche daz mîns herzen trût,		knight, "for if the darling of my heart
welh ritters leben waere,	25	learns this--what the life of a knight
daz würde mir vil swaere.		is, this would be great pain for me. Now
nû habet iuch an der witze kraft		keep yourselves in the power of your wits
und helt in alle ritterschaft.'		and conceal from him all knighthood."
der site vuor angestlîche vart.		This agreement traveled an uneasy road.
der knappe alsus geborgen wart	30	Thus was the boy hidden,
zer waste in Soltâne erzogen,	118	brought up in the clearing of Soltane,
an küneclîcher vuore betrogen,		cheated of (his) royal character,
ez enmöhte an einem site sîn:		unless it could be regarding one
bogen unde bölzelîn		practice: Bow and little arrows--
die sneit er mit sîn selbes hant	5	these he carved with his own hand
und schôz vil vogele die er vant.		and shot many birds which he found.
swenne aber er den vogel erschôz,		But when he shot a bird dead,
des schal von sange ê was sô grôz,		whose sound in song had been so loud
sô weinde er unde roufte sich,		before, then he wept and tore at his
an sîn hâr kêrte er gerich.	10	hair: On his hair he took revenge.
sîn lîp was klâr und fier:		His body was fair and proud.
ûf dem plân an dem rivier		On the meadow at the brook

twuoc er sich alle morgen.
er enkunde niht gesorgen,
ez enwaere ob im der vogelsang.   15
diu süeze in sîn herze dranc:
daz erstracte im sîniu brüstelîn.
al weinde er lief zer künegîn.
sô sprach si: 'wer hât dir getân?
dû waere hin ûz ûf den plân?'   20
er enkunde ir gesagen niht,
als kinden lîhte noch geschiht.
    dem maere gienc si lange nâch.
eins tages si in kaphen sach
ûf die boume nâch der vogele schal.   25
si wart wol innen daz zeswal
von der stimme ir kindes brust.
des twanc in art und sîn gelust.
vrou Herzeloide kêrte ir haz
an die volgele, si enwesse um waz: 30
si wolde ir schal verkrenken.   119
ir bûliute und ir enken
die hiez si vaste gâhen,
vogele würgen unde vâhen.
die vogele wâren baz geriten: 5
etslîches sterben wart vermiten,
der beleip dâ lebendec ein teil,
die sît mit sange wurden geil.
    der knappe sprach zer künegîn:
'was wîzet man den vogelîn?'   10
er gerte in vrides sâ zestunt.
sîn muoter kuste in an den munt.
diu sprach: 'wes wende ich sîn gebot,
der doch ist der hoeste got?
suln vogele durch mich vreude lân?'   15
der knappe sprach zer muoter sân:
'ouwê muoter, waz ist got?'
'sun, ich sage dirz* âne spot:
er ist noch liehter denne der tac.
der antlitzes sich bewac   20
nâch menschen antlitze,
sun, merke eine witze
und vlêhe in umbe dîne nôt:
sîn triuwe der werlde ie helfe bôt.
sô heizet einer der helle wirt: 25
derst* swarz, untriuwe in niht verbirt.
von dem kêre dîne gedanke
und ouch von zwîvels wanke.'

___
119, 18 dir es.   26 der ist.

---

he washed himself every morning.
He knew nothing of being sad,
unless it was the sound of birds above
him. Its sweetness bored into his heart.
This stretched his little breast.
All crying he ran to the queen. When
she said, "Who did something to you?
You were out there on the meadow --"
he could tell her nothing,
as still easily happens to children.
    She pursued this matter for a long
time. One day she saw him gaping up at
the trees toward the sound of the birds.
She became aware that her child's breast
was swelling up because of their voices.
His (inherited) nature and his fancy
forced this. Lady Herzeloyde directed
her wrath against the birds, though she
did not know why. She wanted to destroy
their singing. She commanded her farmers
and her herders to hurry much,
to strangle and catch the birds.
The birds had better mounts.
Dying of much was avoided.
A part of them remained there alive,
which were afterwards cheerful with song.
The boy said to the queen,
"What are you angry at the birds for?"
He begged for peace for them immediately.
His mother kissed him on the mouth. She
said, "Why do I subvert his commandment
who, after all, is the supreme God?
Should birds because of me lose their
joy? Then the boy said to the mother,
"Hey, Mother, what is God?"
"Son, I shall tell you it seriously:
He is brighter still than the day.
He took on an appearance
like the appearance of a man;
son, note (well this) one teaching
and pray to him in your need. His loyal
love has always brought help to the
world. Then there is one called the lord
of hell. He is black; treachery is not
lacking in him. Turn your thoughts from
him and also from the wavering of
inconstancy."

sîn muoter underschiet im gar		His mother distinguished for him
daz vinster und daz lieht gevar.	30	the dark and the bright.
dar nâch sîn snelheit verre spranc.		After that his alacrity bounded away
er lernte den gabilôtes swanc,	120,2	(again). He learned the swing of the
dâ mit er manegen hirz erschôz,		javelot. With it he shot many a stag
des sîn muoter und ir volc genôz.		which his mother and her people used
ez waere aeber oder snê,	5	well. Whether it was thaw or snow, his
dem wilde tet sîn schiezen wê.		shooting brought grief to game (animals).
nû hoeret vremdiu maere:		Now hear something strange:
swenne er schôz daz swaere,		Whenever he shot something (so) heavy
des waere ein mûl geladen genuoc,		that a mule would have been loaded
als* unzeworht hin heim erz truoc.	10	enough, he bore it all home not cut up.
eins tages gienc er den weideganc		One day he went along the hunting
an einer halden, diu was lanc.		trail on a mountain slope which was long.
er brach durch blates stimme ein zwîc.		He broke off a branch to whistle with a
dâ nâhen bî im gienc ein stîc,		leaf. Next to him ran a path.
dâ hôrte er schal von huofslegen:	15	There he heard the sound of hooves:
sîn gabilôt begunde er wegen.		He began to brandish his javelot.
dô sprach er: 'waz hân ich vernomen?		He then said, "What did I hear?
wan wolde et nû der tiuwel komen		If only the devil would come now
mit grimme zorneclîche!		fiercely with rage!
den bestüende ich sicherlîche.	20	I would stand up to him for sure.
mîn muoter vreisen von im saget:		My mother says horrible things of him.
ich waene ir ellen sî verzaget.'		I suppose her courage is slipping."
alsus stuont er in strîtes ger.		Thus he stood there in the desire of
nû seht, dort kom geschûftet her		battle. Now look. Galloping up come
ritter nâch wunsche var,	25	knights looking as one would wish,
von vuoze ûf gewâpent gar.		completely armored from the feet up.
der knappe wânde sunder spot,		The boy imagined in (all) seriousness
daz ieslîcher waere ein got.		that each of them was a god.
dô stuont ouch er niht langer hie,		Then he, too, no longer (just) stood
in den phad viel er ûf sîniu knie.	30	there. On the path he fell on his knees.
lûte rief der knappe sân:	121	Loud then the boy called out,
'hilf, got! dû maht wol helfe hân.'		"Help, God! You surely can give help."
der vorder zornes sich bewac,		The first (knight) was moved to anger
dô der knappe in dem phade lac:		when the boy was lying on the path:
'dirre toersche Wâleis	5	"This stupid Waleis
unsich* wendet gâher reise.'		is keeping us from a swift journey."
ein prîs den wir Beier tragen,		The renown which we Bavarians bear
muoz ich von Wâleisen sagen:		I must also say about the Waleis:
die sint toerscher denne beiersch her		They are more stupid than Bavarian folk,
und doch bî manlîcher wer.	10	and yet of manly courage.
swer in den zwein landen wirt,		Whoever grows up in those two lands
gevuoge ein wunder an im* birt.		brings forth in adroitness a marvel.
dô kom geleischieret		Then came up, with reins relaxed
und wol gezimieret		and well equipped,
ein ritter, dem was harte gâch.	15	a knight who was very much in a hurry.

120,10 alles. 121,6 uns (acc.). 12 an sich.

er reit in strîteclîchen nach,
die verre wâren von im komen:
zwêne ritter heten im genomen
eine vrouwen in sînem lande.
den helt ez dûhte schande: 20
in müete der juncvrouwen leit,
diu jaemerlîche vor in reit.
dise drî* wâren sîne man.
er reit ein schoene kastelân,
sîns schildes was vil wênec ganz.   25
er hiez Karnahkarnanz
leh cons Ulterlec.
er sprach: 'wer irret uns den weg?'
sus vuor er zuo dem knappen sân.
den dûhte er als ein got getân: 30
er enhete ê sô liehtes niht erkant.122
ûf dem touwe der wâpenroc erwant.
mit guldîn schellen kleine
vor iewederm beine
wâren die stegereife erklenget   5
und ze rehter mâze erlenget.
sîn zeswer arm von schellen klanc.
swar er den bôt oder swanc,
der was durch swertslege sô hel;
der helt was gein prîse snel.   10
sus vuor der vürste rîche,
gezimieret wünneclîche.
    aller manne schoene ein bluomen
                                   kranz,
den vrâcte Karnahkarnanz:
'juncherre, sâhet ir vür iuch varn   15
zwêne ritter die sich niht bewarn
kunnen an ritterlîcher zunft?
si ringent mit der nôtnunft
und sint an werdekeit verzaget:
si vüerent roubes eine maget.'   20
der knappe wânde, swaz er sprach,
ez waere got, als im verjach
vrou Herzeloide diu künegin,
dô si im underschiet den liehten schîn.
dô rief er lûte sunder spot: 25
'nû hilf mir, helferîcher got!'
vil dicke viel an sîn gebet
fil li roi Gahmuret.
der vürste sprach: 'ich bin niht got,
ich leiste aber gerne sîn gebot.   30

To do battle he was riding after those
who had gotten far (ahead) of him:
Two knights had taken from him
a lady in his own land.
This seemed a disgrace to the hero. The
suffering of the lady, who was riding in
a miserable state before them, saddened
him. These three were his vassals. He
was riding a beautiful Castilian (horse);
his shield was hardly in one piece.
His name was Karnahkarnanz,
the Count Ulterlec.
He said, "Who is blocking the way for
us?" Then he immediately rode up to the
boy. To him (the boy) he seemed formed
like a god. He had never known something
so bright. His surcoat reached to the
dew. With small golden bells on
each leg his stirrups
were made to jingle and
were lengthened just the right amount.
His right arm jingled with bells. In
whatever direction he directed or swung
it, it was so loud because of his sword
swinging. The hero was bold in search of
praise. Thus did the mighty prince ride,
delightfully accoutered.
    Karnahkarnanz asked him (who was)
a wreath of flowers
to the beauty of all men: "Young sir,
did you see riding before your eyes
two knights who cannot control
themselves according to the knightly
code? They are striving to commit rape
and have lost their dignity:
They are carrying off a maiden by
abduction." The boy imagined, whatever
he was saying, it was God, as lady
Herzeloyde, the queen, had told him when
she explained to him his (God's) bright
splendor. Then he called aloud in (all)
seriousness: "Then help me, God ready to
help!" Repeatedly the son of the king
Gahmuret fell down in prayer.
The prince said, "I am not God,
but I gladly carry out his commands.

121,23 i.e., the knights whom Parzival had just encountered.

dû maht hie vier ritter sehen,   123
ob dû ze rehte kundes spehen.´
    der knappe vrâcte vürbaz:
´dû nennest ritter: waz ist daz?
hâstû* niht gotlîcher kraft,   5
sô sage mir, wer gît* ritterschaft?´
´daz tuot der künec Artûs.
juncherre, komt ir in des hûs,
der bringet iuch an ritters namen,
daz irs* iuch nimmer durfet schamen.   10
ir muget wol sîn von ritters art.
von den helden er geschouwet wart:
dô lac diu gotes gunst an im.
von der âventiure ich daz nim,
diu mich mit wârheit des beschiet: 15
nie mannes varwe baz geriet
vor im sît Adâmes zît.
des wart sîn lop von wîben wît.

    aber sprach der knappe sân,
dâ von ein lachen wart getân: 20
´ei ritter got, was mahtû* sîn?
dû hâs sus manec vingerlîn
an dînen lîp gebunden
dort oben und hie unden.´
aldâ begreif des knappen hant   25
swaz er îsers an dem vürsten vant.
des harnas begunde er schouwen:
´mîner muoter juncvrouwen
ir vingerlîn an snüeren tragent,
die niht sus an ein ander ragent.´   30
der knappe sprach durch sînen muot   124
zem vürsten: ´war zuo ist diz guot,
daz dich sô wol kan schicken?
ich enmac es niht abe gezwicken.´
    der vürste im zeicte sâ sîn swert:
´nû sich, wer an mich strîtes gert,   6
des selben wer ich mich mit slegen.
vür die sîne muoz ich an mich legen
und vür den schuz und vür den stich
muoz ich alsus wâpen mich.´   10
aber sprach der knappe snel:
´ob die hirze trüegen sus ir vel,
sô enverwunte ir niht mîn gabilôt.
der vellet maneger von mir tôt.´
die ritter zurnden daz er hielt   15
bî dem knappen der vil tumpheit wielt.

you can see four knights here
if you know how to see correctly."
    The boy asked further,
"You use the name knights. What is
that? If you do not have divine power,
then tell me, who gives knighthood?"
"King Arthur does. Young sir,
if you come to his house, he will
acquire for you the name of a knight,
so that you will never need to be
ashamed. You might well be of a knightly
race." He was scrutinized by the heroes.
God´s favor lay on him.
I am taking this from the adventure
which informs me of it in truth.
Never did the appearance of a man turn
out better before him since the time of
Adam. Because of this his praise by
women was widespread.
    Then the boy spoke again,
from which laughter arose:
"Oh, knight-god, what can you be?
You have so many rings
bound to your body
there up above and here down below."
Then the boy´s hand fingered
whatever of iron he found on the prince.
He began to look at his armor.
"My mother´s ladies
wear rings on strings, (rings)
which do not fit so close together."
The boy spoke whatever he felt
to the prince: "What is this good for
which can fit you so well?
I cannot pick it off."
    The prince showed him his sword:
"Now look, whoever seeks a battle with
me, I defend myself against the same
person with blows. Against his (blows) I
must put on me and against shots and
thrusts I have to arm myself thus."
The unabashed boy replied,
"If stags wore their coats thus, my
javelot would not wound them at all.
Many of them fall dead because of me."
The knights became irritated that he
stayed by the boy who had much simplicity

123,5 hast du. 6 gibt. 10 ihr dessen. 21 kannst du.

der vürste sprach: 'got hüete dîn!
ouwî wan waere dîn schoene mîn!
dir hete got den wunsch gegeben,
ob dû mit witzen soldes leben.*   20
diu gotes kraft dir virre leit.!'

　　die sîne und ouch er selbe reit
und gâhten harte balde
zeinenm velde in dem walde.
dâ vant der gevüege   25
vrou Herzeloiden phlüege
(ir volke leider nie geschach),
die er balde eren sach:
si begunden saen, dar nâch egen,
ir garte ob starken ohsen wegen.   30
der vürste in guoten morgen bôt   125
und vrâcte, ob si saehen nôt
eine juncvrouwen lîden.
si enkunden niht vermîden,
swes er vrâcte daz wart gesaget.   5
'zwêne ritter und ein maget
dâ riten hiute morgen:
diu vrouwe vuor mit sorgen.
mit sporn si vaste ruorten.'
die die juncvrouwen vuorten,   10
ez was Meljakanz,
den ergâhte Karnahkarnanz:
mit strîte er im die vrouwen nam.
diu was dâ vor an vreuden lam:
si hiez Imâne   15
von der Bêâfontâne.
　　die bûliute verzageten.
dô die helde vür sie jageten,
si sprâchen: 'wiest* uns sus geschehen?
hât unser juncherre ersehen   20
an disen rittern helme schart,
sô enhân wir uns niht wol bewart.
wir suln der küneginne haz
von schulden hoeren umbe daz,
wande er mit uns dâ her lief   25
hiute morgen dô si dannoch slief.'
　　der knappe enruochte ouch wer dô
　　　　　　　　　　　　　　schôz
die hirze kleine unde grôz:
er huop sich gein der muoter wider
und sagete ir maere. dô viel si nider:30

at his disposal. The prince said, "May
God watch over you! Alas, if only your
beauty were mine! God would have given
you (everyone's) wish if you were to live
with intelligence. May God's power keep
harm far from you!"
　　His (knights) and he himself rode
(off) and hastened very swiftly
　to farmland in the forest.
There the adroit man found
lady Herzeloyde's plows (something more
terrible had never happened to her
people); those whom he just saw plowing
began so sow, afterwards to harrow,
to move their goads over the sturdy
oxen. The prince bade them good morning
and asked whether they had seen
a maiden suffering distress.
They did not know how to avoid it--
Whatever was asked, that was answered.
"Two knights and a maiden
were riding here this morning.
The lady rode with worry. They
touched (the horses) with spurs firmly."
Those who were abducting the young lady
was Meljakanz,
whom Karnahkarnanz (later) overtook.
Through combat he took the lady from him.
Before that she was lame as to joy.
Her name was Imane,
of the Beafontane.
　　The farmers were at a loss.
When the heroes chased by right before
them, they said, "How did it thus happen
to us? If our young squire has seen the
hacked up helmets of these knights,
then we have not well proven ourselves.
We shall justly hear the anger
of the queen concerning this,
for he ran out here with us this
morning when she was still sleeping."
　　The boy did not care at all who
shot the stags,
small and large. He betook
himself right back to his mother and
told her the story. Then she fell down:

124,20 i.e., if he had given you intelligence.　125,19 wie ist.

sîner worte si sô sêre erschrac,   126
daz si unversunnen vor im lac.
dô diu küneginne
wider kom zir sinne,
swie si dâ vor waere verzaget,   5
dô sprach si: 'sun, wer hât gesaget
dir von ritters orden?
wâ bistûs* innen worden?'
'muoter, ich sach vier man
noch liehter danne got getân: 10
die sageten mir von ritterschaft.
Artûs küneclîchiu kraft
sol mich nâch ritters êren
an schildes ambet kêren.'
    sich huob ein niuwer jâmer hie. 15
die vrouwe enwesse rehte wie,
daz si ir den list erdaehte
und in von dem willen braehte.
der knappe tump unde wert
iesch von der muoter dicke ein phert. 20
das begunde si in ir herzen klagen.
si dâhte: 'ich enwil im niht versagen,
ez muoz aber vil boese sîn.'
dô gedâhte mêr diu künegin:
'der liute vil bî spotte sint.   25
tôren kleider sol mîn kint
ob sînem liehten lîbe tragen.
wirt er geroufet und geslagen,
sô kumt er mir her wider wol.'
ouwê der jaemerlîchen dol!   30
diu vrouwe nam ein sactuoch,   127
si sneit im hemde unde bruoch,
daz doch an einem stücke erschein,
unz enmitten an sîn blankez bein:
daz wirt vür tôren kleit erkant.   5
eine gugeln man obene drûfe vant.
al vrisch rûch kelberîn
von einer hiute zwei ribalîn
nâch sînen beinen wart gesniten.
dâ wart grôz jâmer niht vermiten.   10
    diu künegin was alsô bedâht,
si bat belîben in die naht:
'dû ensolt niht hinnen kêren,
ich wil dich liste lêren.
an ungebanten strâzen   15
soltû* tunkel vürte lâzen:

She became so utterly frightened at his
words that she lay unconscious before
him. When the queen
came again to her senses,
however disheartened she had been before,
now she spoke: "Son, who has told
you about the order of knights?
Where did you find out about it?"
"Mother, I saw four men
looking brighter than God.
They told me about knighthood.
Arthur's kingly power shall turn
me in accordance with knight's honor to
the office of the shield (knighthood)."
    Fresh grief arose here.
The lady did not rightly know how
that she might think up a plan
and bring him from his purpose.
The boy, simple yet noble,
asked his mother often for a horse.
This she began to worry about in her
heart. She thought, "I shall not say no
to him. But it has to be a very shabby
one." The queen thought further:
"Many of the people are often given to
mocking. The clothes of a fool my child
shall wear over his fair skin.
If he is roughed up and beaten, then
he will certainly some back again to me."
Alas for the terrible sorrow!
The lady took sackcloth;
she cut for him shirt and breeches,
yet (so), that it was of one piece
down to the middle of his bare leg.
This was recognized as the clothing of a
fool. One found a hood up on top.
From the hide (of) fresh, untanned
calfskin two boots
were cut for his legs.
Great sorrow was not avoided there.
    The queen was of such a mind:
She asked him to stay the night:
"You should not turn (leave) from here--
I want to teach you (some) cleverness.
On untrodden paths
you should avoid dark fords.

126,8 bist su dessen. 127,16 sollst du.

die sîhte unde lûter sîn,
dâ soltû al balde rîten în.
dû solt dich site nieten,
der werlde grüezen bieten.   20
ob dich ein grâ wîse man
zuht wil lêren als er wol kan,
dem soltû gerne volgen
und wis* im niht erbolgen.
sun, lâ dir bevolhen sîn,   25
swâ dû guotes wîbes vingerlîn
müges erwerben und ir gruoz,
daz nim: ez tuot dir kumbers buoz.
dû solt zir kusse gâhen
und ir lîp vaste umbevâhen: 30
daz gît gelücke und hôhen muot,   128
ob si kiusche ist unde guot.
dû solt ouch wizzen, sun mîn,
der stolze küene Lehelîn
dînen vürsten abe ervaht zwei lant,   5
diu solden dienen dîner hant,
Wâleis und Norgâls.
ein dîn vürste Turkentâls
den tôt von sîner hant emphienc:
dîn volc er sluoc unde vienc.´   10
´diz riche ich, muoter: ruoct es got,
in verwundet noch mîn gabilôt.´
    des morgens dô der tac erschein,
der knappe balde wart enein,
im was gein* Artûse gâch.   15
vrou Herzeloide in kuste und lief
                          im nâch.
der werlde riuwe aldâ geschach:
dô si ir sun niht langer sach
(der reit enwec: wemst* deste baz?),
dô viel diu vrouwe valsches laz   20
ûf die erde, aldâ si jâmer sneit
sô daz si ein sterben niht vermeit.
ir vil getriulîcher tôt
der vrouwen wert die hellenôt.
ô wol si daz si muoter wart!   25
sus vuor die lônes bernden vart
ein wurzel der güete
und ein stam der diemüete.

(Those) that are shallow and clear
you should ride right in.
You should strive for the practice
of offering your greeting to everyone.
If a gray, experienced man is willing
to teach you good conduct, as well he
knows how, you should obey him willingly,
and do not be angry at him.
Son, let it be recommended to you:
wherever you can gain the ring of a
good woman, as well as her greeting,
take it: It offers you a recompense for
woe. You should hasten to the kissing
of her and embrace her body firmly.
This gives happiness and exhilaration
if she is well bred and good.
You should also know, my son,
proud, bold Lehelin has
won away by fighting from your princes
two lands which should serve your hand,
Waleis and Norgals.
One of your princes, Turkentals
received death at his hands.
Your folk he slew and captured."
"This I will avenge, Mother. If God sees
fit, my javelot shall yet wound him."
    In the morning when the day
appeared, the boy quickly decided
he was in a hurry to (get to) Arthur.
Lady Herzeloyde kissed him and
ran after him. Then the
sorrow of the world took place there.
When she no longer saw her son
(He rode away. For whom is that so much
the better?), then the lady, free of
duplicity, fell to the ground where grief
cut her, so that she did not avoid dying.
Her death caused by great devotion
kept the lady from the affliction of
hell. Oh, good it was for her that she
became a mother! Thus she traveled the
path bearing reward, (she was) a root of
goodness, a foundation (tree trunk) of
humility.

127,24 sei. 128,15 gegen (toward). 19 wem ist.

Book III, Gurnemanz:

Gurnemanz de Grâharz hiez der wirt		Gurnemanz of Graharz the lord was called:
ûf dirre burc dar zuo er reit.		to this castle he was riding.
dâ vor stuont ein linde breit		In front of it stood a broad linden tree
ûf einem grüenen anger,		upon a green meadow.
der was breiter noch langer	162,10	This was neither wider nor longer
niht wan ze rehter mâze.		than the proper measure.
daz ors und ouch diu strâze		The horse and also the road
in truogen dâ er sitzen vant		carried him where he found sitting (him)
des was diu burc und ouch daz lant.		whose the castle and also the land were.
ein grôziu müede in des betwanc,	15	Great weariness forced him to this
daz er den schilt unrehte swanc,		that he carried the shield improperly,
ze verre hinder oder vür,		too far behind or forward,
et ninder nâch der site kür		but not at all according to choice of
die man dâ gein prîse* maz.		custom that one there measures as praise.
Gurnemanz der vürste al eine saz:	20	Gurnemanz the prince sat all alone:
ouch gap der linden tolde		Also, the crown of the linden tree gave
ir schaten, als si solde,		its shade, as it should, to this
dem houbetman der wâren zuht.		captain of true (knightly) virtue.
des site was vor valsche ein vluht,		Whose way of living was a refuge from
der emphienc den gast. daz was sîn reht:		falsity, he received the guest. That was
bî im was ritter noch der kneht.	26	his duty. With him was neither knight nor squire.
sus antwurte im dô Parzivâl		Thus did Parzival then answer him from
ûz tumben witzen sunder twâl:		his simple mind without delay:
'mich bat mîn muoter nemen rât		"My mother bade me take advice from him
ze dem der grâwe locke hât.	30	who has gray locks.
dâ wil ich iu dienen nâch,	163	Accordingly, I shall serve you
sît mir mîn muoter des verjach.'		since my mother said this."
'sît ir durch râtes schulde		"Since you have come here for the need of
her komen, iuwer hulde		advice, you must allow me your favor
müezet ir mir durch râten lân,	5	for the sake of advice,
und welt ir râtes volge hân.'		if you want to have the fruit of advice."
dô warf der vürste maere		Then the famous prince threw forth
einen mûzersparwaere*		a yearling sparrow hawk from
von der hende: in die burc er swanc,		his hand: Into the castle it swooped;
ein guldîn schelle dran erklanc.	10	a golden bell jingled on it.
daz was ein bote: dô kômen sân		It was a messenger. Immediately there
vil juncherren wol getân.		came many well-attired pages.
er bat den gast, den er dâ sach,		He bade (them) lead in the guest whom he
în vüeren und schaffen sîn gemach.		saw there and make him comfortable.
der sprach: 'mîn muoter saget al wâr:	15	He said: "My mother speaks the truth:
altmannes rede stêt niht ze vâr.'*		The words of an old man are not a danger."

162,19 literally, gegen Lob.   163,8 a sparrow hawk that has molted (once).
16 steht nicht zu Gefahr.

hin în vuorten si in al zehant,
dâ er manegen werden ritter vant
ûf dem hove an einer stat.
ieslîcher in erbeizen bat.
dô sprach an dem was tumpheit schîn:
'Mich hiez ein künec ritter sîn:
swaz halt drûfe mir geschiht,
ich enkum von disem orse niht.*
gruoz gein iu riet mîn muoter mir.'
si dancten beidiu im und ir.
dô daz grüezen wart getân
(daz ors was müede und ouch der man),
maneger bete si gedâhten,
ê si in von dem orse brâhten
in eine kemenâten.   164
si begunden im alle râten:
'lâtz* harnas von iu bringer
und iuwern lîden ringen.'
schiere er muoste entwâpent sîn.
dô si diu rûhen ribalîn
und diu tôren kleit gesâhen,
dô erschrâken diu sîn phlâgen.
vil blûge ez wart ze hove gesaget:
der wirt vor schame was nâch verzaget. 10

    ein ritter sprach durch sîne zuht:
'deiswâr* sô werdeclîche vruht
erkôs nie mîner ougen sehe.
an im liget der saelden spehe
mit reiner süezen hôhen art.
wiest der minnen blic alsus bewart?
mich jâmert immer daz ich vant
an der werlde vreude* alsolh gewant.
wol doch der muoter diu in truoc!
an dem des wunsches liget genuoc,
sîn zimierde ist rîche.
daz harnas stuont ritterlîche
ê ez koeme von dem gehiuren.
von einer quaschiuren
bluotege amesiere
kôs ich an im schiere.'
der wirt sprach zem ritter sân:
'daz ist durch wîbe gebot getân.'
'nein, herre! erst* mit solhen siten,
er enkunde nimmer wîp gebiten
daz si sîn dienest naeme.'   165

Thereupon they led him thither inside
where he found many a worthy knight
in the court at one place.
20 Each asked him to dismount.
Then (he) spoke on whom simplicity was
apparent: "A king bade me be a knight:
Whatever happens to me because of it,
I am not getting off this horse.
25 My mother advised me a greeting toward
you." They thanked both him and her.
When this greeting had been accomplished
(the horse was tired and the man, too),
they took thought of many a plea,
30 before they brought him off the horse
into a warm room.
They all began to advise him:
"Let the armor be taken off you
and your discomfort be lessened."
5 He was quickly relieved of his armor.
When they saw the rough boots
and the fool's clothes, those
who were attending him were surprised.
With much embarrassment it was spoken
10 of at court. The lord (host) was nearly
disheartened by the shame.
    A knight said in courtesy:
"Indeed, such a valuable offspring
the sight of my eyes has never seen.
He has the look of happiness
15 with pure, sweet, lofty nature.
How is the (he who is) splendor of love
so dressed? It pains me that I see such
clothes on the joy of the world.
Yet well for the mother who bore him!
20 On him lies enough of (everyone's) wish.
His equipment is rich.
The armor looked knightly
before it came off the fine person.
A bloody bruise from a
25 collision I saw
on him fleetingly."
The host said to the knight then:
"That was done (happened) at the bidding
of a woman." "No, lord! He has such ways
30 that he would never know how to entreat a
woman that she might accept his service."

163,24 Since <u>ritter</u> (knight) literally means (horse) rider, Parzival is afraid that
he will no longer be a <u>ritter</u> if he dismounts. 164,3 <u>lasset das</u>. 12 <u>das ist wahr</u>.
18 i.e., Parzival. 29 <u>er ist</u>.

'sîn varwe der minne zaeme.'
der wirt sprach: 'nû sul wir sehen
an des waete ein wunder ist geschehen.'

    si giengen dâ si vunden   5
Parzivâlen den wunden
von einem sper, daz beleip doch ganz.
sîn underwant* sich Gurnemanz.
solh was sîn underwinden,
daz ein vater sînen kinden,   10
der sich triuwe kunde nieten,*
möhtez* in niht baz erbieten.
sîne wunden wuosch und bant
der wirt mit sîn selbes hant.
dô was ouch ûf geleget daz brôt.   15
des was dem jungen gaste nôt,
wande in grôz hunger niht vermeit:
al vastende er des morgens reit
von dem vischaere.
sîn wunde und harnas swaere,   20
die vor Nantes er bejagete,
im müede und hunger sagete
und diu verre tagereise
von Artûse dem Berteneise,
dâ man in allenthalben vasten liez. 25
der wirt in mit im ezzen hiez.
der gast sich dâ gelabete:
in den barn er sich sô habete,
daz er der spîse swande vil.
daz nam der wirt gar zeinem* spil: 30
dô bat in vlîzeclîche   166
Gurnemanz der triuwen rîche,
daz er vaste aeze
und der müede sîn vergaeze.
    man huop den tisch, dô des wart zît.
'ich waene daz ir müede sît'   6
sus sprach der wirt: 'waert ir iht vruo?'
'got weiz, mîn muoter sliefe nuo:
diu kan sô vil niht wachen.'
der wirt begunde lachen,   10
er vuorte in an die slâfstat.
der wirt in sich ûz sloufen bat:
ungerne erz* tet, doch muostez* sîn.
ein declachen hermîn
wart geleget über sînen blôzen lîp. 15
sô werde vruht gebar nie wîp.

His complexion would be suitable for
love." The host said, "Now we shall see
(him) on whose clothing something strange
has happened."
    They went where they found
Parzival the (one) wounded
by a spear, that yet remained unbroken.
Gurnemanz took care of him.
Such was his care
that a father who knew how to strive
after loyalty to his children
could offer to them nothing better.
The host washed and bound his
wounds with his own hand.
Also, food was then served. There
was need of this for the young guest,
for great hunger did not avoid him.
Completely fasting he had ridden (away)
from the fisherman that morning.
His wounds and his heavy armor
that he had won before Nantes
and the long day's journey
from Arthur of Britain had
caused him weariness and hunger;
everywhere one had let him hunger.
The host bade him eat with him.
The guest washed himself there:
Into the trough he so threw himself
that he made much of food disappear. The
host took this as pure entertainment.
Gurnemanz, rich in loyalty, bade
him earnestly
that he eat heartily and
forget his weariness.
    When it was time, one removed the
table. "I suppose that you are tired,"
said the host. "Were you about early?"
"God knows, my mother was sleeping then.
She can't stay awake so much."
The host began to laugh.
He led him to the sleeping quarters.
The host bade him undress himself.
He did it unwillingly. But it had to be.
An ermine cover
was laid over his bare body.
Such worthy offspring never a woman did
bear.

165,8 <u>sich</u> <u>underwinden</u> w. gen., take care of. 11 <u>sich</u> <u>nieten</u> w. gen. strive after.
12 <u>möhte</u> <u>ez</u>. 30 <u>zu</u> <u>einem</u>. 166,13 <u>er</u> <u>ez</u>; <u>muoste</u> <u>ez</u>.

grôz müede und slâf in lêrte
daz er sich selten kêrte
an die andern sîten:
sus kunde er tages erbîten.   20
dô gebôt der vürste maere
daz ein bat bereite waere
rehte umbe den mitten morgens tac.
zende* an dem teppech der dâ lac,
daz muoste smorgens* alsô sîn.   25
man warf dâ rôsen oben în.
swie wênec man umbe in dâ rief,
der gast erwachte der dâ slief.
der junge werde süeze man
gienc sitzen in die koufen sân.   30

    ich enweiz wer si des baete: 167
juncvrouwen mit rîcher waete
und an lîbes varwe minneclîch,
die kômen zühte site gelîch.
si twuogen und strichen schiere   5
von im sîn amesiere
mit blanken linden henden.
jâ endorfte in niht ellenden
der dâ was witze ein weise.
sus dolde er vreude und eise,   10
tumpheit er wênec gein in engalt.
juncvrouwen kiusche und balt
in alsus kunrierten.
swâ von si parlierten,
dâ kunde er wol geswîgen zuo.   15
ez dorfte in dunken niht ze vruo,
wan von in schein der ander tac.
der glast* alsus en strîte lac,
sîn varwe laschte beidiu lieht:
des was sîn lîp versûmet niht.   20
man bôt ein badelachen dar.
des nam er vil kleine war:
sus kunde er sich bî vrouwen schemen.
vor in wolde erz niht umbe nemen,
die juncvrouwen muosten gên.   25
si entorsten dâ niht langer stên:
ich waene si gerne heten gesehen,
ob im dort unde iht waere geschehen.
wîpheit vert mit* triuwen,
si kan vriundes kumber riuwen.   30

    der gast an daz bette schreit.168
al wîz gewant im was bereit,

Great weariness and sleep taught
him (not to) that he seldom turned himself from one side to the other:
Thus was he able to wait for the day.
Then the famed prince commanded
that a bath be ready
right at the mid-morning.
At the end on a rug which lay there
it was supposed to take place of a
morning. One spread roses there on top
(of the water). However little one
called out to him, the guest who was
sleeping awoke. The young noble dear
man went to sit in the tub immediately.
    I don't know who asked them to:
Maidens with splendid clothes
and lovely as to their complexion, they
came like to the custom of propriety.
They washed and scrubbed quickly away
from him his bruises
with white soft hands.
He certainly did not need to feel a
stranger, (he) who there was as to wits
an orphan. Thus did he acquiesce to joy
and ease; to them he paid little for
his simplicity. Maidens proper yet
spirited thus attended him.
Whatever they talked about, he well
knew how to remain silent to it.
It did not need to seem to early to him,
for a second (amount of) day(light)
shined from them. The splendor thus
lay in conflict. His color extinguished
both lights. Because of this his person
was not neglected. One offered him there
a bath towel. He took little note of it.
Thus could he feel embarrassment in front
of ladies. Before them he did not want
to put it around him. The maidens had to
go. They did not dare to stand there
longer. I suppose they would have gladly
seen if anything had happened to him
down below. Womanhood is loyal.
It can feel sorrow for the problem of a
lover.
    The guest strode to the bed. All
white clothes were prepared for him,

166,24 zu ende. 25 des morgens. 167,18 i.e., the splendor of the ladies and the
sun. 29 fährt mit.

von golde und sîdîn	One pulled a belt of gold and silk
einen bruochgürtel zôch man drîn.	through it.
scharlachens hosen rôt man streich 5	One slipped red hose of scarlet
an in. dem ellen nie gesweich,	on him. For whom courage never slipped
âvoi wie stuonden sîniu bein!	away, oh, how his legs looked!
reht geschickede ab in schein.	True grace shone from them.
brûn scharlachen wol gesniten,	(With) scarlet wool well tailored
dem was furrieren niht vermiten, 10	for which a lining had not been avoided
beidiu innen hermîn blanc,	inside with white ermine
roc und mantel wâren lanc,	both his coat and mantle were long;
breit swarz und grâ	broad sable black and gray
zobel dâ vor man kôs aldâ:	one saw there all over in front:
daz legete an der gehiure. 15	This the fair lad put on.
under einen gürtel tiure	Under a costly belt he
wart er gefischieret	was fastened
und wol gezimieret	and well adorned
mit einem tiuren vürspan.	with a precious brooch.
sîn munt dâ bî vor roete bran. 20	His mouth burned with redness thereby.
dô kom der wirt mit triuwen kraft,	Then the host came with the force of
nâch dem gienc stolziu ritterschaft.	of loyalty. Proud knights followed him.
der emphienc den gast. dô daz geschach,	He received the guest. When that
der ritter ieslîcher sprach,	happened, each of the knights said
si engesaehen nie sô schoenen lîp. 25	they had never seen such a fair person.
mit triuwen lobeten si daz wîp,	With sincerity they praised the woman
diu gap der werlde alsolhe vruht.	who gave the world such an offspring.
durch wârheit und umbe ir zuht	In their candor and because of their
si jâhen: 'er wirt wol gewert,	breeding they said, "He will certainly
swâ sîn dienst genâden gert: 30	be granted whatever favors his service
im ist minne und gruoz bereit, 169	desires. Love and greeting are prepared
mac er geniezen werdekeit.'	for him. May he benefit from his
ieslîcher im des dâ verjach	qualities." Each proclaimed this for him
und dar nâch swer in ie gesach.	and afterwards whoever ever saw him.
der wirt in mit der hant gevienc, 5	The host took him by the hand;
geselleclîche er dannen gienc.	he went from there in his company.
in vrâcte der vürste maere,	The famed prince asked him
welh sîn ruowe waere	how his sleep had been
des nahtes dâ bî im gewesen.	at his residence that night.
'dâ enwaere ich niht genesen, 10	"Well, I would not have survived if my
wan daz mîn muoter her mir riet	mother had not advised me (to come) here
des tages dô ich von ir schiet.'	on the day when I departed from her."
'got müeze lônen iu und ir!	"May God reward you and her!
herre, ir tuot genâde an mir.'	Sir, you show me great favor."
dô gienc der helt mit witzen kranc 15	Then the hero with feeble wits went to
dâ man got und dem wirte sanc.	where one sang (mass) to God and for the
der wirt zer messen in lêrte	host. The host taught him at mass
daz noch die saelde mêrte,	that which increased happiness more:
ophern unde segenen sich	to make his offering and bless himself
und gein dem tiuvel kêren gerich. 20	and to turn vengeance against the devil.

dô giengen si ûf den palas.
aldâ der tisch gedecket was,
der gast ze sînem wirte saz.
die spîse er ungesmaehet az.
der wirt sprach durch hövescheit: 25
'herre, iu ensol niht wesen leit,
ob ich iuch vrâge maere,
wannen iuwer reise waere.'
er sagete im gar die underscheit
und wie er von sîner muoter reit,   30
umz* vingerlîn und umz vürspan*   170
und wie erz* harnas gewan.*
der wirt erkande den ritter rôt:
der ersiufte und erbarmete in sîn nôt.
sînen gast des namen er niht erliez,   5
den rôten ritter er in hiez.

dô man den tisch hin dan genam,
dar nâch wart wilder muot vil zam.
der wirt sprach zem* gaste sîn:
'ir redet als ein kindelîn.   10
wan* geswîget ir iuwer muoter gar
und nemet ander maere war?
habet iuch an mînen rât:
der scheidet iuch von missetât.
sus hebe ich an. lât iuch gezemen,
ir sult niemer iuch verschemen,   16
verschamter lîp, waz touc der mêr?
der wont in der mûze rêr,*
dâ im werdekeit entrîset
und in gein der helle wîset.   20

ir traget geschickede unde schîn,
ir muget wol volkes herre sîn.
ist hôch und hoeht sich iuwer art,
lât iuwern willen des bewart,
iuch sol erbarmen nôtec her: 25
gein des kumber sît ze wer
mit milde und mit güete.
vlîzet iuch diemüete.
der kumberhafte werde man
wol mit schame ringen kan   30
(daz ist ein unsüeze arbeit):   171
dem sult ir helfe sîn bereit.

Then they went to the palace hall.
Where the table had been set
the guest sat with his host.
The food he ate indiscriminately.
The host said because of his courtliness:
"Sir, you should not take it amiss
if I ask you information--
from where your journey was."
He told him completely the story
and how he had ridden away from his
mother, about the ring and the brooch,
and how he had gained the armor.
The host knew the Red Knight:
He sighed and felt pity for his fate.
His (the Red Knight's) name he did not
remove from his guest; he called him the
Red Knight.
When one had taken away the table,
afterwards (then) a wild person became
very tame. The host said to his guest:
"You talk like a child.
Why don't you just quit talking about
your mother and become aware of other
information. Keep to my advice:
It will separate you from wrongdoing.
Thus I shall begin. Let it be right
for you that you should never lose your
sense of shame. A person who has no
shame--what good is he then? He dwells
in the falling out of his feathers.
Then dignity falls away from him and
points him toward hell.
You have good bearing and appearance;
you can well be the lord of a people.
If your origin is high and raises itself,
let your will be concerned about this:
You should take pity on needy folk.
Be on your guard against its distress
with generosity and with kindness.
Strive for humility.
The honorable man in need
can well struggle with shame--
it is a bitter toil--
for him your help should be ready.

170,1 um daz; Parzival, misunderstanding the advice of his mother, had taken by
force the ring and brooch of a lady. Because of this the lady suffered ill-
treatment from her knight. 2 er daz; Parzival had obtained his armor by killing
the Red Knight in an unknightly manner. 9 zu dem. 11 warum nicht? 18 The image
is of a bird molting.

swenne ir dem tuot kumbers buoz,
sô nâhet iu der gotes gruoz.
im ist noch wirs denne den die gênt   5
nâch brôte aldâ diu venster stênt.
    ir sult bescheidenlîche
sîn arm und rîche,
wan swâ der herre gar vertuot,
daz ist niht herrenlîcher muot: 10
sament er aber schaz ze sêre,
daz sint ouch unêre.
    gebet rehter mâze ir orden.
ich bin wol innen worden
daz ir râtes dürftec sît: 15
nû lât der unvuoge ir strît.
    ir ensult niht vil gevrâgen:
ouch ensol iuch niht betrâgen
bedâhter gegenrede,* diu gê
rehte als jenes vrâgen stê,   20
der iuch wil mit worten spehen.
ir kunnet hoeren und sehen,
entseben und draehen:
daz solde iuch witzen naehen.
    lât die erberme bî der vrevel sîn.
sus tuot mir râtes volge schîn: 26
an swem ir strîtes sicherheit
bezalt, er enhabe iu solhiu leit
getân diu herzen kumber wesen,
die nemet und lâzet in genesen.   30

    ir müezet dicke wâpen tragen: 172
sôz* von iu kom, daz ir getwagen
under ougen und an handen sît!
des ist nâch îsers râme zît.
sô werdet ir minneclîch gevar: 5
des nement wîbes ougen war.
    sît manlîch und wol gemuot
(daz ist ze werdem prîse iu guot)
und lât iu liep sîn diu wîp:
daz tiuret junges mannes lîp.   10
gewenket nimmer tac an in:
dast* rehte manlîcher sin.
welt ir in gerne liegen,
ir muget ir vil betriegen:
gein werder minne valscher list   15
hât gein prîse kurze vrist.

Whenever you do recompense for him,
then God's greeting approaches you.
For him it is worse than for those who go
there for bread where the windows stand.
    You should be both poor and rich
with discretion;
for when the lord squanders utterly,
that is not a lordlike attitude:
but if he hoards treasure too much,
that is dishonor, too.
    Give to right moderation its due.
I have become well aware that you
are in need of advice:
Now leave misbehavior to its own strife.
    You should not ask many questions:
Also, you should not impatiently overlook
a thoughtful answer which goes directly
as the questioning of that man lies
who wants to check you out with words.
You can hear and see,
taste and smell: That should
make you approach intelligence.
    Let mercy accompany daring.
Thus give evidence to me of the following
of my advice. From whomever you gain the
oath of surrender in battle, unless he
has done you such wrong that is the
sorrow of the heart, accept it (the oath)
and let him live.
    You must frequently wear armor.
When it comes off of you, see to it
that you wash around your eyes and on
your hands. Because of the rust of iron
there is need of this. Then you become
love's color: Women's eyes notice that.
    Be manly and of good spirits
(that is good for you for worthy honor)
and let women be dear to you:
That ennobles the person of a young man.
Never waver a day regarding them:
That is the proper attitude of a man.
If you shall like to lie to them,
you can deceive many of them:
With regard to noble love false clever-
ness has a short time for bringing honor.

171,18-19 betragen: to become irked at, w. acc. of person and gen. of thing.
172,2 sô (when, as soon as) ez.   12 daz ist.

dâ wirt der slîchaere klage
daz dürre holz in dem hage,
daz bristet unde krachet:
der wahtaere erwachet.   20
ungeverte und hâmît,
dar gedîhet manec strît:
diz zelt gein* der minne.
diu werde hât sinne,
gein valsche listeclîche kunst: 25
swenne ir bejaget ir ungunst,
sô müezet ir gunêret* sîn
und immer dulden schemeden pîn.
dise lêre sult ir nâhe tragen.   29
    ich wil iu mêr von wîbes orden sagen:
man und wîp diu sint al ein   173
als diu sunne diu hiute schein,
und ouch der name der heizet tac.
der enwederzs ich gescheiden mac:
si blüent ûz einem kerne gar.   5
des nemet künsteclîche* war.´
    der gast dem wirte durch râten neic.
sîner muoter er gesweic
mit rede und in dem herzen niht,
als noch getriuwem man geschiht.   10
der wirt sprach sîn êre:
´noch sult ir lernen mêre
kunst an ritterlîchen siten.
wie kômet ir zuo mir geriten!
ich hân beschouwet manege want,   15
dâ ich den schilt baz hangen vant
denne er iu ze halse taete.
ez ist uns niht ze spaete:
wir suln ze velde gâhen,
dâ sult ir künste nâhen.   20
brinct im sîn ors und mir daz mîn
und ieslîchem ritterz sîn.*
juncherren suln ouch dar komen,
der iesîcher habe genomen
einen starken schaft und bringe in dar,
der nâch der niuwe sî gevar.´   26
    sus kom der vürste ûf den plân.
dâ wart mit rîten kunst getân:
sînem gaste er râten gap,
wie erz* ors ûz dem walap   30
mit sporn gruozes pîne,   174
mit schenkel vliegens schîne
ûf den poinder solde wenken

It is the complaint of the prowlers
that dry wood in the park
snaps and cracks:
The watchman wakes up.
Pathless places and roadblocks,
there thrives many a battle:
Weigh this against love.
The esteemed woman has intelligence
against false deceiving artifice:
Whenever you attain her disfavor,
you shall ever be dishonored
and ever suffer shaming distress.
This teaching you should carry close by.
    I shall tell you more about women:
Man and wife--they are completely one,
just as the sun that is shining today,
and the thing that is called day.
I can separate neither of them (from the
other): They blossom from just one seed.
Be aware of this knowingly."
    The guest bowed to the host because of
his help. He kept quiet about his
mother--in his speech but not in his
heart, as still happens to a devoted man.
The host spoke (that which revealed) his
honor: "You should learn yet more
skills concerning knightly conduct.
How (badly) you came riding to me!
I have seen many a wall
where I found a shield hanging better
than it hung from your neck.
It is not too late for us:
We should hurry out to the field;
there you shall approach (such) skills.
Bring him his horse and me mine
and to each knight his.
The squires should come thither, too.
Let each of them have taken a strong
shaft and bring it along--one that looks
like a new one."
    Thus did the prince come onto the
meadow. There the skill of riding was
practiced. To his guest he gave advice,
how he (could bring) the horse from a
gallop with the pain of a greeting of
spurs; how he should with the look of
flying of thighs turn for the charge,

172,23 gegen. 27 ge-un-ehrt. 173,6 i.e., so that you can put it into practice.
22 das seine. 30 er daz.

und den schaft ze rehte senken
und den schild gein tjoste vür sich
                nemen.   5
er sprach: 'des lâzet iuch gezemen.'*
unvuoge er im sus werte
baz denne ein swankel gerte
diu argen kinden brichet vel.
dô hiez er komen ritter snel   10
gein im durch tjostieren.
er begunde in kondewieren
einem zegegen an den rinc.
dô brâhte der jungelinc
sîn êrsten tjost durch einen schilt, 15
des von in allen wart bevilt
und daz er hinderz* ors verswanc
einen starken ritter niht ze kranc.
ein ander tjostiur was komen:
dô hete ouch Parzivâl genomen   20
einen starken niuwen schaft,
sîn jugent hete ellen unde kraft.
der junge süeze âne bart,
den twanc diu Gahmuretes art
und angeborniu manheit,   25
daz ors von rabîne er reit
mit volleclîcher hurte dar.
er nam der vier nagel war:*
des wirtes ritter niht gesaz,
al vallende er den acker maz.   30
dô muosten kleiniu stückelîn   175
aldâ von trunzûnen sîn.
sus stach er ir vünve nider.
der wirt in nam und vuorte in wider:
aldâ behielt er schimphes prîs.
er wart ouch sît an strîte wîs.   5
     die sîn rîten gesâhen,
al die wîsen im des jâhen,
dâ vüere kunst und ellen bî.
'nû wirt mîn herre jâmers vrî:*   10
sich mac nû jungen wol sîn leben,*
er sol im ze wîbe geben
sîne tohter, unser vrouwen.
ob wir in bî witzen schouwen,
sô lischet im sîn jâmers nôt: 15
vür sîner drîer süne tôt
ist im ein gelt ze hûs geriten.
nû hât in saelde niht vermiten.'

and sink the spear just right
and put the shield in front of him for
the thrust (of the opponent).
He said, "Let it be fitting for you."
He preserved him thus from impropriety
better than a flexible switch
that breaks the skin of bad children.
Then he bade bold knights come
for the sake of jousting against him.
He began to lead him against one
of them into the ring.
There the young man brought his first
thrust through a shield.
This was too much for them all, and that
he knocked a strong knight, no weakling,
off the back of his horse.
A second jouster had come:
Then Parzival had also taken
a strong new spear.
His youth had courage and strength.
The sweet young man without a beard--
him forced the heritage of Gahmuret
and his inborn manliness
to ride the horse at full career
thither with full tilt.
He took aim at the four rivets.
The host's knight didn't sit long;
falling hard he lay stretched out on the
field. Little pieces of broken lance
were lying all about.
Thus did he strike down five of them.
The host took him and led him back again.
He there won the prize of the sport.
Later he also became experienced in
serious combat. Those who had seen him
ride, all those with insight claimed this
of him, that skill and spirit went with
him. "Now my lord shall be free of
sorrow. Now his life can become young.
He should give his daughter, our
mistress, to him as wife.
If we see him to have any sense, then
his distress of sorrow will disappear for
him. For the death of his three sons
a recompense has ridden into his house.
Now happiness has not spurned him."

174,6 i.e., now you try it. 17 <u>hinder</u> <u>daz</u>. 28 i.e., the rivets of the center of
the shield. 175,10 One of Gurnemanz' knights is speaking. 11 <u>sich</u> <u>jungen</u>: to
become young.

sus kom der vürste sâbents* în.
der tisch gedecket muoste sîn: 2ʋ
sîne tohter bat er komen
ze tische, alsus hân ichz* vernomen,
dô er die maget komen sach,
nû hoeret wie der wirt sprach
zuo der schoenen Lîâzen: 25
'dû solt dich küssen lâzen
disen ritter, biut im êre:
er vert mit saelden lêre.
ouch solde an iuch gedinget sîn,
daz ir der megede ir vingerlîn 30
liezet, ob siz* möhte hân. 176
nû enhât sis niht* noch vürspan:
wer gaebe ir solhen volleist
sô der vrouwen in dem fôreist?
diu hete etswenne von dem si emphienc 5
daz iu zemphâhen* sît ergienc.
ir muget Lîâzen niht genemen.'
der gast begunde sich des schemen,
iedoch kuste er si an den munt,
dem was wol viurs varwe kunt.* 10
Lîâzen lîp was minneclîch,
dar zuo der wâren kiusche rîch.

    der tisch was nider unde lanc.
der wirt mit niemen sich dâ dranc:
er saz al eine an den ort. 15
sînen gast hiez er sitzen dort
zwischen im und sînem kinde.
ir blanken hende linde
muosten snîden, sô der wirt gebôt,
den man dâ hiez der ritter rôt, 20
swaz der ezzen wolde.
niemen si wenden solde,
si engebârten heinlîche.
diu maget mit zühten rîche
leiste ir vater willen gar. 25
si und der gast wâren wol gevar.
dar nâch schier gienc diu maget wider.
    sus phlac man des heldes sider
unz an den vierzehenden tac.
bî sînem herzen kumber lac 30
anders niht wan umbe daz: 177
er wolde ê gestrîten baz,

Thus did the prince come in that
evening. The table was set.
His daughter he bade come
to the table, as I heard it.
When he saw the maiden coming,
now hear how the host spoke
to the fair Liaze:
"Let this knight kiss you,
offer him honor.
He goes with the teaching of happiness.
And it is hoped for from you (Parzival)
that you might let the maiden (keep) her
ring, if she might have one.
However, she has nothing of the kind nor
a brooch. Who would give her such
riches as (were given) to the lady in the
forest? She had someone from whom she
received what in the meantime she
succeeded in receiving. But from Liaze
you can take nothing." The guest began
to be embarrassed, but he kissed her on
the mouth. The color of fire became
known to him. Liaze's person was lovely.
In addition, (she was) rich in true
virtue.
The table was low and long.
The host jostled there with no one:
He sat all alone at the end.
He bade his guest sit there
between himself and his child.
Her soft white hands would cut,
as the host requested, whatever
he whom one called there the Red
Knight wanted to eat.
No one should hinder them from
conducting themselves intimately.
The girl rich in good breeding
carried out all her father's wishes.
She and the guest were indeed fair.
Afterwards the maiden quickly withdrew.
    Thus did one take care of the hero
after this up to the fourteenth day.
Sadness lay next to his heart
about nothing except this:
He wanted to have fought better

175,19 des Abends. 22 ich ez. 176,1 si ez. 2 sie nichts dessen. 6 zu empfangen.
10 i.e., he blushed.

ê daz er dar an würde warm
daz man dâ heizet vrouwen arm.
in dûhte, wert gedinge   5
daz waere ein hôhiu linge
ze disem lîbe hie und dort.
daz sint noch ungelogeniu wort.
    eins morgens urloubes er bat.
dô rûmde er Grâharz die stat,   10
der wirt mit im ze velde reit.
dô huop sich niuwez herzenleit.
dô sprach der vürste ûz triuwe erkorn:
'ir sît mîn vierder sun verlorn.
jâ wânde ich ergetzet waere   15
drîer jaemerlîchen maere.
der wâren dennoch niht wan driu:
der nû mîn herze envieriu
mit sîner hende slüege
und ieslîchez stücke trüege,   20
daz diuhte mich ein grôz gewin,
einz vür iuch (ir rîtet hin),
diu driu vür mîniu werden kint
diu ellenthaft erstorben sint.'

before he should become warm through that
which one calls (in) "woman's arm."
It seemed to him, lofty aspiration--
that would be a noble achievement (both)
in this life here and (also) there.
Those are still irrefutable words.
    One morning he requested permission
to leave. When he departed from the town
of Graharz, the host rode out with him
to the fields. Then new deep sorrow
began. Then the prince, exceptional in
his loyalty, said, "You are my fourth son
lost. Indeed, I imagined I had been re-
compensed for the three lamentable fates.
There were, after all, only three of
them. Now whoever were to hack my heart
into four pieces with his hand and
carry each piece off,
that would seem to me a great value;
one (part) for you--you are riding off--
the (other) three for my noble children
who have died bravely."

Book IX, Conversion:

    hin rîtet Herzeloide vruht.   451,3
dem riet sîn manlîchiu zuht
kiusche und erbarmunge: 5
sît Herzeloide diu junge
in hete ûf gerbet* triuwe,
sich huop sîns herzen riuwe.
alrêst er dô gedâhte,
wer all die werlt volbrâhte,   10
an sînen schephaere,
wie gewaldec der waere.
er sprach: 'waz ob got helfe phliget,
diu mînem trûren ane gesiget?
wart aber er ie ritter holt,   15
gediende ie ritter sînen solt
oder mac schilt unde swert
sîner helfe sîn sô wert
und rehtiu manlîchiu wer,
daz sîn helfe mich vor sorgen ner,   20
ist hiute sîn helflîcher tac,*
sô helfe er, ob er helfen mac.'

    Off rides Herzeloyde's offspring.
His manly breeding commended to him
virtue and mercy.
Since young Herzeloyde had bequeathed
to him loyalty,
regret of heart arose in him.
Now for the first time he considered
who had brought about the whole world--
(namely) his Creator:
how powerful he was.
He said, "What if God fosters help
that conquers my sadness?
If he was ever favorably inclined to a
knight, (and) if a knight ever earned
pay from him, or if shield and sword can
be really worthy of his help, as well
as true manly combat, so that
his help might heal me from sorrows,
(and) if today is his day of helping,
then let him help if help he can."

451,7 "aufgeerbt." 21 The day is Good Friday, the day on which Jesus was crucified
and thereby redeemed the human race.

er kêrte sich wider dannen er dâ reit.
si* stuonden dannoch, den was leit
daz er von in kêrte.   25
ir triuwe si daz lêrte:
die juncvrouwen im sâhen nâch,
gein den ouch im sîn herze jach,
daz er si gerne saehe.
wande ir blic in schoene jaehe.   30
    er sprach: 'ist gotes kraft sô fier,
daz si beidiu ors und tier   452
und die liute mac wîsen,
sîn kraft wil ich im prîsen.
mac gotes kunst die helfe hân,   5
diu wîse mir diz kastelân
daz waegest um die reise mîn:
sô tuot sîn güete helfe schîn.
nû genc nâch der gotes kür.'
den zügel gein den ôren vür   10
er dem orse legete,
mit den sporn erz* vaste regete.
gein Fontâne la Salvâsche ez gienc,
dâ Orilus den eit emphienc.
der kiusche Trevrizent dâ saz,   15
der manegen mântac übel gaz:*
als tet er gar die wochen.
er hete gar versprochen
môraz, wîn und ouch daz brôt.
sîn kiusche im dannoch mêr gebôt,   20
der spîse hete er deheinen muot,
vische noch vleisch, swaz trüege bluot.
sus stuont sîn heileclîchez leben.
got hete im den muot gegeben:
der herre sich bereite gar   25
gein der himeleschen schar.
mit vaste er grôzen kummer leit,
sîn kiusche gein dem tiuvel streit.
an dem ervert nû Parzivâl
diu verholnen maere um den grâl.   30

        *   *   *   *

    si stuonden ûf und giengen dan. 487
Parzivâl und der guote man,
zem* orse gein dem stalle.   25
mit kranker vreuden schalle
der wirt zem orse sprach: 'mirst* leit

He turned himself back from where he was
riding. They were still standing there;
they were sorry that he went away from
them. There charity taught them that.
The maidens looked as he went,
toward whom his heart told him, too,
that he was glad to see them,
for their radiance told him of beauty.
    He said, "If God's power is so mighty,
that it can direct both both horse and
(wild) animal and people,
his power I shall praise for him.
If God's skill has the (power to) help,
let it direct this Castilian for me (to)
the best (path) for my journey.
Thus his goodness makes evident his help.
Now, go according to God's choice."
He laid the reins over the ears
of the horse.
With the spurs he urged it firmly.
It went toward the Fountain of
Salvasche where Orilus received the
oath. Pious Trevrizent was settled
there, who many a Monday ate poorly,
as he did the whole week.
He had given up completely mulberry wine,
(grape) wine, and bread as well.
His chasteness bade him (do) still more.
He had no desire for food, fish nor
meat--whatever had blood.
Thus it was with his holy life.
God had given him this intention.
The lord prepared himself utterly
for the hosts of heaven.
By fasting he suffered great misery.
His asceticism struggled against the
devil. From him now Parzival learns
the secret information about the grail.

        *   *   *   *

    They got up and went from there,
Parzival and the good man,
to the horse in the direction of the
stall. With the sound of frail joy the
host said to the horse, "I am sorry about

451,24 i.e., the family of pilgrims Parzival had just previously met. 452,12 er
ez. 16 ge-az (aß). 487,25 zu dem. 27 mir ist.

dîn hungerbaeriu arbeit	your distress from hunger because of
durch den satel der ûf dir liget,	the saddle which lies upon you
der Anfortases wâpen phliget.´ 30	which bears the arms of Anfortas."
dô si daz ors begiengen, 488	When they had taken care of the horse,
niuwe klage si ane geviengen.	they began a new lament.
Parzivâl zem wirte sîn	Parzival said to his host,
sprach: ´herre und lieber oeheim mîn,	Sir and my dear uncle,
getorste ichz* iu vor schame gesagen, 5	if I might dare in my shame to tell it
mîn ungelücke ich solde klagen.	to you, I should lament my misfortune.
daz verkiest durch iuwer selbes zuht:	For the sake of your own good breeding,
mîn triuwe hât doch gein iu vluht.	overlook (forgive) it: My loyalty takes
ich hân sô sêre missetân,	flight to you. I have done such terrible
welt ir michs* engelten lân, 10	wrong, if you want to make me pay for it,
sô scheide ich von dem trôste	then I shall lose (all) comfort
und bin der unerlôste	and shall be unredeemed
immer mêr von riuwe.	from sadness forever more.
ir sult mit râtes triuwe	You should lament my foolishness
klagen mîne tumpheit. 15	with the loyalty of your counsel.
der ûf Munsalvaesche reit	The one who rode to Munsalvaesche,
und der den rehten kummer sach	and the one who saw great affliction,
und der deheine vrâge sprach,	and the one who did not ask the question,
daz bin ich unsaelec barn.	that was I, miserable child.
sus hân ich, herre, missevarn.´ 20	Sir, thus have I acted badly."
der wirt sprach: ´neve, waz	The host said, "Nephew, what are
sagestû* nuo?	you saying?
wir suln beide samt zuo	We should together both grasp for
herzenlîcher klage grîfen	heartfelt lament and
und die vreude lâzen slîfen,	let joy slip away
sît dîn kunst sich saelden sus verzêch.	since your skill so withdraws itself from
dô dir got vünf sinne lêch 26	happiness. Since God gave you five
(die hânt ir rât dir vor bespart),	senses (they have withheld their counsel
wie was dîn triuwe von in bewart	from you), how was your charity preserved
an den selben stunden	by them at that very time
bî Anfortases wunden? 30	with regard to the wound of Anfortas?
doch wil ich râtes niht verzagen. 489	Still, I shall not be hesitant with
dû ensolt ouch niht ze sêre klagen:	counsel. You should not grieve too much.
dû solt in rehten mâzen	You should in the right amount grieve
klagen und klagen lâzen.	and refrain from grieving.
diu menneschheit hât wilden art. 5	The human race has a wild nature.
etswâ wil jugent an witze vart:	Sometimes youth wants the path of wisdom.
wil dennez alter tumpheit üeben	If then old age shall practice foolish-
und lûter site trüeben,	ness and muddy pure conduct,
dâ von wirt daz wîze sal	what is white becomes soiled from this
und diu grüene tugent val, 10	and green (youthful) virtue (becomes)
dâ von beklîben möhte	colorless in which that which is fitting
daz der werdekeite töhte.	for dignity might (otherwise) take root.

488,5 ich ez.   10 mich es (gen.).   21 sagest du.

möhte ich dirz* wol begrüenen	If I could turn it green for you
und dîn herze alsô erküenen	and make your heart so bold
daz dû den prîs bejagetes	15 that you would hunt down the prize
und an got niht verzagetes,	and would not give up on God,
sô gestüende noch dîn linge	then your success would still stand
an sô werdeclîchem dinge,	in such a worthy thing,
daz wol ergetzet hieze.	that it would be said (to be) made good.
got selbe dich niht lieze:	20 God himself would not abandon you. I
ich bin von gote dîn râtes wer.´	am the guarantee of your help from God."

Book XVI, Conclusion:

niht mêr dâ von nû sprechen wil	827 No more of this now shall speak
ich Wolfram von Eschenbach,	I, Wolfram von Eschenbach,
wan als dort der meister* sprach.	except as the master told there.
sîniu kint, sîn hôch geslehte	15 His children--Parzival´s-- his lofty
hân ich iu benennet rehte,	race I have named for you correctly,
Parzivâles, den ich hân brâht,	(Parzival) whom I have brought to where
dar sîn doch saelde hete erdâht.	his happiness had, in spite of every-
	thing, destined (for him).
swes leben sich sô verendet,	Whoever´s life so concludes,
daz got niht wirt gephendet	20 that God is not robbed of the soul
der sêle durch slîbes* schulde,	because of the fault of the body,
und der doch der werlde hulde	and yet who knows how to keep the
behalden kan mit werdekeit,	favor of the world with (retaining his)
daz ist ein nütziu arbeit.	integrity, that is a valuable accomplish-
guotiu wîp, hânt die sin,	25 ment. Good women, if they have sense,
deste werder ich in bin,	I am all the more valuable to them,
ob mir deheiniu guotes gan.	if any (of them) does not begrudge me
sît ich diz maere volsprochen hân.	something good. In the meantime, I have
ist daz durch ein wîp geschehen,	told this tale to the end. If that
diu muoz mir süezer worte jehen.	30 happened for the sake of a woman, she has
	to admit I speak sweet words.

489,13 <u>dir</u> <u>ez</u>.   827,14 a reference to Kyot, from whom Wolfram says he learned the
tale.   21 <u>des</u> <u>lîbes</u>.

Gottfried von Straßburg

From: <u>Tristan</u>
(about 1210)

Prologue:

Ich hân mir eine unmüezekeit	45	I have taken upon myself an
der werlt ze lieb vür geleit		occupation for the delight of the world
und edelen herzen z´einer hage,		and for the comfort of noble hearts;
den herzen, den ich herze trage,		hearts to which I bring (my) heart;
der werlde, in die mîn herze siht.		to the world, into which my heart gazes.
ich meine ir aller werlde niht	50	I do not mean the world of all those
als die, von der ich hoere sagen,		such as the one of which I hear tell
diu deheine swaere müge getragen		that it cannot bear any sadness
und niwan in fröuden welle sweben:		and only wants to soar in joy.
die lâze ouch got mit fröuden leben!		May God let it (that world) live in joy!
Der werlde und diseme lebene	55	My story does not fit well such
enkumt mîn rede niht ebene:		a world and such a life.
ir leben und mînez zweient sich.		Its life and mine separate from each
ein ander werlt die meine ich,		other. (It is) another world that I
diu sament in einem herzen treit*		mean, which brings together in one heart
ir süeze sûr, ir liebez leit,	60	its bitter sweetness, its pleasant
ir herzeliep, ir senede nôt,		suffering, its heartfelt affection, its
ir liebez leben, ir leiden tôt,		painful longing, its dear life, its
ir lieben tôt, ir leidez leben:		suffering death, its dear death, its
		suffering life:
dem lebene sî mîn leben ergeben,		To this life may my life be surrendered;
der werlt wil ich gewerldet wesen,	65	to this world I want to be worlded
mit ir verderben oder genesen,		(joined, and) with it go to ruin or
ich bin mit ir biz her beliben		thrive. I have remained with it until
und hân mit ir die tage vertriben,		now and have spent with it my days
die mir ûf nâhe gêndem leben		which should give me instruction and
lêr´ unde geleite solten geben:	70	guidance in an intensely experienced
der hân ich mîne unmüezekeit		life: To this (world) have I presented
ze kurzewîle vür geleit,		my occupation (writings) for entertain-
daz sî mit mînem maere		ment, so that, through my story, it
ir nâhe gênde swaere		might bring its intense sadness
ze halber senfte bringe,	75	halfway to relief, (and)
ir nôt dâ mite geringe.		might lessen its distress thereby.
wan swer des iht* vor ougen hât,		For whoever has before their eyes any-
dâ mite der muot ze unmuoze gât,		thing of that by which the spirit
daz entsorget sorgenhaften muot,		inclines toward being busy, that takes
daz ist ze herzesorgen guot.	80	cares from a careworn spirit; that is
		good for cares of the heart.
ir aller volge diu ist dar an:		The agreement of all is in this:
swâ sô der müezige man		Whenever the unoccupied man is over-
mit senedem schaden sî überladen,		burdened with the pains of longing,
dâ mêre muoze seneden schaden.		idleness increases the pains of longing.

59 <u>trägt</u>.   77 <u>dessen etwas</u>.

bî senedem leide müezekeit,   85   Idleness during the suffering of long-
dâ wahset iemer senede leit.   ing--then the suffering of longing
durch daz ist guot, swer herzeklage   always grows. Because of this it is
und senede nôt ze herzen trage,   good--whoever bears grief of the heart
daz er mit allem ruoche   and distress of longing to a heart--
                                                      that he with great seriousnesss
dem lîbe unmuoze suoche: 90   seek activity for himself.
dâ mite sô müezeget der muot   Thereby the spirit grows calm and (this)
und ist dem muote ein michel guot;   is for the spirit a great good;
und gerâte ich niemer doch dar an,   and yet I do not advise in this matter
daz iemer liebe gernde man   that a man ever desiring love
deheine solhe unmuoze im neme,   95   take for himself any such activity
diu reiner liebe missezeme: which is unfitting for pure love.
ein senelîchez maere   A story of longing--
daz trîbe ein senedaere   let a lover occupy himself with that
mit herzen und mit munde   with heart and mouth
und senfte sô die stunde.   100   and thus assuage the hour.
    Nu ist ab einer jehe vil,   Now there is, however, too much of
der ich vil nâch gevolgen wil: one claim which I want to pursue very
der senede muot, sô der ie mê   closely: The spirit in longing--the more
mit seneden maeren umbe gê,   it busies itself with tales of love,
sô sîner swaere ie mêre sî.   105   the greater its sadness is.
der selben jehe der stüende ich bî,   I would agree with this same claim
wan ein dinc, daz mir widerstât: except for one thing which stands in my
swer inneclîche liebe hât,   way: Whoever has intense love, although
doch ez im wê von herzen tuo,   it causes him heartfelt suffering,
daz herze stêt doch ie dar zuo.   110   his heart stands ever by it.
der inneclîche minnenmuot,   The spirit loving deeply,
sô der in sîner senegluot   when it in its fire of longing
ie mêre und mêre brinnet,   burns brighter and brighter,
sô er ie sêrer minnet.   then it loves ever more intensely.
diz leit ist liebes alse vol,   115   This suffering is so full of pleasure--
daz übel daz tuot sô herzewol,   this evil that feels so good to the
daz es kein edele herze enbirt,   heart--that no noble heart does without
sît ez hie von geherzet wirt.   it, since it draws heart from it.
ich weiz ez wârez alse den tôt   I know this as certain as death and
und erkenne ez bî der selber nôt: 120   recognize it by the same affliction
der edele senedaere   (death): The noble lover--
der minnet senediu maere.   he loves tales of love.
von diu* swer seneder maere ger,   Therefore, whoever desires tales of
derne var niht verrer danne her: longing, let him go no farther than
ich wil in wol bemaeren   125   here. I shall well regale him with
von edelen senedaeren,   tales of noble lovers
die reine sene wol tâten schîn: who well gave evidence of pure longing:
ein senedaere, ein senedaerîn,   a (male) lover and a (female) lover,
ein man, ein wîp; ein wîp, ein man,   a man, a woman; a woman, a man,
Tristan, Isot; Isot, Tristan.   130   Tristan, Isolde; Isolde, Tristan.

---

123 diu: instrumental case.

Ich weiz wol, ir ist vil gewesen,
die von Tristande hânt gelesen;
und ist ir doch niht vil gewesen,
die von im rehte haben gelesen.
    Tuon aber ich diu gelîche nuo   135
und schephe mîniu wort dar zuo,
daz mir ir iegelîches sage
von disem maere missehage,
sô wirbe ich anders, danne ich sol.
Ich entuon es niht: si sprachen wol   140
und niwan ûz edelem muote
mir unde der werlt ze guote.
benamen si tâten ez in guot:
und swaz der man in guot getuot,
daz ist ouch guot und wol getân.   145
aber als ich gesprochen hân,
daz sî niht rehte haben gelesen,
daz ist, als ich iu sage, gewesen:
sine sprâchen in der rihte niht,
als Thômas von Britanje giht,   150
der âventiure meister was
und an britûnschen buochen las
aller der lantherren leben
und ez uns ze künde hât gegeben.
    Als der von Tristande seit,   155
die rihte und die wârheit
begunde ich sêre suochen
in beider hande buochen
walschen und latînen
und begunde mich des pînen,   160
daz ich in sîner rihte
rihte dise tihte.
sus treip ich manege suoche,
unz ich an einem buoche
alle sîne jehe gelas,   165
wie dirre âventiure was.
waz aber mîn lesen dô waere
von disem senemaere:
daz lege ich mîner willekür
allen edelen herzen vür,   170
daz sî dâ mite unmüezic wesen:
ez ist in sêre guot gelesen.
guot? jâ, innechîche guot:
ez liebet liebe und edelt muot,
ez staetet triuwe und tugendet leben,
ez kan wol lebene tugende geben;   176

wan swâ man hoeret oder list,
daz von sô reinen triuwen ist,

I know well, there are many of them
who have told of Tristan;
and yet there are not many of them
who may have told of him correctly.
    But if I now do the same
and add my words to this, (saying)
that the version of this tale
of each of them displeases me,
then I proceed otherwise than I should.
I do nothing of this (sort): They spoke
well and only from a noble spirit
for the advantage of me and the whole
world. Indeed, they did it with good
intentions. And whatever one does with
good intentions is also good and well
done. But when I said that
they have not told (it) correctly,
this was as I shall tell you:
They did not tell it in line with
what Thomas of Britanny says,
who was the master of the story
and read in books of Britanny the
lives of all the rulers of the land
and has made it known to us.
    As he tells of Tristan, I began to
search intently for the correct version
and the truth
in books of both kinds,
romance (languages) and Latin,
and began to takes pains of this
that I direct in the right direction
this poem.
Thus I undertook many a search
until I read in a book
all his claims (about)
how the story went.
But what my reading was there
of this tale of love,
that I present of my free will
to all noble hearts,
that they might be occupied with it.
It is very good for them to have read
it. Good? Yes, extremely good. It
makes love a delight and ennobles the
spirit; it strengthens loyalty and makes
life valuable. It can well give life
(added) quality.
For whenever one hears or reads (that)
which concerns such pure loyalty,

dâ liebent dem getriuwen man
triuwe und ander tugende van: 180
liebe, triuwe, staeter muot,
êre und ander manic guot,
daz geliebet niemer anderswâ
sô sêre noch sô wol sô dâ,
dâ man von herzeliebe saget   185
und herzeleit ûz liebe klaget.
lieb´ ist ein alsô saelic dinc,
ein alsô saeleclîch gerinc,
daz niemen âne ir lêre
noch tugende hât noch êre.   190
sô manec wert leben, sô liebe frumet,
sô vil sô tugende von ir kumet,
owê daz allez, daz der lebet,
nâch herzeliebe niene strebet,
daz ich sô lützel vinde der,   195
die lûterlîche herzeger
durch friunt ze herzen wellen tragen
niwan durch daz vil arme klagen,
daz hie bî z´etelîcher zît
verborgen in dem herzen lît.   200
     War umbe enlite ein edeler muot
niht gerne ein übel durch tûsent guot,
durch manege fröude ein ungemach?
swem nie von liebe leit geschach,
dem geschach ouch liep von liebe nie.
liep unde leit diu wâren ie   206
an minnen ungescheiden.

man muoz mit disen beiden
êr´ unde lop erwerben
oder âne sî verderben.   210
von den diz senemaere seit,
und haeten die durch liebe leit,
durch herzewunne senedez klagen
in einem herzen niht getragen,
sone waere ir name und ir geschiht   215
sô manegem edelen herzen niht
ze saelden noch ze liebe komen.

uns ist noch hiute liep vernomen,
süeze und iemer niuwe
ir inneclîchiu triuwe,   220
ir liep, ir leit, ir wunne, ir nôt;
al eine und sîn si lange tôt,
ir süezer name der lebet iedoch,

then loyalty and other virtues are
made dear to the loyal man from it.
Affection, loyalty, constancy,
honor and many another good (quality),
that becomes dear never anywhere else
as much or as well as there
where one tells of love of the heart
and laments sorrow of heart out of love.
Love is such a blessed thing,
such a blissful struggle,
that no one without its instruction
has virtue or honor. So many
a valued life as love brings about,
as many virtues come from it--
alas, for all that, who goes on living
(and) not at all strives for deep love,
that I find too few of them
who want to bear in their hearts pure
desire of the heart for the sake of a
beloved (and) only complain quite
pitiably because of that which sometimes
lies hidden here in the heart.
     Why should not a noble spirit suffer
gladly one evil in return for a thousand
things, (suffer) for many joys one
trial? Whoever never experienced
suffering from love, he also never ex-
perienced joy from love. Suffering and
joy, they have always been unseparated
(when joined) to love.
One must with both of them
gain honor and praise
or without them go to ruin.
Those about whom this story of love
tells--if they had not borne in their
hearts suffering for the sake of love,
(and) laments of longing for the sake of
heartfelt bliss, then their name and
their fate would not have come for
(caused) the happiness and pleasure
for so many a noble heart. For us even
today it is pleasant to have heard,
sweet and ever new,
their intense loyalty, their
joy, their suffering, their bliss, their
distress; even though they have been
long dead, their sweet name lives on in
spite of this;

und sol ir tôt der werlde noch
ze guote lange und iemer leben,   225
den triuwe gernden triuwe geben,
den êre gernden êre:
ir tôt muoz iemer mêre
uns lebenden leben und niuwe wesen;
wan swâ man noch gehoeret lesen   230
ir triuwe, ir triuwen reinekeit,
ir herzeliep, ir herzeleit,

    Deist aller edelen herzen brôt.
hie mite sô lebet ir beider tôt.
wir lesen ir leben, wir lesen ir tôt:
und ist uns daz süez' alse brôt.   236

    Ir leben, ir tôt sint unser brôt.
sus lebet ir leben, sus lebet ir tôt.
sus lebent sie noch und sint doch tôt,
und ist ir tôt der lebenden brôt.   240

    Und swer nu ger, daz man im sage
ir leben, ir tôt, ir fröude, ir klage,
der biete herze und ôren her:
er vindet alle sîne ger.

and their death shall yet live for the
good of the world long and ever,
(shall) give loyalty to those desiring
loyalty, (shall) give honor to those de-
siring honor. Their death shall more
and more give to us, the living, life
and new being. For whenever one hears
tell of their loyalty, of their loyal
purity, their joy of heart, their
suffering of heart,
    this is bread for all noble hearts.
Through this the death of them both
lives. We read of their life, we read
of their death, and this is as sweet to
us as bread.
    Their life, their death are our
bread. Thus their life lives, thus lives
their death. Thus they live still and
yet are dead, and their death is the
bread of the living.
    And whoever now desires that one
tell him their life, their death, their
joy, their lament, let him bring his
heart and ears here: He shall find all
his desire (fulfilled).

The Love Potion:
    (Brangaene discovers that Tristan and Isolde have drunk the potion)

mit tôtem herzen gie si dar;   11696
si nam daz leide veige vaz,
sie truog ez dannen und warf daz
in den tobenden wilden sê:
"owê mir armen!" sprach si "owê,   700
daz ich zer werlde ie wart geborn!
ich arme, wie hân ich verlorn
mîn êre und mîne triuwe!
daz ez got iemer riuwe
daz ich an dise reise ie kam,   705
daz mich der tôt dô niht ennam,
dô ich an dise veige vart
mit Isôt' ie bescheiden wart!
ouwê Tristan unde Isôt,
diz tranc ist iuwer beider tôt!"   710
    Nu daz diu maget unde der man,
Isôt unde Tristan,
den tranc getrunken beide, sâ
was ouch der werlde unmuoze dâ
Minn', aller herzen lâgaerîn,   715

With her heart dead she went thither.
She took the woeful deadly cup;
she carried it away from there and threw
it into the raging sea:
"Alas, for me," she said, "alas,
that I was ever born to the world!
I, miserable (creature), how I have lost
my honor and my loyalty!
May God ever regret
that I ever came on this journey,
that death did not take me
when I was appointed for
this journey of doom with Isolde!
Alas, Tristan and Isolde,
this potion is the death of you both."
    Now that the maiden and the man,
Isolde and Tristan, had
both drunk the potion, immediately love,
the disturber of the world, was also
there: Love, a waylayer of all hearts,

und sleich z'ir beider herzen în.	and (it) crept into the hearts of them
ê sî's ie wurden gewar,	both. Before they ever became aware of
dô stiez si ir sigevanen dar	it, she raised her victory banner there
und zôch si beide in ir gewalt:	and drew them both into her power:
si wurden ein und einvalt, 11720	they became one and onefold,
die zwei und zwivalt wâren ê;	who before had been two and twofold.
si zwei enwâren dô niht mê	The two of them were then nevermore
widerwarten under in:	at odds with each other.
Isôte haz der was dô hin.	Isolde's hate was then gone.
diu süenaerinne Minne 725	Love, the reconciler,
diu haete ir beider sinne	had purified the minds of them both
von hazze alsô gereinet,	of hate, and so united
mit liebe alsô vereinet,	(their minds) in pleasantness
daz ietweder dem andern was	that each of them was for the other
durchlûter alse ein spiegelglas. 730	clearer than a mirror.
si haeten beide ein herze:	The two of them had one heart.
ir swaere was sîn smerze,	Her sadness was his pain.
sîn smerze was ir swaere;	His pain was her sadness.
si wâren beide einbaere	The two of them were one
an liebe unde an leide 735	in joy and in sorrow; and yet
und hâlen sich doch beide,	(they) concealed themselves (their feel-
und tete daz zwîvel unde scham:	ings). Their doubt and shame caused
si schamte sich, er tete alsam;	this: She was ashamed: he was, too.
si zwîvelte an im, er an ir.	She doubted him (how he felt), (as) he
swie blint ir beider herzen gir 740	did her. However blind the desire of
an einem willen waere,	both their hearts was for wanting one
in was doch beiden swaere	(and the same thing), still the start
der urhap unde der begin:	and the beginning was difficult for them
daz hal ir willen under in.	both. This hid among (from) them their
	will (what they wanted).
Tristan, dô er der minne enpfant,	Tristan, when he felt this love,
er gedâhte sâ zehant 746	he immediately thought of his
der triuwen unde der êren	loyalty (to Marke) and his honor
und wolte dannen kêren:	and he wanted to turn away from it.
"nein", dâhte er allez wider sich,	"No," he continually thought to himself,
"lâ stân, Tristan, versinne dich, 750	"let it be, Tristan, come to your
niemer genim es keine war."	senses. Pay no attention to it ever."
sô wolte êt ie daz herze dar;	But still, his heart always wanted (to
wider sînem willen kriegete er,	go) thither (to her). He fought against
er gerte wider sîner ger:	his own will; he desired against his
er wolte dar und wolte dan. 755	desire: He wanted to go to (her) and he
der vergangene man	wanted to go from (her). The lost man
versuochte ez in dem stricke	tried in his snare
ofte und dicke	often and in quick succession and was
und was des lange staete.	constant for a long time in this
der getriuwe der haete 760	(trying). The loyal vassal (of Marke)
zwei nâhe gêndiu ungemach:	had two intense concerns.
swenn' er ir under ougen sach,	Whenever he saw her face to face
und ime diu süeze Minne	and sweet Love began

sîn herze und sîne sinne
mit ir begunde sêren,   11765
so gedâhte er ie der Eren,
diu nam in danne dervan.
hie mite sô kêrte in aber an
Minne, sîn erbevogetîn:
der muose er aber gevolgec sîn.   770
in muoten harte sêre
sîn triuwe und sîn êre,
sô muote in aber diu Minne mê,
diu tete ime wirs danne wê:
si tete im mê leide   775
dan Triuwe und Ere beide.
sîn herze sach si lachende an,
und nam sîn ouge dervan.
als er ir aber niht ensach,
daz was sîn meistez ungemach.   780
dicke besazte er sînen muot,
als der gevangene tuot,
wie er ir möhte entwenken,
und begunde ofte denken:
"kêre dar oder her,   785
verwandele dise ger,
minn´ unde meine anderswâ!"
sô was ie dirre stric dâ.
er nam sîn herze und sînen sin
und suochte anderunge in in,   790
sone was ie niht dar inne
wan Isôt unde minne.
    Alsam geschach Isôte:
si versuochte ez ouch genôte,
ir was diz leben ouch ande.   795
dô sî den lîm* erkande
der gespenstigen Minne
und sach wol, daz ir sinne
dar în versenket wâren,
si begunde staten vâren,   800
si wolte ûz unde dan:
sô klebete ir ie der lîm an;
der zôch si wider unde nider.
diu schoene strebete allez wider
und stuont an iegelîchem trite.   805
si volgete ungerne mite:
si versuochte ez manegen enden:
mit füezen und mit henden
nam sî vil manege kêre
und versancte ie mêre   810

to wound his heart
and mind with her,
then he always thought of Honor,
which then took him away from it (Love).
Thereby, Love, his inherited mistress,
turned him back again toward (Love).
To her he again had to be obedient.
His loyalty and his honor
troubled him very deeply,
but Love troubled him more--
she caused him (something) worse than
pain. She caused him more suffering
than Loyalty and Honor together.
His heart looked at her smilingly
and took (turned) his eye away from
(her). But when he saw nothing of her,
this was his greatest distress.
As a prisoner often does,
he directed his mind to
how he could escape her;
and he often began to think,
"Turn this way or that,
change this desire; direct your love
and affections elsewhere!"
But the snare was always there.
He took hold of his heart and mind
and sought change in them;
but there was never anything in them
but Isolde and Love.
    The same thing happened to Isolde.
She also struggled intently. This
life was also full of anguish for her.
When she recognized the lime
of bewitching love
and saw well that her thoughts
were sunk in it,
she began to go toward the bank (edge).
She wanted (to get) out and away.
Then the lime stuck to her.
It drew her back again and down.
The beautiful (girl) struggled against
it continually and stood (stuck) with
every step. She followed along unwill-
ingly. She tried it in many ways:
with feet and hands
she made many a turn
and sank all the more

11796 lime: glue smeared on branches to catch birds.

ir hende unde ir füeze	11811	her hands and her feet
in die blinden süeze		into the blind sweetness
des mannes unde der Minne.		of the man and of Love.
ir gelîmeten sinne		Her limed senses knew
die enkunden niender hin gewegen	815	not how to move away anywhere else--
noch gebrucken noch gestegen		neither making a bridge nor a path--
halben fuoz noch halben trit,		(even) half a foot or half a stride
diu Minne enwaere ie dâ mit.		but that Love would always be there.
Isôt, swar sî gedâhte,		Isolde, in whatever direction she was
swaz gedanke sî vür brâhte,	820	thinking, whatever thought she produced,
sone was ie diz noch daz dar an		there was never this nor that about it
wan Minne unde Tristan:		but Love and Tristan.
und was daz allez tougen.		And (yet) it was completely secret.
ir herze unde ir ougen		Her heart and her eyes,
diu missehullen under in:	825	they disagreed among themselves.
diu schame diu jagete ir ougen hin,		Shyness chased away her eyes;
diu Minne zôch ir herze dar.		Love drew her heart thither.
diu widerwärtige schar		This army at odds,
maget unde man, Minn´ unde Scham		maiden and man, Love and Shyness--
diu was an ir sêr´ irresam:	830	in her this was very confusing.
diu maget diu wolte den man		The maiden, she wanted the man
und warf ir ougen dar van;		and (yet) cast her eyes away from (him).
diu schame diu wolte minnen		Shyness wanted love
und brâhte es niemen innen.		and (yet) made this clear to no one.
waz truoc daz vür? scham unde maget,	835	What (good) did this bring forth? Shy-
als al diu werlt gemeine saget,		ness and maiden, as the world commonly
diu sint ein alsô haele dinc,		says, they are such a fleeting thing,
sô kurze wernde ein ursprinc:		a creation lasting so briefly.
sine habent sich niht lange wider.		They stop each other not for long.
Isôt diu leite ir kriec dernider	840	Isolde put down her struggle
und tete, als ez ir was gewant:		and did as was suitable for her.
diu sigelôse ergap zehant		The unvictorious (maiden) immediately
ir lîp unde ir sinne		surrendered her body and mind
dem manne unde der minne.		to the man and to love.
si blicte underwîlen dar	845	She glanced occasionally thither (at
und nam sîn tougenlîche war:		him) and watched him secretly.
ir klâren ougen unde ir sin		Her bright eyes and her mind,
die gehullen dô wol under in.		they agreed well then among themselves.
ir herze unde ir ougen		Her heart and her eyes
diu schâcheten vil tougen	850	looked at the man very secretly
und lieplîchen an den man.		and tenderly for plunder.
der man der sach si wider an		The man, he looked at her in return
suoze und inneclîchen.		sweetly and intently.
er begunde ouch entwîchen,		He began also to yield
des in diu minne niht erlie.	855	when love did not release him from it.
man unde maget si gâben ie		Man and maiden, they gave always
ze ieglelîchen stunden,		at any hour,
sô sî mit fuogen kunden,		when they could with propriety,
ein ander ougenweide.		to each other their pleasant sight.

die gelieben dûhten beide   11860   The dear ones both thought
ein ander schoener vil dan ê.   each other much more beautiful than
deist* liebe reht, deist minnen ê.   before. This is the right of affection;
                                              it is the law of love.

The Ordeal:
     (The Bishop of the Thames has just advised King Marke to summon Isolde
     to answer to the indictment that she has been unfaithful to Marke)

     Der künec sprach: "hêrre, des   The king said, "Sir, I shall
                    volge ich: 15423   follow this (advice).
diu rede und der rât dunket mich   This reasoning and this advice seem to
gefüege unde gevallesam."   425   me proper and acceptable."
man besande Isolde, und si kam   One sent for Isolde and she came
zem conzîlje in den palas.   into the palace for the council.
nu daz si nider gesezzen was,   When she had sat down,
der bischof, der grîse,   the bishop, the old man,
der wîse von Thamîse,   430   the wise man from Thames,
er tete als im der künec gebôt,   he did as the king commanded him.
er stuont ûf und sprach: "frouwe Isôt,   He stood up and spoke: "Lady Isolde,
tugenthaftiu künigîn,   virtuous queen,
mîn rede sol iu niht swaere sîn: my speech should not be unpleasant for
der künec mîn hêrre heizet mich   435   you. The king, my lord, commands me
sîn wort hie sprechen, nû muoz ich   to speak his words here. And so I must
hin ze iu leisten sîn gebot.   carry out his command regarding you.
nû bekenne ez aber got: Now may God witness:
swaz iuwerr wirde missezimet   Whatever offends your dignity
und iuwer reine lop benimet,   440   and takes away pure praise from you,
daz ich daz vil ungerne trage   very unwillingly do I bring that
beidiu ze liehte und ouch ze tage: to light and also to (the) day.
möht´ ich es wol erlâzen sîn!   If I could only be relieved of it!
saeligiu, guotiu künigîn,   Gracious, good queen,
iuwer hêrre und iuwer man   445   your lord and your husband,
der heizet mich iuch sprechen an   he commands me to address you
umbe ein offenlîche inziht.   concerning a public accusation.
i´ne weiz* noch er enweiz ez niht,   I do not know nor does he know because
wâ von ez sî gerochen,   of what this may be the result of a
wan daz ir sît besprochen   450   grudge, except that by the court and by
von hove und von lande   the (whole) country you have been talked
mit sînem neven Tristande.   about together with his nephew Tristan.
Ob got wil, frouwe künigîn,   God willing, lady queen,
der untaete sult ir sîn   you shall be innocent and
unschuldic und âne.   455   without (free of) this misdeed.
iedoch hât er´z in wâne,   Nevertheless, it preoccupies his mind
dâ von, daz es der hof giht.   because of this: that the court claims
min hêrre selbe dern hât niht   it. My lord himself, he has found in
an iu befunden niuwan guot.   you nothing but good.

_____

11862 das ist.   15448 ich weiß nicht.

von maeren, diu der hof tuot,	15460 From stories that the court tells
hât er den wân ûf iuch geleit,*	he has put suspicion on you,
niht von deheiner wârheit.	not because of any evidence.
dur daz sô sprichet er iuch an,	Because of this he does indict you--
daz ez sîne friunde und sîne man	so that his kinsmen and his vassals
vernemen unde hoeren,	465 might listen and hear,
ob er hie mite zestoeren	if (that) he might destroy thereby
disen liument unde dise lüge	this false accusation and this lie
mit unser aller râte müge.	with the counsel of all of us.
nu dunket mich daz guot getân,	Now it seems to me well considered
daz ir im umbe den arcwân	470 for you to give him answer and
rede gebet unde antwürte	respond concerning this suspicion
z'unser aller gegenwürte."	in the presence of us all."
Isôt diu wol gesinne,	Isolde, the sharp-witted,
diu gesinne küniginne,	the clever queen,
dô ir ze sprechenne geschach,	475 when it befell her to speak,
si stuont ûf selbe unde sprach:	she stood up and said,
"hêrre, mîn hêr bischof,	"Sir, my lord bishop,
dise lantbarûne und al der hof,	you barons here, and the court:
ir sult daz alle wizzen wol,	Let it be known to all of you: Whenever
swâ sô ich versprechen sol	480 I am supposed thus to speak against the
mînes hêrren laster unde mich,	disgrace of my lord and my disgrace,
entriuwen, daz verspriche ich	indeed, I do speak against it,
beidiu nû und alle stunt.	both now and always.
ir hêrren alle, mir ist wol kunt,	Lords, all of you, I am well aware that
daz mich disiu torperheit	485 this low behavior was spoken
vor einem jâre ist ane geseit	of me for the (past) year, both
beid' über hof und über lant.	in the court and in the (whole) country.
iu ist ab allen wol erkant,	But it is well known to you all
daz niemen alse saelec ist,	that no one is so happy
der al der werlde und all frist	490 who (that) can live so well all the time
sô wol ze willen müge geleben,	according to the wishes of the whole
im enwerde âlaster gegeben.	world without having vices attributed to
von danne enwundert mich es niht,	him. Therefore, it does not surprise me
ob mir der rede ouch nôt geschiht;	if affliction from talk befalls me also.
i'ne möhte niemer sîn verswigen,	495 I could not be passed over in silence,
i'ne müese werden bezigen	(but rather) have to be accused
unfuoge und missewende,	of misconduct and wrongdoing because
dur daz ich bin ellende	of the fact that I am a foreigner
und endarf hie niender frâgen	and may never ask here
nâch friunden noch nâch mâgen:	500 for my friends and relatives.
mir ist leider lützel iemen bî,	Unfortunately there is hardly anyone
der mînes leides leidec sî.	with me who might share my suffering.
ir alle und iuwer iegelîch,	Each and every one of you,
ir sît arm oder rîch,	whether you be poor or rich,
ir geloubet vil gereite	505 you believe very readily
mîner torperheite.	my low behavior.

15461 _gelegt_.

west´ ich nu, waz getaete,		If I knew what (I) might do,
waz râtes hie zuo haete,		what plan I might have for this,
daz ich mîne unschulde		that I might rightly turn
an iuwer aller hulde	15510	my innocence
nâch mînes hêrren êren		to your favor
wol möhte gekêren,		in accordance with my lord´s honor,
dâ haete ich guoten willen zuo.		then I would have good will for this.
waz râtet ir nu, daz ich tuo?		What, then, do you advise me to do?
swaz gerihtes man mir ûf geleit,*	515	Whatever judgment one imposes on me,
des bin ich gerne bereit,		I am willing and ready for it,
daz iuwer aller arcwân		so that the suspicion of all of you
werde fürder getân;		might be put aside
und aber noch michel mêre		and, what is more important,
ze behabenne die êre	520	to preserve the honor
mînes hêrren unde mîn."		of my lord and me."
Der künec sprach: "frouwe künigîn,		The king said, "Lady queen,
hier an lâz ich ez wol gestân:		I let the matter stand here.
mac ich gerihte von iu hân,		If I can have satisfaction from you,
als ir uns habet vür geleit,	525	as you have declared to us,
sô tuot es uns gewisheit:		then give us your surety of it.
gât her in alrihte,		Come forward at once:
vertriuwet daz gerihte		Entrust the judgment
ze dem glüenden îsen,		to the glowing iron,
als wir iuch hie bewîsen."	530	as we shall here instruct you."
diu küniginne tete alsô:		The queen acted accordingly.
si vertriuwete ir gerihte dô,		She agreed to judgment of her,
als ir dâ wart besprochen,		as had been discussed there,
nâch den selben sehs wochen		after those same six weeks
in die stat ze Karliûne.	535	in the town of Carleon.
künec unde lantbarûne,		The kings and the barons of the land,
al daz concîlje schiet sich sâ.		the whole council departed.
Isôt beleib al eine dâ		Isolde remained there alone
mit sorgen und mit leide:		with worry and with suffering.
sorg´ unde leit diu beide	540	Worry and suffering both
twungen si harte sêre.		oppressed her very much.
sie sorgete umbe ir êre;		She worried about her honor.
sô twanc si daz verholne leit,		Thus the secret suffering oppressed her
daz si ir unwârheit		that she would have to
solte wârbaeren.	545	make her falseness look true.
mit disen zwein swaeren		With these two afflictions
enweste sî, waz ane gân:		she did not know what to undertake.
si begunde ir swaere beide lân		She began to entrust both her worrries
an den genaedigen Krist,		to Christ, the merciful,
der gehülfec in den noeten ist;	550	who is helpful in (one´s) distress.
dem bevalch si harte vaste		To him she firmly entrusted,
mit gebete und mit vaste		with prayers and with fasting,
alle ir angest unde ir nôt.		all her worries and her distress.

15515 <u>gelegt</u>.

In disen dingen haete Isôt
einen list ir herzen vûr geleit
vil verre ûf gotes hõvescheit:
si schreip unde sande
einen brief Tristande
und enbôt im, daz er kaeme,
swâ er die fuoge naeme,
ze Karliûn des tages fruo,
sô sî dâ solte stôzen zuo,
und naeme ir an dem stade war.
nu diz geschach: Tristan kam dar
in bilgerîmes waete.
sîn antlütze er haete
missevärwet und geswellet,
lîp unde wât verstellet.
    Nu Marke und Isôt kâmen,
ir gelende dâ genâmen,
diu künigîn ersach in dâ
und erkande in ouch iesâ;
und alse daz schif an gestiez,
Isôt gebôt und hiez,
op der wallaere
sô wol mugende waere
und sô vil krefte haete,
daz man in dur got baete,
daz er si trüege hin abe
von der schifbrucke in die habe;
sine wolte sich niht in den tagen
deheinen ritter lâzen tragen.
sus riefen s'alle dar an:
"gât her nâher, saelec man,
traget mîne frouwen an daz stat!"
er volgete, des man in dâ bat:
sîne frouwen die künigîn
die nam er an den arm sîn
und truoc sî hin wider lant.
Isôt diu rûnde ime zehant,
swenn' er ze lande kaeme,
daz er einen val dâ naeme
mit ir mitalle z'erden,
swelch rât sîn solte werden.
er tete alsô; dô 'r an daz stat
und ûz hin an daz lant getrat,
der wallaer' nider zer erden sanc
und viel als âne sînen danc,
daz sich der val alsô gewac,
daz er der künigîn gelac
an ir arme und an ir sîten.
hie was unlangez bîten:

In these matters Isolde had
15555 constructed in her heart a plan (which
relied) very much on God's courtliness.
She wrote a letter and
sent it to Tristan
and bid him that he come,
560 whenever he might seize the occasion,
to Carleon early on that day
when she was to arrive there, and that
he might attend to her at the shore.
Now this happened: Tristan came there
565 in the clothes of a pilgrim.
He had discolored and
blistered his face, (and had)
disguised his body and clothing.
        When Marke and Isolde came,
570 they began their disembarking.
The queen saw him there
and recognized him immediately.
And when the boat touched shore,
Isolde requested and asked
575 whether the pilgrim
might be able
and might have enough strength
that one bid him in the name of God,
that he might carry her down
580 from the gangplank into the harbor.
She did not want (she said) in these
times to let any knight carry her.
And so they all called out,
"Come closer, holy man,
585 (and) carry my lady onto the shore."
He complied with what one asked of him.
His lady, the queen,
he took in his arms
and carried her back onto the land.
590 Isolde quickly whispered to him,
when he reached land,
that he should take a tumble
completely to the ground with her,
whatever should become of him. He acted
595 accordingly. When he stepped onto shore
and out onto the land,
the pilgrim sank down to the ground
and fell as though without his wanting
to, so that the fall so happened
600 that he came to rest in the queen's
arms and lap.
Here waiting was not long.

des gesindes kom ein michel schar
mit staben und mit stecken dar
und wolten den wallaere   15605
bereiten übeler maere.
"nein, nein, lât stân!" sprach aber Isôt
"ez taete dem wallaere nôt:
er ist âmähtic unde kranc
und viel âne sînen danc."   610
    Nu seiten si's* ir sêre
beidiu genâde und êre
und lobeten s´ in ir muote,
daz sî sich mit unguote
an dem armen niht enrach.   615
Isôt dô smierende sprach:
"welch wunder waere ouch nû dar an,
op dirre wallende man
mit mir wolte schimpfen?"
diz begunden sî ir gelimpfen   620
ze tugenden und ze hövescheit:
ir êren wart dô vil geseit
unde ir lobes von manegem man;
und Marke der sach allez an
und hôrte diz unde daz.   625
Isôt sprach aber dô vürbaz:
"nune weiz ich, waz sîn werden sol;
iuwer iegelîch der siht nu wol,
daz ich daz niht verrihten kan,
daz âne Marken nie kein man   630
an mînen arm kaeme
noch daz nie man genaeme
sîn leger an mîner sîten."
sus begunden si rîten
trîbende ir schimpfmaere   635
von disem baltenaere
hin în ze Karliûne.
dâ was vil barûne,
pfaffen unde ritterschaft,
gemeines volkes michel kraft;   640
bischove und prêlâten,
die daz ambet tâten
und segenten daz gerihte,
die wâren ouch enrihte
mit ir dinge bereit: 645
daz îsen daz was în geleit.
    Diu guote künigîn Isolt
diu haete ir silber unde ir golt,
ir zierde und swaz si haete

A great crowd of the retinue came
forward with sticks and staves
and wanted to give the
pilgrim something bad to remember.
"No, no, let him be!" said Isolde.
"The pilgrim couldn't help it.
He is feeble and weak
and fell against his will."
        And so because of this they gave
her both thanks and honor
and praised her in their hearts,
that she did not evilly
take vengeance on the poor man.
Then Isolde said smiling,
"Would it be surprising now in this,
if this man making a pilgrimage
wanted to have a frolic with me?"
They began to interpret this of her
as virtue and courtliness.
Honor was claimed for her there
and praise as well by many a man.
And Marke watched the whole affair
and heard this and that.
Then Isolde said further,
"Now I don't know what shall come of it.
Each of you now well sees
that I cannot swear in court
that except for Marke no man ever
came into my arms
or that no man ever took
his rest in my lap."
Thus they began to ride,
telling their lusty jokes
about this pilgrim,
toward Carleon.
Many barons were there,
priests and knights, (and)
a large contingent of the common folk.
Bishops and prelates,
who were celebrating mass
and were blessing the court proceedings,
they were then quickly
finished with their business.
The iron was placed on (the fire).
        The good queen Isolde,
she had given her silver and gold,
her jewels and whatever she had

15611 sagten sie es (gen.).

an pferden unde an waete	15650	in the way of palfreys and clothes,
gegeben durch gotes hulde,		for the sake of (winning) God's favor--
daz got ir wâren schulde		that God might not consider
an ir iht gedaehte		with respect to her her true guilt and
und sî ze ir êren braehte.		might bring her (back) to her honor.
hie mite was sî zem münster komen	655	Meanwhile she had arrived at the church
und haete ir ambet vernomen		and had heard mass
mit inneclîchen muote.		with intense devotion.
diu wîse, diu guote,		The wise (lady), the good (lady)--
ir andâht diu was gotelîch:		her worship was pious.
si truoc ze nâhest an ir lîch	660	She wore next to her skin
ein herte hemede haerîn,		a coarse hairshirt,
dar obe ein wullîn rockelîn		(and) over that a short woolen robe
kurz und daz mê dan einer hant		which more than a hand's breadth
ob ir enkelînen want.		turned (stopped) above her ankles.
ir ermel wâren ûf gezogen	665	Her sleeves were rolled back
vaste unz an den ellenbogen;		all the way to her elbows.
arm' unde füeze wâren bar.		(Her) arms and feet were bare.
manec herze und ouge nam ir war		Many a heart and eye perceived her
swâr' unde erbärmeclîche.		in sadness and pity.
ir gewandes unde ir lîche	670	Her clothing and her body
des wart dâ dicke war genomen.		were very much noticed there.
hie mite was ouch daz heiltuom komen,		Meanwhile the reliquary had also come
ûf dem si sweren solde.		upon which she was supposed to swear.
alsus hiez man Isolde		Thus did one bid Isolde to make known
ir schulde an disen sünden	675	her guilt in these sins
got unde der werlde künden.		to God and to the world.
nu haete Isôt êr' unde leben		Now Isolde had surrendered honor
vil verre an gotes güete ergeben:		and life completely to God's kindness.
si bôt ir herze unde ir hant		She stretched out her heart and her hand
vorhtlîche, als ez ir was gewant,*	680	in fear, given her situation,
dem heiltuom' unde dem eide.		to the reliquary and for the oath.
hant unde herze beide		Hand and heart both
ergap si gotes segene		she surrendered to God's blessing
ze bewarne und ze pflegene.		to be preserved and taken care of.
Nu wâren dâ genuoge	685	Now there were enough (people)
sô grôzer unfuoge,		of such ill will,
daz sî der küniginne ir eit		that they would have formulated
vil gerne haeten ûf geleit		the oath for the queen
ze schaden und ze valle.		for her harm and her downfall.
diu bitter nîtgalle,	690	That bitterly spiteful person,
der truhsaeze Marjodô		Marjodoc, the steward--he was
der treib ez sus unde sô		pushing the matter this way and that
und manege wîs ze ir schaden an.		in many ways for her ruin.
dâ wider was aber dâ manic man		On the other hand, there was many a man
der sich an ir êrte*	695	who was honorable toward her and inter-
und ez ir ze guote kêrte.		

15680 literally: as it was turned for her.   15695 who honored himself by the way
he treated her.

sus gie daz kriegen under in
umbe ir eit her unde hin:
der was ir übel und dirre guot,
als man ze solhen dingen tuot.   15700
"künec hêrre" sprach die künigîn
"mîn eit muoz doch gestellet sîn,
swaz ir deheiner gesaget,
als iu gevället unde behaget:
von diu sô seht hie selbe zuo,   705
waz ich gespreche oder getuo,
ob ich ez iu mit eide
ze danke bescheide:
ir aller lêre der ist ze vil.
vernemet, wie ich iu sweren wil: 710
daz mînes lîbes nie kein man
deheine künde nie gewan
noch mir ze keinen zîten
weder z'arme noch ze sîten
ân, iuch nie lebende man gelac   715
wan der, vür den ich niht enmac
gebieten eit noch lougen,
den ir mit iuwern ougen
mir sâhet an dem arme,
der wallaere der arme: 720
so gehelfe mir mîn trehtîn
und al die heiligen, die der sîn,
ze saelden und ze heile
an disem urteile!
hân ich es niht genuoc geseit,   725
hêrre, ich bezzer iu den eit,
als ir mir saget, sus oder sô."
     "Frouwe", sprach der künic dô
"ez dunket mich genuoc hier an,
alse ich mich's versinnen kan.   730
nu nemet daz îsen ûf die hant;
und alse ir uns habt vor genant,
als helfe iu got ze dirre nôt!"
"âmen!" sprach diu schoene Isôt.
in gotes namen greif si'z an   735
und truog ez, daz si niht verbran.
dâ wart wol goffenbaeret,
und al der werlt bewaeret,
daz der vil tugenthafte Krist
wintschafffen alse ein ermel ist: 740
er füeget unde suochet an,
dâ man'z an in gesuochen kan,
alsô gefüege und alse wol,
als er von allem rehte sol.
er'st allen herzen bereit,   745
ze durnähte und ze trügeheit.

Thus the strife among them
about the oath went back and forth.
This (formulation) was damaging to her;
that one, good--as happens in such
matters. "Lord king," said the queen,
"my oath must certainly be so formulated
that, whatever any of them says,
it is pleasing and acceptable to you.
Therefore, see for yourself,
whatever I say or do,
whether I carry it out as to the oath
to your liking.
The counsels of all of them--it is too
much. Listen to how I shall swear to
you: that never did any living man gain
intimacy of my body
or lie at any time
either in my arms or next to me
besides you, except for that (man) for
whom I cannot at all
offer an oath or deny,
whom you with your own eyes
saw in my arms--
this poor pilgrim.
So help me my Lord
and all the saints, who are present
for the happy and wholesome (outcome)
of this ordeal.
If I have not said enough of it,
my lord, I shall correct for you the
oath as you tell me, this way or that."
     "Lady," said the king then,
"this seems to me sufficient in this
matter, as far as I can consider it.
Now put the iron on your hand. And as
(in accordance with what) you have just
declared, may God help you in this
affliction!" "Amen!" said fair Isolde.
In God's name she took hold of it
and carried it (so), that she did not
get burned. There was well revealed
and proved to the whole world
that the very powerful Christ
moves with the wind like a sleeve.
He conforms and stays in place
when one knows how to ask it of him,
as suitably and as well
as he by all rights should.
For all hearts he is prepared
for honesty or for deception.

ist ez ernest, ist ez spil,	Whether it is serious or a game,
er ist ie, swie sô man wil.	he is always as one wants him (to be).
daz wart wol offenbâre schîn	This became very publicly clear
an der gefüegen künigîn:	with respect to the obliging queen:
die generte ir trügeheit	She survived her deception
und ir gelüppeter eit,	and her poisoned oath,
der hin ze gote gelâzen was,	which had been sent forth to God, so
daz si an ir êren genas,	that she recovered with regard to her
und wart aber dô starke	honor. And she was again strongly
von ir hêrren Marke	loved and honored
geminnet unde geêret,	by her lord Marke,
geprîset unde gehêret	praised and esteemed
von liute und von lande.	by the people and the land.
swaz sô der künec erkande,	Whatever the king knew her
dar an ir herze was gewant,	heart to be set on,
daz was sîn wille zehant:	that was immediately his wish.
er bôt ir êre unde guot.	He offered her honor and wealth.
al sîn herze und al sîn muot	His whole heart and his whole spirit,
die wâren niwan an sî geleit*	they were directed to her alone
ân' aller slahte valscheit.	without any kind of duplicity.
sîn zwîvel unde sîn arcwân	His doubt and his suspicion,
diu wâren aber dô hin getân.	they were again put aside.

The 15750, 755, 760, 765 line numbers are at the following positions:
- 15750 at "an der gefüegen künigîn:"
- 755 at "und wart aber dô starke"
- 760 at "swaz sô der künec erkande,"
- 765 at "die wâren niwan an sî geleit*"

The Love Grotto:
(The allegorical explanation of the cave)

Nune sol iuch niht verdriezen,	Now it should not weary you
ir enlât iu daz entsliezen,	that you let it be revealed to you
durch welher slahte meine	through meaning of what kind
diu fossiur' in dem steine	the cave had been fashioned
betihtet waere, alsô si was.	in the rock, as it was.
si was, als ich iezuo dâ las,	It was, as I read about it there,
sinewel, wît, hôch unde ûfreht,	round, broad, high, and straight up,
snêwîz, alumbe eben und sleht.	white as snow, all over smooth and even.
diu sinewelle binnen	Its roundness within:
daz ist einvalte an minnen:	That is simplicity in love.
einvalte zimet der minne wol,	Simplicity is very fitting for love,
diu âne winkel wesen sol.	which should be without corners.
der winkel, der an minnen ist,	A corner which exists in love,
daz ist âkust unde list.	that is cunning or deception.
diu wîte deist* der minnen kraft,	The breadth: That is the strength of
wan ir kraft ist unendehaft.	love, for its strength is endless.
diu hôhe deist der hôhe muot,	The height is exhilaration,
der sich ûf in die wolken tuot;	which raises itself aloft into the
dem ist ouch nihtes ze vil,	clouds. For it nothing is too much

The line numbers 16930, 935, 940, 945:
- 16930 at "diu fossiur' in dem steine"
- 935 at "diu sinewelle binnen"
- 940 at "daz ist âkust unde list."
- 945 at "dem ist ouch nihtes ze vil,"

15765 gelegt. The Grotto of Love: This whole section is very difficult.
16941 das ist.

die wîle er sich gehaben wil
hin ûf, dâ sich der tugende gôz
ze samene welbet an ein slôz.
so gevaelet ouch daz niemer,
die tugende die ensîn iemer   16950
gesteinet unde gewieret,
mit lobe alsô gezieret,
daz wir, die nidere sîn gemuot,
der muot sich allez nider tuot
und an dem esterîche swebet,   955
der weder swebet noch enklebet:
wir kaphen allez wider berc
und schouwen obene an daz werc,
daz an ir tugenden dâ stât,
daz von ir lobe her nider gât,   960
die ob uns in den wolken swebent
und uns ir schîn her nider gebent:
die kaphent wir ze wunder an.
hie wahsent uns die vedern van,
von den der muot in flücke wirt,   965
fliegende lop nâch tugenden birt.

    Diu want was wîz, eben und sleht:
daz ist der durnähte reht,
der wîze und ir einbaere schîn
der ensol niht missemâlet sîn.   970
an ir sol ouch dehein arcwân
weder bühel noch gruobe hân.
der marmelîne esterîch
der ist der staete gelîch
an der grüene und an der veste.   975
diu meine ist ime diu beste
von varwe und von slehte:
diu staete sol ze rehte
ingrüene sîn, reht' alse gras,
glat unde lûter alse glas.   980
daz bette inmitten inne
der kristallînen minne,
daz was vil rehte ir namen benant.
er haete ir reht vil rehte erkant,
der ir die kristallen sneit   985
ze ir legere und z'ir gelegenheit:
diu minne sol ouch kristallîn,
durchsihtic und durchlûter sîn.
    Innen an der êrînen tür
dâ giengen zwêne rigele vür.   990
ein valle was ouch innen
mit kündeclîchen sinnen
hin ûz geleitet durch die want,
aldâ si ouch Tristan dâ vant;

as long as it betakes itself upward
where the outpouring of virtues
comes together in a vault at a keystone.
So also it is never lacking
that the virtues are always encrusted
with jewels and worked with gold,
so adorned with praise,
that we, who are of baser spirit,
whose spirit always keeps itself low
and hovers over the ground (and)
it (spirit) neither soars nor sticks:
We gaze constantly upwards
and see above the masterpiece
which exists there among their virtues,
(and) which comes down from the praise
of them who float in the clouds above us
and send down their refulgence to us--
we look at them in wonder.
From this feathers grow for us
from which (our) spirit takes flight,
(and) flying brings forth praise in
proportion to virtue.
    The wall was white, smooth, and
even--that is the nature of perfection.
Its (the wall's) whiteness and its
uniform shine should not be painted with
various colors. Nor should any
suspicion have any bump or pit.
The marble floor
is like constancy
in its greenness and in it firmness.
This meaning is the best for it
because of its color and smoothness.
Constancy should by right
be intense green, just like grass,
(and) smooth and clear like glass.
In the middle, the bed
of crystalline love was
given its name most rightly. He
had recognized its right quite properly
who cut the crystal for its (love's)
couch and its resting place.
Love should also be crystalline--
transparent and translucent.
    Inside on the bronze door
two bolts went across.
A latch had also been built in
with great ingenuity
through the wall
where Tristan found it.

die meisterte ein heftelîn,   16995 A lever governed it
daz gie von ûzen dar în   which went into it from outside
und leite sî dar unde dan.   and guided it this way and that.
noch slôz noch slüzzel was dar an. There was neither lock nor key on it
und wil iu sagen umbe waz: and I shall tell you why.
dane was niht slôzes umbe daz: 17000 There was no lock because of this:
swaz man gerüstes vür die tür   Whatever device one puts on the door
(ich meine ûzerhalp dervür)   (I mean on the outside)
ze rûme oder ze slôze leit,   for opening or closing,
daz tiutet allez valscheit;   that all signifies deception.
wan swer zer Minnen tür în gât, 005 For whoever goes in at Love's door--
den man von innen niht în lât,   whom one does not let in from within--
daz enist der minnen niht gezalt, that is not to be reckoned to love
wan daz ist valsch oder gewalt. because that is falseness or violence.
durch daz ist dâ der Minnen tor, Because of this there is a
diu êrme tür vor,   010 bronze door before Love's gate,
die niemen kan gewinnen,   so that no one can gain (entrance by) it
ern gewinne sî mit minnen.   unless he gains it by love.
ouch ist si durch daz êrin,   For this reason, too, it is of bronze,
daz dehein gerüste müge gesîn so that there might be no device,
weder von gewalte noch von kraft, 015 either of force or of power,
von liste noch von meisterschaft, of cleverness or of artifice,
von valscheite noch von lüge,   of falseness or of deception,
dâ mite man sî verscherten müge. with which one could harm it.
und innen ietweder rigel,   And within, each bolt,
ietweder minnen ingesigel, 020 each a seal of love,
daz was zem anderen gewant   which was turned toward the other
ietwederhalben an der want;   on each side on the wall.
und was der einez cêderîn,   The one was of cedar,
daz ander helfenbeinîn.   the other of ivory.
nu vernemet die tiute ir bêder: 025 Now hear the interpretation of them
daz eine insigel der cêder   both: The one seal of cedar--
daz meinet an der minne   that means in love
die wîsheit und die sinne;   prudence and understanding.
daz von dem helfenbeine   That (seal) of ivory (means)
die kiusche und die reine.   030 chasteness and purity.
mit disen zwein insigelen,   With these two seals,
mit disen reinen rigelen   with these pure bolts,
sô ist der Minnen hûs bewart,   Love's house is protected, (and)
valsch' unde gewalte vor bespart. locked against deception and force.
  Daz tougenlîche heftelîn 035   The secret lever,
daz von ûzen hin în   that had been built in
zer vallen was geleitet hin,   to the latch from outside,
daz was ein spinele von zin;   that was a spindle of tin.
diu valle was von golde,   The latch was of gold,
als sî ze rehte solde: 040 as it should be by right.
vall' unde haft, diz unde daz,   Latch and lever, this and that--
diu enmohten beide niemer baz they both could not be better
an ir eigenschaft sîn brâht.   used according to their qualities.

daz zin daz ist diu guote andâht	Tin: that is the good devotion
ze tuogenlîchem dinge; 17045	to virtuous things.
daz golt daz ist diu linge.	Gold: that is success.
zin unde golt sint wol hier an:	Tin and gold are suitable here.
sîn andâht mag ein ieclîch man	Everyone can direct his intention
nâch sînem willen leiten,	according to his will,
smalen oder breiten, 050	make it narrow or broad,
kürzen oder lengen,	short or long,
frîen oder twengen,	free or confined
sus oder sô, her oder hin,	in this manner or that, this way or that
mit lîhter arbeit alse zin,	with little struggle, as it is with tin,
und ist dâ lützel schaden an; 055	and there is very little damage.
swer aber mit rehter güete kan	But whoever can with proper goodness
ze minnen wesen gedanchaft,	be deep in thought about love,
den treit benamen dirre haft	this lever of tin, this weak thing,
von zine, dem schwachen dinge,	carries him certainly
ze guldîner linge 060	to golden success
und ze lieber âventiure.	and to a pleasurable quest.
Obene in die fossiure	Up above in the cave
dâ wâren niwan driu vensterlîn	there were only three little windows,
schôn' unde tougenlîchen în	beautifully and secretly
gehouwen durch den ganzen stein, 065	hewn through the whole stone
dâ diu sunne hin în schein.	through which the sun shined in.
der einez ist diu güete,	One of them is goodness;
daz ander diemüete,	the second, humility;
daz dritte zuht. ze disen drîn	the third, refinement. Through these
dâ lachet în der süeze schîn, 070	three sweet brightness smiles in,
diu saelige gleste,	blissful radiance, (that is)
êr', aller liehte beste,	honor, the best of all lights,
und erliuhtet die fossiure	and illumines the cave
werltlîcher âventiure.	of earthly happiness.
ouch hât ez guote meine, 075	It also has its proper meaning
daz diu fossiure als eine	that the cave lay completely alone
in dirre wüesten wilde lac;	in the desolate wilderness,
daz man dem wol gelîchen mac,	so that one can compare it to this:
daz minne und ir gelegenheit	that love and its place
niht ûf die strâze sint geleit 080	are not left on the street
noch an dehein gevilde;	nor in some field.
si lôschet in der wilde.	It is hidden in the wilderness.
ze ir klûse ist daz geverte	Its path to its hermitage
arbeitsam unde herte.	is toilsome and difficult.
die berge ligent dar umbe 085	Mountains lie all around
in maneger swaeren krumbe	in many a difficult bend
verirret hin unde wider.	confusedly here and there.
die stîge sint ûf und nider	The paths are up and down
uns marteraeren allen	for all us sufferers (and are)
mit velsen sô vervallen, 090	blocked with fallen rocks.
wir engân dem pfade vil rehte mite,	If we do not go correctly along the
verstôze wir an einem trite:	path, if we stumble at one step,
wir enkomen niemer mêre	we shall never ever

ze guoter widerkêre.   come back again safely.
swer aber sô saelic mac gesîn,   17095   Whoever can be so blessed
daz er zer wilde kumet hin în,   that he enters into the wilderness,
der selbe hât sîn arebeit   such a person has put his toil
vil saeleclîchen an geleit: to happy use. He shall
der vindet dâ des herzen spil;   find there his heart's entertainment.
swaz sô daz ôre hoeren wil,   100   Whatever the ear wants to hear
und swaz dem ougen lieben sol,   and whatever shall be pleasing to the
des alles ist diu wilde vol.   eye, the wilderness is full of it all.
sô waere er ungern' anderswâ.   He would not like to be somewhere else.
      Diz weiz ich wol, wan ich was dâ.   This I know well, for I was there.
ich hân ouch in der wilde   105   In this wilderness I have also followed
dem vogele unde dem wilde,   birds and game (animals),
dem hirze unde dem tiere   stags and animals,
über manege waltriviere   and chased after (them)
gevolget unde nâch gezogen   across many forest streams
und aber die stunde alsô betrogen,   110   and yet so passed the time that I never
daz ich den bast noch nie gesach.*   yet have seen the skin (of the hunted
mîn arbeit und mîn ungemach   animal). My effort and my hardship--
daz was ân' âventiure.   that was without success.
ich vant an der fossiure   I found the lever at the cave
den haft und sach die vallen.   115   and have seen the latch.
ich bin ze der kristallen   I have plodded to the crystalline (bed)
ouch under stunden geweten.   also sometimes.
ich hân den reien getreten   I have engaged in the dance
dicke dar und ofte dan,   thither and back often enough.
i'n geruowete aber nie dar an: 120   But I never rested on it (the bed).
und aber den esterîch dâ bî,   But the floor there,
swie herte marmelîn er sî,   of however hard marble it may be,
den hân ich sô mit triten zerbert,   I have so battered it with my steps:
haet' in diu grüene niht ernert,   If the greenness, in which its greatest
an der sîn meistiu tugent lît,   125   virtue lies (and) because of which
von der er wahset alle zît: it constantly grows, had not saved it--
man spurte wol dar inne   one would follow well on it
diu wâren spor der minne.   the true track of love.
ouch hân ich an die liehten want   I have also often turned the gaze
mîner ougen weide vil gewant   130   of my eyes to the bright wall
und hân mich obene an daz gôz,   and have been intent with my gaze
an daz gewelbe und an daz slôz   up high on the medallion,
mit blicken vil geflizzen,   on the vault, and on the keystone,
mîner ougen vil verslizzen   (and have) much wearied my eyes
an der gezierde dar obe,   135   on the adornment up there
diu sô gestirnet ist mit lobe.   which is so star-studded with praise.
diu sunne bernde vensterlîn,   The sun-bearing windows,
diu habent mir in daz herze mîn   they have often sent
ir gleste dicke gesant.   radiance into my heart.
ich hân die fossiure erkant   140   I have known this cave
sît mînen eilif jâren ie   since (I was) eleven years (old),
und enkom ze Kurnewâle nie.   and yet never came to Cornwall.
16111 i.e., I never hunted successfully.

Das Nibelungenlied
(about 1205)

Kriemhild

1. Uns ist in alten maeren   wunders vil geseit*
   von helden lobebaeren,   von grôzer arebeit,
   von frôuden, hôchgezîten,   von weinen und von klagen,
   von küener recken strîten   muget ir nu wunder hoeren sagen.

2. Ez wuohs in Burgonden   ein vil edel magedîn,
   daz in allen landen   niht schoeners mohte sîn,
   Kriemhilt geheizen: si wart ein scoene wîp.
   dar umbe muosen degene   vil verliesen den lîp.

3. Der minneclîchen meide   triuten wol gezam.
   ir muoten küene recken,   niemen was ir gram.
   âne mâzen schoene   sô was ir edel lîp.
   der juncvrouwen tugende   zierten anderiu wîp.

4. Ir pflâgen drîe künege   edel unde rîch,
   Gunther unde Gêrnôt,   di recken lobelîch,
   und Gîselher der junge,   ein ûz erwelter* degen.
   diu frouwe was ir swester,   di fürsten hetens* in ir pflegen.

13. In disen hôhen êren   troumte Kriemhilde,
    wie si züge einen valken,   starc scoen´ und wilde,
    den ir zwêne arn erkrummen.   daz si daz muoste sehen:
    ir enkunde in dirre werlde   leider nimmer gescehen.

14. Den troum si dô sagete   ir muoter Uoten.
    sine* kundes* niht besceiden   baz der guoten:
    "der valke den du zuihest,   daz ist ein edel man.
    in welle got behüeten,   du muost in sciere vloren hân."

15. "Waz saget ir mir von manne,   vil liebiu muoter mîn?
    âne recken minne   sô will ich immer sîn.
    sus scoen´ ich wil belîben   unz* an mînen tôt,
    daz ich von mannes minne   sol gewinnen nimmer nôt."

16. "Nu versprich ez niht ze sêre,"   sprach aber ir muoter dô.
    "soltu immer herzenlîche   zer werlde werden vrô,
    daz gesciht von mannes minne.   du wirst ein scoene wîp,
    ob dir noch got gefüeget   eins rehte guoten ritters lîp."

1,1 gesagt. 4,3 auserwählter. 4,4 hatten sie. 14,2 sie ne (neg.); konnte
es. The MHG es is actually a genitive. 14,4 unless God wants. 15,3 bis.

1. Much of wonder has been told us in old tales--
   of praiseworthy heroes, of great toil,
   of joys, festive occasions, of weeping and lamenting,
   of the fighting of bold warriors you can now hear marvels told.

2. There grew up among the Burgundians a very noble girl
   that in all the lands there could be nothing more beautiful.
   She was called Kriemhild. She became a beautiful woman.
   Because of this many knights had to lose their lives.

3. For this lovely girl to be caressed was fitting.
   Bold warriors were desirous of her; no one was oppressive to her.
   Beautiful beyond measure was her noble person.
   The maiden's virtues adorned other women.

4. Three kings noble and powerful took care of her,
   Gunther and Gernot, glorious warriors,
   and Giselher, the young one, a fine knight.
   The lady was their sister; the princes had her in their care.

13. Placed in such high honors Kriemhild dreamt
   she raised a falcon, strong, beautiful, and wild,
   which two eagles tore apart. That she had to see this
   nothing in the world more dreadful could ever happen to her.

14. This dream she then told to her mother, Uote.
   She (Uote) could not interpret it more favorably for her (than this):
   "The falcon that you are raising is a noble man;
   unless God watches over him, you will quickly lose him."

15. "Why are you speaking to me of a man, very dear mother of mine.
   I want to be ever without the love of a warrior.
   Thus beautiful I want to remain up to my death,
   that I shall never gain distress from the love of a man."

16. "Now do not forswear it too much," her mother said in turn.
   "If you are ever in your life to become really happy, it will happen
   from the love of a man. You will become a beautiful woman
   if God shall yet provide for you the person of a truly good knight.

Siegfried

20. Dô wuohs in Niderlanden   eins edelen küneges kint,
des vater der hiez Sigemunt,   sîn muoter Sigelint,
in einer rîchen bürge,   wîten wol bekant,
nidene bî dem Rîne: diu was ze Santen genant.

21. Sîvrit was geheizen   der snelle degen guot.
er versuochte vil der rîche   durch ellenthaften muot.
durch sînes lîbes sterke   er reit in menegiu lant.
hey waz er sneller degene   sît zen* Burgonden vant!

22. In sînen besten zîten,   bî sînen jungen tagen,
man mohte michel wunder   von Sîvride sagen,
waz êren an im wüehse   und wi scoene was sîn lîp.
sît heten in ze minne   diu vil waetlîchen wîp.

47. Do gedâht ûf hôhe minne   daz Siglinde kint.
ez was ir aller werben   wider in ein wint.
er mohte wol verdienen   scoener frouwen lîp.
sît wart diu edele Kriemhilt   des küenen Sîvrides wîp

48. Im rieten sîne mâge   und genuoge sîne man,
sît er ûf staete minne   tragen wolde wân,
daz er dan eine wurbe   diu im möhte zemen.
dô sprach der küene Sîvrit: "sô wil ich Kriemhilden nemen,

49. Die scoenen juncfrouwen   von Burgonden lant
durch ir unmâzen scoene.   daz ist mir wol bekant,
nie keiser wart sô rîche,   der wolde haben wîp,
im zaeme wol ze minnen   der rîchen küneginne lîp."

Siegfried Comes to Worms

105. Der wirt und sîne recken   enpfiengen sô den gast
daz in an ir zühten   vil wênec iht gebrast.
des* begund' in nîgen   der waetlîche man,
daz si in heten grüezen   sô rehte scône getân.

106. "Mich wundert dirre maere",   sprach der künec zehant,
"von wannen ir, edel Sîvrit,   sît komen in ditze lant,
oder waz ir wellet werben   ze Wormez an den Rîn."
Dô sprach der gast zem* künege: "daz sol iuch unverdaget sîn.

21,4 bei den. 105,3 deswegen. 106,4 zu dem, zum.

20. There grew up in the Netherlands the child of a noble king.
    Its (the child's) father was called Sigmund, its mother Siglind.
    They lived) in a mighty city, famous far and wide,
    down on the Rhine. It was named Xanten.

21. He was called Siegfried, this gallant good knight.
    He tested himself (in battle) against many kingdoms because of his
    courageous spirit. To test his body's strength he rode into many lands.
    Oh, what gallant knights he later found among the Burgundians!

22. At the best time, in the days of his youth
    one could tell great marvels about Siegfried--
    what honors sprouted forth from him and how handsome he was.
    Later many beautifully clothed women had him as (the object of their)
    love.

47. Siglind's child directed his thoughts to lofty love.
    In comparison with him the courting of all others was like the (in-
    substantial) wind. He could well earn (the love of) beautiful women.
    Later noble Kriemhild became the wife of bold Siegfried.

48. His kinsmen and enough (i.e., all) of his vassals advised him:
    since he bore the hope of constant love,
    that he then court someone, who could well be fitting for him.
    Bold Siegfried then said, "Then I shall take Kriemhild,

49. the fair maiden from the land of the Burgundians,
    because of her immeasurable beauty. It is certainly clear to me:
    ever did an emperor become so powerful that, if he wanted to have a wife,
    the person of this fine queen would not be quite suitable for him.

105. The host (Gunther) and his warriors so received the stranger (Siegfried)
     that in their refinement very little at all was lacking.
     And so the handsome man began to bow to them
     (in response) that they had so very beautifully made greetings to him.

106. "This news interests me," said the king right off.
     "Whence, noble Siegfried, do you come into this land,
     or what do you want to attain in Worms on the Rhine?"
     Then the stranger said to the king, " That shall not be kept (silent)
     from you.

107. Mir wart gesaget maere   in mînes vater lant,
     daz hie bî iu waeren   (daz het ich gern´ erkant)
     die küenesten recken   (des hân ich vil vernomen)
     die ie künec gewunne;   dar umbe bin ich her bekommen.*

108. Ouch hoere ich iu selben   der degenheite jehen
     daz man künec deheinen   küener habe gesehen.
     des redent vil die liute   über elliu disiu lant.
     nu wil ich niht erwinden   unz ez mir werde bekant.

109. Ich bin ouch ein recke   und solde krône tragen.
     ich wil daz gerne füegen   daz si von mir sagen
     daz ich habe von rehte   liute unde lant.
     dar umbe sol mîn êre   und ouch mîn houbet wesen pfant.

110. Nu ir sît sô küene,   als mir ist geseit,*
     sone* ruoch´ ich, ist daz iemen   liep oder leit:
     ich wil an iu ertwingen   swaz ir muget hân:
     lant unde bürge,   daz sol mir werden undertân."

111. Den künec hete wunder   und sîne man alsam
     um disiu maere   di er hie vernam,
     daz er des hete willen,   er naeme im sîniu lant.
     daz hôrten sîne degene;   dô wart in zürnen bekant.

112. "Wie het ich daz verdienet",   sprach Gunther der degen,
     "des mîn vater lange   mit êren hât gepflegen,
     daz wir daz solden vliesen*   von iemannes kraft?
     wir liezen übele schînen   daz wir ouch pflegen riterschaft."

113. "Ine* wil es niht erwinden",   sprach aber der küene man.
     "ez enmüge von dînen ellen   dîn lant den fride hân,
     ich wil es alles walten.   und ouch diu erbe mîn,
     erwirbest duz* mit sterke,   diu sulen dir undertaenec sîn.

114. Dîn erbe und ouch daz mîne   sulen gelîche ligen.
     sweder unser einer   am andern mac gesigen,
     dem sol ez allez dienen,   die liute und ouch diu lant."
     daz widerredete Hagene   unde Gêrnôt zehant.

115. "Wir hân des niht gedingen",   sprach dô Gêrnôt,
     "daz wir iht lande ertwingen,   daz iemen drumbe tôt
     gelige vor heldes handen.   wir haben rîchiu lant,
     diu dienent uns von rehte,   ze niemen sint si baz bewant."

107,4 gekommen. 110,1 gesagt. 110,2 so ne (neg.). 112,3 verlieren.
113,1 ich ne (neg.). 113,4 du es.

107. The news was told me in my father's land
     that here in your country there were (I would like to find it out)
     The bravest warriors (I have heard much of this)
     that a king ever had. Because of this I have come here.

108. Also I hear (much) of knightly valor ascribed to you yourself--
     that one has never seen a bolder king.
     Many people talk of this across all these lands.
     Now I shall not give up until I am sure it is true.

109. I, too, am a warrior and should wear a crown.
     I very much want to bring it about that they say of me
     that I rule people and land by right.
     For this my honor and even my head (life) shall be a surety.

110. Now, since you are so brave, as they tell me,
     I don't care if anyone likes it or not:
     I shall take from you by force whatever you may have:
     Lands and castles--that shall all become subject to me."

111. Astonishment held the king and all his vassals as well
     concerning this message which he (Gunther) heard--
     that he (Siegfried) had the intention of this: that he would take his
     lands from him (Gunther). His warriors heard this. Getting angry became
     familiar to them.

112. "How did I earn this," said Gunther, the knight,
     "that that which my father took care of so long in honor--
     that we should lose this because of someone's strength?
     We would badly let it appear that we, too, practice knightly valor."

113. "I shall not quit," said the bold man in reply.
     "If your land cannot retain its peace through your courage,
     I shall rule it all. And also, my inheritance--
     if you gain it by your strength, it shall be subject to you.

114. Your inheritance and mine as well shall lie even.
     Whoever of us can conquer the other,
     all of it shall serve him, the people and also the lands."
     Immediately Hagen and Gernot spoke against this.

115. "We do not have the intention of this," said Gernot,
     that we gain any lands by force, so that because of it someone lie dead
     at the hands of a hero. We have abundant lands;
     they serve us by right. They are directed to no one better."

116. Mit grimmigem muote   dâ stuonden friwende sîn.
     dô was ouch dar under   von Metzen Ortwîn.
     der sprach: "disiu suone   diu ist mir harte leit.
     iu hât der starke Sîvrit   unverdienet widerseit.

117. Ob ir und iuwer bruoder   hetet niht die wer,
     und ob er danne fuorte   ein ganzez küneges her,
     ih trûte wol erstrîten   daz der küene man
     diz starkez übermüeten   von wâren schulden müese lân."

118. Daz zurnde harte sêre   der helt von Niderlant.
     er sprach: "sich sol vermezzen   niht wider mich dîn hant.
     ich bin ein künec rîche,   sô bistu küneges man.
     jane dörften mich dîn zwelve   mit strîte nimmer bestân."

119. Nâch swerten rief dô sêre   von Metzen Ortwîn:
     er mohte Hagenen swester sun   von Tronege vil wol sîn.
     daz der sô lange dagete,   daz was dem künege leit.
     dô understuond ez Gêrnôt,   der riter küen unt gemeit.

120. Er sprach ze Ortwîne: "lât iuwer zürnen stân,
     uns enhât der herre Sîvrit   solhes niht getân,
     wir enmugenz* noch wol sceiden   mit zühten, deist* mîn rât,
     und haben in ze friwende: daz uns noch lobelîcher stât."

121. Dô sprach der starke Hagene,   "uns mac wol wesen leit,
     allen dînen degenen,   daz er ie gereit
     durch strîten her ze Rîne.   er soltez haben lân.*
     im heten mîne herren   sölher leide niht getân."

122. Des antwurte Sîvrit,   der kreftige man:
     "müet iuch daz, her Hagene,   daz ich gesprochen hân,
     sô sol ich lâzen kiesen   daz die hende mîn
     wellent vil gewaltec   hie zen Burgonden sîn."

123. "Daz sol ich eine wenden",   sprach aber Gêrnôt.
     allen sînen degenen   reden er verbôt
     iht mit übermüete   des im waere leit.
     dô gedâhte ouch Sîvrit   an die hêrlîchen meit.

124. "Wie zaeme uns mit iu strîten?"   sprach aber Gêrnôt.
     "swaz helde nu dar under   müese ligen tôt,
     wir hetens* lützel êre   und ir vil kleinen frum."
     des antwurte im dô Sîvrit,   des künec Sigmundes sun:

120,3 <u>wir</u> <u>können</u> <u>es</u>; <u>das</u> <u>ist</u>.   121,3 <u>er</u> <u>hätte</u> <u>es</u> <u>unterlassen</u> <u>sollen</u>.
124,3 <u>wir</u> <u>hätten</u> <u>dessen</u>.

116. With spirits grim his friends stood there.
     Also among them was Ortwin of Metz.
     He said, "This kind of agreement distresses me greatly.
     Mighty Siegfried has challenged you without your deserving it.

117. If you and your brothers had no protection,
     and if he (Siegfried) then led the whole army of a king,
     I trust I would achieve by combat that this bold man
     would have to leave off this stark arrogance quite rightly."

118. This made the hero from the Netherlands quite angry.
     He said, "Your hand should presume nothing against me.
     I am a powerful king; you are a king's vassal.
     Indeed, twelve of you could never stand up to me in battle."

119. Ortwin of Metz loudly called for swords:
     He could (deserved) well (to) be the son of the sister of Hagen of
     Troneck. That he (Hagen) kept silent so long, this distressed the king
     (Gunther). Here Gernot intervened, a knight bold and pleasant.

120. He said to Ortwin, "Let your anger be.
     Lord Siegfried has done nothing to us
     that we cannot yet settle well with courtesy--this is my advice--
     and that we make him a friend. This would be more to our praise."

121. Then mighty Hagen spoke, "It can quite well be distressing to us
     and to all your knights, that he has ridden
     here to the Rhine for the sake of fighting. He should not have done it.
     My lords would not have caused him such injury."

122. Siegfried, the powerful man, responded to this,
     "If what I have said irks you, lord Hagen,
     I shall let it become clear that my hands
     shall be very powerful here among the Burgundians."

123. "This I alone shall turn aside," said Gernot in reply.
     And he forbade all his knights to say
     anything arrogant which might irk him (Siegfried).
     Siegfried, for his part, thought about comely Kriemhild.

124. "How could it be fitting for us to fight with you?" began Gernot anew.
     "Whatever heroes would have to lie dead because of it--
     we would have little honor from that and you (would have) very little
     advantage." Siegfried, king Sigmund's son, then answered him,

125. "War umbe bîtet Hagene   und ouch Ortwîn,
     daz er niht gâhet strîten   mit den friwenden sîn,
     der er hie sô manegen   zen Burgonden hât?"
     si muosen rede vermîden: daz was Gêrnôts rât.

126. "Ir sult uns wesen willekomen",   sô sprach daz Uoten kint,
     "mit iuwern hergesellen,   die mit iu komen sint.
     wir sulen iu gerne dienen,   ich und die mâge mîn."
     dô hiez man den gesten   scenken den Guntheres wîn.

127. Dô sprach der wirt des landes: "allez daz wir hân,
     geruochet irs* nâch êren,   daz sî iu undertân,
     und sî mit iu geteilet   lîp unde guot."
     dô wart der herre Sîvrit   ein lützel sanfter gemuot.

128. Dô hiez man in gehalten   allez ir gewant.
     man suochte herberge,   die besten die man vant,
     Sîvrides knehten.   man scuof in guot gemach.
     den gast man sît vil gerne   dâ zen Burgonden sach.

129. Man bôt im michel êre   dar nâch ze manegen tagen,
     tûsent stunden mêre   dann´ ich iu kan gesagen.
     daz het versolt sîn ellen,   ir sult glouben daz.
     in sach vil lützel iemen   der im waere gehaz.

130. Sich vlizzen kurzwîle   die künege und ouch ir man.
     sô was er ie der beste   swes man dâ began,
     des enkund´ im gevolgen niemen,   sô michel was sîn kraft,
     sô si den stein wurfen   oder schuzzen den scaft.

131. Swâ sô bî den frouwen   durch ir höfscheit
     kurzewîle pflâgen   die riter vil gemeit,
     dâ sah man ie vil gerne   den helt von Niderlant.
     er het ûf hohe minne   sîne sinne gewant.

132. Swes man ie begunde,   des was sîn lîp bereit.
     er truog in sîme sinne   ein minneclîche meit,
     und ouch in ein diu frouwe   die er noh nie gesach,
     die im in heimlîche   vil dicke güetlîchen sprach.

133. Swenne ûf dem hove wolden   spilen dâ diu kint,
     riter unde knehte,   daz sach man vil dicke sint
     Kriemhilt durch diu venster,   diu küneginne hêr.
     deheiner kurzwîle   bedorftes* in den zîten mêr.

127,2 irs es.   133,4 bedürfte sie.

125. "Why is Hagen waiting, and Ortwin,too--
     that he doesn´t hasten to fight along with his friends,
     of which he has so many among the Burgundians?"
     They (Hagen and Ortwin) had to refrain from speaking.   That was Gernot´s
     advice.
126. "You shall be welcome to us," spoke Uote´s child,
     "along with your comrades-in-arms who have come with you.
     We shall gladly serve you, my kinsmen and I."
     Then one commanded Gunther´s wine to be poured for the guests.

127. Then the host of the land said, "Everything that we have,
     if you accept it according to honor, let it be subject to you
     and shared with you--(our) lives and goods."
     Then lord Siegfried became a little more placid in his spirit.

128. Then one commanded to store for them all their gear.
     One sought quarters, the best one found,
     for Siegfried´s squires. One provided for them good comfort.
     After this, one saw the guest (Siegfried) very gladly there among the
     Burgundians.
129. One offered him much honor on the many days thereafter
     a thousand times more than I know how to tell you.
     His manliness deserved this; you should believe this.
     Very little anyone (i. e., no one) looked at him who was inimical to him.

130. The kings and also their vassals devoted themselves to recreation.
     Then he was always the best at whatever one untertook there.
     No one could match him, so great was his strength,
     when they heaved the stone or threw the spear.

131. Whenever the carefree knights were passing the time
     with the ladies to show their refinement,
     one always looked with favor upon the hero from the Netherlands.
     He turned his thoughts to noble love.

132. Whatever one ever undertook, he was ready for it.
     He carried in his thoughts a lovely maiden,
     and also this one lady whom he had never seen (carried) him (in her
     thoughts). She very often spoke about him kindly in private.

133. When the young ones, knights and squires, wanted to engage in some sport
     in the courtyard, Kriemhild, the comely queen,
     very often looked on through her window.
     She needed no other entertainment at these times.

134. Wess'* er daz in saehe   die er in herzen truoc,
     dâ het er kurzewîle   immer von genuoc.
     saehen sie sîniu ougen,   ich wil wol wizzen daz,
     daz im in dirre werlde   kunde nimmer werden baz.

135. Swenn' er bî den helden   ûf dem hove stuont,
     alsô noch diu liute   durch kurzewîle tuont,
     sô stuont sô minneclîche   daz Siglinde kint,
     daz in durch herzen liebe   trûte manec frouwe sint.

136. Er gedâht' ouch manege zîte: "wie sol daz gescehen
     daz ich die maget edele   mit ougen müge sehen?
     die ich von herzen minne   und lange hân getân,
     diu ist mir noch vil vremde: des muoz ich trûric gestân."

137. Sô ie die künege rîche   riten in ir lant,
     sô muosen ouch die recken   mit in al zehant.
     dâ mite muos' ouch Sîvrit,   daz was der frouwen leit.
     er leit ouch von ir minne   dicke michel arebeit.

138. Sus wont' er bî den herren,   daz ist alwâr,
     in Guntheres lande   volleclîch ein jâr,
     daz er die minneclîchen   die zîte niene gesach,
     dâ von im sît vil liebe   und ouch vil leide gescach.

Gunther's Wedding Night

607. E daz der vogt von Rîne   wazzer dô genam,
     dô tet der herre Sîfrit   als im dô gezam.
     er mant' in sîner triuwe,   wes er im verjach,
     ê daz er Prünhilde   dâ heime in Islande sach.

608. Er sprach: "ir sult gedenken   des mir swuor iuwer hant,
     swenne daz vrou Prünhilt   koeme in diz lant,
     ir gaebet mir iuwer swester.   war sint die eide komen?
     ich hân an iuwer reise   michel arbeit genomen."

609. Dô sprach der künic zem gaste: "ir habet mich reht' ermant.
     jane sol niht meineide   werden des mîn hant.
     ich wil iu helfen füegen   sô ich aller beste kan."
     dô hiez man Kriemhilde   ze hove für den künic gân.

610. Mit ir vil schoenen mägeden   sie kom für den sal.
     dô spranc von einer stiege   Gîselher ze tal:
     "nu heizet wider wenden   disiu magedîn,
     niwen mîn swester eine   sol hie bî dem künige sîn."

──────
134,1 wüßte.

134. If he would know that she whom he carried in his heart was looking at
     him, he would always have entertainment enough.
     If his eyes were to see her--I certainly well know this:
     that in the world it could never become better for him.

135. Whenever he stood together with the heroes in the courtyard,
     just as people still do for entertainment,
     then this child of Siglind stood there so charmingly
     that many a lady then fell in love with him.

136. Many times he even thought, "How shall it happen
     that I might be able to see the noble maiden with my eyes?
     I love her from the heart and have done so for a long time;
     she is still very much a stranger to me. Because of this I must remain
     sad."

137. When the mighty kings rode into their lands,
     the warriors, too, had to go along.
     Siegfried also had to go along, which saddened the lady (Kriemhild).
     He also often suffered much distress out of love of her.

138. Thus he lived with the lords, it is certainly true,
     in Gunther's land for a full year,
     (so) that in this time he never saw the lovely girl
     because of whom he encountered much joy and sorrow later on.

607. Before the King of the Rhine took water (to wash his hands at table)
     lord Siegfried did as was fitting for him.
     He reminded him of his promise which he (Gunther) had made to him
     before he saw Brunhild at home in Iceland.

608. He said, "You should remember what your hand swore to me--
     that when lady Brunhild came into this land,
     you would give me your sister. Whither have gone the oaths?
     I undertook much toil on your journey."

609. Then the king said to the guest: "You have reminded me rightfully.
     Certainly my hand shall not become perjurious in this.
     I shall help you bring it about as best I can."
     Then one bade Kriemhild to go to court before the king.

610. With her very beautiful ladies (in waiting) she came to the front of the
     hall. Then Giselher jumped down from the stairs:
     "Tell these ladies to turn back again;
     only my sister alone is to be here with the king."

611. Dô brâht´ man Kriemhilde   dâ man den künic vant.
     dâ stuonden ritter edele   von maniger fürsten lant
     in dem sal wîten.   man hiez si stille stân.
     dô was diu vrouwe Prünhilt   vol hin unz* an den tisch gegân.

612. Dô sprach der künic Gunther: "swester vil gemeit,
     durch dîn selber tugende   loese mînen eit!
     ich swuor dich eime recken,   unt wirdet der dîn man,
     sô hâstu* mînen willen   mit grôzen triuwen getân."

613. Dô sprach diu maget edele: "vil lieber bruoder mîn,
     ir sult mich niht vlêgen.   jâ wil ich immer sîn
     swi ir mir gebietet   daz sol sîn getân.
     ich wil in loben gerne   den ir mir, herre, gebet ze man."

614. Von lieber ougen blicke   wart Sîfrides varwe rôt.
     ze dienste sich der recke   vroun Kriemhilde bôt.
     man hiez si zuo ein ander   an dem ringe stân.
     man vrâgete ob si wolde   den vil waetlîchen man.

615. In magtlîchen zühten   si schamte sich ein teil.
     iedoch sô was gelücke   unt Sîfrides heil
     daz si in niht versprechen   wolde dâ zehant.
     ouch lobte si ze wîbe   der edel künic von Niderlant.

616. Dô er si gelobte   unt ouch in diu meit,
     güetlîch umbevâhen   was dâ vil bereit
     von Sîfrides armen   daz minneclîche kint.
     vor helden wart geküsset   diu schoene küniginne sint.

617. Sich teilte daz gesinde.   alsô daz geschah,
     an daz gegensidele   man Sîfriden sah
     mit Kriemhilde sitzen.   dar diente im manic man.
     man sach die Nibelunge   mit samt Sîfride gân.

618. Der künic was gesezzen   unt Prünhilt die meit.
     dô sah sie Kriemhilde   (dô wart ir nie sô leit)
     bî Sîfride sitzen: weinen si began.
     ir vielen heize trähene   über liehtiu wange dan.

619. Dô sprach der wirt des landes: "waz ist iu, vrouwe mîn,
     daz ir sô lâzet truoben   vil liehter ougen schîn?
     ir muget iuch vreun balde: iu ist undertân
     mîn lant unt mîne bürge   unt manic waetlîcher man."

───────
611,4 **bis**. 612,4 **hast du**.

611. Then one brought Kriemhild where one found the king.
     Noble knights from the lands of many princes were standing there
     in the vast hall. One bade them to stay where they were.
     Then lady Brunhild had gone all the way to the table.

612. Then King Gunther said, "Very dear sister,
     for the sake of your own good qualities fulfill my oath!
     I promised you to a warrior, and if he becomes your husband,
     then you have carried out my will with great loyalty."

613. Then the noble maiden said, "Very dear brother of mine,
     you should not beg me. I always want to be--
     however you command me--that shall be done.
     I shall gladly promise (myself in marriage) to him whom you, my lord,
     give me as a husband."

614. From the glance of (her) dear eyes Siegfried's color turned red.
     The warrior offered himself in service to lady Kriemhild.
     One bade them stand next to each other in the ring.
     One asked whether she wanted the very handsome man.

615. With maidenly good manners she was a bit bashful.
     Yet it was Siegfried's luck and happiness
     that she did not intend to say no to him there on the spot.
     One asked whether the noble King of the Netherlands also promised (to
     take) her as (his) wife.

616. When he had spoken his vows to her and she also to him,
     tender embracing (of) the lovely young girl was there much carried out
     by Siegfried's arms.
     In front of the heroes the fair queen was then kissed.

617. The courts (of both) gave way. When that had happened,
     one saw Siegfried on the high seat of honor (for a guest)
     sitting with Kriemhild. Thither many a vassal showed him service.
     One saw the Nibelungs go along with Siegfried.

618. The king (Gunther) had sat down, as had Brunhild the maiden.
     Then she looked at Kriemhild--never had she felt so bad--
     sitting next to Siegfried: She began to weep.
     Hot tears fell down over her fair cheeks.

619. Then the host of the country spoke: "What is wrong with you, my lady,
     that you let the shine of your very bright eyes grow dim?
     You can be quite happy: Subject to you are
     my lands and my castles and many a handsome vassal."

620. "Ich mac wol balde weinen",   sprach diu schoene meit.
     "umb dîne swester   ist mir von herzen leit.
     die sihe ich sitzen nâhen   dem eigenholden dîn.
     daz muoz ich immer weinen,   sol si alsô verderbet sîn."

621. Dô sprach der künec Gunther: "ir mügt wol stille dagen.
     ich wil iu z'andern zîten   disiu maere sagen,
     war umb ich mîne swester   Sîfride hân gegeben.
     jâ mac si mit dem recken   immer vroelîchen leben."

622. Sie sprach: "mich jâmert immer   ir schoene unt ouch ir zuht.
     wess' ich war* ich möhte,   ich hete gerne fluht,
     daz ich iu nimmer wolde   geligen nâhen bî,
     ir'n* saget mir wâ von Kriemilt   diu wine Sîfrides sî."

623. Dô sprach der künic edele: "Ich tuon ez iu wol bekant.
     er hât als wol bürge   als ich unt wîtiu lant:
     daz wizzet sicherlîche.   er ist ein künec rîch.
     darumb gan ich im ze minnen   die schoenen maget lobelîch."

624. Swaz ir der künic sagete,   si hete trüeben muot.
     dô gâhte von den tischen   vil manic ritter guot.
     ir bûhurt wart sô herte   daz al diu burc erdôz.
     den wirt bî sînen gesten   vil harte sêre verdrôz.

625. Er dâhte er laege sampfter   der schoenen vrouwen bî.
     dô was er des gedingen   niht gar in herzen vrî,
     im müese von ir schulden   liebes vil geschehen.
     er begonde vriuntlîchen   an vroun Prünhilde sehen.

626. Ir ritterschaft die geste   bat man abe lân:
     der künic mit sînem wîbe   ze bette wolde gân.
     vor des sales stiegen   gesamenten sich dô sît
     Kriemhilt und Prünhilt;   noch was iz ân' ir beider nît.

627. Dô kom ir ingesinde.   dine* sûmten sich des niht,
     ir rîchen kameraere   brâhten in diu lieht.
     sich teilten dô die recken,   der zweier künige man.
     dô sach man vil der degene   danne mit Sîfride gân.

628. Die herren komen beide   dâ si solden ligen.
     do gedâht' ir ietslîcher   mit minnen an gesigen
     den waetlîchen vrouwen;   daz senftet' in den muot.
     Sîfrides kurzewîle   diu wart vil groezlîche guot.

622,2 wüßte ich wohin.   622,4 ir ne: unless you.   627,1 die ne (neg.).

620. "I can very well cry," said the fair maiden.
     "For your sister's sake I am very miserable at heart.
     Her I see sitting next to your unfree liegeman.
     For that I must ever weep, if she is to be thus degraded."

621. Then King Gunther said, "You might well remain silent.
     I shall tell you some other time the reasons
     why I gave my sister to Siegfried.
     She can certainly live always happily with the warrior."

622. She said, "Her beauty and her fine breeding shall always make me sad.
     If I knew whither I could, I would gladly flee,
     that I would never lie with you
     unless you tell me why Kriemhild is Siegfried's beloved."

623. Then the noble king said, "I shall certainly make it known to you.
     He has as many towns and vast lands as I:
     Know that for certain. He is a powerful king.
     And so I do not begrudge him the fair and fine maiden to love."

624. Whatever the king said to her, she remained sad.
     Then many a good knight hastened from the table.
     Their bohort was so fierce that the whole castle resounded.
     The host was becoming impatient in the presence of his guests.

625. He imagined he could be lying more pleasantly beside his fair lady.
     In his heart he was not completely free of the hope
     that much pleasure would have to happen to him because of her.
     He began to gaze upon her amorously.

626. One asked the guests to cease their chivalric contests:
     The king wanted to go to bed with his wife.
     Before the stairs of the hall then gathered
     Kriemhild and Brunhild; as yet there was no hatred between them.

627. Then came their followers. Their resplendent chamberlains
     did not neglect bringing them light.
     The warriors parted from each other, the vassals of the two kings.
     One then saw many knights go from there with Siegfried.

628. The lords both came to where they were supposed to lie.
     Each of them thought about making a conquest in love
     of their beautiful ladies. That appeased their spirit.
     Siegfried's entertainment was very good indeed.

629. Dô der herre Sîfrit   bî Kriemhilde lac,
     unt er sô minneclîche   der juncvrouwen pflac
     mit sînen edelen minnen,   si wart im sô sîn lîp.
     er naeme für si eine   niht tûsent anderiu wîp.

630. Ich sag' iu niht mêre   wie er der vrouwen pflac.
     nu hoeret disiu maere,   wie Gunther gelac
     bî vroun Prünhilde   der zierlîche degen.
     er hete dicke sampfter   bî andern wîben gelegen.

631. Daz volc was im entwichen,   vrouwen unde man,
     dô wart diu kemenâte   vil balde zuo getân.
     er wânde er solde triuten   ir minneclîchen lîp:
     jâ was iz noch unnâhen   ê daz si wurde sîn wîp.

632. In sabenwîzen hemede   si an daz bette gie.
     dô dâht' der ritter edele: "nu hân ichz* allez hie,
     des ich ie dâ gerte   in allen mînen tagen."
     si muos' im durch ir schoene   von grôzen schulden wol behagen.

633. Diu lieht begonde bergen   des edeln küniges hant.
     dô gie der degen küene   da er die vrouwen vant.
     er leite sich ir nâhen,   sîn vreude diu was grôz.
     die vil minneclîchen   der helt mit armen umbeslôz.

634. Minneclîche triuten   des kund' er vil begân,
     ob in diu edele vrouwe   hete lâzen daz getân.*
     dô zurnde si sô sêre   daz in gemüete daz.
     er wânde vinden friunde: dô vant er vîntlîchen haz.

635. Si sprach: "ritter edele,   ir sult iz lâzen stân
     des ir dâ habet gedingen.   ja'n mag es niht ergân.
     ich wil noch magt belîben   (ir sult wol merken daz)
     unz ich diu maer' ervinde."   dô wart ir Gunther gehaz.

636. Dô rang er nâch ir minne   unt zerfuort' ir diu kleit.
     dô greif nâch einem gürtel   diu hêrlîche meit,
     daz was ein starker porte,   den si umb ir sîten truoc.
     dô tet si dem künige   grôzer leide genuoc.

637. Di füeze unt ouch die hende   si im zesamne bant,
     si truoc in z'einem nagele   unt hienc in an die want,
     do er si slâfes irte.   die minne si im verbôt.
     jâ het er von ir krefte   vil nâch gewunnen den tôt.

632,2 ich es.   634,2 hätte es tun lassen.

629. When lord Siegfried was lying by Kriemhild,
     and he was so lovingly attending to the maiden
     with his noble love, she became for him as his own life.
     In place of her alone he would not take a thousand other women.

630. I shall tell you nothing more of how he attended to the lady.
     Now hear the news (about) how Gunther was lying
     with lady Brunhild, the splendid knight (that he was).
     He had often lain more pleasantly with other women.

631. The people had departed, ladies and lords.
     The chamber was very quickly locked.
     He imagined he was about to caress her lovely body.
     Alas, it was still a long way off before she would become his wife.

632. In a fine white gown she went to the bed.
     Then the noble knight thought: Now I have everything here
     that I ever longed for in all my days.
     Because of her beauty she had to please him by rights.

633. The hand of the noble king began to put out the lights.
     Then the bold knight went to where he found the lady.
     He lay down next to her. His expectation was great.
     The hero embraced the very lovely (lady) in his arms.

634. Loving caressing--he would well know how to accomplish it,
     if only the noble lady had let him do so.
     She then became so angry that he regretted it (i.e., beginning).
     He expected to find friends; he found inimical rage.

635. She said, "Noble knight, you should just let be
     what you have hopes of there. It simply cannot happen.
     I shall remain a virgin--note it well--
     until I find out the story." She became irksome for Gunther.

636. Then he struggled for her love and mussed up her clothes.
     Then the stately maiden reached for her girdle;
     this was a strong silk cord which she wore around the waist.
     Then she caused the king enough great pain.

637. His feet and his hands she bound together.
     She carried him to a nail and hung him on the wall
     since he had disturbed her sleep. She put an end to his love-making.
     Indeed, because of her strength he very nearly found death.

638. Dô begonde vlêgen   der meister wânde sîn:
"nu loeset mîn gebende,   vil edliu künigîn.
in* trûwe iu, schoeniu vrouwe,   doch nimmer an gesigen,
unt sol ouch harte selten   iu sô nâhen mêr geligen."

639. Sine* ruochte wie im waere,   want si vil sanfte lac.
dort muost´ er allez hangen   die naht unz an den tac,
unz der liehte morgen   durh diu venster schein.
ob er ie kraft gewunne,   diu was an sînem lîbe klein.

640. "Nu sagt mir, her Gunther,   ist iu daz iht leit,
ob iuch gebunden findent",   sprach diu schoene meit,
"di iuwern kameraere   von einer vrouwen hant?"
dô sprach der ritter edele: "daz wurde´iu übele bewant."

641. Ouch het ihs* wênic êre",   sprach der snelle man.
"durch iuwer selber tugende   nu lât mich zuo iu gân.
sît daz iu mîne minne   sint alsô starke leit,
ich sol mit mînen handen   nimmer rüeren iuwer kleit."

642. Dô lôste si in balde.   dô si in ûf verlie,
wider an daz bette   er zuo der vrouwen gie.
er leite sich sô verre   daz er ir schoene wât
dar nâch vil selten ruorte.   des wold´ ouch si dô haben rât.*

643. Dô kom ouch ir gesinde,   die brâhten in niuwiu kleit.
der was in an den morgen   harte vil bereit.
swie wol man dâ gebârte,   trûrec was genuoc
der herre von dem lande,   swi er des tages krône truoc.

The Quarrel of the Queens

814. Vor einer vesperzîte   huop sich grôz ungemach,
daz von manigem recken   ûf dem hove geschach.
si pflâgen ritterschefte   durch kurzewîle wân.
dô liefen dar durch schouwen   vil manic wîp unde man.

815. Ze samene dô gesâzen   die küneginne rîch.
si gedâhten zweier recken,   die wâren lobelîch.
dô sprach diu schoene Kriemhilt: "ich hân einen man,
daz elliu disiu rîche   ze sînen handen solden stân."

638. Then he began to beg, who thought he was master,
     "Now untie my bonds, very noble queen.
     I promise you, fair lady, never to conquer you
     and I shall also hardly ever (i.e., never) lie so close to you again."

639. She did not care how he was doing, for she was lying very comfortably.
     He had to hang there the whole time, the night through until day,
     until bright morning shined through the windows.
     If he had ever had the power, it was small on him now.

640. "Now tell me, lord Gunther, is that (going to be) at all embarrassing for
     you, if your chamberlains find you tied up
     by the hand of a woman?" said the fair maiden.
     Said the noble knight, "That would reflect badly on you.

641. I, too, would have little honor of it," said the gallant man.
     "By your very kindness now let me come to you.
     Since my love irks you so strongly,
     I shall never (so much as) touch your clothes with my hands."

642. She quickly untied him. Then she stood him up.
     He again went to the lady in bed.
     He lay down so far away that he touched her beautiful clothes
     hardly (not) at all. She also wanted to be free of this.

643. Their attendants then came and brought them fresh clothes.
     Many of these (clothes) had been gotten ready toward morning.
     However cheerfully everyone was carrying on, the king
     of the land was sad enough, even if he wore the crown of day.

814. Before vespers (one evening) there arose a great commotion
     which came about in the courtyard through many a knight.
     They were pursuing knightly contests in the thought of amusement.
     Many a woman and man ran thither for the sake of looking.

815. The lordly queens had sat down there together.
     They were thinking of two knights who were splendid.
     Then fair Kriemhild said, "I have (such) a husband
     that all these kingdoms should be under his power."

816. Dô sprach diu vrouwe Prünhild: "wie kunde das gesîn?
ob ander niemen lebte   wan sîn unde dîn,
sô möhten im diu rîche   wol wesen undertân.
die wîle lebt Gunther,   sô kundez* nimmer ergân."

817. Dô sprach aber Kriemhilt: "nu sihestu wie er stât,
wie rehte hêrlîche   er vor den recken gât,
alsam der liehte mâne   vor den sternen tuot?
des muoz ich von schulden   tragen vroelîchen muot."

818. Dô sprach diu vrouwe Prünhilt: "swi waetlîch sî dîn man,
swi biderbe und swi schoene,   sô muost du vor im lân
Gunther den recken,   den edeln bruoder dîn.
der muoz vor allen künegen,   daz wizzest waerlîche, sîn."

819. Dô sprach diu vrouwe Kriemhilt: "sô tiwer ist wol mîn man,
daz ich in âne schulde   niht gelobet hân.
an vil manegen dingen   so ist sîn êre grôz.
geloubestu des, Prünhilt,   er ist wol Gunthers genôz."

820. "Jane solt du mirz,* Kriemhilt,   ze arge niht verstân,
wand' ich âne schulde   die rede niht hân getân.
ich hôrte si jehen beide,   do ihs'* aller êrste sach,
und dâ des küneges wille   an mînem lîbe geschach,

821. Unt dâ er mîne minne   sô ritterlîch gewan,
dô jach des selbe Sîfrit,   er waere 'süneges man.
des hân ich in für eigen,   sît ihs* in hôrte jehen."
dô sprach diu schoene Kriemhilt: "sô waere mir übele geschehen.

822. Wie heten sô geworben   die edelen bruoder mîn,
daz ich eigen mannes   wine solde sîn?
des wil ich dich, Prünhilt,   vil friuntlîche biten
daz du die rede lâzest   durch mich mit güetlîchen siten."

823. "Ine* mac ir niht gelâzen",   sprach des küneges wîp.
"zwiu* sold' ich verkiesen*   sô maniges ritters lîp,
der uns mit dem degene   dienstlîch ist undertân?"
Kriemhilt diu vil schoene   vil sêre zürnen began.

824. "Du muost in verkiesen,   daz er dir immer bî
wone deheiner dienste.   er ist tiwerr danne sî
Gunther mîn bruoder,   der vil edel man.
du solt mich des erlâzen,   daz ich von dir vernomen hân.

816,4 könnte es. 820,1 mir es. 820,3 ich sie. 821,3 ich es. 823,1 ich ne
(neg.). 823,2 wozu; verzichten.

816. Then lady Brunhild said, "How can that be?
     If no one else were alive except for him and you,
     then certainly the kingdoms could be subject to him.
     As long as Gunther lives, it could never come about."

817. Then Kriemhild spoke again: "Do you see how he stands there,
     how very lordly he strides before the warriors,
     just like the bright moon does before the stars?
     Because of this I must by rights be happy."

818. Then lady Brunhild said, "However stately your husband may be,
     however capable and handsome, you must allow (to take precedence) before
     him Gunther the knight, your noble brother.
     He has to be before all kings. Know that for certain."

819. Then lady Kriemhild said, "Of such worth is my husband
     that I have not praised him without reason.
     His honor is very great with regard to very many things.
     Believe me, Brunhild, he is certainly Gunther's equal."

820. "Now, Kriemhild, you should not take it (what I am saying) amiss,
     because I have not made these statements without reason.
     I heard them both assert (this) when I saw them for the very first time,
     and when the king's wish was fulfilled with regard to my person.

821. And when he (Gunther) so gallantly won my love,
     Siegfried himself said that he was the king's vassal.
     Because of this I consider him an unfree liegeman, because I heard him
     say it." Then Kriemhild said, "Then I would have been badly wronged.

822. How would my noble brothers have brought it about
     that I should be the beloved of an unfree liegeman?
     And so, Brunhild, I shall ask you as a relative
     that for my sake you stop such talk with kind regard for manners."

823. "I cannot refrain from it," said the king's wife.
     "For what purpose should I give up so many knights
     who, together with the knight (Siegfried), are subject to us in service?"
     Fair Kriemhild began to get very angry.

824. "You must give up claim to him--that he always
     be in attendance to you. He is nobler than
     my very noble brother Gunther is.
     You should spare me that which I have heard from you.

825. Unde nimet mich immer wunder,   sît er dîn eigen ist,
     unt daz du über uns beide   sô gewaltec bist,
     daz er dir sô lange   den zins versezzen hat.
     der dîner übermüete   sold´ ich von rehte haben rât."

826. "Du ziuhest dich ze hohe",   sprach des küniges wîp.
     "nu wil ich sehen gerne,   ob man den dînen lîp
     habe ze solhen êren   sô man den mînen tuot."
     die vrouwen wurden beide   vil sêre zornec gemuot.

827. Dô sprach diu vrouwe Kriemhilt: "daz muoz et nû geschehen.
     sît du mînes mannes   für eigen hâst verjehen,
     nu müezen hiute kiesen   der beider künige man,
     ob ich vor küniges wîbe   zem münster türre gegân.*

828. Du muost daz hiute schouwen,   daz ich bin adelvrî,
     unt daz mîn man ist tiwerr   danne der dîne sî.
     dâ mit wil ich selbe   niht bescholten sîn.
     du solt noch hînte kiesen   wie diu eigene diu* dîn

829. Ze hove gê vor recken   in Burgunden lant.
     ich wil selbe wesen tiwerr   danne iemen habe bekant
     deheine küneginne,   diu krône ie her getruoc."
     dô huop sich under den vrouwen   des grôzen nîdes genuoc.

830. Dô sprach aber Prünhilt: "wiltu niht eigen sîn,
     sô muostu dich scheiden   mit den vrouwen dîn
     von mînem ingesinde,   dâ wir zem münster gân."
     des antwurte Kriemhilt: "entriuwen, daz sol sîn getân."

831. "Nu kleidet iuch, mîne meide",   sprach Sîfrides wîp.
     "ez muoz âne schande   belîben hie mîn lîp.
     ir sult wol lâzen schouwen,   und habt ir rîche wât.
     si mac sîn gerne lougen,   des Prünhilt verjehen hât."

832. Man moht´ in lîhte râten,   si suochten rîchiu kleit.
     dâ wart vil wol gezieret   manic vrouwe unde meit.
     dô gie mit ir gesinde   des edelen küniges wîp
     (dô wart ouch wol gezieret   der schoenen Kriemhilden lîp)

833. Mit drîn und vierzec meiden,   di brâhte si an den Rîn,
     di truogen liehte pfelle   geworht in Arâbîn.
     sus kômen zuo dem münster   die meide wol getân.
     ir warten vor dem hûse   alle Sîfrides man.

827,4 ins Münster zu gehen wage.   828,4 Dienerin.

825. And I am surprised, since he is your liegeman
     and since you have so much power over us both,
     that he has been occupying lands so long without paying tribute.
     I should really not have to put up with your arrogance."

826. "You put yourself to high," said the king's wife.
     "Now I am going to see very well if one holds you
     in such honor as one holds me."
     The ladies were becoming very angry.

827. Then lady Kriemhild said, "That must soon become clear.
     Since you have claimed my husband is unfree,
     the vassals of both kings must see today
     whether I dare to enter the church before the wife of the king.

828. You must see today that I am a free noble
     and that my husband is better than yours is.
     I shall not (let myself) be demeaned in this.
     You shall yet this evening see how your own servant

829. precedes you at court in front of the knights in the land of the
     Burgundians. I myself claim to be better than anyone has known
     any queen to be who ever wore a crown hither."
     There arose between the ladies a goodly amount of bitter hate.

830. Then Brunhild spoke up again, "If you claim not to be unfree,
     then you must, together with your ladies, separate yourself
     from my retinue when we enter the church."
     Kriemhild replied, "That shall be done. You can count on it."

831. "Now dress yourselves, my maidens," said Siegfried's wife.
     "My person must remain here without shame.
     You shall well let it be seen that you have splendid clothes.
     What Brunhild has claimed--that she may well (be forced to) take back."

832. One could easily counsel them to seek splendid clothes.
     Many a lady and maiden was then very well adorned.
     Then the noble king's wife went forth with her retinue
     (Fair Kriemhild's person was also very finely clothed),

833. with three and forty maidens whom she had brought to the Rhine.
     They wore bright silk wrought in Arabia.
     Thus did the comely maidens come to the church.
     In front of the structure all Siegfried's men were waiting.

834. Die liute nam des wunder,   wâ von daz geschach,
     daz man die küneginne   alsô gescheiden sach.
     daz si bî ein ander   niht giengen alsam ê.
     dâ von wart manigem degene   sît vil sorclîchen wê.

835. Hie stuont vor dem münster   daz Guntheres wîp.
     dô hete kurzewîle   vil maniges ritters lîp
     mit den schoenen vrouwen,   der si dâ nâmen war.
     dô kom diu vrouwe Kriemhilt   mit maniger hêrlîchen schar.

836. Swaz kleider ie getruogen   edeler ritter kint,
     wider ir gesinde   daz was gar ein wint.
     si was sô rîch des guotes,   daz drîzec künige wîp
     ez möhten niht erziugen,   daz tete Kriemhilde lîp.

837. Ob iemen wünschen solde,   der kunde niht gesagen
     daz man sô rîchiu kleider   gesaehe ie mêr getragen
     alsô dâ ze stunden truogen   ir meide wol getân.
     wan ze leide Prünhilde,   ez hete Kriemhilt verlân.

838. Ze samne si dô kômen   vor dem münster wît.
     ez tet diu hûsvrouwe   durch einen grôzen nît,
     si hiez vil übellîche   Kriemhilde stille stân:
     "jâ sol vor küniges wîbe   niht eigen diu gegân."

839. Dô sprach diu schoene Kriemhilt   (zornec was ir muot):
     "kundestu* noch geswîgen,   daz waere dir guot.
     du hâst geschendet selbe   den dînen schoenen lîp:
     wie möhte mannes kebse   werden immer küniges wîp?"

840. Wen hâstu hie verkebset?"   sprach dô des küniges wîp.
     "daz tuon ich dich", sprach Kriemhilt.   "den dînen schoenen lîp
     den minnet´ êrste Sîfrit,   der mîn vil lieber man.
     jane was ez niht mîn bruoder,   der dir den magetuom an gewan.

841. War kômen dîne sinne?   ez was ein arger list.
     zwiu lieze* du in minnen,   sît er dîn eigen ist?
     ich hoere dich", sprach Kriemhilt,   "ân´ alle schulde klagen."
     "entriuwen", sprach dô Prünhilt,   "daz wil ich Gunthere sagen."

842. "Waz mac mir daz gewerren?   dîn übermuot dich hât betrogen.
     du hâst mich ze dienste   mit rede dich angezogen.
     daz wizze in rehten triuwen,   ez ist mir immer leit.
     getriuwer heinlîche   sol ich dir wesen umbereit."

839,2 <u>könntest</u> <u>du</u>. 841,2 <u>wozu</u> <u>ließest</u>.

834. The people wondered why it happened
     that one saw the queens approaching separated thus,
     that they did not come side by side, as they had previously.
     Because of it many a knight later had to suffer.

835. There before the church stood Gunther's wife.
     Many a knight had entertainment
     seeing there the fair ladies.
     Then came lady Kriemhild with much stately company.

836. Whatever clothes the offspring of noble knights ever wore
     were, in comparison with her retinue, utterly (like) the (empty) wind.
     She was so rich in possessions that the wives of thirty kings
     could not produce that which Kriemhild did.

837. Even if someone were to wish it, no one could say
     that he had ever seen more splendid clothes being worn
     than the beautiful maidens then and there wore.
     Except to spite Brunhild Kriemhild would have left it undone.

838. They came together there before the vast cathedral
     The mistress of the castle acted out of great hatred:
     She angrily ordered Kriemhild to stand still:
     "Certainly an unfree servant woman shall not enter before the wife of a
     king!"
839. The fair Kriemhild spoke (she was indeed angry):
     "If you knew how to keep quiet, you would be better off.
     You have yourself brought shame upon your noble person:
     How could the concubine of a vassal ever become the wife of a king?"

840. "Whom have you just called a concubine?" said the king's wife.
     "I say you are one," said Kriemhild. "Siegfried, my very dear husband,
     was the first to love your fair body.
     It certainly wasn't my brother who won your virginity from you.

841. Whither did your wits go? It was a low trick.
     Why did you let him make love to you, since he is your bondsman?
     I hear you complaining without any reason," said Kriemhild.
     "Indeed, I shall tell Gunther of this," said Brunhild.

842. "How can that bother me? Your arrogance has betrayed you.
     In spoken words you have appropriated me to yourself as a servant.
     Know in all sincerity, it shall always cause me sorrow.
     I shall no longer be ready to keep your intimate secrets."

843. Prünhilt dô weinde: Kriemhilt niht langer lie,
     vor des küniges wîbe   inz münster si dô gie
     mit ir ingesinde.   dâ huop sich grôzer haz:
     des wurden liehtiu ougen   vil starke trüeb´ unde naz.

844. Swie vil man gote gediente   oder iemen dâ gesanc,
     des dûhte Prünhilde   diu wîle gar ze lanc,
     wand´ ir was vil trüebe   der lîp und ouch der muot.
     des muose sît engelten   manic helt küen´ unde guot.

845. Prünhilt mit ir frouwen   gie für das münster stân.
     si gedâhte: "mich muoz Kriemhilt   mêre hoeren lân
     des mich sô lûte zîhet   daz wortraeze wîp.
     hât er sich es gerüemet,   ez gêt an Sîfrides lîp."

846. Nu kom diu edele Kriemhilt   mit manigem küenem man.
     dô sprach diu vrouwe Prünhilt: "ir sult noch stille stân.
     ir jâhet mîn ze kebesen: daz sult ir lâzen sehen.
     mir ist von iuwern sprüchen,   daz wizzet, leide geschehen."

847. Dô sprach diu vrouwe Kriemhilt: "ir möhtet mich lâzen gân.
     ich erziugez* mit dem golde,   daz ich an der hende hân:
     daz brâhte mir mîn vriedel   do er êrste bî iu lac."
     nie gelebte Prünhilt   deheinen leideren tac.

848. Sie sprach: "diz golt vil edele   daz wart mir verstoln
     und ist mich harte lange   vil übele vor verholn.
     ich kum es an ein ende,   wer mir ez hât genomen."
     die vrouwen wâren beide   in grôz ungemüete komen.

849. Dô sprach aber Kriemhilt: "ine wils niht wesen diep.*
     du möhtes wol gedaget hân,*   und waere dir êre liep.
     ich erzuigez mit dem gürtel,   den ich hie umbe hân,
     daz ich niht enliuge: jâ wart mîn Sîfrit dîn man."

850. Von Ninnivê der sîden   si den porten truoc,
     mit edelem gesteine.   jâ was er guot genuoc.
     dô den gesach vrou Prünhilt,   weinen si began.
     daz muose vreischen Gunther   und alle Burgonden man.

847,2 beweise es. 849,1 ich will nicht der Diep dessen sein. 849,2 du
hättest gut darüber (des) schweigen können.

843. Brunhild broke out weeping; Kriemhild delayed no longer.
     She went into the cathedral with her retinue
     before the wife of the king. Great hatred arose.
     Because of it bright eyes became very clouded and wet.

844. However much one was serving God or was singing there,
     the time seemed to Brunhild much too long.
     For in body and also in spirit she was troubled.
     Because of it many a bold and fine hero would later have to pay.

845. Brunhild along with her ladies went and stood in front of the church.
     She thought: "Kriemhild must let me hear more
     about what she accuses me of--this acid-tongued woman.
     If he boasted about this, it will cost Siegfried his life."

846. Now Kriemhild came out with many a bold vassal.
     Then lady Brunhild said, "Stop where you are.
     You claimed that I am a concubine: Prove it!
     Know that your remarks have caused me suffering."

847. Then lady Kriemhild said, "You might well (It would be better to) let me
     pass. I prove it with this gold (ring) that I wear on my hand.
     My beloved brought it to me after he, as the first, lay with you."
     Never had Brunhild experienced a day of greater agony.

848. She said, "This very valuable gold (ring) was stolen from me
     and for a very long time has been basely hidden from me.
     Now I finally find out who took it from me."
     The ladies had both become very upset.

849. Then Kriemhild spoke again: "I shall not be made the thief of it.
     You might well have kept quiet, if your honor were dear to you.
     I prove that I am not lying with this girdle I have around
     (my waist). Truly my Siegfried was your man."

850. She was wearing a braided cord of silk from Nineveh
     (set) with precious jewels. It was certainly good enough.
     When lady Brunhild saw it, she began to weep.
     Gunther and all the Burgundian vassals had to hear about this.

The End of the Nibelungs

2324. Dô suocht´ der herre Dietrich   selbe sîn gewant.
im half, daz er sich wâfent´,   meister Hildebrant.
dô klagete alsô sêre   der kreftige man,
daz daz hûs erdiezen   von sîner stimme began.

2325. Dô gewan er widere   rehten heldes muot.
in grimme wart gewâfent   dô der helt guot,
einen schilt vil vesten   nam er an die hant.
si giengen balde dannen,   er unde meister Hildebrant.

2326. Dô sprach von Tronege Hagene: "ich sihe dort her gân
den herren Dietrîchen,   der wil uns bestân
nâch sînem starken leide,   daz im ist hie geschehen.
man sol daz hiute kiesen,   wem man des besten müge jehen.

2327. Jane dunket sich von Berne   der herre Dietrîch
nie sô starc des lîbes   und ouch sô gremelîch,
und wil erz* an uns rechen,   daz im ist getân",
alsô redete Hagene,   "ich tar in rehte wol bestân."

2328. Dise rede hôrte   Dietrich und Hildebrant.
er kom dâ er die recken   beide stênde vant
ûzen vor dem hûse,   geleinet an den sal.
sînen schilt den guoten   den sazte Dietrîch zetal.

2329. In leitlîchen sorgen   sprach dô Dietrîch:
"wie habt ir sô geworben,   Gunther, künec rîch,
wider mich ellenden?   waz het ich iu getân?
alles mînes trôstes   des bin ich eine bestân.

2330. Iuch endûhte niht der volle   an der grôzen nôt,
dô ir und Rüedegêren   den helt sluoget tôt:
nu habet ir mir erbunnen   aller mîner man.
jane het ich iu helden   sölher leide niht getân.

2331. Gedenket an iuch selben   unde an iuwer leit,
tôt der iuwern vriunde   und ouch die arbeit,
ob ez iu guoten recken   beswaeret iht den muot.
owê wie rehte unsanfte   mir tôt der Rüedegêres tuot!

2332. Ez geschach ze dirre werlde   nie leider manne mêr.
ir gedâhtet übele   an mîn und iuwer sêr.
swaz ich freuden hête,   diu lît von iu erslagen.
jane kan ich nimmer mêre   die mîne mâge verklagen."

2327,3 er es.

2324. Then lord Dietrich himself sought his armor.
      Master Hildebrand helped him arm himself.
      The mighty man lamented so loudly
      that the palace began to resound with his voice.

2325. Then he recovered the true spirit of a hero.
      In fierceness the fine hero was then armed.
      A very sturdy shield he clasps to his hand.
      They go swiftly from there, he and master Hildebrand.

2326. Then Hagen of Troneck spoke: "Over there I see
      lord Dietrich coming this way.   He wants to attack us
      because of the great suffering which happened to him here.
      One shall see today whom one can claim to be the best.

2327. No matter how strong in body and also how fierce
      the lord Dietrich of Bern thinks himself,
      if he intends to take vengeance on us (for) what has been done to him,
      I shall certainly dare to stand up to him," said Hagen.

2328. Dietrich and Hildebrand heard these words.
      He (Dietrich) came to where he found both warriors standing
      outside the palace, leaned against the (wall of the) hall.
      Dietrich set his fine shield on the ground.

2329. In painful sorrow Dietrich then said,
      "Gunther, mighty king, how could you do this
      to me, an exile? What did I do to you?
      I stand alone, robbed of all my consolation.

2330. Did it not seem to you enough with regard to great distress
      when you struck dead the hero Rudiger?
      Now you have taken from me all my men.
      I would certainly have inflicted nothing of such sufferings on you
      heroes.
2331. Think of yourselves and your own suffering,
      the death of your friends and also the toil--
      whether for you, good warriors, it has not at all depressed your
      spirits.   Alas, how deeply the death of Rudiger affects me!

2332. Never in this world has anything more wretched happened to a man.
      You poorly considered my and your suffering.
      Whatever of joy I had, that lies slain by you.
      I certainly can never ever stop mourning my kinsmen."

2333. "Jane sîn wir niht sô schuldic",   sprach dô Hagene.
      "Ez giengen zuo disem hûse   iuwer degene,
      gewâfent wol ze vlîze,   mit einer schar sô breit.
      mich dunket daz diu maere   iu niht rehte sîn geseit."*

2334. "Waz sol ich gelouben mêre?   mir seitez* Hildebrant,
      dô mîne recken gerten   von Amelunge lant
      daz ir in Rüedegêren   gaebet ûz dem sal,
      dô bütet ir niwan spotten   den küenen helden her zetal."

2335. Dô sprach der küneg von Rîne: "si jâhen wolden tragen
      Rüedegêren hinnen,   den hiez ich in versagen
      Etzeln ze leide,   und niht den dînen man,
      unz daz dô Wolfhart   dar umbe schelten began."

2336. Dô sprach der helt von Berne: "ez muos´ et alsô sîn.
      Gunther, künec edele,   durch die zühte dîn
      ergetze mich der leide,   di mir von dir sint geschehen,
      und süene iz, ritter küene,   daz ich des künne dir gejehen.

2337. Ergip dich mir ze gîsel,   du un ouch dîn man.
      sô wil ich behüeten,   so ich aller beste kan,
      daz dir hie zen Hiunen   niemen niht entuot.
      dune* solt an mir niht vinden   niwan triuwe unde guot."

2338. "Daz enwelle got von himele",   sprach dô Hagene,
      "daz sich dir ergaeben   zwêne degene,
      die noch sô wêrlîche   gewâfent gegen dir stânt
      unde noch sô ledeclîche   vor ir vîanden gânt."

2339. "Ir ensult iz niht versprechen",   sô redete Dietrich,
      "Gunther unde Hagene.   ir habt beide mich
      sô sêre beswaeret,   daz herze und ouch den muot,
      welt ir mich ergetzen,   daz irz* vil billîchen tuot.

2340. Ich gibe iu mîne triuwe   und sicherlîche hant,
      daz ich mit iu rîte   heim in iuwer lant.
      ich leit´ iuch nâch den êren   oder ich gelige tôt,
      und wil durch iuch vergezzen   der mînen groezlîchen nôt."

2341. "Nune* muotet sîn niht mêre",   sprach aber Hagene.
      "von uns enzimt daz maere   niht wol ze sagene,
      daz sich iu ergaeben   zwêne alsô küene man.
      nu siht man bî iu niemen   wan eine Hildebranden stân."

2333,4 sind nicht richtig gesagt worden. 2334,1 sagte es. 2337,4 du ne
(neg.). 2339,4 ir es. 2341,1 nu ne (neg.).

2333. "But we are not so much to blame," Hagen then said.
       "Your knights came to this hall
       fully armed for a purpose, in a very large company.
       It seems to me that the information was not told to you correctly."

2334. "What more am I supposed to believe? Hildebrand told me that
       when my warriors from the land of the Amelungs asked
       that you give them (the body of) Rudiger from the hall
       you then offered down to the bold heroes nothing but scorn."

2335. Then the king from the Rhine said, "They claimed they wanted to carry
       Rudiger away from here. I refused him (his body) to them
       to spite Etzel and not your men;
       and then Wolfhart because of this began to heap abuse."

2336. The the hero from Bern said, "And so it must be.
       Gunther, noble king, by your good breeding
       make up to me the suffering that has happened to me by you,
       and compensate for this, bold knight, that I can say it (that you have
       compensated me) of you."
2337. Give yourself to me as a hostage, yourself and also your vassal.
       Then I shall see to it as best I can
       that here in the land of the Huns no one shall do anything to you.
       You shall discover in me nothing but loyalty and kindness."

2338. "May God in heaven forbid," said Hagen,
       "that two knights surrender themselves to you
       who still stand armed to defend themselves against you
       and who still go thus unhindered before their enemies."

2339. "Gunther and Hagen, you should not turn it (this offer) down," said
       Dietrich. "Both of you have caused me
       such great suffering (in) heart and also in spirit
       that if you want to give me compensation, you do so quite justly.

2340. I give you my faith and my hand as security
       that I shall ride with you home into your land.
       I shall lead you according to (proper) honor, or I shall lie dead.
       And for your sakes I shall forget my great distress."

2341. "Now urge nothing of this any further," said Hagen in reply.
       "The report about us would not be well fitting to say--
       that two so bold men surrendered themselves to you.
       One sees standing next to you no one but only Hildebrand."

2342. Dô sprach meister Hildebrant: "got weiz, her Hagene,
der iu den vride biutet   mit iu ze tragene,
ez kumt noch an die stunde   daz ir in möhtet nemen.
die suone mînes herren   möht ir iu lâzen gezemen."

2343. "Jâ naeme ich ê die suone",   sprach aber Hagene,
"ê ich sô lasterlîche   ûz einem gademe
flühe, meister Hildebrant,   als ir hie habt getân.
ich wânde daz ir kundet   baz gein vîanden* stân."

2344. Des antwurte Hildebrant: "Zwiu verwîzet ir mir daz?
nu wer was der ûf einem schilde   vor dem Waskensteine saz,
dô im von Spânje Walther   sô vil der friunde sluoc?
ouch habt ir noch ze zeigen   an iu selben genuoc."

2345. Dô sprach der herre Dietrich: "daz enzimt niht helde lîp,
daz si suln schelten   sam diu alten wîp.
ich verbiut' iu, Hildebrant,   daz ir iht sprechet mêr.
mich ellenden recken   twingent groezlîchiu sêr.

2346. Lât hoeren", sprach Dietrich,   "recke Hagene,
waz ir beide sprâchet,   snelle degene,
dô ir mich gewâfent   zuo iu sâhet gân?
ir jâhet daz ir eine   mit strîte woldet mich bestân."

2347. "Jane lougent iu des niemen",   sprach Hagene der degen,
"ine* wellez hie versuochen   mit den starken slegen,
ez ensî daz mir zebreste   daz Nibelunges swert.
mir ist zorn daz unser beider   hie ze gîsel ist gegert."

2348. Dô Dietrich gehorte   den grimmen Hagenen muot,
den schilt vil balde zuhte   der snelle degen guot.
wie balde gein im Hagene   von der stiege spranc!
Nibelunges swert daz guote   vil lûte ûf Dietrîche erklanc.

2349. Dô wesse wol her Dietrich   daz der küene man
vil grimmes muotes waere.   schermen im began
der herre von Berne   vor angestlîchen slegen.
wol erkand' er Hagenen,   den vil zierlîchen degen.

2350. Ouch vorht' er Balmungen,   ein wâfen starc genuoc.
under wîlen Dietrich   mit listen wider sluoc,
unz daz er Hagenen   mit strîte doch betwanc.
er sluoc im eine wunden,   diu was tief unde lanc.

2343,4 **gegen** **Feinde**. 2347,2 <u>ich</u> <u>ne</u> (neg.).

2342. Then master Hildebrand spoke: "God knows, lord Hagen,
(when) someone offers to make peace with you--
the time is coming that you could accept it.
You might (well) let reconciliation with my lord be pleasing to you."

2343. "I would certainly accept this reconciliation," said Hagen,
"before I would so cowardly flee from the hall,
master Hildebrand, as you did here.
I imagined you could stand up to enemies better (than that)."

2344. Hildebrand answered this: "Why do you reproach me with that?
Well, who was it who sat on a shield before the Waskenstein,
while Walter of Spain slew so many of his friends?
You, too, have enough (bad things) to show regarding yourself."

2345. The lord Dietrich said, "It is not fitting for the persons of heroes
that they should scold, just like old women.
I forbid you, Hildebrand, to say anything more.
Great suffering presses upon me, an outcast warrior.

2346. Let (us) hear," said Dietrich, "warrior Hagen,
what the two of you, gallant knights, were saying
when you saw me coming to you armed?
You claimed that you wanted to stand up in combat to me alone."

2347. "No one shall deny it to you," said the knight Hagen,
"that I want to do contest here with mighty blows,
unless it be that the sword of Nibelung fails me.
I am angry that the two of us are desired here as hostages."

2348. When Dietrich had heard Hagen's fierce intent,
the knight bold and good very quickly took up his shield.
How quickly Hagen sprang toward him from the stairs!
The good sword of Nibelung rang very loudly against Dietrich.

2349. Then lord Dietrich knew well that the bold vassal
was in a very fierce mood. The Lord of Bern began
to protect himself from the fearsome blows.
He well recognized the very fine warrior Hagen (Hagen's prowess).

2350. He also feared Balmung, a weapon mighty enough.
Then and again Dietrich struck back with skill
until he bested in battle Hagen after all.
He struck him a wound which was deep and long.

2351. Dô dâhte der herre Dietrich: "du bist in nôt erwigen.
ich hâns lützel êre,*   soltu* tôt vor mir geligen.
ich wil ez sus versuochen,   ob ich ertwingen kan
dich mir ze einem gîsel."   daz wart mit sorgen getân.

2352. Den schilt liez er vallen;   sîn sterke diu was grôz.
Hagenen von Tronege   mit armen er beslôz.
des wart dô betwungen   von im der küene man.
Gunther der edele   dar umbe trûren began.

2353. Hagenen bant dô Dietrich   und fuort' in, dâ er vant
die edeln küneginne,   und gab ir bî der hant
den küenesten recken   der ie swert getruoc.
nâch ir vil starkem leide   dô wart si vroelîch genuoc.

2354. Vor liebe neic dem degene   daz Etzelen wîp:
"immer sî dIr saelic   dîn herze und ouch dîn lîp.
du hâst mich wol ergetzet   aller mîner nôt.
daz sol ich immer dienen,   mich ensûmes der tôt.*

2355. Dô sprach der herre Dietrich: "ir sult in lân genesen,
edeliu küneginne.   und mac daz noch gewesen,
wie sol er iuch ergetzet   daz er iu hât getân!
er ensol des niht engelten,   daz ir in seht gebunden stân."

2356. Dô hiez si Hagenen füeren   an sîn ungemach,
dâ er lac beslozzen   unt dâ in niemen sach.
Gunther der künec edele   rüefen dô began:
"war kom der helt von Berne?   der hât mir leide getân."

2357. Dô gie im hin engegene   der herre Dietrich.
daz Guntheres ellen   daz was vil lobelîch.
done* beit ouch er niht mêre,   er lief her für den sal.
von ir beider swerten   huop sich ein groezlîcher schal.

2358. Swie vil der herre Dietrich   lange was gelobt,
Gunther was sô sêre   erzürnet und ertobt,
wand' er nâch starkem leide   sîn herzevîent was.
man sagt ez noch ze wunder,   daz dô her Dietrich genas.

2359. Ir ellen und ir sterke   beide wâren grôz.
palas unde türne   von den slegen dôz,
dô si mit swerten hiuwen   ûf die helme guot.
ez het der künec Gunther   einen hêrlîchen muot.

2351,2 ich habe dessen wenig Ehre; solltest du.   2354,4 wenn der Tod mich
nicht davon abhält.   2357,3 dann ne (neg.).

2351. Then lord Dietrich thought: "You are exhausted in your distress.
      I shall have little honor of it, if you were to lie dead before me.
      I shall then try (to see) whether I can force
      you to be my hostage." That was accomplished with great risk.

2352. He let his shield fall; his strength was great.
      Hagen of Troneck he enclosed with his arms.
      Because of this the bold vassal was then overcome by him.
      Noble Gunther therefore began to be sad.

2353. Then Dietrich bound Hagen and led him (to) where he found
      the noble queen and handed over to her
      the boldest warrior who ever wore a sword.
      After her very great suffering she was happy enough.

2354. With pleasure Etzel's wife bowed to the knight (Dietrich):
      "May your heart and person be ever happy.
      You have well made up to me for all my affliction.
      (For) this I shall always serve (you), unless death keeps me from it."

2355. Then lord Dietrich said, "You should let him live,
      noble queen. And if that can yet be,
      how well he can make up to you what he has done to you!
      He should not be made to pay for it that you see him standing (here)
      bound."

2356. Then she commanded that Hagen be led to a comfortless place
      where he lay locked up and no one saw him.
      Gunther the noble king then began to call out:
      "Where did the hero from Bern go? He has caused me suffering."

2357. Then lord Dietrich strode toward him.
      Gunther's courage was very worthy of praise.
      Then he, too, did not wait any longer, (but) ran out in front of the
      hall. A great din arose from the swords of them both.

2358. However long lord Dietrich had been praised,
      Gunther was so angry and enraged
      because after great suffering he (Dietrich) was his archenemy.
      One still says it was a marvel that lord Dietrich then survived.

2359. Their courage and their might were both very great.
      The palace and the towers resounded with the blows
      when they swung with their swords at the good helmets.
      King Gunther had a lordly spirit.

2360. Sît twang in der von Berne,   sam Hagenen ê geschach.
      daz bluot man durch die ringe   dem helde vliezen sach
      von einem scharpfen swerte,   daz truoc Dietrich.
      dô het gewert her Gunther   nâch müede lobelîche sich.

2361. Der herre wart gebunden   von Dietrîches hand,
      swie künege niene solden   lîden solchiu bant.
      er dâhte ob er si lieze,   den künec und sînen man,
      alle die si fünden,   die müesen tôt vor in bestân.

2362. Dietrîch von Berne   der nam in bî der hant,
      dô fuort' er in gebunden   da er Kriemhilde vant.
      dô was mit sînem leide   ir sorgen vil erwant.
      si sprach: "willekomen Gunther   ûzer Burgonden lant."

2363. Er sprach: "ich solt' iu nîgen,   vil liebiu swester mîn,
      ob iuwer grüezen möhte   genaedeclîcher sîn.
      ich weiz iuch, küneginne,   sô zornec gemuot,
      daz ir mir unde Hagenen   vil swache grüezen getuot."

2364. Dô sprach der helt von Berne: "vil edeles küneges wîp,
      ez enwart nie gîsel mêre   sô guoter ritter lîp,
      als ich iu, vrouwe hêre,   an in gegeben hân.
      nu sult ir die ellenden   mîn vil wol geniezen lân."

2365. Si jach si taet' iz gerne.   dô gie her Dietrîch
      mit weinenden ougen   von den helden lobelîch.
      sît rach sich grimmeclîchen   daz Etzelen wîp.
      den ûz erwelten degenen   nam si beiden den lîp.

2366. Si lie si ligen sunder   durch ir ungemach,
      daz ir sît dewedere   den andern nie gesach,
      unz si ir bruoder houbet   hin für Hagenen truoc.
      der Kriemhilde râche   wart an in beiden genuoc.

2367. Dô gie diu küneginne   dâ si Hagenen sach.
      wie rehte fîentlîche   si zuo dem helde sprach:
      "welt ir mir geben widere   daz ir mir habt genomen,
      sô muget ir noch wol lebende   heim zen Burgonden komen."

2368. Dô sprach der grimme Hagene: "diu rede ist gar verlorn,
      vil edeliu küneginne.   jâ hân ich des gesworn,
      daz ich den hort iht zeige   die wîle daz si leben,
      deheiner mîner herren,   sô sol ich in niemene geben."

2369. "Ich bringez an ein ende",   sô sprach daz edel wîp.
      dô hiez si ir bruoder   nemen den lîp.
      man sluoc im ab daz houbet;   bî dem hâre si ez truoc
      für den helt von Tronege.   dô wart im leide genuoc.

2360. Then the man from Bern overcame him, just as had happened to Hagen.
One saw the blood running through the rings of the hero,
from the sharp sword that Dietrich carried.
Gunther had defended himself laudably, given his weariness.

2361. The lord was bound by Dietrich's hand,
although kings should not at all suffer such bonds.
He thought that if he let the king and his vassal go free,
all those they would find would be killed by them.

2362. Dietrich of Bern took him by the hand,
then led him bound (to) where he found Kriemhild.
Then because of his suffering many of her cares had been ended.
She said, "Welcome, Gunther from the land of the Burgundians."

2363. He said, "I should bow to you, very dear sister of mine,
if your greeting could be more gracious.
I know, queen, that you are so angry
that you give me and Hagen a very weak greeting."

2364. Then the hero from Bern said, "Very noble wife of the king,
Never ever was there a prisoner (who was) such a good knight
as I have given you in them, noble lady.
Now you should let these outcasts live because of me."

2365. She said she would do it gladly. Then lord Dietrich went
from the fine heroes with eyes weeping.
Later Etzel's wife avenged herself cruelly.
She took the lives of both the splendid knights.

2366. She had them lying (imprisoned) separately, to add to their suffering,
so that neither of them saw the other
until she carried her brother's head into Hagen's presence.
Kriemhild's revenge was sufficient with regard to both of them.

2367. Then the queen went (to) where she saw Hagen.
How very viciously she spoke to the hero:
"If you shall give me back what you have taken from me,
you can still come home very much alive to the Burgundians."

2368. Then fierce Hagen said, "Such talk is utterly senseless,
very noble queen. I have sworn
not to reveal the treasure, as long as any of my lords
are alive, or to give it to anyone."

2369. "I shall bring matters to an end," said the noble woman.
Then she commanded that her brother's life be taken.
One cut off his head. She carried it by the hair
to the hero from Troneck. Then he certainly was sad enough.

2370. Alsô der ungemuote   sînes herren houbet sach,
      wider Kriemhilde   dô der recke sprach:
      "du hâst iz nâch dînem willen   z'einem ende brâht,
      und ist ouch rehte ergangen   als ich mir hête gedâht.

2371. Nu ist von Burgonden   der edel künec tôt,
      Gîselhêr der junge,   und ouch her Gêrnôt.
      den schaz den weiz nu niemen   wan got unde mîn
      der sol dich, vâlandinne,   immer wol verholn sîn."

2372. Si sprach: "sô habt ir übele   geltes mich gewert.
      sô wil ich doch behalten   daz Sîfrides swert.
      daz truoc mîn holder vriedel,   dô ich in jungest sach,
      an dem mir herzeleide   von iuwern schulden geschach."

2373. Si zôh iz von der scheiden,   daz kunde er niht erwern.
      dô dâhte si den recken   des lîbes wol behern.
      si huob ez mit ir handen,   daz houpt si im ab sluoc.
      daz sach der künec Etzel: dô was im leide genuoc.

2374. "Wâfen", sprach der fürste,   "wie ist nu tôt gelegen
      von eines wîbes handen   der aller beste degen,
      der ie kom ze sturme   oder ie schilt getruoc!
      swie vînt ich im waere,   ez ist mir leide genuoc."

2375. Dô sprach der alte Hildebrant: "ja geniuzet si es niht,
      daz si in slahen torste,   swaz halt mir geschiht.
      swie er mich selben braehte   in angestlîche nôt,
      idoch sô wil ich rechen   des küenen Tronegaeres tôt."

2376. Hildebrant mit zorne   zuo Kriemhilde spranc,
      er sluoc der küeneginne   einen swaeren swertes swanc.
      jâ tet ir diu sorge   von Hildebrande wê.
      waz mohte si gehelfen   daz si sô groezlîchen schrê?

2377. Dô was gelegen aller   dâ der veigen lîp.
      ze stücken was gehouwen   dô daz edele wîp.
      Dietrîch und Etzel   weinen dô began,
      si klagten inneclîche   beide mâge unde man.

2378. Diu vil michel êre   was dâ gelegen tôt.
      die liute heten all   jâmer unde nôt.
      mit leide was verendet   des küniges hôhgezît,
      als ie diu liebe leide   z'aller jungeste gît.

2379. Ine kan iu niht bescheiden,   waz sider dâ geschach:
      wan ritter unde vrouwen   weinen man dâ sach,
      dar zuo die edeln knehte,   ir lieben friunde tôt.
      hie hât daz maere ein ende   daz ist der Nibelunge nôt.

2370. When, saddened, he saw the head of his lord,
      the warrior said to Kriemhild,
      "You have brought it to a conclusion, as you wanted,
      and it has also come about just as I had imagined.

2371. Now the noble king of Burgundy is dead,
      Young Giselher and also lord Gernot.
      (The whereabouts of) the treasure no one knows but God and me:
      It shall, you she-devil, forever be hidden from you."

2372. She said, "You have paid me back evilly.
      But I shall still keep Siegfried's sword.
      When I last saw him, my darling, from whom
      because of you deep suffering befell me, was bearing it."

2373. She drew it from its sheath; he could not stop it.
      Then she was intent on robbing the warrior of his life.
      She raised it with her hands; she cut off his head.
      King Etzel saw it. It caused him grief enough.

2374. "Alas," said the prince, "there now lies dead
      at the hands of a woman the best knight
      who ever came to battle or ever carried a shield!
      However much an enemy I was to him, I am sorry enough about it."

2375. Then old Hildebrand said, "She shall not at all enjoy the benefit of it,
      that she dared to slay him, no matter what happens to me.
      Although he brought me myself into frightening distress,
      I shall nevertheless avenge the death of the brave Lord of Troneck."

2376. In rage Hildebrand sprang at Kriemhild.
      He struck at the queen a swipe of the heavy sword.
      The fear of Hildebrand caused her pain indeed.
      What could it help her that she shrieked so loudly?

2377. There lay the bodies of all those doomed to die.
      The noble woman had been hacked to pieces.
      Dietrich and Etzel began to weep;
      they lamented deeply both kinsmen and vassals.

2378. Great glory was lying dead there.
      The people all had sorrow and affliction.
      In sorrow the king's festival was ended,
      as joy always ultimately gives way to sorrow.

2379. I cannot tell you what happened thereafter:
      except that one saw knights and ladies there,
      and the noble squires as well, weeping for the death of dear friends.
      Here the story has an end: This is the fall of the Nibelungs.

Dietmar von Eist (?, about 1170)

Ez stuont ein frouwe alleine	There stood a lady alone
und warte* uber heide	and looked out over the heath
und warte ir liebes,	and looked out for her beloved.
so gesach si valken fliegen.	Then she saw a falcon flying.
"sô wol dir, valke, daz du bist! 5	"Happy are you, falcon, that you are
du fliugest, swar* dir liep ist.	(so)! You fly, wherever you please.
du erkiusest* dir in dem walde	You choose for yourself in the forest
einen boum, der dir gevalle.	a tree that pleases you.
alsô hân ouch ich getân:	Thus also did I do:
ich erkôs mir selbe einen man, 10	I chose for myself a lover.
den erwelton* mîniu ougen.	My eyes picked him out.
daz nîdent schoene frouwen.	Fair ladies are jealous at this.
owê wan* lânt sie mir mîn liep?	Alas, why do they not leave me my
jo engerte* ich ir dekeiner trûtes	beloved? I certainly did not desire
niet."* 15	the darling of anyone of them."

This is a <u>Frauenklage</u>, or woman's complaint. 2 <u>Ausschau</u> <u>halten</u>, w. gen. object.
6 actually, whithersoever. 7 <u>erkiesen</u> (erkôs)=<u>aussuchen</u>. 11 <u>suchten</u> <u>aus</u>. 13 <u>warum</u>
<u>nicht</u>. 14 <u>begehrte</u> <u>nicht</u>. 15 <u>nicht</u>.

Dietmar von Eist (?)

Sô wol dir, sumerwunne!	Farewell, delight of summer!
daz vogelsanc ist geswunden,	The song of the birds has disappeared,
alse ist der linden* ir loup.	as has the foliage of the lime tree.
jârlanc truobent mir ouch	For the rest of the year there also grow
mîniu wol stênden ougen. 5	dim for me my bright eyes.
mîn trût, du solt dich gelouben*	My darling, you must take leave
anderre wîbe;	of other women;
wan, helt, die solt du mîden.	for, lord, you should shun them.
dô du mich êrste sâhe,	When you saw me for the first time,
dô dûhte ich dich zewâre 10	then I truly seemed to you
sô rehte minneclîch getân:*	very lovable:
des man* ich dich, lieber man.	I remind you of this, dear man.

Also, a <u>Frauenklage</u> or woman's complaint. 3 The lime tree or linden tree was
associated with love. 6 take leave of, or renounce, with gen. and acc. objects.
11 <u>getân</u> is best left untranslated. 12 <u>mahne</u>.

Anonymous

I.   "Slâfest du, friedel* ziere?   "Are you sleeping, handsome darling?
     man wecket uns leider schiere: Soon, alas, we shall be awakened:
     ein vogellîn sô wol getân*   A little bird beautifully formed
     daz ist der linden* an daz zwî*   has alighted on the branch of the
       gegân."   lime tree."

II. "Ich was vil* sanfte entslâfen: 5 "I had fallen so gently asleep:
     nu rüefestu, kint, wâfen.*   now, dear child, you sound alarm.
     liep âne leit mac* niht sîn.   Happiness cannot exist without suffering.
     swaz du gebiutest, daz leiste ich, Whatever you bid I shall do, my beloved."
       friundin* mîn."

III. Diu frouwe begunde weinen.   The lady began to weep:
     "du rîtest und lâst mich einen 10 "You are riding off and leaving me alone.
     wenne wilt* du wider her zuo mir? When shall you come to me again?
     owê du füerest mîne frôide   Alas, you are taking my joy away with
       sant* dir."   you!"

This is a Tagelied or dawn song. I. Spoken by the woman. 1 term of endearment for a man. 3 gestaltet. 4 dat. sing. The lime tree or linden tree was associated with love. zwî=Zweig. II. Spoken by the man. 5 sehr. 6 a cry of warning: "To arms" or "Help!" 7 kann. 8 Much more intimate and exclusive than "friend." 11 willst but regularly used with the infinitive to form the future tense. 12 zusammen mit.

Dietmar von Eist (?)

I. Uf der linden obene   dâ sanc ein kleinez vogellîn.
   vor dem walde wart ez lût: dô huop sich aber daz herze mîn.
   an eine stat dâ ez ê dâ was. ich sach dâ rôsebluomen stân.
   die manent mich der gedanke vil die ich hin zeiner frouwen hân.

II. Ez dunket mich wol tûsent jâr daz ich an liebes arme lac.
   sunder alle mîne schulde frömdet er mich manigen tac.
   sît ich bluomen niht ensach noch hôrte kleiner vogel sanc,
   sît was al mîn frôide kurz und ouch der jâmer alzelanc.

I. High up in the lime tree there sang a little bird.
   At the forest it became loud: Then my heart rose up again (and went)
   to a place where it had been before. I saw rose blossoms standing there.
   They remind me of many thoughts which I have toward a lady.

II. It seems to me a thousand years that (since) I lay in the arms of my beloved.
   Without any fault of mine he remains apart from me many a day.
   Since then I have not seen flowers nor heard the song of small birds.
   Since then all my joy was short and also sorrow all too long.

Such a poem is called a Wechsel. The two stanzas are spoken by the man and lady respectively, not as a dialogue but as monologues addressing the same situation.

25

Meinloh von Sevelingen (about 1175)

Dir enbiutet sînen dienst   dem du bist, vrowe, als der lîp.
er heizet dir sagen zewâre,   du habest ime alliu anderiu wîp
benomen ûz sînem muote,   daz er gedanke niene hât.
nu tuo ez durch dîne tugende   und enbiut im eteslîchen rât.
du hâst im vil nâch bekêret   beidiu sin unde leben:
er hât dur dînen willen
eine ganze vröide   gar umbe ein trûren gegeben.

To you there offers his service (he) to whom you are, lady, like (his own) life.
He lets it be said to you certainly (that) you have taken from him all
other women out of his mind, so that he has no (such) thoughts.
Now do it (act) by your excellence and offer him some help.
You have very nearly changed for him both (his) thinking and his life:
He has for your sake
given up complete joy utterly in exchange for sorrowing.

Der von Kürenberc (about 1160)

I. Ich zôch mir einen valken   mêre danne ein jâr.
   dô ich in gezamete   als ich in wolte hân
   und ich im sîn gevidere   mit golde wol bewant,
   er huob sich ûf vil hôhe   und floug in anderiu lant.

II. Sît sach ich den valken   schône fliegen:
    er fuorte an sînem fuoze   sîdîne riemen,
    und was im sîn gevidere   alrôt guldîn.
    got sende si zesamene   die gelieb wellen gerne sîn.

I. I raised for myself a falcon for more than a year.
   When I had tamed it as I wanted to have it
   and I had wrapped well for it its feathers with gold,
   it raised itself very high aloft and flew into other lands.

II. Afterwards I saw the falcon flying beautifully:
    It wore on its foot silk straps
    and its feathers were for it all red golden.
    May God send those together who want to be loving (to each other).

Albrecht von Johansdorf (about 1190)

Ich vant âne huote
die vil minneclîchen eine stân.
sâ dô sprach diu guote
"waz welt ir sô eine her gegân?"
"frouwe, ez ist alsô geschehen."   5
"saget, war umbe sît ir her? des
     sult ir mir verjehen."

"Mînen senden kumber
klage ich iu, vil liebe frouwe mîn."
"wê, waz saget ir tumber?
ir muget iuwer klage wol lâzen sîn."   10
"frouwe, ich enmac ir niht enbern."
"sô wil ich in tûsent jâren niemer
     iuch gewern."

"Neinâ, küniginne!
daz mîn dienest sô iht sî verlorn!"
"ir sît âne sinne,   15
daz ir bringet mich in solhen zorn."
"frouwe, iuwer haz tuot mir den tôt."
"wer hât iuch, vil lieber man,
     betwungen ûf die nôt?"

"Daz hât iuwer schoene
die ir hat, vil minneclîchez wîp."   20
"iuwer süezen doene
wolten krenken mînen staeten lîp."
"frouwe, niene welle got."
"werte ich iuch, des hetet ir êre;
     sô waere mîn der spot."

"Lât mich noch geniezen   25
daz ich iu von herzen ie was holt."
"iuch mac wol verdriezen
daz ir iuwer wortel gegen mir bolt."
"dunket iu mîn rede niht guot?"
"jâ si hât beswaeret dicke mînen   30
     staeten muot."

I found the very lovely (woman)
standing alone, without attendants.
Immediately then the dear (woman) spoke:
"What do you want coming along here thus
alone?" "Lady, it just happened that
way." "Tell me, why did you come here?
That you should admit to me."

"(About) my distress from longing
I complain to you, my very dear lady."
"Woe, what are you saying, (you) foolish
(one)? You might well let your complaint
be." "Lady, I cannot do without it."
"Never in a thousand years shall I give
in to you."

"No (don't say that), queen!
(Must it be) that my service be so com-
pletely lost?" "You are beyond reasoning
with, that you bring me to such anger."
"Lady, your scorn will be death for me."
"Who forced you, my dear man, to this
distress?"

"Your beauty, which you have, did this,
very lovely lady."
"Your sweet tunes were
intended to compromise my constancy."
"Not at all, lady, God forbid!"
"If I gave in to you, you would have the
honor of it, and mine would be the
ridicule (I would be ridiculed)."
"Let me yet have the benefit
that I have always been devoted to you
from my heart." "You can well regret that
you shoot your (insignificant) little
words at me." "My language doesn't seem
good to you?" "Indeed, it does. It has
often distressed my constancy."

"Ich bin ouch vil staete,
ob ir ruochet mir der wârheit jehen."
"volget mîner raete,
lât die bete diu niemer mac geschehen."
"sol ich alsô sîn gewert?"   35
"got der wer iuch anderswâ des ir an
    mich dâ gert."

"Sol mich dan mîn singen
und mîn dienest gegen iu niht vervân?"
"iu sol wol gelingen:
âne lôn sô sult ir niht bestân."   40
"wie meinet ir daz, frouwe guot?"
"daz ir deste werder sît und dâ bî
    hôchgemuot."

"I, too, am very constant, if you see
fit to admit the truth about me."
"Follow my advice:
Give up this pleading which can never be
fulfilled." "Is it thus that I shall be
answered?" "May God grant you somewhere
else what you are seeking here with
regard to me."
"Shall then my singing and my service
toward you effect nothing?"
"You shall indeed succeed:
You shall not remain without a reward."
"What do you mean by that, good lady?"
"That you will become the more valuable
and your spirit shall be elevated as
well.

Friedrich von Hausen (about 1190)

Mîn herze und mîn lîp die wellent scheiden,
die mit ein ander varnt nu manige zît.
der lîp wil gerne vehten an die heiden:
sô hât iedoch daz herze erwelt ein wîp
vor al der werlt. daz müet mich iemer sît, 5
daz si ein ander niht volgent beide.
mir habent die ougen vil getân ze leide.
got eine müeze scheiden noch den strît.

Ich wânde ledic sîn von solher swaere,
dô ich daz kriuze in gotes êre nam.   10
ez waere ouch reht daz ez alsô waere,
wan daz mîn staetekeit* mir sîn verban.
ich solte sîn ze rehte ein lebendic* man,
ob ez den tumben willen sîn verbaere.
nu sihe ich wol daz im ist gar unmaere   15
wie ez mir an dem ende süle ergân.

My heart and my body--they want to
separate, (they) who have traveled
together now for a long time. My
body wants to fight against the
heathens. But my heart has chosen
a woman in preference to the whole
world. This has saddened me ever
since--that the two of them do not
follow each other. My eyes have
caused me much suffering. God alone
can yet settle the conflict.
I imagined (myself) to be free of
such worry when I took the cross
for God's glory. It would also be
right that (if) it were thus, except
that my constancy forbids it. I
would truly be a (fully) living man,
if it (my heart) would give up its
foolish intent. Now I well see that
it is completely indifferent (to)
how things ultimately turn out for
me.

This is a Kreuzlied or crusading song. It takes as its subject matter the knight
who has "taken the cross," i. e., sworn to go on a crusade and thus must depart
from his beloved. 12 That is, my loyal love to my lady. 13 That is, be a person
whose heart is not torn from his body.

Sît ich dich, herze, niht wol mac erwenden,
dune* wellest mich vil trûreclîchen lân,
sô bite ich got daz er dich geruoche senden
an eine stat dâ man dich welle enpfân.   20
owê wie sol ez armen dir ergân!
wie getorstest du eine an solche nôt
    ernenden?
wer sol dir dîne sorge helfen enden
mit solchen triuwen als ich hân getân?

Since, heart, I cannot turn you away
from wanting to desert me so sadly,
I beg God that he deign send you to
a place where one wishes to receive
you. Alas, how shall you, poor one,
fare! How could you dare venture
alone into such a distressful
situation? Who shall help you
bring your care to an end with such
faithfulness as I have done?

---
18 daß du nicht.

Heinrich von Morungen (about 1190)

Vil süeziu senftiu tôterinne,
war umbe welt ir tôten mir den lîp,
und ich iuch sô herzeclîchen minne,
zewâre,* frouwe, für elliu wîp?
wênet ir ob ir mich tôtet,   5
daz ich iuch niemer mê beschouwe?
nein, iuwer sêle ist mîner sêle frouwe.
sol mir hie niht guot geschehen
von iuwerm werden lîbe,
sô muoz mîn sêle iu des verjehen*   10
dazs* iuwerre* sêle dienet dort
    als einem reinen wîbe.

Very sweet tender murderess,
why do you want to kill my life for me,
and I love you so from my heart,
indeed, lady, in preference to all
(other) women? Do you think that if you
kill me I shall nevermore gaze upon you?
No, your soul is the mistress of my soul.
If no good fortune happens to me here
from your esteemed person,
then my soul shall assure you of this:
that it shall serve your soul there, as
(it would serve) a pure woman.

---
4 in Wahrheit. 10 assert, w. dat. of person and gen. of thing. 11 daß sie.
iuwerre=dat. sing. fem.

Heinrich von Morungen

Owê, sol aber mir iemer* mê   Alas, shall then for me never more
geliuhten dur die naht   shine through the night
noch wîzer danne ein* snê   whiter even than snow
ir lîp vil wol geslaht?*   her very well formed body?
der trouc die ougen mîn: 5   It deceived my eyes:
ich wânde, ez solde sîn   I imagined it was
des liehten mânen schîn,   the shine of the bright moon;
dô taget* ez.   then the dawn came.

"Owê, sol aber er iemer mê   "Alas, shall he then never again
den morgen hie betagen?   10   spend the time here till morning?
als uns diu naht engê,   That the night might pass for us
daz wir niht durfen* klagen: that we do not need to complain:
´owê, nu ist ez tac´,   ´Alas, now day is here,´
als er mit klage pflac,   as he used to (say) in complaint
dô er jungest bî mir lac.   15   when he lay by me last.
dô taget ez."   Then the dawn came."

Owê, si kuste âne zal   Alas, she kissed me beyond number
in dem slâfe mich: in (my) sleep:
dô vielen hin ze tal   There fell down to the earth
ir trehene nider sich.   20   her tears.
iedoch getrôste ich sie,   But I comforted her,
daz si ir weinen lie   so that she stopped her weeping
und mich al umbevie.   and firmly embraced me.
dô taget ez.   Then the dawn came.

"Owê, daz er sô dicke sich   25   "Alas, that he so often
bî mir ersehen hât!   was wrapt in contemplation of me!
als er endahte mich,   As he took the cover off me,
sô wolte er sunder wât   he wanted to see bare
mîn arme* schouwen blôz.   without clothes my arms.
ez was ein wunder grôz   30   It was a great marvel
daz in des nie verdrôz.*   that he never tired of this.
dô taget ez."   Then the dawn came."

_____

This poem combines characteristics both of the Tagelied and the Wechsel.
1 (and 9) =niemer. 3 This ein is peculiar to MHG. 4 geartet. 8 An e has been
ellided: tagete. 12 bedürfen. 29 One editor emends to mich arme (me, poor woman),
but such directness seems out of place here. 31 verdriezen: to tire or to irk,
impersonal w. acc. of person and gen. of thing.

Reinmar von Hagenau (about 1195)

So ez iemer nâhet deme tage,   Whenever it approaches day,
so getar* ich niht gefrâgen "ist ez tac?"   then I dare not ask, "Is it day?"
daz kumt mir von sô grôzer klage   This is due to such a great complaint
daz es mir niht ze helfe komen mac.   that nothing can come as a help to me.
ich gedenke wol daz ich es anders pflac 5   I remember well that I was used to some-
hie vor, dô mir diu sorge sô niht ze   thing else previously, when distress
    herzen wac:*   was not pressing to my heart thus.
iemer an dem morgen   Always in the morning the song of the
    sô trôste mich der vogele sanc.   birds would cheer me.
mirn* kome ir helfe an der zît,   10   Unless her help comes to me soon,
mirst* beidiu winter und der sumer alze   both winter and summer are too long for
            lanc.   me.

Im ist vil wol,* der mac gesagen   He is well off who can say
daz er sîn liep in senenden sorgen lie.   that he left his beloved in sorrowful
sô muoz ab* ich ein anderz klagen: 14   longing. But I must lament something
ich gesach ein wîp nach mir getrûren nie.   else: I never saw a woman sorrowing (in
swie lange ich was, sô tete si doch ie: longing for) me. However long I was
diu nôt mir underwîlent   away, still she always did this (not be
    reht an mîn herze gie.   sad): This concern sometimes went right
und waere ich ander iemen*   to my heart. And if I were as unim-
    alse unmaere mangen tac,   20   portant to someone else for many a day,
dem het ich gelân den strît.   I would have left the contest for that
diz ist ein dinc des ich mich niht   person. This is something about which
            getroesten mac.   I cannot comfort myself.

Diu liebe hât ir varnde guot   Love has so distributed her moveable
geteilet sô daz ich den schaden hân.   goods that I have the loss.
des nam ich mêre in mînen muot   25   I have taken more of this into my spirit
dann ich von rehte solte haben getân.   than I by right should have done.
doch waene ich, sist* von mir vil unverlân,   Still, I suppose she will remain quite
swie lützel ich der triuwen   undeserted by me, although I am aware of
    mich anderhalp entstân.*   little faithfulness anywhere else.
si was ie mit frôiden   30   She was always in joy and let me
    und lie mich in den sorgen sîn: be in worry:
alsô vergie mich al diu zît.   Thus has all time passed me by.
ez taget mir leider selten nach dem   The dawn comes for me, alas, seldom
            willen mîn.   (never) according to my wish.

_____

2 wage...zu.   7 drang.   10 mir ne(unless)   11 mir ist.   12 Dem geht es gut.
14 aber.   19 jemandem anders.   27 sie ist.   29 enstân, refl. w. gen. object: to
become aware of.

Hartmann von Aue (about 1192)

Ich var mit iuwern hulden, herren und
    mâge:
liut unde lant die müezen saelic sîn.
ez ist unnôt daz ieman mîner verte frâge:
ich sage wol für wâr die reise mîn:
mich vienc diu minne und lie mich varn
    ûf mîne sicherheit.   5
nu hât si mir enboten bî ir liebe daz
    ich var.
ez ist unwendic: ich muoz endelîchen dar
wie kûme ich braeche mîne triuwe und
    mînen eit!

By your leave I depart, lords and
kinsmen. People and country:
May they be happy. It is not necessary
that someone ask about my journey:
I shall certainly speak clearly about
my journey: Love captured me and let me
go (free) on my oath (of submission).
Now she has bid me to depart for love
of her. It is unalterable:
I must once and for all (go) thither:
How unwillingly I would break my faith
and my oath!

Sich rüemet maniger waz er dur die
    minne taete:
wâ sint die werc? die rede hoere ich
    wol.   10
doch saehe ich gern daz si ir
    eteslîchen baete
daz er ir diente als ich ir dienen sol.
ez ist geminnet, der sich dur die minne
    ellenden muoz.
nû seht wie si mich ûz mîner zungen
    ziuhet über mer.
und lebte mîn herre,* Salatîn und al
    sîn her   15
dien brahten mich von Vranken niemer
    einen fuoz.

Many a person boasts what he would do
for the sake of love:
Where are the deeds? I hear the words
well enough.
Yet I would like to see that she ask
someone of them
that he serve her as I shall serve her.
True love is present, if someone for
love's sake must leave his homeland.
Now look how she has drawn me out of
my homeland (native language) (and)
across the sea. If my lord were alive,
Saladin and all his army would never
bring me out of Franconia one foot.

Ir minnesinger, iu muoz ofte
    misselingen:
daz iu den schaden tuot, daz ist der wân.
ich wil mich rüemen, ich mac wol von
    minne singen,
sît mich diu minne hât und ich si hân. 20
daz ich dâ wil, seht daz wil alse
    gerne haben mich;
sô müezet aber ir verliesen
    underwîlent wânes vil:
ir ringent umbe liep daz iuwer niht
    enwil:
wan* müget ir armen minnen solhe minne
    als ich?

You troubadours, you must repeatedly
fail:
What causes you harm is (your) fantasy.
I want to boast (that) I can sing well
of love,
since love possesses me and I possess
her. That which I want, look, that
wants just as much to possess me.
But you (troubadours) must often lose
much of (the object of your) fantasy.
You are struggling because of a beloved
that does not want you:
Why can't you poor (troubadours) love
such a love as I (do)?

This is a variation on the <u>Kreuzlied</u> or a crusading song. 14 It is thought that
the death of his lord was the occasion for Hartmann's "taking the cross," or
promising to go on a crusade. 24 <u>warum</u> <u>nicht</u>.

Wolfram von Eschenbach (about 1200)

"Sîne klâwen   durh die wolken sint geslagen,
er stîget ûf mit grôzer kraft,
ich sih in grâwen   tägelîch als er wil
    tagen,
den tac, der im geselleschaft
erwenden wil, dem werden man,   5
den ich mit sorgen în bî naht verliez.
ich bringe in hinnen, ob ich kan.
sîn vil manigiu tugent mich daz leisten
    hiez."

"His talons have broken through the
clouds. He climbs aloft with great
power. I see him turning light, like
the day, when it wants to dawn: the
day that wants to deprive of company
him, the noble man whom I by night
have let in with danger.
I shall bring him away from here if
I can. His very many good qualities
command me to accomplish this."

"Wahtaer, du singest   daz mir manige frôide
    nimt
unde mêret mîne klage.   10
maere du bringest,   der mich leider niht
    gezimt,
immer morgens gegen dem tage.
diu solt du mir verswîgen gar.
daz gebiut ich den triuwen dîn:
des lôn ich dir als ich getar."   15
sô belîbet hie der geselle mîn."

"Watchman, you are singing (of such
a thing) that takes many a joy from
me and increases my lament. You
bring tidings that, alas, do not
suit me always
in the morning toward daybreak.
This (news) you should completely
keep from me. That I command you in
your loyalty: I shall reward you for
it as I dare. And so remain here,
my friend."

"Er muoz et hinnen   balde und âne sûmen
    sich:
nu gip im urloup, süezez wîp.
lâze in minnen   her nâch sô verholne dich,
daz er behalte êre und den lîp.   20
er gap sich mîner triuwe alsô,
daz ich in braehte ouch wider dan.
ez ist nu tac; naht was ez, dô
mit drucken an die brust dîn kus mir in
    an gewan."

"He must (come) away from here,
quickly and without delaying. Now
give him permission (to leave), sweet
woman. Let him love you from now on
so secretly that he preserves his
honor and his life. He surrendered
himself thus into my trust that I
might take him back away from here.
It is now day. It was night when
your kiss received him from me with
pressing to (your) breast."

Wolfram uses here the Tagelied or dawn song tradition with some innovations. The
dialogue is between the woman (stanzas 2 and 4) and the watchman (stanzas 1 and 3)
who is the confidant of the lovers. The dread coming of day is depicted as a bird
of prey tearing through the clouds.

"Swaz dir gevalle, wahtaer sinc, und lâ
   den hie,   25
der minne brâhte und minne enphienc.
von dînem schalle ist er und ich
   erschrocken ie:
sô ninder der morgenstern ûf gienc
ûf in, der her nâch minne ist komen,
noch ninder lûhte tages lieht,   30
du hâst in dicke mir benomen
von blanken armen, und ûz herzen nieht."

"Sing, watchman, whatever you please,
and let him (stay) here who
brought love and received love.
He and I are ever alarmed by your
sounds (announcing daybreak):
When nowhere (yet) the morningstar
arose over him who came here for love
and nowhere (yet) the light of day
shined, you have often taken him from
me--from (my) bare arms, and (but)
not out of my heart."

Von den blicken, die der tac tet durh diu
   glas,
und dô der wahtaere warnen sanc,
si muose erschricken durch den der dâ
   bî was.   35
ir brüstelîn an brust si twanc
der rîter ellens niht vergaz
(des wold in wenden wahtaers dôn):
urloup nâhe und nâher baz
mit kusse und anders gab in minne lôn.   40

From the beams which the day caused
through the windows,
and when the watchman sang (his)
warning, she had to become alarmed
for him who was with her.
Her breasts she pressed to (his)
breast; the knight did not forget
(his) prowess. (The watchman's song
wanted to prevent him from this.)
Departure, near and ever nearer, gave
them with kisses and other things
besides the reward of love.

Walther von der Vogelweide (fl. 1190-c.1230)

Saget mir ieman, waz ist minne?   (Can) someone tell me what love is?
weiz ich des ein teil, sô wist* ichs* gerne mê.   Though I know a bit of it, I would
der sich baz denn ich versinne,   like to know more of it. (He) who
der berihte mich durch waz si tuot sô wê.   understands more than I, let him
minne ist minne, tuot si wol.   5   tell me because of what it hurts so.
tuot si wê, so enheizet si niht rehte minne.   Love is love if it is pleasant. If
sus enweiz* ich wie si danne heizen sol.   it hurts, then it is not rightly
                                                             called love. And so I do not know
                                                             what it should be called.

Obe ich rehte râten künne   If I should guess rightly what love
waz die minne sî, sô sprechet denne "jâ"!   is, then say (all of you) "Yes!"
minne ist zweier herzen wünne: 10   Love is the bliss of two hearts:
teilent sie gelîche, sost* diu minne dâ.   If they share equally, then love is
sol abe* ungeteilet sîn,   present. But should (it) be not
sô enkans* ein herze alleine niht enthalten.   shared, then one heart alone knows
owê woldest dû mir helfen, frouwe mîn!   not how to receive it. Alas, my
                                                             lady, if only you wanted to help me!

Frouwe, ich trage ein teil ze swaere.   15   Lady, I am carrying a little too
wellest dû mir helfen, sô helf an der zît.   heavy (too much). If you want to
sî abe ich dir gar unmaere,   help me, then help in time. But if
daz sprich endelîche: sô lâz ich den strît,   I am unimportant to you, then say it
unde wirde ein ledic man.   finally: Then I shall give up the
dû solt aber einez rehte wizzen, frouwe: 20   struggle and become (again) a free
daz dich lützel ieman baz geloben kan.   man. But you should truly know one
                                                             thing, lady: that hardly anyone (no-
                                                             one) knows how to praise you better.

Kan mîn frouwe süeze siuren?   Can my lady make sweetness bitter?
waenet si daz ich ir liep gebe umbe leit?   Does she imagine that I shall give
sol ich si dar umbe tiuren*   joy in return for suffering? Should
daz siz* wider kêre an mîne unwerdekeit?*   25   I for that make her more dear--that
sô kund ich unrehte spehen!*   she turns it back again to my unwor-
wê waz sprich ich ôrenlôser ougen âne?   thiness? Then I would really be
den diu minne blendet, wie mac der gesehen?   seeing wrong! Alas, what am I
                                                             saying, (a man) without ears or
                                                             eyes? Whom love blinds, how can he
                                                             see?

---

2 wüßte.   ich es. 7 weiß nicht. 11 so ist. 12 aber. 13 kann sie (Minne) nicht.
24 That is, make her of higher value by singing her praises. 25. sie es. That is,
with the result that she uses her being thus elevated to increase the distance
between us, because I am then even less worthy of her. 26. I would be acting
strangely indeed, if I were to act thus.

Sô die bluomen ûz dem grase dringent,
same si lachen gegen der spilden* sunnen,
in einem meinen an dem morgen fruo;
und diu kleinen vogellîn wol singent
in ir besten wîse die si kunnen,*   5
waz wünne mac sich dâ glîchen zuo?
ez ist wol halb ein himelrîche!
suln wir sprechen waz sich deme gelîche,
sô sage ich waz mir dicke baz
in mînen ougen hât getân,   10
und taete ouch noch, gesaehe ich daz.

Swâ ein edeliu schoene frouwe reine,
wol gekleidet unde wol gebunden,
dur kurzewîle zuo vil liuten gât,
hovelîchen hôhgemuot, niht eine,   15
umbe sehende ein wênic under stunden,
alsam der sunne gegen den sternen stât--
der meie bringe uns al sîn wunder,
waz ist dâ sô wünneclîches under,
als ir vil minneclîcher lîp?   20
wir lâzen alle bluomen stân
und kapfen an daz werde wîp.

Nû wol dan, welt ir die wârheit schouwen:
gên wir zuo des meien hôhgezîte!
der ist mit aller sîner krefte komen.   25
seht an in und seht an schoene frouwen,
wederz dâ daz ander überstrîte:
daz bezzer spil, ob ich daz hân genomen.
owê der mich dâ welen hieze,
diech* daz eine dur daz ander lieze,   30
wie rehte schiere ich danne kür!*
hêr Meie, ir müeset merze sîn,
ê ich mîn frowen dâ verlür.

When the flowers surge forth from the
grass, as though they were laughing up
toward the sparkling sun on a (day in)
May in the morning. And the little
birds are singing cheerily in the best
melodies which they know--what bliss
can compare itself to this? It is
indeed (like) half of heaven! If we
are to say what likens itself to this,
then I (shall) say what often has glad-
dened my eyes and would still do so
if I were to see it.

Whenever a noble and beautiful lady--
perfection itself, well clothed and
with her hair adorned, for the sake of
entertainment goes to a gathering, in
festive spirits, not alone (with her
attendants), looking around a bit at
times, just like the sun stands against
the stars--let May produce for us
all his marvels: What among them is so
delightful as her very lovely person?
We let all the flowers be and gaze at
the esteemed woman.

Well then, if you want to see the truth
(of this), let's go to May's festival!
He (May) has come with all his power.
Look at him and look at the beautiful
women: Which of them surpasses the
other? The better entertainment--
haven't I chosen it? Alas, if someone
commanded me to choose there--that I
should leave the one for the sake of
the other. How very quickly I would
then choose! Sir May, (I would prefer)
you should be March before I would give
up my lady there.

---

2 spielenden. 5 können. 30 daß ich. 31 wählen würde.

Muget ir schouwen waz dem meien
wunders ist beschert?
seht an pfaffen, seht an leien,
wie daz allez vert.
grôz ist sîn gewalt: 5
ine* weiz obe er zouber künne:
swar er vert in sîner wünne,
dân* ist niemen alt.

Can you see what marvels have been
bestowed upon May?
Look at the priests, look at the lay
persons (everybody), how everything
thrives. Great is his (May's) power:
I don't know if he can work magic:
(but) wherever he goes in his splendor,
there no one is old.

Uns wil schiere wol gelingen.
wir suln sîn gemeit,   10
tanzen lachen unde singen
âne dörperheit.
wê wer waere unfrô?
sît die vogele alsô schône
singent in ir besten dône--   15
tuon wir ouch alsô!

Soon everything will turn out well for
us. We shall be joyful--
dancing, laughing, and singing
without (any) coarse behavior.
Alas, who would (possibly) be unhappy?
Since the birds are singing so beautifully
in their best melodies,
Let's do likewise!

Wol dir, meie, wie dû scheidest
allez âne haz!
wie dû walt und ouwe kleidest,
und die heide baz!   20
diu hât varwe mê.
"du bist kurzer, ich bin langer",
alsô strîtents* ûf dem anger,
bluomen unde klê.

Hail to you, May! How (wonderfully) you
settle (like a judge) everything without
rancor! How you clothe forest and
meadow, and the heath better (yet)!
It (heath) has more color.
"You are shorter, I am bigger!"
Thus do they dispute in the meadow:
the flowers and the clover.

Rôter munt, wie dû dich swachest!   25
lâ dîn lachen sîn.*
Scham dich daz dû mich an lachest
nâch dem schaden mîn!
ist daz wol getân?
owê sô verlorner stunde,   30
sol von minneclîchem munde
solch unminne ergân!

Rosy mouth, how you distort yourself!
Stop your laughing.
Shame on you that you are laughing at me
to my misfortune!
Is that really proper?
Alas, for the time lost
if from such a lovely mouth
such unloveliness comes forth!

daz mich, frouwe, an frôiden irret,
daz ist iuwer lîp.
an iu einer* ez mir wirret,   35
ungenaedic wîp!
wâ nemt ir den muot?
ir sît doch genâden rîche:
tuot ir mir ungnaedeclîche,
sô sît ir niht guot.   40

What prevents joy for me, lady,
that is your person.
You alone make me unhappy,
ungracious woman!
Where do you get this whim?
You are, after all, rich in graciousness:
When you treat me ungraciously,
then you are not good.

---

6 <u>ich</u> <u>nicht</u>. 8 <u>dort</u> <u>nicht</u>. 23 <u>streiten</u> <u>sie</u>. 26 <u>laß...sein</u>. 35 <u>allein</u>.

Scheidet, frouwe, mich von sorgen,
liebet mir die zît!
oder ich muoz an fröiden borgen.
daz ir saelic sît!
muget ir umbe sehen?   45
sich fröit al diu welt gemeine:
möhte mir von iu ein kleine
fröidelîn geschehen!

Separate me, lady, from care!
Make the time pleasant for me!
Otherwise I must borrow (go looking for)
joy (elsewhere). May you then be well!
(But) could you (please) look around you?
The whole world is happy:
Might possibly a tiny little bit of joy
come about for me from you?

In einem zwîvellîchen wân
was ich gesezzen und gedâhte,
ich wolte von ir dienst gân;
wan daz ein trôst mich wider brâhte.
trôst mag ez rehte niht geheizen,   5
     owê des!
ez ist vil kûme ein kleinez troestelîn,
sô kleine, swenne ichz* iu gesage, ir
     spottet mîn.
doch fröut sich lützel ieman, er
     enwizze wes.

In a doubting frame of mind
I was sitting there and considering
(that) I would go (leave) from her
service; except that something consoling
brought me back again. Actually it can-
not be called a consolation. Alas for
that! It is very scarcely a tiny little
consolation, so small, when I tell you
about it, you will laugh at me. (And)
yet hardly anyone (no one) is happy
without knowing why.

Mich hât ein halm gemachet frô!
er giht,* ich sül genâde vinden.   10
ich maz daz selbe kleine strô,
als ich hie vor gesach von kinden.
Nû hoeret unde merket ob siz* denne
     tuo:
"si tuot, si entuot, si tuot, si
     entuot, si tuot!"
swie dicke ichz alsô maz, so was daz
ende ie guot.   15
daz troestet mich: dâ hoeret ouch
     geloube zuo.

A piece of straw has made me happy!
It says I shall find favor.
I measured this same small straw
as I had seen by children before.
Now listen and see whether she loves
me:
"She loves me, she loves me not, she
love me, she loves me not, she loves
me!" However often I measured it thus,
the result was always good.
This consoles me: (But) this certainly
requires faith.

7 ich es.   10 from jehen: behauptet.   13 sie es.

"Nemt, frouwe, disen kranz!"
alsô sprach ich zeiner* wol getânen
    maget.
"Sô zieret ir den tanz,
mit den schoenen bluomen, als irs*
    ûffe traget.
Het ich vil edele gesteine,   5
daz müest ûf iur houbet,
obe ir mirs* geloubet.
seht mîne triuwe, daz ichz* meine."

Si nam daz ich ir bôt
einem kinde vil gelîch daz êre hât.   10
Ir wangen wurden rôt
same diu rôse, dâ si bî der liljen stât.
Do erschampten sich ir liehten ougen:
doch neic si mir schône.
daz wart mir ze lône.   15
wirt mirs* iht mêr, daz trage ich tougen.

"Ir sît sô wol getân,
daz ich iu mîn schapel gerne geben wil,
so ichz* aller beste hân.
wîzer unde rôter bluomen weiz ich vil.   20
die stênt sô verre in jener heide.
dâ si schône entspringent
und die vogele singent,
dâ suln wir si brechen beide."

Mich dûhte daz mir nie   25
lieber wurde, danne mir ze muote was.
die bluomen vielen ie
von dem boume bî uns nider an daz gras.
seht, dô muost ich von frôiden lachen,
do ich sô wünneclîche   30
was in troume rîche,
dô taget ez und muos ich wachen.

"Take, lady, this garland!" Thus did
I speak to a fine looking girl. "You
shall adorn the dance very much with
these beautiful flowers when you wear
them up there (in your hair).
If I had a lot of jewels,
they would have (to go) upon
your head, if you believe me.
Look upon my faithfulness, that I
(really) mean it.

She took what I offered her, very much
like a young girl that has nobility.
Her cheeks became red, just like a
rose when it is standing next to a lily.
Then her bright eyes became shy: (And)
yet she bowed to me nicely. This was
my reward. If I received anything more:
that I carry (within me) secretly.

"You are so fair, that I willingly
shall give you my wreath--the best
that I have. I know (the whereabouts
of) many red and white flowers. They
stand (are) very far off on that heath
(over there). There they spring up
beautifully and the birds are singing:
There we shall both pluck them."

It seemed to me that I was never happier
than I was then.
The blossoms fell continually from the
tree next to us down onto the grass.
Look, I just had to burst out laughing
from joy since I was so delightfully
rich in (my) dream:
Then the day came and I had to wake up.

---

2 zu einer. 4 ihr sie (bluomen). 7 mir es. 8 ich es. 16 mir dessen.
17 Scholars are divided as to who speaks this strophe--the man or the girl.
19 ich es.

Mir ist von ir geschehen,
daz ich disen sumer allen meiden* muoz
vast under d'ougen sehen: 35
lîhte wirt mir einiu: so ist mir sorgen
   buoz.
Waz obe si gêt an disem tanze?
frouwe, dur iur güete
rucket ûf die hüete:
owê gesaehe ichs* under kranze!   40

Because of her it has happened to me
that this summer with regard to all
(the) girls I must look closely into
their eyes: Perhaps I shall find her:
Then I shall have recompense for my
cares. What if she goes (is) at this
dance? Lady, by your kindness (please)
push up (a little) your headdress:
Alas, if only I might see her under a
garland!

34 Mädchen. 40 ich sie.

Bin ich dir unmaere,
des enweiz ich niht: ich minne dich.
einez ist mir swaere:
dû sihst bî mir hin und über mich.
daz solt dû vermîden.   5
ine* mac niht erlîden
selhe liebe ân grôzen schaden.
hilf mir tragen, ich bin ze vil geladen.

Whether I am nothing to you (or not)--
that I do not know. (But) I love you.
One thing is difficult for me:
You look past me and over me.
That you should quit.
I cannot bear
such love without great harm.
Help me carry; I am too much burdened.

Sol daz sîn dîn huote,
daz dîn ouge mich sô selten siht?   10
tuost dû daz ze guote,
sône* wîze* ich dir dar umbe niht.
sô mît mir daz houbet--
daz sî dir erloubet--
und sich nider* an mînen fuoz,   15
sô dû baz enmügest: daz sî dîn gruoz.

Is that supposed to be your protection,
that your eye so seldom looks at me?
If you are doing that for a good reason,
I shall not reproach you because of it.
Then avoid (looking at) my head--
may that be allowed to you--
and look down at my foot
if you cannot do more--let that be your
greeting.

Swanne ichs* alle schouwe,
die mir suln von schulden wol behagen,
sô bist duz* mîn frouwe:
daz mac ich wol âne rüemen sagen.   20
edel unde rîche
sint si sumelîche,
dar zuo tragent si hôhen muot:
lîhte sint si bezzer, dû bist guot.

When I look at all those (women)
who are by right supposed to please me
well, then you are the one, my lady:
That I can say truly without boasting.
Noble and influential
they all are;
in addition, they all have courtly bear-
ing. Perhaps they are better, (but) you
are good.

6 ich ne (neg.). 12 so ne (neg.); verweise. 13 meide. 15 siehe hinunter.
17 ich sie. 19 du es.

Vrouwe, dû versinne   25   Lady, consider well
dich ob ich dir z´ihte* maere sî.   whether I mean anything at all to you.
eines friundes minne   The love of a dear one--
diust* niht guot, da ensî ein ander bî.   it is not good unless there is another
Minne entouc* niht eine,   present. One-sided love is worth
si sol sîn gemeine,   30   nothing; it must be shared,
sô gemeine daz si gê   so shared that it goes
dur zwei herze und dur dekeinez mê.   through two hearts and through no other
                                               (heart).

_____
26 at all. 28 <u>die ist</u>. 29. <u>taugt nicht</u>.

Herzeliebez frouwelîn,   Little mistress dear to my heart,
got gebe dir hiute und iemer guot!   may God bless you today and always!
kund ich baz gedenken dîn,   If I could remember (express my thoughts
des hete ich willeclîchen muot.   about) you better, I would have the will
waz mac ich dir sagen mê,   5   of this (to do so). What more can I say
wan daz dir nieman holder ist? owê,   to you except that no one holds you
    dâ von ist mir vil wê.   dearer? Alas, this causes me much grief.

Sie verwîzent* mir daz ich   They reproach me that I direct
ze nidere wende mînen sanc.   my song too low.
daz si niht versinnent sich   That they do not grasp
waz liebe sî, des haben undanc!   10   what (real) love is--may they be cursed
sie getraf diu liebe nie,   for that! (Real) love never touched
die nâch dem guote und nach der schoene   those who love according to (the degree
    minnent, wê wie minnent die?   of) wealth and beauty. Alas, how do they
                                               love (what kind of love is that)?
Bî der schoene ist dicke haz;   Connected to beauty there is often spite.
zer schoene niemen sî ze gâch.   Let no one be too quick (to go) after
liebe tuot dem herzen baz: 15   beauty. Love is much better for the
der liebe gêt diu schoene nâch.   heart. Beauty follows love.
liebe machet schoene wîp: Love makes women beautiful. Beauty
des mac diu schoene niht getuon, si   can do nothing of the kind; it never
    machet niemer lieben lîp.   makes a person dear.

_____
Part of the effect of the poem is achieved through the poet´s contrasting <u>liebe</u> and
<u>minne</u>. 7 <u>Sie werfen mir vor</u>.

Ich vertrage als ich vertruoc
und als ich iemer wil vertragen.   20
dû bist schoene und hâst genuoc:
waz mugen si mir dâvon sagen?
swaz si sagen, ich bin dir holt,
und nim dîn glesîn vingerlîn für* einer
   küneginne golt.

Hâst du triuwe und staetekeit,   25
sô bin ich des ân angest gar
daz mir iemer herzeleit
mit dînem willen widervar.
hâst aber dû der zweier niht,
so müezest dû mîn niemer werden. owê
   danne, ob daz geschiht!   30

I bear (these reproaches) as I have
borne (them) and as I shall always bear
(them). You are beautiful and have
enough (wealth). What can they tell me
about that? Whatever they say, I hold
you dear and consider your little glass
ring dearer than the gold (ring) of a
queen.

If you have faithfulness and constancy,
then I am completely without fear of this
that suffering of heart will ever come
to me from you intentionally.
But if you have nothing of these two
(virtues), then you shall never become
mine. Alas, if that is what happens!

---

24 in preference to.

Under der linden*
an der heide,
dâ unser zweier bette was,
dâ mugt ir vinden
schône beide
gebrochen bluomen unde gras.   5
vor dem walde in einem tal,
tandaradei,
schône sanc diu nahtegal.

Ich kam gegangen   10
zuo der ouwe:
dô was mîn friedel komen ê.
dâ wart ich enpfangen,
hêre frouwe,*
daz ich bin saelic iemer mê.   15
kuste er mich? wol tûsentstunt:
tandaradei,
seht wie rôt mir ist der munt.

Under the linden tree
in the meadow
there was the bed of the two of us.
There you can find
beautifully
broken both flowers and grass.
In front of the forest in a valley,
tandaradei,
beautifully sang the nightingale.

I came walking
to the meadow:
My darling had come before (me).
I was received there--
holy virgin (Mary)!
so that I shall be happy evermore.
Did he kiss me? Indeed, a thousand
times: tandaradei.
Look at how red my mouth is.

The poem is spoken by a girl. 1 The linden or lime tree was always associated with
love. 14 Some editors prefer the interpretation: "I was received like a lofty
noble lady."

Dô het er gemachet
alsô rîche
von bluomen eine bettestat.
des wirt noch gelachet*
inneclîche,
kumt iemen an daz selbe pfat.
bî den rôsen er wol mac,
tandaradei,
merken wâ mirz* houbet lac.

Daz er bî mir laege,
wessez iemen*
(nu enwelle got!), sô schamt ich mich.
wes er mit mir pflaege,
niemer niemen*
bevinde daz wan er und ich--
und ein kleinez vogellîn,
tandaradei,
daz mac wol getriuwe sîn.

20 so richly
of flowers a resting place.
There is still some laughing about it
heartily
if someone comes along the same path.
25 Because of the roses he can well see,
tandaradei,
where my head was lying.

There he had made
so richly
of flowers a resting place.
There is still some laughing about it
heartily
if someone comes along the same path.
Because of the roses he can well see,
tandaradei,
where my head was lying.

That he lay by me--
if someone were to know that
(God forbid!), then I would be ashamed.
What he did with me,
may no one ever
find it out but him and me--
and a little bird,
tandaradei.
It can certainly be loyal (and keep
quiet about it).

---

22 deswegen wird noch gelacht.   27 mir das.   29 wüßte es jemand.
32 Double negatives can intensify the negation in MHG.

Ahî wie kristenlîche nû der bâbest lachet,
swenne er sînen Walhen seit "ich hânz* alsô gemachet!"
daz er dâ seit, des solt er niemer hân gedâht.
er giht* "ich hân zwên Allamân* undr eine krône brâht,
daz siz* rîche sulen stoeren unde wasten.   5
ie dar under füllen wir die kasten:
ich hâns* an mînen stoc gement, ir guot ist allez mîn.
ir tiuschez silber vert in mînen welschen schrîn.
ir pfaffen, ezzet hüenr und trinket wîn,
unde lât die tiutschen leien magern unde vasten!"   10

Oh, in what a Christian manner the pope now laughs
when he says to his (anti-imperial) Italians, "I have done it this way!"
What he then says, he should not (even) have thought it.
He says, "I have brought two Alemanni under one crown
so that they should destroy and devastate the empire.
Meanwhile we shall fill our coffers:
I have led them to my collection box; their goods are all mine.
Their German silver travels into my Italian chest.
You priests, eat chicken and drink wine,
and let the German laity grow thin and fast!"

---

2 sagt; habe es.   4 sagt; an Italian word for German (in the mouth of an Italian
pope).   5 sie das.   7 habe sie.

Ich hân mîn lêhen, al die werlt, ich hân mîn lêhen.
nû entfürhte ich niht den hornunc an die zêhen,
und wil all boese hêrren dester minre* flêhen.
der edel künec, der milte künec hât mich berâten,
daz ich den sumer luft und in dem winter hitze hân.   5
mîn nâhgebûren dunke ich verre baz getân:
sie sehent mich niht mêr an in butzen wîs* als sî wîlent tâten.
ich bin ze lange arm gewesen ân mînen danc.
ich was sô voller scheltens daz mîn âten stanc:
daz hât der künec gemachet reine, und dar zuo mînen sanc.   10

I have my fief, (hear ye) all the world, I have my fief.
Now I shall not fear February (frost) in my toes,
and shall so much the less beg (from) all the miserly lords.
Our noble king, our generous king has provided for me,
so that I have (cool) air in the summer and in the winter heat.
I seem to my neighbors (to be now) far better:
They no longer look at me (as they would) a boogeyman, as they sometimes did.
I have been poor too long against my will.
I was so full of cursing that my breath stank:
This the king has made clean, and, in addition, (he has made clean) my singing.

3 <u>desto</u> <u>weniger</u>.   7 literally: in the manner of a ghost.

Vrô Welt, ir sult dem wirte* sagen
daz ich im gar vergolten habe.
mîn grôziu gülte ist abe geslagen,
daz er mich von dem brieve schabe.
swer im iht sol, der mac wol sorgen.   5
ê ich im lange schuldic waere, ich
        wolt ê z´einem* juden borgen.
er swîget unz an einen tac:
sô wil er danne ein wette hân,
sô jener niht vergelten mac.

"Walther, dû zürnest âne nôt;   10
dû solt bî mir belîben hie.
gedenke waz ich dir erbôt,
waz ich dir dînes willen lie,
als dicke dû mich sêre baete.
mir waz vil inneclîche leit daz
        dû daz ie sô selten taete.
bedenke dich: dîn leben ist guot.
sô dû mir rehte widersagest,
sô wirst dû niemer wol gemuot."

Lady World, tell the innkeeper
that I have paid him completely.
My large debt has been settled,
so that he (should) erase me (my name)
from his ledger. Whoever owes him any-
thing can well be worried. Rather than
owe him anything for long, I would rather
borrow from a Jew. He doesn't say any-
thing till the (due) day. He wants his
due just when the other cannot pay it
back.

"Walther, you are getting upset without
reason. You should stay with me here.
Remember what I have offered you,
what I let (happen) for you according
to your will, as often as you seriously
asked me. I was very deeply sorry that
you so seldom did that (ask).
Consider: Your life is good.
If you really call it quits with me,
you shall never (again) be (really)
happy."

1 That is, the devil.   7 <u>bei</u> <u>einem</u>.

Vrô Welt, ich hân ze vil gesogen: ich wil entwonen, des ist zît. dîn zart hât mich vil nâch betrogen, wand er vil süezer fröiden gît. do ich dich gesach reht under ougen, dô was dîn schoene an ze schouwen wunderlich al sunder lougen:* doch was der schanden alse vil, dô ich dîn hinden* wart gewar, daz ich dich iemer schelten wil.	20 25	Lady World, I have suckled too much (at your breast): I want to wean (myself); it is time for that. Your tenderness quite deceived me since it gives much sweet joy. When I looked you straight in the eyes, your beauty was marvelous to look upon--there's no denying it: (And) yet there was too much shame when I became conscious of you from (your) behind, so that I shall always disdain you.

"Sît ich dich niht erwenden mac,
sô tuo doch ein dinc des ich ger:
gedenke an manegen liehten tac,   30
und sich* doch underwîlent her
niuwan sô dich der zît betrâge."*
daz taet ich wunderlîchen gerne, wan
   deich* fürhte dîne lâge,
vor der sich niemen kan bewarn.
got gebe iu, frouwe, guote naht: 35
ich wil ze herberge varn.

"Since I cannot change your mind, at
least do one thing that I desire:
Think back on many a bright day and look
now and then in this direction--only when
time hangs heavy for you."
That I would do marvelously willingly,
except that I fear your trap, from which
no one knows how to protect oneself.
God grant you, lady, a good night:
I want to go to my (secure) shelter.

---

24 ganz nicht zu leugnen. 26 In sculpture Lady World was portrayed as beautiful when seen from the front, but her back was covered with rats, snakes, toads, and the like. 31 siehe. 32 betragen: impersonal, with acc. of pers. and gen. of thing. 33 daß ich.

Allerêrst lebe ich mir werde, sît mîn sündic ouge siht daz reine lant und ouch die erde den man sô vil êren giht.* mirst* geschehen des* ich ie bat, ich bin komen an die stat dâ got mennischlîchen trat.	 5	Now really for the first time do I live worthy to myself, since my sinful eye sees the pure land and the earth as well for which one claims so much of honors. That has happened to me for which I al- ways asked--I have come to the place where God trod as a man.

Schoeniu lant rîch unde hêre,
swaz ich der noch hân gesehen,
sô bist duz* ir aller êre.   10
waz ist wunders hie geschehen!
daz ein magt ein kint gebar
hêrre über aller engel schar,
was daz niht ein wunder gar?

Beautiful lands, rich and glorious,
whatever of them I have seen,
you are the glory of all of them.
What a marvel took place here!
That a virgin gave birth to a child,
the Lord over all the hosts of angels--
was that not an utter miracle?

---

4 from jehen: sagt, behauptet. 5 mir ist; um was. 10 du es.

Hie liez er sich reine toufen,
daz der mensche reine sî.
sît liez er sich hie verkoufen,*
daz wir eigen wurden frî.
anders waeren wir verlorn.
wol dir, sper kriuz unde dorn!*
wê dir, heiden! deist* dir zorn.

Hinnen fuor der sun zer helle*
von dem grabe da´r inne lac.*
des was ie der vater geselle,
und der geist, den niemen mac
sunder scheiden: êst* al ein
sleht und ebener danne ein zein,
als er Abrahâme erschein.

Do er den tievel dô geschande,
daz nie keiser baz gestreit,
do fuor er her wider ze lande.
dô huob sich der juden leit,
daz er hêrre ir huote brach,*
und man in sît lebendic sach,
den ir hant sluoc und stach.

In diz lant hât er gesprochen
einen angeslîchen tac,*
dâ diu witwe wirt gerochen*
und der weise klagen mac
und der arme den gewalt
der dâ wirt an ime gestalt.
wol im dort, der hie vergalt!

Kristen juden unde heiden
jehent daz diz ir erbe sî:
got müez ez ze rehte scheiden
durch die sîne namen drî.
al diu welt die strîtet her:
wir sîn an der rehten ger,
reht ist daz er uns gewer.

15 Here, pure though he was, he had himself
baptized so that man might be pure.
Then he let himself be sold, so that
we serfs might become free.
Otherwise we would have been lost.
20 Honor to you, lance, cross, and thorn!
Woe to you, heathen! There is wrath
toard you because of this.
From here the Son went to hell
out of the grave in which he was lying.
25 In this the Father was always (his) com-
panion, and the Spirit that no one can
separate apart: It is completely one--
smooth and more even than a staff,
as he appeared to Abraham.

When he had then brought the devil to
30 shame (in a way) that never an emperor
fought better, then he came back again to
earth. Then the misery of the Jews began:
that he, the Lord, confounded their guard,
and one saw alive after that him
35 whom their hand and struck and pierced.

Into this land he has decreed
a day of anguish,
when the widow shall be avenged
and the orphan can bring charges
40 and the poor man (can bring charges for)
the violence that shall become visible
on him there. It shall be well for him
there who paid back (did penance) here.
Christians, Jews and pagans
claim that this is their inheritance.
45 God shall decide it justly
for the sake of his three names.
The whole world is struggling in this
direction. We have the just desire:
It is just that he grant it to us.

---

17 Sold by Judas for thirty pieces of silver. 20 Instuments of Christ´s
suffering and death. 21 <u>deswegen ist</u>. 22 After dying Christ was believed to have
visited the souls of the just in limbo or Abraham´s bosom, sometimes also called
hell. They could not enter heaven before Christ. 23 <u>in dem er gelegen hatte</u>. 26
<u>es ist</u>. 33 Christ arose from the dead despite the guards placed at the tomb by the
Jewish authorities. 37 That is, the Day of Judgment, which is to take place in
Palestine in the Valley of Jehoshaphat. 38 <u>gerächt</u>.

Ich saz ûf eime steine
und dahte* bein mit beine.
dar ûf satzt ich den ellenbogen.
Ich hete in mîne hant gesmogen
daz kinne und ein mîn wange.   5
dô dâhte ich mir vil ange,*
wie man zer welte solte leben.
deheinen rât kond ich gegeben,
wie man driu dinc erwurbe,
der keinez niht verdurbe.   10
diu zwei sint êre und varnde guot
daz dicke ein ander schaden tuot:
daz dritte ist gotes hulde,
der zweier übergulde.
die wolte ich gerne in einen schrîn:*
jâ leider desn mac niht gesîn,   16
daz guot und weltlich êre
und gotes hulde mêre
zesamene in ein herze komen.
stîg unde wege sint in benomen: 20
untriuwe ist in der sâze,
gewalt vert ûf der strâze,
fride unde reht sint sêre wunt.
diu driu enhabent geleites niht, diu
        zwei enwerden ê gesunt.

I sat upon a rock
and crossed one leg over the other one.
On it (leg) I put my elbow.
I had cradled in my hand
my chin and one of my cheeks.
Then I considered (within) me very
anxiously how one should live in this
world. I could give no advice
how one might attain three things (in such
a way that) none of them would go to ruin.
The two things are honor and (earthly)
possessions which often do harm to each
other. The third is God's favor--
of higher value than the (other) two.
These (three things) I earnestly wanted to
(get) into one safe place. Unfortunately,
this is not possible--that possessions and
worldy honor and God's favor as well
(all) come into one heart together.
Highway and byway have been taken from
them. Treachery is (waiting) in ambush.
Violence travels about on the road.
Peace and justice are seriously wounded.
Those three have no (safe) escort, if
these two do not become healthy
beforehand.

_____
2 <u>deckte</u>. 6 adverb from <u>eng</u>. 15 a safe for storing valuables.

Owê war sint verswunden
ist mir mîn leben getroumet,
daz ich ie wânde ez waere
dar nâch hân ich geslâfen
nû bin ich erwachet,
daz mir hie vor was kündic
liut unde lant, dar inn ich
die sint mir worden frömde
die mîne gespilen wâren,
bereitet ist daz velt,
wan daz daz wazzer fliuzet
für wâr mîn ungelücke
mich grüezet maneger trâge,
diu welt ist allenthalben
als ich gedenke an manegen
die mir sint enpfallen
iemer mêre owê.

alliu mîniu jâr!
oder ist ez wâr?
was daz allez iht?
und enweiz es niht.
und ist mir unbekant   5
als mîn ander hant.
von kinde bin erzogen,
reht als ez sî gelogen.
die sint traege unt alt.
verhouwen ist der walt:*   10
als ez wîlent flôz,
wânde ich wurde grôz.
der mich bekande ê wol.
ungenâden vol.
wünneclîchen tac,   15
als in daz mer ein slac,

Owê wie jaemerlîche
den ê vil hovelîchen
die kunnen niuwan sorgen:
swar ich zer werlte kêre,
tanzen, lachen, singen
nie kristenman gesaehe
nû merket wie den frouwen
die stolzen ritter tragent
uns sint unsenfte brieve
uns ist erloubet trûren
daz müet mich inneclîchen
daz ich nû für mîn lachen
die vogel in der wilde
waz wunders ist ob ich dâ von
wê waz spriche ich tumber
swer dirre wünne volget,
iemer mêr owê.

junge liute tuont,
ir gemüete stuont!
owê wie tuont si sô?   20
dâ ist nieman frô:
zergât mit sorgen gar:
sô jaemerlîche schar.
ir gebende stât;
dörpellîche wât.   25
her von Rôm komen,*
und fröide gar benomen.
(wir lebten ê vil wol),
weinen kiesen sol.
betrüebet unser klage: 30
an fröiden gar verzage?
durch mînen boesen zorn?
hat jene dort verlorn,

---

10 That is, what used to be forest and meadow is now farmland.   26 This is probably
a reference to the decree of Pope Gregory IX excommunicating Emperor Friedrich II
in 1227.

Alas, where have they disappeared to   all my years!
Has my life been dreamed,   or is it real?
That which I always imagined that it was--was all of that something?
After that I slept   and do not know it.
Now I have awakened,   and (now that) is unfamiliar to me   5
which before was as familiar   as one of my own hands.
The people and country in which I   was brought up from childhood,
they have become so strange to me   just as though it has all been a lie.
Those who were my playmates   are (now) slow and old.
The land is (now) cultivated;   the forest is cut down.   10
Except that the streams are flowing   just as they used to flow,
indeed my unhappiness,   I imagine, would be great.
Many a person is slow to greet me (does not do so) who used to recognize me quite
well. Everywhere the world is   full of ingratitude.
When I think (back) on many   delightful days,   15
which have slipped away from me (without a trace) like a blow into the sea:
Forevermore alas!

Alas, how pitiably   the young people are behaving
for whom before their   spirits were very courtly!
(Now) they know how to do nothing but worry: alas, why do they behave thus?   20
Wherever in the world I turn   there no one is happy.
Dancing, laughing, singing   (all) disappear completely in worry.
Never should a Christian (have to) see   such a miserable bunch.
Now look how (poorly) for the ladies   their hair is arranged.
Proud knights are wearing   peasant clothing.   25
There have come to us from   Rome disturbing letters.
We are allowed to mourn;   and joy has been taken from us entirely.
That makes me deeply sad   (we used to live quite well)--
that I now am supposed to   choose weeping in place of laughing.
Our lamenting disturbs   the birds in the forest.   30
Is it a surprise if I   lose heart regarding joy from (all) this?
Alas, what am I, silly person, saying   because of my base ill-temper?
Whoever pursues bliss in this world   has lost that (bliss) in the other world:
Forevermore alas!

Owê wie uns mit süezen
ich sihe die bittern gallen
diu Welt ist ûzen schoene,
und innân swarzer varwe,
swen si nû habe verleitet,
er wirt mit swacher buoze
dar an gedenket, ritter:
ir traget die liehten helme
dar zuo die vesten schilte
wolte got, wan waere ich
sô wolte ich nôtic armman
joch meine ich niht diu huoben
ich wolte saelden krône
die mohte ein soldenaere
môht ich die lieben reise
sô wolte ich denne singen wol,
niemer mêr owê.

dingen ist vergeben!*   35
in dem honege sweben.
wîz grüen unde rôt,
vinster sam der tôt.
der schouwe sînen trôst:
grôzer sünde erlôst.*   40
ez ist iuwer dinc.
und manegen herten rinc,
und diu gewîhten swert.*
der segenunge wert!
verdienen rîchen solt.   45
noch der hêrren golt:
êweclîchen tragen:
mit sîme sper bejagen.*
gevaren über sê,
und niemer mêr owê,   50

35 vergiftet. 40 That is, going on a crusade is a small price to pay for release from punishment for sin. 43 The sword is to be used in a holy cause. 48 This is possibly a reference to the legend of the Roman soldier Longinus who was converted after having pierced the side of Christ with a lance (John 19:33-34).

Alas, how we are poisoned   with sweet things!   35
I see bitter gall   swimming in the honey.
The World is, on the outside,   attractive: white, green, and red;
and on the inside of black color, gloomy like death.
Whomever she has seduced   let him look toward his rescue.
With a small penance he shall be   freed from great sin.   40
Think about it, knight: It is your concern.
You wear bright helmets   and many a hard ring (of chain mail);
in addition, sturdy shields   and consecrated swords.
Would to God that I were   worthy of such a blessing!
Then I, a poor man in need, would want to earn abundant pay.   45
But I don´t mean acres of land   nor the gold of (powerful) lords.
I would want to wear   forever the crown of the blessed.
This (crown) a soldier was (once) able to attain with his lance.
If I could (only) make the desired journey across the sea,
then I would sing with joy   and never again (sing) alas: 50
Never again alas!

Neidhart von Reuental (after 1210)

Ine* gesach die heide		I have never seen the meadow	
nie baz gestalt,*		more beautiful,	
in liehter ougenweide		in a bright feast for the eyes	
den grüenen walt:		the green forest.	
bî den beiden kiese wir den meien.	5	In both (meadow and forest) we perceive	
ir mägde, ir sult iuch zweien,*		May. You maidens, you should go in pairs	
gein dirre liehten sumerzît		(and), at the approach of bright summer-	
in hôhem muote reien.		time, dance in good spirits in a circle.	

Lop von mangen zungen   May has the praise
der meie hât.   of many tongues.
die bluomen sint entsprungen   10   The flowers have sprung up
an manger stat,   in many a place,
dâ man ê deheine kunde vinden,   where before one could not find any.
geloubet* stât diu linde: The linden tree stands in leaf.
dâ hebt sich, als ich hân vernomen,   There begins, as I have heard,
   ein tanz von höfischen kinden.   a dance of courtly young people.

Die sint sorgen âne   15   They are without care
und vröuden rîch.   and rich in joys.
ir mägede wolgetâne   You maidens, beautiful
und minneclîch,   and worthy of love,
zieret iuch wol, daz iu die Beier danken, adorn yourselves well, so that the
die Swâbe und die Vranken!   20   Bavarians, the Swabians and the
ir brîset iuwer hemde wîz   Franconians thank you! You lace your
   mit sîden wol zen lanken!   blouses white with silk well to the hips!

"Gein wem solt ich mich zâfen?"*   "For whom should I dress myself up?"
sô redete ein maget.   Thus did a maiden speak.
"die tumben sint entslâfen;   "The silly (youths) have fallen asleep.
ich bin verzaget.   25   I am depressed.
vreude und êre ist al der werlde unmaere. Joy and honor are unimportant to the
die man sint wandelbaere: whole world. Men are inconstant.
deheiner wirbet umbe ein wîp,   Not one (of them) courts a woman
   der er getiuwert waere."   by whom he would be made more valuable."

The first three stanzas are spoken by the poet. The last four are spoken
alternately by a girl and her girlfriend. 1 ich ne (neg.). 2 besser gestaltet.
6 zu zweit gehen. 13 in Laub. The linden or lime tree was always associated with
love. 22 zâfen is a dialect expression for "dress up." In using it the girl
betrays her lack of courtly breeding.

"Die rede soltu* behalten",   "You should refrain from such talk,"
sprach ir gespil.   30   said her companion.
"mit vrôuden sul wir alten: "In joy we should grow old.
der manne ist vil,   There are plenty of men
die noch gerne dienent guoten wîben. who still willingly serve good women.
lât solhe rede belîben!   Let such talk be!
ez wirbet einer umbe mich,   There is one courting me
      der trûren kan vertrîben." 35 who knows how to drive away sorrowing."

"Den soltu mir zeigen,   "You should show me him (so that I can
wie er mir behage.   see) if he might please me.
der gürtel sî dîn eigen,   The belt is yours
den umbe ich trage!*   which I wear around (my waist)!
sage mir sînen namen, der dich minne 40 Tell me his name who loves you
sô tougenlîcher sinne!   with such secret devotion!
mir ist getroumet hînt von dir,   I dreamed last night about you--
      dîn muot der stê von hinne."   that your desire was (to go) away from
                                        here."

"Den si alle nennent   "The one they all call
von Riuwental   von Reuental
und sînen sanc erkennent   45 and (they) recognize his song
wol über al,   well all over--
der ist mir hold, mit guote ich im   he loves me; with something good I
      des lône: reward him for it.
durch sînen willen schône   For his sake I shall adorn myself with
sô wil ich brîsen* mînen lîp.   lace beautifully. Well, then, one is
      wol dan, man liutet nône!"*   ringing the ninth hour!"

---

29 sollst du. 39 Implied: if you tell me his name. 49 Literally: to lace or cover
with lace. That is, the ninth hour counting from about 6 a. m.

Mir ist von herzen leide,   I am from my heart sorry
daz der küele winder   that chilly winter
verderbet schoener bluomen vil: destroys many beautiful flowers.
sô verderbet mich ein senelîchiu arebeit. So (too) does distress of longing
dise sorge beide   5 ruin me. These two cares
dringent mich hin hinder   ultimately force me back away
ze ende an mîner vreuden zil.   from the goal of my joy.
owê, daz diu guote mit ir willen daz Alas, that the good (woman) puts up
      vertreit,*   with this willingly
sît si wol geringen mac   since she can well lessen
alle mîne swaere!   10 all my sorrow!
owê, gelebte ich noch den tac,   Alas, if only I might experience the day
daz si genaedic waere!   that (when) she might be merciful!

---

8 verträgt.

Swenne ich mich vereine
unde an si gedenke,
waer inder* wîbes güete dâ,
diune* haete sich sô lange bî ir niht
        verholn.

Whenever I seek solitude
and think of her,
15 if woman's kindness were anywhere
present, it would not have hidden itself
by her for so long a time.

sît si lônet kleine
mîner niuwen klenke,*
wan* mag ich dienen anderswâ?
nein, ich wil mit willen disen kumber
        langer doln.
waz ob noch ein saelic wîp
gar den muot verkêret?
vreu mîn herze und troeste den lîp!
diu zwei diu sint gesêret.

Since she rewards (so) meagerly
my new tunes,
Why can I not serve somewhere else?
No, I shall willingly suffer this
20 distress (yet) longer.
What if a happy woman might yet
change her attitude completely,
bring joy to my heart, and comfort my
body (person)? They are both afflicted.

Zuo dem ungemache,
den ich von ir lîde,
sô twinget mich ein ander leit,
daz vor allem leide mich sô sêre
        nie betwanc,
swie ich dar umbe lache
und gebâre blîde:
mir hât ein dörper widerseit*
umbe anders niht wan umbe den
        mînen üppeclîchen sanc.
der ist geheizen Adeltir,
bürtic her von Ense.
zallen* zîten drôt er mir
als einer veizten gense.

25 In addition to this distress
which I suffer because of her,
so does an additional affliction
opppress me, so that never a suffering
oppressed me as much as this one, no
matter how (much) I laugh about it
30 and behave cheerfully:
A village boor has declared his enmity
to me for no other reason than because
of my fine song.
His name is Adeltir,
by birth (coming) from the Enns.
35 Constantly he threatens me
as (he would) a fattened goose.

Hiwer an einem tanze
gie er umbe und umbe.
den wehsel het er al den tac:
glanziu schapel gap er umb ir niuwen
        krenzelîn.
Etzel unde Lanze,
zwêne knappen tumbe,
die phlâgen ouch des jener phlac.
Lanze der beswaeret ein vil stolzez
        magedîn;
eine kleine rîsen guot
zarte* er ab ir houbet,
dar zuo einen bluomenhuot:
wer het im daz erloubet?

This year at a dance
he went all over.
All day he was making the exchange:
Bright garlands he was giving in return
40 for their new wreaths.
Etzel and Lanze,
two young oafs--
they were also doing what he did.
Lanze--he was pestering a very proud
maiden;
45 a fine little kerchief
he yanked from her head--
in addition, (he yanked) a flowery head-
dress: Who gave him permission to do
this?

---

15 irgendwo. 16 die ne (neg.). 18 klenke (melodies or tunes) has a pejorative
ring to it. 19 warum nicht. 31 from widersagen. 35 zu allen. 46 zerrte.

Owê einer hende!		Alas, for this hand!
daz si sîn verwâzen!	50	May they be cursed!
die vinger müezen werden vlorn,		May the fingers be lost
dâ mit er gezerret hât den		with which he perpetrated this
schedelîchen zar!		damaging yanking!
hiete* er ir gebende		If he would have left her hair
ungezerret lâzen,		piece unyanked,
daz kränzel hiete ouch si verlorn.	55	she too (like the others) would have
er ist ungevüeger, danne wîlen		sacrificed the garland. He is more
Engelmâr,		oafish than Engelmar formerly (was),
der gewalticlîchen nam		who by force took
den spiegel Vriderûne.		the mirror from Vriderun.
des bin ich dem dörper gram,		Because of this I am very angry with
dem selben Walberûne.	60	the bumpkin, this Walberun.
Dise alten schulde		This new injustice
wecket mir diu niuwe:		awakens for me the old ones.
ez hât jener getelinc		That peasant boy has
hiuwer an mir erwecket, swaz mir		awakened in me this year whatever
leides ie geschach.		afflictions have ever happened to me.
ê ichz* langer dulde,	65	Before I put up with it any longer,
sêt des mîne triuwe,		behold my pledge of this,
gespringe ich zuo zim* in den rinc,		I shall jump into the ring with him.
er bestât sîn buoze, daz er ir ze		He shall pay the penalty of this--that
vrouwen jach,		he ever claimed for his girl her
der ich lange gedienet hân		whom I have served for so long up to
her mit ganzer staete!	70	now with complete constancy!
wolde er si gerouwet lân,		If he should want to leave her alone,
wie rehte er danne taete!		how rightfully he would then do this!
Wê, waz hât er muochen!		Oh, what funny ideas he has!
si kumt im niht ze mâze.		She suits him not at all.
zwiu* sol sîn pîneclîch gebrech?	75	To what purpose is this irritating yank-
im enmac gehelfen niht sîn		ing off supposed to be? His courtly
hovelîch gewant.		attire cannot help him.
er sol im eine suochen,		He should look for one (a girl) for him-
diu in werben lâze.		self who lets him court (her).
diu sînen rôten buosemblech		His red breastplates,
diu sint ir ungenaeme gar, dar zuo		they are utterly displeasing to her
sîn huifelbant.	80	(and) his hip belt as well.
enge ermel treit er lanc,		Tight-fitting sleeves he wears--long
die sint vor gebraemet,		ones that are trimmed:
innen swarz und ûzen blanc.		inside black and outside white.
mit sîner rede er vlaemet.		In his speech he speaks like the
		Flemish.

___

53 hätte. 65 ich es. 67 zu ihm (the zu is doubled).

Ulrich von Liechtenstein (about 1155)

Wizzet, frouwe wol getân,	Know, fair lady
daz ich ûf genâde hân	that I in hope of favor have
herze und lîp an iuch verlân.	entrusted heart and life to you.
daz riet mir ein lieber wân:	A sweet hope advised me (to do) this.
durch des rât hân ichz getân	5 Through its counsel I have done it
und wil es niht abe gestân.	and shall back off from it not at all.
daz lât mir zu guot ergân.	Let me have the benefit of this.
"Sît ir dienstes mir bereit,	"Since you are preparing service to me,
tuot ir daz ûf lônes reht,	(and) if you do that for the right of
sô lât mich erkennen daz,	10 reward, then let me know that:
wie der dienest sî gestalt,	of what kind the service is to be,
dan ich mich sol nemen an,	then I shall take under consideration
wie der lôn geheizen sî,	of what kind the reward is to be (called)
der iu von mir sol geschehen."	that shall happen to you from me."
Frouwe, ich wil in mînen tagen	15 Lady, I shall in (all) my days
sô nâch iuwern hulden jagen,	so chase after your favor,
daz ez iu muoz wol gehagen,	that it will have to please you well;
den muot durch iuch hôhe tragen	(I shall) because of you carry my spirits
und an frôiden niht verzagen,	high and not become discouraged in my
iuwer lop der werlde sagen,	20 joy to proclaim praise of you to the
und des lônes noch gedagen.	world and yet be silent about the reward.
"Sît ir frô, dar zuo gemeit,	"Since you are happy (and) cheerful as
mir ze dienest als ir jeht,	well for service to me, as you claim,
ez gefrumt iuch selben baz	it profits you yourself more than (it
danne mich wol tûsentvalt.	25 profits) me, indeed a thousand times
tuot daz schamelop hin dan:	(more). Put away (cease) this shaming
mir ist der spiegel swaere bî,	praise. The mirror is unpleasant for me
dar inne ich mîn leit sol sehen."*	(to have) close by in which I shall see
	my own distress."
Iuwer lop die wirde hât,	Praise of you has the (such) dignity
daz ez wol ze hove gât,	30 that it goes to (can be seen at) court
baz danne aller künege wât	quite well, better that the attire of
âne scham al dâ bestât.	all kings, (and) without shame remains
"lieber herre, saelic man,	there. "Dear sir, fortunate man,
ir sît spotes alze frî.	you are so free of mockery.
daz ist unprîs, tar ichs gejehen."	35 This is discredit, if I dare to assert
	it."

Stanzas 1 and 3 are spoken by the man, stanzas 2 and 4 by the lady. They share the
final stanza. Notice how both have their own rhyme scheme. 28 That is, the
discrepancy between your praise of me and what I really am causes me distress.

Heinrich von Meissen (Frauenlob, about 1310)

Wîp, saelden hort, der wunnen spil,	Woman, treasury of good fortune, sport
wîp, vröuden zil,	of bliss; woman, goal of joy;
wîp, spiegel lieht der süeze, ich	woman, bright mirror of sweetness, I
sprechen wil,	shall say;
wîp wurzel aller saelikeit,	woman, root of all happiness;
wîp, aller güete ein viol, den nie	woman, phial of all goodness which
kraft vermeit,	5 strength never shuns;
wîp tugende vil der hât got dich	woman, many qualities God has
begeben.	given you.
wîp, werdeclîcher êren dach,	Woman, culmination of esteemed honors;
wîp, triuwen vach,	woman, collection of faithfulness;
wîp, senfteclîcher schoene ein	woman, chamber of honor for
prîsgemach,	pleasing beauty;
wîp, mannes liebe geselleschaft,	10 woman, dear companionship of a man;
wîp aller süene ein segenrîche	woman, a blessed power
magenkraft,	of all reconciliation;
wîp, milde ein bach, darnâch die	woman, stream of generosity, after which
werden streben.	the worthy strive.
wîp, reiner minne ein triutelîcher	Woman, an intimate garden
garte,	of pure love;
wîp, aller êren überliuhtec warte,	woman, a watchtower of all honor beaming
wîp, dîn lop nie ein scharte	15 forth; woman, your praise has never
gewan; des wol dir iemer, wîp!	suffered a crack; bless you always for
wîp, leitvertrîp, hô gehêrter lîp,	that, woman! Woman, banisher of sadness,
wîp, trac wîplîch dîn leben.	person raised up high; woman, conduct
	your life womanly.
Wîp, aller tugende vollez vaz!	Woman, full vessel of all virtues!
wîp niht vergaz,	20 Woman not forgotten;
wîp tuont den senden dicke sorgen	Woman often causes those (who are) long-
laz.	ing relief from care.
wîp sint di ûzerwelte fruht.	Woman, they are the chosen fruit.
got der beschuof im selbe ein wîp	God created for himself a woman
ze einer gnuht,	for his enjoyment;
wîp süeze und baz wan bluomen,	woman sweet and better than flowers,
rôsen rôt.	roses red.
wîp, aller wünne ein paradîs,	25 Woman, a paradise of all delight;
wîp, saelden rîs,	woman, sprig of good fortune;
wîp trût, wîp zart, wîp füerent	woman dear, woman tender, women lead the
êren prîs,	praise of honor;
wîp mannes leit wol wenden kan.	woman knows well how to turn aside
wîp füerent unde leitent mit der	man's afflictions. Women lead and pre-
êren van.	cede with the banner of glory.
wîp man tuot grîs; diu minne daz	Woman turns a man gray; love commands
gebôt.	30 that.

wîp gênt den mannen freuden
   hôchgemüete,
wîp, reinez wîp, daz macht ein
   güetlîch güete,
wîp, dîner minnen glüete.
wîp sint ein wünnenbernder ast,
wîp füert den gast, ...   35
wîp wendet sende nôt.

Wîp, übergulter êren schrîn,
wîp, frisch und vîn,
wîp, rôsenrôt, wîp, brehender
   sunnenschîn,
wîp, zuckersüezer balsamsmac,   40
wîp aller freude sint ein spilnder
   ôstertac,
wîp sende pîn an mannen wenden wil.
wîp, aller blüete ein bernder stan,
wîp, milter van,
wîp füeret triuwen schilt ûf
   êren ban.   45
wîp, aller dinge ein êwic hort,
wîp haltet wirdiclîchen schône
   der êren port,
wîp wilt und zam, wîp sint der
   freuden spil.
wîp kiusche bluom, du adelîchez
   bilde,
durchliuhtic ganz, wîp, vîol ûf
   gevilde,   50
wîp, rebe in dem gewilde,
wîp sint ein rôse ân allen dorn,
wîp ûzerkorn, wîp hôchgeborn,
wîp sint der êre ein zil.

Women give men the exhilaration
of joy;
woman, pure woman, that makes a gentle
kindness;
Woman, the glow of your love.
Women are a branch bearing delight;
woman leads the guest, ...
Woman turns away the distress of longing.

Woman, gilded shrine of honor;
woman, fresh and refined;
woman, red as roses; woman, beaming
sunshine;
woman, sugar-sweet balsam fragrance;
women are a delightful Easter of all
joys;
woman shall turn all pangs of longing at
men. Woman, a stalk bearing all blossoms;
woman, banner of the generous;
woman bears the shield of fidelity
on the road of honor.
Woman, an eternal treasure of all things;
woman holds with esteemed beauty the
haven of honors;
woman wild and (yet) tame; women are
the sport of joy.
Woman, chaste flower, you noble
image;
totally resplendent, woman, violet of the
fields;
woman, vine in the wild;
women are a rose without any thorns;
woman, chosen one; woman, nobly born;
women are the goal of honor.

Freidank

From: Bescheidenheit* (c. 1215-1230)

Gote dienen âne wanc deist* aller wîsheit anevanc.	To serve God without wavering that is the beginning of all wisdom.
Swer die sêle wil bewarn, der muoz sich selben lâzen varn.	Whoever wants to preserve his soul must let go of himself.
Swelch mensche lebt in gotes gebote, 5 in dem ist got und er in gote.	Whatever person lives in God's command- ment, in him is God and he in God.
Got hoehet alle güete und nidert hôchgemüete.	God elevates all goodness and brings low pride.
Sus sprechent, die dâ sint begraben beide zen alten und zen knaben: 10 "daz ir dâ sît, daz wâren wir, daz wir nû sîn, daz werdet ir."	Thus do they speak who lie there buried, both to the old and to the young: "What you are there, that we were, what we are now, that you shall become."
Hiute liep, morne leit, deist der werlde unstaetekeit.	Today joy, tomorrow sorrow, that is the inconstancy of the world.
Swie grôz der werlde frôude sî, 15 dâ ist doch tôdes vorhte bî.	However great the joy of the world is, still the fear of death is present.
Swen genüeget, des er hât, der ist rîche, swiez ergât.	Whoever is satisfied with what he has is wealthy, no matter how things go.
Ez waent ein ungetriuwer man, ich künne untriuwe, als er kan. 20	A disloyal man/vassal imagines I am well-versed in disloyalty as he is.
Swer sînes mundes hât gewalt, der mac mit êren werden alt.	Whoever has power over his mouth can become old with honor.
Swer tugent hât, derst* wol geborn: ân tugent ist adel gar verlorn.	Whoever has virtue is well born: Without virtue noble birth is completely lost.
Des mannes witze ein ende hât, 25 swenne in grôzer zorn bestât.	A man's intelligence is at an end when great anger conquers him.
Sune, mâne, sternen schîn: waz mac gelîch dem wunder sîn?	Sun, moon, the shining of the stars: What can be similar to that marvel?
Daz nieman wîsheit erben mac noch kunst, daz ist ein grôzer slac. 30	That no one can inherit wisdom nor intelligence--that is a great blow.

bescheidenheit: insight derived from careful discrimination.   2 das ist.
23 der ist.

Die wîsen manegez irret.	Many a thing confuses the wise
daz tôren lützel wirret.	that bothers fools hardly at all.
Swer niht wol gereden kan,	Whoever does not know how to speak well,
der swîge und sî ein wîse man.	let him keep silent and be a wise man.
Bî rede erkenne ich tôren,	5 By their speech I recognize fools,
den esel bî den ôren.	donkeys by their ears.
Vint ein tôre ein niuwen site	If a fool discovers a new way of acting,
dem volgent alle tôren mite.	all the fools follow along after him.
Ez trinkent tûsent ê den tôt,	A thousand will drink themselves to death
ê einer stürbe in durstes nôt.	10 before one person dies of thirst.
Swer übel wider übel tuot,	Whoever does evil against evil,
daz ist menneschlîscher muot;	that is a human attitude;
swer guot wider übel tuot,	whoever does good against evil,
daz ist gotelîcher muot:	that is a divine attitude:
swer übel wider guot tuot,	15 Whoever does evil in return for good,
daz ist tiuvelîcher muot.	that is a diabolical attitude.
Ez dunket manegen tumben man	It seems to many a foolish man that
diu kunst diu beste, die er kan.	the skill that he knows is the best.
Der bluomen naeme niemen war,	No one would be aware of flowers
waeren s´ alle gelîch gevar.	20 if they were all the same color.
Der summer würde unmaere,	Summer would become of no value
ob er z´ allen zîten waere.	if it were all the time.
Man siht vil selten wîssagen	One very seldom (never) sees a prophet
in sîme lande krône tragen.	wearing a crown in his own country.
Bî hunden und bî katzen	25 With dogs and with cats there
was ie bîzen unde kratzen.	has always been biting and scratching.
Diu zunge hât dehein bein	The tongue has no bone
und bricht doch bein und stein.*	and yet breaks bone and stone.
Ein valscher trôst ist uns gegeben:	A deceptive consolation is given to us:
wir waenen alle lange leben.	30 We all imagine we shall live a long time.
Der tôt daz ist ein hôchgezît,	Death--that is a feast
die uns diu werlt ze jungest gît.	that the world gives us by and by.

27-28 Bein can also mean "leg." Bein und stein is a phrase meaning "things living
and inanimate."

From: <u>Das</u> <u>Osterspiel</u> <u>von</u> <u>Muri</u> (c. 1250)

I. Jesus in der Vorhölle:*   **I. Jesus at the gates of hell:**

JESUS: Tuont* ûf, ir vürsten, iuwer tor!   JESUS: Open, you princes, your gate!
Ich enwil hie lenger wesen vor....   I do not want to be here before it longer.

DIABOLUS: Wer mac eht dirre künec wesen?   DEVIL: Who can this king at all be?
wir waenen wol vor im genesen   5   We imagine that we shall easily survive   5
hie inne sicherlîche.   in the face of him in here certainly.

JESUS: Ez ist ein künec rîche,   JESUS: It is a rich king,
wol geweltic und stark   very powerful and strong,
der ûf der erde nie verbarg   who upon earth never hid
sîn gotheit mit geziuge,   10   his divinity with testimony,   10
und stark an urliuge.   and strong in battle.

DIABOLUS: Wer mac noh dirre künec sîn?   DEVIL: Who then can this king be?

JESUS: Daz tuon ich dir vil schiere   JESUS: That I shall very quickly make
                    schîn.   clear to you.
ich weiz wol, daz er ist   I certainly know that he is Jesus
der megde sun Jêsus Christ.   15   Christ, son of the virgin.   15
dâ von sô lâzent iuwer wer,   Therefore give up your defense,
want ich zerstoere iuch als ein her   for I shall destroy for you like an army
mit gewalt iuwer tor,   with force your gate rather than that
ê ich hie lange stande vor.   I stand here before it for a long time.
ir hânt mir hie gevangen   20   You have captured from me here   20
(des mac mich wol belangen)   (I can certainly be desirous of this)
nu lange mîne hantgetât,*   now for a long time my creation:
vil menge sêle, diu mir hât   very many a soul who has served
gedienet staeteclîche: me with constancy:
die hânt ir jaemerlîche   25   You monsters have tortured   25
verderbet ungehiure   them terribly
in deme helleviure,   in the fire of hell,
in starken hellewîzen.   in intense torments of hell.
dâ von wil ich mich vlîzen,   Therefore I shall strive
daz ich si danne loese   30   that I release them from this   30
und ich die helle toese,   and that I destroy hell,
sô daz ich iuch dâ binde   so that I bind you there
und ich mîn gesinde   and that I lead my servants
sam mir vüere von dan,   away from there along with me,
beidiu wîp unde man,   35   both women and men,   35

---

1 After dying on the cross Jesus "descends into hell," i.e., goes to Abraham´s
bosom where the just who have died are awaiting him, since before his redemptive
act the gates of heaven were closed through the sin of Adam and Eve. He now comes
to free them and take them to heaven. 2 Most of the linguistic features of the
West Alemannic original have been normalized. However, the second person plural
appears regularly with an <u>n</u> (e.g., tuo<u>nt</u>). 22 literally, "the deed of my hand."

die mîn dâ bîtent lange
in starkem helletwange,
und ouch mit manicvalter lüge
an dien triuwen sî betrüge,
daz sî dur kleine schulde   40
verluren mîne hulde.
nu hât erloeset sî mîn tôt,
ze rehte von sô starker nôt,
swie ich doch nû erstanden sî,
gewaerer got und tôdes vrî.   45
dâ von wil ich niht bîten:
tuont ûf die porten wîten,
old ich stôze sî dâ nider,
daz si niemer koment wider!

ANIMAE: Sîst willekome, erwunschter
                              trôst!   50
von dir sô werden wir erlôst,
herre, von der helle
ûz grôzem ungevelle.
wir hân in jaemerlîcher klage
dîn gebiten lange tage,   55
daz dîn götlîchiu maht
loesen sol an dirre naht
uns armen riuwaere
ûz disem kerkaere.
unser sin und gedanc   60
hât dir gerüefet âne wanc
in starkem hellewîze
mit klagelîchem vlîze
in jaemerlîcher riuwe
mit vil staeter triuwe;   65
want du, süezer herre Christ,
der erbermde vater bist.
wir hân dur dich vil nôt erliten,
dâ von hân wir dîn kûme erbiten.   69
nu loese uns, herre, ez ist an der zît,
want unser trôst gar an dir lît....
lâ uns hie niht belîben mê,
old wir sîn verlorn als ê.
nu hilf uns, süezer heilant!

JESUS: Grîfent her an mîne hant!   75
ich wil mich erbarmen
über iuch vil armen
und wil iuch loesen mit kraft
von dirre geselleschaft
und von starker erebeit,   80
80
swem ez sî liep olde leit.

who have long been waiting for me there
in the terrible confinment of hell,
and (you) also with many kinds of lies
have deceived them in their loyalty,
so that they because of small offenses 40
have lost my favor.
Now my death has redeemed them
justly from such terrible distress
in that I have now indeed arisen,
true God and free of death.   45
Therefore I shall not wait:
Open the gates wide
or I shall push them down,
that they never return!

THE SOULS: Be welcome, longed for
                              Comfort!   50
Thus we are redeemed by you,
Lord, from hell,
out of great misfortune.
We have in distressful lament
been waiting for you through long days, 55
that your divine power
should in this night release
us poor penitents
from this prison.
Our mind and thoughts   60
have called to you without hesitation
in (this) intense torment of hell
with pitiable diligence
in lamentable sadness
with very constant loyalty;   65
for you, sweet Lord Christ,
are the Father of mercy.
For your sake we have suffered much
misery; hence we have scarcely (been able
to) wait for you. Now free us, Lord; it
is time, for our consolation depends   71
utterly on you.... Do not let us remain
here any longer or we are as lost as
before. Now help us, sweet Redeemer!

JESUS: Take hold of my hand here!
I shall be merciful
to you poor wretches
and shall release you by force
from this company
and from great misery,

no matter who likes it or not.

II. **Die drei Marien und der Krämer:**   II. **The three Marys and the hawker:**

MARIA MAGDALENA: Lieber paltenaere,   MARY MAGDALENE: Dear shopkeeper,
hâst dû iht bühsen laere?   do you have any empty containers?
dar în sô tuo uns balsamâ   Then put in for us balsam
und niuwe arômatâ   85 and new aromatic spices   85
eines phundes gewiht   the weight of a pound,
völleclîch und minder niht!   fully and not less!
daz wellen wir dir gelten wol.   We shall pay you for it well.

INSTITOR: Die drîje bühsen die sint vol, HAWKER: These three containers are full--
daz spriche ich ûf mîn triuwe,   90 I say that on my honor--   90
der selben salben niuwe.   of the same new ointment.
ob ir die koufen wellent,   If you want to buy them,
sô wil ich, daz ir zellent   then I expect that you pay me
dar umbe mit gedinge   by agreement for them
mir zwênzic schillinge.   95 twenty shillings.   95
des enlâze ich niht ein ort.   I'll let it go for not one penny less.

MARIA MAGDALENA: Wir wen niht velschen   We don't intend to contest your word:
                    dîn wort:
nim hie die phenninge gar   Here, take all these pennies
und gib uns die bühsen har!   and give us the containers.
wir wellen vürbaz kêren.   100 We want to continue our journey.   100

INSTITOR: Vrouwe, ich wil iuch êren:*   HAWKER: Lady, I'll do you the honor:
dar wider mac ich niht sîn.   I can't do anything against it.
doch wart ez nie dar umbe mîn.   Still, I did not get it for that (price).

III. **Die drei Marien besuchen das Grab:** III. **The three Marys visit the grave:**

MARIA MAGDALENA: Owê, nu gât uns   105 MARY MAGDALENE: Alas, now cares come 105
                    sorge zuo   upon us
hiute an disem morgen vruo....   today on this moring early....
wir mugen heben eine   Alone we cannot lift it (the stone)
-- nu sîn wir ze kleine --   --we are just to small--
der ûf daz grap ist geleit;   that has been laid on the grave;
er ist swaere und breit: 110 it is heavy and large: 110
wie sol er komen danne?   How shall it come (be moved) away from
wand uns von keinem manne   there? For nowhere from any man can
niender helfe mac gevromen.   help be forthcoming for us.

SECUNDA MARIA: Got sol uns ze helfe   SECOND MARY: God shall some to our aid;
                    komen;
ûf des helfe sun* wir gân....   115 for his help we should go....   115

---
101 i.e., just because it's you, lady, I'll let you have it at that price.
115 <u>sollen</u>.

TERTIA MARIA:
...und ist sô krank unser kraft,
daz ich mir vǔrhte sêre.
doch sun* wir dîner lêre
volgen und niht verzagen.   120
ich hân doch ie gehoeret sagen,
swer sich an gotes hulde lât,
daz der ein sanfte wesen hât.

ANGELUS: Ir guoten wîp, wen suochent ir
-- daz sullent ir bescheiden mir --
alsus vruo in disem grabe   126
mit solicher ungehabe?
gânt vǔrbaz und erschiuhent niht,
wand iuch von mir niht geschiht:
ir sullent haben iuwer bet.   130

MARIA MAGDALENA: Jêsum von Nasaret,
den unser vǔrsten viengen
und an daz kriuze hiengen --
des ist hiut der dritte tag,
daz er in des tôdes banden lac --,   135
wand er den tôt verschulte nie:
den suochen wir gemeine hie,
als ich dir gezellet han.

ANGELUS: Dâ von ich wol gesagen kan.
sît iuwer rede ist alsô,   140
vǔrhtent niht und wesent vrô:
des ir alsô geruochent
und in hie suochent,
der ist hiute erstanden
von des tôdes banden.   145
daz ist ein rehtiu wârheit.--
sehent, wâ er was geleit.
ir sullent snecelîche gân,
daz sunt* ir Petrum wizzen lân
und sagent im besunder   150
und den anderen das wunder,
daz Jêsus erstanden ist.
si sullen komen in kurzer vrist
hin ze Galilêâ,
sô gesehen sî in dâ.   155

THIRD MARY:
...and our strength is so weak,
that I am very much afraid.
And yet we should follow your advice
and not give up.   120
I have always heard it said:
Whoever abandons himself to God's favor,
that he has a pleasant time of it.

ANGEL: Good women, whom do you seek
--that you should tell me--
so early in this grave   126
in such distress?
Go further and don't be timid,
for nothing will happen to you from me:
You shall have your request.   130

MARY MAGDALENE: Jesus of Nazareth,
whom our princes took captive
and hung on the cross--
today is the third day since then,
that he lies in the bonds of death--,   135
for he never deserved death:
him we all seek here,
as I have told you.

ANGEL: I can well tell of this.
Since your intention is thus,   140
fear not and be happy:
Whom you are desiring thus
and you are seeking him here,
he has risen today
from the bonds of death.   145
This is the real truth.--
Look where he had been laid.
You should quickly go
so that you should let Peter know
and tell him especially   150
and the others this marvel,
that Jesus has risen.
They should go quickly
to Galilee;
then they shall see him there.   155

---

119 sollen. 149 sollt.

IV. **Pilatus, die Juden und die Wächter:**

IV. **Pilate, the Jews, and the guards:**

PRIMUS CUSTOS: Sô hüeten wir, und
        sun* wir leben,
daz wir in iu wider geben,
als wir in vinden rehte.   160

FIRST GUARD: We shall so guard that,
if we remain alive,
we shall return him to you,
just as we find him.   160

PILATUS: Nu sprechent, guoten knehte,
waz went* ir dar umbe enphân?

PILATE: Now speak, good knights,
what do you expect to receive for this?

SECUNDUS CUSTOS: Herre, wir wellen lân
ein ort niht zwenzic marke.

SECOND GUARD: Sir, we expect to get
not a bit less than twenty marks.

PILATUS: Nu gânt und hüetent starke!
seht, daz ir niht slâfent!   166
ir sulent sîn gewâfent.
Kêrent zuo dem grabe hin:
des hân wir êre und ir gewin.
hüetent sô ir mügent baz!   170

PILATE: Now go and watch well.
See that you do not sleep!   166
You should be armed.
Go to the grave:
From that we shall have honor and you
profit. Guard as best you can.   170

TERTIUS CUSTOS: Daz tuon wir, herre,
        wizzent daz.

THIRD GUARD: That we shall do, sir, know
that (well).

PILATUS: Nu kêrent ouch, ir herren, dar,
dar umbe daz ir nement war,
wie daz grap behüetet sî:
sô sint ir von sorgen vrî.   175
daz rât ich ûf die triuwe mîn.

PILATE: Now you, sirs, too, go there
so that you can see
how the grave is being guarded:
Then you shall be free of cares.   175
That I advise you on my honor.

PRIMUS JUDAEUS: Triuwen, herre,
        daz sol sîn.
du hâst uns wol gerâten
reht, als wir dich bâten;
ouch behaget uns dîn helfe wol.   180
der rât dich iemer helfen sol.
nu gib uns urloup, lâz uns varn!

FIRST JEW: Indeed, sir, that shall be
(done).
You have certainly advised us
rightly, as we requested of you;
also, your help is very fitting for us. 180
This assistance shall always be of ad-
vantage to you. Now give us leave. Let
us depart.

PILATUS: Got der müeze iuch
        wol bewarn!
gânt hin und schickent daz alsô,
daz wir der huote werden frô!   185

PILATE: May God preserve you well!

Go there and so carry it out
that we are happy with your guarding.   185

JUDAEI CONTRA CUSTODES: Ir drîge
        sulent ligen hie,
sô ligen an der sîten die,
sô ligen dise dorte
und die an jenme orte!

THE JEWS TO THE GUARDS: You three
should lie here;
(and) those should lie on that side;
(and) these should lie over there,
and those at that corner over there.

---

158 **sollen.** 162 **wollen.**

wachent wol und slâfent niht,   190
sô wirt iu, daz iu ist verphliht.*
wend* aber ir niht behalten daz,
sô müezen wir iu sîn gehaz.
dâ von sô hüetent sêre!

CUSTOS: Herre, ûf unser êre,
          er ist uns alsô bevoln,   195
daz er uns niemer wirt verstoln.

PILATUS: Vernent* alle mîn gebot!
ich gebiute iu âne spot,
mannen unde wîben gar,
daz ir fruo koment har,   200
sô daz ir niht mîn hulde
verliesent mit schulde;
wand ich wil danne rihten
und daz unreht slihten,
ob mir einer klaget iht.   205
swer aber har kumet niht,
deme sî mîn hulde verseit,
ez sîme lieb older leit,
und nim im guot unde wîp
und lâz im niht wan den lîp: 210
sô muoz er iemer mêre klagen.
nu wil ich iu niht mêre sagen:
got der gebe iu guote naht!
ir sulent kêren ân gebraht
wider hein nû zestunt   215
und koment morne wol gesunt!

Guard well and don't sleep;   190
then you shall receive what is owed to
you. But if you do not wish to keep
that (agreement), then we shall hate you.
And so guard very well!

GUARD: Sir, upon our honor, he is so
in our care   195
that he shall never be stolen from us.

PILATE: Hear, everyone, my command!
I command you in all earnestness,
men and women all,
that you come here early,   200
so that you do not lose my
favor through your own fault;
for I shall then judge
and right wrong,
if someone makes at all a complaint to me. 205
But whoever does not come here,   206
to him my favor shall be denied,
whether he likes it or not,
and I shall take from him his possessions
and his wife and leave for him nothing but 210
his life. Thus he shall evermore lament.
Now I shall say nothing more to you:
May God grant you a good night.
You should return home now
immediately without commotion   215
and come tomorrow very healthy.

V. Die Wächter nach der Auferstehung:

POST TONITRU PRIMUS CUSTOS:
Sah ieman daz ich han gesehen?
ist iemanne als mir ist geschehen?   220
geselle, der hie bî mir lac,
hôrtest du den tonreslac?
old bin ich ertoeret?

SECUNDUS CUSTOS: Ich habe ouch gehoeret
einen starken tonreklach.   225
mir was, als er ûf mînen nach....

V. The guards after the resurrection:

AFTER THE (EARTH) TREMBLES, FIRST GUARD:
Did anyone see what I saw?
Did (that happen) to anyone as it did 220
to me? Comrade, who was lying next to me,
did you hear the clap of thunder?
Or am I being made a fool of?

SECOND GUARD: I heard it, too--
a loud crash of thunder.   225
It seemed to me that it....

---

191 <u>verpflichtet</u>. 192 <u>wollt</u>. 197 <u>vernehmt</u>.

Wernher der Gartenaere (1250-1280)

From: <u>Helmbrecht</u>

Comparison of life at court, then and now:

Dô si mit freuden gâzen,	When they had eaten with joy,
der wirt niht wolde lâzen,	the host (father) did not want to omit
er frâgte in der maere,	asking him (his son) about the new ways,
wie der hovewîse waere,	how the manners at court were
dâ er waere gewesen bî.	5 at which he had been (present).
"sage mir, sun, wie der sî:	"Tell me, Son, how it is:
sô sag ich dir denne,	then I shall tell you
wie ich etewenne	how I once
bî mînen jungen jâren	in my young years
die liute sach gebâren."	10 saw the people (at court) acting."
"vater mîn, daz sage mir,	"Father of mine, tell me that,
zehant sô wil ich sagen dir,	then immediately I shall tell you
swes dû mich frâgen wil:	whatever you want to ask me:
der niuwen site weiz ich vil."	I know much about the new ways."
"Wîlen dô ich was ein kneht	15 "Long ago when I was a servant
und mich dîn ene Helmbreht	and your grandfather Helmbreht
(der mîn vater was genant)	(thus was my father called)
hin ze hove hêt gesant	had sent me to court
mit kaesen und mit eier,	with cheese and with eggs,
als noch tuot ein meier,	20 as a farmer still does,
dô nam ich der ritter war	then I took notice of the knights
und merkte ir geverte gar:	and saw clearly their conduct:
si wâren hovelîch und gemeit	They were courtly and pleasant
und kunden niht mit schalcheit,	and could (do) nothing with knavery,
als nû bî disen zîten kan	25 as now in these times many
manec wîp und manec man.	a woman and many a man can.
die ritter hêten einen site,	The knights had a custom,
dâ liebtens* sich den frouwen mite:	with which they endeared themselves to the
einez ist buhurdiern* genant,	women: One thing is called sham battle--
daz tete ein hoveman mir bekant,	30 a man at court explained it to me
dô ich in frâgte der maere	when I asked him for information
wie ez genennet waere.	how it was called.
si fuoren sam si wolden toben	They raced as though they were raging
(dar umbe hôrte ich si loben),	(because of this I heard them being
ein schar hin, diu ander her;	35 praised), one army this way, the other
ez fuor diser unde der	that way; this man and that one acted
als er enen wolde stôzen.	as though he intended to knock down some-

---

28 <u>liebten sie=machten sie sich lieb</u>. 29 A <u>bûhurt</u> is a battle-like display of
horsemanship in which two armies contend but do not make physical contact with each
other.

under mînen genôzen | one. Among my (peasant) companions
ist ez selten geschehen | there seldom (never) happened
daz ich ze hove hân gesehen. | 40 what I have seen at court.
als si danne daz getâten, | When they had finished this,
einen tanz si dô trâten | they began a dance
mit hôchvertigem sange; | with elegant music.
daz kurzte die wîle lange. | This made time pass quickly.
vil schiere kom ein spilman, | 45 Very soon there came a minstrel.
mit sîner gîgen huob er an: | With his fiddle he started (to play):
dô stuonden ûf die frouwen, | Then the ladies stood up--
die möht man gerne schouwen; | one could look at them with pleasure.
die ritter gegen in giengen, | The knights went toward them;
bî handen si si viengen. | 50 they took them by the hand.
dâ was wunne überkraft | There there was an abundance of delight
von frouwen und von ritterschaft | for the ladies and the knights
in süezer ougenweide. | in sweet food for their eyes.
juncherren und meide | Squires and maidens--
si tanzten froelîche, | 55 they danced merrily,
arme unde rîche. | (both) poor and rich.
als des danne nimmer was, | When then there was no more of that,
sô gie dar einer unde las | then a man went up and read
von einem, der hiez Ernest.* | about someone whose name was Ernst.
swaz ieglîcher aller gernest | 60 Whatever each one would like to do
wolde tuon, daz vander.* | most of all, that he found (there).
dô schôz aber der ander | But then someone else shot
mit dem bogen zuo dem zil. | with a bow at a target.
maneger freuden was dâ vil, | There was much there of many joys.
ener jeite,* diser birste. | 65 One person hunted, another one hunted
der dô was der wirste, | (with hounds). The one that was then the
der waere nû der beste. | worst--he would be now the best.
wie wol ich etewenne weste, | How well I then knew
waz triuwe und êre mêrte, | what would increase loyalty and honor
ê´z diu valscheit verkêrte! | 70 before falseness turned it awry!
die valschen und die lôsen | Bad ones and flatterers
die diu reht verbôsen | who with their intrigues knew how
mit ir listen kunden, | to pervert the proprieties--
die herren in dô niht gunden | the lords then allowed them
dâ ze hove der spîse. | 75 there at court nothing of the food.
der ist nû der wîse, | He is now the wisest
der lôsen und liegen kan, | who knows how to flatter and deceive--
der ist ze hove ein werder man | such a one is an esteemed person at court
und hât guot und êre | and has unfortunately much
leider michels mêre | 80 more (by way of) possessions and honor
danne ein man der rehte lebet | than a person who lives justly
und nâch gotes hulden strebet. | and strives after God´s favor.
als vil weiz ich der alten site. | So much do I know of the old ways.

---

59 <u>Herzog Ernst</u> was a popular adventure narrative. The text of it has survived.
61 <u>fand er</u>. 65 <u>einer jagte</u>.

sun, nû êre mich dâ mite		Son, now do me the honor
und sage mir die niuwen."	85	of telling me the new (ways)."
"Daz tuon ich entriuwen.		"That I shall certainly do.
daz sint nû hovelîchiu dinc:		This is now the courtly rage:
´trinkâ, herre, trinkâ trinc!		´Drink, sir, drink, drink!
trinc daz ûz, sô trink ich daz!		If you drink this up, then I´ll drink
wie möhte uns immer werden baz?´	90	that! How could things ever go better for
vernim waz ich bediute:		us?´ Listen to what I shall tell you:
ê vant man werde liute		One used to find esteemed people
bî den schoenen frouwen,		in the company of beautiful ladies.
nû muoz man si schouwen		Now one must look for them
bî dem veilen wîne.	95	where wine is for sale.
daz sint die hoehsten pîne		These are (now) the most intense pangs
den âbent und den morgen,		evening and morning:
wie si daz besorgen,		how they might take care,
ob des wînes zerinne,		if the wine should run out,
wie der wirt gewinne	100	that the innkeeper might get
einen der sî alsô guot,		another (wine) that is just as good.
dâ von si haben hôhen muot.		From this they get their high spirit.
daz sint nû ir brieve von minne:		These are now their love letters:
´vil süeziu lîtgebinne,		´Dear sweet barmaid,
ir sult füllen uns den maser!"	105	fill our cups!´
ein affe und ein narre waser,*		A monkey and a fool was he
der ie gesente sînen lîp		who ever did torture himself with longing
für guoten wîn umbe ein wîp.		for a woman in preference to good wine.
swer liegen kan der ist gemeit,		Whoever knows how to lie is the lucky one:
triegen daz ist hövescheit.	110	Deceiving--that is courtliness.
er ist gefüege, swer den man		He is (now) a proper person who can cut
mit guoter rede versnîden kan.		a person with clever speech.
swer schiltet schalclîche,		Whoever can curse like a knave--
der ist nû tugentrîche.		such a person is now rich in proper
der alten leben, geloubet mir,	115	qualities. The life of the old people,
die dâ lebent alsam ir,		believe me, who live like you,
die sint nû in dem banne		they are now in banishment
und sint wîbe und manne		and are for woman and man
ze genôze alsô maere		as esteemed as a companion
als ein hâhaere.	120	as a hangman.
âht und ban saz ist ein spot."*		Being outlawed and (threat of) banishment
Der alte sprach: "daz erbarme got		is a joke." The father said, "God have
und sî im immer gekleit,*		mercy, and to him be ever lamented
daz diu unreht sint sô breit."		that injustices are so wide-spread."
"Die alten turnei sint verslagen	125	"The old tournaments have been driven out,
und sint die niuwen für getragen.		and the new ones have been presented.
wîlen hôrt man kroyieren sô:		Formerly one heard them shouting thus:
´heyâ ritter, wis et frô!´		´Hail, knight, be of good cheer!´
nû kroyiert man durch den tac:		Now one shouts all day:

___

106 <u>war er</u>. 121 That is, no one worries about punishments from civil authorities.
123 <u>geklagt</u>.

´jagâ ritter, jagâ jac!   130   ´Hunt (him down), knight, after him, after
stichâ stich! slahâ slach!   him! Stab, stab! Hit (him), hit!
stümbel den der ê gesach!   Mutilate the one who before could see!
slach mir dem abe den fuoz!   Knock off that one´s foot for me!
tuo mir disem der hende buoz!   Make that one lose his hands for me!
dû solt mir disen hâhen   135   You should hang this one for me
und enen rîchen vâhen: and capture someone wealthy:
der gît uns wol hundert phunt.´   Such a one will give us certainly a hundred
mir sint die site alle kunt.   pounds (ransom).´ All these ways are well
vater mîn, wan daz ich enwil,   known to me. Father of mine, except that I
ich getrûte dir gesagen vil   140   don´t want to, I would trust (myself) to
niuwan von den niuwen siten: tell you much exclusively about the new
ich muoz slâfen, ich hân vil geriten,   ways. I must sleep; I have ridden much.
mir ist hînt* ruowe nôt."   Tonight I am in need of rest."
dô tâten si als er gebôt.   Then they did as he bade (them).
lîlachen was dâ fremde: 145   A bedsheet was not at home there.
ein niuwewaschen hemde   A freshly washed shirt
sîn swester Gotelint dô swief   his sister Gotelind spread
über daz bette dâ er slief,   over the bed where he slept
unz ez hôhe wart betaget.   until the day was quite advanced.

---

143 heute nacht.

Meister Eckhart (c. 1260-1328)

SERMON 9

Quasi stella matutina in medio nebulae et quasi luna plena in diebus suis lucet
et quasi sol refulgens, sic iste refulsit in templo dei. (Ecclesiasticus 50:6-7)

ʼAls ein morgensterne miten in dem nebel und als ein voller mâne in sînen
tagen und als ein widerschînendiu sunne alsô hât dirre geliuhtet in dem tempel
gotesʼ.   5
    Nû nime ich daz leste wort: ʼtempel gotesʼ. Waz ist ʼgotʼ und waz ist
ʼtempel gotesʼ?
    Vierundzweinzic meister kâmen zesamen und wolten sprechen, waz got waere.
Sie kâmen ze rehter zît und ir ieglîcher brâhte sîn wort, der nime ich nû zwei
oder drî. Der eine sprach: got ist etwaz, gegen dem alliu wandelbaeriu und   10
zîtlîchiu dinc niht sint, und allez, daz wesen hât, daz ist vor im kleine. Der
ander sprach: got ist etwaz, daz dâ ist über wesene von nôt, daz in im selber
niemannes bedarf und des alliu dinc bedürfen. Der dritte sprach: "got ist ein
vernünfticheit, die dâ lebet in sîn aleines bekantnisse".

    Ich lâze daz êrste und daz leste und spriche von dem andern, daz got etwaz   15
ist, daz von nôt über wesene sîn muoz. Waz wesen hât, zît oder stat, daz
enrüeret ze gote niht, er ist dar über. Got ist in allen crêatûren, als sie
wesen hânt, und ist doch dar über. Daz selbe, daz er ist in allen crêatûren,
daz ist er doch dar über: waz dâ in vil dingen ein ist, daz muoz von nôt über
diu dinc sîn. Etlîche meister wolten, daz diu sêle aleine ist in dem herzen waere.   20
Des enist niht, und dâ hânt grôze meister an geirret. Diu sêle ist ganz und
ungeteilet alzemâle in dem vuoze und alzemâle in dem ougen und in ieglîchem
glide. Nime ich ein stücke von der zît, sô enist ez weder der tac hiute noch
der tac gester. Nime ich aber nû, daz begrîfet alle zît. Daz nû, dâ got die
werlt inne machete, daz ist als nâhe dirre zît als daz nû, dâ ich iezuo inne   25
spriche, und der jüngeste tac ist als nâhe disem nû als der tac, der gester was.

    Ein meister sprichet: got ist etwaz, daz dâ würket in êwicheit ungeteilet
in im selber, daz niemannes hilfe noch gezouwes bedarf und in im selber blîbende
ist, daz nihtes bedarf und des alliu dinc bedürfen und dâ alliu dinc înkriegent
als in ir lestez ende. Diz ende enhât keine wîse, ez entwehset der wîse und gât   30
in die breite. Sant Bernhart sprichet: got ze minnenne daz ist wîse âne wîse.*
Ein arzât, der einen siechen gesunt wil machen, der enhât niht wîse der
gesuntheit, wie gesunt er den siechen welle machen; er hât wol wîse, wâ mite er
in gesunt welle machen, aber wie gesunt er in welle machen, daz ist âne wîse;
als gesunt, als er iemer mac. Wie liep wir got suln hân, daz enhât niht wîse;   35
als liep, als wir iemer mugen, daz ist âne wîse.

---

31 Wîse âne wîse in the Latin of Bernard is modus sine modo. Since modus in
Latin means both "limited amount" and "manner," Bernard (and Eckhart), playing
with this word, is saying one should love God in a manner free of limitation.

SERMON 9

"As the morning star through the mist and as the full moon in its days and as the resplendent sun, so did this man shine in the temple of God."

First I shall take the last phrase: "temple of God." What is "God" and what is "temple of God?"

Twenty-four philosophers came together and wanted to discuss what God is. They came at the appointed time and each of them gave his definition. I shall now take up two or three of them. One said: "God is something compared to which all changeable and transitory things are nothing, and everything that has being is insignificant in his presence." The second said: "God is something that is of necessity above being; that in himself needs no one and that all things need." The third said: "God is intellect living in the knowledge of himself alone."

I shall leave aside the first and the last definition and speak about the second, that God is something that of necessity must be above being. Whatever has being, time, or place does not touch God. He is above it. God is in all creatures, insofar as they have being, and yet he is above them. That same thing that he is in all creatures is exactly what he is above them. Whatever is one in many things must of necessity be above them. Some masters maintain that the soul is only in the heart. This is not so, and learned masters have gone astray here. The soul is complete and undivided at the same time in the foot and in the eye and in every part of the body. If I take a segment of time, it is neither today nor yesterday. But if I take "now," that contains within itself all time. The "now" in which God made the world is as near to this time as the "now" in which I am presently speaking, and the last day is as near to this "now" as the day that was yesterday.

One authority says: "God is something that works in eternity undivided in himself; that needs no one's help or instrumentality, and remains in himself; that needs nothing and that all things need, and toward which all things strive as to their final end." This end has no limited manner of being. It grows out beyond manner and spreads out into the distance. St. Bernard says: "To love God is a manner without manner." A physician who wants to make a sick person healthy does not have any degree of health (by which to measure) how healthy he wants to make the sick person. He certainly has a manner by which he wants to make him healthy, but how healthy he wants to make him--that does not have a manner: as healthy as he can!

Ein ieglich dinc würket in wesene, kein dinc enmac würken über sîn wesen.
Daz viur enmac niht würken dan in dem holze. Got würket über wesene in der
wîte, dâ er sich geregen mac, er würket in unwesene; ê denne wesen waere, dô
worhte got; er worhte wesen, dô niht wesen enwas. Grobe meister sprechent, got
sî ein lûter wesen; er ist als hôch über wesene, als der oberste engel ist über   5
einer mücken. Ich spraeche als unrehte, als ich got hieze ein wesen, als ob ich
die sunnen hieze bleich oder swarz. God enist weder diz noch daz. Und sprichet
ein meister: swer dâ waenet, daz er got bekant habe, und bekante er iht, sô
enbekante er got niht. Daz ich aber gesprochen hân, got ensî niht ein wesen und
sî über wesene, hie mite enhân ich im niht wesen abegesprochen, mêr: ich hân ez   10
in im gehoehet. Nime ich kupfer in dem golde, sô ist ez dâ und ist dâ in einer
hoehern wîse, dan ez ist an im selber. Sant Augustînus sprichet: got ist wîse
âne wîsheit, guot âne güete, gewaltic âne gewalt.

Kleine meister lesent in der schuole, daz alliu wesen sîn geteilet in zehen
wîse, und die selben sprechent sie gote zemâle abe. Dirre wîsen enberüeret got   15
keiniu, und er enbirt ir ouch keiner. Diu êrste, diu des wesens allermeist hât,
dâ alliu dinc wesen inne nement, daz ist substancie, und daz leste, daz des
wesens aller minnest treit, daz heizet relatio, daz ist glîch in gote dem aller
groesten, daz des wesens allermeist hât; sie hânt ein glîch bilde in gote. In
gote sint aller dinge bilde glîch; aber sie sint unglîcher dinge bilde. Der   20
hoehste engel und diu sêle und diu mücke hânt ein glîch bilde in gote. Got
enist nicht wesen noch güete. Güete klebet an wesene und enist niht breiter dan
wesen; wan enwaere niht wesen, sô enwaere niht güete, und wesen ist noch lûterer
dan güete. Got enist guot noch bezzer noch allerbeste. Wer dâ spraeche daz got
guot waere, der taete im als unrehte, als ob er die sunnen swarz hieze.   25

Nû sprichet doch got: nieman enist guot dan got aleine. Waz ist guot? Daz
ist guot, daz sich gemeinet. Den heizen wir einen guoten menschen, der gemeine
und nütze ist. Dar umbe sprichet ein heidenischer meister: ein einsidel enist
weder guot noch boese in dem sinne, wan er niht gemeine noch nütze enist. Got
ist daz aller gemeineste. Kein dinc gemeinet sich von dem sînen, wan alle   30
crêatûren niht ensint. Swaz sie gemeinnet, daz hânt sie von einem andern. Sie
gebent sich ouch niht selben. Diu sunne gibet irn schîn und blîbet doch dâ
stânde, daz viur gibet sîne hitze und blîbet doch viur; aber got gemeinet daz
sîne, wan er von ihm selber ist, daz er ist, und in allen den gâben, die er
gibet, sô gibet er sich selben ie zem êrstern. Er gibet sich got, als er ist in   35
allen sînen gâben, als verre als ez an im ist, der in enpfâhen möhte. Sant
Jacob sprichet: 'alle guoten gâben sint von oben her abe vliezende von dem vater
der liehte'(James 1:17).

Als wir got nemen in dem wesene, sô nemen wir in in sînem vorbürge, wan
wesen ist sîn vorbürge, dâ er inne wonet. Wâ ist er denne in sînem tempel, dâ   40
er heilic inne schînet? Vernünfticheit ist der tempel gotes. Niergen wonet got
eigenlîcher dan in sînem tempel, in vernünfticheit, als der ander meister
sprach, daz got ist ein vernünfticheit, die dâ lebet in sîn aleines bekantnisse,
in im selber aleine blîbende, dâ in nie niht engeruorte, wan er aleine dâ ist in
sîner stilheit. Got in sîn selbes bekantnisse bekennet sich selben in im   45
selben.

Nû nemen wirz* in der sêle, diu ein tröpfelîn hât vernünfticheit, ein

_____
47 wir ez.

Everything works in being; nothing works above its being. Fire cannot work except in wood. God works above being in vastness, where he can roam. He works in nonbeing. Before being was, God worked. He worked being when there was no being. Unsophisticated teachers say that God is pure being. He is as high above being as the highest angel is above a gnat. I would be speaking as incorrectly in calling God a being as if I called the sun pale or black. God is neither this nor that. A master says: "Whoever imagines that he has understood God, if he knows anything, it is not God that he knows." However, in saying that God is not a being and is above being, I have not denied being to God; rather, I have elevated it in him. If I take copper (mixed) with gold, it is still present and is present in a higher manner than it is in itself. St. Augustine says: God is wise without wisdom, good without goodness, powerful without power.

Young masters say in the schools that all being is divided into ten modes of being and they deny them completely of God. None of these modes touches God, but neither does he lack any of them. The first mode, which has the most of being and in which all things receive being, is substance; and the last mode, which contains the least of being, is called relation, and in God this is the same as the greatest of all which has the most of being. They have equal images in God. In God the images of all things are alike, but they are images of unlike things. The highest angel and the soul and a gnat have like images in God. God is neither being nor goodness. Goodness adheres to being and is not more extensive. If there were no being, neither would there be goodness. Yet being is purer than goodness. God is neither good nor better nor best of all. Whoever would say that God is good would be treating him as unjustly as though he were calling the sun black.

And yet God says: no one is good but God alone. What is good? Good is that which shares itself. We call a person good who shares with others and is useful. Because of this a pagan master says: A hermit is neither good nor evil in a sense because he does not share and is not useful. God shares most of all. Nothing (else) shares itself out of what is its own, for all creatures are nothing in themselves. Whatever they share they have from another. Nor is it themselves that they give. The sun gives its radiance yet remains where it is; fire gives its heat but remains fire. God, however, shares what is his because what he is, he is from himself. And in all the gifts he gives he always gives himself first of all. He gives himself as God, as he is in all his gifts, to the extent that the person who can receive him is capable. St. James says: "All good gifts flow down from above from the Father of lights."

When we grasp God in being, we grasp him in his antechamber, for being is the antechamber in which he dwells. Where is he then in his temple, in which he shines as holy? Intellect is the temple of God. Nowhere does God dwell more properly than in his temple, in intellect, as the second philosopher said: "God is intellect, living in the knowledge of himself alone," remaining in himself alone where nothing ever touches him; for he alone is there in his stillness. God in the knowledge of himself knows himself in himself.

Now let us understand this in the soul, which has a drop of understanding,

vünkelîn, ein zwîc. Diu hât krefte, die dâ würkent in dem lîbe. Ein kraft ist,
dâ von der mensche döuwet, diu würket mêr in der naht dan in dem tage, dâ von
der mensche zuonimet und wehset. Diu sêle hât ouch eine kraft in dem ougen, dâ
von ist daz ouge sô kleinlich und sô verwenet, daz ez diu dinc niht ennimet in
der gropheit, als sie an in selber sint; sie müezent ê gebiutelt werden und 5
klein gemachet in dem lufte und in dem liehte; daz ist dâ von, daz ez die sêle
bî im hât. Ein ander kraft ist in der sêle, dâ mite si gedenket. Disiu kraft
bildet in sich diu dinc, diu niht gegenwertic ensint, daz ich diu dinc als wol
bekenne, als ob ich sie saehe mit den ougen, und noch baz -- ich gedenke wol
eine rôsen in dem winter -- und mit dirre kraft würket diu sêle in unwesene und 10
volget gote, der in unwesene würket.

Ein heidenischer meister sprichet: diu sêle, diu got minnet, diu nimet in
under dem velle der güete -- noch sint ez allez heidenischer meister wort, diu
hie vor gesprochen sint, die niht enbekanten dan in einem natiurlîchen liehte;
noch enkam ich niht ze der heiligen meister worten, die dâ bekanten in einem vil 15
hoehern liehte -- er sprichet: diu sêle, diu got minnet, diu nimet in under dem
velle der güete. Vernünfticheit ziuhet gote daz vel der güete abe und nimet in
blôz, dâ er entkleidet ist von güete und von wesene und von allen namen.

Ich sprach in der schuole, daz vernünfticheit edeler waere dan wille, und
gehoerent doch beidiu in diz lieht. Dô sprach ein meister in einer andern 20
schuole, wille waere edeler dan vernünfticheit, wan wille nimet diu dinc, als
sie in in selben sint, und vernünfticheit nimet diu dinc, als sie in ir sint.
Daz ist wâr. Ein ouge ist edeler in der ougen dan ein ouge an eine want
gemâlet ist. Ich spriche aber, daz vernünfticheit edeler ist dan wille. Wille
nimet got under dem kleide der güete. Vernünfticheit nimet got blôz, als er 25
entkleidet ist von güete und von wesene. Güete ist ein kleit, dâ got under
verborgen ist, und wille nimet got under dem kleide der güete. Waere güete an
gote niht, mîn wille enwölte sîn niht. Der einen künic kleiden wolte an dem
tage, als man in ze künige machete, und kleidete in in grâwiu kleit, der enhaete
in niht wol gekleidet. Dâ von enbin ich niht saelic, daz got guot ist. Ich 30
enwil des niemer begern, daz mich got saelic mache mit sîner güete, wan er
enmöhte ez niht getuon. Dâ von bin ich aleine saelic, daz got vernünftic ist
und ich daz bekenne. Ein meister sprichet; vernünfticheit gotes ist, dâ des
engels wesen zemâle ane hanget. Man vrâget, wâ daz wesen des bildes aller
eigenlîchest sî: in dem spiegel oder in dem, von dem ez ûzgât? Ez ist 35
eigenlîcher in dem, von dem ez ûzgât. Daz bilde ist in mir, von mir, zuo mir.
Die wîle der spiegel glîch stât gegen mînem antlite, sô ist mîn bilde dar inne;
viele der spiegel, sô vergienge daz bilde. Des engels wesen hanget dar an, daz
im götlîch vernünfticheit gegenwertic ist, dar inne er sich bekennet.

´Als ein morgensterne mitten in dem nebel´. Ich meine daz wörtelîn 40
´quasi´, daz heizet ´als´. Daz heizent diu kint in der schuole ein bîwort.* Diz
ist, daz ich in allen mînen predigen meine. Daz aller eigenlîcheste, daz man

---

41 **Bîwort**, which has been translated "adverb," can refer to just about any part
of speech but noun and verb. It can also mean allegory. "Verb-adverb" would
duplicate the word play in English. Since the morning star and the full moon
(see below) function as allegorical figures for man, it seems best to see it
here as meaning both a part of speech and allegory.

a little spark, a sprout. The soul has powers which work in the body. One such
power is that through which one digests. It works more at night than during the
day. Because of it one gains weight and grows. The soul also possesses a power
in the eye, because of which the eye is so delicate and refined that it does not
perceive things in the coarse condition in which they exist. They have to be
previously sifted and refined in the air and the light. This is because the eye
has the soul within it. There is another power in the soul with which it
thinks. This power forms things within itself which are not present, so that I
know the things as well as if I were seeing them with my eyes; even better. I
can call to mind a rose just as well in winter. And with this power the soul
works in nonbeing and so follows God who works in nonbeing.

     A pagan master says: "The soul that loves God loves him under the coat of
goodness." All these words which have been quoted up to now are those of pagan
masters, who knew only in a natural light; I have not yet come to the words of
sacred masters, who knew in a much higher light. The pagan says: "The soul that
loves God perceives him under the coat of goodness." The intellect pulls off
the coat from God and perceives him bare, as he is stripped of goodness and of
being and of all names.

     I said in a lecture that the intellect is nobler than the will, and yet
they both belong in this light. A professor in another school said that the
will was nobler than the intellect because the will grasps things as they are in
themselves, while the intellect grasps things as they are in it. This is true.
An eye is nobler in itself than an eye that is painted on a wall. Nevertheless,
I say that the understanding is nobler than the will. The will perceives God in
the garment of goodness. The understanding perceives God bare, as he is
stripped of goodness and being. Goodness is a garment by which God is hidden,
and the will perceives God in this garment of goodness. If there were no
goodness in God, my will would want nothing of him. If someone wanted to clothe
a king on the day when he was to be made king, and if one clothed him in gray
attire, such a one would not have clothed him well. I am not happy because God
is good. I shall never beg that God make me happy with his goodness because he
could not do it. I am happy for this reason alone--because God is of an
intellectual nature and because I know this. A master says that God's intellect
is that upon which the being of an angel depends completely. One can pose the
question: Where is the being of an image most properly? In the mirror or in the
object from which it comes? It is more properly in the object from which it
comes. The image is in me, from me, to me. As long as the mirror is placed
exactly opposite my face, my image is in it. If the mirror were to fall, the
image would disappear. An angel's being depends upon this: that the divine
understanding in which it knows itself is present to it.

     "As the morning star through the mist." I would now like to focus on the
little word quasi which means "as." Children in school call this an adverb.
This is what I focus on in all my sermons. What one can most properly say about

von gote gesprechen mac, daz ist wort und wârheit.   Got nante sich selber ein
wort.   Sant Johannes sprach: 'in dem anevange was daz wort' (John 1:1), und
meinet, daz man bî dem worte sî ein bîwort.   Als der vrîe sterne, nâch dem
vrîtac genant ist, Vênus: der hât manigen namen.   Als er vor der sunnen gât und
er ê ûfgât dan diu sunne, sô heizet er ein morgensterne; als er der sunnen nâch   5
gât, alsô daz diu sunne ê undergât, sô heizet er ein âbentsterne.   Etwenne
loufet er ob der sunnen, etwenne bî niden der sunnen.   Vor allen sternen ist er
alwege glîch nâhe der sunnen; er enkumet ir niemer verrer noch naeher und meinet
einen menschen, der hie zuo komen wil, der sol gote alle zît bî und gegenwertic
sîn, alsô daz in niht von gote müge geverren weder glücke noch unglücke noch   10
kein crêatûre.
     Er sprichet ouch: 'als ein voller mâne in sînen tagen'.   Der mâne hât
hêrschaft über alle viuhte natûre.   Niemer enist der mâne der sunnen sô nâhe,   15
dan sô er vol ist und als er sîn lieht von der sunnen zem êrsten nimet; und dâ
von, daz er der erde naeher ist dan kein sterne, sô hât er zwêne schaden: daz er
bleich und vleckeht ist und daz er sîn lieht verliuset.   Neimer enist er sô
kreftic, dan sô er der erde aller verrest ist, denne sô wirfet er daz mer aller
verrest ûz; ie mêr er abenimet, ie minner er ez ûzgewerfen mac.   Ie mêr diu sêle   20
erhaben ist über irdischiu dinc, ie kreftiger si ist.   Der niht dan die
crêatûren bekante, der endörfte niemer gedenken ûf keine predige, wan ein
ieglîchiu crêatûre ist vol gotes und ist ein buoch.   Der mensche, der hie zuo
komen wil, dâ von hie vor gesprochen ist -- hie gât alliu diu rede zemâle ûf --
der sol sîn als ein morgensterne; iemermê gote gegenwertic und iemermê bî und   25
glîch nâhe und erhaben über alliu irdischiu dinc und bî dem worte sîn ein
bîwort.
     Ez ist ein värbrâht wort, daz ist der engel und der mensche und alle
crêatûren.   Ez ist ein ander wort, bedâht und vürbrâht, dâ bî mac ez komen, daz
ich in mich bilde.   Noch ist ein ander wort, daz dâ ist unvürbrâht und unbedâht,   30
daz niemer ûzkumet, mêr ez ist êwiclich in dem, der ez sprichet; ez ist iemermê
in einem enpfâhenne in dem vater, der ez sprichet, und inneblîbende.
Vernünfticheit ist allez inwert würkende.   Ie kleinlîcher und ie geistlîcher daz
dinc ist, ie krefticlîcher ez înwert würket, und ie diu vernunft kreftiger und
kleinlîcher ist, ie daz, daz si bekennet, mêr dâ mite vereinet wirt und mêr ein   35
mit ir wirt.   Alsô enist ez niht umbe lîplichiu dinc; ie kreftiger diu sint, ie
mêr sie ûzwert würkent.   Gotes saelicheit liget an der înwertwürkunge der
vernünfticheit, dâ daz wort inneblîbende ist.   Dâ sol diu sêle sîn ein bîwort
und mit gote würken ein werk, in dem înswebenden bekantnisse ze nemenne ir
saelicheit in dem selben, dâ got saelic ist.   40

     Daz wir alle zît bî disem worte müezen sîn ein bîwort, des helfe uns der
vater und diz selbe wort und der heilige geist.   Amen.

God is that he is word and truth. God called himself a word. St John said; "In the beginning was the Word." He means that one should be an ad-verb to the Word. The planet Venus, after which Friday is named, has many names. When it precedes and rises before the sun, it is called the morning star. Sometimes its path is above the sun, sometimes below the sun. In contrast to all the other stars it is always equally near the sun. It never departs farther from, nor approaches nearer to, the sun. It stands for a man who wants always to be near to and present to God in such a way that nothing can separate him from God, neither happiness nor unhappiness, nor any creature.

He also says: "as the full moon in its days." The moon rules over all moist nature. The moon is never so near the sun as when it is full and is receiving its light directly from the sun. Because it is closer to the earth than any star it has two defects: It is pale and spotted, and it loses its light. It is never so powerful as when it is farthest from the earth, because then it causes the ocean to rise the most. The more it wanes, the less it causes it to rise. The more the soul is raised above earthly things, the more powerful it is. Whoever knew but one creature would not need to ponder any sermon, for every creature is full of God and is a book. The person who wants to achieve what we have just spoken about -- and this is the whole point of the sermon--should be like the morning star: always present to God, always with him and equally near him, and raised above all earthly things. He should be an ad-verb to the Word.

There is one kind of word which is brought forth, like an angel and a human being and all creatures. There is a second kind of word, thought out and not brought forth, as happens when I form a thought. There is yet another kind of word that is not brought forth and not thought out, that never comes forth. Rather, it remains eternally in him who speaks it. It is continually being conceived in the Father who speaks it, and it remains within. The understanding always works internally. The more refined and immaterial a thing is, the more powerfully it works internally. And the more powerful and refined the understanding is, the more that which it knows is united with it and is more one with it. This is not the case with material things--the more powerful they are, the more they work outside themselves. God's happiness depends on his understanding's working internally, where the Word remains within. There the soul should be an ad-verb and work one work with God in order to receive its happiness in the same inwardly hovering knowledge where God is happy.
That we may be forever an ad-verb to this Word, for this may we receive the help of the Father and the same Word and the Holy Spirit. Amen.

Johannes Tauler (c. 1300-1361)

SERMON 56

"Renovamini spiritu mentis"

"Bruodere, werdent ernüwet in dem geiste üwers gemuotes und tuot an einen
nüwen menschen, der nach Gotte geschaffen ist in gerechtikeit und heilikeit der
worheit, und dar umbe werffent von üch die lugene und sprechent die worheit,
üwer ieklichs zuo sinem nechsten, wan wir under einander gelider sin.   5
    Ir süllent zürnen und nüt sünden. Die sunne ensol nüt under gon uf üweren
zorn. Ir süllent dem zornigen vigende enkeine stat geben. Der do gestoln hat,
der enstele nüt me, sunder er arbeite mit sinen henden das guot ist, das er habe
von dem das er den müge geben die not lident".*
    Dis ist die epistole die man liset von der wuchen, und schribet si der   10
aller minneklicheste fürste, min herrer S. Paulus, und ist vol edels sins und
leren. Und sunderlichen süllen wir war nemen der minneklichen vermanunge, das
wir süllent vernüwet werden in dem geiste unsers gemütes.
    Kinder, nu lert er uns wie wir zuo diser vernüwunge komen süllen, und git
uns ze verstonde das wir etliche ding süllen tuon und etliche lossen. Und hie   15
sint drü ding die wir von not lossen müssen, süllen wir zuo diser vernüwunge
komen.
    Zem ersten süllen wir hinwerffen die lugene und sprechen die worheit, ein
ieklichs zuo sinem nechsten.
    Zem andern mole: wir ensüllen nüt zürnen.   20
    Zem dritten mole: wir ensüllen nüt steln. Dise drü ding die muos der
mensche von not haben der sich ernüwen wil.
    Nu was ist lugene? Was ein mensche bewiset, es si mit zeigende oder mit
schine, wort oder werk, des er nüt enmeint in dem herzen, do der munt und das
herze wider einander sint: das ist lugene.   25
    Nu sint einer künne lüte, die schinent geistlich, die dem gar ungelich
sint, wan ir herze das ist weltlich und ist besessen mit den creaturen, si sin
weler künne die sin, tot oder lebent. Ich enspriche nüt von weltlichen lüten,
sunder ich spriche von weltlichen herzen, die ir lust nement willeklichen an
zitlichen dingen, die gehörent Gotte nüt zuo, es sin ir kleider, ir kleinöt.   30
Und als man in dis seit, so zürnent si und vindent als valsche glosen und
sprechent, si sin jung und müssen sich ergetzen; si tuont es dar umbe das si
Gotte deste bas und deste lieber gedienen mügen. Das est ein fule lugene.
Soltest du Gotte deste bas dienen ob du die ding in dich zühest die dich in der
worheit Gotz irrent? Ensolte dich der minneriche Got nüt bas mugen ergetzen   35
denne die verderbenden verirrenden creaturen? Das ist ein böse lugene; das
sicht man und hört es wol.
    Noch sint ander lugener, die geistlich sint, das ist das si etliche guote
heilige übunge tuont, und in dem selben meinent si sich selber und das ir me

The text has not been normalized. 9 The first two paragraphs are Tauler´s
translation of Paul; Ephesians 4:23-28.

SERMON 56

"Be renewed in the spirit of your mind..." (Paul: Ephesians, 4:23-28).

"Brothers, become renewed in the spirit of your mind and put on a new man who has been created according to God in justice and in holiness of truth, and therefore cast away from you lies and speak the truth, each of you to his neighbor, for we are all members of each other.
"You should get angry and not sin. The sun should not go down upon your anger. You should not give the angry enemy any room. He who has stolen, let him steal no more; but let him toil with his hands at what is good so that he might have (something) of that which he could give to those who suffer need" (Ephesians, 4:23-28).
This is the epistle which one reads of this week and the very dear prince, my lord St. Paul, writes it, and it is full of noble meaning and instruction. And especially we should be aware of the dear admonition that we should be renewed in the spirit of our mind.
Children, he now teaches us how we are to come to this renewal, and he gives us to understand that we are to do some things and leave some. And here are three things that we of necessity must leave if we are to come to this renewal.
First, we should cast aside lies and speak the truth, each one to his neighbor.
Second, we should not get angry.
Third, we should not steal. These three things a man must of necessity have who wants to renew himself.
Now, what is lying? Whatever a person indicates, be it with showing or appearance, word or deed, that he does not mean in his heart, when mouth and heart are at odds with each other: that is lying.
Now there are people of one kind, who appear spiritual, who are completely unlike that, for their heart is worldly and is possessed by creatures, no matter what kind they are—dead or living. I am not speaking of worldly people, but rather, I speak of worldly hearts that take their pleasure willingly in temporal things which do not belong to God, be it their clothes, their precious thing. And when one says this to them, they become angry and find it all wrong interpretations and say they are young and have to enjoy themselves; they are doing it for this—that they can serve God the better and the more gladly. This is a rotten lying. Should you serve God the better if you draw into yourself things which in truth make you lose God? Should not our dear God be able to cause you enjoyment better than ruin-bringing, distracting creatures? That is a base lie; that one sees and hears well.
There are yet other liars who are spiritual, that is, they perform some good, holy practices, but in this very thing they have themselves in mind and

denne Got, und gont also hin drissig unde vierzig jor und enbekennent sich
selber nüt noch ir meinungen. Und das unwissen das entschuldiget si nüt, wan si
solten ir meinunge war genomen han, das si sich selber bekant hetten und ir
meinunge, das die Got were und nüt das ire; weder lon noch himelrich, noch lust
noch nutz. Kinder, do gehört ein gros wunderlich flis zuo das der mensche sin   5
meinunge wol bekenne; dar zuo gehört nacht und tag studieren und ymaginieren und
sich selber visitieren und sehen was in tribe und bewege zuo allen sinen werken,
und sol mit allen seinen kreften alles sin tuon richten und in Got sunder mittel
wisen; denne so sprichet der mensche enkeine lugene, Wan alle die guoten werk
die der mensche in üt anders richt denne in Got, das ist alles lugene; wan alle   10
ding sint denne ein abgot des Got nüt ein ende ist.
    Das ander das uns S. Paulus hie verbüt, das ist zürnen. Der prophete und
S. Paulus sprechent mit ein ander das wir süllen zürnen und nüt sünden, das ist:
in der zürnender kraft* süllen wir haben ein widerzemkeit zuo allem dem das
Gotte wider ist, und das bewisen als verre als es stat und stunde hat, do ers   15
wol gebesseren mag und in an triffet ze besserende. Aber nu vint man lüte die
eins anderen gebresten wellent besseren, und vallent selber vil in grösser
gebresten. Das sint die lüte die da würkent us heismuetikeit und us bitterkeit
und sprechent swere wort und habent swere gelas und antlit und nement in selber
iren friden und irem nechsten. So spricht man, si haben kranke houbt. Was hat   20
ein ander dins kranken houbtes zu schaffende? Ist dir din houbt krank, so
schone din selbes und och eins andern. Und kanst du nüt zürnen, so enzürne nüt.
Es ist ein grosse meisterschaft, künnen zürnen, und die zürnent, das si nüt
sündent, als man uns hie heisset. Du wilt eim anderen sin hus löschen und wilt
das din anzünden. Schone als mer dines huses als eins anderen. Du wilt ein   25
klein wündelin an dinem nechsten heilen und slechst im zwo oder drije grösser do
bi.
    Nu spricht S. Paulus: "die sunne die sol nüt under gon uf üwern zorn". Er
meint: wem üt wirret mit sinem nechsten, der sol sich iemer mit im versünen als
verre als es an im ist, e denne die lipliche sunne under an dem tag ge. Und er   30
meint och die sunnen der bescheidenheit.
    Wissent, kinder, enthaltent ir nüt dise lere und entfrident üwern nechsten,
ir verlierent Got und sine gnade, und das ir lange gesammet hant, das get hie
mit al ze mole enweg.
    Nu zuo dem dritten mole: ir ensüllent nüt steln. Das ist steln was der   35
mensche an sich zühet, es si liplich oder geistlich, das im nüt zuo engehört.
Das gehört sere an geistliche menschen die sich dicke ziehent zuo eren, zuo
vorteil und zuo maniger wise, der im Got nüt enmeint und ir nüt engebruchet, als
Got von im wolte und billichen solte, und tringet sich drin: des ensol sich
nieman an nemen, und neme alle vorteil mit bevindender vorchte; wan es mag   40
geschehn das er her nach smelichen sol us getriben werden und eim andern sol
gegeben werden. In manigem jore engetorst ich nie gedenken das ich unsers
vatters S. Dominicus sun were, und mich einem bredier* geachten, wan ich es mich
unwirdig bekenne.

---

14 The irascible power goes back to Plato's concept <u>thumos</u>. This power gives
one spirit or drive for one's activities. 43 <u>Preacher</u> here means a member of
the Order of Preachers or Dominicans, an order founded by St. Dominic. Tauler
was a member of this order.

what is theirs more than God; and they go along thus for thirty or forty years and do not recognize themselves nor their intentions. And this not knowing does not excuse them, for they should have been aware of their intention--that they recognized themselves and their intention that it should be God and not what is theirs: neither reward nor heaven nor pleasure nor benefit. Children, it is necessary to have a great marvelous diligence that a person recognize well his intention. For this it is necessary to study and imagine and visit (reflect upon) oneself night and day and see what drives one and moves one to all one's actions. And one should with all one's might direct all one's activity and aim it directly at God. Then a person speaks no lies. For all the good works that a person directs at something else than at God--that is all lying because all things are then a false idol whose goal is not God.

The second thing that St. Paul forbids us here is getting angry. The prophet and St. Paul speak in agreement that we should get angry and not sin. That is: in our irascible power we should have an opposition to everything that is against God and should show this insofar as it has place and time, when one can make it really better and has the opportunity to improve. However, one finds people who want to make one failing better and fall into a much greater failing. These are people who act from a quick temper and bitterness and speak severe words and have a severe face and way of acting, and rob themselves and their neighbor of peace. So one says they have sick heads. Why should someone else have to be bothered by your sick head? If your head is sick, then spare yourself and also somebody else. And if you cannot get angry, then don't get angry. It is a great skill to know how to get angry and, being angry, not to sin, as one commands us here. You want to extinguish someone else's house and are about to set fire to your own. You want to heal a small wound of your neighbor and strike (cause) him two or three bigger ones in so doing.

Now St. Paul says: "The sun should not go down on your anger." He means: Whoever has a problem with his neighbor should reconcile himself with him insofar as is in his power before the physical sun goes down on that day. And he means also the sun of discretion.

Know, children, if you do not keep this teaching and keep peace with your neighbor, you lose God and his grace; and what you have gathered for a long time thereby goes away completely.

Now, to the third point: You should not steal. That is stealing--whatever a person draws to himself, be it material or spiritual, that does not belong to him. This is very pertinent for spiritual people who draw themselves to honor, to advantage, and to many a manner (of living) which God did not intend for him and he does not make use of it as God intended of him and rightly should, and he bores himself into it: This no one should do, and let one receive all advantages with a sense of fear. For it can happen that afterwards he shall be shamefully driven out and it shall be given to someone else. In many a year I do not ever dare to ponder that I am the son of our father, St. Dominic, and to consider myself a preacher, for I know myself (to be) unworthy of it.

Och dis steln das sol man verston an dem almuosen; wan es ist ein vil
sörklich ding die almuosen ze nemende. Man sol sehen war uf und war umbe man
die almuosen neme und wie man si verdiene.

Kinder, allein mir von der alten und der nüwen e erlobt si almuosen ze
nemende von der priesterschaft -- wan der dem alter dienet, der sol des alters   5
leben --, noch denne fürchte ich mich also sere die almuosen ze nemende. Hette
ich das gewisset das ich nu weis, do ich mins vatters sun was,* ich wolte sines
erbes gelebet han und nüt der almuosen.

Nu sprichet S. Paulus: "ir süllent üch vernüwen in dem geiste üwers
gemütes". Der geist des menschen der hat manigen namen, das ist nach der   10
würklicheit und nach dem widergesichte. Under wilen heisset der geist ein sele;
das ist als verre als si dem libe leben in güsset, und also ist si in eime
ieklichen gelide und git dem bewegunge und leben. Und etwenne heisset si ein
geist, und denne hat si als nahe sipschaft mit Gotte, das ist über alle mosse;
wan Got ist ein geist und die sele ein geist, und dannan ab hat si ein ewig   15
widerneigen und widerkaphen in den grunt irs ursprunges. Und do von der
gelicheit der geistlicheit so neiget und wider büget sich der geist wider in den
ursprung, in die gelicheit. Das widerneigen das enverlöschet niemer me och in
den vertümten. Denne heisset si ein gemüte. Das gemüte das ist ein wunneklich
ding; in dem sint alle die krefte versament: vernunft, wille; aber es ist an im   20
selber dar enboben und hat me dar zuo. Es hat einen innigen weselichen fürwurf
über die würklicheit der krefte, und wanne dem gemüte recht ist und es wol zuo
gekert ist, so ist allem dem enderen recht, und wo das ab gekert ist, so ist es
alles ab gekert, man wisse oder enwisse nüt.

Nu heisset si och ein mensche.

Kinder, das ist der grunt do dis wore bilde der heiligen drivaltikeit inne   25
lit verborgen, und das ist so edel das man dem enkeinen eigenen namen enmag
gegeben. Under wilen heisset man es einen boden, under weilen ein dolten der
selen. Und als wening als man Gotte einen eigenen namen mag gegeben, als mag
man dem namen gegeben. Und der gesehen mochte wie Got in dem grunde wonet, der
würde von dem gesichte selig. Die nehe die Got do hat, und die sipschaft, die   30
ist so unsprechlich gros das man nüt vil dannan ab getar sprechen noch enkan
gesprechen.

Nu sprach S. Paulus: "ir süllent üch vernüwen in dem geiste üwers gemütes".
Dis gemüte, do dem recht ist, do hat es ein widerneigen in disen grunt, do dis
bilde ist verre über die krefte. Und ist dis werk dis gemütz als edel und als   35
gros über die krefte, verre me denne ein fuoder wins ist wider einem trahen.

In disem gemüte sol man sich ernüwen mit einem steten wider in tragende in
den grunt und engegenkerende mit einer würklicher minne und meinunge Got sunder
alles mittel. Dis vermügen ist wol in dem gemüte, das einen steten anhang wol
mag haben ane underlos und stete meinunge, ane die krefte die ein vermügen des   40
steten anhanges nüt habent.

Alsus sol dies vernüwunge sin in dem geiste des gemütes, wan Got ein geist
ist: des sol der geschaffene geist sich vereinen und uf richten und sich in
senken in den ungeschaffenen geist Gotz mit einem lidigem gemüte. Also als der
mensche was eweklichen in Gotte Got in seiner ungeschaffenheit, also sol er mit   45
siner geschaffenheit sich al zemole wider in tragen.

_____

7 i.e., before I entered the Dominican order (which is supported by alms).

Also, one should understand stealing with respect to alms. For it is a very serious thing to accept alms. One should consider with repect to what and why one accepts alms and how one earns them.

Children, although according to the Old and New Testament it is allowed to me to accept alms because of my priesthood--for he who serves the altar shall live from the altar--nevertheless I am very much afraid to accept alms. If I had known what I now know when I was my father's son, I would have lived from what he willed and not from alms.

Now St. Paul says: "You should renew yourselves in the spirit of your mind." Man's spirit has many a name, both because of its activity and because of its relationship (to other things). Sometimes the spirit is called a soul; this is insofar as it infuses the body with life, and thus it is in every member and gives it movement and life. And sometimes it is called a spirit, and then it has such a close relationship with God that it is beyond all measure; for God is a spirit and the soul a spirit, and from this it has an eternal leaning and looking back into the ground of its origin. And then, from the sameness in being spiritual, the spirit leans and bends itself back into its origin, into this sameness. This leaning back is never extinguished, even in the damned. And also it is called a mind. The mind is a delightful thing; in it are gathered together all the faculties: reason, will. But it is something in itself above this and has more in addition. It has interior, essential control over the activity of the faculties, and when all is well with the mind and it is well directed, then all is well with everything else. And when it is misdirected, then everything else is misdirected, whether one knows it or not.

Now it is also called a human being.

Children, this is the ground where this true image of the holy Trinity lies hidden within. And this is so noble that one cannot give it any name of its own. Sometimes one calls it a foundation, sometimes a crown (of a tree) of the soul. And just as little as one can give God a proper name, so one cannot give this a name. And whoever could see how God dwells in the ground would become blessed by the sight. The closeness which God has there and the relatedness is so ineffably great that one does not dare say much of it nor can one (so) speak.

Now St. Paul said: "You should renew yourselves in the spirit of your mind." This mind, when all is well with it, has a leaning back into this ground where this image is far beyond the faculties. And the activity of this mind is so noble and so great beyond the faculties, far more than a wagon full of wine compared to a drop.

In this mind one should renew oneself by a constant return back into the ground and a coming forth again with an active love and God as one's goal without any medium (intervening). This power is certainly in the mind, which can well have a constant indwelling without interruption and a constant focus (on God) aside from the faculties which do not have the power of constant indwelling.

Thus should this renewal in the spirit of the mind be, for God is a spirit: For this reason the created spirit should unite itself and raise itself up and sink itself into the uncreated spirit of God with a willing mind. Just as man existed eternally in God as God, so should he betake himself back again completely in his createdness.

Und es ist ein frage under den meistern, als der mensche sich willeklichen
kere uf die ding die verfliessent, ob der geist mit verfliesse. Und si
sprechent gemeinlichen: "ja". Aber ein gros edel meister sprach: "also schiere
als sich der mensche wider kert mit sinem gemüte und mit gantzem willen, und
sinen geist in treit in Gotz geiste über die zit, so wirt alles das wider bracht   5
in dem ougenblicke das ie verlorn wart". Und möcht der mensche das getuon
tusent werbe an dem tage, so wurde alle zit ein wore vernüwunge do, und in disem
innerlichen werke do ist die woreste luterste vernüwunge die gesin mag. "Hodie
genui te, hütte han ich dich nüwe geborn".* Als der geist al zemole in sinket
und in smilzet mit sinem innigosten in Gotz innigosten, so wirt er do widerbilt   10
und ernüwet, und also vil me wirt der geist übergossen und überformet von Gotz
geiste, als vil als er disen weg ordenlicher und luterlicher gegangen hat und
Got bloslicher gemeint hat: als ingüsset sich hie Got, als die natürliche sunne
güsset iren schin in die lüft, und wirt aller der luft durchformet mit dem
liechte. Und dis underscheit von luft und von liechte das enmag enkein oge   15
begriffen noch gescheiden. Und wer möchte denne gescheiden dise götliche verre
übernatürliche einunge, do der geist ist in genomen und in gezogen in das
abgründe sines beginnes? Wissent: wer es müglich das man den geist in dem
geiste gesehen möchte, man sehe in ane allen zwivel an für Got.

Kinder, in disem vernüwende und in kerende da swimmet der geist alle zit   20
über sich, das nie enkein are also uf engefloug engegen der liplichen sunnen,
noch das für engegen dem himel: also swimmet hie der geist engegen das götliche
vinsternisse, als Job sprach: "dem manne ist der weg verborgen und ist
umbevangen mit vinsternisse",* das ist in das vinsternisse der unbekantkeit
Gots, do er ist über alles das man im zuo gelegen mag, und do ist namlos,   25
formlos, bildelos über alle wise und über alle wesen. Dis sint, kinder, die
weselichen kere. Her zuo ist die nacht in der stillen ein alzemole nütze und
fürderlich dinge. So wenne der mensche einen guoten slaf hat geton vor der
mettin,* denne sol er sich verstelen allen sinen sinnen und sinlichen kreften,
und er sol sich mit allen sinen kreften nach der mettin recht in senken über   30
alle bilde und formen und über alle sin krefte erswimmen, und von siner
kleinheit ensol er nüt gedenken dem edelen vinsternisse ze nohende von dem ein
heilig schribet: "Got ist ein vinsternisse nach allem liechte, sunder dem
vinsternisse siner unbekantheit", losse ich do inne Gotte einvalteklichen und
enfroge nüt noch envordere nüt, denne meine und minne Got, und wirf in den   35
unbekanten Got alle ding, och dine gebresten und dine sünde und alle die sache
die du vor haben macht, alles in der würklichen minne; wirf es alles in den
vinsteren unbekanten götlichen willen.

Diser mensche ensol och uswendig disem nüt meinen noch wellen: noch die
wise, noch die raste, noch würklicheit, noch dis noch das, sus noch so: denne er   40
sol sich lossen dem unbekanten willen Gots.

Nu als dis mensche in disem inwendigen werke were, gebe im denne Got das er
das hoch edele ding liesse und solte einem siechen gon dienen, im lichte ein
suffe machen, das solt der mensche mit grossem friden tuon. Und ob ich der
menschen einer were und solte das denne lossen und solte her us keren ze   45

---

9 Psalm 2:7. In translating the Latin Tauler adds nüwe (anew) gratuitously.
24 Job 3:23. 29 Matins is the first hour of the daily Divine Office, chanted by
the monks in the middle of the night.

It is a question (discussed) among the professors: When a person freely turns himself to the things that flow away, whether the spirit flows away, too. And they say commonly: "yes." But a great noble professor said: "Just as soon as a person returns with his mind and with his whole will and he carries his spirit in God's spirit beyond time, then at that instant all is brought back that had ever been lost." And if a person could do that a thousand times a day, then there would come about the whole time a true renewal, and there in this interior activity is the truest purest renewal that can be. "Hodie genui te, Today I have begotten you anew." When the spirit sinks within completely and melts with its innermost (being) in God's innermost (being), then it is re-imaged and renewed, and the spirit has gone this way in an ordered and pure manner and has purely sought God. Here God pours himself within just as the natural sun pours its shine into the air, and all the air is transformed by the light. And no eye can perceive or distinguish the difference between the air and the light. And who could then find distinction in this divine, vast, supernatural union, where the spirit is received and drawn into the abyss of its origin? Know: If it were possible that one could see spirit in the spirit, one would see it without any doubt as (being) God. Children, in this renewal and turning within the spirit soars always beyond itself (in a way) that never did any eagle fly up toward the physical sun, nor fire (flare up) toward the sky. Thus does the spirit soar toward the divine darkness, as Job said: "The way is hidden for man and he is surrounded with darkness," that is, into the darkness of the incomprehensibility of God where he is beyond everything that man can attribute to him and where he is nameless, formless, without image beyond all mode and beyond all being. These are, children, the essential turnings. For this the night in the stillness is a completely useful and helpful thing. When a person has had a good sleep before matins, then he should steal away from all his senses and sense faculties and with all his faculties he should after matins sink himself beyond all images and forms and soar beyond all his faculites; and he should not consider, because of his smallness, approaching this noble darkness of which a holy person writes: "God is a darkness beyond all light, beyond the darkness of his incomprehensibility," (but) let him let himself in for God simply and let him ask nothing or demand nothing but that he contemplate and love God, and cast into the unknown God all things, even your failings and your sins and all the things you may intend, everything in active love. Throw it all into the dark unknown divine will.

This person should not intend or want this nothing exteriorly, neither the manner nor the quiet nor the activity, neither this nor that, this way or that; for he should abandon himself to the unknown will of God.

Now if a person were (engaged) in this interior activity, (and) if God were to give him (the task) that he leave this lofty noble thing and should go serve a sick person--perhaps make him a soup--the person should do this with great joy. And if I were one of these people and were supposed to leave this and were

brediende oder des gelich tuon, es möchte wol geschehen das mir Got
gegenwürtiger were und me guotz tete in dem usserlichem werke denne lichte in
vil grosser schouwelicheit.
    Also süllen dise edele menschen, als si sich des nachtes vil wol hant
geübet in disem innerlichen kere und des morgens och ein wening: so süllent si   5
denne fürbas in guotem friden ir geschefte tuon, ein iekliches als es im Got
füget, und nem Gotz in den werken war, wan er si sicher: eime geschicht etwenne
in disem me guotz denne in yeme. Und das heisset uns Sant Paulus, das wir
arbeiten mit den henden, das das guot ist der mensche im selber und och dem
nechsten, in weler wise das eins not hat.   10
    Dis sint die woren armen des geistes die ir selbes und des iren verlöigent
hant und Gotte volgent, war er si haben wil, es si rasten oder würken. Aber
entrüwen, junge anhebende lüte die dürffent das si vil zites geben Gotte und ir
inwendikeit, bis si weselich werdent; wan si möchten lichte sich als vil us
keren das si ze mole usse bliben, und wenne ein ieklich diser menschen Gots nüt   15
enbevindet noch in alles nüt ensmakt noch wol zehanden engat, so lide er sich in
dem armüte; wande er mag vil me uf gon und zuo nemen in lidende und in lossende
denne in würkende und habende, und sol denne der mensche sich einvaltklichen
halten an sinen heiligen gelouben.
    Och kinder, wel einen fürgang wenent ir das dise lüte haben? Ja das ist   20
ungedenklich und ungelöiplich, wie das zuonemen ist, das ist in einem ieklichen
gedanke, wie klein ein wort, ein werk ist, do in im selber nüt vil an notdurft
enist. Aber was si tuont, das ist über alle mosse wirdig und nement do inne
wunderlichen sere zuo. Es ist ein gros ding den lüten lang ze lebende in der
zit, wan ir ernüwen ist al ze gros und ir wachsen, ob si in disen wegen recht   25
durch gegangen sint und nüt beliben ensint an deheiner diser stücke, als ir hie
gehört hant. Dise menschen enwissent nüt selber das si als vil wol dar an sint,
und gont als einvaltklichen hin und schlechtlichen. Got verbirget es in, wan
die nature als lichte mag das si uf swimmet. Aber do er einen woren demütigen
menschen hette, der leider wening ist, dem offenbart er es wol; wan der rechte   30
tiefmütige mensche, so er me bekent siner eren, so er tieffer in den grunt
versinket, wan er enzelt im enkein guot zuo. Diser lüte zuonemen das lit
gröslichen an lidende. Wan unser herre der übet si, und alle die bi im sint,
die übent si, und in einer samenunge do diser lüte ist licht eins oder zwei,
alle die anderen die übent si mit herten wisen und worten und hamerslegen.   35
    Hie vor moles do martereten die heiden und die juden die heiligen, und nu
süllen dich, liebes kint, die marteren die vil heilig schinent und vil grossen
schin hant und vil mere werk tunt wan du tust. Och das get in das marg; wan
dise sprechent, dir si zemole unrecht, und sie haben vil gesehen und die grossen
bredier gehört und wissen wol. Och so enweist du nüt wes du beginnen solt oder   40
wo du hin keren macht....
    Kinder, alle unser heiligkeit und gerechtekeit die enist ze mole nüt. Und
unser gerechtekeit die ist ein ungerehtekeit, ein unreinikeit und ein unendelich
ding, das man nüt nemmen engetar vor sinen ougen. Aber, kinder, es mus sin in
siner gerechtigkeit und heilikeit, nüt in deheiner unser wisen und worten oder   45
in üt des unsern, sunder in ime.
    Das wir denne nu alle also ze grunde in in versinken und verfliessen, das
wir in ime in der worheit ernüwet werden, das wir in ime funden werden, des
müsse er uns helfen. Amen.

supposed to turn outward for preaching or to do something similar, it could well happen that God would be more present to me and (I) would accomplish more good in this external activity than perhaps in very great contemplation.

Thus should these noble people, when they have exercised themselves quite well at night in this turning inward, and also a little in the morning, then they should continue in good peace to carry out their duties, each one as God ordains for him, and should be aware of God in these activities; for let him be certain (of this): More good happens to a person sometimes in this than in that (i.e., contemplation). And St. Paul commands us this: that we work with our hands, that a person is this good for himself and also for his neighbor in whatever manner there is need of it.

These are the true poor of spirit who have denied themselves and what is theirs and follow God wherever he wants to have them, be it resting or working. But indeed, young beginning people, they need that they give much time to God and to their interiority until they become (spiritually) vital. For they might easily turn outward so much that they then remain outside, and if any of these people find nothing of God nor does it all have a taste for them nor does it go handily, then he suffers himself in this poverty. For he can ascend and increase much more in suffering and in abandoning than in activity and possessing, and then a person should simply preserve himself in his holy faith.

Also, children, what kind of progress do you suppose that these people have? It is indeed inconceivable and incredible how this increasing is that is in each thought, no matter how small a word, an action is when in himself there is not much lacking. But whatever they do is beyond all measure valuable and they increase very marvelously thereby. It is a great thing for these people to live long in time, for their renewal is very great and their growing, if on these paths they have passed through completely and have not stopped at any of these things, as you have heard here. These people do not themselves know that they are in such a good situation, and they go on simply and unpretentiously. God conceals it for them, for nature can very easily (make it) that they soar aloft. But when he has a true humble person, of which there are unfortunately few, to him he reveals it well; for the truly deep-thinking person, the more he recognizes his dignity, the deeper he sinks into the ground, for he attributes no good to himself. The growing of these people consists largely in suffering. For our Lord exercises them, and all who are with him exercise themselves. And in a gathering of these people there are perhaps one or two; all the others-- they exercise in rough ways and with harsh words and hammer blows.

Formerly the heathens and the Jews martyred the saints, and now, dear child, those shall martyr you who seem very holy and have a very great appearance and do many more activities than you do. This also goes into your marrow, for they say things are actually not right for you and they have seen much and have heard the great preachers and know what's what. And so you, too, do not know what you should do or where you should turn....

Children, all our holiness and justice, it is actually nothing. Our justice is even injustice, impurity, and an endless thing that one dare not put before one's eyes. But, children, it must be in his (God's) justice and holiness, not in any of our ways or words or in anything of ours, but rather in him.

May we then all so utterly sink into him and dissolve that we are renewed in him in truth, that we may be found in him--may he help us to this. Amen.

Heinrich Seuse (c. 1295-1366)

From: <u>Leben</u>

Kapitel 2: **Von dem übernatürlichen abzug, der im do ward.**

In sinem anfang do geschah eins males, daz er kom in den kor gende an sant
Agnesen tag, do der convent hat enbissen zu mitem tag.   Er waz da alleine und
stuond in dem nidren gestuele dez rehten chores.   Dez selben zites hat er
sunderlich gedrenge von swerem liden, daz im ob lag.   Und so er also stat   5
trostlos und nieman bi im noh umb in waz, do ward sin sel verzuket in dem libe
neiss uss dem libe.   Da sah er und horte, daz allen zungen unsprechlich ist: es
waz formlos und wiselos und hate doch aller formen und wisen frödenrichen lust
in ime.   Das herz waz girig und doch gesatet, der muot lustig und wol gefüret;
im waz wünschen gelegen und begeren engangen.   Er tet niuwen ein steren in den 10
glanzenrichen widerglast, in dem er gewan sin selbs und aller dingen ein
vergessen.   Waz ez tag oder naht, dez enwust er nit.   Es waz dez ewigen lebens
ein usbrechendü süssekeit nach gegenwürtiger, stillestender, rüwigen
enpfintlicheit.   Er sprach dur na: "ist dis nit himelrich, so enweis ich nit,
waz himelrich ist; wan alles daz liden, daz man kan gwörten, enmag die fröde   15
nit von billich verdienen, der si eweklich sol besizzen."   Dise überswenke zug
werte wol ein stunde neiss ein halbe; ob dü sel in dem lip belibi oder von dem
lip gescheiden weri, des enwüst er nit.   Do er wider zuo im selb kom, do waz im
in aller wise als einem menschen, der von einer andren welt ist komen.   Dem lip
geschah als we von dem kurzen ogenblik, daz er nit wande, daz keinem menschen   20
ane den tod in so kurzer frist so we möht geschehen.   Er kom wider neiswi mit
einem grundlosem süfzen, und der lip seig nider gen der erde wider sinen dank
als ein mensch, dem von unmaht wil gebresten.   Er erschrei inrlich und ersüfzet
ingruntlich in im selb und sprach: "owe got, wa waz ich, wa bin ich nu?" und
sprach: "ach herzkliches guot, disü stunde enmag von minem herzen niemer me   25
komen."   Er gie da mit dem libe und ensah noch enmarkte uswendig nieman nut an
ime; aber sin sele und muot waren inwendig vol himelsches wunders; die
himelschen blike giengen und widergiengen in siner innigosten inrkeit, und waz
im neiswi als ob er in dem lufte swebti.   Die kreft siner sele waren erfüllet
dez süssen himelsmakes, als so man ein guot latwergen usser einer bühsen schütet 30
und dü bühs dennoch dur na den guoten smak behaltet.   Diser himelscher smak
bleib im dur na vil zites und gab im ein himelsch senung nah got.

Kapitel 25: **Von swerem lidene, daz im einest zuo viel von eim sinem gesellen.**

Im ward eins males, do er us wolt varn, ein gesell geben, ein leybruoder,
der waz nit wol besinnet.   Den fuort er ungern, wan er hinderdahte, waz er   35
eblich unertekeit von gesellen hate erliten; und gab sich doch dar in, und nam
in mit ime.

The text has not been normalized.   It has characteristics of the Alemannic
dialect of the author.

Chapter 2: **The supernatural rapture which he experienced.**

One time on the feast of St. Agnes, when he was still a beginner, it happened that he went into the choir after the community had eaten their midday meal. He was alone there and was standing in the lower row on the right side of the choir. At this particular time he was being especially oppressed by severe sufferings assailing him. And as he was standing there sadly with no one around him, his soul was caught up, in the body or out of the body. There he saw and heard what all tongues cannot express. It was without form or definite manner of being, yet it contained within itself the joyous, delightful wealth of all forms and manners. His heart was full of desire, yet sated. His mind was cheerful and pleased. He had no further wishes and his desires had faded away. He did nothing but stare into the bright refulgence which made him forget himself and all else. Was it day or night? He did not know. It was a bursting forth of the delight of eternal life, present to his awareness, motionless, calm. Then he said, "If this is not heaven, I do not know what heaven is. Enduring all suffering that one can put into words is not rightly enough to justify one's possessing it eternally." This overpowering transport lasted perhaps an hour, perhaps only a half hour. Whether the soul remained in the body or had been separated from the body, he did not know. When he had come to himself again, he felt in every respect like a person who has come from a different world. His body experienced such pain from this short moment that he did not believe anyone could experience such pain in so brief a time and not die. He somehow revived with a deep sigh, and his body sank to the ground against his will as in a faint. He cried out interiorly and sighed in his depths saying, "Oh dear God, where was I? Where am I now?" And he continuted, "Joy of my heart, this hour can never be lost to my heart." He walked along in body and no one saw or noticed by his exterior anything unusual, but his soul and mind were full of heavenly marvels within. Flashes from heaven came time and again deep within him and it seemed to him somehow that he was floating in the air. The powers of his soul were filled with the sweet taste of heaven, just as when one pours fragrant balsam from a container and the container keeps the pleasant aroma. This heavenly fragrance stayed with him long afterwards and gave him a heavenly longing for God.

CHAPTER 25: **The great suffering which one of his companions once caused him.**

Once when he was going to set out on a journey, he was given a companion, a lay brother, who was a dim-witted person. He did not like taking him along because he thought back on all the unpleasantness due to companions he had already endured. Nevertheless, he gave in and took him along.

Nu fuogte sich, daz sü kamen in ein dorf vor frügem inbiss; da was des
selben tages jarmarkt, und kom gar vil allerley volges dar. Der geselle waz
nass worden von dem regen, und gie in ein hus zuo dem füre und meinde, er
enmöhti nienr komen, daz er schüfi ane in, daz er ze schaffen heti, er wölti sin
da beiten. Do der bruoder erst uss dem hus kom, do stuond der gesell uf, und   5
saste sich ze tisch zuo einem wilden gesinde und guotgewünnern, die och zuo dem
jarmarkt waren komen. Do die sahen, daz im der win zu wol erschoss, und uf waz
gestanden und under der hoftür stuond umb sich gafende, do grifen sü in ane und
sprachen, er heti in einen kes verstoln. Under dannen do dis bösen lüt mit ime
also freideklich umb giengen, do komen dört her für vier neiss fünf verruochter   10
harscher, und vallend in och an und sprachen, der bös münch weri ein gifttrager;
wan es was in den selben ziten, do daz geschell waz von der gift. Also viengen
sü in und machetan ein gross gebreht, dass menlich zuo lüf. Do er sah, wie es
gie und daz er gevangen waz, do heti er im selb gern gehulfen, und kerte sich um
und sprach zuo in also: "haltent uf ein wili, und stand stille und land mich ze   15
red komen, so wil ich ü vergehen und sagen, wie es gevarn ist, wan es ist leider
übel gevarn." Sü hielten stille, und menlich loset zuo. Er huob uf und sprach
also: "luogent, ir merkent wol an mir, daz ich bin ein tore und ein unwiser man,
und hat man kein aht uf mich. Aber min geselle der ist ein wolkunnender wiser
man, und dem hat der orden bevoln giftseklü, die sol er in die brunnen versenken 20
hin und her unzint gen Elsas abhin, da er iez hin wil, und wil alles daz
verunreinen mit böser gift, da er hin kumt. Luogent, daz er üh bald werde, ald
er stift daz mord, daz neimer me geheilet: und hat iez ein sekli her us genomen
und hat es in den dorfbrunnen getan, dar umbe daz alle die, die her koment ze
markte, müssin sterben, alle die des brunnen trinkent. Hier umbe bleib ich und   25
wolt nüt mit im hin us gan, wan es mir leid ist. Und ze einem urkünd, daz ich
war sagen, so sond ir wüssen, daz er hat einen grossen buochsak, der ist vol
dero giftseklin und vil guldinr, die er und der orden von den Juden* hein
enpfangen, uf daz daz er dis mort volbringe." Do dis red erhorte daz wild
gesind und alle, die dar umb stuonden und hin zuo waren gedrungen, do tobten si   30
und schrüwen mit luter stimme: "hin bald über den morder, daz er üns nit
endrünne!" Eine kripfte einen spiess, der ander ein mordax, und ieder man als
er mohte, und lüfen mit wilden tobenden siten, und stiessen dü hüser uf und
klosen und wa sü in wanden vinden, und stachen mit blossen swerten dur dü bet
und stro, daz der jarmarkt alle zuo ward lofende. Es kamen och dar frömd erber   35
lüte, die in wol erkanden, und do si in horten nemmen, do traten sü her für und
sprachen zuo in, sü tetin übel an ime, er weri gar ein frumer man, der ungern
kein sölich mord begiengi. Do sü in nit funden, do liessent sü dur von und
fuorten den gesellen gevangen für des dorfes vogt, und der hiess in besliessen
in ein gaden.   40

Dis zoch sich wol uf den tag. Von disen nöten wüste der diener nit, denn
do es in zit duht, daz es vastender inbiss were, und sich versah, daz sin
geselle bi dem füre wol ertruchnet were, do kom er gende und wolt enbissen. Do
er in die herberg kom, do huoben sü uf und seiten ime dü leiden mere, wie es
ergangen waz. Do lüf er balde mit erschrokem herzen hin in daz hus, da der   45

28 Jews were often blamed for natural catastrophes such as the plague.

Now it happened that they arrived in a village before breakfast on the day
of a fair, and all kinds of people were coming there. His companion had gotten
wet in the rain and went into a (public) house to warm himself by the fire. He
told the servant that he could go no farther, that he could take care of the
business without him, and that he intended to wait for him there. As soon as
the friar left the house, the companion stood up and went over to join a group
of strangers and hucksters who had come to the fair. When they saw that the
wine was going to his head, they grabbed him, after he had gotten up and was
standing in the doorway looking about emptily, and they said he had stolen some
cheese. As these low characters were treating him so impudently, four or five
notorious men of arms came up and, joining in the attack, said the evil monk was
carrying poison. This was the time when there were widespread rumors about the
poisoning of wells. They took hold of him and raised such a din that all kinds
of people came running. When he saw how things were going and that he was a
captive, he very much wanted to help himself. Turning around he said to them,
"Wait just a minute. Stop for a moment and let me explain things. I shall
confess and tell you how it all happened. For evil things have unfortunately
been done." They quieted down and many listened. He began to speak thus:
"Look, you can plainly see that I am a fool and a stupid person. No one pays
any attention to me. My companion, however, is a shrewd and clever man. The
order has entrusted little sacks of poison to him, and these he is supposed to
drop into wells all over the country all the way to Alsace. That is where he is
now headed, intending to ruin everything with evil poison wherever he goes. See
that you get him quick or he will commit crimes that can never be made good.
Here, too, he took out a little sack and threw it in the village well so that
everyone who has come to the fair and drinks the water must die. This is why I
stayed here and was unwilling to go on with him. The whole business is
repugnant to me. As proof that what I am saying is true, know that he is
carrying a large book sack that is full of these sacks of poison and gold pieces
which he and the order have received from the Jews to commit these crimes."
When this wild bunch and all those who had crowded around heard this, they raged
and shouted at the top of their voices: "After the murderer! Don't let him get
away!" One person grabbed a pike, another a battle-axe; everyone grabbed what
he could. And they ran about wildly, breaking open houses and monasteries
wherever they thought they might find him. They poked around with their bare
swords in beds and straw so that everybody at the fair came running by. There
came also respectable visitors who were well-acquainted with the friar. And
when they heard him being named, they stepped forward and told the crowd they
were making a mistake about him--he was a very pious person who would not in the
least be willing to commit such an outrage. Since they did not find him, they
gave up the search and led the companion captive before the village magistrate
who had him locked up in a cell.

All this dragged on until daybreak. The servant knew nothing about this
sorry affair. And when he thought it was time for a frugal breakfast, assuming
that his companion had gotten thoroughly dry by the fire, he wandered in
planning to have a bite to eat. When he came into the inn, they started telling
him the unfortunate story and how it had turned out. Terrified, he raced to the

gesell und der vogt inne waz, und bat für sinen gesellen, daz man in liessi. Do
sprach der vogt, daz möhti nit sin, er wölti in in ein turn legen umb sin
missetat. Daz waz im swere und unlidig, und lüf eins hin daz ander her wider
umb hilf. Do vant er nieman der im dez vor weri. Do er daz lange mit grosser
schame und bitterkeit getreib, ze jungst do schuof er mit sinem grossen schaden,   5
daz man in liess.

    Er wande do, daz sin liden ein ende heti, do vil es erst ane; wan do er
sich mit lidene und mit schaden von den gwaltigen hat erbrochen, do ward es im
erst gende an sin leben. Do er von dem vogt gie, wol uf die vesperzit, do waz
es under daz gemein volg und buoben erschullen, er weri ein gifttrager; und die   10
schrüwen uf in als uf einen morder, daz er mit nütü getorste für daz dorf komen.
Sü zögtan uf in und sprachen: "luog menlich, daz ist der gifttrager! Er
endrünnet üns tala, er muoss ertödet werden! In hilfet enkein pfenning gen üns
als gen dem vogte." So er denn wolt endrünnen und abwert in daz dorf entwichen,
die schrüwen noch vaster uf in. Ire ein teil sprachen: "wir süllen in ertrenken   15
in dem Rine,"-- wan der ran bi dem dorf ab,-- die andren ruoftan: "neina, der
unrein morder verunreint daz wasser alles, wir süllen in verbrennen!" Ein
ungehüre gebur mit einem ruossigen schoppen erwuste einen spiess und trang dur
sü alle hin für und ruoft also: "hörent mich, ir herren alle sament! Wir kunnen
disem bösen kezzer nit lasterlichers todes an getuon, denn daz ich disen langen   20
spiess enmiten dur in rihe, als man tuot einer giftigen kroten, die man spisset.
Also land mich disen gifttrager also nekent an disen spiess rihen und rüglingen
uf haben und in disen starken zun vast stossen und versichern, daz er nit valle;
lassen den unreinen toten cörpel windtürr werden, daz ellü dü welt, dü vür in uf
ald ab gat, des morders hab ein ansehen und ime na sinem lasterlichen tode   25
fluoche, daz er an diser welt und an enr welt dest feiger sie, wan daz hat der
grundböswicht wol verschuldet." Daz horte der ellend diener mit mengem bitern
schreken und mit erholten süfzen, daz im von angst die grossen trehen über daz
antlüt ab runnen. Ellü dü menschen, dü umb den ring stuonden und in sahen,
wurden biterlich weinende, und etlichü dü klopfeten von erbermd an ir herz und   30
schluogen ir hend ob dem hopt zesamen. Aber nieman getorst vor dem fraidigem
volg nüt sprechen, won si vortan, daz man sü och an griffe. Do es begond nahten
und er gie hin und her und bat mit weinenden ogen, ob sich ieman dur got über in
wölt erbarmen und herbergon, do vertreib man in hertelich; etlich guotherzig
frowen hetin in gern behuset, do engedorstan si.   35
    Do der ellend lider also in des todes nöten was, und ime ellü menschlichü
hilfe enpfiel und man nüwan wartet, wenn sü in an grifen und in totin, do viel
er nider bi einem zune von jamer und von vorten des todes, und huob uf sinü
ellenden verswullen ogen zuo dem himelschen vater und sprach also: "owe, vater
aller erbermde, wenn wilt du mir hüte ze staten komen in minen grossen nöten?   40
Owe, miltes herz, wie hast du diner miltekeit gen mir vergessen! Owe vater, owe
getrüwe milte vater, hilf mir armen in disen grossen nöten! Ich enkan doch in
minem vorhin toten herzen nit ze rat werden, ob mir lidiger si ze ertrinken ald
ze verbrennen ald an einem spiess ze ersterben, dero töden ich iez muoss einen
nemen. Ich bevil dir hüt minen ellenden geist, und la dich erbarmen minen   45
kleglichen tod, wan sü sind nahe bi mir, die mich wen töden!" Disü jemerlichü
klag dü kom für einen priester, und der lüf dar mit gewalt und zukte in uf uss
ire henden, und fuort in hein in sin hus und behielt in die naht, daz im nit
geschah, und half im mornent fruo enweg usser sinen nöten.

house where the companion and the magistrate were and begged that his companion
be released. The magistrate said that this was impossible and that he intended
to throw him into the tower because of his misbehavior. This seemed severe and
intolerable to the servant, and he hurried here and there seeking help. But he
did not find anyone willing to help. When he had pursued this for a long time
in deep shame and bitterness, he finally brought it about at his own great
expense that the lay brother was released.

   With this he imagined the sorry business was over; but it had just begun.
Only after he got free of the civil authorities with much unpleasantness and at
great cost, did the danger to his life really begin. When he left the
magistrate about evening, it had been spread about among the common people and
young riffraff that he was a poisoner. They screamed at him that he was a
murderer, so that he did not dare leave the village. They pointed at him and
said, "Look, there's the poisoner! He has escaped us all day. He has to be
killed. Money won't help him at all with us as it did with the magistrate."
When he tried to escape and slip away into the village, they screamed all the
louder at him. Some of them said, "Let's drown him in the Rhine!" It flowed
past the village. Others said, "No, the filthy murderer will pollute all the
water. Let's burn him!" A horrible looking peasant in a sooty jacket took hold
of a pike, pushed his way to the front, and shouted, "Listen to me, all of you!
We can't put this evil heretic to death in a more humiliating way than if I run
this long spear right through his middle, just as one does to a poisonous toad
that one is goring. Let me run the poisoner through naked with this pike, hoist
him up from the back, slam him against this strong fence, and tie him to it so
he won't slip down. We'll let his filthy body dry up in the wind so that
everyone going by can look at him and curse him after his degrading death. Then
he'll be even more doomed in this world and in the next. This is what the
contemptible fiend deserves." The hapless servant listened to this, quivering
bitterly and sighing deeply, so that in his fear large tears ran down his face.
All who were standing around and looking at him began to weep bitterly. Some
beat their breasts in pity and others clapped their hands over their heads. But
no one dared to say anything to the unruly crowd, fearing that then they would
be attacked as well. When it began to grow dark and he was going back and forth
begging with tears in his eyes that someone for the love of God have pity on him
and take him in, they drove him away roughly. Some kind-hearted women would
have liked to offer him lodging, but they did not dare.

   As the unfortunate sufferer was thus in mortal distress and bereft of all
human assistance, and when they were just waiting to attack and kill him, he
fell down next to the fence in grief and fear of death. Lifting his unhappy
swollen eyes to his heavenly Father, he said, "Oh Father of all mercies, when do
you intend to come to my aid in my great need? Oh kind Heart, how you have
forgotten kindness with regard to me! Alas, Father, devoted kind Father, help
me in my great misfortune and distress. In my already numbed heart I cannot
decide whether it would be more bearable to be drowned, burned, or die run
through with a spear. One of these deaths I will have to accept. I commend to
you now my unhappy spirit. Pity my deplorable death, for those who plan to kill
me are near me!" This sad lament was heard by a priest who ran up and pulled
him out of their hands. Taking him to his house, he kept him for the night so
that nothing happened to him. Early in the morning he helped him escape from
his troubles.

LATER MIDDLE AGES, RENAISSANCE, REFORMATION

Johannes von Tepl (c. 1350-60-c. 1414)

From: Der Ackermann aus Böhmen*

1. DER ACKERMANN:
   Grimmiger Vertilger aller Völker, schadenbringender Verfolger aller
Menschen, furchtbarer Mörder aller guten Leute, Tod, Euch sei geflucht! Gott,
Euer Schöpfer, hasse Euch, wachsendes Unheil wohne Euch bei, Unglück hause bei
Euch mit seiner Gewalt, gänzlich geschändet seiet immerdar!* Angst, Not und
Jammer verlasse Euch nicht, wo Ihr auch wandert; Leid, Betrübnis und Kummer   5
begleite Euch allenthalben;* leidvolle Anfechtung,* entehrende Vorahnung* und
schimpfliche Strafe bedränge Euch heftig an jedem Ort! Himmel, Erde, Sonne,
Mond, Sterne, Meer, See, Berg, Gefilde, Tal, Aue, der Hölle Abgrund, auch alles,
was Leben und Wesen hat, sei Euch unhold,* mißgünstig und fluchend ewiglich! In
Bosheit versinket, in leidvollem Elend verschwindet, und in der unwiderruflichen   10
schwersten Acht* Gottes, aller Menschen und jeglichen Geschöpfes bleibet alle
künftige Zeit! Schamloser Bösewicht, Euer böses Andenken lebe und dauere an
ohne Ende; Grauen und Furcht scheide nicht von Euch, wo Ihr auch wandert und
weilt! Von mir und allen Menschen sei stets über Euch ernstlich Zeter
geschrien* mit gewundenen* Händen!   15

2. DER TOD:
   Höret, höret, höret neue Wunder! Grauenvolle und unerhörte Anklagen
fechten Uns an.* Woher die kommen, ist Uns gänzlich fremd. Doch dem Drohen,
Fluchen, Zetergeschrei, Händewinden und sonstigem Angriff sind Wir bisher
allerorten* ohne Schaden entgangen. Darum, Mann, melde, wer du bist, und künde,   20
was dir Leides von Uns widerfahren sei, daß du Uns so unziemlich* behandelst.
Das waren Wir bisher nicht gewohnt, obwohl Wir doch manchen kenntnisreichen,
edelen, schönen, mächtigen und wichtigen Leuten sehr über den Rain gegrast
haben,* wodurch Witwen und Weisen, Landen und Leuten sehr viel Leid geschehen
ist. Du tust so, als ob es dir ernst sei und dich Not heftig bedränge. Deine   25
Klage ist ohne Reime,* woraus Wir entnehmen, daß du um Tönens und Reimens
willen* deinen Verstand nicht preisgeben* willst. Bist du aber tobend, wütend,
betäubt oder sonstwie von Sinnen, so warte, halt ein und sei nicht zu
vorschnell, so heftig zu fluchen, damit du nicht bekümmert werdest durch
nachträgliche Reue. Wähne nicht, daß du unsere herrliche und gewaltige Macht   30
jemals schwächen könntest. Doch nenne dich und verschweige nicht, in welcher
Sache dir von Uns so furchtbare Gewalt geschehen sei. Wir werden Uns schon
rechtfertigen; rechtschaffen ist Unsere Gehabe.* Wir wissen nicht, wessen du
Uns so freventlich zeihst.*

The text has been modernized. 4 forever. 6 überall; opposition; expectation.
9 find you repulsive. 11 exile, ban. 15 cried murder; writhing. 18 attack.
20 everywhere. 21 improperly. 24 mowed down, cut down (?). 26 without merit,
senseless. 27 for the sake of tunes and jingles; surrender. 33 conduct.
34 what you are so presumptuously accusing us of.

3. DER ACKERMANN:
   Ich werde ein Ackermann genannt; mein Pflug ist die Feder,* und ich wohne
im Böhmerlande.* Gehässig, widerwärtig und widerstrebend werde ich Euch immer
sein; denn Ihr habt mir den zwölften Buchstaben,* meiner Freuden Hort, aus dem
Alphabet gar furchtbar herausgerissen. Ihr habt mir meiner Wonne lichte   5
Sommerblume aus meines Herzens Anger jammervoll ausgejätet; Ihr habt mir meines
Glückes Halt, meine auserwählte Turteltaube arglistig entwendet;* Ihr habt
unersetzlichen Raub an mir begangen! Wäget* es selber, ob ich nicht billig
zürne, wüte und klage: durch Euch bin ich des freudenreichen Daseins beraubt,
Tag für Tag des guten Lebens entäußert und aller wonnebringenden Rente*   10
verlustig gegangen. Heiter und froh war ich vormals zu jeder Stunde; kurz und
lustvoll waren mir allzeit Tag und Nacht, in gleichem Maße freudenreich,
wonnenreiche sie beide; ein jedes Jahr war für mich ein gnadenreiches Jahr. Nun
wird zu mir gesprochen: hau ab! Bei trübem Trank, auf dürrem Ast, betrübt,
schwermütig und weinend bleibe ich und klage ohne Unterlaß. Also treibt mich   15
der Wind; ich schwimme dahin durch des wilden Meeres Flut, die Wogen haben
überhand genommen, mein Anker haftet nirgends. Darum will ich ohne Ende
schreien: Tod, Euch sei geflucht!

7. DER ACKERMANN:
   Könnte ich Euch fluchen, könnte ich Euch schelten, könnte ich Euch   20
verhöhnen, daß Euch schlimmer als übel geschehe, das hättet Ihr durch Euer
schlechtes Handeln wohl an mir verdient. Denn auf großes Leid soll große Klage
folgen; unmenschlich handelte ich, wenn ich eine so lobenswerte Gottesgabe, die
niemand als Gott allein geben kann, nicht beweinte. Wahrlich, trauern muß ich
immerdar; entflogen ist mir mein ehrenreicher Falke. Um meine tugendhafte Frau   25
klage ich mit Recht; denn sie war edel von Geburt, reich an Ehren, schön, klug
vor allen ihren Gespielinnen, von hoher Gestalt, wahrhaftig und züchtig in ihren
Worten, keuschen Leibes, gut und frühlich im Umgang. Ich schweige; denn ich bin
zu schwach, alle ihre Ehre und Tugend, die Gott selbst ihr verliehen hat,
aufzuzählen. Herr Tod, Ihr wißt es selber. Wegen so großen Herzeleides muß ich   30
Euch rechtens* verklagen. Wahrlich, wäre nur etwas Gutes in Euch, es würde Euch
selbst erbarmen.* Ich will mich abwenden von Euch, von Euch nichts Gutes sagen,
nach meinem ganzen Vermögen* will ich Euch ewig widerstreben. Alles, was Gott
schuf, soll mir beistehen,* gegen Euch zu wirken. Euch sei feindlich und hasse
das ganze Reich, das da ist im Himmel, auf Erden und in der Hölle!   35

8. DER TOD:
   Des Himmels Thron den guten Geistern, der Hölle Abgrund den bösen, die
irdischen Lande Uns hat Gott als Erbteil gegeben. Dem Himmel Frieden und Lohn
für Tugenden, der Hölle Weinen und Strafe für Sünden, der Erde, der Luft und des
Meeres Strom mit all ihrem Inhalt Unbeständigkeit hat der mächtige Herzog* aller   40
Welt beschieden* und sie Uns anbefohlen, damit Wir alles Überflüssige ausroden

---

2 i.e., he is a clerk. 3 Bohemia. 4 M ist the twelfth letter of the Latin
alphabet, j not being a separate letter. The ploughman's wife's name was
Margareta. 7 gestohlen. 8 weigh, consider. 10 income. 31 rightfully.
32 feel pity. 33 with all my strength. 34 helfen. 40 i.e., God. 41 allotted.

und ausjäten sollten. Bedenke dich, dummer Mann, prüfe und grab mit dem
Grabstichel* des Gedankens in die Vernunft, dann findest du: hätten Wir seit der
Zeit des ersten aus Lehm gebildeten Mannes den Zuwachs und die Vermehrung der
Menschen auf der Erde, der Tiere und Würmer in der Wüstung und auf wilden
Heiden, der schuppentragenden* und schlüpfrigen Fische im Meere nicht   5
ausgerottet, vor kleinen Mücken könnte nun niemand bestehen,* vor Wölfen wagte
sich nun niemand hinaus. Es fräße ein Mensch den andern, ein Tier das andere,
ein jedes lebende Geschöpf das andere; denn an Nahrung würde es ihnen
gebrechen,* die Erde würde ihnen zu eng. Der ist töricht, der den Tod der
Sterblichen beweint. Laß ab! Die Lebendigen zu den Lebendigen, die Toten zu   10
den Toten, wie es bisher gewesen ist. Bedenke besser, du Tor, worüber du klagen
könntest!

9. DER ACKERMANN:
Unwiederbringlich habe ich meinen höchsten Hort verloren; soll ich da nicht
traurig sein? Ja, leidvoll muß ich bis an mein Ende ausharren, beraubt aller   15
Freuden! Der milde Gott, der mächtige Herr, räche mich an Euch, arger
Trauerbringer! Enteignet* habt Ihr mich aller Wonnen, beraubt lieber
Lebenstage, entzogen großer Ehren. Große Ehre hatte ich, wenn die Vornehmen die
reine Frau wohlgefälleg anschauten und ihre Kinder, in reinem Neste geboren.
Tot ist die Henne, die aufzog solche Küchlein.* O Gott, du gewaltiger Herr, wie 20
erfreut war ich, wenn sie so züchtigen Ganges* pflog und auf alle Ehren bedacht
war und die Menschen sie liebevoll segneten und sagten: Dank, Lob und Ehre habe
die treffliche Frau; ihr und ihren Nestlingen gönne Gott alles Gute! Könnte ich
Gott dafür in vollem Maße danken, wahrlich, ich täte es gerne. Welchen armen
Mann hätte er wohl ebenso reichlich begabt?* Man rede, was man wolle: wen Gott   25
mit einem reinen, züchtigen und schönen Weibe begabt, der ist vollkommen begabt,
und die Gabe heißt eine Gabe und ist eine Gabe vor jeder irdischen äußeren Gabe.
O allergewaltigster Himmelsgraf,* wie wohl ist dem geschehen, den du mit einem
reinen, unbefleckten Gatten vermählt hast! Freue dich, ehrsamer Mann, über ein
reines Weib, freue dich, reines Weib, über einen ehrsamen Mann; Gott gebe euch   30
beiden Freude! Was weiß davon ein dummer Mann, der aus diesem Jungbrunnen nie
getrunken hat? Obgleich mir bitteres Herzeleid geschehen ist, danke ich doch
Gott innig, daß die makellose Frau mir gehört hat. Euch, böser Tod, aller Leute
Feind, hasse Gott ewiglich!

10. DER TOD: 35
Du hast nicht aus der Weisheit Brunnen getrunken, das merken Wir an deinen
Worten. In das Wirken der Natur hast du nicht gesehen, in die Mischung
weltlicher Zustände hast du nicht geblickt, in die irdische Verwandlung hast du
nicht geschaut, ein unverständiger Welp* bist du. Beachte, wie die leuchtenden
Rosen und die starkduftenden Lilien in den Gärten, wie die kräftigen Kräuter und 40
die lustspendenden Blumen in den Auen, wie die feststehenden Steine und die
hochwachsenden Bäume im wilden Gefilde, wie die kraftvollen Bären und die
gewaltigen Löwen in grauenvollen Wüstungen, wie die hochmächtigen starken

2 a tool for chiseling on gravestones. 5 scaly. 6 survive. 9 fehlen.
17 dispossessed. 20 chicks. 21 with modest step. 25 showered with gifts.
28 i.e., God. 39 puppy.

Recken,* wie die behenden, ungewöhnlichen, hochgelehrten und allerlei
Meisterschaft wohl mächtigen Menschen und wie alle irdischen Geschöpfe, wie
verständig, wie klug, wie stark sie auch sind, wie lange sie sich auch erhalten,
wie lange sie es auch treiben, müssen zunichte werden und verfallen
allenthalben.* Und wenn nun alle Menschengeschlechter, die gewesen sind, sind   5
oder noch sein werden, vom Sein zum Nichtsein kommen müssen, wie sollte die
Gelobte, die du beweinst, dazu gelangen, daß ihr nicht geschehe wie allen andern
und allen andern wie ihr? Du selbst wirst Uns nicht entrinnen, wie wenig du
jetzt auch damit rechnest. Alle nacheinander! muß jeder von euch sagen. Deine
Klage ist nichtig;* sie hilft dir nicht; sie kommt aus tauben Sinnen.   10

25. DER ACKERMANN:
    Pfui über Euch, böser Schandensack! Wie vernichtet, mißhandelt und
verunehrt Ihr den edlen Menschen, Gottes allerliebstes Geschöpf, wodurch Ihr
auch die Gottheit herabsetzt! Jetzt erst erkenne ich, daß Ihr verlogen seid und
nicht im Paradiese geschaffen wurdet, wie Ihr behauptet. Wäret Ihr im Paradiese   15
entstanden, so wüßtet Ihr, daß Gott den Menschen und alle Dinge geschaffen hat,
sie allesamt gut geschaffen hat und den Menschen über sie befohlen und sie
seinen Füßen untertan gemacht hat, so daß der Mensch über die Tiere des
Erdreichs, die Vögel des Himmels, die Fische des Meeres und alle Früchte der
Erde herrschen sollte, wie er es auch tut. Sollte daher der Mensch so schlecht,   20
böse und unrein sein, wie Ihr sagt, wahrlich, so hätte Gott gar unrein und
unnütz gewirkt. Sollte Gottes allmächtige und würdige Hand ein so unreines und
unflätiges Menschenwerk geschaffen haben, wie Ihr es beschreibt, so wäre er ein
strafbarer und schlechter Schöpfer. Dann träfe auch das nicht zu, daß Gott alle
Dinge und vor allen anderen den Menschen durchaus gut erschaffen hätte. Herr   25
Tod, laßt Euer nutzloses Kläffen!* Ihr schändet Gottes allerschönstes Werk.
Engel, Teufel, Schrätlein,* Klagemütter*, das sind Geister, die in Gottes Zwang
sind; der Mensch ist das allerstattlichste, das allergeschickteste und das
allerfreieste Werkstück Gottes. Sich selber gleich hat ihn Gott gebildet, wie
er auch selbst bei der ersten Schöpfung der Welt gesagt hat. Wo hat je ein   30
Werkmann eine so geschickte und reiches Werkstück gemacht, eine so kunstvolle
kleine Kugel wie eines Menschen Haupt? In ihm ist künstereiche Kunst, allein
Gott ebenbürtig, verborgen. Da ist im Augapfel das Gesicht,* das zuverlässigste
Werkzeug, meisterlich nach Art eines Spiegels geschaffen; bis an des Himmels
klare Kreise reicht es. Da ist in den Ohren das in die Ferne reichende Gehör,   35
gar vollkommen mit einer dünnen Haut vergittert, zur Prüfung und Unterscheidung
mancherlei lieblicher Töne. Da ist in der Nase der Geruch, durch zwei Löcher
ein- und ausgehend, gar kunstreich eingerichtet zu behaglicher Annehmlichkeit*
alles lustvollen und wonnesamen Duftes, der Nahrung der Seele ist. Da sind im
Munde die Zähne, aller Leibesnahrung Tag für Tag zermahlende Einsacker,* dazu   40
der Zunge dünnes Blatt, die den Menschen ganz zur Kenntnis bringt der Leute
Meinung; auch ist da des Geschmacks angenehme Prüfung von allerlei Nahrung.
Außerdem sind im Kopfe aus Herzensgrunde kommende Gedanken, mit denen ein Mensch
gar schnell reicht, so weit er will; bis in die Gottheit und sogar darüber

---

1 knights, warriors. 5 überall. 10 your charge is without merit. 26 yelping.
27 Kobolde, goblins; spirits announcing the approach of death. 33 faculty of
sight. 38 reception. 40 consumers.

hinaus klimmt der Mensch mit seinen Gedanken. Allein der Mensch besitzt die
Vernunft, den edlen Hort. Er allein ist der liebliche Kloß,* wie ihn niemand
außer Gott schaffen kann, in dem so geschickte Werke mit aller Künste
Meisterschaft und Weisheit gewirkt sind. Laßt fahren, Herr Tod! Ihr seid des
Menschen Feind; darum sagt Ihr nichts Gutes von ihm!   5

30. DER TOD:
Einen Kolben* für einen Goldklumpen, einen Knöchel* für einen Topas, einen
Kiesel* für einen Rubin hält der Narr; die Heuscheune eine Burg, die Donau das
Meer, den Mäusebussard einen Falken nennt der Tor. So lobst auch du der Augen
Lust; die Ursachen beachtest du nicht. Denn du weißt nicht, daß alles, was in   10
der Welt ist, entweder Begierde des Fleisches oder Begierde der Augen oder
Hoffart des Lebens ist. Die Begierde des Fleisches ist auf Wollust, die
Begierde der Augen auf Besitz, die Hoffart des Lebens auf Ehre gerichtet. Der
Besitz bringt Habsucht und Geiz, die Wollust bewirkt Geilheit und Unkeuschheit,
die Ehre bringt Hochmut und Ruhmsucht. Vom Besitz müssen stets Verwegenheit und 15
Furcht, von der Wollust Bosheit und Sünde, von der Ehre Stolz und Eitelkeit
kommen. Könntest du das erkennen, so würdest du die Eitelkeit in aller Welt finden,
und geschähe dir dann Freude oder Leid, so würdest du es gutwillig ertragen und
Uns auch ungescholten lassen. Aber so gut wie ein Esel die Leier spielen kann,
so gut kannst du die Wahrheit begreifen. Darum sind Wir so sehr um dich   20
bekümmert. Als Wir Pyramus den Jüngling und Thisbe die Maid, die beide eine
Seele und einen Willen hatten, schieden, als Wir König Alexander aller
Weltherrschaft enteigneten, als Wir Paris von Troja und Helena von Griechenland
vernichteten, da wurden Wir nicht so sehr gescholten wie jetzt von dir. Um
Kaiser Karl, Markgraf Wilhelm, Dietrich von Bern, den starken Boppe und um den 25
hürnen Siegfried haben Wir nicht soviel Verdruß gehabt. Um Aristoteles und
Avicenna klagen noch heute viele Leute, dennoch werden Wir deswegen nicht
belästigt. Als der geduldige David und Salomo, der Weisheit Schrein, starben,
da ward uns mehr gedankt als geflucht. Die vormals waren, sind alle dahin, du
und alle, die nun sind oder noch kommen werden, müssen alle folgen. Dennoch   30
bleiben Wir Tod hier Herr!

31. DER ACKERMANN:
Eigene Rede verurteilt oft einen Mann und besonders einen, der jetzt das
eine und darnach etwas anderes redet. Ihr habt vorhin gesagt, Ihr seiet etwas
und doch kein Geist und Ihr seiet des Lebens Ende und Euch seien alle irdischen 35
Lande anbefohlen. Nun sagt Ihr, wir müßten alle dahin und Ihr, Herr Tod,
bliebet hier Herr. Zwei sich widersprechende Reden können nicht gleichzeitig
wahr sein. Sollen wir alle vom Leben dahinscheiden und soll alles irdische
Leben ein Ende haben und seid Ihr, wie Ihr sagt, des Lebens Ende, so entnehme
ich daraus: wenn kein Leben mehr ist, so wird es auch kein Sterben und keinen   40
Tod mehr geben. Wo kommt Ihr dann hin, Herr Tod? Im Himmel könnt Ihr nicht
sein; denn der ist allein den guten Geistern gegeben. Nach Eurer Rede seid Ihr
aber kein Geist. Wenn Ihr dann auf Erden nichts mehr zu schaffen habt und die
Erde nicht mehr da ist,so müßt Ihr geradeswegs in die Hölle; darin müßt Ihr ohne

---

2 clod, clump.   7 club (of iron); piece of bone.   8 pebble.

Ende stöhnen. Dort werden auch die Lebenden und die Toten an Euch gerochen.*
Nach Eurer widerspruchsvollen Rede kann sich niemand richten. Sollten alle
irdischen Dinge so böse, schlecht und unnütz sein, wie Ihr sagt, so müßten sie
von Gott unnütz geschaffen und gewirkt worden sein. Dessen ist er von Anfang
der Welt an nie geziehen worden.* Tugend lieb gehabt, Bosheit gehaßt, Sünde   5
verschmäht und gerochen hat Gott bisher. Ich glaube, er tue auch hinfort
dasselbe. Ich habe von Jugend auf lesen hören und gelernt, daß Gott alle
irdischen Dinge gut geschaffen habe. Ihr sagt, alle irdischen Lebewesen sollten
ein Ende haben. Dagegen sagen Plato und andere Philosophen, daß in allen Dingen
des einen Zerstörung des andern Geburt sei und daß alle Dinge auf Schöpfung   10
gegründet seien und daß der Lauf des Himmels, aller Planeten und der Erde von
einem in das andere verwandelt werde und ewig sei. Mit Eurer zwiespältigen
Rede, auf die niemand bauen kann, wollt Ihr mich von meiner Klage abschrecken.
Darum berufe ich mich mit Euch auf Gott, meinen Heiland, Herr Tod, mein
Verderber! Damit gebe Euch Gott ein böses Amen!   15

32. DER TOD:
      Oft kann ein Mann, wenn er einmal anfängt zu reden, nicht wieder aufhören,
er werde denn unterbrochen. Mit demselben Stempel bist auch du geprägt. Wir
haben gesagt und sagen noch, damit wollen Wir schließen: die Erde und alles, was
sie enthält, ist auf Vergänglichkeit gebaut. In dieser Zeit ist sie wandelbar   20
geworden; denn alle Dinge haben sich verkehrt, das Hintere nach vorne, das
Vordere nach hinten, das Untere nach oben, das Obere nach unten. Das Böse hat
der größte Teil des Volkes in Recht verkehrt. Mit der Stetigkeit einer
Feuerflamme kann etwa das ganze menschliche Geschlecht verglichen werden; einen
Lichtschein zu greifen und einen guten, treuen, hilfsbereiten Freund zu finden,   25
ist auf Erden nahezu gleich möglich* geworden. Alle Menschen sind mehr zur
Bosheit als zum Guten geneigt. Tut nun jemand etwas Gutes, so tut er es aus
Furcht vor Uns. Alle Leute sind bei all ihrem Tun voller Eitelkeit geworden.
Ihr Leib, ihr Weib, ihre Kinder, ihre Ehre, ihr Gut und all ihr Vermögen geht
alles dahin, in einem Augenblick verschwindet es, mit dem Winde verweht es,   30
nicht der Schein noch der Schatten kann bleiben. Merke, prüfe, sieh und schaue,
was nun die Menschenkinder auf Erden haben, wie sie Berg und Tal, Stock und
Stein, Aue und Gefilde, der Alpen Wildnis, des Meeres Grund, der Erde Tiefe um
irdischen Gutes willen erforschen bei Regen, Winden, Donner, Hagel, Schnee und
sonstigem Unwetter, wie sie Schächte,* Stollen* und tiefe Fundgruben in die Erde 35
hineingraben, der Erde Adern durchschlagen auf der Suche nach Glanzerzen,* die
sie ihrer Seltenheit wegen über alle Dinge lieben, wie sie Hölzer behauen,
Gewänder weben, Häuser wie die Schwalben bauen, Baumgärten pflanzen und
pfropfen, das Erdreich beackern, Weinberge anlegen, Mühlwerke errichten,
Rauchfässer* anzünden, Fischerei, Waidwerk* und Wildwerk ausüben, große   40
Viehherden zusammentreiben, viele Knechte und Mägde haben, hoch zu Pferd reiten,
Goldes, Silbers, edler Gesteine, reicher Gewänder und allerlei sonstiger Habe
Häuser und Kisten voll haben, Wollust und Wonnen pflegen, wonach sie Tag und
Nacht streben und trachten. Was ist das alles? Das alles ist Eitelkeit über
Eitelkeit und Beschwernis der Seele, vergänglich wie der gestrige Tag, der   45

---

1 gerächt.   5 no one has accused him of this.   26 i.e., sind beide unmöglich.
35 shafts; tunnels.   36 precious ores.   40 censers; hunting.

vergangen ist. Durch Krieg und durch Raub gewinnen sie es; denn je mehr sie
haben, desto mehr rauben sie. Zu Krieg und Streit hinterlassen sie es. O die
sterbliche Menschheit ist stets in Ängsten, in Trübsal, in Leid, in Sorge, in
Furcht, in Schrecken, in Schmerzen, in Krankheit, in Trauer, in Betrübnis, in
Jammer, in Kummer und in vielerlei Widerwärtigkeit, und je mehr irdisches Gut   5
ein Mensch besitzt, desto mehr Widerwärtigkeit begegnet ihm. Die größte aber
ist noch, daß ein Mensch nicht wissen kann, wann, wo oder wie Wir ihn
urplötzlich überfallen und ihn jagen, den Weg der Sterblichen zu laufen. Diese
Bürde müssen tragen Herren und Knechte, Männer und Frauen, Reiche und Arme, Gute
und Böse. O leidige Aussicht, wie wenig achten deiner die Dummen! Wenn es zu   10
spät ist, dann wollen sie alle brav werden. Darum laß dein Klagen, Mann! Tritt
in welchen Stand du willst, du findest Gebrechen* und Eitelkeit darin. Jedoch
kehre dich von dem Bösen und tue das Gute, suche den Frieden und wahre* ihn
stets. Vor allen irdischen Dingen halte wert ein reines und lauteres Gewissen!
Und daß Wir dir recht geraten haben, deshalb kommen Wir mit dir zu Gott, dem   15
Ewigen, dem Großen und dem Starken.

33. GOTT:
    Der Lenz,* der Sommer, der Herbst und der Winter, die vier Erwecker und
Erhalter des Jahres, wurden zwieträchtig* in großem Streit. Jeder von ihnen
rühmte sich, und jeder wollte in seiner Wirkung der beste sein. Der Lenz sagte, 20
er erwecke und mache üppig* alle Früchte; der Sommer sagte, er mache reif und
zeitig alle Früchte; der Herbst sagte, er bringe und schaffe in Scheunen, in
Keller und in die Häuser alle Früchte; der Winter sagte, er verzehre und
verbrauche alle Früchte und vertreibe alles giftige Gewürm. Sie rühmten sich
und stritten heftig; sie hatten aber vergessen, daß sie sich verliehener   25
Herrschaft rühmten. Ebenso tut ihr beide. Der Kläger klagt wegen seines
Verlustes, als ob es sich um sein Erbe handle; er bedenkt nicht, daß es ihm von
Uns verliehen wurde. Der Tod rühmt sich einer Herrschaft, die er aber allein
von Uns zu Lehen* empfangen hat. Jener klagt ein, was nicht sein ist, dieser
rühmt sich einer Herrschaft, die er nicht von sich selber hat. Jedoch ist der   30
Streit nicht ganz unbegründet: ihr habt beide gut gefochten. Jenen zwingt das
Leid zu klagen, diesen der Angriff des Klägers, die Wahrheit zu sagen. Darum:
Kläger, habe Ehre, Tod, habe Sieg, da jeder Mensch verpflichtet ist, das Leben
dem Tode, den Leib der Erde, die Seele Uns zu geben.

---

12 fragility.   13 preserve.   18 spring.   19 at variance.   21 rich.   29 as a
loan.

FOLKSONGS OF THE FIFTEENTH CENTURY

In dulci jubilo

In dulci jubilo*
Nun singet und seid froh!
Unsers Herzens Wonne
Leit* in praesepio,*
Leuchtet vor* die Sonne   5
Matris in gremio.*
Alpha es et O.*

O Jesu parvule,*
Nach dir ist mir so weh,
Tröst mir mein Gemüte,   10
O puer optime,*
Durch aller Jungfraun Güte,
O princeps gloriae!*
Trahe me post te!*

Ubi sunt gaudia?*   15
Niendert* mehr denn* da,
Da* die Engel singen
Nova cantica*
Und die Schellen* klingen
In Regis curia.*   20
Eia, wärn wir da!

Mater et filia*
Ist Jungfrau Maria.
Wir waren gar verdorben
Per nostra crimina;*   25
Nu hat sie uns erworben
Coelorum gaudia!*
Quanta gratia!*

1 in sweet rejoicing. 4 liegt; in a manger. 5 brighter than. 6 on his mother's
lap. 7 you are Alpha and Omega. 8 O little Jesus. 11 O best Boy. 13 O Prince of
glory! 14 take me with you! 15 where are joys? 16 nowhere; than. 17 wo. 18 new
songs. 19 bells. 20 in the court of the King. 22 mother and daughter.
25 because of our sins. 27 the joys of heaven! 28 by what grace.

Innsbruck, Ich muß dich lassen

Innsbruck, ich muß dich lassen,
ich fahr dahin mein Straßen,
in fremde Land dahin.
Mein Freud ist mir genommen,
die ich nit weiß bekommen,*   5
wo* ich im Elend* bin.

Groß Leid muß ich jetzt tragen,
das ich allein tu klagen*
dem liebsten Buhlen* mein.
Ach Lieb, nun laß mich Armen   10
im Herzen dein erbarmen,
daß ich muß dannen sein.*

Mein Trost ob* allen Weiben,
dein tu ich ewig bleiben,
stät, treu, der Ehren frumm.   15
Nun müß* dich Gott bewahren,
in aller Tugend sparen,*
biß daß ich wiederkumm.

5 which I don't know how to get. 6 when; Ausland. 8 tu klagen = klage.
9 sweetheart. 12 be away. 13 above. 16 may. 17 keep.

Dein Mündlein ist verblichen

Dein Mündlein ist verblichen,
Ist nimmer als rot als vor,*
Da ich dich zum ersten mal liebgewann,
Ist länger dann ein Jahr.

Und wer mir trauren* helfen will,   5
Der heb ein Finger auf! --
Ich seh viel Finger und wenig Treu,
Drum so hör ich das Singen auf.

---

2 früher.   5 trauern.

Wein von dem Rhein

Wein, Wein von dem Rhein,
Lauter, klar und fein,
Dein Farb gibt gar lichten Schein,
Als Kristall und Rubein
Du gibst Medizein   5
Für Trauren.* Schenk du ein!
Trink, gut Kätterlein,*
Mach rote Wängelein!

Du söhnst die* allzeit pflegen Feind
                              zu sein,
Den Augustein   10
Und die Begein;*
Ihnen beiden -- scheiden -- kannst du
                           Sorg und Pein,
Daß sie vergessen Deutsch und auch
                           Latein!...

---

6 against sadness. 7 proper name: Kate. 9 du versöhnst diejenigen, die.
10-11 Augustinians and beguines: the Augustinians, members of a religious order,
are seen as opposing the beguines--women living in a religious manner but often
without church approval and suspected of heresy.

Ritter und Schildknecht

Es ritt ein Herr und auch sein Knecht
Wolt über eine Heide, die war schlecht, ja schlecht,
Und alles, was sie red'ten da,
War alles von einer wunderschönen Frauen,*
        Ja Frauen.   5

"Ach, Schildknecht,* lieber Schildknecht mein,
Was redest du von meiner Frauen, ja Frauen?
Und fürchtest nicht mein' braunen Schild,
Zu Stücken will ich dich hauen,
                Vor meinen Augen!"   10

The background of the story, as often in a ballad, is murky. The knight's wife
must be seen as motivating the murderous deed of the squire.   4 gen. sing.
6 squire.

"Euern braunen Schild, den fürcht' ich klein,*
Der lieb' Gott wird Euch wohl behüten, behüten."
Da schlug der Knecht sein' Herrn zu Tod,
Das geschah um des Fräuleins Güte,*
     Ja Güte.   15

"Nun will ich heimgehn landwärts ein,
Zu einer wunderschönen Frauen, ja Frauen."
"Ach, Fräulein, gebt mir's Botenbrot,*
Eu'r edler Herr und der* ist tot,
So fern auf breiter Heide,   20
     Ja Heide."

"Und ist mein edler Herre tot,
Darum will ich nicht weinen, ja weinen;
Der schönste Buhle,* den ich hab',
Der sitzt bei mir daheime,   25
     Mutteralleine.*

Nun sattle mir mein graues Ross!
Ich will von hinnen reiten, ja reiten."
Und da sie auf die Heide kam,
Die Lilien täten sich neigen,*   30
     Auf breiter Heide.

Auf band sie ihm sein' blanken* Helm
Und sah ihm unter die Augen,* ja Augen;
"Nun muss es Christ geklaget sein,
Wie bist du so zerhauen   35
     Unter dein' Augen.

Nun will ich in ein Kloster ziehn,
Will den lieben Gott bitten, ja bitten,
Dass er dich ins Himmelreich woll' lan,*
Das gescheh' durch meinen Willen!*   40
     Schweig stille!"*

---

11 <u>nicht</u>. 14 <u>Fräulein</u> here means young wife: in order to gain the favor of the
young wife. 18 the reward given to a messenger bringing good news. 19 <u>und der</u> is
pleonastic. 24 darling, presumably the squire. 26 <u>ganz allein</u>. 30 lilies,
symbols of innocence, "did bow" in shame as she rode by. 32 shiny. 33 looked into
his eyes. 39 <u>lassen</u>. 40 for my sake. 41 i.e., he sould not accuse her in the
sight of God.

Sebastian Brant (1457-1521)

Aus: Das Narrenschiff (1494)

Wer synen kynden übersicht
Irn muotwil / und sie stroffet nicht
Dem selb zuo letzst vil leydes geschicht*

Von ler der kind.

Der ist in narheyt gantz erblindt   5
Der nit mag acht han / das syn kyndt
Mit züchten werden underwißt
Und er sich sunders dar uff flyßt
Das er sie loß irr gon on straff
Glich wie on hirten goent die schaf   10
Und in all muotwil ubersicht /
Und meynt sie doerffen stroffens nicht /
Sie sygen noch nit by den joren
Das sie behaltten jn den oren
Was man jn sag / sy stroff und ler /   15
O grosser dor / merck zuo und hoer
Die jugent ist zuo bhaltten gering
Sie mercket wol uff alle ding /
Was man jn nüwe haefen schitt
Den selben gsmack verlont sie nit /   20
Ein junger zwyg sich biegen lot /
Wann man ein altten understat
Zuo biegen / so knellt er entzwey
Zymlich stroff / bringt kein soerglich
                                    gschrey
Die rüt der zücht vertribt on smertz   25
Die narrheit uß des kindes hertz
On straffung seltten yemens lert
Alls übel wechßt das man nit wert
Hely* was recht und lebt on sünd
Aber das er nit strofft sin kynd   30
Des strofft jn got / das er mit klag
Starb / und syn suen uff eynen tag /
Das man die kind nit ziehen wil
Des findt man cathelynen vil
Es stünd yetz umb die kynd vil bas   35
Geb man schuolmeister jnn / als was
Phenix / den peleus synem suon

Whoever overlooks the bad behavior
of his children and does not punish
them, ultimately much grief will happen
to him himself.

Concerning the Upbringing of Children.

That person is completely blinded in
foolishness who does not give heed that
his children be instructed properly and
that he be especially careful that he not
let them go astray without punishment,
just like the sheep would go without
shepherds, and overlooks for them all bad
behavior and thinks they need nothing of
punishing; (that) they are not yet in the
years that they retain in their ears
what one says to them, punishes them or
teaches. O great fool pay heed and
listen: The youth is too little held in
check. They well notice everything.
What one pours into new bowls, that
taste never leaves them. A young
branch can be bent. When one attmpts
to bend an old one,
then it breaks in two.
Proper punishment brings no crying
to worry about. The rod of discipline
drives out without pain foolishness
from the child's heart.
Without punishment hardly anyone learns.
All evil that one does not check grows.
Eli was just and lived without sin, but
because he did not punish his children,
for this God punished him, so that with a
lament he died and his sons on one day.
Because one will not rear their children
one finds many Catilines. Things would
be a lot better now regarding children
if one would give them schoolmasters as
Phoenix was, whom Peleus sought out for

---

3 These three lines accompany a woodcut of two boys fighting with swords while a parent sits next to them blindfolded.   29 See 1 Samuel 4.

Achilli suocht / und zuo wolt duon   his son Achilles and wanted to have for
Philippus durch suocht kriechen landt   that. Phillip searched thoughout Greece
Biß er sym suon ein meister fandt   40   until he found a teacher for his son.
Dem groesten kunnig jn der welt   Aristoteles was given as a companion to
Wart Aristoteles zuo geselt   the greatest king in the world. This
Der selb Platonen hort lang jar   same person (Aristotle) listened to Plato
Und Plato Socratem dar vor   for long years and Plato (listened to)
Aber die vaetter unser zitt   45   Socrates before that. But the fathers of
Dar umb das sie verblent der gyt   our time, because stinginess blinds
Nemen sie uff soelich meister nuon   them, accept such a teacher now who
Der jn zuom narren macht ein suon   will turn their son into a fool for them
Und schickt jn wider heym zuo huß   and will send him back home half again
Halb narrechter dann er kam druß   50   more foolish than he left it. Hence it
Des ist zuo wundern nit dar an   is not to be wondered at that fools
Das narren narrecht kynder han   have foolish children. The old man
Crates der allt sprach / wann es jm   Crates said, if it were up to him, he
Zuo stuond / wolt er mit heller stym   would cry in a loud voice:
Schryen / jer narren unbedacht   55   You unthinking fools, you are intent
Ir hant uff guotsamlen groß acht   on gathering up possessions and don't
Und achten nit uff uwer kind   pay heed to your children for whom
Den jr soelich richtun samlen sindt   you are gathering such riches. But in
Aber uch wirt zuo letst der lon   the end you shall have your reward. For
Wann uwer suen jn rott soent gon   60   your sons shall run in the pack and con-
Und stellen zücht und eren nach   sider breeding and honor unimportant,
So ist jn zuo dem wesen gach   so in a hurry are they after property,
Wie sie von jugent hant gelert   as they have learned from their youth.
Dann wirt des vatters leydt gemert   Then the father's suffering will be in-
Und frist sich selbst das er on nutz   65   creased and he eats himself up that he
Erzogen hat ein wintterbutz   needlessly has raised a monster.
Ettlich duont sich in buoben rott   Some join packs of knaves.
Die laestern und geschmaechen gott   They blaspheme and deride God.
Die andren hencken an sich saeck   Others attach to themselves bags (good-
Dise verspielen roß und roeck   70   for-nothings). These gamble away horse
Die vierden prassen tag und nacht   and clothes. The fourth group carouses
Das würt uß solchen kynden gmacht   day and night. This is what comes of
Die man nit jn der iugent zücht   such children whom one does not in their
Und mit eim meister wol versycht   youth discipline and provide with a
Dann anfang / mittel / end / der ere   75   teacher. For beginning, middle, and end
Entspringt allein uß guoter lere   of honor spring forth alone from good
Ein loeblich ding ist edel syn   upbringing. It is a praiseworthy thing
Es ist aber froembd / und nit din   to be noble. But it is foreign and not
Es kumbt von dynen eltern har /   yours. It comes from your parents.
Ein koestlich ding ist richtum gar   80   Riches are something precious. But it
Aber des ist des gelückes fall   is from the alighting of fortune, that
Das uff und ab dantzt wie ein ball /   bounces up and down like a ball. A
Ein hubsch ding der weltt glory ist /   nice thing is glory of the world, yet
Unstantbar doch / dem alzyt gbrist /   unreliable and can fail one at any time.
Schonheit des libes man vyl acht   85   One values much beauty of the body; yet
Wert ettwan doch ubernacht /   it last sometimes (hardly) overnight.

Glich wie gesuntheit ist vast liep   Just as health is very dear and yet
Und stielt sich ab doch wie ein diep   steals away just like a thief. Great
Groß sterck / acht man für koestlich hab   strength one values as a precious
nymbt doch von kranckheit / altter ab /   possession, and yet because of sickness
Dar umb ist nützt* undoettlich mer   91   and age it decreases. And so there is
Und bliblich by uns dann die ler   nothing else immortal and lasting by us
Gorgias* frogt / ob sellig wer   but upbringing. Gorgias asked whether
von Persia der maechtig her   the powerful lord of Persia were happy.
Sprach Socrates / ich weiß noch nüt   95   Socrates said, "I don't know whether he
Ob er hab ler und tugent üt /   has any education and virtue;" as though
Als ob er sprech / das gwalt und golt   he were saying that power and gold
On ler der tugent nützet solt   without instruction in virtue were of no
                                            value.

Aus: **Entschuldigung des dichters**   From: **Rebuttal of the Poet**

Wer well / der laeß diß narrenbuoch 100   Whoever wants to, let him read this book
Ich weiß wol / wo mich druckt der   of fools. I know very well where the
                            schuoch   shoe pinches me. Therefore,
Dar umb ob man wolt scheltten mich   if one wants to rebuke me and say:
Und sprechen / artzt heyl selber dich   Physician, heal thyself,
Dann du ouch bist jnn unser rott /   for you are also in our pack, I recognize
Ich kenn das / und vergych es gott   105   this and confess it to God--that I
Das ich vil dorheit hab gethon   have done much foolishness and that
Und noch jm narren orden gon   I still go in the order of fools.
Wie vast ich an der kappen schütt   No matter how firmly I pull at the
Will sie mich doch gantz lossen nytt   (fool's) cap, it still doesn't want to
Doch han ich fliß / und ernst an koert*   leave me completely. Still, I have
Do mit (als du sichst) dan gelert   111   used industry and seriousness, then have
Das ich yetz kenn / der narren vil   learned with it (as you see) that I now
Hab muot ouch fürter ob gott wil   recognize many of the fools. I also con-
Mit witz mich bessern / mit der zyt   tinue to have the spirit, if God wills,
Ob mir so vil / gott gnaden gytt   115   to reform myself intelligently in time if
eyn yeder luog / das er nit fael   God gives me so much grace. Let each one
Das jm nit blib der narren strael*   see to it that he not fall, that the
Der kolb* veraltt jn syner hant   fool's comb not remain for him, that the
Des sy eyn yeder narr gemant   mace not grow old in his hand. Of this
Als bschlüßt Sebastianus Brant   120   let every fool be warned as Sebastian
Der yedem zuo der wißheyt ratt   Brant concludes, who counsels each one
Er sy was waesens / oder statt   to wisdom, of whatever manner of life or
keyn guot werckman / kam nye zuo spatt.   or class he be: no good workman ever came
                                            to derision.

---

91 <u>nichts</u>. 93 a character in Plato's dialogue of the same name. 110 <u>angewendet</u>.
117-118 Comb and mace were two attributes always depicted together with fools.

Till Eulenspiegel (1515)*

Wie Ulenspiegel vss gab,* das er zu Megdburg* von der lauben* fliegen wolt, vnd die zuseher mit schimpffred* ab wise.*

Bald nach diser zeit als vlenspiegel ein sigrist* wz gesein,* Da kame er
geen* Megdburg, vnd trieb vil anschleg,* vnd sein nom* ward da von erst bekant,
das man von Vlenspiegel wusst zesagen,* da ward er angefochten* von den besten   5
der burger von der stat* dz* er solt etwz abenthür treiben, da sagt er, er wolt
es thuon,* vnd wolt vff dz rathuss,* vnd von der lauben fliegen, da ward ein
geschrei in der stat, dz sich jung und alt samlete* vff dem marckt, vnd wolten
es sehen. Also stunde Vlenspiegel vff der lauben von dem rathuss, vnd bewegt
sich mit den armen, vnd gebar* eben als ob er fliegen wolt. Die lüt* stuonden   10
theten augen und müler vff,* vnd meinten er wolt fliegen. Da lacht vlenspiegel
vnd sprach, Ich meinte es wer* kein thor oder nar mer in der welt dan ich. So
sih* ich wol, dz hie schier die gantz stat vol thoren ist, und wann ir mir alle
sagtet dz ir fliegen woltet ich glaubt es nit, vnd ir glouben mir als einem
toren. Wie solt ich fligen kunde,* ich bin doch weder ganss* noch fogel, so   15
hon* ich kein fettich,* vnd on* fettich oder federn kan nieman fliegen. Nun
sehet ir offenbar, dz es erlogen ist, vnd lieff* da von der lauben, vnd liess dz
volck eins teils* fluchende, daz ander teil lachende vnd sprachen, Das ist ein
schalckssnarr* noch, dann so hat er war* gesagt.

Wie Vlenspiegel zu Berlin einem kürssner* wolff für wolffspeltz* machet.   20

Gros* listige leut sein* die schwaben,* vnnd wo die des ersten* hinkommen vmb
narung vnnd die nicht finden, da vertirbet* ein anderer gar. Doch sein jr*
etliche auch mehr geneiget auff den bierkrug vnnd auff das sauffen, denn auff
ihr arbeit, deshalben jhre werckstat wüst ligen* u.s.w. Auff eine zeit wonet
ein kürssner zu Berlin, das was* ein schwab, seins handwercks seher* künstreich,   25
auch guter anschleg;* er was reich vnnd hielt ein gute werckstat, denn er mit
seiner arbeit an jhm* het den fürsten des landts, die ritterschaft vnnd viel

---

The Eulenspiegel stories were first printed in Strasbourg in 1515. The material
goes back to more than a century earlier. 1 pretended; Madgeburg; loggia or
balcony (of the town hall). 2 scorn; repulsed. 3 sacristan; <u>gewesen war</u>
(Eulenspiegel had played the role of a sacristan in an Easter play in the
previous adventure). 4 <u>gegen</u>, <u>nach</u>; tricks; name. 5 <u>wußte zu sagen</u>; urged.
6 <u>Stadt</u>; <u>daß</u>. 7 <u>tun</u>; <u>Rathaus</u>. 8 <u>sammelte</u>. 10 acted; <u>Leute</u>. 11 <u>taten Augen
und Mäuler</u> (<u>weit</u>) <u>auf</u>. 12 <u>wäre</u>. 13 <u>sehe</u>. 15 how am I supposed to be able to
fly; goose. 16 <u>habe</u>; wing; <u>ohne</u>. 17 i.e., <u>er lief</u>. 18 <u>zum Teil</u>. 19 rogue;
<u>die Wahrheit</u>. 20 <u>Kürschner</u>, furrier; wolves instead of wolf furs.   21 <u>sehr</u>;
<u>sind</u>; Swabians; <u>einmal</u>. 22 <u>verkommt</u>; <u>derer</u>. 24 <u>wüst liegen</u>. 25 <u>war</u>; <u>sehr</u>.
26 full of good tricks. 27 <u>darin</u>.

guter leut vnnd bürger. Also begab es sich, dass der fürst des lands ein
grossen hoff* mit rennen und stechen des winters* halten wolt, darzu er sein
ritterschafft* vnnd andere herren beschreib.* Als denn keiner der hinderst*
sein wil, worden* zu denselben zeiten viel wolffspeltz bei dem vorgemelten*
kürssner zu machen bestelt. Das war Vlenspiegel gewar, kam zu dem meister vnnd   5
bat jhn* vmb arbeit. Der meister bedorfft* auff die zeit gesinde,* was seiner
zukunfft fro, vnd fragt jhn, ob er auch Wolff machen künd.* Vlenspiegel sagt:
ja; er wer* nicht der minst* jm Sachssen land bekandt. Der kürssner sprach:
'lieber knecht, du kömpst* mir eben recht. Kom her, des lohns wollen wir vns
wol vertragen.'* Vlenspiegel sagt: 'ja, meister, ich sihe euch wol so redlich   10
an.* Ihr werdet selbs erkennen, wenn jhr mein arbeit sehet. Ich arbeit auch
nicht bei den andern Gesellen; ich mus allein sein, so kan ich mein arbeit nach
willen und ungeirt* machen.' Also gab er jhm ein stüblein ein,* vnd legt ihm
für* viel wolffsheut,* die zu peltzen* bereit waren, vnd gab jhm die mass* von
etlichen peltzen gros vnd klein. Also begund Vlenspiegel die Wolffsfell an zu   15
gehn,* schneid zu vnd macht aus allen den fellen eitel* wolff vnd füllet die mit
hew* vnnd macht jhn* bein von stecken,* als ob sie all lebten. Da er nu die
Fell all zerschnitten vnd die wolff aus* gemacht hat, da sprach er: 'meister,
die Wolff sind bereit. Ist auch etwas mehr zu thun?' Der meister sprach: 'ja,
mein Knecht; nehe* sie als viel du das jmer* thun kanst.' Mit dem gieng er   20
hinaus jnn* die stuben: da lagen die Wolff auf der erden, klein vnd gros; die
sahe der meister an vnd sprach: 'was sol das sein? dz dich der ritt schit!*
was hastu mir grossen schaden gethan! ich will dich fahen* vnd strafen lassen.'
Vlenspiegel sagt: 'meister, ist das denn mein lon? ich hab es doch nach ewrem
eigen willen gemacht; jhr hiesset mich doch Wolff machen. Hettet jhr gesagt: 25
"mach mir Wolffs peltz;" das het ich auch gethan; und het ich das gewost,* das
ich nicht mehr danck solt verdient haben,* ich wolt so grossen vleis nicht
gebraucht haben.'* Also schied der gut from Vlenspiegel von Berlin, vnd lies
niergent* guten rhum* hinder jhm,* auch ward jhm selten etwas gutes nach gesagt;
vnd zog also gen Leipzig.

2 courtly festival; im Winter. 3 Ritter; einlud; der letzte. 4 wurden;
aforementioned. 6 ihn; brauchte; Arbeitskräfte. 7 könnte. 8 wäre; als der
geringste. 9 kommst. 10 agree upon. 11 I consider you honest. 13 ungestört;
für sich allein. 14 vor; Wolfshäute; turn into furs; sizes. 16 sich zu
beschäftigen; leere. 17 Heu; ihnen; sticks. 18 daraus. 20 nähe, sew; immer.
21 in. 22 may a fever make you shiver. 23 fangen. 26 hätte ich das gewußt.
27 that I should not receive more thanks. 28 I would not have used.
28 nowhere; reputation; hinter sich.

Martin Luther (1483-1546)

Translations from the Bible

Matthew 6, 9-19:

First German Bible (1466):   Luther's translation (1522):

Dorumb ir bet alsust
Vatter unser, du do bist in den himeln,
gehailiget werd dein nam. Zuo kum
dein reich. Dein wil der werd, als
im himel und in der erde. Unser   5
teglich brot gib uns heut.

Und vergib uns unser schult, als
und wir vergeben unsern schuldigern.
                                      10
Und fur uns nit in versuochung,
sunder erlöß uns von den ubeln. Amen.

Wann ob ir vergebt den leuten
ir sünde, und ewer himelischer vatter
vergibt euch ewer sünde. Wann ob   15
ir nit vergebt den leuten,
noch ewer vatter vergibt euch
ewer sünde. Wann ob ir
vasstet, nichten wölt werden als die
traurigen trugner. Wann sy verwüstent
ir antlütz, das sy scheinent   21
vasstent den leuten.
Gewerlich sag ichs euch, wann sy habent
entpfangen iren lon. Wann so du
vasstest, so salb dein haubt und   25
wasch dein antlütz, das du icht werdest
gesehen vasstent
den leuten, wann deinem
vatter, der do ist in verborgen; und
dein vatter, der es sicht in verborgen,
der vergilt dirs.   31
Nichten wölt euch schetzen
schetz in die erde, do in der rost
und die milben verwusten....

Darumb solt yhr also beten:
Unser vater inn dem hymel.
Deyn name sey heylig. Deyn
reych kome. Deyn wille geschehe auff
erden wie inn dem hymele. Unser
teglich brott gib unns heutt, und
vergib uns unsere schulde, wie wyr
unsernn schuldigern vergeben, unnd
fure unns nitt ynn versuchung, sondern
erlose uns von dem ubel; denn,
deyn ist das reych, und die krafft,
und die herlickeyt in ewickeyt. Amen.

Denn so yhr vergebt den menschen
yhre feyle, so wirtt euch ewr hymelischer
vatter auch vergeben; wo yhr
aber den menschen nit vergebt yhre
feyle, so wirtt euch ewr vater auch
nitt vergeben ewre feyle. Wann yhr
fastet, solt yhr nit sawer sehen wie
die heuchler, denn sie verstellen
yhr angesicht, auff das sie fur den
leutten scheynen mitt yhrem fasten;
warlich, ich sag euch, sie haben
yhrn lohn dahyn. Wenn du aber
fastist, so salbe deyn hewbt, und
wasche deyn angesicht, auff das du
nitt scheynist fur den leuten, mitt
deynem fasten, sondern fur deynem
vatter, welcher verporgen ist, und
deyn vatter, der do ynn das vorporgen
sihet, wirt dirs vergelten
offentlich. Yhr sollt euch nit schetze
samlen auff erden, da sie der rost
und die motten fressen....

Psalm 23 (Vulgate edition):

Fourth German Bible (1475):

Der herr regieret mich, und mir
gebrist nichts: und an der stat der
weyd da satzt er mich. Er hat mich
gefüeret auff dem wasser der wider-
bringung, er bekert mein sel. Er
füeret mich auß auf die steige der
gerechtigkeit, umb seinen namen.
Wann ob ich ja gee
in mitt des schatten des todes,
ich fürcht nit die übelen ding,   10
wann du bist bey mir. Dein ruot und
dein stab, die selb haben mich getröst.
Du hast bereyt den tisch in meinem
angesicht wider die, die mich betrüebent.
Du hast erveystet mein haupt in dem öl,
und mein kelch, der machet trunken,   16
wie lauter er ist!
Und dein erbermd die nachvolget mir
all die tag meins lebens.
Das auch ich inwone in dem hauß des   20
herren, in die lenge der tage.

Luther's translation (1545):

Der HERR ist mein Hirte, Mir wird
nichts mangeln. Er weidet mich
auff einer grünen Awen, und füret
mich zum frischen Wasser.
Er erquicket meine Seele, er
füret mich auff rechter Straße,
Umb seines Namens willen.
Und ob ich schon wandert
im finstern Tal,
fürchte ich kein Unglück,
Denn du bist bey mir,
Dein Stecken und Stab trösten mich.
Du bereitest fur mir einen Tisch
gegen meine Feinde,
Du salbest mein Heubt mit öle,
Und schenkest mir
voll ein.
Gutes und Barmhertzigkeit
werden mir folgen mein leben lang,
Und werde bleiben
im Hause des HERRN imerdar.

The Christmas Story (Luke, 2:1-12):

First German Bible (1466):

Wann es wart gethan in den tagen ein
gebot gieng aus von dem keiser august:
das aller vmbring würd beschriben.
Dise erste beschreibung war gethan von
syri dem richter der cyrener.

Vnd sy giengen all das sy begechen:
ein ieglicher in sein stat. Wann auch
ioseph der staig auf von galilee von
der stat nazareth in iude in die stat
davids die do ist geheissen bethleem.
dorumb das er was von dem haus vnd
von dem ingesinde davids: daz er
veriech mit maria im gemechelt ein
weip perhafftig.

Luther's translation (1545):

Es begab sich aber zu der zeit, Das ein
Gebot von dem keiser Augusto ausgieng,
Das alle Welt geschetzt würde.
Vnd diese Schatzung war die allererste,
vnd geschach zur zeit, da Kyrenius
Landpfleger in Syrien war.
Vnd jederman gieng, das er sich
schetzen liesse, ein jglicher in seine
Stad.
Da machet sich auff auch Ioseph, aus
Galilea, aus der stad Nazareth, in das
Jüdischeland, zur stad David, die da
heisst Bethlehem, Darumb das er von dem
Hause vnd geschlechte David war.
Auff das er sich schetzen liesse mit
Maria seinem vertraweten Weibe, die war
schwanger.

Wann es wart gethan do sy do waren:
die tag wurden derfüllt daz sy gebere.
sy gebar iren ersten geborn sun: Vnd
want in in tuoch. vnd legt in in die
krippe: wann ir was nit ein stat in   5
dem gasthaus.
Vnd hirten warn in der selben gegent
die do wachten: vnd behuoten die
wachen der nacht vber ir herde. Wann
secht der engel des herren stuond bey   10
in: vnd die klarheit gotz vmbleucht sy:
vnd sy vorchten sich mit micheler vorcht.
Vnd der engel sprach zuo in. Nichten
wölt euch fürchten. Wann secht ich
derkünde euch ein michel freude die do
wirt allem volck: wann heüt ist vns   16
geborn der behalter der do ist cristus
der herr in der stat davids. Vnd ditz
wirt euch ein zaichen. Ir vind das kint
gebunden in thuoch: vnd gelegt in die
krüpp.   21

Vnd als sie daselbst waren, kam die
zeit, das sie geberen solte.
Vnd sie gebar jren ersten Son, vnd
wickelt jn in Windeln, vnd leget jn in
eine Krippen, Denn sie hatten sonst
keinen raum in der Herberge.
Vnd es waren Hirten in der selbigen
gegend auff dem felde, bey den Hürten,
die hüteten des nachts jrer Herde.
Vnd sihe, des HERRN Engel trat zu jnen,
vnd die Klarheit des HERRN leuchtet vmb
sie, Vnd sie furchten sich seer.
Vnd der Engel sprach zu jnen. Fürchtet
euch nicht, Sihe, Ich verkündige euch
grosse Freude, die allem Volck widerfaren
wird.
Denn Euch ist heute der Heiland geborn,
welcher ist Christus der HErr, in der
stad David.
Vnd das habt zum Zeichen, Ir werdet
finden das Kind in windeln gewickelt,
vnd in einer Krippen ligen.

Ein feste burg (1529)

Ein feste burg ist unser got,
ein gute wer* und waffen.
Er hilft uns frei aus aller not,
die uns itzt* hat betroffen.
  Der alt böse feind,   5
mit ernst ers itzt meint;
groß macht und vil list
sein grausam rüstung ist,
auf erd ist nicht seins gleichen.

Mit unser macht ist nichts getan,   10
wir sind gar bald verloren,
es streit* für uns der rechte man,
den got hat selbs erkoren.
  Fragstu, wer der ist?
Er heißt Jesu Christ,   15
der herr Zebaoth,*
und ist kein ander got;
das feld muß er behalten.

Und wenn die welt vol teufel wer*
und wolt uns gar verschlingen,   20
so fürchten wir uns nicht so ser,
es sol uns doch gelingen.
  Der fürst diser welt,*
wie saur er sich stelt,*
tut er uns doch nicht;*   25
das macht, er ist gericht:*
ein wörtlein kan in fellen.*

Das wort sie sollen lassen stan
und kein dank dazu haben;
er ist bei uns wol auf dem plan*   30
mit seinem geist und gaben.
  Nemen* sie den leib,
gut, er,* kind und weib,
laß faren dahin!
Sie habens* kein gewin,   35
das reich muß uns doch bleiben.

2 Wehr, defense. 4 jetzt. 12 streitet. 16 (lord) of hosts. 19 wäre. 23 i.e.,
Satan. 24 no matter how fierce he acts. 25 nichts. 26 gerichtet; (already)
judged (and damned). 27 bring to a fall. 30 battlefield. 32 even if they take.
33 Ehre. 35 Sie haben dessen kein Gewinn.

Gelobet seistu, Jesu Christ (1523)

Gelobet seistu,* Jesu Christ,
daß du mensch* geboren bist
von einer jungfrau, das ist war;
des* freuet sich der engel schar.
    Kyrioleis.*   5

Das ewig liecht* get* da herein,
gibt der welt ein neuen schein;
es leucht* wol mitten in der nacht
und uns des liechtes kinder macht.
    Kyrioleis.   20

Des ewgen vaters einig* kind
itz* man in der krippen fint.*
In unser armes fleisch und blut
verkeidet sich das ewig gut.*
    Kyrioleis.   10

Der son des vaters, got von ard,*
ein gast in der werlet* ward
und fürt uns aus dem jamertal;
er macht uns erben in seim* sal.*
    Kyrioleis.   25

Den aller weltkreis nie beschloß,*
der ligt in Maria schoß.
Er ist ein kindlein worden* klein,
der alle ding erhelt* allein.
    Kyrioleis.   16

Er ist auf erden komen* arm,
daß er unser sich erbarm*
und in dem himel machet reich
und seinen lieben engeln gleich.
    Kyrioleis.   30

    Das hat er alles uns getan,
    sein groß lieb zu zeigen an.
    Des freu sich alle Christenheit
    und dank im* des* in ewigkeit
    Kyrioleis

1 seist du. 2 als Mensch. 4 deswegen. 5 Lord, have mercy. (Greek) 6 einziges.
7 jetzt; findet. 9 eternal Goodness. 11 whom the whole world never contained.
13 geworden. 14 erhält, preserves. 16 Licht; geht. 18 leuchtet. 21 Art, by
nature. 22 Welt. 24 seinem; Saal, i.e., heaven. 26 gekommen. 27 took pity on
us. 34 ihm; dafür.

From: Ein Sendbrief* vom Dolmetschen* (1530)

    Gnade und Frieden in Christo. Ehrbarer, fürsichtiger, lieber Herr und
Freund.* Ich habe Eure Schrift empfangen mit den zwei Quästionen oder Fragen,
darin Ihr meines Berichtes begehrt: Erstlich, warum ich zu den Römern* im
dritten Kapitel die Worte S. Pauli: Arbitramur, hominem justificari ex fide
absque operibus* also verdeutscht habe: Wir halten, daß der Mensch gerecht werde   5
ohne des Gesetzes Werk allein durch den Glauben. Und zeigt daneben an, wie die

The spelling of this selection has been largely modernized. Title: open letter;
translating. 2 It is not certain to whom the letter was addressed. 3 Paul's
Letter to the Romans. 5 Romans 3:28. Literal translation: "We think man is
justified by faith apart from works." Luther had translated as though the
original had been ex fide sola (by faith alone).

Papisten sich über die Maßen* unnütz machen, weil im Text Pauli nicht steht das
Wort sola, "allein", und sei solcher Zusatz von mir nicht zu leiden in Gottes
Worten etc. Zum Andern,* ob auch die verstorbenen Heiligen für uns bitten, weil
wir lesen, daß ja die Engel für uns bitten etc. Auf die erste Frage, wo es euch
gelüstet,* mögt Ihr Euern Papisten von meinetwegen antworten also: Zum Ersten,   5
wenn ich, Doctor Luther, mich hätte des versehen mögen, daß die Papisten all auf
einen Haufen* so geschickt wären, daß sie ein Kapitel in der Schrift könnten
recht und wohl verdeutschen, so wollte ich fürwahr mich der Demut haben finden
lassen* und sie um Hilfe und Beistand gebeten, das Neue Testament zu
verdeutschen. Aber dieweil* ich gewußt und noch vor Augen sehe, daß ihrer   10
keiner* recht weiß, wie man dolmetschen oder deutsch reden soll, habe ich sie
und mich solcher Mühe überhoben.* Das merkt man aber wohl daß sie aus meinem
Dolmetschen und Deutsch lernen Deutsch reden und schreiben, und stehlen mir also
meine Sprache, davon sie zuvor wenig gewußt; danken mir aber nicht dafür,
sondern brauchen sie viel lieber wider mich. Aber ich gönne es ihnen wohl;   15
denn es tut mir doch sanft,* daß ich auch meine undankbaren Jünger, dazu meine
Feinde, reden gelehrt habe.
   Zum Andern mögt Ihr sagen, daß ich das Neue Testament verdeutscht habe auf
mein bestes Vermögen und auf mein Gewissen; habe damit Niemand gezwungen, daß
er's lese, sondern frei gelassen, und allein zu Dienst getan denen, die es nicht 20
besser machen können. Ist Niemand verboten, ein Besseres zu machen. Wer's
nicht lesen will, der laß es liegen. Ich bitte und feiere Niemand darum. Es
ist mein Testament und meine Dolmetschung und soll mein bleiben und sein. Habe
ich drinnen etwa gefehlt (das mir doch nicht bewußt, und freilich ungern einen
Buchstaben mutwilliglich wollte* unrecht verdolmetschen), darüber will ich die   25
Papisten nicht zu Richter leiden. Denn sie haben noch zur Zeit zu lange Ohren
dazu, und ihr Ika Ika* ist zu schwach, mein Verdolmetschen zu beurteilen.
   Ich weiß wohl, und sie wissen's weniger dann* des Müllers Tier, was für
Kunst, Fleiß, Vernunft, Verstand zum guten Dolmetscher gehört; denn sie haben's
nicht versucht. Es heißt: Wer am Wege baut, der hat viel Meister. Also geht   30
mir's auch. Diejenigen, die noch nie haben recht reden können, geschweige denn
dolmetschen, die sind allzumal meine Meister, und ich muß ihrer aller Jünger
sein. Und wenn ich sie hätte fragen sollen, wie man die ersten zwei Worte,
Matth. 1,1: Liber generationis,* sollte verdeutschen, so hätte ihrer keiner
gewußt Gack dazu zu sagen, und urteilen mir nun das ganze Werk, die feinen   35
Gesellen! Also ging es S. Hieronymus* auch, da er die Bibel verdolmetschte, da
war alle Welt sein Meister, er allein war es, der nichts konnte, und
verurteilten dem guten Mann sein Werk diejenigen, so* ihm nicht genug gewesen
wären, daß sie ihm die Schuhe hätten wischen sollen. Darum gehört große Geduld
dazu, so* Jemand öffentlich Gutes tun will. Denn die Welt will Meister Klügling 40
bleiben und muß immer das Roß unter dem Schwanz zäumen,* alles meistern und
selbst nichts können. Das ist ihre Art, davon sie nicht lassen kann....

1 immoderately. 3 secondly. 5 if you feel like it. 7 all of them taken
together. 9 I would certainly have found the humility. 10 weil. 11 no one of
them. 12 spared. 16 it flatters me. 25 An ich must be supplied as the subject
of wollte. 27 heehaw. 28 als. 34 the book of genealogy (of Jesus Christ).
36 St. Jerome, the translator of the Bible into Latin. 38 die. 40 wenn.
41 i.e., do things backwards.

Und daß ich wieder zur Sache komme, wenn euer Papist sich viel unnütze machen will mit dem Wort <u>sola</u>, allein, so sagt ihm flugs also: Doctor Martinus Luther will's also* haben und spricht: Papist und Esel sei ein Ding. <u>Sic</u> <u>volo</u>, <u>sic</u> <u>jubeo</u>, <u>sit</u> <u>pro</u> <u>ratione</u> <u>voluntas</u>.* Denn wir wollen nicht der Papisten Schüler noch Jünger, sondern ihre Meister und Richter sein, wollen auch einmal   5
stolziren* und pochen* mit den Eselsköpfen; und wie Paulus wider seine tollen Heiligen* sich rühmt, so will ich mich auch wider diese meine Esel rühmen. Sie sind Doctores? Ich auch. Sie sind gelehrt? Ich auch. Sie sind Prediger? Ich auch. Sie sind Theologen? Ich auch. Sie sind Disputatores? Ich auch. Sie sind Philosophi? Ich auch. Sie sind Dialectici? Ich auch. Sie sind Legenten?   10
Ich auch. Sie schreiben Bücher? Ich auch.

Und will weiter rühmen: Ich kann Psalmen und Propheten auslegen; das können sie nicht. Ich kann dolmetschen; das können sie nicht. Ich kann die heilige Schrift lesen; das können sie nicht. Ich kann beten; das können sie nicht. Und daß ich herunter komme, ich kann ihre eigene Dialectica und Philosophie besser,   15
denn sie selbst allesammt. Und weiß dazu fürwahr, daß ihrer keiner ihren Aristoteles versteht. Und ist einer unter ihnen allen, der ein <u>Prooemium</u> oder Kapitel im Aristoteles recht versteht, so will ich mich prellen lassen.* Ich rede jetzt nicht zu viel; denn ich bin durch alle ihre Kunst* erzogen und erfahren von Jugend auf, weiß sehr wohl, wie tief und weit sie ist. So wissen   20
sie auch wohl, daß ich's alles weiß und kann, was sie können; dennoch handeln die heilsosen Leute gegen mich, als wäre ich ein Gast in ihrer Kunst, der allererst heut morgen gekommen wäre und noch nie weder gesehen noch gehört hätte, was sie lehren oder können....

Im Hiob* arbeiteten wir also, M. Philipps,* Aurogallus* und ich, daß wir in   25
vier Tagen zuweilen kaum drei Zeilen fertigen konnten. Lieber, nun* es verdeutscht und bereit ist, kann's ein Jeder lesen und meistern, läuft einer jetzt mit den Augen durch drei, vier Blätter und stößt nicht einmal an; wird aber nicht gewahr, welche Wacken* und Klötze da gelegen sind, da er jetzt überhin geht, wie über ein gehobeltes Brett, da wir haben schwitzen müssen und   30
uns ängstigen, ehe denn wir solche Wacken und Klötze aus dem Wege räumten, auf daß man könnte so fein daher gehen. Es ist gut pflügen, wenn der Acker gereinigt ist; aber den Wald und die Stöcke ausrotten und den Acker zurichten, da will Niemand an. Es ist bei der Welt kein Dank zu verdienen. Kann doch Gott selbst mit der Sonne, ja mit Himmel und Erde, noch mit seines eigenen Sohnes Tod   35
keinen Dank verdienen; sie sei und bleibt Welt in des Teufels Namen, weil sie ja nichts anders will.

Ich habe hier Röm. 3,28 sehr wohl gewußt, daß im lateinischen und griechischen Text das Wort <u>solum</u> nicht steht, und hätten mich solches die Papisten nicht dürfen* lehren. Wahr ist's, diese vier Buchstaben <u>sola</u> stehen   40
nicht drinnen, welche Buchstaben die Eselsköpfe ansehen, wie die Kuh ein neues

---

3 thus, this way. 4 "Thus I will it; thus I command; let my will be sufficient reason" (Juvenal, <u>Satires</u> VI, 223). 6 be proud; brag. 7 This is a reference to 2 Corinthians 11:12-29, where Paul attacks false prophets. Much of this and the following paragraph are modeled on these verses from Paul. 18 buffeted, bruised, i.e., I'll eat crow. 19 branches of knowledge. 25 the Book of Job; Philipp Melanchthon (1497-1560), humanist and supporter of the Reformation; professor of Hebrew at the university in Wittenberg. 26 now that. 29 boulders. 40 <u>brauchen</u> <u>zu</u>.

Tor. Sehen aber nicht, daß es gleichwohl die Meinung des Textes in sich hat,
und wo man's will klar und gewaltiglich verdeutschen, so gehört es hinein. Denn
ich habe deutsch, nicht lateinisch noch griechisch reden wollen, da ich deutsch
zu reden im Dolmetschen vorgenommen hatte. Das ist aber die Art unserer
deutschen Sprache: wenn sich eine Rede begiebt* von zwei Dingen, deren man eines   5
bekennt* und das andere verneint, so braucht man des Wortes "allein" neben dem
Wort "nicht" oder "kein". Als wenn man sagt: Der Bauer habe wahrlich jetzt
nicht Geld, sondern allein Korn. Ich habe allein gegessen und noch nicht
getrunken. Hast du allein geschrieben und nicht übergelesen? Und dergleichen
unzählige Weise im täglichen Brauch.   10
    In diesen Reden allen, ob's gleich* die lateinische oder griechische
Sprache nicht tut, so tut's doch die deutsche, und ist ihre Art, daß sie das
Wort "allein" hinzusetzt, auf daß das Wort "nicht" oder "kein" desto völliger
und deutlicher sei. Denn wiewohl* ich auch sage: Der Bauer bringt Korn und kein
Geld, so lautet doch das Wort "kein Geld" nicht so völlig und deutlich, als wenn   15
ich sage: Der Bauer bringt allein Korn und kein Geld; und hilft hier das Wort
"allein" dem Wort "kein" so viel, daß es eine völlige deutsche klare Rede wird.
    Denn man muß nicht die Buchstaben in der lateinischen Sprache fragen, wie
man soll deutsch reden, wie diese Esel tun; sondern man muß die Mutter im Hause,
die Kinder auf der Gasse, den gemeinen Mann auf dem Markt darum fragen und   20
denselbigen auf das Maul sehen, wie sie reden, und darnach dolmetschen, so
verstehen sie es denn und merken, daß man deutsch mit ihnen redet.
    Als wenn Christus spricht Matth. 12,34: Ex abundantia cordis os loquitur.*
Wenn ich den Eseln soll folgen, die werden mir die Buchstaben vorlegen und also
dolmetschen: Aus dem Überfluß des Herzens redet der Mund. Sage mir, ist das   25
deutsch geredet? Welcher Deutsche versteht solches? Was ist Überfluß des
Herzens für ein Ding? Das kann kein Deutscher sagen, er wollte denn sagen, es
sei, daß einer ein allzu großes Herz habe oder zu viel Herzen habe. Wiewohl das
auch noch nicht recht ist. Denn Überfluß des Herzens ist kein Deutsch, so wenig
als das Deutsch ist: Überfluß des Hauses, Überfluß des Kachelofens, Überfluß der   30
Bank. Sondern also redet die Mutter im Haus und der gemeine Mann: Wes das Herz
voll ist, des gehet der Mund über. Das heißt gut deutsch geredet. Des ich mich
geflissen und leider nicht allwege erreicht noch getroffen habe. Denn die
lateinischen Buchstaben hindern aus der Maßen sehr, gut deutsch zu reden....
    Item,* da der Engel Maria grüßt und spricht: Gegrüßt seist du, Maria, voll   35
Gnaden, der Herr mit dir! Wohlan, so ist's bisher schlecht, den lateinischen
Buchstaben nach, verdeutscht. Sage mir aber, ob solches auch gut deutsch sei?
Wo redet der deutsche Mann also: Du bist voll Gnaden? Und welcher Deutscher
versteht, was gesagt sei "voll Gnaden"? Er muß denken an ein Faß voll Bier oder
Beutel voll Geldes. Darum habe ich's verdeutscht "du Holdselige"; damit doch   40
ein Deutscher desto mehr hinzudenken kann, was der Engel mit seinem Gruß meint.
Aber hier wollen die Papisten toll werden über mich, daß ich den engelischen
Gruß verderbt habe; wiewohl ich dennoch damit nicht das beste Deutsch getroffen
habe. Und hätte ich das beste Deutsch hier nehmen sollen und den Gruß also
verdeutschen: Gott grüße dich, du liebe Maria (denn so viel will der Engel   45
sagen, und so würde er geredet haben, wann* er hätte wollen sie deutsch grüßen);

---

5 takes place. 6 bejaht. 11 obwohl. 14 obwohl. 23 literal translation: Out
of the abundance of the heart the mouth speaks. 35 in like manner. 46 wenn.

ich halte, sie sollten sich wohl selbst erhenkt haben vor großer Andacht zu der
lieben Maria, daß ich den Gruß so zu nichte gemacht hätte.
    Aber was frage ich darnach, sie toben oder rasen? Ich wil nicht wehren,*
daß sie verdeutschen, was sie wollen; ich will aber auch verdeutschen, nicht wie
sie wollen, sondern wie ich will. Wer es nicht haben will, der laß mir's stehen   5
und halte seine Meisterschaft bei sich; denn ich will ihrer* weder sehen noch
hören.   Sie dürfen für mein Dolmetschen nicht Antwort geben noch Rechenschaft
tun. Das hörst du wohl, ich will sagen: du holdselige Maria, du liebe Maria;
und laß sie sagen: du voll Gnaden Maria. Wer deutsch kann, der weiß wohl, welch
ein herzlich feines Wort das ist: die liebe Maria, der liebe Gott, der liebe   10
Kaiser, der liebe Fürst, der liebe Mann, das liebe Kind. Und ich weiß nicht, ob
man das Wort "liebe" auch so herzlich und genugsam in lateinischer oder andern
Sprachen reden möge, daß es also dringe und klinge in's Herz durch alle Sinne,
wie es tut in unserer Sprache....

---

3 prevent (them from). 6 (any) of them.

KIRCHENPOSTILLE*

Das Evangelium* in der Christmesse.* Luke 2:1-14 (1521-22)

    Das Evangelium ist so klar, daß nicht viel Auslegens* bedarf, sondern es
will nur wohl betrachtet, angesehen und tief zu Herzen genommen sein. Und wird
niemand mehr Nutzen davon bringen, denn die* ir Herz still halten, alle Dinge
ausschlagen und mit Fleiß drein sehen, gleich wie die Sonne in einem stillen   20
Wasser gar eben* sich sehen läßt und kräftig wärmt, die im rauschenden und
laufenden Wassen nicht also gesehen werden mag, auch nicht also wärmen kann.
Drumb, willst du hie auch erleuchtet und warm werden, göttlich Gnade und Wunder
sehen, daß dein Herz entbrannt, erleuchtet, andächtig und fröhlich werde, so
gang* hin, da du stille seiest und das Bild dir tief ins Herz faßest; da wirst   25
du finden Wunder über Wunder. Doch Anfang und Ursache zu geben den Einfältigen,
wollen wir desselben ein teils fürbilden,* mögen darnach weiter hineinfahren.
    Zum ersten: Sihe, wie gar schlecht* und einfältig* die Dinge zugehen auf
Erden und doch so groß gehalten werden im Himmel. Auf Erden geht es also zu: Da
ist ein arm, junges Weible,* Maria, zu Nazareth, gar nichts geachtet und unter   30
den reingsten Bürgerinnen der Stadt gehalten. Da wir niemand gewahr des großen
Wunders, das sie trägt. Sie schweigt auch still, nimmt sich's nichts an, hält

---

Kirchenpostille: Postille, originally from the Latin post illa textus verba
(after those words of the text). This phrase regularly introduced an
interpretation or explanation of a preceding Bible text. Here it means
"sermon," although one in written form. Spelling and most forms have been
modernized. 16 gospel; mass for Christmas. 17 interpretation, explanation.
19 als diejenigen, die. 21 klar. 25 geh. 27 vorstellen, vor Augen führen.
28 schlicht; einfach, simple. 30 dimin. of Weib.

sich für die geringste in der Stadt. Sie macht sich auf mit ihrem Hausherrn
Joseph; haben vielleicht kein Magd noch Knecht, sondern er ist Herr und Knecht,
sie Frau und Magd im Haus; haben also das Haus lassen stehen oder andern
befohlen.* Nu laß sein,* sie haben einen Esel gehabt, darauf Maria gesessen
sei, wiewohl das Evangelium nichts davon sagt und glaublich ist, sie sei zu Fuß   5
gegangen mit Joseph. Denk, wie sie unterwegen in Herbergen verachtet gewesen,*
die doch würdig war, daß man sie mit gülden Wagen und aller Pracht geführt
hätte. Wie viel sind wohl der großen Herrn Weiber und Töchter zu der Zeit
gewesen in gutem Gemach und großem Ansehen, dieweil* hie diese Gottesmutter
mitten im Winter zu Fuß mit schwerem Leib über Feld reist! Wie ungleich gat* es   10
zu! Nu ist's ie* mehr denn* eine Tagesreise gewesen von Nazareth in Galileen
bis gen* Bethlehem im Jüdischen Land; sie haben ie für Jerusalem über* reisen
oder durchhin müssen, denn Bethlehem liegt von Jerusalem gegen dem Mittag,*
Nazareth gegen Mitternacht.*
     Da sie nu gen Bethlehem kamen, zeigt der Evangelist, wie sie die   15
allergeringsten, verachtetesten sind gewesen. Sie haben jedermann müssen
räumen, bis daß sie, in einen Stall gewiesen, mit dem Viehe ein gemein Herberg,
gemein Tisch, gemein Kammer und Lager haben müssen annehmen, indes mancher böser
Mensch, im Gasthaus oben angesessen, sich hat einen Herrn ehren lassen.* Da
merkt noch erkennet niemand, was in dem Stall Gott wirkt: läßt die großen   20
Häuser, köstlich Gemach leer bleiben; läßt sie essen, trinken und guten Mut
haben; aber dieser Trost und Schatz ist im Verborgenen. O welch ein finster
Nacht ist über dem Bethlehem das mal* gewesen, die eines solchen Lichts nicht
ist innen worden! Wie zeigt Gott an, daß er so gar nichts achtet, was die Welt
ist, hat und vermag; widerumb die Welt beweist auch, wie gar sie nichts erkennet   25
noch achtet, was Gott ist, hat und wirkt! Sihe, das ist das erst Bild, damit
Christus die Welt zu Schanden macht, alles ir Tun, Wissen und Wesen uns
verwerflich anzeigt, daß ihre größte Weisheit sei Narrheit, ihr bestes Tun sei
unrecht, ihr größtes Gut sei nur Unfall. Was hatte Bethlehem, da es Christum
nicht hatte? Was haben sie itzt, die zu der Zeit genug hatten? Was gebricht*   30
itzt* Maria und Joseph, ob* sie zu der Zeit nicht Raum hatten, eine Nacht
füglich* zu schlafen?...
     Aber die Geburt ist noch erbärmlicher, daß sich solch eines jungen Weibs,
die ir erst mal gebären sollte, niemand hat erbarmt, niemand ihren schwangern
Leib zu Herzen genommen, niemand angesehen, daß sie in fremden Orten nicht hat   35
das allermindeste, das einer Kindbetterin* Not ist, sondern alda ohne alle
Bereitung, ohne Licht, ohne Feuer, mitten in der Nacht, im Finstern allein ist.
Niemand bietet ihr einigen* Dienst an, wie man doch natürlich pflegt schwangern
Weibern. Da ist jedermann voll und toll in der Herberg, ein Geschwürm* von
Gästen aus allen Orten, daß sich dieses Weibs niemand annimmt...   40
     Was geschieht aber im Himmel über dieser Geburt? Also* verachtet sie ist
auf Erden, so hoch und tausendmal mehr ist sie geehrt im Himmel. Wenn ein Engel
vom Himmel dich und deine Werk lobete, ist's nicht wahr, du nimmst es vor* aller
Welt Lob und Ehre? Achtest,* du möchtest nicht genug Demut und Verachtung dafür

4 entrusted; let's suppose. 6 i.e., _gewesen_ _sind_. 9 _während_. 10 _geht_.
11 _doch_; _als_. 12 _nach_; around Jerusalem. 13 south. 14 north. 19 was letting
himself be honored as a lord. 23 _zu_ _dieser_ _Zeit_. 30 _fehlt_. 31 _jetzt_; _obwohl_.
32 _bequem_. 36 mother giving birth. 38 any. 39 _Gewimmel_. 41 just as. 43 you
prefer. 44 _du_ _meinst_.

tragen. Was ist denn das für eine Ehre, daß alle Engel im Himmel vor Freuden
sich nicht enthalten mögen,* brechen aus und lassen sich auch arme Hirten auf
dem Feld hören, predigen, loben, singen und schütten aus ihr Freude
übermäßiglich?* Was ist aller der zu Bethlehem Freude und Ehre gewesen, ja
aller Könige und Herren auf Erden, gegen dieser Freude und Ehre denn* nur ein   5
solcher Unflat* und Greuel, des* niemand gerne denkt, wenn er diese Freude und
Ehre ansihet! Sihe, wie gar überreichlich ehret Gott, die do von Menschen
verachtet und gern verachtet werden! Da sihest du, wo seine Augen hinsehen, nur
in die Tiefe und Niedrigung, wie geschrieben steht: 'Er sitzt über Cherubim und
sihet in die Tiefe oder Abgrund.'   10
     Die Engel konnten auch keine Fürsten noch Gewaltigen finden, sondern die
ungelehrten Laien und allerniedrigsten Leut auf Erden. Mochten sie nicht die
Hohenpriester, die Gelehrten zu Hierusalem, ansprechen, die doch viel von Gott
und Engeln wissen zu sagen? Nein, es mußten die armen Hirten würdig sein, solch
groß Gnad und Ehre zu haben im Himmel, die auf Erden nichts waren. Wie gar   15
verwirft doch Gott, was hoch ist, und wir toben und rasen nicht denn* nach
eitler Höhe, auf daß wir ja nicht im Himmel zu Ehren werden; immer und immer
treten wir Gott aus seinem Gesicht, daß er uns ja nicht ansehe in der Tiefe, da*
er allein hinsihet. Das sei genug zur Ursache der Betrachtung* für die
Einfältigen; ein jeglicher trachte bei sich selb weiter....   20
     Nu wollen wir auch sehen, was uns für mysteria, heimliche Dinge, in dieser
Historien vorgelegt werden. Zwei fürnehmlich* werden in allen mysteriis
angezeigt, das Evangelium und der Glaube, das ist, was man predigen, was man
glauben, wer die Prediger und wer die Zuhörer sein sollen. Das wollen wir hie
auch sehen.   25
     Das Erste ist der Glaube, welcher billig in allen Worten Gottes zum erst
erkannt werden soll. Derselbe Glaube ist nicht allein, daß du glaubst, diese
Historien sei wahr, wie sie lautet. Denn das hilft nichts, weil all Sünder,
auch die Verdammten, das glauben. Von dem Glauben lehrt die Schrift und Gottes
Wort nicht: es ist ein natürlich Werk ohne Gnaden. Sondern das ist der recht,   30
gnadenreich Glaube, den Gottes Wort und Werk fördert, daß du festiglich glaubst,
Christus sei dir geborn und seine Geburt dein sei, dir zu gut geschehen. Denn
das Evangelium lehrt, daß Christus sei umb unser Willen geborn und alle Dinge
umb unser Willen getan und gelitten, wie hie der Engel auch sagt: 'Ich
verkündige euch eine große Freude, die do haben werden alle Leut; denn heut ist   35
euch geborn ein Seligmacher, der ist Christus, der Herr.' In diesen Worten
sihest du klar, daß er uns geborn ist. Er spricht nicht schlechthin, es sei
Christus geborn, sondern: 'Euch, euch ist er geborn.' Item* spricht nicht:
'Verkündige ich ein Freud', sondern: 'Euch, euch verkündige ich eine große
Freud' Item: 'welche Freud wird nicht in Christo bleiben, sondern allen Leuten   40
widerfahren.' Diesen glauben hat nicht, mag auch nicht haben irgend ein
verdammter oder böser Mensch....
     Darumb sihe zu, daß du aus dem Evangelio nicht allein nimmst Lust von der
Historien an ir selbst,-- denn die besteht* nicht lang--, auch nicht allein* das
Exempel, denn das haftet nicht ohne den Glauben--; sondern sihe zu, daß du die   45
Geburt dir zu eigen machst und mit im wechselst, daß du deiner Geburt los wirst

---

2 können. 4 boundlessly. 5 als. 6 Schmutz; an das. 16 als. 18 wo.
19 meditation. 22 especially. 38 in like manner. 44 i.e., such joy will not
last; even.

und seine überkommst,* welches geschieht, so* du also glaubst; so sitzt du
gewißlich der Jungfrauen Marien im Schoß und bist ir liebes Kind.   An dem
Glauben hast du zu üben und zu bitten, weil* du lebst, kannst ihn nimmer gnugsam
stärken.   Das ist unser Grund und Erbgut, darauf denn die guten Werk zu bauen
sind.   5

Wenn nu also Christus dein geworden ist und du durch ihn in solchem Glauben
bist rein geworden, hast dein Erb und Hauptgut empfangen, ohne allen deinen
Verdienst, wie du sihest, sondern aus lauter Gottes Liebe, der seines Sohnes Gut
und Werk dir zu eigen gibt: da folgt nu das Exempel guter Werk, daß du deinem
Nächsten auch tust, wie du sihest, daß dir Christus getan hat.   Hie lehren sich   10
nu die guten Werk selbst.   Denn sag an: Was hat Christus für gute Werk?   Ist's
nicht wahr, daß sie allzumal darumb gut sind, daß sie dir zu gut geschehen sind,
umb Gottes willen, der ihm befohlen hat, solche Werk dir zu gut wirken, and also
ist Christus dem Vater darin gehorsam gewest,* daß er uns geliebt und gedient
hat?   Also nu du satt und reich bist, hast du kein Gebot mehr, darin du Christo   15
dienst und gehorsam seist, dann daß du alle deine Werk dahin richtest, daß sie
deinem Nächsten gut und nützlich seien, gleich wie Christus' Werk dir gut und
nutz sind....

Das ander mysterium oder heimlich Lehre ist, daß in der Kirche nicht mehr
denn das Evangelium soll gepredigt werden.   Nu lehrt das Evangelium nicht mehr   20
denn die zwei vorigen Stück, Christum und sein Exempel, zweierlei guter Werk,
die einen Christi eigen, dadurch wir im Glauben selig werden, die andern unser
eigen, dadurch unserm Nächsten geholfen wird.   Und wer anders lehrt dann das
Evangelium, der verführt, und wer das Evangelium nicht nach diesen zweien
Stücken* lehrt, der verführt noch sehrer und ist ärger denn jener, der ohne   25
Evangelium lehrt, darumb daß er Gottes Wort schändet und vortäuscht, wie S.
Paulus über etlich* klagt.   Nu hat solche Lehre die Natur nicht mögen* selbst
erfinden, mag auch noch nicht erdenken aller Menschen Witz,* Vernunft und
Weisheit.   Denn wer wollte aus sich selbst erforschen, daß der Glaube in Christo
uns mit Christo eins macht und alle Güter Christ* uns zu eigen gibt?   Wer wollte   30
auch erdenken, daß keine Werke gut sind, denn* nur die* an unsern Nächsten
gelegt oder doch dahin geordnet werden?   Die Natur lehrt nicht mehr, dann nach
den Worten der Gebot hin wirken.*   Drumb fällt sie* auf ir eigen Werk, daß der
mit Stiften,* der mit Fasten, der mit Kleidern,* der mit Wallen,* einer sonst,
der ander so meint die Gebot zu erfüllen, und sind doch nicht mehr denn eigen   35
erlesene, unnütze Werk, davon niemand geholfen wird, wie itzt leider alle Welt
verblendet irre gat* durch Menschen Lehre und Werk, daß der Glaube und die Liebe
mit dem Evangelio vergangen ist.   Darumb ist das Evangelium und sein Verstand*
ein ganz übernatürlich Predigt und Licht, das nur Christum anzeigt.*

Das ist bedeutet* zum ersten darin, daß nicht ein Mensch dem andern,   40
sondern ein Engel vom Himmel kam und den Hirten diese Geburt Christi verkündigt;
kein Mensch wußte etwas davon.   Zum andern bedeutet auch die Mitternacht, in
welcher Christus geborn ist, daß alle Welt finster ist in seiner Zukunft* und

---

1 take on; wenn.   3 solange.   14 gewesen.   25 truths.   27 einige; können.
28 intelligence.   30 Christus.   31 except; diejenigen, die.   33 than to act
according to the words of the commandments (in the Old Testament); i.e., die
Natur.   34 giving endowments; i.e., giving rich vestments and altar cloths;
making pilgrimages.   37 in die Irre geht.   38 dessen Verständnis.
39 verkündet.   40 angezeigt.   43 bei seiner Ankunft.

kein Vernunft Christum erkennen kann. Es muß vom Himmel offenbart* werden. Zum
dritten deutet das das Licht, welches die Hirten umbleuchtet, zu lehren, daß gar
ein ander Licht denn* alle Vernunft hie sein muß, und S. Lucas spricht hie
nämlich:* Gloria dei, die 'Glorie Gottes' hab sie umbleuchtet, nannte dasselbe
Licht ein gloria oder 'Ehre Gottes'. Warumb das?   Nämlich das mysterium zu   5
rühren* und anzuzeigen die Art des Evangelii. Denn wiewohl das Evangelium ein
himmlisch Licht ist, das nicht mehr denn Christum lehrt, in welchem Gottes Gnade
uns gegeben und unser Ding gar verworfen wird, so richtet es nur Gottes Ehre
auf, daß neimand hinfort* sich rühmen einiges* Vermögens kann, sondern muß Gott
die Ehre geben und ihm den Ruhm lassen, daß sein lauter Liebe und Güte sei, daß 10
wir durch Christum selig werden....
      Nu laß uns sehen, wer die Prediger und Schüler sein sollen. Die Prediger
sollen Engel sein, das ist Gottes Boten, und ein himmlisch Leben führen, allzeit
mit Gottes Wort umbgehen, daß sie ja nicht Menschenlehre predigen. Es ist ein
gar unfüglich Ding, Gottes Bote zu sein und nicht seine Botschaft werben.*   15
Angelus aber heißt 'ein Bote', und Lucas nennt ihn hie angelus domini 'Gottes
Bote'. Es liegt auch mehr an der Botschaft denn an seinem Leben. Führt er ein
bös Leben, so schadet er sich selber; bringt er aber ein falsche Botschaft für
Gottes Botschaft, so verführt er und schadet jedermann, der ihm zuhöret, und
macht Abgötterei im Volk, daß sie Lügen für* Wahrheit, Menschen für Gott ehren   20
und den Teufel an Gottes statt anbeten....
      Die Schüler sind Hirten, arm Leut auf dem Feld. Hie hält Christus, was er
sagt, Matth. 11: 'Den Armen wird das Evangelium gepredigt', und Matth. 5: 'Selig
sind die Armen, denn das Himmelreich ist ihres'. Hie sind keine Gelehrten,
keine Reichen, keine Gewaltigen; denn solch Volk nimmt das Evangelium nicht auf: 25
Das Evangelium ist ein himmlischer Schatz, will nicht bei sich leiden einen
andern Schatz, kann sich in dem Herzen nicht vertragen mit einem irdnischen
Gast. Drumb, wer eines lieb hat, muß das ander fahren lassen, wie Christus,
Matth. 6, sagt: 'Ihr könnt nicht zugleich Gott und dem Mammon dienen.' Das
zeigen die Hirten an, damit daß sie im Feld unter dem Himmel, nicht in Häusern   30
gefunden werden, kleben* noch haften an zeitlicher Habe. Dazu in der Nacht sind
sie im Feld, daß sie verachtet, unbekannt seien der Welt, die do schläft in der
Nacht und am Tage gern wandelt und sich sehen läßt. Aber die armen Hirten gehen
in irem Werk bei der Nacht; das sind alle die niedrigen, die ein arm, verachtet,
unansehelich Leben führen auf Erden und nur unter dem Himmel wohnen, in Gottes   35
Gewalt; die sind des Evangelii begriffig.* Daß aber nämlich Hirten sind,
bedeutet, daß niemand das Evangelium für sich allein hören soll, sondern ein
jeglicher dem andern sagen, der sein* nicht weiß. Denn wer für sich selbst
glaubt, der hat genug und soll hinfort sehen, wie er andere auch zu solchem
Glauben und Erkenntnis bringe, und also* einer des andern Hirten sei, weide ihn   40
und warte sein* auf dieser Welt, in der Nacht dieses Lebens. Es erschreckt auch
der Engel zum ersten die Hirten. Denn die Natur entsetzt sich zum ersten, wenn
sie im Evangelio höret, daß alle unser Ding nichts und verdammt seien vor Gott,
und läßt nicht gern ir Gutdünkel* und Vermessenheit* fahren....

---

1 geoffenbart. 3 als. 4 expressly. 6 touch upon. 9 henceforth; any.
15 verwirklichen. 20 instead of. 31 i.e., weder kleben noch. 36 capable of
grasping. 38 genitive: about it. 40 thus (let). 41 take care of him.
44 haughtiness; arrogance.

Ich habs gewagt mit sinnen*
Und trag des* noch kain rew,*
Mag ich nit* dran gewinnen,
Noch* muss man spüren trew;
Dar mit ich main   5
Nit eim allain,*
Wen man es wolt erkennen,
Dem land zu gut,
Wie wol man tut
Ain pfaffenfeint mich nennen.*   10

Da lass ich ieden liegen*
Und reden, was er wil;
Het warheit ich geschwigen,
Mir wären hulder vil.*
Nun hab ichs gsagt,   15
Bin drumb verjagt,
Das klag ich allen frummen,
Wie wol noch ich
Nit weiter fleich,*
Villeicht werd wider* kummen.   20

Umb gnad wil ich nit bitten,
Die weil ich bin on schult;*
Ich het das recht gelitten,*
So* hindert ungedult,*
Dass man mich nit   25
Nach alten sit*
Zu ghör* hat kummen lassen;
Villeicht wils got,
Und zwingt sie not,
Zu handlen diser massen.*   30

Nun ist oft diser gleichen*
Geschehen auch hie vor,
Dass einer von den reichen
Ain gutes spil verlor,   35
Oft grosser flam*

Von fünklin* kam;
Wer waiss, ob ichs werd rechen!*
Stat schon im lauf,
So setz ich drauf:*
Muss gan* oder brechen.   40

Dar neben mich zu trösten
Mit gutem gwissen hab,*
Dass kainer von den bösten
Mir er* mag brechen ab,
Noch sagen, dass   45
Uff ainig mass*
Ich anders sei gegangen,
Dan eren nach,*
Hab dise sach
In gutem angefangen.   50

Wil nun ir selbs nit raten*
Dis frumme nation,
Irs schadens sich ergatten,*
Als ich vermanet* han,
So ist mir laid!   55
Hie mit ich schaid,
Wil mengen* bass die karten.
Bin unverzagt,
Ich habs gewagt
Und wil des ends erwarten.*   60

Ob dan mir nach tut denken
Der curtisanen list,*
Ain herz last sich nit krenken,*
Das rechter mainung ist!
Ich waiss noch vil,   65
Wöln auch ins spil,*
Und soltens* drüber sterben:
Auf, landsknecht gut
Und reuters* mut,
Last Hutten nit verderben!   70

1 wohl bedacht (deliberately). 2 deswegen; keine Reue. 3 auch wenn ich ... kann.
4 dennoch. 5-6 In this matter I am considering not just one person alone.
9-10 obwohl man mich Feind der Priester nennt. 11 lügen. 14 dann wären für mich
viele, die mir Ehre zeigten. 19 fliehe. 20 werde ich wieder. 22 ohne Schuld. 23
submit to a trial. 24 aber; böser Wille. 26 nach normalem Rechtsverfahren.
27 Verhör. 30 auf diese Weise. 31 dergleichen. 35 Flamme. 36 Fünkchen.
37 rächen. 38-39 The image is that of a wheel of fortune that is already spinning.
39 I place my bet. 40 es muß gut gehen. 42 habe ich. 44 Ehre. 46 irgendwie.
48 than honorably. 51 sich selbst nicht helfen. 53 erholen von. 54 ermahnt.
57 mischen. 60 das Ende abwarten. 61-62 wenn dann die Heimtücke der Höflinge
(here: princes of the Roman Catholic Church) mir nachstellen. 63 schwächen.
66 die auch mitspielen wollen. 67 sollten sie. 69 Reiters oder Ritters.

FOLKSONGS OF THE SIXTEENTH CENTURY

Ich hört ein Sichelein rauschen

Ich hört ein Sichelein* rauschen,
wohl rauschen durch das Korn,*
ich hört ein feine Magd klagen,
sie hätt ihr Lieb* verlorn.

"Laß rauschen, Lieb, laß rauschen,   5
ich acht nit, wie es geh;
ich hab mir ein Buhlen* erworben
in Veiel* und grünem Klee".

"Hast du einen Buhlen erworben
in Veiel und grünem Klee,
so steh ich hier alleine,
tut meinem Herzen weh".

1 scythe. 2 grain. 4 lover. 7 lover. 8 violets.

Es ist ein Ros entsprungen

Es ist ein Ros entsprungen
aus einer Wurzel zart,
als uns die Alten sungen,*
aus Jesse* kam die Art,*
und hat ein Blümlein bracht,*   5
mitten in kaltem Winter,
wohl zu der halben Nacht.*

Das Röslein, das ich meine,
darvon Esaias* sagt,
hat uns gebracht alleine   10
Marie die reine Magd;
aus Gottes ewgem Rat*
hat sie ein Kind geboren
wohl zu der halben Nacht.

3 i.e., gesungen haben. 4 Jesse was a direct ancestor of Jesus; strain.
5 i.e., gebracht. 7 in the middle of the night. 9 The prophet Isaiah foretold the
virgin birth. 12 eternal plan.

O Bauernknecht

"O Bauernknecht, laß die Röslein stahn,*
Sie sein* nit dein,
Du trägst noch wohl von Nesselnkraut*
Ein Kränzelein".*

Das Nesselkraut ist bitter und saur   5
Und brennet mich.
Verlorn hab ich mein schönes Lieb,*
Das reuet mich.

Es reut mich sehr und tut mir
Im Herzen weh.   10
Gesegen* dich Gott, mein holder Buhl,*
Ich sehe dich nimmermehr.

1 stehen. 2 sind. 3 nettle leaves. 4 i.e., if you do not let the roses be.
7 beloved. 11 may God bless; sweetheart.

Ein Meidlein zu dem Brunnen gieng,

Ein Meidlein* zu dem Brunnen gieng,*   Das Meidlein trägt Pantoffel* an,   10
Und das was säuberlichen;   Darin tut´s einher schnappen.
Begegnet ihm* ein stolzer Knab,   Wer ir nicht recht zusprechen kann,
Der grüßt sie herziglichen.   Dem schneid´t sie bald ein Kappen;*
Sie setzt das Krüglein neben sich   5   Kein Tuch daran nit wirt gespart,
Und fraget, wer er wäre.   Kann einen höflich zwagen,*   15
Er küßt´s an iren roten Mund: Spricht, sie woll nit mer unser sein,
Ir seid mir nit unmere,*   Sie hab ein andren Knaben,
Tret here!*   Lat traben!*

---

1 Mädchen, ging. 3 i.e., dem Mädchen. 8 I am not indifferent to you. 9 come
here. 10 slippers. 13 i.e., Narrenkappe. 15 waschen, here: reject, refuse.
18 let her go.

Der Schwartenhals*

Ich gieng für* einer frau wirtin haus,   Und da ich in die scheure kam,
Man fragt mich, wer ich wäre;   Da fieng ich an zu nisten;*
Ich bin ein armer schwartenhals,   Da stachen mich die hagedorn,*
Ich ess und trinke geren.*   Darzu die rauhen distel.   20

Man fürt mich in die stuben ein,   5   Da ich des morgens frü aufstund,
Da bot man mir zu trinken;   Der reif* lag auf dem dache;
Mein äuglein liess ich umbher gan,*   Da must* ich armer schwartenhals
Den becher liess ich sinken.   Meins unglücks* selber lachen.

Man satzt* mich oben an den tisch,   Ich nam mein schwert wol in die hand, 25
Als ob ich ein kaufman wäre,   10   Ich gürt´s wol an die seiten;
Und da es an ein zalen gieng,*   Da ich kein geld im seckel het,*
Mein seckel* der war lere.*   Zu fussen must ich reiten.

Und da man nu solt schlafen gan,   Ich macht´ mich auf, ich gieng darvon,
Man wies mich wol in die scheure;*   Ich macht´ mich wol auf die strassen; 30
Da stund ich armer schwartenhals,   15   Da begegnet mir ein kaufman gut,
Mein lachen ward mir teure.   sein tasch* must er mir lassen.

---

armer Teufel. 1 vor. 4 gern. 7 gehen. 9 setzte. 11 and when it was time to
pay. 12 wallet; leer. 14 barn, shed. 18 make a nest for myself. 19 hawthorn.
22 frost. 23 mußte. 24 laugh about my bad luck. 27 hatte. 30 i.e., Geldtasche.

Hans Sachs (1494-1576)
Sanct Peter mit der Gais*

Weil* noch auf Erden ging Christus
Unnd auch mit im wandert Petrus,
Eins tags auss eym dorff mit im
    gieng,
Bey einer wegscheid* Petrus anfieng:
O herre Got und maister mein,   5
Mich wundert sehr der güte dein
Weil du doch Gott allmechtig bist,
Lest* es doch gehn zu aller frist*
In aller welt, gleich wie es geht,
Wie Habacuck sagt, der prophet: 10
Frevel und gewalt geht für* recht;
Der gotloss uberforthailt* schlecht
Mit schalckeit den ghrechten und
    frummen,
Auch könn kein recht zu end mehr
    kummen.*
Die lehr gehn durcheinander sehr,   15
Eben gleich wie die fisch im meer,
Da immer eyner den andern
    verschlind,*
Der böss den guten uberwind.*
Des steht es ubel an allen enden*
Inn obern und in niedern stenden.*   20
Des sichst du zu* und schweygest
    still,
Samb* kümmer dich die sach nit viel
Und geh dich eben glat* nichts an.
Könst doch als ubel undterstan,*
Nembst recht int* hand die
    herrschafft dein.
O solt ich ein jar herrgott sein   25
Und solt den gwalt haben, wie du,
Ich wolt anderst schawen darzu,
Fürn* viel ein besser regiment*
Auff erdterich durch alle stend.   30

Ich wolt stewern* mit meiner hand
Wucher, betrug, krieg, raub und brand
Ich wolt anrichten ein rühigs leben.
Der Herr sprach: Petre, sag mir eben!
Mainst, du woltst ye baser* regieren,   35
All ding auff erd bass ordinieren,
Die frummen schützen, die bösen plagen?
Sanct Peter thet hinwider sagen:
Ja, es müst in der welt bass stehn,
Nit also durch einander gehn.   40
Ich wolt viel besser ordnung halten.
Der Herr sprach: Nun, so must*
    verwalten,
Petre, die hohe herrschafft mein.
Heut den tag solt du herrgott sein.
Schaff und gepeut* als, was du wilt!   45
Sey hart, streng, gütig oder milt!
Gieb auss den fluch oder den segen!
Gieb schön wetter, wind oder regen!
Du magst straffen, oder belonen,
Plagen, schützen oder verschonen.   50
Inn summa,* mein ganz regiment
Sey heut den tag in deiner hend!
Darmit reichet der Herr sein stab
Petro, den inn sein hende gab.
Petrus war dess* gar wolgemut,   55
Daucht sich* der herrligkeyt sehr gut.
Inn dem* kam her ein armes weib,
Gantz dürr, mager und blaich von leib,
Parfuss inn eym zerrissen klaid.
Die trieb ir gaiss hin auff die waid.*60
Da sie mit auf die wegschaid kam,
Sprach sie: Geh hin in Gottes nam!
Got bhüt und bschütz* dich immerdar,
Das dir kein ubel widerfar
Von wolffen oder ungewitter,   65
Wann ich kan warlich ye nicht mit dir!

Geiß: nanny goat. 1 während. 4 fork in the road. 8 du läßt; immer. 11 vor.
12 der Gottlose übervorteilt. 14 kann keine Gerichtsverhandlung zu Ende geführt
werden. 17 verschlingt. 18 überwindet. 19 Orten. 20 classes in society.
21 du schaust das alles an. 22 als ob. 23 gar. 24 du kannst doch alles Böse
verhindern. 25 wenn du ... in die ... nimmst. 29 ich würde führen; Herrschaft.
31 steuern. 35 besser. 42 mußt du. 45 do and command. 51 kurz gesagt.
55 darüber. 56 w. gen.: freute sich über. 57 indessen. 60 auf die Weide.
63 behüte und beschütze.

Ich muss gehn arbeyten* das taglon.*
Heint* ich sunst nights zu essen
    hon.*
Dahaym* mit meinen kleynen kinden
Nun geh hin, wo du weyd thust
    finden!   70
Gott der bhüt dich mit seiner hend!
Mit dem die fraw widerumbe wend*
Ins dorff; so ging die gaiss ir
    strass.
Der Herr zu Petro sagen was:*
Petre, hast das gebett der armen   75
Gehört? du must dich ir erbarmen.
Weil du den tag bist herrgott du,
So stehet dir auch billig zu,
Das du die gaiss nembst in dein
    hut,*
Wie sie von hertzen bitten thut,   80
Und behüt sie den ganzen tag,
Das sie sich nit verirr im hag,*
Nit fall noch müg gestolen wern,*
Noch sie zerreissen wolff noch
    bern,*
Das auff den abend widerumb   85
Die gaiss unbeschedigt haym kumb
Der armen frawen in ir hauss!
Geh hin und richt die sach wol
    auss!
Petrus namb nach des herren wort
Die gaiss in sein hut an dem ort
Und trieb sie an die waid hindan. 90
Sich fing sanct Peters unrhu* an.
Die gaiss war mutig, jung und
    frech,

Und bliebe gar nit in der nech,*
Loff auff der wayde hin und wider,*   95
Stieg ein berg auff, den andern
    nieder
Und schloff* hin und her durch die
    stauden.
Petrus mit echtzen, blassn und
    schnauden*
Must immer nachdrollen* der gaiss,
Und schin die sunn gar uberhaiss.   100
Der schwaiss uber sein leib abran.
Mit unruh verzert der alte man
Den tag biss auff den abend spat,
Machtloss, hellig,* gantz müd und mat
Die gaiss widerumb haym hin bracht. 105
Der Herr sach Petrum an und lacht.
Sprach: Petre, wilt mein regiment*
Noch lenger bhalten in deiner hend?
Petrus sprach: Lieber herre, nein,
Nemb wider hin* den stabe dein   110
Und dein gwalt! ich beger mit nichten*
Fort hin dein ampt mehr ausszurichten.
Ich merck, das mein weissheit kaum
    döcht,*
Das ich ein gaiss regieren möcht*
Mit grosser angst, müh und arbeyt. 115
O Herr, vergieb mir mein thorheit!
Ich will fort der regierung dein,
Weil ich leb,* nit mehr reden ein.*
Der Herr sprach: Petre, das selb thu!
So lebst du fort mit stiller rhu.   120
Und vertraw mir in meine hend
Das allmechtige regiment!

---

67 verdienen; Tagelohn. 68 heute nacht; haben. 69 daheim. 72 kehrte wider.
74 sagend war (sagte). 79 in deine Hut (protection). 82 Gebüsch. 83 werden. 84
Bär. 92 Unruhe. 94 Nähe. 95 lief auf der Weide hin und her. 97 schlüpfte.
98 mit Stöhnen, Pusten und Schnaufen. 99 nachlaufen. 104 müde. 107 Herrschaft.
110 nimm zurück. 111 gar nicht. 113 dazu reicht. 114 kann. 118 solange ich
lebe; nicht mehr (mich) einmischen.

Das heiss Eysen: Ein Fassnachtspil* mit drei Person

DIE FRAW tritt einn und spricht:

Mein Man hab ich gehabt vier jar,
Der mir von erst viel lieber war.
Dieselb mein Lieb ist gar erloschen
Und hat im hertzen mir aussdroschen.*
West geren,* wes die schulde wer.*   5
Dort geht mein alte Gfatter* her,
Die ist sehr alt und weiss gar viel.
Dieselbigen* ich fragen wil,
Was meiner ungunst* ursach sey,
Das ich werd der anfechtung* frey.   10

DIE ALT GEFATTERIN spricht:
Was redst so heimlich wider dich?

DIE FRAW spricht:
Mein liebe Gfattr, es kümmert mich:
Mich dunckt,* mein Mann halt nit sein
     Eh,
Sonder mit andern Frawn umbgeh.
Des bit ich von euch einen rath.   15

DIE ALT GEFATTER spricht:
Gfatter, das ist ein schwere that.*

DIE FRAW spricht:
Da rath zu, wie ich das erfar!

DIE GEFATTER spricht:
Ich weiss nicht, mir felt ein
     fürwar,*
Wie man vor jaren gwonheit het,
Wenn man ein Mensch was zeyhen
     thet,*   20
Wenn es ein unschuld wolt
     beweysen,

So mustes* tragn ein glüend Eyssen
Auff bloser Hand auss einem kreiss;
Dem unschulding* war es nicht heyss
Und in auff blosser Hand nit prent,*   25
Darbey sein unschuld würd erkent.*
Darumb hab fleiss und richt auch an,
Das diss heiss Eyssen trag dein Man!
Schaw, dass du in könst* uberreden!

DIE FRAW spricht:
Das wil ich wol thun zwischn uns
     beden.*   30
Kan wain und seufftzen* durch mein
     list,
Wenns mir schon umb das hertz nicht
     ist,*
Das er muss als* thun, was ich wil.

DIE GEFATTER spricht:
So komb dem nach und schweig sonst
     still,
Darmit du fahest deinen Lappen*   35
Und im anstreiffst die Narrenkappen!*
Ytzund* geht gleich herein dein Man.
Ich wil hin gehn; fan mit im an!*

(Die alt Gefatter geht ab. Die Fraw
sitzt, hat den kopff in der hend.)

DER MANN kompt und spricht:
Alte, wie sitzt du so betrübt?

DIE FRAW spricht:
Mein Mann, wiss, das mich darzu übt*   40
Ein anfechtung, welche ich hab,
Der mir kan niemandt helffen ab,
Mein hertzen lieber Man, wenn du!*

A Shrovetide play (just before lent). 4 has thrashed itself out. 5 ich wüßte
gern; wäre. 6 a godparent, friend, or relative; in this case a woman. 8 sie.
9 unhappiness. 10 trouble. 13 ich glaube. 16 a serious matter. 18 mir fällt
ein allerdings. 20 accused a person of something. 22 mußte es (the accused).
24 Dem Unschuldigen. 25 brennt. 26 wurde bewiesen. 29 kannst. 30 beiden. 31 er
kann weinen und seufzen. 32 She is not terribly concerned about her husband's
possible infidelity, but rather with "bringing him around." 33 alles. 35 damit
du deinen Lappen (foolish, pliable husband) fängst. 36 and put the fool's cap on
him. 37 jetzt. 38 fang mit ihm an! 40 bringt mich dazu. 43 außer dir.

DER MANN spricht:
Wenns an mir leyt, sag ich dir zu
Helffen, es sey wormit es wöll.*   45

DIE FRAW spricht:
So* ich die warheit sagen söll,
So dunckt mich,* lieber Mann, an dir,
Du helst* dich nicht gar wol an mir,
Sonder bulest* mit andern Frawen.

DER MANN spricht:
Thustu ein solches mir zu trawen?*   50
Hastu dergleich gmerckt oder
    gsehen?

DIE FRAW spricht:
Nein, auff mein warheit mag ich
    jehen.*
Du abr bist mir unfreuntlich gar,
Nicht lieblich, wie im ersten jar.
Derhalb mein lieb auch nimmet ab,*   55
Das ich dich schier* nicht mehr
    lieb hab.
Diss als* ist deines Bulens schuld.

DER MANN spricht:
Mein liebes Weib, du hab gedult!
Die lieb im hertzen ligt verporgen!
Mhü und arbeit und teglichs sorgen   60
Thut vil schertz und schimpffens*
    vertreiben
Meinst* drumb, ich bul mit andern
    weiben?
Des denck nur nit! ich bin zu
    frumb.

DIE FRAW spricht:
Ich halt dich vor* ein Bulr kurtzumb:

Sey denn sach, das du dich purgierst,*65
Der zicht* von mir nicht ledig wirst.

DER MANN reckt 2 finger auff, spricht:
Ich wil ein herten Eyd dir schwern,*
Das ich mein Eh nit thet versehrn*
Mit andren schönen Frawen jung.

DIE FRAW spricht:
Mein lieber Man, das ist nicht gnung.*70
Eyd schwern ist leichtr, denn Ruben
    grabn.*

DER MANN spricht:
Mein liebes Weib, was wilt denn habn?

DIE FRAW spricht:
So trag du mir das heisse Eyssen!
Darmit thu dein unschuld beweissen!

DER MANN spricht:
Ja, Fraw, das wil ich geren thon.*   75
Geh! heiss die Gfattern umbher gon,*
Das sie das Eyssen leg ins Fewr!
Ich wil wagen die abenthewr
Und mich purgiren, weil ich leb,*
Das mir die Gfatter zeugnus geb.*   80

(Die Fraw geht auss. Er spricht:)

Mein Frau die treibt gar seltzam
    mucken*
Und zepfft mich an mit diesen
    stucken,*
Das ich sol tragen das heiss Eyssen,
Mein Unschuld hie mit zu beweissen,
Das ich nie brochen hab mein Eh.   85
Es thut mir heimlich auff sie weh.

44-45 I shall help you any way I can. 46 wenn. 47 so kommt es mir vor.
48 hältst. 49 buhlst. 50 traust du mir so etwas zu? 52 sagen. 55 deshalb nimmt
auch meine Liebe ab. 56 bald. 57 dies alles. 60 Mühe. 61 Spaß. 62 meinst du.
64 für. 65 Wenn du deine Unschuld nicht beweist. 66 Beschuldigung. 67 Eid ...
schwören. 68 beschädigen. 70 genug. 71 als Rüben ausgraben. 75 gern tun.
76 hierherkommen. 79 so wahr ich lebe. 80 Zeugnis ablegt. 81 komische Ideen.
82 and she upsets me with these things.

Ich hab sie nie bekümmert mit,
Ob sie ir Eh halt* oder nit.
Nun ich wil ir ein schalkheit thon,*
In Ermel stecken diesen Spon.*   90
Wenn ich das Eyssn sol tragn
     dermassn,
So wil ich den Span heimlich
     lassen
Herfür hoschen* auff meine Hendt,
Das ich vom Eyssen bleib unprent.*
Mein frömbkeit ich beweissen thu.*   95
Da kommen sie gleich alle zwu.*

DIE ALT tregt das heiss Eyssen in
einer Zangen und spricht:
Glück zu,* Gfatter! das Eyssn ist
     heiss.
Macht nur da einen weyten Kreiss!*
Da legt ims Eyssen in die mit!*
Tragt irs herauss und prent euch
     nit,*   100
So ist ewer unschult bewert,
Wie denn mein Gfattern hat begert.

DER MANN spricht:
Nimb hin! da mach ich einen
     kreiss.
Legt mir das glüend Eyssen heiss
Daher in kreiss auff diesen Stul!   105
Und ist es sach, und das ich Bul,*
Das mir das heyss Eyssen als denn
Mein rechte Hand zu kolen prenn.*

(DER MANN nimbt das Eysen auff die
Hand, tregets auss dem Kreiss und
spricht:)
Mein weib, nun bist vergwiest fort
     hin,*
Das ich der zicht* unschuldig bin,   110
Das ich mein Eh hab brochen nie,

Weil ich das glüend Eyssen hie
Getragen hab gantz ungebrent.

DAS WEIB spricht:
Ey, las mich vor schawen dein Hendt!

DER MANN spricht:
Se hin! Da schaw mein rechte hand,   115
Das sie ist glat und unverprant!

DIE FRAW schawt die hand, spricht:
Nun, du hast recht; das merck ich eben.
Man muss dir dein Kü wider geben.*

DER MANN spricht:
Du must mir unschuldigen Man
Vor meinr gfattern ein widrspruch
     than.*   120

DIE FRAW spricht:
Nun, du bist fromb, und schweig nur
     stil!
Nichts mehr ich dir zusachen* wil.

DER MANN spricht:
Weil du nun gnug hast an der prob,
Wil ich nun auch probieren, ob
Du dein Eh biss her habst nit
     prochen*   125
Von anfang, weilt* mir warst
     versprochen.
Mein Gfattern, thut darzu ewr stewr!*
Legt das Eyssn wider in das Fewr,
Das es erfewr* und glüend wer!*
Darnach so bringt mirs wider her,   130
Auff das es auch mein Fraw trag mir,
Darmit ir frömbkeit ich probier!

DIE GEFATTER spricht:
Ey, was wolt ir ewr Frawen zeyhen?*

88 hält. 89 einen Streich spielen. 90 flat board. 93 hervorhuschen.
94 unverbrannt. 95 ich "tue" meine Tugend (damit) beweisen. 96 zwei.
97 viel Glück! 98 That is, don't get too close. 99 ihm das Eisen in die
Mitte. 100 tragt ihr es ... brennt es euch nicht. 106 wenn es stimmt, daß
ich meine Frau betrüge. 108 brenne. 109 vergewissert von nun an.
110 Beschuldigung. 118 deine Kuh wiedergeben: zugeben, daß du Recht hast.
120 zurücknehmen. 122 versprechen. 125 gebrochen. 126 weil du.
127 Unterstutzung. 129 brenne; werde. 133 accuse.

Thut sie des heissen Eyssens freyen!*

DER MANN spricht:
Ach, liebe Gfattr, was ziech sie
    mich?*   135

DIE FRAW spricht:
Mein hertz lieber Mann, wiss, das
    ich
Das hab auss lauter einfalt than!*

DER MANN spricht:
Gfatter, legt bald das Eyssen an!
Dafür hilfft weder fleh noch bit.*

(Die Gefatterin geht hin mit dem
Eyssen.)

DIE FRAW spricht:
Mein lieber Mann, weistu* dann nit,   140
Ich hab dich lieb im hertzen grundt.

DER MANN spricht:
Dein that laut* anders, denn dein
    mundt,
Da ich das heiss Eyssen must tragen.

DIE FRAW spricht:
Ach, mein Mann, thu nicht weiter
    fragen,
Sonder mir glauben und vertrawen   145
Als einer auss den frömbsten
    Frawen!
Lass mich das heiss Eyssen nicht
    tragen!

DER MANN spricht:
Was darffst dich lang weren* und
    klagen?
Bist unschuldig, so ists* schon fried,

So prent dich das heiss Eyssen nit   150
Und hast probiert* dein Weiblich Ehr.
Derhalb schweig nur und bit nicht
    mehr!

DIE GFATTER bringt das glüent eysen,
legts auff den stul im kreiss, spricht:
Gfattern, da liegt das glüend Eyssen,
Ewer unschuld mit zu beweisen.

DER MANN spricht:
Nun geh zum Eyssen! greiff es an!*   155

DIE GEFATTER spricht:
Mein Gfatter, lasts best bey euch
    liegen!*
Wölt meiner Gfattern vergeben das!*
Wer ist der, der sich nie vergass?*
Kompt! wir wöllen dran giessn ein
    Wein!

DER MANN spricht:
Nun, es sol ir verziehen sein!   160
Mein Fraw bricht Häfn,* so brich ich
    Krug,
Und wo ich anderst redt, ich lüg.
Doch, Gfatter, wenn ir bürg* wolt werden,
Dieweil* mein Weib lebet auff Erden,
Das sie solches gar nimmer thu.   165

DIE GEFATTER spricht:
Ey ja, glück zu, Gfatter! glück zu!
Ich wil euch gleich das glait*
    heimgeben.
Und wöllen heint* in freuden leben
Und auff ein newes Hochzeit halten
Und gar urlaub geben der alten.*   170
Das kein unrat weyter drauss wachs
Durch das heiss Eyssen, wünscht
    Hans Sachs.

---

134 excuse her from the hot iron! 135 why did she accuse me? 137 <u>getan</u>.
139 <u>Flehen noch Bitten</u>. 140 <u>weißt du</u>. 142 <u>lautet</u>. 148 <u>warum mußt du dich lange</u>
<u>wehren</u>? 149 <u>ist es</u>. 151 <u>bewiesen</u>. 155 Here about a hundred lines are omitted in
which the wife admits doing her husband wrong several times and begs to be let off.
However, the husband insists she take up the hot iron. She does and burns herself.
The husband scolds her. Then the <u>Gevatter</u> intervenes. 156 <u>laßt es am besten</u>
<u>bleiben</u>. 157 Please forgive (her) this. 158 who never did wrong? 161 <u>Töpfe</u>.
163 guarantor. 164 <u>solange</u>. 167 <u>Geleit</u>. 168 <u>heute nacht</u>. 169 <u>aufs neue</u>.
170 give the old one (<u>Hochzeit</u>) leave to depart.

I. Da* zwey und fünfczig hundert jar
zwar gar
vergangen was*
in gottes has,
manch proffet sas   5
diff in vorhelle qual,*
    Der edel weis künig Davit
mit pitt*
erlicher stim*
ruffet in grim*   10
"her, uns vernim,
sendt uns dein sun zu Dal:*
    Erhor uns, künig sabaoth,
sent uns das himelische prot,*
so wirt geent* al unser not":   15
drot hot* got
den sun becleit*
mit der menscheit
pey einer meit*
in irem keuschen sal.*   20
II. Meitlichen rein on alle mon*
fron* von
gotlicher kur*
clar, lautter, pur,
uber natur   25
die meit ir kint entpfing.
    Der frum proffet Isaias,
das pas*
in septimo
capitulo*   30
spricht er also
"ein maget schwanger ging
    Irer entpfencknus unzwstoert",*
nun hort esechielis* wort
peschlossen* ist und pleibt* die port",*
fort hort dort   36
Moisem,* grun
der pusch* und prun*
kein meil gewun*
kein pletlein* nie so ring.   40

III. Ir cristen, sprechet lob und er*
der her-
lichen gepurt,
dar durch uns wurd
gros leit* enpfurt,*   45
schlos auf der himel pon.*
    Der frum keisser augustus lies
his gwis*
aus gen und melt*
in aller welt   50
man pringen selt*
ein zinspfenig* gar schon.
    Do* das gepot* aus gangen war,
Maria und Joseph kam dar,
zw watlaham* dy meit gepar*   55
gar clar zwar
in kalter zeit
mit grosser freit*
die clar gotheit
und mensch in einr person.   60
IV. Sie sach in also liplich an*
schan fran*
mit ganczer gerd*
den fürsten werd,*
himel und erd   65
da in menschlicher art.*
    Und in gar freuntlichen auf zückt,*
schmückt, drückt
in an ir prust*
nach herczen lust,   70
liplichen kust
in on* sein mündlein zart,
    Und wicklet in ein duechel clein*
das adeliche* kindelein
und neigt in* ein das criplein rein,   75
ein schein* vein
der gotheit clar
umgab sie gar
der engel schar
sungen schon zw* der fart.   80

1 als.   3 war.   6 tief in der Qual der Vorhölle (limbo, Abraham's bosom). 8 Bitte.
9 ehrlicher Stimme.   10 Zorn.   12 zu Tal, herunter.   14 Brot.   15 beendet.
16 schnell hat.   17 bekleidet.   19 bei einer Magd.   20 Saal.   21 ohne alle Männer.
22 Herrin.   23 by God's choice.   28 besser.   29-30 in Chapter 7.   33 unzerstört:
still a virgin though having conceived.   34 Ezechiel's.   35 geschlossen; bleibt;
Tor.   37 Moses.   38 Busch; Brunnen.   39 contracted no stain.   40 kein Blättchen.
41 Ehre.   45 großes Leid; entführt (removed).   46 path of heaven.   48 hieß gewiß.
49 ausgehen und meldete.   51 bringen sollte.   52 tax money.   53 als; Gebot.
55 Bethlehem; die Magd gebar.   58 Freude.   61 sie sah ihn so lieblich an.
62 schöne Frau.   63 Verlangen.   64 worthy.   66 Natur.   67 in die Höhe hob.
69 Brust.   72 an.   73 small cloth.   74 adlige.   75 legt ihn.   76 refulgence.   80 zu.

V.   Zw hant* ein lichter steren schein*   Das uns pracht aus des fluoches neit,*
fein rein   da vŭr es an dem creucze leit,*
in orient,   dar umb sein lob singt unde seit*   95
da wart erkent*   weit preit:* meit,*
das het benent*   85 verlas uns nicht,
die schrifft balac* schon.   halt uns in pflicht,
    Gar schnel drey edel kŭng vŭrbar   am iŭngsten gricht*
zwar dar   dw* uns dreulich* pey stan!*   100
zugen in gir*
mit reicher zir,*   90
golt, weyrauch, mir*
prachten* dem kindlein fron*

---

81 immediately; appearance of a bright star. 84 wurde gesehen. 85 i.e., foretold.
86 Baruch. 89 zogen (went) mit Verlangen. 90 Zier. 91 myrrh. 92 brachten; lord.
93 from the anger of the curse. 94 litt. 95 sagt. 96 breit; Magd. 99 Last
Judgment. 100 du; treulich; beistehen (help).

Zal und sum meiner gedicht auf dise zeit*

    Als ich, Hans Sachs, alt ware   als ich solches bedachte,   15
zwei monat sechzig jare,   und gleich die selbig nachte
wurt* schwach mein gedechtnus,*   mir in dem traum erschin
und auch mein sinreicher einfluß*   die neun Musä,* der kunst göttin.
wart machtlos und entwichte;*   5 Melpomene* tet sagen:*
    Verstopft wurden die quellen   "freunt, wiltu* uns enttragen*   20
der artlichen einfellen,*   die neun himlischen gab,
vernunft wurt schwach und blöd,   weliche* ich dir geben hab*
lust und begir wurt schwach und öd   als man zelt fünfzehn hundert
zu höflichem* gedichte: 10 und vierzehn jar gesundert?*
    Da beschloß ich, mein leben   derhalb* bistu aufs minst*   25
in stille ru* zu geben,   die weil* du lebst in unserm dinst*
forthin zu leben frei,   verbunden und verpflicht."
mŭßig* von aller poetrei.

Number and total of my poems to this time. 3 wurde; Gedächtnis. 4 flow of
phantasy. 5 inert. 7 natürliche Einfälle. 10 refined. 12 Ruhe. 14 frei.
18 Muses. 19 Muse of Tragedy; sagte. 20 willst du; desert. 22 welche; gegeben
habe. 23-24 i.e., which I gave you in the year of 1514. 25 deshalb; mindestens.
26 solange; Dienst.

Ich sagt: "ich hab fürware*
euch dinet* vierzig jare,
darin eur himlisch gab*   30
gar emsiklich* gebrauchet hab;
der zal mich selb verwundert:*
  Ich hab der meisterlider
warhaft gemachet sider*
von anfang in der sum*   35
acht und dreißig hundert um und um,
acht und vierzig gesundert,
  Wol in zweihundert schönen
und vier und vierzig tönen,*
der sint dreizehen mein;*   40
die bar* ich alle schrieb allein
mit eigner hant dem sücher
wol in vierzehen bücher,
allerlei art manier,
der kunst zu ausbreitung und zier,   45
schriftlich* zu gottes glori;
auch vil schöner histori*
stampanei* und gut schwenk,*
philosophisch poetisch renk;
auch hab ich der zeit fleißig   50
hundert und drei und dreißig
Comedi zugericht;*
sprüch, gesprech und der lobgedicht
wol dreißig und fünfhundert.

In mein büchern beschloßen   55
mit fleiß und unverdroßen.
mein bit ist, ir göttin,
das ir mich zelen* wolt forthin
quit*ledig aller pflichte,
  Weil ich euch dinet habe   60
bis in mein alter grabe,*
das mich nun merklich krenkt,*
all mein kraft mir zu grunde senkt,
kan weiter dinen nichte."*
  Terpsychore,* die gute,   65
sprach: "freunt, sei wolgemute,
du erwelter* dinstman,
kein urlaub* kanstu* von uns han;*
die weil* du hast dein leben,
hilf und steur* wir dir geben   70
durch die neun gülden ler.
zu preis wirt dir lob, rum* und er*
von manchem werden* munde."
zuhant* der traum verschwunde,
darvon ich auferwacht.*   75
das gschach gleich in der jaresnacht,
als man der mindren zelet
vier und fünfzig erwelet,*
da dis bar machet ich
und das vierzehnte buch warlich   80
beschloß* mit dem gedichte.

---

28 gewiß. 29 gedient. 30 Gabe. 31 (ich) emsig, industriously. 32 their number
surprises even me. 34 seither. 35 alles in allem. 39 melodies, tunes.
40 of which 13 are mine. 41 songs (the words). 46 according to sacred scripture.
47 Geschichten. 48 lustige Geschichte; Schwänke. 52 gedichtet. 58 count.
59 paid up. 61 grau. 62 causes me trouble. 64 ich kann nicht weiter dienen.
65 Muse of the Dance. 67 auserwählter. 68 permission to quit; kannst du; haben.
69 solange. 70 support. 72 Ruhm; Ehre. 73 esteemed. 74 schnell. 75 aufgewacht
bin. 78 Roman numerals within the century were written small (minder), i.e.,
1554. 81 closed.

From: Die wittembergisch nachtigall,
Die man ietzt höret überall.

Wacht auff!
     es nahent gen dem tag.*
Ich hör singen im grünen hag*
Ein wunigkliche* nachtigall
Ir stim* durchklinget berg und thal.
Die nacht neigt sich gen occident,*   5
Der tag geht auff von orient,
Die rotprünstige* morgenröt
Her durch die trüben wolcken göt,
Darauß die liechte sonn thut blicken.*
Des mones schein thut sie verdrücken.*10
Der ist jetzt worden pleich* und finster
Der vor mit seinem falschen glinster*
Die gantzen hert schaf hat geblent,*
Das* die sich haben abgewent*
Von irem hirten und der weyd*   15
Und haben sie verlassen beyd,
Sind gangen nach des mones schein
In die wildnus den holtzweg ein,
Haben gehört des löwen stim
Und sind auch nachgefolget im,*   20
Der sie gefüret hat mit lyste*
Gantz weyt abwegs tieff in die wüste.
Da habens* ir süß weyd verloren,
Hant gessen unkraut, dystel, doren.*
Auch legt in der löw strick verborgen,
Darein* die schaf fielen mit sorgen.   26
Da sie der löw dann fand verstricket,
Zuryß* er sie, darnach verschlicket.*
Zu solcher hut haben geholffen
Ein gantzer hauff* reyssender wolffen,
Haben die elend herd besessen*   31
Mit scheren, melcken, schinden, fressen.
Auch lagen viel schlangen im graß,
Sogen die schaf ohn unterlaß

Durch all gelied biß auff das marck.   35
Des* wurden die schaf dürr und arck*
Durch auß und auß die lange nacht
Und sind auch allererst erwacht,
So die nachtigall so hell singet
Und des tages gelentz* her dringet,   40
Der den löwen zu kennen geyt,*
Die wölff und auch ir falsche weydt.
Des ist der grimmig löw erwacht,
Er lauret* und ist ungeschlacht*   45
Uber der nachtigall gesang,
Das sie meldt* der sonnen auffgang,
Davon sein königreich entnimpt.*
Des ist der grimmig lew ergrimpt,*
Stelt der nachtigall nach dem leben*   50
Mit list vor ir, hinden und neben.
Aber ir kan er nit ergreiffen,
Im hag kan sie sich wol verschleiffen*
Und singet frölich für und für.*
Nun hat der löw viel wilder thür,*   55
Die wider die nachtigall blecken,
Waldesel, schwein, böck, katz und
                schnecken.
Aber ir heulen ist als fel,*
Die nachtigall singt in zu hel*
Und thut sie all ernider legen.*
Auch thut das schlangenzücht sich regen.
Es wispelt* sehr und widerficht*   61
Und förchtet sehr des tages licht.
In* wil entgehn die elend herdt,
Darvon sie sich haben genert*
Die lange nacht und wol gemest,*   65
Loben, der löw sey noch der best,
Sein weyd sey süße unde gut,
Wünschen der nachtigall die glut.*

1 the day draws nigh. 2 Busch, Hecke. 3 delightful. 4 Stimme. 5 west.
7 red-burning. 9 shines forth. 10 it (sun) suppresses the shining of the moon.
11 bleich. 12 sparkle. 13 blinded the whole herd of sheep. 14 so that; turned
away. 15 Weide. 20 ihm (lion). 21 List, deception. 23 haben sie. 24 they ate
weeds, thistles, thorns. 26 into which. 28 zerriß; verschlungen. 30 Haufen.
31 überfallen. 36 deswegen; häßlich. 40 Glanz. 41 which unmasks the lion.
44 lurks; crude and irked. 46 announces. 47 decreases. 48 angry. 49 plots
against the life of. 52 hide. 53 immer weiter. 54 Tiere. 57 has no effect. 58 laut.
59 conquers them all. 61 hisses; defends itself. 63 Ihnen (Schlangen). 64 nourished
themselves (on the herd). 65 feasted. 68 i.e., that it be burned at the stake.

Deßgleichen thun die frösch auch quacken Und droen* in bey fewers glut,
Hin und wider in iren lacken*   70 Sie sollen von dem tage schweigen.   95
Uber der nachtigall gedön,*   So thunt sie in* die sunnen zeygen,
Wann ir wasser wil in entgen.*   Der schein niemand verbergen kan.
Die wild gens schreyen auch gagag   Nun das ir klärer möcht verstan,*
Wider denn hellen liechten tag   Wer die lieblich nachtigall sey,
Und schreyen in gemeine all: 75 Die uns den hellen tag außschrey: 100
"Was singet neuß* die nachtigall?   Ist doctor Martinus Luther,
Verkündet uns des tages wunn,*   Zu Wittemberg Augustiner,*
Sam macht allein fruchtbar die sunn,*   Der uns auffwecket von der nacht,
Und verachtet des mones glest!*   Darein der monschein uns hat bracht.*
Sie schwig* wol still in irem nest,   80 Der monschein deut* die menschenler* 105
Macht* kein auffruhr unter den schafen.   Der sophisten hin und unde her,
Man solte sie mit fewer* strafen."   Innerhalb der vierhundert jaren,*
Doch ist diß mordgschrey als umbsunst.*   Die sind nach ir vernunfft gefaren
Es leuchtet her des tages prunst,*   Und hant uns abgefüret ferr*
Und singt die nachtigal so klar,   85 Von der evangelischen lehr   110
Und sehr viel schaf an dieser schar   Unseres hirten Jesu Christ
Keren wider auß dieser wilde   Hin zu dem löwen in die wist.*
Zu irer weyd und hirten milde.   Der löwe wirdt der bapst genent,*
Etlich* melden den tag mit schall   Die wüst das geistlich regiment,*
In maß recht* wie die nachtigall,   90 Darinn er uns hat weit verfürt   115
Gehn den die wölff ir zeen thun blecken,*Auff menschen sund,* als man ietzt spürt,
Jagen sie ein die thorenhecken*   Damit er uns geweydnet hat.*
Und martern sie biß auff das blut

---

70 puddles. 71 song. 72 dry up for them (in). 76 Neues. 77 Wonne. 78 as though
the sun alone makes fruitful. 79 shine. 80 schwiege (würde schweigen). 81 machte
(würde machen). 82 Feuer. 83 ganz umsonst. 84 fire, brightness. 89 some. 90 in
the exact manner. 91 against these the wolves show their teeth. 92 chase them
into the thorn hedges. 94 threaten. 96 ihnen. 98 verstehen. 102 Augustinian
monk. 104 gebracht. 105 bedeutet; (merely) human teaching. 107 in the last 400
years. 109 far. 112 Wüste. 113 Papst genannt. 114 i.e., the order imposed by
clerics. 116 Sünde. 117 fed.

Jörg Wickram (c. 1485-c. 1562)

From: Das Rollwagenbüchlein* (1555)

Kapitel 4: **Von einem Abenteurer, der bewies, daß der Teufel zu Konstanz und der große Gott zu Schaffhausen, auch die Maria zu Einsiedeln und er verschwistert wären.**

Zu Einsiedeln in dem Schweizerland hat es sich begeben, daß viele Leute, ihre Wallfahrt* zu vollbringen, dahin gekommen sind. So hat es sich   5
zugetragen,* gegen Abend in einem Wirthshaus, als man aß, daß die Pilger haben geredet von der lieben Maria zu Einsiedeln,* wie sie so gar gnädig wäre, auch von ihren Wunderzeichen,* die sie gethan hätte. Unter die Pilger war auch ein guter Gesell gerathen, der nicht der Wallfahrt, sondern seiner Geschäfte halber* dahin gekommen war. Der aß auch mit ihnen zu Nacht. Als nun die Pilger der   10
lieben Maria so viel Gutes zuschrieben, redete er auch das Seine darzu und sprach: "Wie* hoch schätzet ihr sie doch, sie ist meine Schwester." So* das die Pilger, auch der Wirth erhörten, erstaunten sie über diese Rede, und es ward so ruchbar,* daß es dem Abt auch kund gethan ward, welcher diesen guten Gesellen, als er vom Tisch aufstand, fangen und über Nacht in den Thurm legen ließ. Am   15
folgenden Morgen ließ er den Uebelthäter mit heftiger Klage vor den Rath stellen, weil dieser die liebe, würdige Mutter Gottes geschmäht* hätte und geredet, sie wäre seine Schwester. Nach langer Klage fragte man den Uebelthäter, was er damit gemeint hätte? Er antwortete: "Ja, die Maria von Einsiedeln ist meine Schwester, und was noch mehr ist, der Teufel zu Konstanz   20
und der große Gott zu Schaffhausen meine Brüder." Der Rath entsetzte sich ob* dieser Rede und sie steckten die Köpfe zusammen und sprachen: "Gewiß ist dieser ein Heiligenschmäher."* Der oberste Richter fragte ihn weiter, um etwas mehr herauszubringen: "Wie wagst du diese schnöden* Worte allhier auszustoßen, so von allen Landen jetzt Pilger hier sind und es allenthalben* erschallen* wird?" Da   25
antwortete der Uebelthäter: "Ich habe recht geredet, denn mein Vater ist ein Bildhauer gewesen, der den Teufel zu Konstanz gemacht hat und auch den großen Gott zu Schaffhausen und eure Maria und auch mich: darum sind wir verschwistert." Also lachten sie alle und ließen ihn ledig.

Kapitel 12: **Von zweien Landsknechten,* die mit einander in den Krieg zogen.**   30

Zwei gute Gesellen zogen mit einander in den Krieg. Und wie es sich denn oft begiebt, wenn man gemustert* hat und die Knechte geschworen haben, daß man die Fähnlein* verschickt, eins hier hinaus, das andere dort hinaus, also kammen diese zwei Gesellen auch von einander, daß sie lange nicht zusammen kamen, bis daß eine Schlacht geschah und die Haufen beurlaubt* wurden. Als sie aber im   35

A book for entertainment while traveling by carriage. 5 pilgrimage. 6 it happened. 7 Einsiedeln is a famous goal of pilgrimages. 8 miraculous signs. 9 on business. 12 no matter how; when. 14 publicly known. 17 made fun of. 21 wegen. 23 detractor of the saints. 24 insolent. 25 überall; resound. 30 soldiers. 32 inspected. 33 troops. 35 given leave.

Heimziehen waren, kamen sie auf der Straße von ungefähr* wieder zusammen und
reisten also einen Tag oder zwei mit einander, indem sich viel Reden zwischen
ihnen begaben, wie es einem jeden gegangen war. Es war aber der eine sehr reich
geworden und hatte viel Geld und Kleinodien* überkommen.* Der andere hatte gar
nichts, weshalb der Reiche seiner spottete* und sprach: "Wie hast du es doch   5
angefangen,* daß du so gar nichts hast überkommen?" Der Arme antwortete und
sprach: "Ich hab´ mich mit meinem Sold* beholfen, nicht gespielt,* noch den
armen Bauern das Ihre genommen, sie haben mich zu sehr gedauert."* Dieser
sprach: "So hör´ ich wohl, du bist der Krieger einer, denen Johannes in der
Wüste predigte, sie sollten sich an ihren Sold begnügen lassen."* Der Arme   10
antwortete: "Ja, ich meinte, es wäre nicht übel gethan." Der andere sprach:
"Ach nein, mein lieber Bruder, die Zeit ist nicht mehr, es geht jetzt anders zu.
Wenn du willst barmherzig sein und nicht zugreifen, bekommst du dein Lebtag*
nichts. Du mußt thun, wie ich gethan habe. Ich habe mich nicht gesäumt mit
Kistenleeren und andern Ränken;* du mußt es nehmen, wo du´s findest, und dir   15
niemand lassen zu lieb sein." Der Arme dachte der Rede nach. Es begab sich,*
daß sie zur Nacht in eine Kammer schlafen gewiesen wurden, und der Arme hatte
Acht, wo der Reiche seinen Säckel* und seine Kleinodien hinlegte, stand in aller
Stille um Mitternacht auf und erwischte aus des Reichen Tasche ein gülden
Kettlein und etwa zehn Gulden Münze und machte sich mit dem davon vor Tage. Da   20
es aber Tag ward, erwachte sein Gesell und fand seinen Bruder nicht, dachte
gleich, es wird nicht recht zugehen,* und ergriff seinen Sack. Er lugte hinein
und merkte, daß die Kette und das Geld fehlten. Darum eilte er seinem Gesellen
auf dem Fuße nach, ergriff ihn zu Nürnberg und ließ ihn da gefänglich
einziehen.* Und als ein ehrsamer Rath* den Gefangenen zur Rede stellte, warum   25
er denn die Kette samt dem Geld weggenommen hätte, gab er zur Antwort: "Er hat´s
mich geheißen."* Der andere verneinte es, er hätte es ihn nicht geheißen. Nun
begehrten die Herren einen rechten Bericht vom Armen, wie er´s ihn geheißen
hätte. Da erzählte der Arme, wie er ihm hätte eine Lehre gegeben, er sollte
keine Barmherzigkeit mit niemand haben, sondern sollt´ es nehmen, wo er´s fände; 30
er hätte denn auch so gethan, da er´s nirgends hätte besser bekommen können und
bälder denn* bei seinem Gesellen, der bei ihm in der Kammer gelegen wäre. Also
erkannten* die Herren, er sollte ihm die Kette wieder geben und selbst das Geld
behalten, damit er auf dem Nachhauseweg möchte Zehrung* haben, und dieser sollte
keinen mehr lehren, also* reich zu werden.   35

Kapitel 15: **Einer litt mit seiner Frau Lieb´ und Leid.**

    Ein Schneider, ein sehr zänkischer* Mensch, welchem die Frau, wiewol* sie
brav und treu, doch nimmer recht thun konnte,* war immer mit ihr im Unfrieden,
schlug und raufte sie stets, weshalb die Obrigkeit* darein sehen mußte* und ihn
eine Zeit lang ins Gefängnis legte. Und als man meinte, er hätte nun wol   40

---

1 by chance. 4 jewels; seized. 5 made fun of him. 6 i.e., conducted yourself.
7 soldier´s pay; gambled. 8 sie haben mir leid getan. 10 be satisfied with.
13 as long as you live. 15 intrigues. 16 es geschah. 18 satchel. 22 something
is amiss. 25 had him taken in as a prisoner; council. 27 he told me to.
32 als. 33 declared. 34 Essen. 35 auf diese Weise. 37 quarrelsome; obwohl.
38 could not please him. 39 authorities; had to step in.

gebüßt, er sollte witzig* werden und mit seiner Frau forthin freundlich leben,
ließ man ihn wieder heraus. Er mußte aber einen Eid schwören, das Weib nimmer
zu schlagen, sondern sollte freundlich mit ihr leben, auch Lieb´ und Leid mit
ihr leiden, wie sich unter Eheleuten gebührt.* Der Schneider schwur. Als er
nun eine Zeit lang friedlich mit ihr gelebt hatte, kam ihm seine alte Weise   5
wieder an, daß er mit ihr zankte; er wagte sie aber nicht zu schlagen, darum
wollte er sie bei dem Haar erwischen. Das Weib aber war ihm zu geschwind und
entsprang: da erwischte er die Schere und warf sie ihr nach, jagte sie im Hofe
herum, und was er erwischte, warf er ihr nach. Wenn er sie traf, so lachte er,
und wenn er sie fehlte, fluchte er. Das trieb er so lange, bis ihr die Nachbarn 10
zu Hilfe kamen. Der Schneider ward wieder vor die Herren geholt: die hielten
ihm vor,* ob er nicht wüßte, was er geschworen hätte. Da antwortete der
Schneider: "Liebe Herren, ich habe meinen Eid gehalten, habe sie nicht
geschlagen; sondern, wie ihr mir befohlen habt, soll ich Lieb´ und Leid mit ihr
teilen, das habe ich gethan." Die Herren sagten: "Wie kann das sein? Sie führt   15
doch eine große Klage." Er antwortete und sprach: "Ich habe sie nur ein wenig
bei dem Haar wollen ziehen, doch sie ist mir entwichen; da bin ich ihr
nachgeeilt und habe nach ihr mit Knüppeln,* und was ich erwischt habe, geworfen.
Wenn ich sie habe getroffen, ist es mir lieb gewesen und ihr leid; wenn ich habe
gefehlt, ist es ihr lieb gewesen und mir leid. Also hab´ ich Lieb´ und Leid mit 20
ihr gelitten, wie ihr mir befohlen habt." Solche Fantasten findet man zuweilen,
mit denen man ein ganzes Jahr zu schaffen hätte, so* man auf die hörte. Die
Herren geboten ihm, er sollte sie nicht mehr schlagen, auch nicht Lieb´ und Leid
in solcher Gestalt mehr mit ihr leiden, sondern zusehen, daß das Weib keine
Klage mehr über ihn führte, es würde ihm nicht wieder mit einem Scherz   25
ausgehen.*

Kapitel 38: Ein Mäher* fand zwei Köpfe in seinem Bett, als er morgens von der Wiese kam, seinen Wetzstein* zu holen.

Man sagt gemeiniglich, die Männer haben das Plarr* am Morgen und die Weiber
erst am Nachmittag; davon gibt dieses Mähers Weib ein genugsames Zeugnis. Man   30
erzählt von einem Mäher, derselbe saß in einem Dorf. Er hatte eine gar schöne
Frau; das nahm der Pfarrer im Dorfe bald wahr und gesellte sich zu dem guten
Mäher. Dieser nahm die Sache gar gut auf und traute dem Pfarrer und seinem
Weibe nichts Arges zu. Nachdem nun der Pfaffe den Mäher oft zu Gast geladen
hatte, der Frau auch mit vielen Gaben und Geschenken begegnet war, kam es   35
zuletzt dahin, daß sie in nähere Bekanntschaft mit einander kamen. Wenn dann
der Mäher des Morgens an seine Arbeit ging, kam der gute Herr und half ihm das
Haus hüten. Nun begab es sich eines Morgens, daß der gute Mann wieder gar früh
aufgestanden war; er nahm eine Sense* und eilte mit großem Ernst auf die Wiese.
Das nahm der Pfarrherr gar bald wahr und fügte sich zu der Frau, wie solches   40
seine Gewohnheit war. Als aber der gute Mäher ein Stück oder zwei gemäht hatte
und ihm seine Sense gar nicht mehr schneiden wollte, hat er erst an seinen

---

1 reasonable. 4 is proper. 12 they remonstrated with him. 18 clubs. 22 wenn.
26 it would not again (next time) end humorously. 27 mower, reaper, farmer.
28 whetstone. 29 fog in front of their eyes. 39 scythe.

Kumpf* gedacht und ist mit großer Eile wieder nach Hause gelaufen. Als er aber
an die Hausthür gekommen,* hat er gar wenig Rumor* gemacht, denn er sorgte, er
würde sein Weib, das ihm sehr lieb war, erwecken, und ist ganz still in die
Kammer geschlichen. Da fand er eilends seinen Kumpf an der Wand hängen; den
nahm er und eilte wieder hinweg. Wie er aber zu der Kammer hinausgeht, blickt   5
er auf sein Bett und ersieht zwei Köpfe, von denen der eine oben eine Platte*
hatte. Der gute Mann thät nichts Böses denken, auch war ihm so noth, an seine
Arbeit zu kommen, daß er nicht weiter schauen wollte. Sobald er aber hinweg
war, machte sich der Pfarrer auf in großen Ängsten, denn er meinte, der Mäher
wollte ihn vor dem Amtmann verklagen,* damit er gefangen würde. Das Weib aber,   10
welches listiger war, tröstete ihn und sagte, er sollte aller Sorgen entladen
sein,* sie wollte die Sache wohl vertheidigen;* ihm sollte nichts Arges
widerfahren. Als aber nun der gute Mann jetzund ganz streng bei seiner Arbeit
war, fing er erst an, hin und her zu denken, in Sonderheit* an die zwei Köpfe,
so* er in seinem Bett gesehen hatte. Um Mittag aber, da hatte ihm die Frau   15
einen guten Imbiß bereitet; sie nahm das Essen und ging zu ihm hinaus auf die
Wiese; und als sie jetzund* gar nahe zu ihm kam, sagte sie mit gar fröhlicher
Stimme: "Einen guten Morgen miteinander!"* Der gute Mann sah sich um und
meinte, es wäre noch einer auf die Wiese gekommen. Als er nun niemand sieht,
sagt er: "Frau, was meinst du mit diesen Worten?" -- "Ach," sagte sie, "wie   20
kannst du so ein Mann sein? Hast du mir nicht können sagen, daß du einen
Gesellen bei dir hast? So hätte ich doch desto mehr gekocht; doch meine ich,
ihr sollt keinen Mangel haben." Der Mann sagte: "Frau, wie ist dir? Ich meine,
du habest zu früh getrunken. Nun bin ich doch ganz allein auf der Wiese und ist
niemand bei mir denn du allein." Die listige Frau ging auf den Mann zu und   25
wischte sich die Augen und sagte: "Fürwahr,* mein Gesicht* hat mich betrogen;
denn ich hätte mit einem eine Kuh verwettet,* es wären deiner zwei gewesen." --
"Führwahr, sagte der Mann, "es ist mir heute morgen dergleichen* begegnet.* Denn
als ich heute morgen meinen Kumpf daheim vergessen hatte, kam ich heim in unsre
Kammer und holte meinen Kumpf. Da hätte ich mit einem ein groß Gut* verwettet,   30
der Pfarrer wäre bei dir in unserm Bett gelegen." Die Frau fing an gar
inniglich zu lachen und sagte: "Mein lieber Hans, jetzund glaube ich erst, wie
man sagt, daß die Männer das Plarr am Morgen haben und die Weiber erst am
Nachmittag; was mag's doch für eine närrische Krankheit sein? Ich wüßte es
nicht, es käme denn vom übermäßigen Trinken oder Schlafen." Also saßen sie   35
zusammen, aßen und tranken, waren fröhlich, und behielt der gute Mäher das Plarr
vor wie nach.

---

1 a container in which the whetstone is kept to keep it wet. 2 i.e., gekommen
war; Lärm. 6 was bald. 10 bring charges. 12 be freed of all worries; i.e.,
erledigen. 14 besonders. 15 die. 17 jetzt. 18 good morning to everyone.
26 it's true; my eyes, sight. 27 I would have bet someone a cow. 28 the same
thing; happened. 30 amount.

Kapitel 54: **Von einem laut schreienden Mönch auf der Kanzel und einem alten Weib.**

Zu Poppenried wohnte ein Mönch, der die Pfarre daselbst sollte versehen. Er hatte eine überaus grobe Stimme; wenn er auf der Kanzel stand, so meinte, wer ihn vormals nicht gehört hatte, er wäre von Sinnen gekommen. Eines Tages   5
vollführte er wieder ein solch jämmerlich Geschrei. Da war eine gute, alte Wittfrau* in der Kirche, die schlug beide Hände heftig zusammen und weinte gar bitterlich; das nahm der Mönch gar eben wahr. Als nun die Predigt ausging, der Mönch zu der Frau sprach, was sie zu solcher Andacht bewegt hätte. "O lieber Herr," sagte sie, "mein lieber Hauswirth* selig,* als er aus dieser Zeit   10
scheiden* wollte, wußte er wohl, daß er mit seinen Verwandten sein nachgelassen Hab´ und Gut* teilen mußte; darum begabte* er mich im Voraus* mit einem hübschen, jungen Esel. Nun dauerte es nicht sehr lange nach meines Mannes seligem Tode, daß der Esel mir auch starb. Als ihr nun heute morgen also mit einer großen und starken Stimme auf der Kanzel anfinget zu schreien, gemahntet*   15
ihr mich an meinen lieben Esel; der hatte auch solche Stimme wie ihr." Der Mönch, so* sich eines gar guten Geschenks bei dem alten Mütterlein versehen hatte,* darbei auch eines großen Ruhms von ihr gewärtig* war, fand eine gar verächtliche Antwort, also daß sie ihn einem Esel vergleichen thät. Also geschieht noch gemeiniglich allen Ruhmgierigen;* wenn sie vermeinen großen Ruhm   20
zu erlangen, kommen sie zum allergrößten Spott.

---

7 widow. 10 husband; deceased. 11 depart. 12 possessions; made a gift (to me) of; in advance. 15 reminded. 17 <u>der</u>. 18 had been expecting; <u>in Erwartung</u>. 20 glory seekers.

From: Historia von D. Johann Fausten
(Das Faustbuch gedruckt von Johann Spies; Frankfurt, 1587)

Vorrede an den Christlichen Leser.

Wiewohl* alle Sünden in ihrer Natur verdammlich sind und den gewissen Zorn
und Strafe Gottes in sich tragen, so ist doch wegen der ungleichen Umstände
immer eine Sünde größer und schwerer; wird auch beides hie auf Erden und am
Jüngsten Tag* ernstlicher von Gott gestraft, denn* die anderen; wie unser Herr   5
Christus selber saget, Matth. 11, es werde Tyro, Sydon und Sodom am Jüngsten Tag
träglicher* ergehen, denn Chorazim, Bethsaida und Capernaum. Ohne allen Zweifel
aber ist die Zauberey und Schwarzkünstlerey* die größte und schwerste Sünde vor
Gott und vor aller Welt.

Die andere Disputation Fausti mit dem Geist, so Mephistophiles genennet* wird.   10

Abends oder um die Vesperzeit, zwischen 3 und 4 Uhr, erschien der fliegende
Geist dem Fausto wieder und erbot sich, ihm in allem untertänig und gehorsam zu
sein, dieweil* ihm von seinem Obersten Gewalt gegeben war, und sagt zu D.
Fausto: Die Antwort bring ich dir, und Antwort mußt du mir geben. Doch will ich
zuvor hören, was dein Begehr* sei, dieweil du mir auferlegt hast, auf diese Zeit   15
zu erscheinen. Dem gab D. Faustus Antwort, jedoch zweifelhaftig und seiner
Seelen schädlich; denn sein Datum stund anders nit, denn daß* er kein Mensch
möchte sein, sondern ein leibhafter* Teuffel oder ein Glied davon, und begehret
er vom Geist wie folgt:
Erstlich, daß er auch die Geschicklichkeit,* Form und Gestalt eines Geistes   20
möchte sein haben und bekommen.
Zum andern, daß der Geist alles das tun sollte, was er begehrte und von ihm
haben wollte.
Zum dritten, daß er ihm beflissen, untertänig und gehorsam sein sollte, wie
ein Diener.   25
Zum vierten, daß er sich alle Zeit, so oft er ihn forderte und beriefe, in
seinem Haus sollte finden lassen.
Zum fünften, daß er in seinem Hause wolle unsichtbar regieren und sich
sonst von niemandem als von ihm sehen lassen, es wäre denn sein Wille und
Geheiß.*   30
Und letztlich, daß er ihm, so oft er ihn forderte, und in der Gestalt, die
er ihm auferlegen würde, erscheinen sollte.
Auf diese sechs Punkte antwortet der Geist dem Fausto, daß er ihm in allen
wollte willfahren* und gehorsamen, sofern er ihm dagegen auch etliche
fürgehaltene* Artikel wollte leisten, und wo er solches tue, sollt es weiter   35
keine Not haben; und sind dies des Geistes etliche Artikel gewesen:
Erstlich, daß er, Faustus, verspreche und schwöre, daß er sein, des
Geistes, eigen* sein wolle.

---

2 obwohl. 5 Judgment Day; als. 7 besser. 8 black magic. 10 genannt.
13 solange. 15 desire. 17 i.e., for his wish was none other than that.
18 real, actual. 20 agility. 30 Befehl. 34 comply with. 35 presented.
38 his own (slave or possession).

Zum andern, daß er solches zu mehrer Bekräftigung* mit seinem eigenen Blut
wolle bezeugen und sich damit also gegen ihn verchreiben.*
Zum dritten, daß er allen Christgläubigen Menschen wolle feind sein.
Zum vierten, daß er den Christlichen Glauben wolle verleugnen.
Zum fünften, daß er sich nicht wolle verführen lassen, so* ihn etliche   5
wollten bekehren.
Hingegen wolle der Geist ihm, Fausto, etliche Jahre zum Ziel setzen; wann
solche verloffen,* solle er von ihm geholt werden; und so er solche Punkte
halten würde, solle er alles haben, was sein Herz gelüste* und begehrte, und
solle er alsbald spüren, daß er eines Geistes Gestalt und Weise haben würde.   10
D. Faustus war in seinem Stolz und Hochmut so verwegen,* obgleich er sich
eine Weile besann, daß er doch seiner Seelen Seligkeit nicht bedenken wollte,
sondern dem bösen Geist solches darschlug* und alle Artikel zu halten verhieß.
Er meinet, der Teuffel wär nit so schwarz als man ihn malet, noch die Höll so
heiß, wie man davon saget, etc.   15

Von einem Hader* zwischen zwölf Studenten.

Zu Wittenberg, vor seinem Haus, erhob sich ein Hader mit sieben Studenten
wider fünf; das gedeuchte* D. Faustum ungleich, er hebt an und verblendet allen
ihre Gesichter, daß keiner den andern mehr sehen konnte. Sie schlugen also im
Zorn einander blinderweise, daß die, so* zusahen, ob* diesem seltsamen   20
Scharmützel* ein groß Gelächter hatten. Man mußte sie alle nach Hause führen;
sobald jeder in sein Haus kam, ward er wieder sehend.

Doct. Faustus verkaufte fünf Säu, eine* um 6 Gulden.

Doctor Faustus fängt wieder einen Wucher* an und rüstet sich fünf
gemästete* Schweine zu;* die verkauft er, eines um 6 Gulden, doch mit dem Pact,*   25
daß der Säutreiber* mit ihnen über kein Wasser schwemmen* sollte. D. Faustus
zog wiederum heim. Als sich nun die Säue im Kot herumwälzten und besudelten,
treibt sie der Säutreiber in eine Schwemme;* da verschwanden sie, und es
schwammen lauter Strohwische* empor. Der Käufer mußte also mit Schaden
dahingehen, denn er wußte nicht, wie das zugegangen war oder wer ihm die   30
Schweine zu kaufen gegeben hatte.

Faßnacht:* Wie Doctor Faustus mit seiner Bursch* in des Bischofen von Saltzburg Keller gefahren.

Nachdem D. Faustus wiederum vom Grafen Abschied genommen hatte* und gen

---

1 as a stronger affirmation.   2 pledge (self) to him.   5 wenn.   8 wenn diese
(Jahre) verlaufen wären.   9 crave.   11 reckless.   13 agreed upon.   16 brawl.
18 seemed.   20 die; about, because of.   21 skirmish.   23 pro Stück.   24 ex-
ploitation.   25 fattened; got together; Bedingung.   26 swineherd; pass through
(water).   28 watering hole.   29 wisps of straw.   32 Karneval (Mardi gras); i.e.,
mit den Studenten.   34 refers to an adventure just previous.

Wittenberg kam, rückte die Faßnacht herbei. D. Faustus war der Bachus,* berief
etliche Studenten zu sich, und nachdem sie von ihm, D. Fausto, wohl gespeist
worden waren und den Bachum* gern vollends celebriren* wollten, überredete sie
D. Faustus, sie sollten mit ihm in einen Keller fahren und allda* die herrlichen
Trünke, so* er ihnen reichen und geben würde, versuchen; dessen* sie sich   5
leichtlich bereden ließen. Darauf nahm D. Faustus in seinem Garten eine Leiter,
setzte jeglichen* auf eine Sprosse und fuhr mit ihnen davon, daß sie noch
dieselbige Nacht in des Bischofs von Saltzburg Keller kamen, wo sie allerlei
Wein kosteten und nur den besten tranken; wie denn* dieser Bischof einen
herrlichen Weinwachs hat. Als sie nun sämtlich* guten Mutes im Keller waren und   10
D. Faustus einen Feuerstein mit sich genommen hatte, damit sie alle Fässer sehen
könnten, kam von ungefähr des Bischofs Kellermeister daher und tät sie für Diebe
ausschreien,* die eingebrochen hätten. Das verdroß D. Faustum; er mahnte seine
Gesellen, aufzubrechen, nahm den Kellner beim Haar, fuhr mit ihm davon, und als
sie zu einer großen, hohen Tanne kamen, setzte er den Kellner, so* in großen   15
Ängsten und Schrecken war, darauf. Und also kam D. Faustus mit seiner Bursch
wieder nach Haus, wo sie zuerst das Valete* miteinander hielten mit dem Wein,
den er, D. Faustus, in des Bischofs Keller in große Flaschen gefüllt hatte. Der
Kellner aber hat sich die ganze Nacht im Finstern auf dem Baum halten müssen,
daß er nicht herabfiele, und war schier erfroren; dann sah er, daß es Tag   20
geworden war, die Tanne aber so hoch, daß er unmöglich hinabsteigen konnte,
dieweil* sie weder oben noch unten Äste hatte; er rief also etlichen Bauern zu,
die vorüberfuhren, zeigte ihnen an, wie es ihm ergangen wäre, und bat, daß sie
ihm herunterhelfen wollten. Die Bauern verwunderten sich und zeigten es am Hofe
zu Saltzburg an;* da war ein groß Zulaufen, und er ward mit großer Müh und   25
Arbeit mit Stricken herabgebracht. Auch konnte der Kellner nicht wissen, wer
die gewesen, so* er im Keller gefunden,* noch der, so* ihn auf den Baum geführet
hatte.

**Von mancherlei Gewächs, so* D. Faustus im Winter um den Christtag* in seinem
Garten hatte.**   30

    Im December um den Christtag war viel Frauenzimmers* gen Wittenberg
gekommen, darunter auch die Kinder etlicher von Adel zu ihren Geschwistern, so*
da studierten, um die heimzusuchen;* welche D. Fausto gut bekannt waren, da er
schon etlichemal zu ihnen berufen worden.* Solches zu vergelten, berief er die
Frauenzimmer und Juncker zu sich in seine Behausung zu einer Unterzeche.* Als   35
sie nun erschienen und doch ein großer Schnee draußen lag, da begab sich in D.
Fausti Garten ein herrlich und lustig Spectacul,* denn es war in diesem Garten
kein Schnee zu sehen, sondern ein schöner Sommer mit allerlei Gewächs, daß auch
das Gras mit allerlei schönen Blumen dahier blühet und grünet. Es waren auch
schöne Weinreben da, mit allerlei Trauben behängt, desgleichen rote, weiße und   40

---

1 i.e., played the role of the Roman god Bacchus in leading the drinking and
revelry. 3 the feast of Bacchus, god of wine; <u>feiern</u>. 4 <u>dort</u>. 5 <u>die</u>; <u>wozu</u>.
7 each student. 9 since. 10 <u>alle</u>. 13 cried out calling them thieves. 15 <u>der</u>.
17 a Latin word meaning "farewell." 22 since. 25 reported. 27 <u>die</u>; <u>gefunden</u>
<u>hatte</u>; <u>der</u>. 29 <u>das</u>; <u>Weihnachten</u>. 31 womenfolk. 32 <u>die</u>. 33 <u>besuchen</u>.
34 <u>berufen worden war</u>. 35 party. 37 sight.

leibfarbene Rosen und viele andere schöne wohlriechende Blumen, welches eine
schöne, herrliche Lust zu sehen und zu riechen gab.

**Von der Helena aus Griechenland, so* dem Fausto Beiwohnung getan* in seinem
letzten Jahre.**

    Damit nun der elende Faustus seines Fleisches Lüsten genugsam Raum gäbe,   5
fällt ihm in seinem 23. verloffenen* Jahr zu Mitternacht, als er erwachte, die
Helena aus Graecia in den Sinn, so* er vormals den Studenten am weißen Sonntag
erweckt hatte. Derhalben* mahnte er morgens seinen Geist an, er sollte ihm die
Helenam darstellen,* die seine Concubina sein möchte, welches auch geschah. Und
dies Helena war ebenmäßiger* Gestalt, wie er sie den Studenten erweckt hatte, 10
von lieblichem und holdseligem Anblick. Als nun D. Faustus solches sah, hat sie
ihm sein Herz dermaßen* gefangen, daß er mit ihr zu buhlen* anfing und sie als
sein Schlafweib bei sich behielt, die er so lieb gewann,* daß er schier keinen
Augenblick von ihr sein konnte.   Und sie ward also in dem letzten Jahr
schwangeren Leibes von ihm und gebar ihm einen Sohn, dessen* sich Faustus heftig 15
freuete und den er Justum Faustum nannte. Dieses Kind erzählte D. Fausto viele
zukünftige Dinge, so* in allen Ländern geschehen sollten. Als er aber hernach
um sein Leben kam,* verschwanden zugleich mit ihm Mutter und Kind.

**Wie sich Doctor Faustus zu der Zeit, da er nur einen Monat noch vor sich hatte,
so übel gehub,* stetig jammerte und seufzete über sein teuffelisch Wesen.** 20

    Dem Fausto lief die Stunde herbei wie ein Stundenglas; er hatte nur noch
einen Monat vor sich, darinnen sein vierundzwanzigstes Jahr zum Ende lief, in
welchem er sich dem Teuffel ergeben hatte mit Leib und Seele, wie hievor
angezeigt worden.*   Da ward Faustus erst zahm, und es war ihm wie einem
gefangenen Mörder oder Räuber, so* das Urteil im Gefängnis empfangen hat und der 25
Strafe des Todes gewärtig sein muß.* Denn er ward geängstiget, weinet und redet
immer mit sich selbst, fantasiert mit den Händen, ächzet und seufzet, nahm vom
Leibe ab,* ließ sich forthin selten oder gar nit sehen und wollte auch den Geist
nicht mehr bei sich sehen oder leiden.

**Doctor Fausti Weheklag,* daß er noch in gutem Leben und jungen Tagen sterben 30
müsse.**

    Diese Traurigkeit bewegte Doct. Faustum, daß er seine Weheklag
aufzeichnete,* damit ers* nicht vergessen möchte; und ist dies seiner
geschriebenen Klage eine.
    Ach Fauste, du verwegenes und nichtswertes Herz, der du deine Gesellschafft
mit verführest in ein Urteil des Feuers, da du wohl hättest die Seligkeit haben 35

---

3 die; <u>getan hat</u>. 6 <u>verlaufen</u>. 7 <u>die</u>. 8 <u>deshalb</u>. 9 present (him with).
10 well-proportioned. 12 <u>so</u>; play the lover. 13 i.e., he fell so in love with
her. 15 über <u>den</u>. 17 <u>die</u>. 18 <u>starb</u>. 20 <u>benahm</u>. 24 <u>erzählt worden ist</u>. 25 <u>der</u>.
26 had to accept. 28 lost weight. 30 lamentation. 33 wrote down; <u>er sie</u>.

können, so* du jetzund* verlierest! Ach Vernunft und freier Wille, was zeihest*
du meine Glieder, so nichts anderes zu versehen* ist, denn Beraubung ihres
Lebens? Ach ihr Gleider und du noch gesunder Leib, Vernunft und Seele,
beklaget* mich, denn ich hätte es euch zu geben und zu nehmen gehabt und meine
Besserung mit euch befriedigt; ach Liebe und Haß, warum seid ihr zugleich bei   5
mir eingezogen, nachdem ich eurer Gesellschafft halber solche Pein erleiden muß?
Ach Barmherzigkeit und Rache, aus was Ursach* habt ihr mir solchen Lohn und
Schmach vergönnet? O Grimmigkeit und Mitleiden, bin ich darum ein Mensch
geschaffen, die Strafe, so* ich bereit sehe, von mir selbsten zu erdulden? Ach,
ach Armer, ist auch etwas in der Welt, so* mir nicht widerstrebet?* Ach, was   10
hilft mein Klagen?

**Folget nun von D. Fausti greulichem und erschrecklichem Ende, an welchem sich
jeder Christenmensch genugsam zu spiegeln und dafür* zu hüten hat.**

Die 24 Jahre des Doct. Fausti waren verloffen,* und eben in solcher Wochen
erschien ihm der Geist, überantwortete ihm seinen Brief oder Verschreibung und   15
zeigte ihm darneben an, daß der Teuffel auf die andere Nacht* seinen Leib holen
werde, dessen sollte er sich versehen.* Doct. Faustus klagte und weinete die
ganze Nacht, also daß ihm der Geist in dieser Nacht wieder erschien und ihm
zusprach: Mein Fauste, sei doch nicht so kleinmütig; ob du schon deinen Leib
verlierest, ists* doch noch lang dahin, bis dein Gericht wird. Du mußt doch   20
zuletzt sterben, wenn du gleich* viele hundert Jahre lebtest; so müssen doch die
Türken, Juden und anderen unchristlichen Keiser auch sterben und in gleicher
Verdammnis sein. Auch weißt du noch nit, was dir aufgesetzt ist; sei beherzt
und verzage nicht so gar; hat dir doch der Teuffel verheißen, er wolle dir einen
stählern Leib und Seel geben, und solltest nit leiden wie andere Verdammte.   25
Solchen und noch mehr Trost gab er ihm, doch falsch und der Heiligen Schrifft
zuwider.* D. Faustus, der nicht anders wußte, denn* er müsse die Versprechung
oder Verschreibung mit der Haut bezahlen, gehet eben an diesem Tag, da ihm der
Geist angesagt, daß der Teuffel ihn holen werde, zu seinen vertrauten Gesellen,
Magistris,* Baccalaureis* und anderen Studenten mehr, die ihn zuvor oft besucht   30
hatten; die bittet er, daß sie mit ihm in das Dorf Rimlich, eine halbe Meile
Weges von Wittenberg gelegen, spazieren wollten und allda* mit ihm eine Mahlzeit
halten; solches sagten sie ihm zu. Sie gehen also miteinander dahin und essen
ein Morgenmahl mit vielen köstlichen Gerichten an Speise und Wein, so* der Wirt
auftrug. D. Faustus war mit ihnen fröhlich, doch nicht aus rechtem Herzen; er   35
bittet sie alle wiederum, sie wollten ihm soviel zu Gefallen sein und mit ihm
zur Nacht essen, und diese Nacht vollends bei ihm bleiben; er müßte ihnen was
Wichtiges sagen; welches sie ihm abermals zusagten und auch die Mahlzeit
einnahmen. Als nun der Schlaftrunk* auch vollendet war, bezahlte D. Faustus den
Wirt und bat die Studenten, sie wollten mit ihm in eine andere Stuben gehen, er   40
wolle ihnen etwas sagen; das geschah. D. Faustus sagte zu ihnen also:

1 die; jetzt; accuse. 2 look forward to. 4 lament. 7 warum. 9 die. 10 was;
is repugnant to. 13 davor. 14 abgelaufen. 16 in der nächsten Nacht. 17 er
sollte sich darauf gefaßt machen. 20 ist es. 21 even if. 27 contrary to; als.
30 those with a master's degree; those with a bachelor's degree. 32 dort.
34 die. 39 last drink of the evening.

Oratio Fausti ad Studiosos.*

Meine lieben, vertrauten und ganz günstigen* Herren, warum ich Euch berufen
habe, ist dies: daß Euch viele Jahre bisher an mir bewußt gewesen, was ich für
ein Mann war, in vielen Künsten* und Zauberey unterrichtet, welche aber nirgend
anders denn vom Teuffel herkommen; zu welcher teuffelischen Lust mich auch   5
niemand gebracht,* als die böse Gesellschafft, so* mit dergleichen Stücken
umging, dazu mein nichtswürdig Fleisch und Blut, mein halsstarriger und
gottloser Wille und fliegende, teuffelische Gedanken, welche ich mir
fürgesetzt;* daher habe ich mich dem Teuffel versprechen müssen, nämlich auf 24
Jahre mit Leib und Seel.   Nun sind solche Jahre bis auf diese Nacht zum Ende   10
gelaufen, das Stundenglas steht mir vor Augen, daß ich gewärtig sein muß,* wann
es ausläuft, und daß er mich in dieser Nacht holen wird, dieweil* ich ihm Leib
und Seele zu zweien Malen* so teuer mit meinem eigenen Blut verschrieben habe.*
Darum habe ich Euch, freundliche, günstige liebe Herren, vor meinem Ende zu mir
berufen, mit Euch einen Johannistrunk tun und Euch mein Hinscheiden nicht   15
verbergen wollen.   Bitt Euch hierauf, günstige liebe Brüder und Herren, Ihr
wollet all die Meinen, und die meiner in Gutem gedenken, von meinetwegen
brüderlich und freundlich grüßen, daneben mir nichts für übel halten, und wo ich
Euch beleidigt, mir solches herzlich verzeihen.   Was aber die Abenteuer
belanget, so* ich in solchen 24 Jahren getrieben habe, das werdet Ihr alles nach 20
mir aufgeschrieben finden; und laßt Euch mein greulich Ende Euer Lebtag ein
Vorbild und Erinnerung sein, daß Ihr wollet Gott vor Augen haben und ihn bitten,
daß er Euch vor des Teuffels Trug und List behüten und nicht in Versuchung
führen wolle, dagegen ihm anhangen und nicht so gar von ihm abfallen wie ich
gottloser und verdammter Mensch, der ich verachtet und abgesagt habe der Taufe, 25
dem Sacrament Christi, Gott selbst, allem Himmlischen Heer und den Menschen;
einem solchen Gott, der nit begehrt, daß einer sollte verloren werden.   Laßt
auch die böse Gesellschaft Euch nit verführen, wie es mir gehet und begegnet
ist.* Besucht fleißig und emsig die Kirchen, sieget und streitet allezeit wider
den Teuffel, mit einem guten Glauben an Christum, und auf gottseligen Wandel   30
gerichtet.
     Endlich nun und zum Beschluß ist mein freundliche Bitte, Ihr wollet Euch zu
Bett begeben, mit Ruhe schlafen und Euch nichts anfechten* lassen.   Auch so* Ihr
ein Gepolter und Ungestüm im Haus höret, wollet Ihr darob* mitnichten*
erschrecken; es soll Euch kein Leid widerfahren; wollet auch vom Bett nicht   35
aufstehen, und so* Ihr meinen Leib tot findet, ihn zur Erden bestatten lassen.
Denn ich sterbe als ein böser und guter Christ; ein guter Christ darum, daß ich
eine herzliche Reue habe und im Herzen immer um Gnade bitte, damit meine Seele
errettet werden möchte; ein böser Christ, da ich weiß, daß der Teuffel den Leib
will haben, und den will ich ihm gerne lassen, er laß mir nur aber die Seele   40
zufrieden.   Hierauf bitt ich Euch, Ihr wollet Euch zu Bette verfügen,* und
wünsche Euch eine gute Nacht, mir aber eine ärgerliche, böse und erschreckliche.

---

1 Faust´s speech to the students. 2 gnädige. 4 branches of knowledge.
6 i.e., gebracht hat; die. 9 vorgenommen habe. 11 i.e., I must grant his wish.
12 since. 13 zweimal; consigned.   20 die.   29 widerfahren ist.   33 stören;
wenn.   34 deswegen; gar nicht.   36 wenn.   41 begeben.

*   *   *   *   *

   Es geschah aber zwischen zwölf und ein Uhr in der Nacht, daß gegen das Haus
her ein ungestümer Wind ging, so* das Haus an allen Orten* umgab, als ob er
alles zu Grunde richten und das Haus zu Boden reißen wollte; darob* vermeinten
die Studenten zu verzagen; sie sprangen aus den Betten, huben an,* einander zu
trösten, und wollten nicht aus der Kammer. Der Wirt lief aus dem seinen in ein   5
anderes Haus. Die Studenten lagen nahe bei der Stube, darinnen D. Faustus war;
sie hörten ein greuliches Pfeifen und Zischen, als ob das Haus voller Schlangen,
Nattern und anderer schädlicher Würme* wäre. Indem* gehet D. Fausti Tür auf in
der Stuben; er hub an, um Hilfe und Mordio* zu schreien, aber kam mit halber
Stimm; bald hernach hört man ihn nit mehr. Als es nun Tag ward, und die   10
Studenten die ganze Nacht nit geschlafen hatten, sind sie in die Stube gegangen,
darinnen D. Faustus gewesen war. Sie sahen aber keinen Faustum mehr, und
nichts, dann* die Stuben voller Blut gesprützet.* Das Hirn klebte an der Wand,
weil ihn der Teuffel von einer Wand zur anderen geschlagen hatte. Es lagen auch
seine Augen und etliche Zähn da, ein greulich und erschrecklich Spectakel. Da   15
huben die Studenten an, ihn zu beklagen und zu beweinen, und suchten ihn
allenthalben.* Letztlich* aber fanden sie seinen Leib heraußen bei dem Mist
liegen, welcher greulich anzusehen war, dann ihm der Kopf und alle Glieder
schlotterten.*
   Diese gemeldten* Magistri und Studenten, so* bei des Fausti Tod gewesen,*   20
haben soviel erlangt, daß man ihn in diesem Dorf begraben hat. Darnach sind sie
wiederum gen Wittenberg hinein und in des Doctor Fausti Behausung gegangen,
allda* sie seinen Famulum,* den Wagner, gefunden, der sich seines Herrn halben*
übel gehub.* Sie fanden auch diese des Fausti Historiam aufgezeichnet und von   25
ihm beschrieben,* wie hiervor gemeldet; alles, ohne* sein Ende, welches von
obgemeldten Magistris und Studenten hinzugetan,* und was sein Famulus
aufgezeichnet,* da auch ein neues Buch von ihm ausgehet. Desgleichen* ist eben
am selbigen Tag die verzauberte Helena, samt* ihrem Sohn, nit mehr vorhanden
gewesen, sondern verschwunden. Es ward auch forthin in seinem Haus so
unheimlich, daß niemand darin wohnen konnte. D. Faustus erschien auch seinem   30
Famulo leibhafftig bei Nacht und offenbarte ihm viele heimliche Dinge. So hat
man ihn auch bei der Nacht zum Fenster hinausgucken sehen, wer vorüber gegangen
ist.

---

2 der; Ecken. 3 deshalb. 4 fingen an. 8 reptiles; inzwischen. 9 murder.
13 als; spattered. 17 überall; endlich. 18 denn. 19 were hanging loose, were
dangling. 20 above-mentioned; die; i.e., gewesen waren. 23 wo; servant; wegen
(postpositive). 24 comported. 25 geschrieben; except for. 26 i.e., hinzugetan
wurde. 27 aufgezeichnet hat; likewise. 28 zusammen mit.

BAROQUE

Jakob Böhme (1575-1624)

From: Aurora, Kapitel 19

Die Menschen haben je und allewege gemeint, der Himmel sei viel tausend
Meilen von diesem Erdboden und Gott wohne allein darinnen. Es haben auch wohl
etliche Physici* sich unterstanden,* dieselbe Höhe zu messen, und gar seltsame
Ding herfürbracht.* Zwar ich habe es selbst vor meiner Erkanntnis dafür
gehalten, daß dies allein der rechte Himmel sei, der sich mit einem runden   5
Circul* ganz lichtblau hoch über den Sternen schleußt,* in Meinung, Gott habe
darinnen sein sonderliches Wesen und regiere nur allein in Kraft seines Heiligen
Geistes in dieser Welt.
     Als mir aber dieses gar manchen harten Stoß gegeben hat, ohn Zweifel von
dem Geiste, der da Lust zu mir hat gehabt, bin ich endlich gar in eine harte   10
Melancholei und Traurigkeit geraten, als ich anschauete die große Tiefe dieser
Welt, darzu Sonne, Sternen, Wolken und Schnee, und betrachtete in meinem Geiste
die ganze Schöpfung dieser Welt. Darinnen ich dann in allen Dingen Böses und
Gutes fand, Liebe und Zorn in den unvernünftigen Creaturen als in Holz, Steinen,
Erden und Elementen sowohl als in Menschen und Tieren. Darzu betrachtete ich   15
das kleine Fünklein* des Menschen, was er doch gegen* diesem großen Werke
Himmels und Erden vor Gott möchte geachtet sein.*
     Weil ich aber befand, daß in allen Dingen Böses und Gutes war, in den
Elementen sowohl als in den Creaturen, und daß es in dieser Welt dem Gottlosen
so wohl ginge als dem Frommen, auch die barbarischen Völker die besten Länder   20
innen hätten* und daß ihnen das Glücke noch wohl mehr beistünde als den Frommen,
ward ich derowegen* ganz melancholisch und hoch betrübet, und konnte mich keine
Schrift trösten, welche mir doch fast wohl bekannt war; darbei dann gewißlich
der Teufel nicht wird gefeiret haben,* welcher mir dann oft heidnische Gedanken
einbleuete,* derer ich allhie* verschweigen will.   25
     Als ich aber in solcher Trübsal meinen Geist (dann ich wenig und nichts
verstund, was er war) ernstlich in Gott erhob, als mit einem großen Sturme, und
mein ganz Herz und Gemüt samt* allen andern Gedanken und Willen sich alles
dareinschloß, ohne Nachlassen mit der Liebe und Barmherzigkeit Gottes zu ringen
und nicht nachzulassen, er segnete mich dann, das ist, er erleuchtete mich dann   30
mit seinem Heiligen Geiste, damit ich seinen Willen möchte verstehen und meiner
Traurigkeit los werden, so brach der Geist durch. Als ich aber in meinem
angesetzten Eifer also hart wider Gott und aller Hellen Porten* stürmete, als
wären meiner Kräfte noch mehr verhanden, in Willens,* das Leben daran zu setzen,
welches freilich nicht mein Vermögen wäre gewesen ohne den Beistand des Geistes   35
Gottes, ist alsbald nach etlichen harten Stürmen mein Geist durch der Hellen
Porten gebrochen bis in die innerste Geburt der Gottheit, und bin allda* mit
Liebe umfangen worden wie eine Braut von ihrem lieben Bräutigam. Was aber da

---

3 philosophers of nature; dared. 4 hervorgebracht. 6 Kreis; schließt.
16 spark; in comparison to. 16-17 i.e., what value man might have in God's
eyes. 21 possessed. 22 deswegen. 24 was not absent. 25 knocked into me;
here. 28 zusammen mit. 33 gates of hell. 34 willens, mit der Absicht.
37 dort.

für ein Triumphieren im Geiste sei gewesen, kann ich nicht schreiben oder reden;
es läßt sich auch mit nichts vergleichen als nur mit deme, wo mitten im Tode das
Leben geboren wird, und vergleicht sich der Auferstehung* von den Toten.   In
diesem Licht hat mein Geist bald durch alles gesehen und an allen Creaturen,
sowohl auch an Kraut und Gras, Gott erkannt, wer der sei, wie er sei und was   5
sein Willen sei.
      Weil ich aber nicht alsbald die tiefen Geburten Gottes in ihrem Wesen*
konnte fassen und in meiner Vernunft begreifen, so hat sich's wohl zwölf Jahr
verzogen,* ehe mir der rechte Verstand gegeben worden.* Es ist mir gangen* wie
mit einem jungen Baume, den man in die Erden pflanzet: Der ist erstlich* jung   10
und zart und hat ein freundlich Ansehen, sonderlich wann* er sich zum Gewächs
wohl anläßt; er trägt auch nicht alsbald Früchte, und ob er gleich* blühet, so
fallen sie doch ab; es gehet auch mancher kalter Wind, Frost und Schnee darüber,
ehe er erwächst und Frucht träget.   Also ist es diesem Geist auch gangen: Das
erste Feur war nur ein Same, aber nicht ein immer beharrlich* Licht; es ist   15
sind* der Zeit manch kalter Wind darüber gegangen, aber der Wille ist nie
verloschen. Es hat sich dieser Baum auch oft versucht, ob er möchte* Frucht
tragen, und sich mit Blühen erzeigt; aber die Blüte ist von dem Baume
abgeschlagen worden bis auf dato;* da stehet er in seiner ersten Frucht im
Gewächse. Von diesem Lichte nun habe ich meine Erkanntnis, darzu meinen Willen 20
und Trieb,* und will diese Erkanntnis nach meinen Gaben schreiben und es Gott
walten lassen, sollt ich gleich hiemit erzürnen die Welt, den Teufel und aller
Hellen Porten, und will zusehen, was Gott damit meinet.*

From: De signatura rerum, Kapitel 3

      Außer* der Natur ist Gott ein Mysterium, verstehet* in dem das Nichts;* 25
dann* außer der Natur ist das Nichts, das ist ein Auge der Ewigkeit, ein
ungründlich Auge, das in nichts stehet oder sihet, dann es ist der Ungrund.*
Und dasselbe Auge ist ein Wille, verstehet* ein Sehnen nach der Offenbarung, das
Nichts zu finden. Nun ist aber nichts vor dem Willen, da der Wille etwas möchte
finden, da er eine Stätte seiner Ruhe hätte; so gehet er in sich selber ein und 30
findet sich durch die Natur selber....
      Gleichwie das Gemüt* die Sinne vom Obersten bis aufs Niedrigste schwinget
und das Niedrigste bis aufs Oberste durch die Sinne ergreift, also hat sich auch
das ewige Gemüt von der höchsten Majestät bis in das Allerniedrigste als in die
größte Finsternis offenbaret, und ist diese Welt mit Sonne, Sternen und   35
Elementen samt* allen creatürlichen Wesen anders nichts als eine Offenbarung der
Ewigkeit, des ewigen Willens und Gemüts; und wie es im Anfange worden ist, also
stehet's noch in seinem Sud* und Wachsen, also treibet's noch zu Licht und
Finsternis, zu Bösem und Gutem.

---

3 resurrection.   7 in their being or essence.   9 went on; gegeben worden ist;
gegangen.   10 am Anfang.   11 besonders wenn.   12 ob ... gleich = obgleich,
obwohl. 15 constant, lasting. 16 seit. 17 könnte. 19 jetzt. 21 vigor. 23 vorhat,
intends. 25 outside; das heißt, i.e.; das Nichts: not absolute nothing but
rather God as a formless primordial force. 26 denn. 27 i.e., the ground beyond
ground. 28 das heißt. 32 mind. 36 zusammen mit. 38 boiling, seething.

From: Mysterium magnum, Kapitel 11

Dieser Welt Wesen stehet im Bösen und Guten, und mag eines ohne das andere nicht sein; aber das ist das große Übel dieser Welt, daß das Böse das Gute überwägt,* daß der Zorn stärker darinnen ist als die Liebe, und solches aus Ursachen der Sünde, des Teufels und der Menschen, welche die Natur durch die falsche Begier erreget haben, daß sie mächtig im Grimme* qualifiziert* als ein   5
Gift im Leibe.   Sonsten,* so die Natur in ihren Gestalten in gleichem Gewichte, in der Eigenschaft stünde in gleicher Concordanz,* so wäre ein Eigenschaft vor der andern nicht offenbar;* es wäre Hitze und Kälte in gleichem Gewichte in der Qualifizierung.   So wäre das Paradeis noch auf Erden; und ob's nicht außer dem Menschen wäre, so wäre es aber im Menschen.   So seine Eigenschaften im gleichen   10
Gewichte stünden, so wäre er unzerbrechlich und unsterblich.   Das ist der Tod und Elend der Menschen und aller Creatur, daß die Eigenschaften streitig und eine jede in sich selber erhebend und in eigenem Willen qualifizierende* ist, davon Krankheit und Wehe entstehet.

From: De signatura rerum, Kapitel 15   15

Ein wahrer Christ ist ein steter Ritter und gehet ganz in Christi Person im Willen und Begierde (wie er auf Erden ist einhergangen) ein.*   Christus wollte, als er auf Erden ging, den Tod überwinden und die menschliche Selbheit* in die wahre Gelassenheit,* in Gehorsam Gottes einführen.   Das begehret auch ein rechter Christ zu tun; er begehret immerdar, des Todes und Grimmes Bosheit   20
abzusterben* und sich in Gehorsam einzugeben* und in Christo, in   seinem Gehorsam in Gott, aufzustehen und zu leben....
Ein Christ muß ein Geist mit Christo werden und Christi Willen und Leben in sich führen.   Die Form machet ihn nicht neu; es hilfet weder trösten noch gute Worte geben, sondern ein Sterben des bösen, angebornen Willens und eine   25
Auferstehung eines neuen Willens, der Gottes Kind und aus Christi Tod ausgebrochen ist; kein anderer Wille erreichet Christi Erbschaft, mein Vielwissen tut's auch nicht; der Viehhirte auf dem Felde ist Gott so nahe als ein Doctor; keine Subtilheit im Zanke* um den Weg Gottes hilft nichts darzu, es ist nur eine Verhinderung und Aufhalten....   Alles, was sich selber herret* ohne   30
Gottes Ruf und Ordnung, das ist vom Teufel und dienet dem Teufel in seiner eigenen Gewalt und Gestalt.   Schmücke dich, wie du wilt, so gilt's vor Gott nicht; dein eigen Herz klaget dich an, daß du ein falsches Gewächse bist; dein Adel und Hochheit hilfet dich auch nichts vor Gott, so* du damit nicht Gottes Ordnung treibest; dein Amt ist nicht dein, sondern Gottes; so du falsch darinnen   35
einhergehest, so ist's dein eigen Gerichte über dich und richtet dich zum Tode; du bist ein Knecht, und ob* du ein König bist, so dienest du und mußt mit dem Allerärmsten in die Wiedergeburt eingehen, oder du wirst nicht Gott schauen.

---

3 outweighs.   5 wrath; develops itself.   6 sonst.   7 balance.   8 i.e., would not clearly predominate.   13 developing.   17 eingehen: become one with.   18 egotism. 19 detachment.   21 to die to; to surrender.   29 disputation. 30 makes itself lord.   34 wenn.   37 even if.

BAROQUE

Martin Opitz (1597-1639)

Buch von der deutschen Poeterei (1624)

Die Poeterei ist anfangs nichts anderes gewesen als eine verborgene
Theologie und Unterricht von göttlichen Sachen. Dann weil die erste und raue
Welt gröber und ungeschlachter* war, als daß sie hätte die Lehren von Weisheit
und himmlischen Dingen recht fassen und verstehen können, so haben weise Männer,
was sie zu Erbauung der Gottesfurcht, guter Sitten und Wandels erfunden, in   5
Reime und Fabeln, welche sonderlich* der gemeine Pöbel* zu hören geneiget ist,
verstecken und verbergen müssen. Denn daß man jederzeit bei allen Völkern vor*
gewiß geglaubt habe, es sei ein einiger und ewiger Gott, von dem alle Dinge
erschaffen worden und erhalten werden, haben andere, die ich hier nicht mag
ausschreiben,* genugsam erwiesen. Weil aber Gott ein unbegreifliches Wesen und   10
über menschliche Vernunft ist, haben sie vorgegeben,* die schönen Körper über
uns, Sonne, Monde und Sterne, item* allerlei gute Geister des Himmels wären
Gottes Söhne und Mitgesellen, welche wir Menschen vieler großer Wohltaten
halber* billich ehren sollten....
Wiewohl ich mir von der deutschen Poeterei, auf Ersuchung* vornehmer Leute,   15
und dann zu besserer Fortpflantzung* unserer Sprache, etwas aufzusetzen*
vorgenommen,* bin ich doch solcher Gedanken keines Weges, daß ich vermeine, man
könne jemanden durch gewisse Regeln und Gesetze zu einem Poeten machen....
Die Worte und Syllaben in gewisse Gesetze zu dringen, und Verse zu
schreiben ist das allerwenigste was in einem Poeten zu suchen ist. Er muß   20
euphantasiotos,* von sinnreichen Einfällen und Erfindungen sein, muß ein großes
unverzagtes* Gemüte haben, muß hohe Sachen bei sich erdenken können, soll
anders* seine Rede eine Art kriegen, und von der Erden emporsteigen. Ferner so
schaden auch dem guten Namen der Poeten nicht wenig diejenigen, welche mit ihrem
ungestümen* Ersuchen auf alles was sie tun und vorhaben Verse fodern.* Es wird   25
kein Buch, keine Hochzeit, kein Begräbnis ohne uns* gemacht; und gleichsam als
niemand könnte alleine sterben, gehen unsere Gedichte zugleich mit ihnen unter.*
Man wil uns auf allen Schüsseln und Kannen haben, wir stehen an Wänden und
Steinen, und wann einer ein Haus, ich weiß nicht wie, an sich gebracht hat, so
sollen wir es mit unsern Versen wieder redlich machen. Dieser begehret ein Lied   30
auf eines andern Weib,* jenem hat von des Nachbaren Magd geträumt, einen andern
hat die vermeinte Buhlschaft* einmal freundlich angelacht, oder, wie dieser
Leute Gebrauch ist, vielmehr ausgelacht; ja des närrischen Ansuchens ist kein
Ende. Müssen wir also entweder durch Abschlagen* ihre Feindschaft erwarten,
oder durch Willfahren* den Würden der Poesie einen merklichen Abbruch* tun.   35
Denn ein Poete kann nicht schreiben wenn er will, sondern wenn er kann, und ihn

---

3 crude. 6 besonders; Volk. 7 als. 10 mention in detail. 11 pretended.
12 likewise. 14 because of (their) many great good deeds. 15 Bitten. 16 Ver-
besserung und Verbreitung. 17 i.e., vorgenommen habe. 21 a Greek word meaning
"having a good imagination." 22 bold. 23 irgendwie. 25 importunate;
verlangen. 26 i.e., ohne uns Poeten. 27 i.e., ins Grab. 31 for someone else's
wife. 32 imagined beloved. 34 by refusing (to write poems for these purposes).
35 Nachgeben; Schaden.

die Regung des Geistes, welchen Ovidius und andere vom Himmel her zu kommen
vermeinen, treibt....

Und muß ich nur bei hiesiger Gelegenheit ohne Scheu dieses erinnern, daß
ich es für eine verlorene Arbeit halte, im Fall sich jemand an unsere deutsche
Poeterei machen wollte, der, nebenst dem* daß er ein Poete von Natur sein muß,   5
in den griechischen und lateinischen Büchern nicht wohl durchtrieben* ist, und
von ihnen den rechten Griff erlernt hat; daß auch alle die Lehren, welche
sonsten* zu der Poesie erfodert* werden, und ich jetzund* kürzlich berühren
will, bei ihm nichts verfangen* können....

Nachmals ist auch ein jeder Vers entweder ein <u>iambicus</u> oder <u>trochaicus</u>;   10
nicht zwar daß wir auf Art der Griechen und Lateiner eine gewisse Größe der
Silben können in Acht nehmen; sondern daß wir aus den Akzenten und dem Tone
erkennen, welche Silbe hoch und welche niedrig gesetzt werden soll. Ein Jambus
ist dieser: <u>Erhalt uns Herr bei deinem Wort</u>; der folgende ein Trocheus: <u>Mitten
wir im Leben sind</u>. Dann in dem ersten Verse die erste Silbe niedrig, die andere   15
hoch, die dritte niedrig, die vierte hoch, und so fortan; in dem anderen Verse
die erste Silbe hoch, die andere niedrig, die dritte hoch, usw. ausgesprochen
werden. Wiewohl nun meines Wissens noch niemand, ich auch vor der Zeit selber
nicht, dieses genaue in Acht genommen,* scheint es doch so hoch von Nöten zu
sein, als hoch von Nöten ist, daß die Lateiner nach den <u>quantitatibus</u> oder   20
Größen der Silben ihre Verse richten und regulieren.

---

5 in addition to the fact that. 6 well-grounded. 8 otherwise; demanded; now.
9 be of no avail. 19 i.e., <u>genommen hat</u>.

<u>Ach Liebste, laß uns eilen</u>

Ach Liebste, laß uns eilen,
    Wir haben Zeit:
Es schadet das Verweilen
    Uns beiderseit.

Der edlen Schönheit Gaben   5
    Fliehn Fuß für Fuß,
Daß alles, was wir haben,
    Verschwinden muß.

Der Wangen Zier verbleichet,
    Das Haar wird greis,*   10
Der Augen Feuer weichet,
    Die Brunst wird Eis.

Das Mündlein von Korallen
    Wird ungestalt,*
Die Händ als Schnee verfallen   15
    Und du wirst alt.

Drumb laß uns jetzt genießen
    Der Jugend Frucht,
Eh als* wir folgen müssen
    Der Jahre Flucht.   20

Wo* du dich selber liebest,
    So liebe mich,
Gib mir, daß, wann* du gibest,
    Verlier auch ich.

---

10 <u>alt und grau</u>. 14 misshapen. 19 <u>bevor</u>. 21 <u>Wie</u>. 23 <u>wenn</u>.

Sta Viator!*

Ihr blinden Sterblichen, was* zieht ir und verreist
Nach beiden Indien? Was wagt ihr Seel und Geist
Für ihren Knecht, den Leib? Ihr holet Krieg und Streit,
Bringt aus der neuen Welt euch eine Welt voll Leid.
Ihr pflüget die wilde See, vergesset euer Land,   5
Sucht Gold, das eisern macht, und habt es bei der Hand.
Hierher, Mensch! Die Natur, die Erde rufet dir.
Wohin? Nach Gute? Bleib! Warum? Du hast es hier!

Latin: Stop, Wayfarer! 1 warum.

Sonett

Ich will dies halbe Mich, was wir den Körper nennen,
Dies mein geringstes Teil verzehren durch die Glut,
Will wie Alkmenen' Sohn* mit unverwandtem* Mut
Hier diese meine Last, den schnöden* Leib, verbrennen,

Den Himmel aufzugehn: mein Geist beginnt zu rennen   5
Auf etwas Bessers zu. Dies Fleisch, die Handvoll Blut,
Muß ausgetauschet sein vor* ein viel besser Gut,
Das sterbliche Vernunft und Fleisch und Blut nicht kennen.

Mein Licht, entzünde mich mit deiner Augen Brunst,
Auf daß ich dieser Haut, des finstern Leibes Dunst,   10
Des Kerkers voller Wust* und Grauens werd entnommen,

Und ledig, frei und los, der Schwachheit abgetan,
Weit über alle Luft und Himmel fliegen kann,
Die Schönheit anzusehn, von der die deine kommen.*

------

3 Alcmene's son: Hercules. 4 vile. 7 für. 11 chaos, confusion. 14 gekommen
ist.

From: Trostgedichte in Widerwertigkeit des Krieges

Wie manche schöne Stadt,
Die sonst das ganze Land durch Pracht gezieret hat,
Ist jetzund* Asch und Staub! Die Mauren* sind verheeret,

------

3 jetzt; Mauern.

Die Kirchen hingelegt, die Häuser umgekehret.
Wie wann* ein starker Fluß, der unversehens kommt,   5
Die frische Saate stürzt, die Äcker mit sich nimmt,
Die Wälder niederreißt, läuft außer seinen Wegen,
So hat man auch den Blitz und schwefeliche Regen
Durch der Geschütze Schlund* mit grimmiger Gewalt,
Daß alles Land umher erzittert und erschallt,   10
Gesehen mit der Luft hin in die Städte fliegen.
Des Rauches Wolken sind den Wolken gleich gestiegen,
Der Feuer-Flocken See hat alles überdeckt
Und auch den wilden Feind im Lager selbst erschreckt.
Das harte Pflaster hat geglühet und gehitzet,   15
Die Türme selbst gewankt, das Erz darauf geschwitzet;
Viel Menschen, die der Schar der Kugeln sind entrannt,
Sind mitten in die Glut geraten und verbrannt,
Sind durch den Dampf erstickt, vervallen durch die Wände.
Was übrig blieben* ist, ist kommen* in die Hände   20
Der argsten Wüterei, so,* seit die Welt erbaut
Von Gott gestanden ist, die Sonne hat geschaut.
Der Alten graues Haar, der jungen Leute Weinen,
Das Klagen, Ach und Weh der Großen und der Kleinen,
Das Schreien in gemein von Reich und Arm geführt,   25
Hat diese Bestien im minsten* nicht gerührt.
Hier half kein Adel nicht, hier ward kein Stand geachtet,
Sie mußten alle fort, sie wurden hingeschlachtet,
Wie wann* ein grimmer Wolf, der in den Schafstall reißt
Ohn allen Unterschied* die Lämmer niederbeißt.   30
Der Mann hat müssen sehn sein Ehebette schwächen,*
Der Töchter Ehrenblüt´ in seinen Augen brechen.*
Und sie, wann* die Begier nicht weiter ist entbrannt,
Unmenschlich untergehn durch ihres Schänders Hand.

---

5 als wenn. 9 mouths of the cannons. 20 geblieben; gekommen. 21 die.
26 mindesten. 29 als wenn. 30 savagely, indiscriminately. 31 be compromised.
32 i.e., robbed of her virginity. 33 wenn.

Simon Dach (1605-1659)

Aufforderung zur Fröhlichkeit

Die Jahre wissen keinen Halt,   Was schon der Tod hat hingebracht,*   5
Sie achten* keiner Zügel,   Wird nimmer wieder kommen;
Der Mensch wird unversehens alt,   Wird denn in jener langen Nacht
Als hätte er schnelle Flügel.   Dein Traurigsein dir frommen?*

---

2 (w. gen.) heed, pay attention to. 5 carried off. 8 profit, do any good.

Hochzeitslied

In seiner Liebsten Armen*
Entschlafen* und erwarmen,
Ist, was in dieser Zeit
Uns einig* noch erfreut,
Wann* Gnüge,* Scherz und Lachen   5
Umb* unser Bett her wachen
Und man kein Licht erkennt,
Ohn* was im Herzen brennt.

Wer ihm* hat vorgenommen,   25
Der Heirat zu entkommen,
Der siehet würdig nicht
Der Sonnen guldnes Licht,
Sonst ist ja dieses Leben
Mit Sorg und Qual umbgeben,   30
Wenn Heirat auch entfällt,
Was soll uns diese Welt?*

Kein Ungemach und Leiden
Entsteht da zwischen beiden,   10
Ohn* was die Lieb erregt,
Die stark zum Feuer legt.
Sie bringt durch tausend Flammen
All ihre Kraft zusammen,
Sucht Reizung im Verdruß,   15
Im Mangel Uberfluß.

Nein, laßt uns, weil* wir können,
Der keuschen Lieb uns gönnen,
Durch die wir sämptlich* sind.   35
Laßt Venus und ihr Kind,*
Eh als wir müssen alten,
In unsern Herzen walten,
Sprecht, wie ein jedes kann,
Im Tanz einander an!   40

So ruht es sich ohn Sorgen,
Bis umb den lichten Morgen
Der helle Tagesschein
Zun* Fenstern bricht herein.   20
Der sieht uns im Begnügen
Umbarmt zusammen liegen,
Wir blasen Lieb und Ruh
Im Schlaf einander zu.

Der große Drang im Reihen,
Die Saiten* und Schalmeien*
Und des Getümmels Fug
Erteilen Anlaß gnug.
Sucht Freundlichheit und Lachen   45
Das Wort für euch zu machen,
Wer hie kein Herz zu hat,*
Dem weiß ich keinen Rat!

1 in den Armen seiner Liebsten. 2 einschlafen. 5 Wenn. 6 Um. 4 einzig,
alone. 5 Zufriedenheit. 8 except for. 20 zu den. 25 sich. 32 Welchen Wert
hat diese Welt für uns? 33 während. 35 ganz. 36 Cupid. 42 strings (of
musical instruments); shawm (an early woodwind instrument). 47 wer dazu kein
Herz hat.

Der Mensch hat nichts so eigen

Der Mensch hat nichts so eigen,*
So wohl steht ihm nichts an,*
Als daß er Treu erzeigen
Und Freundschaft halten kann;
Wann* er mit seinesgleichen   5
Soll treten in ein Band;*
Verspricht, sich nicht zu weichen
Mit Herzen, Mund und Hand.

Die Red ist uns gegeben,
Damit wir nicht allein   10
Vor* uns nur sollen leben
Und fern von Leuten sein;
Wir sollen uns befragen
Und sehn auf guten Rat,
Das Leid einander klagen,   15
So* uns betreten hat.

1 so much his own. 2 nothing so well becomes him. 5 wenn. 6 Verbindung.
11 für. 16 Das.

Was kann die Freude machen,   Gott stehet mir vor allen, 25
Die Einsamkeit verhehlt?   Die meine Seele liebt;
Das gibt ein duppelt* Lachen   Dann soll mir auch gefallen,
Was Freunden wird erzählt; 20 Der mir sich herzlich gibt;
Der kann sein Leid vergessen,   Mit diesem Bundsgesellen
Der es von Herzen sagt;   Verlach* ich Pein und Not, 30
Der muß sich selbst auffressen,   Geh auf dem Grund der Höllen
Der in geheim* sich nagt.   Und breche durch den Tod.

    Ich hab, ich habe Herzen
    So treue, wie gebührt,*
    Die Heuchelei und Scherzen   35
    Nie wissentlich berührt;
    Ich bin auch ihnen wieder
    Von Grund der Seelen hold,
    Ich lieb euch mehr, ihr Brüder,
    Als aller Erden Gold.   40

19 doppeltes. 24 in secret. 30 laugh away. 34 wie es sich gebührt.

Paul Fleming (1609-1640)

Elsgens treues Herz

Ein getreues Herze wissen,   Gunst, die kehrt sich nach dem Glücke,
Hat des höchsten Schatzes Preis. Geld und Reichtum, das zerstäubt.* 20
Der ist selig zu begrüßen,   Schönheit läßt uns bald zurücke;
Der ein treues Herze weiß.   Ein getreues Herze bleibt.
Mir ist wohl bei höchstem Schmerze, 5 Mir ist wohl bei höchstem Schmerze,
Denn ich weiß ein treues Herze.   Denn ich weiß ein treues Herze.

Läuft das Glücke gleich zuzeiten* Eins ist da sein und geschieden, 25
Anders als man will und meint,   Ein getreues Herze hält;
Ein getreues Herz hilft streiten   Gibt sich allezeit zufrieden,
Wider alles, was ist feind. 10 Steht auf, wenn es niederfällt.
Mir ist wohl bei höchstem Schmerze, Mir ist wohl bei höchstem Schmerze,
Denn ich weiß ein treues Herze.   Denn ich weiß ein treues Herze. 30

Sein* Vergnügen steht alleine   Nichts ist süßers, als zwei Treue,
In des andern Redlichkeit,   Wenn sie eines worden sein.*
Hält des andern Not für seine, 15 Dies ist's, das* ich mich erfreue,
Weicht nicht, auch bei böser Zeit. Und sie gibt ihr Ja auch drein.*
Mir ist wohl bei höchstem Schmerze, Mir ist wohl bei höchstem Schmerze, 35
Denn ich weiß ein treues Herze.   Denn ich weiß ein treues Herze.

7 manchmal. 13 one's. 20 scatters. 32 geworden sind. 33 worüber. 34 and she
gives her "yes" as well.

Wie er wolle geküsset sein

Nirgends hin als auf den Mund,
Da sinkts* in des Herzen Grund.
Nicht zu frei, nicht zu gezwungen,
Nicht mit gar zu fauler Zungen.

Nicht zu wenig, nicht zu viel,   5
Beides wird sonst Kinderspiel.
Nicht zu laut und nicht zu leise,
Bei der Maß ist rechte Weise.

Nicht zu nahe, nicht zu weit;
Dies macht Kummer, jenes Leid,   10
Nicht zu trucken,* nicht zu feuchte,
Wie Adonis Venus reichte.*

Nicht zu harte, nicht zu weich,
Bald zugleich, bald nicht zugleich.
Nicht zu langsam, nicht zu schnelle,15
Nicht ohn Unterschied der Stelle.

Halb gebissen, halb gehaucht,
Halb die Lippen eingetaucht.
Nicht ohn Unterschied der Zeiten,
Mehr alleine, denn bei Leuten.   20

Küsse nun ein jedermann,.
Wie er weiß, will, soll und kann!
Ich nur und die Liebste wissen,
Wie wir uns recht sollen küssen.

---

2 sinkt es. 11 trocken. 12 Wie Adonis Venus Küsse reichte. Adonis was a
favorite of Venus, the goddess of love.

Gedanken über die Zeit

Ihr lebet in der Zeit und kennt doch keine Zeit;
So wißt ihr Menschen nicht, von und in was ihr seid.
Dies wißt ihr, daß ihr seid in einer Zeit geboren
Und daß ihr werdet auch in einer Zeit verloren.
Was aber war die Zeit, die euch in sich gebracht?*   5
Und was wird diese sein, die euch zu nichts mehr macht?
Die Zeit ist was* und nichts, der Mensch in gleichem Falle,
Doch was dasselbe was* und nichts sei, zweifeln alle.
Die Zeit, die stirbt in sich und zeugt sich auch aus sich.
Dies kommt aus mir und dir, von dem bist du und ich.   10
Der Mensch ist in der Zeit, sie ist in ihm ingleichen,*
Doch aber muß der Mensch, wenn sie noch bleibet, weichen.
Die Zeit ist, was ihr seid, und ihr seid, was die Zeit,
Nur daß ihr wen'ger noch, als was die Zeit ist, seid.
Ach daß doch jene Zeit, die ohne Zeit ist, käme   15
Und uns aus dieser Zeit in ihre Zeiten nähme,
Und aus uns selbsten uns, daß wir gleich könnten sein
Wie DER* itzt* jener Zeit, die keine Zeit geht ein!

---

5 i.e., gebracht hat. 7 etwas. 8 etwas. 11 likewise. 18 i.e., God; jetzt.

An sich

Sei dennoch unverzagt! Gib dennoch unverloren!
Weich keinem Glücke nicht, steh höher als der Neid,
Vergnüge dich an dir und acht es für kein Leid,
Hat sich gleich wider dich Glück, Ort und Zeit verschworen!*

Was dich betrübt und labt*, halt alles für erkoren,*   5
Nimm dein Verhängnüs an, laß alles unbereut!
Tu, was getan muß sein, und eh man dirs gebeut!*
Was du noch hoffen kannst, das wird noch stets geboren.

Was klagt, was lobt man doch? Sein Unglück und sein Glücke
Ist ihm ein jeder selbst.* Schau alle Sachen an,   10
Dies alles ist in dir. Laß deinen eiteln Wahn,

Und eh du förder* gehst, so geh in dich zurücke!
Wer sein selbst Meister ist und sich beherrschen kann,
Dem ist die weite Welt und alles untertan.*

4 Wenn sich ... verschworen haben. 5 saddens and soothes; chosen, ordained,
decreed. 7 bevor man es dir gebietet (commands). 10 Everyone is (makes) his
own misfortune and good fortune. 12 weiter. 14 subject, subordinate.

Andreas Gryphius (1616-1664)

Es ist alles eitel

Du siehst, wohin du siehst, nur Eitelkeit auf Erden.
Was dieser heute baut, reißt jener morgen ein;
Wo jetzund* Städte stehn, wird eine Wiese sein,
Auf der ein Schäferskind wird spielen mit den Herden.

Was jetzund prächtig blüht, soll bald zertreten werden;   5
Was jetzt so pocht und trotzt,* ist morgen Asch und Bein;*
Nichts ist, das ewig sei, kein Erz, kein Marmorstein.
Jetzt lacht das Glück uns an, bald donnern die Beschwerden.

Der hohen Taten Ruhm muß wie ein Traum vergehn.
Soll denn das Spiel der Zeit, der leichte Mensch, bestehn?* 10
Ach, was ist alles dies, was wir vor* köstlich achten,

Als* schlechte Nichtigkeit, als Schatten, Staub und Wind,
Als eine Wiesenblum, die man nicht wieder findt!*
Noch* will, was ewig ist, kein einig* Mensch betrachten.

3 jetzt. 6 is arrogant and defiant; Gebein. 10 von Dauer sein. 11 für.
12 if not, but. 13 findet. 14 and yet; einziger.

Menschliches Elende

Was sind wir Menschen doch? Ein Wohnhaus grimmer Schmerzen,
Ein Ball des falschen Glücks, ein Irrlicht* dieser Zeit,
Ein Schauplatz herber Angst, besetzt mit scharfem Leid,
Ein bald verschmelzter Schnee und abgebrannte Kerzen.

Dies Leben fleucht* davon wie ein Geschwätz und Scherzen.   5
Die* vor uns abgelegt* des schwachen Leibes Kleid
Und in das Totenbuch der großen Sterblichkeit
Längst eingeschrieben sind, sind uns aus Sinn und Herzen.

Gleich wie ein eitel Traum leicht aus der Acht hinfällt*
Und wie ein Strom verscheußt,* den keine Macht aufhält,   10
So muß auch unser Nam, Lob, Ehr und Ruhm verschwinden.

Was itzund* Atem holt, muß mit der Luft entfliehn,
Was nach uns kommen wird, wird uns ins Grab nachziehn.
Was sag ich? Wir vergehn, wie Rauch von starken Winden.

2 will-o´-the-wisp. 5 fleiht. 6 Diejenigen, die; i.e., abgelegt haben.
9 vergessen wird. 10 shoots forth (thus spreading out and losing its force and
mass). 12 jetzt.

Tränen des Vaterlandes, anno 1636

Wir sind doch nunmehr ganz, ja mehr denn ganz verheeret.
Der frechen Völker Schar, die rasende Posaun,*
Das vom Blut fette Schwert, die donnernde Kartaun*
Hat allen Schweiß und Fleiß und Vorrat aufgezehret.

Die Türme stehn in Glut, die Kirch ist umgekehrt,   5
Das Rathaus liegt im Graus, die Starken sind zerhaun,
Die Jungfern sind geschändt, und wo wir hin nur schaun,
Ist Feuer, Pest und Tod, der Herz und Geist durchfähret.

Hier durch die Schanz* und Stadt rinnt allzeit frisches Blut.
Dreimal sind schon sechs Jahr, als unser Ströme Flut   10
Von Leichen fast verstopft, sich langsam fortgedrungen.*

Doch schweig ich noch von dem, was ärger als der Tod,
Was grimmer denn die Pest und Glut und Hungersnot:*
Daß auch der Seelenschatz so vielen abgezwungen.*

2 trumpet 3 cannon 9 fortifications 11 i.e., fortgedrungen hat: forced itself
forward. 13 i.e., ist. 14 i.e., abgezwungen worden ist (with dat. of person):
has been forced away from.

Abend

Der schnelle Tag ist hin;* die Nacht schwingt ihre Fahn
Und führt die Sternen auf. Der Menschen müde Scharen
Verlassen Feld und Werk, wo Tier und Vögel waren,
Traurt itzt* die Einsamkeit. Wie ist die Zeit vertan!

Der Port naht mehr und mehr sich zu der Glieder Kahn.*   5
Gleich wie dies Licht verfiel, so wird in wenig Jahren
Ich, du, und was man hat, und was man sieht, hinfahren.
Dies Leben kömmt* mir vor als eine Rennebahn.*

Laß, höchster Gott, mich doch nicht auf dem Laufplatz gleiten!*
Laß mich nicht Ach,* nicht Pracht, nicht Lust, nicht Angst verleiten!
Dein ewig heller Glanz sei vor und neben mir!   11

Laß, wenn der müde Leib entschläft, die Seele wachen,
Und wenn der letzte Tag wird mit mir Abend machen,
So reiß mich aus dem Tal der Finsternis zu dir!

1 vorbei. 4 jetzt. 5. Literally: the port approaches more and more the boat of
the limbs. 8 kommt; racetrack. 9 ausrutschen. 10 Schmerz.

An die Sternen

Ihr Lichter, die ich nicht auf Erden satt kann schauen,
Ihr Fackeln, die ihr Nacht und schwarze Wolken trennt,
Als Diamante spielt und ohn Aufhören brennt;
Ihr Blumen, die ihr schmückt des großen Himmels Auen,

Ihr Wächter, die, als Gott die Welt auf wollte bauen,*   5
Sein Wort, die Weisheit selbst, mit rechten Namen nennt,
Die Gott allein recht mißt, die Gott allein recht kennt;
Wir blinden Sterblichen! Was wollen wir uns trauen!

Ihr Bürgen meiner Lust, wie manche schöne Nacht
Hab ich, indem ich euch betrachtete, gewacht?   10
Herolden dieser Zeit, wenn* wird es doch geschehen,

Daß ich, der eurer* nicht allhier* vergessen kann,
Euch, derer Liebe mir steckt Herz und Geister an,
Von andern Sorgen frei werd unter mir besehen?

5 aufbauen wollte. 11 wann. 12 euch; hier.

An den gekreuzigten Jesum

Hier will ich ganz* nicht weg! Laß alle Schwerter klingen!
Greif Spieß und Säbel an! Brauch aller Waffen Macht
Und Flamm und was die Welt für unerträglich acht!*
Mich soll von diesem Kreuz kein Tod, kein Teufel dringen.

Hier will ich, wenn mich Ach und Angst und Leid umbringen,   5
Wenn Erd und Meer aufreißt, ja, wenn der Donner Macht
Mit dunkelrotem Blitz auf meinem Kopfe kracht,
Ja, wenn der Himmel fällt, hier will ich fröhlich singen.

Weil mir die Brust noch klopft, auch weder dort noch hier
Und nun und ewig soll mich reißen nichts von dir.   10
Hier will ich, wenn ich soll, den matten Geist aufgeben.

Du aber, der du hoch am Holz stehst aufgericht,*
Herr Jesu! Neig herab dein blutig Angesicht
Und heiß durch deinen Tod im Tod mich ewig leben!

1 gar. 3 achtet, hält. 12 aufgerichtet, raised up.

Über den Untergang der Stadt Freistadt

Was soll ich mehr noch sehen? Nun grimme Pestilenzen,
Nun bleiche Hungerangst verwüstet deine Grenzen,
Nun der Kartaunen* Blitz, nun Hauptmann und Soldat
An unserm Gut und Blut sich satt gefressen hat,
Zeucht* eine Nacht noch auf voll tausendfacher Plagen,   5
Recht* eine Nacht voll Nacht, voll Ach und Jammerklagen,
Und reißt, O Freistadt, was bisher noch von dir stund*
Gleich einem Zederbaum, mit Ast und Stumpf zugrund,
Eh jemand dies vermeint.* Die Sonne war gewichen,
Der Himmel stund besternt,* und Morpheus* kam geschlichen   10
Mit seiner Träume Schar; der Sorgen Feind, die Ruh,
Schloß der nun müden Schar die trägen Augen zu,
Als das Geschrei anging.* O was für Donnerschläge
Empfind ich noch in mir, wenn ich den Blick erwäge,
Den ersten Jammerblick! Die schnelle Luft ersaust,   15
Der Mond, er fleucht* bestürzt, der Winde Wüten braust,
Und Freistadt kracht im Brand. Es steigen Dampf und Flammen
Und Funken himmelan.* Dort fällt ein Haus zusammen

3 cannons'. 5 zieht. 6 really. 7 stand. 9 before one realizes it. 10 full
of stars; god of sleep. 13 begann. 16 flieht. 18 skywards.

Und schlägt das ander ein. Was nicht von diesem schmaucht,*
Ist schon Staub, Asch´ und Graus;* wo jener Haufen raucht,   20
War vor* der schönste Saal. Wo sind der Türme Spitzen,
Wo ist das Rathaus hin,* und wo die Richter sitzen?
Die Kirchen prasselt* auch! Soll denn kein Erz noch Stein,
O Freistadt, frei an dir von seinem Sterben sein?
Schützt keiner Mauren* Kraft? Sind keiner Retter Hände?   25
Ist alles Helfen aus, und gehn die kleinen Wände
Zusamt* den großen ein? O ja, dies ist der Schluß,
Der alles, was noch stund, zu Boden werfen muß....
So wird die große Welt auf angesetzte* Zeit,
Durch schwefelichte* Glut des Donners abgemeit,*   30
Verlodern* und vergehn. Was seh ich dort für Haufen*
Bestürzt und tränenvoll mit ihren Kindern laufen?
O Kinder, die ihr kaum das Vaterland erkannt,*
Schaut, wie, was auch gebaut,* noch eh ihr hin,* verbrannt!*
Wir sehen keine Stadt. Wie ist der Ort verworren   35
Mit dunkelroter Glut! Die Häuser sind verschorren*
In Asch und in sich selbst. Wird auch noch jemand sein,
Der aus den Kohlen sucht ein halbverbrannt Gebein
Von denen, die der Schlaf dem Feuer hat verraten?
Wir schauen derer Not, die in den Flammen braten,   40
Und schauen keinen Rat. Ihr Musen, ach umsonst,*
Auch euer Schatz vergeht! Es hat die tolle Brunst*
In dies, was heilig heißt, sich grimmig eingedrungen
Und mit der Blätter Rest weit über Feld geschwungen;
Und was ein weiser Sinn erforschet und gedacht,   45
Wodurch ein sterblich Mensch sich ewig hat gemacht,
Nimmt eine Stunde weg. Wir treten itzt* mit Füßen
Dies, was wir gestern Kunst und große Weisheit hießen.
O daß mein Deutschland sich mit diesem Zunder trägt,
In den der Wetter Macht mit schnellen Funken schlägt,   50
Der uns zu Aschen brennt! Wenn Bosheit wird verschwinden,
Denn* wird, was itzund* hin, sich reicher wiederfinden;
Denn wirst du, tote Stadt, aus deiner Kohlengruft*
Dein itzt verscharrtes* Haupt aufheben in die Luft,
Denn soll, wo Wolken jetzt von Rauch und Flammen ziehen,   55
Dein´ aufgesetzte Zier gleich einer Rosen blühen.
Denn wird, was jetzund bricht, durch Zutun weiser Hand
Erlangen, was man wünscht, und in recht neuem Stand
Sich breiten für und für!* Es werden deine Mauren
Nicht mehr voll Jammer stehn, und wo man jetzund Trauren   60
Und Zeterrufen* hört, wo jetzt des Höchsten* Grimm

---

19 gives off dense smoke. 20 horror. 21 <u>vorher</u>. 22 disappeared. 23 crackles.
25 <u>Mauern</u>. 27 <u>zusammen mit</u>. 29 appointed. 30 sulphurous; <u>abgemäht</u>: mowed
down. 31 burn up; masses (of people). 33 i.e., <u>erkannnt habt</u>. 34 i.e., <u>gebaut</u>
<u>wird</u>; <u>bevor ihr sterbt</u>; i.e., <u>verbrannt ist</u>. 36 filled (with rubble).
41 <u>umsonst</u>. 42 raging fire. 47 <u>jetzt</u>. 52 <u>dann</u>; <u>jetzt</u>. 53 crypt of (burned)
coals. 54 buried. 59 further and further. 61 cries for help; i.e., God´s.

Ohn Maß und Ende tobt, da wird die Jubelstimm*
Erschallen voll von Lust. Die neugebauten Türme,
Des Hauses schöne Pracht wird Sicherheit im Schirme*
Erhalten. Ja der Spieß, das halbverroste* Schwert   65
Wird werden in ein Beil und einen Pflug verkehrt;*
Auch wird die werte Treu, die Treu, die wir verloren,*
Von aller Redlichkeit stehen bei uns neugeboren.

62 cry of rejoicing. 64 protection. 65 halbverrostete. 66 instruments of war
shall become those of peaceful productivity. 67 i.e., verloren haben.

Johannes Rist (1607-1676)

Eine sehr ernstliche und ausführliche Betrachtung
der zukünftigen unendlichen Ewigkeit

O Ewigkeit, du Donnerwort,
O Schwert, das durch die Seele bohrt,
O Anfang sonder* Ende,
O Ewigkeit, Zeit ohne Zeit,
Ich weiß für* großer Traurigkeit   5
Nicht, wo ich mich hinwende!
Mein ganz erschrocknes Herz erbebt,
Daß mir die Zung am Gaumen klebt.

Kein Unglück ist in aller Welt,
Das endlich mit der Zeit nicht fällt
Und ganz wird aufgehoben;   11
Die Ewigkeit hat nur kein Ziel,*
Sie treibet fort und fort ihr Spiel,
Läßt nimmer ab zu toben,
Ja, wie mein Heiland selber spricht;
Aus ihr ist kein Erlösung nicht.   16

O Ewigkeit, du machst mir bang,
O ewig, ewig, ist zu lang,
Hie gilt fürwahr kein Scherzen!
Drum, wenn ich diese lange Nacht   20
Zusamt* der großen Pein betracht,*
Erschreck ich recht von Herzen,
Nichts ist zu finden weit und breit
So schrecklich als die Ewigkeit!

Wenn der Verdammten große Qual   25
So manches Jahr als an der Zahl
Hie Menschen sich ernähren,
Als manchen Stern der Himmel hegt,
Als manches Laub das Erdreich trägt,
Noch endlich sollte währen,   30
So wäre doch der Pein zuletzt
Ihr recht bestimmtes Ziel gesetzt.

Nun aber, wenn du die Gefahr*
Viel hunderttausend tausend Jahr
Hast kläglich ausgestanden,   35
Und von den Teufeln solcher Frist*
Ganz grausamlich gemartert bist,
Ist doch kein Schluß vorhanden,
Die Zeit, so niemand zählen kann,
Die fänget stets vom neuen an.   40

Ach Gott, wie bist du so gerecht,
Wie strafest du die bösen Knecht
Im heißen Pfuhl* der Schmerzen!
Auf kurze Sünden dieser Welt
Hast du so lange Pein bestellt,*   45
Ach nimm dies wohl zu Herzen
Und merk auf dies, o Menschenkind:
Kurz ist die Zeit, der Tod geschwind!

Some stanzas have been omitted. 3 ohne. 5 vor. 12 kein Ende. 21 zusammen
mit; betrachte. 25-27 if the torment of the damned were only to last as many
years as there are people on earth,... 33 Schmerzen. 36 so lange Zeit. 43 pit.
45 bestimmt.

Die Marter bleibet immerdar,
Als angangs sie beschaffen war,   50
Sie kann sich nicht vermindern;
Es ist ein Arbeit sonder* Ruh,
Sie nimmt an Klag und Seufzen zu
Bei jenen Satanskindern.
O Sünder, deine Missetat   55
Empfindet* weder Trost noch Rat!

Wach auf, o Mensch, vom Süundenschlaf,
Ermuntre dich, verlornes Schaf
Und bessre bald dein Leben!
Wach auf, es ist doch hohe Zeit,   60
Es kommt heran die Ewigkeit,
Dir deinen Lohn zu geben!
Vielleicht ist heut der letzte Tag,
Wer weiß noch wie man sterben mag?

O du verfluchtes Menschenkind,   65
Von Sinnen toll, von Herzen blind,
Laß ab die Welt zu lieben!
Ach, ach! soll denn der Höllen Pein,
Da mehr denn tausend Henker sein
Ohn Ende dich betrüben?   70
Wo lebt ein so beredter Mann,
Der dieses Werk* aussprechen* kann?

O Ewigkeit, du Donnerwort,
O Schwert, das durch die Seele bohrt,
O Anfang sonder* Ende!   75
O Ewigkeit, Zeit ohne Zeit,
Ich weiß für* großer Traurigkeit
Nicht, wo ich mich hinwende.
Herr Jesu, wenn es dir gefällt
Eil ich zu dir ins Himmelszelt.   80

---

52 ohne. 56 elicits. 72 i.e., the torments of hell; adequately express.
75 ohne. 77 vor.

Daniel Czepko (1605-1660)

Schlußreime:

Nicht in Dir

Schau alle Ding in Gott, und Gott in allen an.
Du siehst, daß alles sich in ihm vergleichen kann.

Jedes durchs andere

Die Ewigkeit durch Zeit, das Leben durch den Tod,
Durch Nacht das Licht und durch den Menschen seh ich Gott.

Erlösung

Du kannst es nicht ohne Gott, Gott will es nicht ohn dich,
Drumb wird er Mensch, daß er den Menschen bring an sich.

Im Wesen, nicht im Leben

Wie Gott in sich, so ist die Seel in sich geblieben,
Dann sonsten würde sie Gott nicht zurückelieben.

Glauben und Werke

Wer glaubt, tut Guts, wer nicht Guts tut, verglaubet sich.
Nicht folg ihm! Du glaubst sonst gar in die Hölle dich.

Willen Gottes: ewiges Leben

Mensch, wilt du selig sein, eh als du es sollt werden,
Ergib dich Gott! Du hast dein Himmelreich auf Erden.

Sei selbst derselbe

Sei, was du lebst, du hoffst, du glaubst, du liebst, du bist,
So steht, den ich gesucht, vor mir ein rechter Christ.

Nach dem Wesen, nicht der Meinung

O Seele, schlag das Bild in deinem Grund entzwei;
Wie heilig du auch bist, du treibst Abgötterei.

Letztes Gerichte

Seht: wie die ganze Welt im Feuer-Urteil steht.
Zur Rechten heißt es: Kommt! Zur Linken heißt es: Geht!

Keinen vorn andern

Wenn du in Einem all und Einen suchst in allen,
Stehst du, wo Adam stund, eh als er war gefallen.

Anfang   Ende
im
Ende   Anfang

Das Ende, das du suchst, das schließ in Anfang ein,
Willst du auf Erden weis´, im Himmel selig sein.

Paul Gerhardt (1607-1676)

Abendlied

Nun ruhen alle Wälder
Vieh, Menschen, Städt und Felder,
Es schläft die ganze Welt;
Ihr aber, meine Sinnen,
Auf, auf! ihr sollt beginnen,   5
Was eurem Schöpfer wohlgefällt.

Wo bist du, Sonne, blieben?*
Die Nacht hat dich vertrieben,
Die Nacht, des Tages Feind.
Fahr hin, ein andre Sonne,   10
Mein Jesus, meine Wonne,
Gar hell in meinem Herzen scheint.

Der Tag ist nun vergangen
Die güldnen Sternen prangen*
Am blauen Himmelssaal;   15
So, so werd ich auch stehen,
Wenn mich wird heißen gehen
Mein Gott aus diesem Jammertal.*

Der Leib der eilt zur Ruhe,
Legt ab das Kleid und Schuhe,   20
Das Bild der Sterblichkeit,
Die zieh ich aus; dagegen
Wird Christus mir anlegen
Den Rock der Ehr und Herrlichkeit.

Das Haupt, die Füß und Hände   25
Sind froh, daß nun zum Ende
Die Arbeit kommen sei;*
Herz, freu dich, du sollt werden
om Elend dieser Erden
Und von der Sünden Arbeit* frei.   30

Nun geht, ihr matten Glieder,
Geht, geht und legt euch nieder,
Der Betten* ihr begehrt;
Es kommen Stund und Zeiten,
Da man auch wird bereiten   35
Zur Ruh ein Bettlein in der Erd.

Mein Augen stehn verdrossen,
Im Hui* sind sie geschlossen,
Wo bleibt denn Leib und Seel?
Nimm sie zu deinen Gnaden,   40
Sei gut für allen Schaden,
Du Aug und Wächter Israel!

Breit aus die Flügel beide,
O Jesu, meine Freude,
Und nimm dein Küchlein* ein!   45
Will Satan mich verschlingen,
So laß die Englein singen:
Dies Kind soll unverletzet sein!

Auch euch, ihr meine Lieben,
Soll heute nicht betrüben   50
Ein Unfall noch Gefahr.
Gott laß euch ruhig schlafen,
Stell euch die güldnen Waffen
Ums Bett und seiner Helden Schar.

7 geblieben. 14 goldenen; are resplendent. 18 i.e., earthly existence.
27 gekommen ist. 28 sollst. 30 misery. 33 gen. object of begehrt. 38 in an
instant. 45 baby chick.

An das Angesicht des Herrn Jesu

O Haupt voll Blut und Wunden,
Voll Schmerz und voller Hohn,
O Haupt zu Spott gebunden
Mit einer Dornenkron,
O Haupt! sonst schön gezieret   5
Mit höchster Ehr und Zier,
Jetzt aber höchst schimpfieret,*
Gegrüßet seist du mir!

Du edles Angesichte,
Dafür sonst schrickt und scheut   10
Das große Weltgewichte,*
Wie bist du so bespeit?*
Wie bist du so erbleichet?
Wer hat dein Augenlicht,
Dem sonst kein Licht nicht gleichet,   15
So schändlich zugericht?*

Die Farbe deiner Wangen,
Der roten Lippen Pracht
Ist hin und ganz vergangen;
Des blassen Todes Macht   20
Hat alles hingenommen,
Hat alles hingerafft,
Und daher bist du kommen*
Von deines Leibes Kraft.

Nun, was du, Herr, erduldet*   25
Ist alles meine Last,
Ich hab es selbst verschuldet,
Was du getragen hast.
Schau her, hier steh ich Armer,
Der Zorn verdienet hat;   30
Gib mir, o mein Erbarmer,
Den Anblick deiner Gnad!

Erkenne mich, mein Hüter,
Mein Hirte, nimm mich an!
Von Dir, Quell aller Güter,   35
Ist mir viel Guts getan;
Dein Mund hat mich gelabet
Mit Milch und süßer Kost,
Dein Geist hat mich begabet
Mit rechtem Himmelsmost.*   40

Ich will hier bei dir stehen,
Verachte mich doch nicht!
Von dir will ich nicht gehen,
Wenn dir dein Herze bricht;
Wenn dein Haupt wird erblassen   45
Im letzten Todesstoß,
Alsdenn will ich dich fassen
In meinen Arm und Schoß.

Es dient zu meinen Freuden
Und kömmt mir herzlich wohl,   50
Wenn ich in deinem Leiden,
Mein Heil, mich finden soll.
Ach, möcht ich, o mein Leben,
An deinem Kreuze hier
Mein Leben von mir geben,   55
Wie wohl geschähe mir!

Ich danke dir von Herzen,
O Jesu, liebster Freund,
Vor deines Todes Schmerzen,
Da dus* so gut gemeint.*   60
Ach gib, daß ich mich halte
Zu dir und deiner Treu,
Und wenn ich nun erkalte,*
In dir mein Ende sei.

Wenn ich einmal soll scheiden,   65
So scheide nicht von mir!
Wenn ich den Tod soll leiden,
So tritt du denn herfür!*
Wenn mir am allerbängsten
Wird um das Herze sein,   70
So reiß mich aus den Ängsten
Kraft* deiner Angst und Pein!

Erscheine mir zum Schilde,
Zum Trost in meinem Tod,
Und laß mich sehn dein Bilde   75
In deiner Kreuzesnot!*
Da will ich nach dir blicken,
Da will ich glaubensvoll
Dich fest an mein Herz drücken:
Wer so stirbt, der stirbt wohl.   80

7 cursed   10-11 in whose presence (davor) otherwise the power of the world is
afraid and feels dread.   12 spit upon.   16 zugerichtet, mistreated.
23 gekommen.   25 i.e., erduldet hast.   40 heavenly drink.   60 du es; i.e.,
gemeint hast (mit mir).   63 turn cold, die.   68 hervor.   72 through the power
of.   75-76 i.e., let me call to mind the image of you suffering on the cross.

From: <u>Der cherubinische Wandersmann</u>

<u>Gott nichts und alles</u>

Gott ist ein Geist, ein Feur, ein Wesen und ein Licht
Und ist doch wiederumb auch dieses alles nicht.

<u>Was man liebt, in das verwandelt man sich</u>
(aus S. Augustino)   5
Mensch, was du liebst, in das wirstu verwandelt werden.
Gott wirstu, liebstu Gott, und Erde, liebstu Erden.

<u>Die Seel ist über Zeit</u>

Die Seel, ein ewger Geist, ist über alle Zeit,
Sie lebt auch in der Welt schon in der Ewigkeit.   10

<u>Der Mensch ist Ewigkeit</u>

Ich selbst bin Ewigkeit, wann ich die Zeit verlasse
Und mich in Gott und Gott in mich zusammenfasse.

<u>Gott lebt nicht ohne mich</u>

Ich weiß, daß ohne mich Gott nicht ein Nu* kann leben   15
Werd ich zu nicht, er muß von Not den Geist aufgeben.

<u>Ich bin wie Gott und Gott wie ich</u>

Ich bin so groß als Gott, er ist als ich so klein:
Er kann nicht über mich, ich unter ihm nicht sein.

<u>Gott ist in mir und ich in ihm</u>

Gott ist in mir das Feu´r und ich in ihm der Schein;   21
Sind wir einander nicht ganz inniglich gemein?*

<u>Gott ergreift man nicht</u>

Gott ist ein lauter Nichts, ihn rührt kein Nun noch Hier:
Je mehr du nach ihm greifst, je mehr entwird* er dir.   25

---

15 <u>einen</u> <u>Augenblick</u>. 22 united. 25 becomes nothing, escapes you.

Die Rose

Die Rose, welche hier dein äußres Augen sieht,
Die hat von Ewigkeit in Gott also geblüht.

Ohne warum

Die Ros' ist ohn' Warum, sie blühet, weil sie blühet;   5
Sie acht't nicht ihrer selbst, fragt nicht, ob man sie siehet.

Schrift ohne Geist ist nichts

Die Schrift ist Schrift, sonst nichts. Mein Trost ist Wesenheit,
Und daß Gott in mir spricht das Wort der Ewigkeit.

Der Mensch

Das größte Wunderding ist doch der Mensch allein: 11
Er kann, nach dem er's macht, Gott oder Teufel sein.

Noch davon

Gott ist noch mehr in mir, als wann das ganze Meer
In einem kleinen Schwamm ganz und beisammen wär'.   15

Nichts Unreines kommt vor Gott

Ach, Mensch, werd' überformt: fürwahr, du mußt so fein
Vor Gottes Angesicht als Christi Seele sein.

Zufall und Wesen

Mensch, werde wesentlich; denn wann die Welt vergeht,   20
So fällt der Zufall weg, das Wesen, das besteht.

Beschluß

Freund, es ist auch genug. Im Fall du mehr willst lesen,
So geh und werde selbst die Schrift und selbst das Wesen.

Friedrich von Spee (1591-1635)

Traurgesang von der Not Christi
am Ölberg in dem Garten

Bei stiller Nacht, zur ersten Wacht,*
Ein Stimm sich gund* zu klagen.
Ich nahm in acht, was die doch sagt,
Tat hin mit Augen schlagen.*

Ein junges Blut,* von Sitten gut,   5
Alleinig ohn Gefährten,*
In großer Not, fast halber tot
Im Garten lag auf Erden.

Es war der liebe Gottessohn,
Sein Haupt er hat in Armen,   10
Viel weiß- und bleicher dann der Mon.*
Eim Stein es möcht erbarmen.*

Ach Vater, liebster Vater mein,
Und muß den Kelch ich trinken?
Und mags* dann ja nit anders sein,   15
Mein Seel nit laß versinken.

Ach, liebes Kind, trink aus geschwind,
Dirs* laß in Treuen sagen:
Sei wohlgesinnt, bald uberwind,
Den Handel mußtu wagen.   20

Ach Vater mein, und kanns nit sein,
Und muß ichs je dann wagen,
Will trinken rein den Kelch allein,
Kann dirs ja nit versagen.*

Doch Sinn und Mut erschrecken tut.   25
Soll ich mein Leben lassen?
O bitter Tod! mein Angst und Not
Ist uber alle Maßen.

Maria zart, jungfräulich Art,
Solltu* mein Schmerzen wissen,   30
Mein Leiden hart zu dieser Fahrt,-
Dein Herz wär schon gerissen.

Ach Mutter mein, bin ja kein Stein,
Das Herz mir dörft zerspringen:
Sehr große Pein muß nehmen ein,*   35
Mit Tod und Marter ringen.

Ade,* ade, zu guter Nacht,
Maria, Mutter milte!
Ist niemand, der dann mit mir wacht
In dieser Wüsten wilde?   40

Ein Kreuz mir für* den Augen schwebt.
O weh der Pein und Schmerzen!
Dran soll ich morgen wer'n erhebt,*
Das greifet mir zum Herzen.

Viel Ruten, Geißel, Skorpion*   45
In meinen Ohren sausen.
Auch kombt mir vor ein dörnen Kron,*
O Gott, wem wollt nit grausen!

Zu Gott ich hab gerufen zwar
Aus tiefen Todes Banden: 50
Dennoch ich bleib verlassen gar,
Ist Hilf noch Trost vorhanden.

Der schöne Mon will untergohn,*
Für* Leid nit mehr mag scheinen.
Die Sternen lahn* ihr Glitzen stahn,*
Mit mir sie wollen weinen.   56

Kein Vogelsang noch Freudenklang
Man höret in den Luften.
Die wilden Tier traurn auch mit mir
In Steinen und in Kluften.   60

---

1 at the first watch. 2 gönnte, allowed. 4 looked in that direction. 5 a
young person. 6 without companions. 11 Mond. 12 ein Stein möchte sich erbarmen.
15 mag es. 18 dir es. 20 mußt du. 24 refuse. 30 solltest du. 35 muß ich
ertragen, ich muß. 37 farewell. 41 vor. 43 erhoben werden. 45 rods, scourges,
whips. 47 crown of thorns. 53 untergehen. 54 vor. 55 lassen; stehen.

Christian Hofmann von Hofmannswaldau (1617-1679)

Beschreibung vollkommener Schönheit

Ein Haar, so* kühnlich Trotz der Berenice* spricht,
Ein Mund, der Rosen führt und Perlen in sich heget,
Ein Zünglein, so* ein Gift vor tausend Herzen träget,
Zwo* Brüste, wo Rubin durch Alabaster bricht.
Ein Hals, der Schwanenschnee weit, weit zurücke sticht.   5
Zwei Wangen, wo die Pracht der Flora* sich beweget,
Ein Blick, der Blitze führt und Männer niederleget.
Zwei Armen, derer Kraft oft Leuen* hingericht.*
Ein Herz, aus welchem nichts als mein Verderben quillet,
Ein Wort, so* himmlisch ist und mich verdammen kann,   10
Zwei Hände, derer Grimm mich in den Bann getan*
Und durch ein süßes Gift die Seele selbst umhüllet,
Ein Zierat, wie es scheint, im Paradies gemacht,
Hat mich um meinen Witz* und meine Freiheit bracht.*

1 das; name of the beloved. 3 das. 4 zwei. 6 Roman goddess of flowers.
8 Löwen; hingerichtet hat: ruin, execute. 10 das. 11 getan hat: put under a
spell, or put under interdict. 14 Verstand; gebracht: has made me lose.

Vergänglichkeit der Schönheit

Es wird der bleiche Tod mit seiner kalten Hand
Dir Lesbie* mit der Zeit um deine Brüste streichen,
Der liebliche Korall der Lippen wird verbleichen;
Der Schultern warmer Schnee wird werden kalter Sand.

Der Augen süßer Blitz,* die Kräfte deiner Hand,   5
Für* welchen solches fällt, die werden zeitlich* weichen.
Das Haar, das itzund* kann des Goldes Glanz erreichen,
Tilgt endlich Tag und Jahr als ein gemeines* Band.

Der wohlgesetzte Fuß, die lieblichen Gebärden,
Die werden teils zu Staub, teils nichts und nichtig werden; 10
Dann opfert keiner mehr der Gottheit deiner Pracht.

Dies und noch mehr als dies muß endlich untergehen,
Dein Herze kann allein zu aller Zeit bestehen,
Dieweil* es die Natur aus Diamant gemacht.*

2 namen give to a beloved. 5 sparkle. 6 vor; in time. 7 jetzt.
8 commonplace. 14 weil; gemacht hat.

Auf den Mund

Mund! der die Seelen kann durch Lust zusammenhetzen,
Mund! der viel süßer ist als starker Himmelswein,
Mund! der du Alikant* des Lebens schenkest ein,
Mund! den ich vorziehn muß der Juden reichen Schätzen,
Mund! dessen Balsam uns kann stärken und verletzen,   5
Mund! der vergnügter blüht, als aller Rosen Schein,
Mund! welchem kein Rubin kann gleich und ähnlich sein,
Mund! den die Grazien* mit ihren Quellen netzen;*
Mund! Ach Korallen-Mund, mein einziges Ergötzen!*
Mund! laß mich einen Kuß auf deinen Purpur setzen.   10

3 a sweet wine from the Alicante area in Spain.   8 the Greek and Roman goddesses
of charm, cheerfulness, and thriving good fortune; sprinkle.   9 delight.

Verliebte Arie

Wo sind die Stunden   Das Angedenken   15
Der süßen Zeit,   Der Zuckerlust
Da ich zuerst empfunden,   Will mich in Angst versenken.
Wie deine Lieblichkeit   Es will verdammte Kost
Mich dir verbunden?*   5   Uns zeitlich kränken.*
Sie sind verrauscht,* es bleibet   Was man geschmeckt und nicht mehr
    doch dabei,   schmecken soll,   20
Daß alle Lust vergänglich sei.   Ist freudenleer und jammervoll.

Das reine Scherzen,   Empfangne Küsse
So* mich ergetzt*   Ambrierter* Saft,
Und in dem tiefen Herzen   10   Verbleibt nicht lange süße,
Sein Merkmal* eingesetzt,   Und kommt von aller Kraft;*   25
Läßt mich in Schmerzen;   Verrauschte Flüsse
Du hast mir mehr als deutlich   Erquicken nicht. Was unsern Geist
    kundgetan,   erfreut
Daß Freunlichkeit nicht ankern* kann. Entspringt aus Gegenwärtigkeit.

            Ich schwamm in Freude,
            Der Liebe Hand   30
            Spann mir ein Kleid von Seide;
            Das Blatt hat sich gewandt,
            Ich geh im Leide,
            Ich wein itzund,* daß Lieb und Sonnenschein
            Stets voller Angst und Wolken sein.*   35

5 verbunden hat. 6 died away. 9 das; erfreut hat. 11 mark. 14 provide an
anchor.   19 injure, or weaken us in time.   23 fragrant.   25 i.e., loses all its
power.   34 weine jetzt.   35 sind.

Die Welt

Was ist die Welt und ihr berühmtes Glänzen?
Was ist die Welt und ihre ganze Pracht?
Ein schnöder* Schein in kurzgefaßten* Grenzen,
Ein schneller Blitz bei schwarzgewölkter Nacht.
Ein buntes Feld, da* Kummerdisteln* grünen;   5
Ein schön Spital, so* voller Krankheit steckt;
Ein Sklavenhaus, da* alle Menschen dienen,
Ein faules Grab, so* Alabaster deckt.
Das ist der Grund, darauf wir Menschen bauen
Und was das Fleisch für einen Abgott hält.   10
Komm, Seele, komm und lerne weiter schauen,
Als sich erstreckt der Zirkel dieser Welt.
Streich ab von dir derselben* kurzes Prangen,
Halt ihre Lust für eine schwere Last!
So wirstu* leicht in diesen Port gelangen,   15
Da* Ewigkeit und Schönheit sich umbfaßt.*

---

3 vile, base; narrow. 5 wo; thistles of care. 6 das. 7 wo. 8 das. 13 i.e.,
der Welt. 15 wirst du. 16 wo; umfaßt haben: eins sind.

Friedrich von Logau (1604-1655)

Sinngedichte:

Geduld

Leichter träget, was er träget,
Wer Geduld zur Bürde leget.

Ein unruhig Gemüte

Ein Mühlstein und ein Menschenherz wird stets herumgetrieben;
Wo beides nicht zu reiben hat, wird beides selbst zerrieben.

Die Gelegenheit

Es mangelt nie Gelegenheit, was Gutes zu verrichten;
Es mangelt nie Gelegenheit, was Gutes zu vernichten.

Gewaffneter Friede

Krieg hat den Harnisch weggelegt, der Friede zieht ihn an;
Wir wissen, was der Krieg verübt; wer weiß, was Friede kann?

Gesundheit

Wenn ein Kranker wird gesund, ist es Gottes Gabe;
Doch die Rechnung schreibt der Arzt, daß er auch was habe.

Drei Fakultäten

Juristen, Ärzte, Prediger sind alle drei beflissen,
Die Leute zu purgieren wohl am Säckel, Leib, Gewissen.

Zweifüssige Esel

Daß ein Esel hat gespracht, warum wundert man sich doch?
Geh aufs Dorf, geh auf den Markt: o sie reden heute noch.

Ehstand des Herzens und der Zunge

Das Herz und Zung ist wie vermählt;
Die zeugen Kinder ungezählt.
Wenn beide sie nicht eines sind,
Wird jedes Wort ein Hurenkind.

Regieren

Der kann andre nicht regieren,
Der sich selbst nicht recht kann führen.

Die Tapferkeit

Mannheit ohne Sinnen
Wird nicht viel gewinnen.

Glauben

Luthrisch, päbstisch, und calvinisch, diese Glauben alle drei
Sind vorhanden; doch ist Zweifel, wo das Christentum dann sei.

Ein Glaube und kein Glaube

Deutschland soll von dreien Glauben nunmehr nur behalten einen;
Christus meint, wann er wird kummen, dürft er alsdann finden keinen.

Quirinus Kuhlmann (1651-1689)

Der 62. Kühlpsalm (erster Teil)

In einer dunkler Nächte,
Als Liebesangst beflammend mich durchwerkt,
- O Fall vom Glücksgeschlechte! -
Entkam ich, allen unbemerkt,
Da schon mein Haus die Still und Ruh verstärkt.   5

Im Dunkeln, doch satt sicher,
Die Treppen warn geheim und ich verkleidt,
- O Fall vor Glückesbücher! -
Das Finstre gab Verhohlenheit,
Da schon mein Haus gestillt zu dieser Zeit.   10

In jener Nacht voll Segen,
In dem Geheim, da keiner mich erblickt,
Noch ich was sah bewegen,
Da ALLES Licht und ALLS entrückt,
Ohn das im Herz auslodernd mich beglückt.   15

O lebend Liebesflamme,
Du lieblichst trifft den tiefsten Seelengrund!
Nun bäumst du sanft im Stamme!
Ei, Lieber, mach das Ende kund!
Reiß das Geweb im süßen Anlaufsrund!   20

O lieblichzartes Brennen!
O sanfte Hand! O überzarter Griff!
Er schmeckt ein ewigst Kennen,
Löst alle Schuld, die mir nachlief!
Du tötst den Tod, durchlebst ihn ewigtief!   25

O feurge Lampenfeuer!
In deren Glanz die tiefsten Sinngrüft licht!
Vor dunkle Nachtgeheuer,
Nun voll gewohnter Prachtgesicht!
Ihr Hitzlicht strahlt dem Liebsten gleicher Pflicht.   30

Wie sanftmutvoller Liebe
Erwachst du mir, Geheimster, auf dem Schoß?
Welch süß´ste Atemtriebe?
Voll Guts und Ehr, die sinnenlos!
Entzündst du so? Ich sink auf dich, mir bloß.   35

Because of Kuhlmann´s use of neologisms and generally idiosyncratic use of
language, readers are left to their own devices.

Das Bett ist ganz durchblümet,
Mit Löwen ist behöhlet rings sein Ring!
Bepurpurt, als geziemet,
Im Fried erbaut, voll Wunderding!
Ja, tausend Schild von Gold warn hier gering.   40

Aus Blumen und Gesteinen,
Die höchster Früh erlesen aller Art,
Laß uns die Kränze feinen!
Sie blühen in Lieb aus dir gepaart:
Dies einge Haar hat sie sehr fest bewahrt.   45

Zu Felses Höhlen- Höhen
Eiln wir zugleich still zum Granatmost ein.
Des Feindes sein Vergehen
Entlägert uns. Das Feld ist rein.
Der Wasser Schall macht ALLES dein und mein.   50

Johann Christian Günther (1695-1723)

Der Seelen* Unsterblichkeit

Seele, wirf den Kummer hin,
Deiner Hoheit nachzudenken,*
Und laß dir den freien Sinn
Durch des Leibes Last nicht kränken!
Diese Bürde, so* man trägt,   5
Wird in Kurzem abgelegt.

Die Gefangenschaft vergeht,
Stahl und Fessel müssen brechen;
Unsers Lebens Alphabet
Ist ja noch wohl auszusprechen,   10
Macht doch auch die ganze Zeit*
Keinen Punkt der Ewigkeit.

Sklaven werden endlich frei
Und der Kerker aufgebrochen,*
Wenn des Todes Tyrannei   15
Ihren Feinden Hohn gesprochen;*
Ja, der längste Richterstab
Reichet selten bis ins Grab.

Heiden mögen mit der Gruft
Ihren Hoffnungsport verschließen* 20
Und, wenn das Verhängnis ruft,
Tränen vor Verdruß vergießen,
Weil sie dieser Wahn betriegt,*
Daß der Geist zugleich verfliegt.

Unser Glaube bricht die Bahn   25
Durch den Kirchhof in das Leben.
Wer die Welt nicht grüßen kann,
Lernt ihr zeitlich Abscheid geben;
Denn er glaubet, daß der Geist
Sich der Sterblichkeit entreißt.   30

Nun wohlan, ich bin bereit,
Meine Glieder hinzulegen;
Denn des Todes Bitterkeit
Führet uns auf Dornenwegen
In des Himmels Rosenfeld,   35
Wo die Wollust Tafel hält.*

Seelen is gen. sing. 2 i.e., und denk über ... nach. 5 die. 11 i.e., die
ganze Zeit macht ... 14 i.e., wird aufgebrochen. 16 i.e., gesprochen hat.
19-20 i.e., heathens have no harbor of hope after death. 23 betrügt. 36 holds
a banquet.

An Leonoren
als er sie einer beständigen Liebe versicherte

Treuer Sinn,
Wirf den falschen Kummer hin.
Laß den Zweifel der Gedanken
Nicht mit meiner Liebe zanken,
Da ich längst dein Opfer bin.

Glück und Zeit
Hasset die Beständigkeit;
Doch das Feuer, so* ich fühle,
Hat die Ewigkeit zum Ziele
Und verblendet selbst den Neid.

Meine Glut
Leidet keinen Wankelmut;   10
Eher soll die Sonn´ erfrieren,
Als die Falschheit mich verführen,
Eher löscht mein eigen Blut.

Grab und Stein
Adeln* selbst mein Redlichsein.   15
Bricht mir gleich der Tod das Herze,
So behält die Liebeskerze
In der Asche doch den Schein.

7 das.   15 ennoble.

Studentenlied

Brüder, laßt uns lustig sein,
Weil* der Frühling währet
Und der Jugend Sonnenschein
Unser Laub verkläret;
Grab und Bahre warten nicht;
Wer die Rosen jetzo bricht,
Dem ist der Kranz bescheret.

Unsers Lebens schnelle Flucht
Leidet keinen Zügel,
Und des Schicksals Eifersucht
Macht ihr stetig Flügel;
Zeit und Jahre fliehn davon,
Und vielleichte schnitzt man schon
An unsers Grabes Riegel.*

Wo sind diese, sagt es mir,
Die vor wenig Jahren
Eben also, gleich wie wir,
Jung und fröhlich waren?
Ihre Leiber deckt der Sand,
Sie sind in ein ander Land
Aus dieser Welt gefahren.

Wer nach unsern Vätern forscht,
Mag den Kirchhof fragen;
Ihr Gebein, so längst vermorscht,*
Wird ihm Antwort sagen.   25
Kann uns doch der Himmel bald,
Eh die Morgenglocke schallt,
In unsre Gräber tragen.

Unterdessen seid vergnügt,
Laßt den Himmel walten,   30
Trinkt, bis euch das Bier besiegt,
Nach Manier* der Alten.
Fort! Mir wässert schon das Maul,
Und, ihr andern, seid nicht faul,
Die Mode zu erhalten.   35

Dieses Gläschen bring´ ich dir,
Daß die Liebste lebe
Und der Nachwelt bald von dir
Einen Abriß gebe!
Setzt ihr andern gleichfalls an,   40
Und wenn dieses ist getan,
So lebt der edle Rebe.*

2 solange.   14 bolt, lock.   19 decomposed.   32 Weise.   42 (grape)vine.

Andreas Gryphius (1616-1664)

From: Catharina von Georgien

Ende des 4. Aktes. Schauplatz: Der Königin Zimmer. Catharina, zum Sterben
bereit, nimmt von ihren Hofdamen Abschied.

CATHARINA:
          Ade! Die Zeit verläuft. Nehmt diese letzte Küsse,
          Ihr, die ich zwar in Arm, doch mehr ins Herz einschließe!
          Der* uns nun von der Welt und eurer Seiten nimmt,
          Hat, wie und wenn ihr uns nachfolgen sollt, bestimmt.
          Cassandra, nimm den Ring! Ihr, diese Perlenschnüre!   5
          Den Demant Salome, Serena die Saphire!
          Nehmt an zu guter Nacht die Steine von dem Haar,
          Die Ketten und was noch von Schmuck uns übrig war,
          Und denkt an unsern Tod! Hiermit bleibt Gott befohlen!*
          Wofern* der Höchst euch noch wird nach Gurgistan holen,   10
          So zeigt dem Tamaras und allem Landvolk an:
          Der* möge nicht vergehn, der wie wir sterben kann!

BLUTRICHTER:
          Prinzessin! Man begehrt ihr in dem großen Saale;
          Der Priester ist bestellt.

CATHARINA:
                              Laßt aus dem Jammertale,
          Laßt aus der Höll uns gehn! - Was sind die Tränen not;*   15
          Was macht ihr?

JUNGFRAUEN:
                    Werte Frau! Wir wünschen uns den Tod.

ERSTE JUNGFRAU:
          Soll Ihre Majestät so kläglich* von uns scheiden?
_____
This tragedy is based on a historical event from the year 1620. Gryphius' play
presents the situation thus: Catherine of Georgia (also called Gurgistan), queen
and mother, though still young, sees her land overrun by the Persians. She goes
to the camp of the enemy to ask for peace and to request that her son Tamaras be
allowed to rule in Georgia. The Persian ruler, Chach (Shah) Abas, who has
promised her safe conduct, takes her prisoner and returns with her to his
capital Schiras. Passionately in love with her, he asks her to give up her
Christian faith for Islam and to become his consort. When she steadfastly
refuses, he has her killed--martyred by hot metal instruments. The whole
dramatic action encompasses one day. 3 he who, i.e., God. 9 remain entrusted
to God. 10 if. 12 such a person. 15 why are tears necessary. 17 miserably.

ZWEITE JUNGFRAU:
     So kläglich untergehn?

DRITTE JUNGFRAU:
               O mehr denn herbes Leiden!

VIERTE JUNGFRAU:
     Bisher hab ich mein Land und Eltern nur beklagt;
     Sie war statt beider mir,* sie, die von Trost uns sagt,   20
     Wenn schier das Herze brach. Mit ihr fiel uns die Bürde,
     Prinzessin,* ja nicht schwer. Es schien, kein Unfall würde
     In ihrer Gegenwart uns unerträglich sein.
     Nun greift der neue Schmerz uns in die Seelen ein
     Und reißt die Wunden auf, die kaum die Zeit gelindert.*   25
     Die Glut der Angst entbrennt, die Hoffnung ist gemindert,
     Was sag ich, sie ist hin! Wer hilft uns ferner?

CATHARINA:
                         Gott,
     Der aller Vater ist, der Waisen aus dem Kot
     Und Witwen aus dem Staub und Toten von der Bahre
     Kann retten, wenn er will. Glaubt, daß er euch bewahre,   30
     Und bleibt ihm ewig treu!

SALOME:
               Ach, kann´s nicht möglich sein,
     Daß wir zu unserm Trost beiwohnen ihrer Pein?*

BLUTRICHTER:
     Drei mögen und nicht mehr sie in den Saal begleiten.

JUNGFRAUEN:
     Ach, führt uns mit!

BLUTRICHTER:
               Ich darf Befehl nicht überschreiten;
     Es kostet meinen Kopf.

CATHARINA:
               Stellt euren Geist zu Ruh   35
     Und setzt uns ferner nicht mit trübem Weinen zu!
     Wir haben satt gelebt und können nichts begehren,
     Das uns die große Welt noch mächtig zu gewähren.
     Wir haben Kirch und Kron beschützt mit Rat und Schwert,
     Armenien beherrscht, der Persen Land verheert,   40
     Des Schwähers* trüben Fall, des Liebsten Blut gerochen,*

---

20 i.e., she was both father and mother to me. 25 i.e., gelindert hat. 32 i.e.,
witness her martyrdom. 41 father-in-land; avenged: She avenged her father-in-
law and husband, killed through the instrumentality of the ruler of Persia.

Der blinden Liebe Joch, des Todes Pfeil zubrochen*
Und steigen in der Blüt des Alters auf die Bahr,
In höchstem Siegsgepräng auf unsern Schlachtaltar,
Wo wir dies unser Fleisch zum Opfer übergeben   45
Dem, der sich selbst für uns ließ an ein Holz* erheben.
Die Erden stinkt uns an,* wir gehn in Himmel ein.
Betrübt euch, Liebste, nicht! Die Pein ist sonder* Pein;
Die Zähren* schwächen schier die unbewegten Sinnen.
Will man euch unsern Tod zu schauen nicht vergönnen,   50
Geduld! Doch dient ihr uns in diesem Zimmer mehr.
Fallt Gott für uns zu Fuß! Wünscht, daß er uns erhör
Und selber kämpfen helf und Stärk in Angst verleihe,
Daß er begangne Schuld, die uns befleckt, verzeihe
Und uns im Tod erquick und rett aus allem Leid!   55
Ade mit diesem Kuß bis in die Ewigkeit!

REIHEN DER TUGENDEN, DES TODES UND DER LIEBE. (Allegorical figures)

DIE TUGENDEN:

Erschreckte Sterblichen! Welch Zittern stößt euch an,*
Wenn man dem zarten Fleisch zusetzet
Und Schwerter auf* die Hälse wetzet!   60
Wie, daß ihr so verzagt ob* dem, was töten kann?
Muß man dies lebenlose Leben
Den Jahren nicht zur Beute geben?
Warum denn so geliebt,* was man verlieren muß?
Wie, daß ihr doch nicht auf wollt setzen*   65
Vor dies, was ewig kann ergetzen,*
Die Unruh, diese Last, die Tränen, den Verdruß?
Erbebt vor dem, der Leib und Seele
Kann in des grausen Abgrunds Höhle
Durch ein erzörntes Winken stürzen   70
Und euch, was ewig lebt, abkürzen!

TOD:

Dieser Pfeil,* der mit dem Blut
Gottes selbst genetzt,
Der mich umfing euch zugut,
Heilt, wen er verletzt.   75

LIEBE:

Dieser Pfeil, der durch das Herz
Gottes selber drang,
Tötet Furcht und Qual und Schmerz
Und der Folter Zwang.

---

42 zerbrochen. 46 i.e., the cross. 47 repels us. 48 ohne. 49 tears. 57 comes
over you. 59 in preparation for. 60 because of. 64 warum wird das so geliebt.
65 aufsetzten vor (für): suffer in return for. 66 erfreuen. 72 The arrow, a
sign of both love (eros) and death, is here a Christian symbol of divine love.

TOD:

     Diese Fackel* leuchtet zwar
     Euch aus dieser Welt;   80
     Dennoch führt sie von der Bahr*
     In des Himmels Zelt.

LIEBE:

     Dieser Fackel heißse Glut
     Steckt die Geister an,
     Daß man mit entbranntem Mut   85
     Vor Gott treten kann.

TOD:

     Wem vor diesem Bogen graut,
     Kennt die Welt* noch sich;
     Wer die Erden recht durchschaut,
     Wünscht nicht mehr als mich.   90

LIEBE:

     Wer nicht diesen Bogen liebt,
     Kennt noch sich noch Gott,
     Und bleibt hier und dort betrübt,
     Ja, ist lebend tot.

TOD:

     In mein weißes Ehrenkleid   95
     Ward Gott selbst verhüllt,
     Als er eurer Seelen Leid
     Durch sein Leid gestillt.*

LIEBE:

     Meine Purpur ist gefärbt
     In des Höchsten* Blut,   100
     Als er euch am Kreuz ererbt
     Ein unendlich Gut.

TOD:

     Schließ ich euch die Augen zu,
     So schließt ihr vielmehr
     Dieses Streiten sonder* Ruh,   105
     Diesen Kampf ohn Ehr.

LIEBE:

     Wem für meiner Flammen Macht
     Erstarrt Aug und Licht,*
     Sieht in heilig-höchster Pracht
     Gottes Angesicht....   110

---

79 torch: torch and bow (below) function similarly to the arrow. 81 bier.
88 neither the world nor.... 98 gestillt hat: soothed. 100 i.e., God's.
104 ohne. 108 i.e., dies.

Ende des 5. Aktes.   Schauplatz: Der königliche Saal

CHACH ABAS:
    ...Schauet! Schauet! Der Himmel bricht,*
    Die Wolkenveste reißt entzwei,
    Das rechte Recht steht ihren Sachen bei!*
    Das Recht ist's selbst, das uns das endlich* Urteil spricht.
    Prinzessin, ach! Wir sehn sie vor uns stehn,   5
    Nicht mehr mit eigner Röt des keuschen Bluts gefärbet.
    Sie hat ein höher Reich ererbet
    Als dieses, das mit uns muß untergehn.
    Ihr lieblich-zornig Antlitz wird verkehrt in eine lichte Sonne;
    Ihr Herz vergißt die rauhe Schmerzen und wundert sich ob* neuer Wonne.
    Sie ist mit schönerm Fleisch umgeben;   11
    Der zarten Glieder edles Leben
    Trotzt* aller Schönheit, die die große Welt
    In ihren Schranken hält.
    Sie prangt in Kleidern, darfür Schnee kein Schnee;*   15
    Ihr wird ein Thron gesetzt in der besternten Höh.
    Sagt ferner nichts von schütterndem* Gesteinen!
    Die Kron, die Unschuld ihr auf die beperlten Haare setzet,
    Geht allem vor, was Phrat und Tagus* schätzet.
    Prinzessin! Ach, wer will dein Glück beweinen   20
    Als Chach? Auf welchen sich dein Grimm erhitzt,
    Der um und um mit lichten Flammen blitzt!
    Prinzessin! Ach! Prinzessin! Ach, wir brennen!
    Feuer! Feuer! Feuer! Feuer! Feuer! kracht in diesem Herzen!
    Wir verlodern, wir verschmelzen, angesteckt durch Schwefelkerzen! 25
    Prinzessin! Schau! Prinzessin! Wir bekennen
    Entzeptert,* auf den Knien und mit gewundnen Händen,
    Daß wir unrechtmäßig dich betrübet,
    Daß wir ein Stück* an dir verübet,
    Welches aller Zeiten Zeit wird grausam nennen.   30
    Prinzessin! Heische Rach!*
    Ach! Ach! Ach!
    Lauft! Bringt die Mörder um, die Hand an sie geleget!
    Weg, Szepter weg! Chach hat hier selber Schuld.
    Und trägt der Himmel noch mit uns Geduld?   35
    Starrt diese Faust, die West und Ost beweget?
    Komm, komm, mein Schwert! Wir haben Macht, uns selbst zu strafen.

---

1 The shah experiences a vision after Catherine's execution. 3 i.e., true
justice is on her side. 4 final. 10 because of. 13 defies, is superior to.
15 dafür = davor: in comparison with which snow is not snow (white).
17 sparkling. 19 Euphrates and Tagus: two rivers famous for the gold content of
their sands. 27 casting away our scepter. 29 i.e., injustice. 31 demand
vengeance.

Was hier? Geht Schiras ein? Wo knirschen diese Waffen?
Was für Gerase der Trompeten?
Wer zückt die Säbel, uns zu töten?   40
Der Erden Grund brüllt und erzittert;
Was ist, das hinter uns sich wittert?*
Wie, oder schreckt uns eitel* Phantasie?

(Der Geist erscheinet)
Prinzessin! Ach, wir sinken auf die Knie,
Wir, vor dem sich ganz Osten niederbeuget!   45
Vergib dem, welcher seine Reu mit ewigbitterm Kummer zeiget!

CATHARINA:
Tyrann! Der Himmel ist´s, der dein Verderben sucht;
Gott läßt unschuldig Blut nicht rufen sonder Frucht.*
Dein Lorbeerkranz verwelkt, dein Siegen hat ein Ende;
Dein hoher Ruhm verschwindt; der Tod streckt schon die Hände   50
Nach dem verdammten Kopf. Doch eh du wirst vergehn,
Mußt du dein Persen sehn in Kriegesflammen stehn,
Dein Haus durch schwarze Gift der Zweitracht* angestecket,
Bis du, durch Kindermord und nächstes* Blut beflecket,
Feind, Freunden und dir selbst unträglich, wirst das Leben   55
Nach grauser Seuchen Angst dem Richter übergeben.
(verschwindet)

CHACH ABAS:
Recht so, Prinzessin, recht! Greif unsern Siegkranz an!
Bekriege Persens Ruh! Reiß, was uns schützen kann,
Mit starker Faust hinweg! Laß, nun du schon erblichen,*
Den wackern Hochmut aus, dem Abas oft gewichen!*   60
Laß auf dem Brandaltar, dem Schauplatz deiner Pein,
Zu lindern deinen Grimm,* uns selbst ein Opfer sein!
Doch, ist wohl herber Rach und die mehr kann betrüben,*
Als daß wir, Feindin, dich auch tot stets müssen lieben?

---

42 can be seen. 43 empty. 47-56 The ghost of Catherine foretells things here
that happened to the historical Shah Abbas I, the Great, who, in his final
years, was hard pressed by Turkish invasions and who, out of suspicion, had his
oldest son executed and the two younger sons blinded. 53 discord. 54 i.e., by
the blood of those closest to you. 59 i.e., gestorben bist. 60 gewichen ist:
yielded to. 62 um deinen Grimm zu lindern. 63 is there more bitter revenge and
one that can be more distressing....

Hans Jakob Christoffel von Grimmelshausen (c. 1621-1676)

From: Der abenteuerliche Simplicissimus

Das 4. Kapitel: **Simplicii Residenz wird erobert, geplündert und zerstört,
darin die Krieger jämmerlich hausen**

Wiewohl ich nicht bin gesinnet gewesen, den friedliebenden Leser mit diesen
Reutern* in meines Knans* Haus und Hof zu führen, weil es schlimm genug darin
hergehen wird: So erfordert jedoch die Folge meiner Histori,* daß ich der lieben
Posterität hinterlasse, was für Grausamkeiten in diesem unserm Teutschen Krieg
hin und wieder verübet worden, zumalen* mit meinem eigenen Exempel zu bezeugen,   5
daß alle solche Übel von der Güte des Allerhöchsten, zu unserm Nutz oft
notwendig haben verhängt werden müssen:* Denn lieber Leser, wer hätte mir
gesagt, daß ein Gott im Himmel wäre, wenn keine Krieger meines Knans Haus
zernichtet und mich durch solche Fahung* unter die Leut gezwungen hätten, von
denen ich genugsamen Bericht empfangen?* Kurz zuvor konnte ich nichts anders   10
wissen noch mir einbilden, als daß mein Knan, Meuder, ich und das übrige
Hausgesind* allein auf Erden sei, weil mir sonst kein Mensch noch einzige*
andere menschliche Wohnung bekannt war, als diejenige, darin ich täglich aus-
und einging: Aber bald hernach erfuhr ich die Herkunft der Menschen in diese
Welt, und daß sie wieder daraus müßten; ich war nur mit der Gestalt ein Mensch,   15
und mit dem Namen ein Christenkind, im übrigen aber nur eine Bestia!* Aber der
Allerhöchste sah meine Unschuld mit barmherzigen Augen an, und wollte mich
beides zu seiner und meiner Erkenntnis* bringen: Und wiewohl er tausenderlei Weg
hierzu hatte, wollte er sich doch ohn Zweifel nur desjenigen bedienen, in
welchem mein Knan und Meuder,* andern zum Exempel, wegen ihrer liederlichen
Auferziehung gestraft würden.   20
Das erste, das diese Reuter taten, war, daß sie ihre Pferd einstellten,
hernach hatte jeglicher seine sonderbare Arbeit zu verrichten, deren jede lauter
Untergang und Verderben anzeigte, denn obzwar* etliche anfingen zu metzgen,* zu
sieden* und zu braten, daß es sah, als sollte ein lustig Bankett* gehalten
werden, so waren hingegen andere, die durchstürmten das Haus unten und oben, ja   25
das heimlich Gemach* war nicht sicher, gleichsam ob wäre das gülden Fell von
Kolchis* darinnen verborgen. Andere machten von Tuch, Kleidungen und allerlei
Hausrat große Päck zusammen, als ob sie irgends ein Krempelmarkt* anrichten
wollten. Was sie aber nicht mitzunehmen gedachten, wurde zerschlagen; etliche
durchstachen Heu und Stroh mit ihren Degen, als ob sie nicht Schaf und Schwein   30
genug zu stechen gehabt hätten, etliche schütteten die Federn aus den Betten,
und fülleten hingegen Speck, andere dürr Fleisch und sonst Gerät hinein, als ob
alsdann besser darauf zu schlafen gewesen wäre. Andere schlugen Ofen und
Fenster ein, gleichsam als hätten sie ein ewigen Sommer zu verkündigen, Kupfer

---

2 riders, soldiers. The soldiers have found the simple peasant boy Simplicius
watching his sheep and force him to take them with him back to his parents´
farmhouse. Knans: dialect for Vaters. 3 Geschichte. 5 especially. 7 have had
to be imposed. 9 Gefangennahme. 10 i.e., empfangen habe. 11 household.
12 irgendeine. 16 wild animal. 18 i.e., to a knowledge of him and of myself.
19 dialect for Mutter. 23 obwohl; butcher. 24 boil; banquet. 26 secret room.
27 The golden fleece taken by Jason and the Argonauts. 28 flea market.

und Zinnengeschirr schlugen sie zusammen, und packten die gebogenen und
verderbten Stück ein, Bettladen, Tisch, Stühl und Bänk verbrannten sie, da doch*
viel Klafter* dürr Holz im Hof lag, Hafen* und Schüsseln mußte endlich alles
entzwei, entweder weil sie lieber Gebraten aßen, oder weil sie bedacht waren,
nur ein einzige Mahlzeit allda* zu halten; unser Magd ward im Stall dermaßen*   5
traktiert, daß sie nicht mehr daraus gehen konnte, welches zwar eine Schand ist
zu melden! Den Knecht legten sie gebunden auf die Erd, steckten ihm ein
Sperrholz ins Maul, und schütteten ihm einen Melkkübel voll garstig Mist-
lachenwasser* in Leib, das nenneten sie ein Schwedischen Trunk, wodurch sie ihn
zwangen, eine Partei anderwärts zu führen, allda* sie Menschen und Vieh hinweg-   10
nahmen, und in unsern Hof brachten, unter welchen mein Knan, mein Meuder und
unser Ursele auch waren.
     Da fing man erst an, die Stein von den Pistolen,* und hingegen an deren
Statt der Bauren Daumen aufzuschrauben, und die armen Schelmen* so zu foltern,
als wenn man hätt Hexen brennen wollen, maßen* sie auch einen von den gefangenen 15
Bauren bereits in Backofen steckten, und mit Feuer hinter ihm her waren,
ohnangesehen* er noch nichts bekannt hatte; einem andern machten sie ein Seil um
den Kopf und reitelten* es mit einem Bengel* zusammen, daß ihm das Blut zu Mund,
Nas und Ohren heraussprang. In Summa,* es hatte jeder seine eigene Invention,
die Bauren zu peinigen, und also auch jeder Bauer seine sonderbare Marter:*   20
Allein mein Knan war meinem damaligen Bedünken* nach der glückseligste, weil er
mit lachendem Mund bekennete, was andere mit Schmerzen und jämmerlicher Weheklag
sagen mußten, und solche Ehre widerfuhr ihm ohne Zweifel darum, weil er der
Hausvater war, denn sie setzten ihn zu einem Feuer, banden ihn, daß er weder
Händ noch Füß regen konnte, und rieben seine Fußsohlen mit angefeuchtem Salz,   25
welches ihm unser alte Geiß* wieder ablecken, und dadurch also kitzeln mußte,
daß er vor Lachen hätte zerbersten mögen; das kam so artlich, daß ich
Gesellschaft halber, oder weil ichs nicht besser verstund, von Herzen mitlachen
mußte: In solchem Gelächter bekannte er seine Schuldigkeit, und öffnet' den
verborgenen Schatz, welcher von Gold, Perlen und Kleinodien viel reicher war,   30
als man hinter Bauren hätte suchen mögen. Von den gefangenen Weibern, Mägden
und Töchtern weiß ich sonderlich nichts zu sagen, weil mich die Krieger nicht
zusehen ließen, wie sie mit ihnen umgingen: Das weiß ich noch wohl, daß man
teils hin und wider in den Winkeln erbärmlich schreien hörte, schätze wohl,* es
sei meiner Meuder und unserm Ursele nicht besser gangen* als den andern. Mitten   35
in diesem Elend wendet ich Braten,* und half nachmittag die Pferd tränken, durch
welches Mittel ich zu unserer Magd in Stall kam, welche wunderwerklich
zerstrobelt* aussah, ich kennete sie nicht, sie aber sprach zu mir mit
kränklicher Stimm: "O Bub lauf weg, sonst werden dich die Reuter mitnehmen,
guck* daß du davonkommst, du siehest wohl, wie es so übel": mehrers konnte sie   40
nicht sagen.

2 obwohl. 3 cord; earthen pots. 5 dort; so. 9 water from a puddle in the
manure pile. 10 wo. 13 the flintstones used to ignite the gunpowder were
fastened to the gun with a screw. 14 the poor devils. 15 wie denn.
17 obwohl. 18 twisted; club. 19 in short. 20 suffering. 21 opinion.
26 nanny goat. 34 I suppose; gegangen. 35 I turned the roast (on the spit).
37 strangely mussed up. 39 see to it.

Das 5. Kapitel: **Wie Simplicius das Reiß-aus spielt* und von faulen Bäumen erschrecket wird**

Da machte ich gleich den Anfang, meinen unglücklichen Zustand, den ich vor Augen sah, zu betrachten, und zu gedenken, wie ich mich förderlichst* ausdrehen* möchte; wohin aber?. Dazu war mein Verstand viel zu gering, einen Vorschlag zu tun, doch hat es mir so weit gelungen, daß ich gegen Abend in Wald bin entsprungen. Wo nun aber weiters hinaus? Sintemal* mir die Wege und der Wald so   5 wenig bekannt waren, als die Straß durch das gefrorne Meer, hinter Nova Zembla, bis gen* China hinein: die stockfinstere Nacht bedeckte mich zwar zu meiner Versicherung,* jedoch bedeuchte* sie meinen finstern Verstand nicht finster genug, dahero verbarg ich mich in ein dickes Gesträuch, da ich sowohl das Geschrei der gedrillten* Bauren, als den Gesang der Nachtigallen hören konnte,   10 welche Vögelein sie, die Bauren, von welchen man teils auch Vögel zu nennen pflegt, nicht angesehen hatten,* mit ihnen Mitleiden zu tragen, oder ihres Unglücks halber den lieblichen Gesang einzustellen, darum legte ich mich auch ohn alle Sorge auf ein Ohr, und entschlief. Als aber der Morgenstern im Osten hervorflackerte, sah ich meines Knans Haus in voller Flamme stehen, aber niemand   15 der zu löschen begehrte; ich begab mich hervor, in Hoffnung, jemand von meinem Knan anzutreffen, wurde aber gleich von fünf Reutern erblickt, und angeschrien: "Junge, komm heröfer, oder schall mi de Tüfel halen, ick schiete dik, dat di de Dampf zum Hals utgaht."* Ich hingegen blieb ganz stockstill stehen, und hatte das Maul offen, weil ich nicht wußte, was der Reuter wollte oder meinte, und   20 indem ich sie so ansah, wie ein Katz ein neu Scheurtor,* sie aber wegen eines Morastes* nicht zu mir kommen konnten, welches sie ohn Zweifel rechtschaffen* vexierte, lösete* der eine seinen Karbiner auf mich, von welchem urplötzlichen Feuer und unversehnlichem Klapf,* den mir Echo durch vielfältige Verdoppelung grausamer machte, ich dermaßen erschreckt ward, weil ich dergleichen niemals   25 gehöret oder gesehen hatte, daß ich alsobald* zur Erden niederfiel, ich regete vor Angst keine Ader mehr, und wiewohl der Reuter ihres Wegs fortritten, und mich ohn Zweifel für tot liegen ließen, so hatte ich jedoch denselbigen ganzen Tag das Herz nicht, mich aufzurichten. Als mich aber die Nacht wieder ergriff, stund ich auf, und wanderte so lang im Wald fort, bis ich von fern einen faulen   30 Baum schimmern sah, welcher mir ein neue Furcht einjagte, kehrete derowegen* sporenstreichs* wieder um, und ging so lang, bis ich wieder einen andern dergleichen Baum erblickte, von dem ich mich gleichfalls wieder fortmachte, und auf diese Weise die Nacht mit Hin- und Widerrennen, von einem faulen Baum zum andern, vertrieb, zuletzt kam mir der liebe Tag zu Hilf, welcher den Bäumen   35 gebot, mich in seiner Gegenwart ohnbetrübt* zu lassen, aber hiermit war mir noch nichts geholfen, denn mein Herze steckte voll Angst und Furcht, die Schenkel voll Müdigkeit, der leere Magen voll Hunger, das Maul voll Durst, das Hirn voll närrischer Einbildung,* und die Augen voller Schlaf: Ich ging dennoch fürder,

---

takes to flight. 2 <u>am besten</u>; <u>fliehen</u>. 5 <u>weil</u>. 7 <u>gegen</u>. 8 <u>Sicherheit</u>; seemed to. 10 tormented. 12 i.e., the nightingales did not respect the peasants (enough) to show sympathy or stop their singing. 19 "Boy, come here or, the devil take me, I´ll shoot you so that smoke will come out your throat." Westphalian dialect. 21 barn door. 22 swamp; <u>sehr</u>. 23 fired. 24 unexpected bang. 26 <u>gleich</u>, <u>sofort</u>. 31 <u>deswegen</u>. 32 <u>schnellstens</u>. 36 undisturbed. 39 foolish fantasies.

wußte aber nicht wohin, je weiter ich aber ging, je tiefer ich von den Leuten
hinweg in Wald kam: Damals stund ich aus und empfand (jedoch ganz unvermerkt)
die Wirkung des Unverstands und der Unwissenheit, wenn ein unvernünftig Tier an
meiner Stell gewesen wäre, so hätte es besser gewußt, was es zu seiner Erhaltung
hätte tun sollen, als ich, doch war ich noch so witzig, als mich abermal* die 5
Nacht ereilte, daß ich in einen hohlen Baum kroch, mein Nachtlager darinnen zu
halten.

Das 6. Kapitel: Ist kurz und so andächtig, daß dem Simplicio darüber
ohnmächtig wird

    Kaum hatte ich mich zum Schlaf akkommodieret, da höerte ich folgende Stimm: 10
"O große Liebe, gegen uns undankbare Menschen! Ach mein einziger Trost! Mein
Hoffnung, mein Reichtum, mein Gott!" und so dergleichen mehr, das ich nicht
alles merken noch verstehen können.*
    Dieses waren wohl Wort, die einen Christenmenschen, der sich in einem
solchen Stand, wie ich mich dazumal befunden,* billig* aufmuntern, trösten und 15
erfreuen hätten sollen: Aber, o Einfalt und Unwissenheit! es waren mir nur
böhmische Dörfer,* und alles ein ganz unverständliche Sprach, aus der ich nicht
allein* nichts fassen konnte, sondern auch eine solche, vor deren Seltsamkeit
ich mich entsetzte; da ich aber höerte, daß dessen, der sie redete, Hunger und
Durst gestillt werden sollte, riet mir mein ohnerträglicher* Hunger, mich auch 20
zu Gast zu laden, derowegen faßte ich das Herz, wieder aus meinem hohlen Baum zu
gehen, und mich der gehörten Stimm zu nähern. Da wurde ich eines großen Manns
gewahr, in langen schwarzgrauen Haaren, die ihm ganz verworren auf den Achseln
herum lagen. Er hatte einen wilden Bart, fast formiert wie ein Schweizerkäs.
Sein Angesicht war zwar bleichgelb und mager, aber doch ziemlich lieblich, und 25
sein langer Rock mit mehr als tausend Stückern von allerhand Tuch überflickt*
und aufeinandergesetzt. Um Hals und Leib hatte er ein schwere eiserne Ketten
gewunden wie S. Wilhelmus,* und sah sonst in meinen Augen so scheußlich und
fürchterlich aus, daß ich anfing zu zittern, wie ein nasser Hund. Was aber
meine Angst mehret´, war, daß er ein Kruzifix ungefähr sechs Schuh lang an seine 30
Brust drückte, und weil ich ihn nicht kennete, konnte ich nichts anders er-
sinnen, als dieser alte Greis müßte ohn Zweifel der Wolf sein, davon mir mein
Knan kurz zuvor gesagt hatte: In solcher Angst wischte ich mit meiner Sack-
pfeif* hervor,* welche ich als meinen einzigen Schatz noch vor den Reutern
salviert* hatte. Ich blies zu, stimmte an, und ließ mich gewaltig hören, diesen 35
greulichen Wolf zu vertreiben, über welcher jählingen* und ohngewöhnlichen
Musik, an einem so wilden Ort, der Einsiedel* anfänglich nicht wenig stutzte,
ohn Zweifel vermeinend, es sei etwa ein teuflisch Gespenst hinkommen, ihn, wie
etwa dem großen Antonio widerfahren,* zu tribulieren,* und seine Andacht zu zer-
stören. Sobald er sich aber wieder erholete, spottet´ er meiner,* als seines 40

5 wieder. 13 habe verstehen können. 15 befunden habe; rightly.
17 unintelligible. 18 nur. 20 unerträglicher. 26 patched. 28 St. William was
thus depicted. 34 a small bagpipe; pulled out. 35 gerettet. 36 sudden.
37 hermit. 39 as happened to great St. Anthony (a hermit in Egypt severely
tempted by the devil); torment. 40 he mocked me.

Versuchers im hohlen Baum, wo hinein ich mich wieder retiriert* hatte, ja er war
so getrost,* daß er gegen mich ging, den Feind des menschlichen Geschlechts
genugsam auszuhöhnen. "Ha", sagte er, "du bist ein Gesell dazu, die Heiligen
ohne göttliches Verhängnis" etc. mehrers habe ich nicht verstanden, denn seine
Näherung ein solch Grausen und Schrecken in mir erregte, daß ich des Amts*   5
meiner Sinne beraubt wurde, und dorthin in Ohnmacht niedersank.

Das 7. Kapitel: **Simplicius wird in einer armen Herberg freundlich traktiert***

   Wasgestalten* mir wieder zu mir selbst geholfen worden, weiß ich nicht,
aber dieses wohl, daß der Alte meinen Kopf in seinem Schoß, und vorn meine
Juppen* geöffnet gehabt, als ich mich wieder erholete; da ich den Einsiedler so   10
nahe bei mir sah, fing ich ein solch grausam Geschrei an, als ob er mir im
selben Augenblick das Herz aus dem Leib hätte reißen wollen. Er aber sagte:
"Mein Sohn, schweig, ich tue dir nichts, sei zufrieden" etc. Je mehr er mich
aber tröstete, und mir liebkoste, je mehr ich schrie: "O du frißt mich! O du
frißt mich! Du bist der Wolf, und willst mich fressen." "Ei ja wohl nein, mein   15
Sohn", sagte er, "sei zufrieden, ich freß dich nicht." Dies Gefecht währete
lang, bis ich mich endlich so weit ließ weisen, mit ihm in seine Hütten zu
gehen, darin war die Armut selbst Hofmeisterin, der Hunger Koch, und der Mangel
Küchenmeister. Da wurde mein Magen mit einem Gemüs und Trunk Wassers gelabt,
und mein Gemüt, so ganz verwirret war, durch des Alten tröstliche Freundlichkeit 20
wieder aufgericht* und zurecht gebracht. Derowegen ließ ich mich durch die
Anreizung des süßen Schlafes leicht betören, der Natur solche Schuldigkeit
abzulegen. Der Einsiedel merkte meine Notdurft, darum ließ er mir den Platz
allein in seiner Hütten, weil nur einer darin liegen konnte. Ohngefähr um
Mitternacht erwachte ich wieder, und hörete ihn folgendes Lied singen, welches 25
ich hernach auch gelernet:*

                Komm Trost der Nacht, o Nachtigall,
                Laß deine Stimm mit Freudenschall
                Aufs lieblichste erklingen.
                Komm, komm, und lob den Schöpfer dein, 30
                Weil andre Vöglein schlafen sein,*
                Und nicht mehr mögen singen:
                    Laß dein Stimmlein
                        Laut erschallen, dann vor allen
                            Kannst du loben   35
                Gott im Himmel hoch dort oben.

                Ob schon* ist hin* der Sonnenschein,
                Und wir im Finstern müssen sein,
                So können wir doch singen
                Von Gottes Güt und seiner Macht,   40

---
1 zurückgezogen. 2 relieved. 5 faculty, use. 7 treated. 8 wie. 10 jacket.
21 restored. 26 gelernt habe. 31 schlafen sein = schlafen. 37 obwohl; gone.

Weil uns kann hindern keine Nacht,
Sein Lob zu vollenbringen.
　　Drum dein Stimmlein
　　　　Laß erschallen, dann vor allen
　　　　　　Kannst du loben　　　　　　5
Gott im Himmel hoch dort oben.

Echo, der wilde Widerhall,
Will sein bei diesem Freudenschall,
Und lässet sich auch hören;
Verweist* uns alle Müdigkeit,　　　　10
Der wir ergeben* allezeit,
Lehrt uns den Schlaf betören.
　　Drum dein Stimmlein etc.

Die Sterne, so am Himmel stehn,
Lassen sich zum Lob Gottes sehn,　　15
Und tun ihm Ehr beweisen;
Auch die Eul die nicht singen kann,
Zeigt doch mit ihrem Heulen an,
Daß sie Gott auch tu preisen.*
　　Drum dein Stimmlein etc.　　　　20

Nur her mein liebstes Vögelein,
Wir wollen nicht die Fäulsten sein,
Und schlafend liegen bleiben,
Sondern bis daß die Morgenröt
Erfreuet diese Wälder öd,*　　　　25
Im Lob Gottes vertreiben.*
　　Laß dein Stimmlein
　　　　Laut erschallen, dann vor allen
　　　　　　kannst du loben
Gott im Himmel hoch dort oben.　　30

　　　Unter währendem* diesem Gesang bedünkte* mich wahrhaftig, als wenn die
Nachtigall sowohl als die Eul und Echo mit eingestimmt hätten, und wenn ich den
Morgenstern jemals gehört, oder dessen Melodei auf meiner Sackpfeifen
aufzumachen vermocht, so wäre ich aus der Hütten gewischt, meine Karten mit
einzuwerfen, weil mich diese Harmonia so lieblich zu sein bedünkte, aber ich　35
entschlief, und erwachte nicht wieder, bis wohl in den Tag hinein, da der
Einsiedel vor mir stund, und sagte: "Auf Kleiner, ich will dir Essen geben, und
alsdann den Weg durch den Wald weisen, damit du wieder zu den Leuten, und noch
vor Nacht in das nächste Dorf kommest." Ich fragte ihn: "Was sind das für
Dinger, Leuten und Dorf?" Er sagte: "Bist du denn niemalen in keinem Dorf　40
gewesen, und weißt auch nicht, was Leut oder Menschen sind?" "Nein", sagte ich,

---

10 vertreibt. 11 subject to. 19 tu preisen = preist, lobt. 25 diese öden
Wälder. 26 die Zeit verbringen. 31 during; it seemed.

nirgends als hier bin ich gewesen, aber sag mir doch, was sind Leut, Menschen
und Dorf?"   "Behüt Gott",* antwortet´ der Einsiedel, "bist du närrisch oder
gescheit?"* "Nein", sagte ich, "meiner Meuder und meines Knans Bub bin ich, und
nicht der Närrisch oder der Gescheit." Der Einsiedel verwundert´ sich mit
Seufzen und Bekreuzigung,* und sagte: "Wohl liebes Kind, ich bin gehalten,* dich   5
um Gottes willen besser zu unterrichten." Darauf fielen unsere Reden und
Gegenreden wie folgend Kapitel ausweiset.

Das 8. Kapitel: Wie Simplicius durch hohe Reden seine Vortrefflichkeit* zu
erkennen gibt

Einsiedel: Wie heißest du?   10
Simplicius: Ich heiße Bub.
Eins.: Ich sehe wohl, daß du kein Mägdlein bist, wie hat dir aber dein Vater und
     Mutter gerufen?
Simp.: Ich habe keinen Vater oder Mutter gehabt.
Eins.: Wer hat dir denn das Hemd geben?   15
Simp.: Ei mein Meuder.
Eins.: Wie heißet´ dich denn dein Meuder?
Simp.: Sie hat mich Bub geheißen, auch Schelm,* ungeschickter Tölpel* und
     Galgenvogel.*
Eins.: Wer ist denn deiner Mutter Mann gewesen?   20
Simp.: Niemand.
Eins.: Bei wem hat denn dein Meuder des Nachts geschlafen?
Simp.: Bei meinem Knan.
Eins.: Wie hat dich denn dein Knan geheißen?
Simp.: Er hat mich Bub genennet.
Eins.: Wie hieß aber dein Knan?   25
Simp.: Er heißt Knan.
Eins.: Wie hat ihm aber dein Meuder gerufen?
Simp.: Knan, und auch Meister.
Eins.: Hat sie ihn niemals anders genennet?
Simp.: Ja, sie hat.   30
Eins.: Wie denn?
Simp.: Rülp,* grober Bengel,* volle Sau, und noch wohl anders, wenn sie
     haderte.*
Eins.: Du bist wohl ein unwissender Tropf,* daß du weder deiner Eltern noch
     deinen eigenen Namen nicht weißt!
Simp.: Eia, weißt dus* doch auch nicht.   35
Eins.: Kannst du auch beten?
Simp.: Nein, unser Ann und mein Meuder haben als* das Bett gemacht.
Eins.: Ich frage nicht hiernach, sonder ob du das Vaterunser kannst.
Simp.: Ja ich.
Eins.: Nun so sprichs denn.   40
Simp.: Unser lieber Vater, der du bist Himmel, heiliget werde Nam, zu kommes
     d´Reich, dein Will scheh Himmel ad Erden, gib uns Schuld, als wir unsern

---

2 may God preserve us.   3 crazy or sane.   5 crossing himself; it is my
responsibility.   8 excellence.   18 rascal; clumsy oaf.   19 gallows bird.
31 lout; churlish boor.   32 scolded.   33 simpleton.   35 du es.   37 immer.

Schuldigern geba, führ uns nicht in kein böß Versucha, sondern erlös uns
von dem Reich, und die Kraft, und die Herrlichkeit, in Ewigkeit, Ama.

Eins.: Bist du nie in die Kirchen gangen?

Simp.: Ja, ich kann wacker steigen, und hab als ein ganzen Busem voll Kirschen
gebrochen.

Eins.: Ich sage nicht von Kirschen, sondern von der Kirchen.

Simp.: Haha, Kriechen; gelt es sind so kleine Pfläumlein? Gelt du?*

Eins.: Ach daß Gott walte, weißt du nichts von unserm Herr Gott?   5

Simp.: Ja, er ist daheim an unserer Stubentür gestanden auf dem Helgen.* Mein
Meuder hat ihn von der Kürbe* mitgebracht, und hingekleibt.*

Eins.: Ach gütiger Gott, nun erkenne ich erst, was für eine große Gnad und
Wohltat es ist, wem du deine Erkenntnis mitteilest, und wie gar nichts ein
Mensch sei, dem du solche nicht gibst: Ach Herr verleihe mir deinen   10
heiligen Namen also zu ehren, daß ich würdig werde, um diese hohe Gnad so
eifrig zu danken, als freigebig du gewesen,* mir solche zu verleihen: Höre
du Simpl. (denn anders kann ich dich nicht nennen) wenn du das Vaterunser
betest, so mußt du also sprechen: Vater unser, der du bist im Himmel,
geheiliget werde dein Nam, zukomme uns dein Reich, dein Will geschehe auf   15
Erden wie im Himmel, unser täglich Brot gib uns heut, und -

Simp.: Gelt du, auch Käs dazu?

Eins.: Ach liebes Kind, schweige und lerne. Solches ist dir viel nötiger als
Käs, du bist wohl ungeschickt, wie dein Meuder gesagt hat, solchen Buben
wie du bist, stehet nicht an,* einem alten Mann in die Red zu fallen,*   20
sondern zu schweigen, zuzuhören und zu lernen. Wüßte ich nur, wo deine
Eltern wohneten, so wollte ich dich gerne wieder hinbringen, und sie
zugleich lehren, wie sie Kinder erziehen sollten.

Simp.: Ich weiß nicht, wo ich hin soll - unser Haus ist verbrennet, und mein
Meuder hinweggelaufen, und wieder kommen* mit dem Ursele, und mein Knan   25
auch, und unser Magd ist krank gewesen, und ist im Stall gelegen.

Eins.: Wer hat denn das Haus verbrennt?

Simp.: Ha, es sind so eiserne Männer kommen, die sind so auf Dingern gesessen,
groß wie Ochsen, haben aber keine Hörner, dieselben Männer haben Schafe und
Kühe und Säu gestochen,* und da bin ich auch weggelaufen, und da ist danach 30
das Haus verbrennt gewesen.

Eins.: Wo war denn dein Knan?

Simp.: Ha, die eisernen Männer haben ihn angebunden, da hat ihm unser alte Geiß
die Füß geleckt, da hat mein Knan lachen müssen, und hat denselben eisernen
Mannen viel Weißpfennig* geben, große und kleine, auch hübsche gelbe,* und 35
sonst schöne glitzerichte Dinger, und hübsche Schnür voll weißer Kügelein.

Eins.: Wann ist dies geschehen?

Simp.: Ei wie ich der Schaf hab hüten sollen, sie haben mir auch mein Sackpfeif
wollen nehmen.

Eins.: Wann hast du der Schaf sollen hüten?   40

Simp.: Ei hörst dus nicht, da die eisernen Männer kommen sind, und danach hat
unser Ann gesagt, ich soll auch weglaufen, sonst würden mich die Krieger

---

4 nicht wahr? 6 Hausaltar. 7 Kirchweih; hingeklebt. 12 i.e., gewesen bist.
20 it is not proper for; interrupt. 25 gekommen. 30 slaughtered. 35 i.e.,
pieces of silver; i.e., pieces of gold.

mitnehmen; sie hat aber die eisernen Männer gemeinet, und da sein* ich weg-
gelaufen, und sein hieher kommen.*

Eins.: Wo hinaus willst du aber jetzt?

Simp.: Ich weiß weger* nit, ich will bei dir hier bleiben.

Eins.: Dich hier zu behalten, ist weder mein noch dein Gelegenheit;* iß, alsdann   5
       will ich dich wieder zu Leuten führen.

Simp.: Ei so sag mir denn auch, was Leut für Dinger sind?

Eins.: Leut sind Menschen wie ich und du; dein Knan, dein Meuder und Euer Ann
       sind Menschen, und wenn deren viel beieinander sind, so werden sie Leut
       genennt.   10

Simp.: Haha.

Eins.: Nun geh und iß.

Dies war unser Diskurs, unter welchem mich der Einsiedel oft mit den
allertiefsten Seufzern anschauete; nicht weiß ich, ob es darum geschah, weil er
ein so groß Mitleiden mit meiner Einfalt und Unwissenheit hatte, oder aus der   15
Ursach, die ich erst über etliche Jahr hernach erfuhr.*

Das 9. Kapitel: **Simplicius wird aus einer Bestia zu einem Christenmenschen**

Ich fing an zu essen und hörete auf su pappeln,* welches nicht länger
währete, als bis ich nach Notdurft gefuttert hatte, und mich der Alte fortgehen
hieß. Da suchte ich die allerzartesten Worte hervor, die mir mein bäurische   20
Grobheit immermehr eingeben konnte, welche alle dahin gingen, den Einsiedel zu
bewegen, daß er mich bei sich behielte. Ob* es ihm nun zwar beschwerlich
gefallen, meine verdrießliche Gegenwart zu gedulden, so hat er jedoch
beschlossen, mich bei sich zu leiden, mehr, daß er mich in der christlichen
Religion unterrichtete, als ich in seinem vorhandenen Alter meiner Dienste zu   25
bedienen, seine größte Sorg war, mein zarte Jugend dürfte eine solche harte Art
zu leben in die Länge nit ausharren mögen....

Mithin lernete ich auch beten, und als er meinem steifen Vorsatz, bei ihm
zu bleiben, ein Genügen zu tun entschlossen, beueten wir für mich eine Hütten
gleich der seinigen, von Holz, Reisern* und Erden, fast formiert* wie die   30
Musketierer* im Feld ihre Zelte, oder besser zu sagen, die Bauren an teils*
Orten ihre Rübenlöcher* haben, zwar so nieder, daß ich kaum aufrecht darin
sitzen konnte, mein Bett war von dürrem Laub und Gras, und ebenso groß als die
Hütte selbst, so daß ich nit weiß, ob ich dergleichen Wohnung oder Höhlen eine
bedeckte Lagerstatt* oder eine Hütte nennen soll.   35

---

1 bin. 2 bin hierhergekommen. 4 wahrlich. 5 Vorteil. 16 Later Simplicius
discovers that the hermit is his real father. 18 babble, chatter. 22 obwohl.
30 twigs; gestaltet. 31 soldiers; some. 32 sheds to store vegetables.
35 camping place.

Abraham a Sancta Clara (Ulrich Megerle, 1644-1709)

From: Merk´s Wien*

1. Der Tod macht keinen Unterschied

Gickes-gackes-*Bloderzung,*
Rede dannoch einmal bscheid;*
Sag: Sterben müssen Alt und Jung,
Sterben müssen alle Leut!

Omnes quotquot orimur,   5
Sag, omnes quoque morimur;*
Es sei gleich morgen oder heut:
Sterben müssen alle Leut!

    O Mensch, laß dir´s gesagt sein, daß dir´s klagt* sein, schrei es aus und
schreib es aus, alles, allen, allenthalben: Es muß gestorben sein, nicht   10
vielleicht, sondern gewiß! Wann sterben, ist nicht gewiß; wie sterben, ist
nicht gewiß; wo sterben, ist nicht gewiß; aber sterben ist gewiß.
    Auf den Frühling folgt der Sommer, auf den Freitag folgt der Sambstag, auf
das Dreie folgt das Viere, auf die Blühe* folgt die Frucht, auf den Fasching*
folgt die Fasten,*- ist gewiß; auf das Leben folgt der Tod: Sterben ist gewiß.   15

      Leben und Glas, wie bald bricht das!
      Leben und Gras, wie bald verwelkt das!
      Leben und ein Has,* wie bald verlauft* das!

    Das Leben ist allein beständig in der Unbeständigkeit, und wie ein Blatt   20
auf dem Baum, auf dem Wasser ein Faum,* ein Schatten an der Wand, ein Gebäu* auf
dem Sand sich kann rühmen gringfügiger Beständigkeit, noch minder darf ihm
zumessen das menschliche Leben.*
    Klopf mir beileib nicht,* wann ich dir werde folgende Wort für* der Tür
singen: Heut rot - morgen tot, heut "Ihr Gnaden"* - morgen "Gnad dir Gott",*   25
heut "Ihr Durchleucht"* - morgen ein tote Leich; heut allen ein Trost - morgen
"tröst ihn Gott", heut kostbar - morgen ein Totenbahr,* Heut hui!* - morgen
pfui!*

Sermons occasioned by the visitation of the plague in Vienna, 1679. 1 blah,
blah; gossip-tongue. 2 gescheit, intelligently. 5-6 all of us who are born
also die. 9 geklagt. 14 Blüte, blossom. 15 Shrovetide, Mardi gras; Lent.
19 Hase; verläuft, runs away. 21 Schaum, foam; Gebäude. 22-23 still less may
human life appropriate (permanence) to itself (ihm). 24 gar nicht; vor.
25 "your Grace;" "May God give you grace (mercy)." 26 "your Highness."
27 bier; hooray! 28 boo!

Was ist der Mensch?

Was ist doch der Mensch? Wie ist doch der Mensch? Wer ist doch der Mensch?

Der Mensch ist ein Gras, das nicht lang steht, und ein Schatten, der bald vergeht.   5

Der Mensch ist ein Schaum, der bald abfließt, und eine Blum, die bald abschießt.*

Der Mensch ist ein Rauch, der nicht lang währt, und ein Feuer, das sich selbst verzehrt.

Der Mensch ist ein Blatt, das bald abfallt, und ein Ton, der bald 10 verschallt.

Der Mensch ist ein Fluß, der bald abrinnt, und eine Kerze, die bald abbrinnt.

Der Mensch ist ein Glas, das bald zerbricht, und ein Traum, der haltet nicht.   15

Der Mensch ist ein Fleisch, welches bald stinkt, und ein Schiffl,* das bald versinkt.

Der Mensch ist wankelmütig wie das Aprilenwetter, unbeständig wie die Rosenblätter.

Der Mensch ist ein kurzer Lautenklang und ein rechter Misereregesang.* 20

Der Mensch ist alles Unglücks Ziel, der Eitlkeit ein Possenspiel,* ein Schauspiel der Verächtlichkeit und ein Spiegl der Sterblichkeit.

Der Mensch ist gar schlecht, gar nichts: wann* man seine erste Empfängnis anschauet, so ist er nichts gewesen als ein sündiger Unflat.*

Wann man seine Geburt anschauet, so ist er nichts gewesen als ein 25 unsauberer Fleischbatzen.*

Wann man seine erste Stimm anhört, so ist es nichts gewesen als ein Weinen.

Wann man sein Gedächtnis durchsuchet, so ist es nichts gewesen als eine Spieglkammer, in der man alles Elend sieht....

Was ist doch der Mensch anders als ein Raub der Zeit, ein Sack voll Kot, 30 ein Spiel der Unbeständigkeit, ein Ballen,* mit dem die Welt, das Unglück, der Satan, die Zeit, die Schmerzen ihre Kurzweil treiben!*...

Aber indem ich heutigen Tags die versammelten Zuhörer, die gegenwärtige Kapelle, die hochadeliche Herrschaft betrachte und finde, daß eine Kirche nichts anders sei als ein Bethaus: Domus mea domus orationis vocabitur (Lk. 19),* so 35 sehe ich, daß ich andere Saiten* aufziehen muß, widerrufe demnach alles und sag: Der Mensch sei der Allerschönste, der Allerstärkste, der Allergeschwindiste, der Allertreuiste, der Allersorgfältigste, der Allerkünstlichste, der Allerreichiste, ja der Allerglückseligste in der Welt; der Allerglückseligste darum, weilen* er sich selbst nach eigenem Gefallen kann das Größte Glück 40 schmieden, der Allerreichiste darum, weilen er den Schlüssl hat zu der ewigen Schatzkammer Gottes, der Allerstärkiste darum, weilen der Mensch Gott selbsten kann die Hände binden und ihn halten, welches alles geschieht durch ein eifriges Gebet.

---

7 fades.   16 kleines Schiff.   20 lamentation.   21 farce.   23 wenn.   24 filth.
26 lump of meat.   31 Ball.   32 make sport of.   35 "My house shall be called a house of prayer."   36 strings (of a musical instrument).   40 weil.

Christian Reuter (1665-1710?)

From: Schelmuffskys Reisebeschreibung

Erster Teil: Kapitel 5*

Die Hundestage traten gleich selben Tag in Calender ein, als ich und mein
Herr Bruder Graf von den Bürgermeister zu Amsterdam Abschied nahmen und uns in
ein groß Orlog-Schiff setzen. Wir waren etwan drei Wochen auf der See nach
Indien zu fortgeschiffet, so kamen wir an einen Ort, wo so schrecklich viel
Walfische in Wasser gingen; dieselben lockte ich mit einen Stückchen Brote ganz   5
nah an unser Schiff. Der eine Bootsknecht hatte eine Angel bei sich, die mußte
er mir geben, und versuchte es, ob ich einen könnte in Schiff häckeln. Es wäre
auch der Tebel hohlmer* angegangen,* wenn die Angel nicht wäre in Stücken
gerissen, denn als der Walfisch anbiß und ich in besten Rücken* war, so riß der
Dreck entzwei, daß also der Angelhacken den Walfische in den Rachen stecken-   10
blieb, von welchen er unfehlbar wird gestorben sein. Wie solches die andern
Walfische gewahr wurden und den Schatten nur von der Angelschnure ansichtig
wurden, marschierten sie alle auch fort und ließ sich der Tebel hohlmer nit ein
einziger wieder an unsern Schiffe blicken. Wir schifften von dar weiter fort
und bekamen nach etlichen Tagen das gelübberte Meer* zu sehen, allwo wir ganz   15
nahe vorbei fahren mußten. Sapperment!* was stunden dort vor* Schiffe in den
gelübberten Meere. Es war der Tebel hohlmer nicht anders, als wenn man in einen
großen dürren Wald sehe, da die Bäume verdorret stünden, und war keine Seele auf
den Schiffen zu sehen. Ich fragte den Schiffmann, wie denn das zuginge, weil so
viel Schiffe da stünden? Der gab mir zur Antwort, daß dieselben Schiffe bei   20
großen Ungestüm der Wind dahin gejaget hätte, wenn die Schiffleute nach Indien
fahren wollen und den Weg verfehlet, daß also auf alle denen Schiffen die Leute
jämmerlich umkommen müssen. Wie wir nun von den gelübberten Meer vorbei waren,
kamen wir unter die Linie.* Ei Sapperment! was war da vor Hitze. Die Sonne
brannte uns alle mit einander bald Kohl-Raben-schwarz. Mein Hr. Br. Graf, der   25
war nun ein corpulenter dicker herre, der wurde unter der Linie von der
grausamen Hitze krank, legte sich hin und starb, der Tebel hohlmer, ehe wir uns
solches versahen. Sapperment! wie ging mirs so nah,* daß der Kerl da sterben
mußte, und war mein bester Reisegefährte. Allein was konnte ich tun? Tot war
er einmal und, wenn ich mich auch noch so sehre über ihn gegrämt, ich hätte ihn   30
doch nicht wieder bekommen. Ich war aber her* und bund ihn nach Schiffs-
gewohnheit sehr artig auf ein Brett, steckte ihn 2 Ducatons* in seine
schwartzsamtne* Hosen und schickte ihn damit auf den Wasser fort. Wo derselbe
nun mag begraben liegen, dasselbe kann ich der Tebel hohlmer keinen Menschen

---

Schelmuffsky from Schelmerode has described how, after studying unsuccessfully
at the university and failing as an apprentice merchant, he has gone out into
the world to become "ein berühmter Kerl." He has traveled from Hamburg to
Stockholm and then to Amsterdam. 7 the devil take me!; it would have succeeded.
9 i.e., I was pulling my best. 15 the fabled mare mortuum in whose waters ships
become stranded. 16 the devil! (an expletive); für. 24 crossed the equator.
28 affected me deeply. 31 ich ging hin. 32 Geldstücke. 33 black velvet.

sagen. Drei Wochen nach seinen Tode gelangeten wir bei guten Winde in Indien
an, allwo wir an einer schönen Pfingstwiese* ausstiegen, den Schiffmann das
Fahrgeld richtig machten und einer hernach hier hinaus, der andere dort hinaus
seinen Weg zunahmen. Ich erkundigte mich nun gleich, wo der große Mogol
residierte. Erstlich* fragte ich einen kleinen Jungen, welcher auf derselben   5
Pfingstwiese, wo wir ausgestiegen waren, in einen grünen Käppchen dort herumlief
und die jungen Gänschen hütete. Ich redete denselben recht artig an und sagte:
Höre, Kleiner? Kannst du mir keine Nachricht sagen, wo der große Mogol in
diesen Lande wohnet? Der Junge aber konnte noch nicht einmal reden sondern wies   10
nur mit den Finger und sagte: a a. Da wußte ich nun der Tebel hohlmer viel, was
a a heißen sollte. Ich ging auf der Wiese weiter fort. So kam mir ein
Scheerschliep entgegen gefahren. Denselben fragte ich nun auch, ob er mir keine
Nachricht erteilen könnte, wo der Mogol wohnen müßte. Der Scheerschliep gab mir
hierauf gleich Bescheid und sagte, daß zwei Mogols in Indien residierten, einem
hießen sie nur den großen Mogol, den andern aber nur den Kleinen. Wie er nun   15
hörte, daß ich zu den Großen wollte, so sagte er mir gleich, daß ich etwan noch
eine Stunde hin an seine Residenz hätte, und ich sollte nur auf der Pfingstwiese
fortgehen. Ich könnte nicht irren, wenn dieselbe zu Ende, würde ich an eine
große Ringmauer kommen. Da sollte ich nur hinter weg gehen, dieselbe würde mich
bis an das Schloßtor führen, worinnen der große Mogol residierte; denn seine   20
Residenz hieße Agra. Nachdem der Scheerschliep mir nun diese Nachricht erteilt,
ging ich auf der Pfingstwiese immer fort und gedachte unter wegens an den
kleinen Jungen in den grünen Käppchen, daß er a a sagte. Ich hielt gänzlich
dafür, der kleine Blutschelm,* ob er gleich nicht viel reden konnte, mußte doch
auch verstanden haben und gewußt, wo der große Mogol wohnte, weil er Agra noch   25
nicht aussprechen konnte, sondern nur a a lallte. Des Scheerschlips seine
Nachricht traf der Tebel hohlmer auch auf ein Härchen ein. Denn sobald als die
Pfingstwiese ausging, kam ich an eine große Ringmauer, hinter welchen ich
wegmarschierte und, sobald dieselbe zu Ende, kam ich an ein erschecklich groß
Torweg, vor welchen wohl über 200 Trabanten mit bloßen Schwertern stunden. Die   30
hatten alle grüne Pumphosen* und ein Collet* mit Schweinebratenärmeln an. Da
roch ich nun gleich Lunte,* daß darinnen der große Mogol residieren würde. Ich
war her und fragte die Trabanten, ob ihre Herrschaft zu Hause wäre; worauf die
Kerl alle zugleich Ja schrien und was mein Verlangen wäre. Da erzählte ich den
Trabanten nun gleichwie, daß ich nämlich ein brav Kerl wäre, der sich was rechts 35
in der Welt versucht hätte und auch noch versuchen wollte. Sie sollten mich
doch bei den großen Mogol anmelden, der und der wär ich und ich wollte ihn auf
ein paar Wort zusprechen. Sapperment! Wie liefen hierauf flugs ihrer zwölfe
nach des großen Mogols Zimmer zu und meldeten mich bei ihn an. Sie kamen aber
bald wiedergelaufen und sagten: ich sollte hineinspazieren; es würde ihrer   40
Herrschaft sehr angenehme sein, daß einer aus fremden Landen sei einiges
Zuspruchs würdigte. Damit ging ich nun durch die Wache durch. Ich war kaum 6
Schritte gegangen, so schrie der große Mogol zu seinen Gemach oben heraus. Sie
sollten das Gewehr vor mir praesentieren. Sapperment! Als die Trabanten
dieses hörten, wie sprungen die Kerl ins Gewehre und nahmen alle ihre Hüte unter 45
den Arm und sahen mich mit höchster Verwunderung an. Denn ich konnte recht artig
durch die Wache durch passieren, daß es der Tebel hohlmer groß Aufsehens bei den

2 spring meadow. 5 zuerst. 24 rascal. 31 baggy pants; shirt. 32 guessed.

großen Mogol erweckte. Wie ich nun an eine große marmorsteinerne Treppe kam,
allwo ich hinaufgehen mußte, so kam mir der Tebel hohlmer der große Mogol wohl
auf halbe Treppen herunter entgegen, empfing mich und führte mich bei dem Arme
vollends hinauf. Sapperment! Was praesentierte sich da vor ein* schöner Saal.
Er flimmerte und flammerte der Tebel hohlmer von lauter Golde und Edelgesteinen.   5
Auf denselben Saal hieß er mich nun willkommen und freute sich meiner guten
Gesundheit und sagte, daß er in langer Zeit nicht hätte das Glück gehabt, daß
ein Teutscher ihn zugesprochen hätte, und fragte hernach nach meinen Stande und
Herkommens, wer ich wäre? Ich erzählte ihn hierauf nun sehr artig flugs meine
Geburt und die Begebenheit von der Ratte* und wie daß ich einer mit von den   10
bravsten Kerlen der Welt wäre, der so viel gesehen und ausgestanden schon hätte.
Sapperm. Wie horchte der große Mogol, als er mich diese Dinge erzählen hörte.
Er führte mich nach solcher Erzählung gleich in ein vortrefflich aufgeputztes
Zimmer und sagte, daß dasselbe zu meinen Diensten stünde und ich möchte so lange
bei ihn bleiben als ich wollte. Es sollte ihn und seiner Gemahlin sehr angenehm   15
sein. Er rufte auch gleich Pagen und Laquaien,* die mich bedienen sollte.
Sapperment! Wie die Kerl kamen, was machten sie für närrische Reverenze vor
mir. Erstlich bückten sie sich mit den Kopfe bis zur Erden vor mir. Hernach
kehrten sie mir den Rücken zu und scharrten mit allen beiden Beinen zugleich
weit hinten aus. Der große Mogol befahl ihnen, sie sollten mich ja recht   20
bedienen; sonsten wo nur die geringste Klage kommen würde, sollten sowohl
Laquaien als Pagen in die Küche geführt werden. Hierauf nahm er von mir
Abschied und ging wieder nach seinen Zimmer zu. Als er nun weg war, Sapperment!
wie bedienten mich die Bursche so brav. Sie hießen mich zwar nur Juncker,
allein, was sie mir nur an den Augen absehen konnten, das taten sie. Wenn ich   25
nur zu Zeiten einmal ausspuckte, so liefen sie der Tebel hohlmer alle zugleich,
daß sie es austreten wollten; denn wer es am ersten austrat, was ich ausgespuckt
hatte, so schätzte sichs derselbe allemal vor* eine große Ehre. Der große Mogol
hatte mich kaum eine halbe Stunde verlassen, so kam er mit seiner Gemahlin, mit
seinen Cavalliren und Dames* in mein Zimmer wieder hineingetreten. Da hieß mich   30
nun seine Gemahlin, wie auch die Cavalliers und Dames alle, willkommen und sahen
mich mit großer Verwunderung an. Ich mußte auf Bitten des großen Mogols die
Begebenheit von der Ratte noch einmal erzählen, denn seine Gemahlin wollte
dieselbe Historie so gern hören. Ei Sapperment! Wie hat das Mensche drüber
gelacht: die Cavaliers und Dames aber sahen mich alle mit großer Verwundrung an   35
und sagte immer eines heimlich zu den andern: ich müßte wohl was Rechts in
Teutschland sein, weil ich von solchen Dingen erzählen könnte. Nun war es
gleich Zeit zur Abendmahlzeit, daß der große Mogol zur Tafel blasen ließ. Ei
Sapperment! Was hörte man da vor* ein Geschmittere und Geschattere* von den
Trompeten und Heerpaucken.* Es stunden 200 Trompeter und 99 Heerpaucker in   40
seine Schloßhofe auf einen großen breiten Steine. Die mußten mir zu Ehren sich
da hören lassen. Die Kerl bliesen der Tebel hohlmer unvergleichlich. Wie sie
nun ausgeblasen hatten, so mußte ich die große Mogoln bei der Hand nehmen und

---

4 was für ein ... zeigte sich. 10 A rat gnaws Schelmuffsky's mother's silk dress
to pieces. She pursues it with a broom, It runs between his sister's legs into
a hole in the wall. His mother faints and lies motionless for 24 days. Though
Schelmuffsky's birth is still four months off, he is so curious about where the
rat is that he comes crawling on all fours into the world (Ch. 1). 16 servants.
17 für. 28 für. 30 lords and ladies. 39 für; clanging. 40 military drums.

sie zur Tafel führen.   Es ließ der Tebel hohlmer recht artig, wie ich so neben
ihr herging.   Sobald als wir nun in das Tafelgemach kommen, so nötigte mich der
große Mogol, daß ich mich setzen sollte und die Oberstelle an der Tafel
einnehmen.   Ich hätte solches auch ohne Bedenken getan, wenn ich nicht Lust
gehabt* mich neben seiner Gemahlin zu setzen.   Denn es war so ein wunderschön   5
Mensche.   Also mußte sich erstlich der große Mogol setzen, neben ihn setzte ich
mich und neben mir zur linken Hand satze sich nun seine Liebste.   Ich saß da
recht artig mitten inne.   Uber Tische so wurde nun von allerhand discurieret.*
Die große Mogoln fragte mich, ob denn auch in Teutschland gut Bier gebrauet
würde und welch Bier man denn vor* das beste da hielte.   Ich antwortete ihr   10
hierauf sehr artig wieder, wie daß es nämlich in Teutschland überaus gut Bier
gebrauet würde und absonderlich* an den Orte, wo ich zu Hause wäre, da braueten
die Leute Bier, welches sie nur Klebebier nenneten, und zwar aus der Ursachen,
weil es so malzreich wäre, daß es einen ganz zwischen die Finger klebte und
schmeckte auch wie lauter Zucker so süß, daß wer von dem selben Biere nur ein   15
Nössel* getrunken hätte, derselbe hernachmals flugs darnach predigen könnte.
Sapperm! wie verwunderten sie sich alle, daß es solch gut Bier in Teutschland
gäbe, welches solche Kraft in sich hätte.   Indem wir nun so von diesen und jenen
über der Tafel discurierten und ich gleich in Willens* hatte, die Historie von
meinen Blaserohre zu erzählen, so kam des großen Mogols seine Leibsängerin* in   20
das Tafelgemach hineingegangen, welche eine indianische Leier* an der Seite
hängen hatte.   Sapperm! wie konnte das Mensche schöne singen und mit der Leier
den Generalbass so künstlich* darzu spielen, daß ich der Tebel hohlmer die Zeit
meines Lebens nichts Schöners auf der Welt gehört hatte.   Kanns nicht sagen, was
das Mensche vor* eine schöne Stimme zu singen hatte.   Sie konnte der Tebel   25
holmer bis in das neunzehnte gestrichene C hinauf singen und schlug ein Trillo
aus der Quinte bis in die Octave in einen Atem auf 200 Takte weg und wurde ihr
nicht einmal sauer.   Sie sung vor der Tafel eine Arie von den roten Augen und
den schwarzen Backen, daß es der Tebel hohlmer überaus artig zu hören war.
Nachdem nun die Abendmahlzeit zu Ende war, mußte ich wieder die große Mogoln bei 30
der Hand nehmen und mit ihr nach meinen Zimmer zugehen, alwo sie, wie auch der
große Mogol, Cavalliers und Dames von mir Abschied nahmen und eine gute Nacht
wünschten, worauf ich mich sehr artig bedankte und sagte, daß sie alle mit
einander fein wohl schlafen sollten und sich was Angenehmes träumen lassen.
Hiermit verliessen sie alle mit einander meine Stube und gingen auch sich ins   35
Bette zu legen.   Da sie nun von mir weg waren, kamen 4 Laquaien und 3 Pagen in
mein Gemach hinein.   Die fragten nun, ob sich der Juncker wollte ausziehen
lassen?   Wie ich nun ihnen zur Antwort gab, daß ich freilich etwas schläfrig
wäre, und nicht lange mehr offen bleiben würde, Sapperm! wie waren die Kerl
geschäftig.   Der eine lief und holte mir ein Paar ganz goldne Pantofeln, der   40
andere eine schöne mit Gold gestickte Schlafhaube, der dritte einen
unvergleichlichen schönen Schlafpelz, der vierte schnallte mir die Schuhe auf,
der fünfte zog mir die Strümpfe aus, der sechste brachte mir einen ganz goldnen
Nachttopf und der siebente machte mir die Schlafkammer auf.   O Sapperment! was
stund da vor* ein schön Bette, in welches ich mich legen mußte.   Es war der   45
Tebel hohlmer auch so propre, daß ichs nicht genug beschreiben kann und schlief

---

5 i.e., <u>gehabt</u> <u>hätte</u>.   8 <u>gesprochen</u>.   10 <u>für</u>.   12 <u>besonders</u>.   16 small
container.   19 <u>die</u> <u>Absicht</u>.   20 favorite singer.   21 lyre.   23 <u>künstlerisch</u>.
25 <u>für</u>.   45 <u>für</u>.

sichs auch so weich darinnen, daß ich auch die ganze Nacht nicht einmal
aufwachte. Einen artigen Traum hatte ich selbe Nacht. Denn mich träumte, wie
daß ich nach den Abtritte* meines Bierweges gehen wollte und konnte denselben
nicht finden, und fand ihn auch nicht, weil ich nun über der Tafel vorigen Abend
ein Bißchen stark getrunken und Scherz und Ernst beisammen war, so kam mirs in   5
Traume nicht anders für* als wenn einer von Laquaein ein groß silbern Faß
getragen brächte und sagte: Juncker hier haben Sie was. Damit so griff ich zu
und meinte nun der Tebel hohlmer nicht anders das Faß würde mir aus der Not
helfen, und half mir auch im Traume aus der Not. Aber wie ich des Morgens früh
aufwachte, ei Sapperment! was hatte ich in Traum vor Händel gemacht. Ich   10
schwamm der Tebel hohlmer bald in Bette, so naß war es unter mir. Doch wars
endlich noch gut, daß ich nicht gar mit der ganzen Schule im Traume gegangen
war. Sonst würde ich nicht gewußt haben, auf was für Art solcher Fehler im
Traume hätte können bemäntelt werden.* So aber blieb ich in Bette brav lange
liegen und trocknete es so artig unter mir wieder, daß es auch niemand gewahr   15
wurde, was ich gemacht hatte. Hierauf stund ich auf und ließ mich wieder
ankleiden. Wie ich nun fertig war, schickte der große Mogol zu mir, ließ mir
einen guten Morgen vermelden und, wenn mir was Angenehmes geträumet hätte,
sollte es ihn lieb zu hören sein, auch dabei sagen, ob ich mich nicht ein wenig
in sein geheime Cabinet bemühen* wollte. Er wollte mich um etwas consulieren?*   20
Ich war hierauf geschwinde mit einer Antwort wieder fertig und ließ ihn sehr
artig wieder sagen: Wie daß ich nämlich sehr wohl geschlafen aber, was das
Träumen anbelangte, so hätte ich keinen guten Traum gehabt; denn der
Angstschweiß wäre mir im Traume so ausgefahren und daß ich sollte zu ihn kommen
in sein Cabinet, dasselbe sollte gleich geschehen. Solches ließ ich ihn durch   25
seinen Kammerpagen* nun wieder sagen und ging hernach gleich zu ihm und hörte,
was sein Anbringen* war. Da ich nun zu ihn hinkam und meine Komplimente sehr
artig bei ihn abgelegt, so schloß er einen großen Bücherschrank auf und langte*
ein groß Buch heraus, welches in Schweinsleder* eingebunden war. Dasselbe
zeigte er mir und sagte, daß der in dasselbe täglich sein Einkommens schriebe   30
und, wenn das Jahr um wäre und er die Summa zusammenrechnete, wollte es keinmal
eintreffen* und fehlte allemal der dritte Teil seiner Einkünfte, und fragte
hierauf, ob ich rechnen könnte. Worauf ich ihn denn wieder zur Antwort gab, wie
daß ich ein brav Kerl wäre und Adam Riesen sein Rechenbuch sehr wohl kannte. Er
sollte mir das große Buch geben, ich wollte schon sehen wie die Summa   35
herauszubringen wäre. Hierauf so gab er mir das Buch worinnen seine Einkünfte
stunden und ließ mich allein. Wie ich nun das Buch so durchblätterte, ei
Sappermerment! was stunde da vor* Lehnen und Zinsen. Ich war her, setzte mich
hin, nahm Feuer und Tinte und fing an, eins zehne hundert tausend zu zählen und,
wie ich nun sahe, daß der große Mogol in den Einmaleins gefehlt hatte und   40
solches nicht richtig im Kopfe gehabt, so hatte er freilich nicht anders sein
können, daß die Summa von den zten Teil weniger bei ihm herausgekommen war als
er täglich aufgeschrieben. Denn anstatt da er hätte zählen sollen: zehn mal
hundert ist tausent, so hatte er gezählet zehn mal tausend ist hundert. Und wo
er hätte subtrahieren sollen, als zum Exempel eins von hunderten bleibt 99, so   45
hatte er aber subtrahiert: eins von hunderten kann ich nicht eins von zehn

---

3 latrine. 6 vor. 14 be disguised. 20 kommen; consult. 26 chamberlain,
valet. 27 concern. 28 nahm. 29 pigskin. 32 come out right, tally. 38 für.

bleibt neune, und 9 von 9 geht auf.* Das geht ja der Tebel hohlmer unmöglich
an, daß es eintreffen kann. Als ich nun solche Fehler sahe, merkte ich nun
gleich, wo der Hund begraben lag. Ich war her und satzte* mich drüber und
rechnete kaum 2 Stunden, so hatte ich alles mit einander in die richtige Summa
gebracht und behielt noch halb vo viel übrig über die ganze Masse als er   5
einzunehmen und von Tage zu Tage aufgeschrieben hatte. Als ich nun den Calulum
von Adam Riesens Rechenbuche sehr artig und richtig gezogen, rufte* ich ihn
wieder zu mir und wies ihn nun, wie und wo er in den Einmaleins gefehlt hätte
und wie ich alles so artig und richtig herausgebracht hätte und noch halb so
viel Uberschuß* behalten. Ey Sapperm. Als ich ihn von den Uberschusse   10
schwatzte,* sprung er vor Freuden hoch in die Höhe, klopfte mich auf meine
Achseln und sagte, wenn ich gesonnen wäre bei ihn zu bleiben, er wollte mich zu
seinen geheimen Reichskanzler machen. Ich antwortete ihn hierauf wieder und
sagte, wie daß freilich was Rechts hinter mir steckte und daß ich der bravste
Kerl mit von der Welt wäre und weil ich mein Herz nur daran gehängt hätte,*   15
fremde Länder und Städte zu besehen, als wollte ich mich vor* das gute
Anerbieten* hiermit bedankt haben. Weil er nun sahe, daß ich zu solcher Charge*
keine Lust hatte, so erwies er mir die 14 Tage über, als ich bei ihn war, auch
solche Ehre, daß ichs der Tebel hohlmer mein Lebetage nicht vergessen werde.
Denn es ist ein erschecklicher reicher, der große Mogol. Er wird als Kaiser nur 20
dort tituliert* und hat so viel Schätze als Tage im Jahre sein.* Die habe ich
auch alle mit einander gesehen. Denn er zeigte mir alle Tage einen.
Vortreffliche schöne Bücher hat er auch und ist ein sonderlicher* Liebhaber von
denselben. Ich mußte ihn auch mit Hand und Munde zusagen,* daß ich ihn eins aus
Teutschland in seinen Bücherschrank schicken wollte vor* Geld und gute Wort.   25
Als er nun sahe, daß ich mich wieder reisefertig machte, so verehrte* er mir
sein Bildnis mit der Kette, und seine Gemahlin schenkte mir 1000 species Ducaten
eines Schlags,* worauf des großen Mogols Bildnis geprägt war. Damit hang ich
die Kette mit des großen Mogols Bildnis an mich, welches von den schönsten
indianischen Golde war, und nahm von ihn sehr artig wie auch von seiner   30
Gemahlin, Cavaliern und Dames wieder Abschied, und ging von dar zu Schiffe nach
Engelland zu.

---

1 leaves no remainder. 3 setzte. 7 rief. 10 surplus. 11 erzählte.
15 because my heart´s desire was. 16 für. 17 offer; office. 21 given title
of; sind. 23 special. 24 promise. 25 für. 26 honored me by giving me.
28 minting, impression, stamping.

ENLIGHTENMENT AND "EMPFINDSAMKEIT"

GOTTHOLD EPHRAIM LESSING

BRIEFE, DIE NEUESTE LITERATUR BETREFFEND
(17. Brief)

"Niemand", sagen die Verfasser der Bibliothek*, "wird leugnen,
daß die deutsche Schaubühne einen großen Teil ihrer ersten Ver-
besserung dem Herrn Professor **Gottsched*** zu danken habe."
Ich bin dieser Niemand; ich leugne es geradezu*. Es wäre zu
wünschen, daß sich Herr **Gottsched** niemals mit dem Theater ver-   -5-
mengt hätte*. Seine vermeinten* Verbesserungen betreffen entweder
entbehrliche Kleinigkeiten, oder sind wahre Verschlimmerungen.
Als die **Neuberin*** blühte, und so mancher den Beruf fühlte, sich
um sie und die Bühne verdient zu machen*, sahe* es freilich mit
unserer dramatischen Poesie* sehr elend aus. Man kannte keine   -10-
Regeln; man bekümmerte sich um keine Muster. Unsre **Staats-** und
Heldenaktionen* waren voller Unsinn, Bombast, Schmutz und Pöbel-
witz*. Unsre **Lustspiele** bestanden in Verkleidungen* und Zau-
bereien; und Prügel waren die witzigsten Einfälle derselben.
Dieses Verderbnis einzusehen, brauchte man eben nicht der feinste   -15-
und größte Geist zu sein. Auch war Herr **Gottsched** nicht der
erste, der es einsahe; er war nur der erste, der sich Kräfte
genug zutraute, ihm abzuhelfen*. Und wie ging er damit zu Werke*?
Er verstand ein wenig Französisch und fing an zu übersetzen; er
ermunterte alles, was reimen und **Oui Monsieur** verstehen konnte,   -20-
gleichfalls zu übersetzen; er verfertigte, wie ein schwei-
zerischer Kunstrichter* sagt, mit **Kleister*** und Schere seinen
"Cato"*; er ließ den "Darius" und die "Austern", die "Elise" und
den "Bock im Prozesse", den "Aurelius" und den "Witzling", die
"Banise" und den "Hypochondristen", ohne Kleister und Schere   -25-
machen; er legte seine Fluch auf das Extemporieren; er ließ den
Harlekin* feierlich vom Theater vertreiben, welches selbst die

-----
1: =**Bibliothek der schönen Wissenschaften und freyen Künste,**
edited from 1786 to 1806 by the Enlightenment critic Friedrich
Nicolai. 3: Johann Christoph (1700-1766), important Enlightenment
author and theoretician. 4: flatly. 6: had gotten mixed up with;
alleged. 8: i.e., Caroline Neuber who together with her husband
Johann headed a theatrical troupe that aimed at theater reform.
9: to deserve well of; =**sah,** and passim. 10: =**Literatur.** 12:
i.e., pompous, bombastic Barock drama. 13: vulgar humor; costume
(pieces). 18: to remedy it; =**ans Werk.** 22: critic, i.e., Johann
Jacob Bodmer (1698-1783), theoretician of Enlightenment liter-
ature, opponent of Gottsched; paste. 23: play by Gottsched (as
are the following). 27: traditional comic character thought by
Gottsched to be unworthy of the stage.

größte Harlekinade war, die jemals gespielt worden*; kurz, er
wollte nicht sowohl* unser altes Theater verbessern, als der
Schöpfer eines ganz neuen sein. Und was für eines neuen? Eines
französierenden; ohne zu untersuchen, ob dieses französierende
Theater der deutschen Denkungsart angemessen sei, oder nicht.   -5-
Er hätte aus unsern alten dramatischen Stücken, welche er ver-
trieb, hinlänglich abmerken können, daß wir mehr in den Geschmack
der Engländer*, als der Franzosen* eingeschlagen*; daß wir in
unsern Trauerspielen mehr sehen und denken wollen, als uns das
furchtsame französische Trauerspiel zu sehen und zu denken gibt; -10-
daß das Große, das Schreckliche, das Melancholische, besser auf
uns wirkt als das Artige, das Zärtliche, das Verliebte; daß uns
die zu große Einfalt ermüde, als die zu große Verwickelung etc.
Er hätte also auf dieser Spur bleiben sollen, und sie würde ihn
geraden Weges* auf das englische Theater geführet* haben. - Sagen -15-
Sie ja nicht, daß er auch dieses zu nutzen gesucht; wie sein
"Cato" es beweise. Denn eben dieses, daß er den Addisonschen
"Cato"* für das beste englische Trauerspiel hält, zeiget deut-
lich, daß er hier nur mit den Augen der Franzosen gesehen* und
damals keinen Shakespeare, keinen Johnson*, keinen Beaumont und -20-
Fletcher* etc. gekannt hat, die er hernach* aus Stolz auch nicht
hat wollen kennen lernen.
Wenn man die Meisterstücke des Shakespeare, mit einigen be-
scheidenen Veränderungen, unsern Deutschen übersetzt hätte, ich
weiß gewiß, es würde von bessern Folgen gewesen sein, als daß man -25-
sie* mit dem Corneille und Racine so bekannt gemacht hat. Erst-
lich würde das Volk an jenem weit mehr Geschmack gefunden haben,
als es an diesen nicht finden kann; und zweitens würde jener ganz
andere Köpfe* unter uns erweckt haben, als man von diesen zu
rühmen weiß*. Denn ein Genie kann nur von einem Genie entzündet -30-
werden; und am leichtesten von so einem, das alles bloß der Natur
zu danken zu haben scheinet, und durch die mühsamen Vollkommen-
heiten der Kunst nicht abschrecket.
Auch nach den Mustern der Alten* die Sache zu entscheiden, ist
Shakespeare ein weit größerer tragischer Dichter als Corneille; -35-
obgleich dieser die Alten sehr wohl, und jener fast gar nicht

-----
1: sc. war, and passim. 2: so much... as. 8: i.e., Shakespeare;
i.e., the (neo-)classical French theater of Pierre Corneille
(1606-1684) and Jean Racine (1639-1699); followed. 15: straight-
way; =geführt, and passim. 18: i.e., Joseph Addison (1672-1719)
whose Cato was performed in 1713. 19: e.g., the French author and
critic Voltaire, in his treatise on the drama, had praised
Addison's Cato. 20: i.e., Ben Jonson (1572?-1637). 21: i.e.,
Francis Beaumont (1584-1616); i.e., John Fletcher (1579-1625);
=nachher. 26: i.e., die Deutschen. 29: i.e., thinkers, talents.
30: than the ones from these (two, i.e., Corneille and Racine),
who they claim are so praiseworthy. 34: i.e., the Greeks and
Romans.

gekannt hat. **Corneille** kömmt* ihnen in der mechanischen Ein-
richtung, und **Shakespeare** in dem Wesentlichen näher. Der Eng-
länder erreicht den Zweck der Tragödie fast immer, so sonderbare
und ihm eigene Wege er auch wählet; und der Franzose erreicht ihn
fast niemals, ob* er gleich die gebahnten* Wege der Alten be-   -5-
tritt. Nach dem "Oedipus" des Sophokles* muß in der Welt kein
Stück mehr Gewalt über unsere Leidenschaften haben als "Othello",
als "**König Lear**", als "**Hamlet**" etc. Hat **Corneille** ein einziges
Trauerspiel, das Sie nur halb so gerühret hätte als die "**Zaïre**"*
des **Voltaire**? Und die "**Zaïre**" des **Voltaire**, wie weit ist sie   -10-
unter dem "**Mohren von Venedig**"*, dessen schwache Kopie sie ist,
und von welchem der ganze Charakter des **Orosmans** entlehnt
worden?
   Daß aber unsre alten Stücke wirklich sehr viel Englisches
gehabt haben, könnte ich Ihnen mit geringer Mühe weitläuftig*   -15-
beweisen. Nur das bekannteste derselben zu nennen; "**Doktor
Faust**"* hat eine Menge Szenen, die nur ein Shakespearesches Genie
zu denken vermögend gewesen*. Und wie verliebt war Deutschland,
und ist es zum Teil noch, in seinen "**Doktor Faust**"! Einer von
meinen Freunden verwahret* einen alten Entwurf dieses Trauer-   -20-
spiels, und er hat mir einen Auftritt* daraus mitgeteilet, in
welchem gewiß ungemein* viel Großes liegt. Sind Sie begierig ihn
zu lesen? Hier ist er! – **Faust** verlangt den schnellsten Geist der
Hölle zu seiner Bedienung. Er macht seine Beschwörungen; es er-
scheinen derselben sieben*; und nun fängt sich die **dritte Szene**   -25-
des zweiten Aufzugs* an. Was sagen Sie zu dieser Szene? Sie
wünschen ein deutsches Stück, das lauter* solche Szenen hätte?
Ich auch!

                                    1759

1: =kommt. 5: =obwohl; pioneered. 6: Greek tragedian (497/96–406
B.C.). 9: appeared in 1732. 11: i.e., **Othello**. 15: =**weitläufig** in
detail, extensively. 17: by Christopher Marlowe (1564–1593). 18:
was able to think of. 20: has in his keeping. 21: =**Szene**. 22:
extraordinarily. 25: seven of them, i.e., **Geister**. 26: =**Aktes**.
27: nothing but.

GOTTHOLD EPHRAIM LESSING

MINNA VON BARNHELM
oder das Soldatenglück

Ein Lustspiel in fünf Aufzügen
Verfertiget* im Jahre 1763*
[abridged]

Personen

MAJOR VON TELLHEIM, verabschiedet*
MINNA VON BARNHELM
GRAF VON BRUCHSALL, ihr Oheim*
FRANZISKA, ihr Mädchen*
JUST, Bedienter des Majors   -5-
PAUL WERNER, gewesener Wachtmeister* des Majors
Der Wirt
Eine Dame in Trauer
Ein Feldjäger*
RICCAUT DE LA MARLINIERE   -10-

Die Szene ist abwechselnd in dem Saale eines Wirtshauses und
einem daranstoßenden* Zimmer.

-----
before 1: =Verfertigt, and passim;   period of Seven Years' War
(1756-1763). 1: discharged (from the military). 3: =Onkel. 4:
servant (girl). 6: former sergeant. 9: courier. 12: adjoining.

ERSTER AUFZUG*

Erster Auftritt*

JUST (sitzet in einem Winkel, schlummert und redet im Traume).
Schurke von einem Wirte! Du, uns*? - Frisch*, Bruder! - Schlag
zu, Bruder! (Er holt aus, und erwacht durch die Bewegung.) Heda!   -5-
schon wieder? Ich mache kein Auge zu, so schlage ich mich mit ihm
herum. Hätte er nur erst die Hälfte von allen den Schlägen! --
Doch sieh, es ist Tag! Ich muß nur bald meinen armen Herrn auf-
suchen. Mit meinem Willen soll er keinen Fuß mehr in das ver-
maledeite* Haus setzen. Wo wird er die Nacht zugebracht haben?   -10-

Zweiter Auftritt
Der Wirt. Just.

DER WIRT. Guten Morgen, Herr Just, guten Morgen! Ei, schon so
    früh auf? Oder soll ich sagen: noch so spät auf?

JUST. Sage Er*, was Er will.   -15-

DER WIRT. Ich sage nichts, als "guten Morgen"; und das verdient
    doch wohl, daß Herr Just "großen Dank" darauf gesagt?

JUST. Großen Dank!

DER WIRT. Man ist verdrießlich, wenn man seine gehörige Ruhe
    nicht haben kann. Was gilt's*, der Herr Major ist nicht nach   -20-
    Hause gekommen, und Er hat hier auf ihn gelauert?

JUST. Was der Mann nicht alles erraten kann!

DER WIRT. Ich vermute, ich vermute.

JUST (kehrt sich um, und will gehen). Sein Diener!

DER WIRT (hält ihn). Nicht doch, Herr Just!   -25-

JUST. Nun gut; nicht Sein Diener!

DER WIRT. Ei, Herr Just! ich will doch nicht hoffen, Herr Just,
    daß Er noch von gestern her böse ist? Wer wird seinen Zorn über
    Nacht behalten*?

1: =Akt. 2: =Szene. 4: sc. so begegnen; =Frisch auf Look alive!
Be quick! 10: =verfluchte damn. 15: archaic form of address for
subordinates: =du (also applies to Sein [1. 24], etc.). 20: I'll
wager. 29: Cf. Ephesians 4:26

JUST. Ich; und über alle folgende Nächte.

DER WIRT. Ist das christlich?

JUST.   Ebenso christlich, als einen ehrlichen Mann, der nicht
gleich bezahlen kann, aus dem Hause stoßen, auf die Straße
werfen.   -5-

DER WIRT. Pfui, wer könnte so gottlos sein?

JUST. Ein christlicher Gastwirt. - Meinen Herrn! so einen Mann!
so einen Offizier!

DER WIRT. Den hätte ich aus dem Hause gestoßen? auf die Straße
geworfen? Dazu habe ich viel zu viel Achtung für* einen Offi-   -10-
zier, und viel zu viel Mitleid mit einem abgedankten*! Ich habe
ihm aus Not ein ander* Zimmer einräumen müssen. - Denke Er
nicht mehr daran, Herr Just. (Er ruft in die Szene*.) Holla! -
Ich will's auf andere Weise wieder gut machen. (Ein Junge
kömmt*.) Bring' ein Gläschen; Herr Just will ein Gläschen   -15-
haben; und was Gutes!

JUST. Mache Er sich keine Mühe, Herr Wirt. Der Tropfen soll zu
Gift werden, den - Doch ich will nicht schwören; ich bin noch
nüchtern*!

DER WIRT (zu dem Jungen, der eine Flasche Likör und ein Glas   -20-
bringt). Gib her; geh! - Nun, Herr Just; was ganz Vortreff-
liches; stark, lieblich, gesund. (Er füllt und reicht ihm zu.)
Das kann einen überwachten* Magen wieder in Ordnung bringen!

JUST. Bald dürfte ich nicht! -- Doch warum soll ich meiner Ge-
sundheit seine Grobheit entgelten lassen*? - (Er nimmt und   -25-
trinkt.)

DER WIRT. Wohl bekomm's, Herr Just!

JUST (indem er das Gläschen wieder zurückgibt.) Nicht übel! -
Aber Herr Wirt, Er ist doch ein Grobian*!

DER WIRT. Nicht doch, nicht doch! - Geschwind noch eins; auf   -30-
einem Beine ist nicht gut stehen.

JUST (nachdem er getrunken.) Das muß ich sagen: gut, sehr gut! -

-----
10: =vor, and passim. 11: discharged one. 12: =anderes, and
passim. 13: off stage. 15: =kommt. 19: I haven't had anything to
eat or drink. 23: tired from staying up. 25: let... suffer for
his rudeness. 29: rude fellow, boor.

Selbst gemacht, Herr Wirt? -

DER WIRT. Behüte*! veritabler Danziger*! echter, doppelter
Lachs*!

JUST. Sieht Er, Herr Wirt; wenn ich heucheln könnte, so würde ich
für so was heucheln; aber ich kann nicht; es muß raus: - Er ist   -5-
doch ein Grobian, Herr Wirt!

DER WIRT. In meinem Leben hat mir das noch niemand gesagt. - Noch
eins, Herr Just; aller guten Dinge sind drei!

JUST. Meinetwegen! (**Er trinkt.**) Gut Ding*, wahrlich gut Ding! -
Aber auch die Wahrheit ist gut Ding. - Herr Wirt, Er ist doch   -10-
ein Grobian!

DER WIRT. Wenn ich es wäre, würde ich das wohl so mit anhören?

JUST. O ja, denn selten hat ein Grobian Galle.

DER WIRT. Nicht noch eins, Herr Just? Eine vierfache Schnur hält
desto besser*.   -15-

JUST. Nein, zu viel ist zu viel! Und was hilft's Ihm, Herr Wirt?
Bis auf den letzten Tropfen in der Flasche würde ich bei meiner
Rede bleiben. Pfui, Herr Wirt; so guten Danziger zu haben, und
so schlechte Mores*! - Einem Manne, wie meinem Herrn, der Jahr
und Tag* bei ihm gewohnt, von dem Er schon so manchen schönen   -20-
Taler gezogen, der in seinem Leben keinen Heller* schuldig
geblieben ist; weil er ein paar Monate her nicht prompt be-
zahlt, weil er nicht mehr so viel aufgehen* läßt, - in der Ab-
wesenheit das Zimmer auszuräumen!

DER WIRT. Da ich aber das Zimmer notwendig brauchte? da ich vor-   -25-
aussahe*, daß der Herr Major es selbst gutwillig würde geräumt
haben, wenn wir nur lange auf seine Zurückkunft hätten warten
können? Sollte ich denn so eine fremde Herrschaft* wieder von
meiner Türe wegfahren lassen? Sollte ich einem andern Wirte so
einen Verdienst mutwillig in den Rachen jagen*? Und ich glaube   -30-
nicht einmal, daß sie sonst wo unterkommen wäre. Die Wirts-
häuser sind jetzt alle stark besetzt.   Sollte eine so junge,
schöne, liebenswürdige Dame auf der Stelle bleiben? Dazu ist
Sein Herr viel zu galant! Und was verliert er denn dabei? Habe
ich ihm nicht ein anderes Zimmer dafür eingeräumt?   -35-

2: Certainly not; a liqueur.   3: twice-distilled (**Lachs** is the
name of the pub). 9: stuff. 15: cf. Ecclesiastes 4:9-12. 19: man-
ners. 20: law term=1 year, 6 weeks, 3 days. 21: i.e., cent. 23:
spend. 26: =**voraussah**, and passim. 28: genteel person. 30: (just)
give, turn over to.

JUST. Hinten an dem Taubenschlage*; die Aussicht zwischen des
    Nachbars Feuermauern* -

DER WIRT.   Die Aussicht war wohl sehr schön, ehe sie der ver-
    zweifelte* Nachbar verbaute. Das Zimmer ist doch sonst galant*,
    und tapeziert -   -5-

JUST. Gewesen!

DER WIRT.   Nicht doch, die eine Wand ist es noch. Und sein
    Stübchen darneben*, Herr Just; was fehlt dem Stübchen? Es hat
    einen Kamin; der zwar im Winter ein wenig raucht --

JUST. Aber doch im Sommer recht hübsch läßt*. - Herr, ich glaube -10-
    gar*, Er vexiert* uns noch obendrein*? -

DER WIRT.   Nu, nu, Herr Just, Herr Just -

JUST.   Mache Er Herr Justen* den Kopf nicht warm, oder -

DER WIRT.   Ich macht' ihn warm? der Danziger tut's! -

JUST. Einen Offizier, wie meinen Herrn! Oder meint Er, daß ein -15-
    abgedankter Offizier nicht auch ein Offizier ist, der Ihm den
    Hals brechen kann? Warum waret ihr im Kriege so geschmeidig*,
    ihr Herren Wirte? Warum war denn da jeder Offizier ein würdiger
    Mann, und jeder Soldat ein ehrlicher, braver Kerl? Macht euch
    das bißchen Friede schon so übermütig?   -20-

DER WIRT.   Was* ereifert Er sich* nun, Herr Just? -

JUST.   Ich will mich ereifern. -

                    Dritter Auftritt
            v. Tellheim. Der Wirt. Just.

V. TELLHEIM (im Hereintreten.) Just!   -25-

JUST (in der Meinung, daß ihn der Wirt nenne.) Just? - So bekannt
    sind wir? -

V. TELLHEIM.   Just!

JUST.   Ich dächte, ich wäre wohl Herr Just für Ihn!

1: dovecote.   2: wall between two houses to prevent a fire from
spreading. 4: =verfluchte. 5: fashionably decorated. 8: =daneben.
10: looks. 11: =sogar; is making fun of; to boot. 13: archaic de-
clension, and passim. 17: compliant. 21: =Warum; =regst du dich
auf.

DER WIRT (der den Major gewahr wird*.)
  St! st! Herr, Herr, Herr Just, - seh' Er sich doch um; Sein
  Herr --

V. TELLHEIM. Just, ich glaube, du zankst? Was habe ich dir be-
  fohlen?   -5-

DER WIRT. O, Ihro Gnaden*! zanken? da sei Gott vor*! Ihr unter-
  tänigster Knecht sollte sich unterstehen*, mit einem, der die
  Gnade hat, Ihnen anzugehören, zu zanken?

JUST. Wenn ich ihm doch eins auf den Katzenbuckel* geben dürfte!-

DER WIRT. Es ist wahr, Herr Just spricht für seinen Herrn, und -10-
  ein wenig hitzig. Aber daran tut er recht; ich schätze ihn um
  so viel höher; ich liebe ihn darum. -

JUST. Daß ich ihm nicht die Zähne austreten soll!

DER WIRT. Nur schade, daß er sich umsonst erhitzt. Denn ich bin
  gewiß versichert, daß Ihro Gnaden keine Ungnade deswegen auf   -15-
  mich geworfen haben, weil - die Not - mich notwendig -

V. TELLHEIM. Schon zu viel, mein Herr! Ich bin Ihnen schuldig;
  Sie räumen mir, in meiner Abwesenheit, das Zimmer aus; Sie
  müssen bezahlt werden; ich muß wo anders unterzukommen suchen.
  Sehr natürlich! -   -20-

DER WIRT. Wo anders? Sie wollen ausziehen, gnädiger Herr? Ich
  unglücklicher Mann! ich geschlagener Mann! Nein, nimmermehr*!
  Eher muß die Dame das Quartier wieder räumen. Der Herr Major
  kann ihr, will ihr sein Zimmer nicht lassen; das Zimmer ist
  sein; sie muß fort; ich kann ihr nicht helfen. - Ich gehe,   -25-
  gnädiger Herr --

V. TELLHEIM. Freund, nicht zwei dumme Streiche für einen! Die
  Dame muß in dem Besitze des Zimmers bleiben. --

DER WIRT. Und Ihro Gnaden sollten glauben, daß ich aus Mißtrauen,
  aus Sorge für meine Bezahlung? -- Als wenn ich nicht wüßte, daß -30-
  mich Ihro Gnaden bezahlen können, sobald Sie nur wollen. -- Das
  versiegelte Beutelchen, - fünfhundert Taler Louisdor* stehet
  drauf, - welches Ihro Gnaden in dem Schreibepulte stehen
  gehabt; -- in guter Verwahrung. -

V. TELLHEIM. Das will ich hoffen; so wie meine übrige Sachen. - -35-

-----
1: notices. 6: Your Grace; God forbid. 7: (Do you think I) your
most humble servant would be so bold as to. 9: cringing back. 22:
not at all. 32: =100 **Louisdor**, app. $2,000.

Just soll sie in Empfang nehmen, wenn er Ihnen die Rechnung
bezahlt hat. --

DER WIRT. Wahrhaftig, ich erschrak recht, als ich das Beutelchen
fand. - Ich habe immer Ihro Gnaden für einen ordentlichen und
vorsichtigen Mann gehalten, der sich niemals ganz ausgibt*. --   -5-
Aber dennoch, -- wenn ich bar Geld in dem Schreibepulte ver-
mutet hätte --

V. TELLHEIM. Würden Sie höflicher mit mir verfahren sein. Ich
verstehe Sie. - Gehen Sie nur, mein Herr; lassen Sie mich; ich
habe mit meinem Bedienten zu sprechen. --   -10-

DER WIRT. Aber gnädiger Herr --

V. TELLHEIM. Komm, Just, der Herr will nicht erlauben, daß ich
dir in seinem Hause sage, was du tun sollst. --

DER WIRT. Ich gehe ja schon, gnädiger Herr! - Mein ganzes Haus
ist zu Ihren Diensten.   -15-

Vierter Auftritt
v. Tellheim. Just.

JUST (der mit dem Fuße stampft und dem Wirte nachspuckt.) Pfui!

V. TELLHEIM. Was gibt's?

JUST. Ich ersticke vor Bosheit.   -20-

V. TELLHEIM. Das wäre so viel als an Vollblütigkeit*.

JUST. Und Sie, - Sie erkenne ich nicht mehr, mein Herr. Ich
sterbe vor Ihren Augen, wenn Sie nicht der Schutzengel dieses
hämischen, unbarmherzigen Räckers* sind! Trotz Galgen und
Schwert und Rad, hätte ich ihn - hätte ich ihn mit diesen   -25-
Händen erdrosseln, mit diesen Zähnen zerreißen wollen. -

V. TELLHEIM. Bestie!

JUST. Lieber Bestie, als so ein Mensch!

V. TELLHEIM. Was willst du aber?

JUST. Ich will, daß Sie es empfinden sollen, wie sehr man Sie   -30-
beleidiget.

V. TELLHEIM. Und dann?

5: spends everything. 21: plethora. 24: slave-driver.

JUST.   Daß Sie sich   rächten*,   -   Nein,   der Kerl   ist Ihnen zu
gering. -

V. TELLHEIM.   Sondern, daß ich es   dir auftrüge, mich zu   rächen?
Das war von Anfang mein Gedanke. Er hätte mich nicht wieder mit
Augen   sehen,   und seine Bezahlung aus deinen   Händen empfangen   -5-
sollen.   Ich weiß, daß du eine Handvoll Geld mit einer ziemlich
verächtlichen Miene einem hinwerfen kannst. -

JUST.   So? eine vortreffliche Rache! -

V. TELLHEIM.   Aber   die   wir   noch verschieben   müssen.   Ich habe
keinen Heller   bares Geld   mehr; ich   weiß   auch keines aufzu-   -10-
treiben.

JUST. Kein bares Geld? Und was ist denn das für einen Beutel, mit
fünfhundert   Taler Louisdor, den der Wirt in Ihrem Schreibpulte
gefunden?

V. TELLHEIM. Das ist Geld, welches mir aufzuheben gegeben worden.   -15-

JUST.   Doch   nicht die hundert Pistolen*,   die Ihnen Ihr   alter
Wachtmeister vor vier oder fünf Wochen brachte?

V. TELLHEIM.   Die nämlichen, von Paul Wernern. Warum nicht?

JUST. Diese haben Sie noch nicht gebraucht? Mein Herr, mit diesen
können Sie machen, was Sie wollen. Auf meine Verantwortung -   -20-

V. TELLHEIM.   Wahrhaftig?

JUST.   Werner   hörte von   mir, wie   sehr man Sie mit   Ihren   For-
derungen an die Generalkriegskasse aufzieht*. Er hörte -

V. TELLHEIM.   Daß ich sicherlich zum Bettler werden würde, wenn
ich es   nicht schon wäre. - Ich bin dir sehr verbunden, Just. -   -25-
Und diese Nachtricht vermochte* Wernern, sein bißchen Armut mit
mir zu teilen. - Er ist mir doch lieb, daß ich es erraten habe.
- Höre, Just, mache mir zugleich auch deine   Rechnung; wir sind
geschiedene Leute*. --

JUST.   Wie? was?   -30-

V. TELLHEIM.   Kein Wort mehr; es kömmt jemand. -

1: =rächen würden. 16: originally Spanish gold   coin= Louisdor.
23: is delaying. 26: enabled. 29: i.e., our ways must part.

Fünfter Auftritt
Eine Dame in Trauer. v. Tellheim. Just.

DIE DAME. Ich bitte um Verzeihung, mein Herr! -

V. TELLHEIM. Wen suchen Sie, Madame? -

DIE DAME. Eben den würdigen Mann, mit welchem ich die Ehre habe   -5-
zu sprechen. Sie kennen mich nicht mehr? Ich bin die Witwe
Ihres ehemaligen Stabsrittmeisters*.

V. TELLHEIM. Um des Himmels willen, gnädige Frau! welche Ver-
änderung! -

DIE DAME. Ich stehe von dem Krankenbette auf, auf das mich der   -10-
Schmerz über den Verlust meines Mannes warf. Ich muß Ihnen früh
beschwerlich fallen*, Herr Major. Ich reise auf das Land, wo
mir eine gutherzige, aber eben auch nicht glückliche Freundin
eine Zuflucht vors erste* angeboten. -

V. TELLHEIM (**zu Just.**) Geh, laß uns allein. -   -15-

Sechster Auftritt
Die Dame. v. Tellheim.

V. TELLHEIM. Reden Sie frei, gnädige Frau! Vor mir dürfen Sie
sich Ihres Unglücks nicht schämen. Kann ich Ihnen worin*
dienen?   -20-

DIE DAME. Mein Herr Major -

V. TELLHEIM. Ich beklage Sie, gnädige Frau! Worin kann ich Ihnen
dienen? Sie wissen, Ihr Gemahl* war mein Freund; mein Freund,
sage ich; ich war immer karg mit diesem Titel.

DIE DAME. Wer weiß es besser, als ich, wie wert Sie seiner   -25-
Freundschaft waren, wie wert er der Ihrigen war? Sie würden
sein letzter Gedanke, Ihr Name der letzte Ton seiner sterbenden
Lippen gewesen sein, hätte nicht die stärkere Natur* dieses
traurige Vorrecht für seinen unglücklichen Sohn, für seine un-
glückliche Gattin gefordert -   -30-

V. TELLHEIM. Hören Sie auf, Madame! Weinen wollte* ich mit Ihnen
gern; aber ich habe heute keine Tränen. Verschonen Sie mich!

7: cavalry captain, staff adjutant. 12: trouble you early in the
day. 14: =**fürs** erste temporarily. 19: =**in etwas** in any matter.
23: =**Ehemann.** 28: a still stronger, natural instinct. 31:
=**würde... wollen.**

Sie finden mich in einer Stunde, wo ich leicht zu verleiten
wäre, wider die Vorsicht zu murren*. - O mein rechtschaffner
Marloff! Geschwind, gnädige Frau, was haben Sie zu befehlen?
Wenn ich Ihnen zu dienen imstande bin, wenn ich es bin -

DIE DAME. Ich darf nicht abreisen, ohne seinen letzten Willen zu -5-
vollziehen. Er erinnerte sich kurz vor seinem Ende, daß er als
Ihr Schuldner sterbe, und beschwor mich, diese Schuld mit der
ersten Barschaft* zu tilgen. Ich habe seine Equipage* verkauft,
und komme, seine Handschrift* einzulösen. -

V. TELLHEIM. Wie, gnädige Frau? darum kommen Sie?   -10-

DIE DAME. Darum. Erlauben Sie, daß ich das Geld aufzähle.

V. TELLHEIM. Nicht doch, Madame! Marloff mir schuldig? das kann
schwerlich sein. Lassen Sie doch sehen. (Er ziehet sein
Taschenbuch heraus und sucht.) Ich finde nichts.

DIE DAME. Sie werden seine Handschrift verlegt haben, und die -15-
Handschrift tut nichts zur Sache. - Erlauben Sie -

V. TELLHEIM. Nein, Madame! so etwas pflege ich nicht zu verlegen.
Wenn ich sie nicht habe, so ist es ein Beweis, daß ich nie eine
gehabt habe, oder daß sie getilgt, und von mir schon zurück-
gegeben worden.   -20-

DIE DAME. Herr Major! -

V. TELLHEIM. Ganz gewiß, gnädige Frau. Nein, Marloff ist mir
nichts schuldig geblieben. Ich wüßte mich auch nicht zu er-
innern, daß er mir jemals etwas schuldig gewesen wäre. Nicht
anders, Madame; er hat mich vielmehr als seinen Schuldner hin- -25-
terlassen. Ich habe nie etwas tun können, mich mit einem Manne
abzufinden*, der sechs Jahre Glück und Unglück, Ehre und Gefahr
mit mir geteilet. Ich werde es nicht vergessen, daß ein Sohn
von ihm da ist. Er wird mein Sohn sein, sobald ich sein Vater
sein kann. Die Verwirrung, in der ich mich jetzt selbst be-   -30-
finde -

DIE DAME. Edelmütiger Mann! Aber denken Sie auch von mir nicht zu
klein! Nehmen Sie das Geld, Herr Major; so bin ich wenigstens
beruhiget. -

V. TELLHEIM. Was brauchen Sie zu Ihrer Beruhigung weiter, als -35-
meine Versicherung, daß mir dieses Geld nicht gehöret? Oder
wollen Sie, daß ich die unerzogene* Waise meines Freundes

2: rebel against providence. 8: ready money; army equipment, out-
fit. 9: promissory note. 27: square accounts. 37: minor.

bestehlen soll? Bestehlen, Madame; das würde es in dem eigent-
lichsten Verstande* sein. Ihm gehört es, für ihn legen Sie es
an! -

DIE DAME. Ich verstehe Sie; verzeihen Sie nur, wenn ich noch
nicht recht weiß, wie man Wohltaten annehmen muß. Woher wissen -5-
es denn aber auch Sie, daß eine Mutter mehr für ihren Sohn tut,
als sie für ihr eigen Leben tun würde? Ich gehe -

V. TELLHEIM. Gehen Sie, Madame, gehen Sie! Reisen Sie glücklich!
Ich bitte Sie nicht, mir Nachricht von Ihnen zu geben. Sie
möchte mir zu einer Zeit kommen, wo ich Sie nicht nutzen* -10-
könnte. Aber noch eines, gnädige Frau; bald hätte ich das Wich-
tigste vergessen. Marloff hat noch an der Kasse unsers ehe-
maligen Regiments zu fodern*. Seine Foderungen sind so richtig
wie die meinigen. Werden meine bezahlt, so müssen auch die
seinigen bezahlt werden. Ich hafte dafür. -   -15-

DIE DAME. O! mein Herr - Aber ich schweige lieber. - Künftige
Wohltaten so vorbereiten, heißt sie in den Augen des Himmels
schon erwiesen haben. Empfangen Sie seine Belohnung und meine
Tränen! (**Geht ab.**)

             Siebenter* Auftritt   -20-
                v. Tellheim.

Armes, braves Weib*! Ich muß nicht vergessen, den Bettel* zu ver-
nichten. (**Er nimmt aus seinem Taschenbuche Briefschaften***, die
er zerreißt.**) Wer steht mir dafür*, daß eigner Mangel mich
nicht einmal verleiten könnte, Gebrauch davon zu machen?* -25-

-----
2: =Sinne. 10: be of use. 13: =fordern. 20: =Siebter. 22: =Frau;
trifle. 23: =Briefe. 24: Who will guarantee (for me). after 25:
scenes eight through twelve have been omitted: TELLHEIM informs
JUST that he is no longer able to pay for his services, but JUST
shows him that he, JUST, is really in debt to TELLHEIM; they re-
solve to stay together. A lady sends her regards to TELLHEIM,
thanking him for relinquishing his room to her. She is in town
looking for her betrothed. TELLHEIM orders JUST to sell his last
valuable, a ring, and to prepare for their departure. WERNER, who
is on his way to join the Russians in their fight against the
Turks, arrives and informs JUST that he has money for TELLHEIM.
JUST tries to enlist WERNER'S aid in getting revenge against DER
WIRT, but WERNER wants no part of cowardly acts.

ZWEITER AUFZUG

Erster Auftritt
(Die Szene ist in dem Zimmer des Fräuleins.)
Minna von Barnhelm. Franziska.

DAS FRÄULEIN (im Negligé* nach ihrer Uhr sehend.) Franziska, wir   -5-
sind auch sehr früh aufgestanden. Die Zeit wird uns lang
werden.

FRANZISKA. Wer kann denn in den verzweifelten großen Städten
schlafen? Die Karossen*, die Nachtwächter, die Trommeln, die
Katzen, die Korporals - das hört nicht auf zu rasseln, zu   -10-
schreien, zu wirbeln, zu mauen*, zu fluchen; gerade, als ob die
Nacht zu nichts weniger wäre, als zur Ruhe. - Eine Tasse Tee,
gnädiges Fräulein? -

DAS FRÄULEIN. Der Tee schmeckt mir nicht. -

FRANZISKA. Ich will von unserer Schokolade machen lassen.   -15-

DAS FRÄULEIN. Laß machen, für dich!

FRANZISKA. Für mich? Ich wollte eben so gern für mich allein
plaudern, als für mich allein trinken. - Freilich wird uns die
Zeit so lang werden. - Wir werden, vor langer Weile, uns
putzen* müssen, und das Kleid versuchen, in welchem wir den   -20-
ersten Sturm* geben wollen.

DAS FRÄULEIN. Was redest du von Stürmen, da ich bloß herkomme,
die Haltung der Kapitulation* zu fordern?

FRANZISKA. Und der Herr Offizier, den wir vertrieben, und dem wir
das Kompliment* darüber machen lassen; er muß auch nicht die   -25-
feinste Lebensart haben; sonst hätte er wohl um die Ehre können
bitten lassen, uns seine Aufwartung machen zu dürfen. -

DAS FRÄULEIN. Es sind nicht alle Offiziere Tellheims. Die Wahr-
heit zu sagen, ich ließ ihm das Kompliment auch bloß machen, um
Gelegenheit zu haben, mich nach diesem bei ihm zu erkundigen. -   -30-
Franziska, mein Herz sagt es mir, daß meine Reise glücklich
sein wird, daß ich ihn finden werde. -

FRANZISKA. Das Herz, gnädiges Fräulein? Man traue* doch ja seinem
Herzen nicht zu viel. Das Herz redet uns gewaltig gern nach

5: informal dress.   9: coaches.   11: =miauen.   20: dress up.   21:
assault.   23: observance of the treaty, or, possibly, surrender.
25: greetings.   33: One may (not), One should (not).

dem Maule*. Wenn das Maul ebenso geneigt wäre, nach dem Herzen zu reden, so wäre die Mode längst aufgekommen, die Mäuler unterm Schlosse zu tragen.

DAS FRÄULEIN. Ha! ha! mit deinen Mäulern unterm Schlosse! Die Mode wäre mir eben recht!   -5-

FRANZISKA. Lieber die schönsten Zähne nicht gezeigt, als alle Augenblicke das Herz darüber springen lassen!

DAS FRÄULEIN. Was? bist du so zurückhaltend? -

FRANZISKA. Nein, gnädiges Fräulein; sondern ich wollte es gern mehr sein. Man spricht selten von der Tugend, die man hat; aber   -10- desto öfter von der, die uns fehlt.

DAS FRÄULEIN. Siehst du, Franziska? da hast du eine sehr gute Anmerkung* gemacht. -

FRANZISKA. Gemacht? macht man das, was einem so einfällt? -

DAS FRÄULEIN. Und weißt du, warum ich eigentlich diese Anmerkung   -15- so gut finde? Sie hat viel Beziehung auf meinen Tellheim.

FRANZISKA. Was hätte bei Ihnen nicht auch Beziehung auf ihn?

DAS FRÄULEIN. Freund und Feind sagen, daß er der tapferste Mann von der Welt ist. Aber wer hat ihn von Tapferkeit jemals reden hören? Er hat das rechtschaffenste Herz, aber Rechtschaffenheit   -20- und Edelmut sind Worte, die er nie auf die Zunge bringt.

FRANZISKA. Von was für Tugenden spricht er denn?

DAS FRÄULEIN. Er spricht von keiner; denn ihm fehlt keine.

FRANZISKA. Das wollte ich nur hören.

DAS FRÄULEIN. Warte, Franziska; ich besinne mich. Er spricht sehr   -25- oft von Ökonomie*. Im Vertrauen, Franziska; ich glaube, der Mann ist ein Verschwender.

FRANZISKA. Noch eins, gnädiges Fräulein. Ich habe ihn auch sehr oft der* Treue und Beständigkeit gegen Sie* erwähnen hören. Wie, wenn der Herr auch ein Flattergeist* wäre?   -30-

DAS FRÄULEIN. Du Unglückliche! - Aber meinest du das im Ernste,

-----
1: echoes the mouth. 13: =Bemerkung. 26: =Sparsamkeit. 29: archaic: =die; with reference to (also, possibly, in the presence of). 30: fickle person.

Franziska?

FRANZISKA. Wie lange hat er Ihnen nun schon nicht geschrieben?

DAS FRÄULEIN. Ach! seit dem Frieden hat er mir nur ein einziges
Mal geschrieben.

FRANZISKA.   Auch ein Seufzer wider den Frieden! Wunderbar! der -5-
Friede sollte nur das Böse wieder gutmachen, das der Krieg
gestiftet, und er zerrüttet auch das Gute, was dieser sein
Gegenpart* etwa noch veranlasset hat. Der Friede sollte so
eigensinnig nicht sein! - Und wie lange haben wir schon Friede?
Die Zeit wird einem gewaltig lang, wenn es so wenig Neuigkeiten -10-
gibt. - Umsonst gehen die Posten* wieder richtig; niemand
schreibt; denn niemand hat was zu schreiben.

DAS FRÄULEIN. Es ist Friede, schrieb er mir, und ich nähere mich
der Erfüllung meiner Wünsche. Aber, daß er mir dieses nur ein-
mal, nur ein einziges Mal geschrieben -   -15-

FRANZISKA. Daß er uns zwingt, dieser Erfüllung der Wünsche selbst
entgegenzueilen: finden wir ihn nur; das soll er uns entgelten!
- Wenn indes* der Mann doch Wünsche* erfüllt hätte, und wir
erführen hier -

DAS FRÄULEIN (ängstlich und hitzig.) Daß er tot wäre?   -20-

FRANZISKA. Für Sie, gnädiges Fräulein; in den Armen einer
andern. -

DAS FRÄULEIN. Du Quälgeist! Warte, Franziska, er soll dir es
gedenken*! - Doch schwatze nur; sonst schlafen wir wieder ein.
- Sein Regiment ward* nach dem Frieden zerrissen*. Wer weiß, in -25-
welche Verwirrung von Rechnungen und Nachweisungen* er dadurch
geraten? Wer weiß, zu welchem andern Regimente, in welche ent-
legne Provinz er versetzt worden? Wer weiß, welche Umstände -
Es pocht jemand.

FRANZISKA. Herein!   -30-

                        Zweiter Auftritt
                    Der Wirt. Die Vorigen.

DER WIRT (der Kopf voransteckend*.) Ist es erlaubt, meine gnädige

-----
8: opposite. 11: postal service. 18: =indessen meanwhile; sc.
einer anderen Frau. 24: He'll pay you back for that. 25: =wurde,
and passim; disbanded (in 1763). 26: reports, accountings. 33:
=herausst(r)eckend.

Herrschaft? –

FRANZISKA. Unser Herr Wirt? – Nur vollends herein.

DER WIRT (mit einer Feder* hinter dem Ohre, ein Blatt Papier und
ein Schreibezeug in der Hand.) Ich komme, gnädiges Fräulein,
Ihnen einen untertänigen guten Morgen zu wünschen, – (zur Fran-   -5-
ziska) und auch Ihr, mein schönes Kind, –

FRANZISKA. Ein höflicher Mann!

DAS FRÄULEIN. Wir bedanken uns.

FRANZISKA. Und wünschen Ihm auch einen guten Morgen.

DER WIRT. Darf ich mich unterstehen zu fragen, wie Ihro Gnaden   -10-
diese erste Nacht unter meinem schlechten* Dache geruhet? –

FRANZISKA. Das Dach ist so schlecht nicht, Herr Wirt; aber die
Betten hätten besser sein können.

DER WIRT. Was höre ich? Nicht wohl geruht? Vielleicht, daß die
gar zu große Ermüdung von der Reise –   -15-

DAS FRÄULEIN. Es kann sein.

DER WIRT. Gewiß, gewiß! denn sonst – Indes sollte etwas nicht
vollkommen nach Ihro Gnaden Bequemlichkeit gewesen sein, so
geruhen* Ihro Gnaden, nur zu befehlen.

FRANZISKA. Gut, Herr Wirt, gut! Wir sind auch nicht blöde*; und   -20-
am wenigsten muß man im Gasthofe blöde sein. Wir wollen schon
sagen, wie wir es gern hätten.

DER WIRT. Hiernächst komme ich zugleich* – (Indem er die Feder
hinter dem Ohre hervorzieht.)

FRANZISKA. Nun? –   -25-

DER WIRT. Ohne Zweifel kennen Ihro Gnaden schon die weisen Ver-
ordnungen unserer Polizei.

DAS FRÄULEIN. Nicht im geringsten, Herr Wirt –

DER WIRT. Wir Wirte sind angewiesen, keinen Fremden, wes* Standes
und Geschlechts er auch sei, vierundzwanzig Stunden zu be-   -30-

-----
3: quill, feather pen. 11: poor. 19: be so good as to. 20: shy,
timorous. 23: A second reason I've come here. 29: =wessen.

hausen, ohne seinen Namen, Heimat, Charakter*, hiesige Ge-
schäfte, vermutliche Dauer des Aufenthalts, und so weiter, ge-
hörigen Orts* schriftlich einzureichen.

DAS FRÄULEIN. Sehr wohl.

DER WIRT. Ihro Gnaden werden also sich gefallen lassen - (Indem   -5-
er an einen Tisch tritt und sich fertig macht, zu schreiben.)

DAS FRÄULEIN. Sehr gern - Ich heiße -

DER WIRT. Einen kleinen Augenblick Geduld! - (Er schreibt.)
"Dato, den 22. August a.c.* allhier* zum Könige von Spanien*
angelangt" - Nun Dero* Namen, gnädiges Fräulein?   -10-

DAS FRÄULEIN. Das Fräulein von Barnhelm.

DER WIRT (schreibt). "von Barnhelm" - Kommend? woher, gnädiges
Fräulein?

DAS FRÄULEIN. Von meinen Gütern* aus Sachsen.

DER WIRT (schreibt). "Gütern aus Sachsen" - Aus Sachsen! Ei, ei, -15-
aus Sachsen, gnädiges Fräulein? aus Sachsen?

FRANZISKA. Nun? warum nicht? Es ist doch wohl hierzulande keine
Sünde, aus Sachsen zu sein*?

DER WIRT. Eine Sünde? behüte! das wäre ja eine ganz neue Sünde! -
Aus Sachsen also? Ei, ei! aus Sachsen! das liebe Sachsen! -   -20-
Aber wo* mir recht ist, gnädiges Fräulein, Sachsen ist nicht
klein, und hat mehrere, - wie soll ich es nennen? - Distrikte,
Provinzen. - Unsere Polizei ist sehr exakt, gnädiges Fräulein.-

DAS FRÄULEIN. Ich verstehe: von meinen Gütern aus Thüringen*
also.   -25-

DER WIRT. Aus Thüringen! Ja, das ist besser, gnädiges Fräulein,
das ist genauer. - (Schreibt und liest.) "Das Fräulein von
Barnhelm, kommend von ihren Gütern aus Thüringen, nebst* einer
Kammerfrau* und zwei Bedienten" -

1: =Beruf. 3: i.e., at the police station. 9: =anni currentis of
the current year; =hier; name of the inn. 10: =Ihr. 14: es-
tate(s). 18: refers to the confrontation between Prussia and
Saxony in the Seven Years' War. 21: =wenn. 24: Thuringia
stretched from north of Eisenach to southeast of Leipzig. 28:
together with. 29: lady's maid.

FRANZISKA. Einer Kammerfrau? das soll ich wohl sein?

DER WIRT. Ja, mein schönes Kind. -

FRANZISKA. Nun, Herr Wirt, so setzen Sie anstatt Kammerfrau,
Kammerjungfer*. Ich höre, die Polizei ist sehr exakt; es
möchte* ein Mißverständnis geben, welches mir bei meinem Auf-   -5-
gebote* einmal Händel machen* könnte. Denn ich bin wirklich
noch Jungfer, und heiße Franziska; mit dem Geschlechtsnamen
Willig; Franziska Willig. Ich bin auch aus Thüringen. Mein
Vater war Müller auf einem von den Gütern des gnädigen Fräu-
leins. Es heißt Klein-Rammsdorf*. Die Mühle hat jetzt mein   -10-
Bruder. Ich kam sehr jung auf den Hof, und ward mit dem
gnädigen Fräulein erzogen. Wir sind von einem Alter; künftige
Lichtmeß* einundzwanzig Jahr. Ich habe alles gelernt, was das
gnädige Fräulein gelernt hat. Es soll mir lieb sein, wenn mich
die Polizei recht kennt.   -15-

DER WIRT. Gut, mein schönes Kind; das will ich mir auf weitere
Nachfrage merken. - Aber nunmehr, gnädiges Fräulein, Dero Ver-
richtungen* allhier? -

DAS FRÄULEIN. Meine Verrichtungen?

DER WIRT. Suchen Ihro Gnaden etwas bei des Königs Majestät?   -20-

DAS FRÄULEIN. O, nein!

DER WIRT. Oder bei unsern hohen Justizkollegiis*?

DAS FRÄULEIN. Auch nicht.

DER WIRT. Oder -

DAS FRÄULEIN. Nein, nein. Ich bin lediglich in meinen eigenen   -25-
Angelegenheiten hier.

DER WIRT. Ganz wohl, gnädiges Fräulein; aber wie nennen sich
diese eigne Angelegenheiten?

DAS FRÄULEIN. Sie nennen sich - Franziska, ich glaube wir werden
vernommen*.   -30-

FRANZISKA. Herr Wirt, die Polizei wird doch nicht die Geheimnisse
eines Frauenzimmers* zu wissen verlangen?

4: =Jungfer=Fräulein. 5: might. 6: publication of banns; cause
trouble. 10: near Leipzig. 13: Candlemas (Feb. 2). 18: business.
22: courts. 30: interrogated. 32: =Fräuleins.

DER WIRT. Allerdings, mein schönes Kind: die Polizei will alles,
alles wissen; und besonders Geheimnisse.

FRANZISKA. Ja nun, gnädiges Fräulein; was ist zu tun? - So hören
Sie nur, Herr Wirt; - aber daß es ja unter uns und der Polizei
bleibt! -   -5-

DAS FRÄULEIN. Was wird ihm die Närrin sagen?*

FRANZISKA. Wir kommen, dem Könige einen Offizier wegzukapern* -

DER WIRT. Wie? was? Mein Kind! mein Kind! -

FRANZISKA. Oder uns von dem Offiziere kapern zu lassen. Beides
ist eins.   -10-

DAS FRÄULEIN. Franziska, bist du toll? - Herr Wirt, die Nasen-
weise* hat Sie zum besten. -

DER WIRT. Ich will nicht hoffen*! Zwar mit meiner Wenigkeit kann
sie scherzen so viel, wie sie will; nur mit einer hohen Poli-
zei -   -15-

DAS FRÄULEIN. Wissen Sie was, Herr Wirt? - Ich weiß mich in
dieser Sache nicht zu nehmen*. Ich dächte, Sie ließen die ganze
Schreiberei bis auf die Ankunft meines Oheims*. Ich habe Ihnen
schon gestern gesagt, warum er nicht mit mir zugleich ange-
kommen. Er verunglückte, zwei Meilen von hier, mit seinem   -20-
Wagen; und wollte durchaus nicht, daß mich dieser Zufall* eine
Nacht mehr kosten sollte. Ich mußte also voran. Wenn er vier-
undzwanzig Stunden nach mir eintrifft, so ist es das Längste.

DER WIRT. Nun ja, gnädiges Fräulein, so wollen wir ihn erwarten.

DAS FRÄULEIN. Er wird auf Ihre Fragen besser antworten können. Er   -25-
wird wissen, wem, und wie weit er sich zu entdecken hat*; was
er von seinen Geschäften anzeigen muß, und was er davon ver-
schweigen darf.

DER WIRT. Desto besser! Freilich, freilich kann man von einem
jungen Mädchen (**die Franziska mit einer bedeutenden Miene an-**   -30-
sehend) nicht verlangen, daß es eine ernsthafte Sache, mit
ernsthaften Leuten, ernsthaft traktiere* -

6: an aside. 7: capture (a husband). 12: the impudent girl. 13: I
should hope so. 17: act. 18: =**Onkels**. 21: =**Unfall**. 26: how much
he should reveal. 32: treat.

DAS FRÄULEIN. Und die Zimmer für ihn, sind doch in Bereitschaft, Herr Wirt?

DER WIRT. Völlig, gnädiges Fräulein, völlig; bis auf das eine -

FRANZISKA. Aus dem Sie vielleicht auch noch erst einen ehrlichen Mann vertreiben müssen?   -5-

DER WIRT. Die Kammerjungfern aus Sachsen, gnädiges Fräulein, sind wohl sehr mitleidig. -

DAS FRÄULEIN. Doch, Herr Wirt; das haben Sie nicht gut gemacht. Lieber hätten Sie uns nicht einnehmen sollen.

DER WIRT. Wie so, gnädiges Fräulein, wie so?   -10-

DAS FRÄULEIN. Ich höre, daß der Offizier, welcher durch uns verdrängt worden -

DER WIRT. Ja nur ein abgedankter Offizier ist, gnädiges Fräulein. -

DAS FRÄULEIN. Wenn schon! -   -15-

DER WIRT. Mit dem es zu Ende geht. -

DAS FRÄULEIN. Desto schlimmer! Es soll ein sehr verdienter* Mann sein.

DER WIRT. Ich sage Ihnen ja, daß er abgedankt ist.

DAS FRÄULEIN. Der König kann nicht alle verdiente Männer kennen. -20-

DER WIRT. O gewiß, er kennt sie, er kennt sie alle. -

DAS FRÄULEIN. So kann er sie nicht alle belohnen.

DER WIRT. Sie wären alle belohnt, wenn sie darnach* gelebt hätten. Aber so lebten die Herren, währendes Krieges*, als ob ewig Krieg bleiben würde; als ob das Dein und Mein ewig aufgehoben sein würde. Jetzt liegen alle Wirtshäuser und Gasthöfe -25- von ihnen voll; und ein Wirt hat sich wohl mit ihnen in acht zu nehmen. Ich bin mit diesem noch so ziemlich weggekommen*. Hatte er gleich kein Geld mehr, so hatte er doch noch Geldeswert; und zwei, drei Monate hätte ich ihn freilich noch ruhig können -30- sitzen lassen. Doch besser ist besser. -

-----
17: =verdienstvoller. 23: properly. 24: while the war lasted. 28: got off rather lightly.

Apropos,   gnädiges Fräulein; Sie verstehen sich doch auf
Juwelen? -

DAS FRÄULEIN. Nicht sonderlich*.

DER WIRT. Was sollten Ihro Gnaden nicht? - Ich muß Ihnen einen
Ring zeigen, einen kostbaren Ring. Zwar gnädiges Fräulein -5-
haben* da auch einen sehr schönen am Finger, und je mehr ich
ihn betrachte, je mehr muß ich mich wundern, daß er dem
meinigen so ähnlich ist. - O! sehen Sie doch, sehen Sie doch!
(Indem er ihn aus dem Futteral herausnimmt, und dem Fräulein
zureicht.) Welch ein Feuer! der mittelste Brillant allein wiegt -10-
über fünf Karat.

DAS FRÄULEIN (ihn betrachtend). Wo bin ich? was seh' ich? Dieser
Ring -

DER WIRT. Ist seine funfzehnhundert* Taler* unter Brüdern wert*.

DAS FRÄULEIN. Franziska! - Sieh doch! -   -15-

DER WIRT. Ich habe mich auch nicht einen Augenblick bedacht,
achtzig Pistolen* darauf zu leihen.

DAS FRÄULEIN. Erkennst du ihn nicht, Franziska?

FRANZISKA. Der nämliche! - Herr Wirt, wo haben Sie diesen Ring
her? -   -20-

DER WIRT. Nun, mein Kind? Sie hat doch wohl kein Recht daran?

FRANZISKA. Wir kein Recht an diesem Ringe? - Inwärts auf dem
Kasten* muß des Fräuleins verzogener* Name stehn. - Weisen Sie
doch, Fräulein.

DAS FRÄULEIN. Er ist's, er ist's! - Wie kommen Sie zu diesem -25-
Ringe, Herr Wirt?

DER WIRT. Ich? auf die ehrlichste Weise von der Welt. - Gnädiges
Fräulein, gnädiges Fräulein, Sie werden mich nicht in Schaden
und Unglück bringen wollen? Was weiß ich, wo sich der Ring
eigentlich herschreibt*? Währendes Krieges hat manches seinen -30-
Herrn, sehr oft, mit und ohne Vorbewußt* des Herrn, verändert.
Und Krieg war Krieg. Es werden mehr Ringe aus Sachsen über die
Grenze gegangen sein. - Geben Sie mir ihn wieder, gnädiges

3: =besonders. 6: =hat (cf. Your Majesty have). 14: =fünfzehn-
hundert; Taler=app. $5; cheap at, at least. 17: Pistole=app. $10.
23: rim of the setting; =verzeichneter inscribed. 30: =herkommt.
31: =Vorkenntnisse, Vorwissen.

Fräulein, geben Sie mir ihn wieder!

FRANZISKA.   Erst geantwortet: von wem haben Sie ihn?

DER WIRT.   Von einem Manne, dem ich so was nicht zutrauen kann;
von einem sonst guten Manne -

DAS FRÄULEIN. Von dem besten Manne unter der Sonne, wenn Sie ihn -5-
von seinem Eigentümer haben. - Geschwind bringen Sie mir den
Mann! Er ist es selbst, oder wenigstens muß er ihn kennen.

DER WIRT.   Wer denn? wen denn, gnädiges Fräulein?

FRANZISKA.   Hören Sie denn nicht? unsern Major.

DER WIRT. Major? Recht, er ist Major, der dieses Zimmer vor Ihnen -10-
bewohnt hat, und von dem ich ihn habe.

DAS FRÄULEIN.   Major von Tellheim.

DER WIRT.   Von Tellheim, ja! Kennen Sie ihn?

DAS FRÄULEIN.   Ob ich ihn kenne? Er ist hier? Tellheim ist hier?
Er? er hat in diesem Zimmer gewohnt? Er, er hat Ihnen diesen -15-
Ring versetzt? Wie kommt der Mann in diese Verlegenheit? Wo ist
er? Er ist Ihnen schuldig? -- Franziska, die Schatulle her!
Schließ auf! (Indem sie Franziska auf den Tisch setzet, und
öffnet.) Was ist er Ihnen schuldig? Wem ist er mehr* schuldig?
Bringen Sie mir alle seine Schuldner*. Hier ist Geld. Hier sind -20-
Wechsel. Alles ist sein!

DER WIRT.   Was höre ich?

DAS FRÄULEIN.   Wo ist er? wo ist er?

DER WIRT.   Noch vor einer Stunde war er hier.

DAS FRÄULEIN. Häßlicher Mann, wie konnten Sie gegen ihn so un- -25-
freundlich, so hart, so grausam sein?

DER WIRT.   Ihro Gnaden verzeihen -

DAS FRÄULEIN.   Geschwind, schaffen Sie mir ihn zur Stelle.

DER WIRT.   Sein Bedienter ist vielleicht noch hier. Wollen Ihro
Gnaden, daß er ihn aufsuchen soll?   -30-

DAS FRÄULEIN. Ob ich will? Eilen Sie, laufen Sie; für diesen

19: =Wem mehr ist er. 20: creditors.

Dienst allein will ich es vergessen, wie schlecht Sie mit ihm
umgegangen sind. -

FRANZISKA. Fix*, Herr Wirt, hurtig*, fort, fort!
(Stößt ihn heraus.)

                    Dritter Auftritt   -5-
                Das Fräulein. Franziska.

DAS FRÄULEIN. Nun habe ich ihn wieder, Franziska! Siehst du, nun
  habe ich ihn wieder! Ich weiß nicht, wo ich vor Freuden bin!
  Freue dich doch mit, liebe Franziska. Aber freilich, warum du?
  Doch du sollst dich, du mußt dich mit mir freuen. Komm, Liebe, -10-
  ich will dich beschenken, damit du dich mit mir freuen kannst.
  Sprich, Franziska, was soll ich dir geben? Was steht dir von
  meinen Sachen an*? Was hättest du gern? Nimm, was du willst;
  aber freue dich nur. Ich sehe wohl, du wirst dir nichts nehmen.
  Warte! (sie faßt in die Schatulle) da, liebe Franziska; (und -15-
  gibt ihr Geld), kaufe dir, was du gern hättest. Fordere mehr,
  wenn es nicht zulangt. Aber freue dich nur mit mir. Es ist so
  traurig, sich allein zu freuen. Nun, so nimm doch -

FRANZISKA. Ich stehle es Ihnen, Fräulein; Sie sind trunken*, von
  Fröhlichkeit trunken. -   -20-

DAS FRÄULEIN. Mädchen, ich habe einen zänkischen Rausch, nimm,
  oder - (Sie zwingt ihr das Geld in die Hand.) Und wenn du dich
  bedankest! - Warte; gut, daß ich daran denke. (Sie greift noch-
  mals in die Schatulle nach Geld.) Das, liebe Franziska, stecke
  beiseite; für den ersten blessierten* armen Soldaten, der uns -25-
  anspricht. -

                    Vierter Auftritt
            Der Wirt. Das Fräulein. Franziska.

DAS FRÄULEIN. Nun? wird er kommen?

DER WIRT. Der widerwärtige, ungeschliffene* Kerl!   -30-

DAS FRÄULEIN. Wer?

DER WIRT. Sein Bedienter. Er weigert sich, nach ihm zu gehen.

FRANZISKA. Bringen Sie doch den Schurken her. - Des Majors
  Bediente kenn ich ja wohl alle. Welcher wäre denn das?

3: =Schnell; =schnell. 13: What is to your liking. 19: =be-
trunken. 25: wounded. 30: uncouth.

DAS FRÄULEIN. Bringen Sie ihn geschwind her. Wenn er uns sieht,
wird er schon gehen.
(Der Wirt geht ab.)

Fünfter Auftritt
Das Fräulein. Franziska.   -5-

DAS FRÄULEIN. Ich kann den Augenblick nicht erwarten. Aber, Fran-
ziska, du bist noch immer so kalt? Du willst dich noch nicht
mit mir freuen?

FRANZISKA. Ich wollte von Herzen gern; wenn nur -

DAS FRÄULEIN. Wenn nur?   -10-

FRANZISKA. Wir haben den Mann wiedergefunden; aber wie haben wir
ihn wiedergefunden? Nach allem, was wir von ihm hören, muß es
ihm übel gehn. Er muß unglücklich sein. Das jammert mich.

DAS FRÄULEIN. Jammert dich? - Laß dich dafür umarmen, meine
liebste Gespielin! Das will ich dir nie vergessen! - Ich bin -15-
nur verliebt, und du bist gut. -

Sechster Auftritt
Der Wirt. Just. Die Vorigen.

DER WIRT. Mit genauer Not* bring' ich ihn.

FRANZISKA. Ein fremdes Gesicht! Ich kenne ihn nicht.   -20-

DAS FRÄULEIN. Mein Freund, ist Er bei dem Major von Tellheim?

JUST. Ja.

DAS FRÄULEIN. Wo ist Sein Herr?

JUST. Nicht hier.

DAS FRÄULEIN. Aber Er weiß ihn zu finden?   -25-

JUST. Ja.

DAS FRÄULEIN. Will Er ihn nicht geschwind herholen?

JUST. Nein.

19: With great difficulty.

DAS FRÄULEIN. Er erweiset mir damit einen Gefallen. -

JUST. Ei!

DAS FRÄULEIN. Und Seinem Herrn einen Dienst. -

JUST. Vielleicht auch nicht. -

DAS FRÄULEIN. Woher vermutet Er das?   -5-

JUST. Sie sind doch die fremde Herrschaft, die ihn schon diesen
   Morgen *komplimentieren lassen?

DAS FRÄULEIN. Ja.

JUST. So bin ich schon recht.

DAS FRÄULEIN. Weiß Sein Herr meinen Namen?   -10-

JUST. Nein; aber er kann die allzu höflichen Damen ebensowenig
   leiden, als die allzu groben Wirte.

DER WIRT. Das soll wohl mit auf mich gehn?

JUST. Ja.

DER WIRT. So lass' Er es doch dem gnädigen Fräulein nicht ent- -15-
   gelten*; und hole Er ihn geschwind her.

DAS FRÄULEIN (leise zur Franziska). Franziska, gib ihm etwas -

FRANZISKA (die dem Just Geld in die Hand drücken will). Wir ver-
   langen Seine Dienste nicht umsonst. -

JUST. Und ich Ihr Geld nicht ohne Dienste.   -20-

FRANZISKA. Eines für das andere.

JUST. Ich kann nicht. Mein Herr hat mir befohlen, auszuräumen.
   Das tu' ich jetzt, und daran, bitte ich, mich nicht weiter zu
   verhindern. Wenn ich fertig bin, so will ich es ihm ja wohl
   sagen, daß er herkommen kann.   Er ist nebenan auf dem Kaffee- -25-
   hause; und wenn er da nichts Bessers zu tun findet, wird er
   auch wohl kommen. (Will fortgehen.)

FRANZISKA. So warte Er doch. - Das gnädige Fräulein ist des Herrn
   Majors - Schwester. -

7: sc. **haben.** 16: suffer.

DAS FRÄULEIN. Ja, ja, seine Schwester.

JUST. Das weiß ich besser, daß der Major keine Schwestern hat. Er
hat mich in sechs Monaten zweimal an seine Familie nach Kurland
geschickt. - Zwar es gibt mancherlei Schwestern -

FRANZISKA. Unverschämter!   -5-

JUST. Muß man es nicht sein, wenn einen die Leute sollen gehn
lassen? (Geht ab.)

FRANZISKA. Das ist ein Schlingel!

DER WIRT. Ich sagt' es ja. Aber lassen Sie ihn nur! Weiß ich doch
nunmehr*, wo sein Herr ist. Ich will ihn gleich selbst holen. -   -10-
Nur, gnädiges Fräulein, bitte ich untertänigst, sodann* ja mich
bei dem Herrn Major zu entschuldigen, daß ich so unglücklich
gewesen, wider meinen Willen, einen Mann von seinen Ver-
diensten-

DAS FRÄULEIN. Gehen Sie nur geschwind, Herr Wirt. Das will ich   -15-
alles wieder gut machen. (Der Wirt geht ab, und hierauf*) Fran-
ziska, lauf ihm nach: er soll ihm meinen Namen nicht nennen!
(Franziska, dem Wirte nach.)

Siebenter Auftritt
Das Fräulein und hierauf Franziska.   -20-

DAS FRÄULEIN. Ich habe ihn wieder! - Bin ich allein? - Ich will
nicht umsonst allein sein. (Sie faltet die Hände) Auch bin ich
nicht allein! (und blickt aufwärts.) Ein einziger dankbarer
Gedanke gen* Himmel ist das willkommenste Gebet! - Ich hab'
ihn, ich hab' ihn! (Mit ausgebreiteten Armen.) Ich bin glück-   -25-
lich! und fröhlich! Was kann der Schöpfer lieber sehen, als ein
fröhliches Geschöpf! - (Franziska kömmt.) Bist du wieder da,
Franziska? - Er jammert dich? Mich jammert er nicht. Unglück
ist auch gut. Vielleicht, daß ihm der Himmel alles nahm, um ihm
in mir alles wiederzugeben!   -30-

FRANZISKA. Er kann den Augenblick hier sein. - Sie sind noch in
Ihrem Negligé, gnädiges Fräulein. Wie*, wenn Sie sich geschwind
ankleideten?

DAS FRÄULEIN. Geh! Ich bitte dich. Er wird mich von nun an öftrer
so, als geputzt sehen.   -35-

10: =jetzt. 11: =dann. 16: whereupon she says. 24: =gegen. 32:
How would it be.

FRANZISKA. O, Sie kennen sich*, mein Fräulein.

DAS FRÄULEIN (nach einem kurzen Nachdenken). Wahrhaftig, Mädchen,
du hast es wiederum* getroffen.

FRANZISKA. Wenn wir schön sind, sind wir ungeputzt am schönsten.

DAS FRÄULEIN. Müssen wir denn schön sein? - Aber, daß wir uns -5-
schön glauben, war vielleicht notwendig. - Nein, wenn ich ihm,
ihm nur schön bin! - Franziska, wenn alle Mädchens so sind, wie
ich mich jetzt fühle, so sind wir - sonderbare Dinger. - Zärt-
lich und stolz, tugendhaft und eitel, wollüstig und fromm - Du
wirst mich nicht verstehen. Ich verstehe mich wohl selbst -10-
nicht. - Die Freude macht drehend, wirblicht*. -

FRANZISKA. Fassen Sie sich, mein Fräulein; ich höre kommen -

DAS FRÄULEIN. Mich fassen? Ich sollte ihn ruhig empfangen?

                     Achter Auftritt
              v. Tellheim. Der Wirt. Die Vorigen.   -15-

V. TELLHEIM (tritt herein, und indem er sie erblickt, flieht er
auf sie zu). Ah! meine Minna! -

DAS FRÄULEIN (ihm entgegenfliehend). Ah! mein Tellheim! -

V. TELLHEIM (stutzt auf einmal, und tritt wieder zurück). Ver-
zeihen Sie, gnädiges Fräulein, - das Fräulein von Barnhelm hier   -20-
zu finden -

DAS FRÄULEIN. Kann Ihnen doch so gar unerwartet nicht sein? -
(Indem sie ihm näher tritt, und er mehr zurückweicht.) Ver-
zeihen? Ich soll Ihnen verzeihen, daß ich noch Ihre Minna bin?
Verzeih' Ihnen der Himmel, daß ich noch das Fräulein von Barn-   -25-
helm bin! -

V. TELLHEIM. Gnädiges Fräulein - (Sieht starr auf den Wirt, und
zuckt die Schultern.)

DAS FRÄULEIN (wird den Wirt gewahr, und winkt* der Franziska).
Mein Herr, -   -30-

V. TELLHEIM. Wenn wir uns beiderseits nicht irren -

FRANZISKA. Je, Herr Wirt, wen bringen Sie uns denn da? Geschwind

-----
1: are confident. 3: =nochmals. 11: =wirb(e)lig, and passim: gid-
dy. 29: gives a sign to.

kommen Sie, lassen Sie uns den Rechten suchen.

DER WIRT. Ist es nicht der Rechte? Ei ja doch!

FRANZISKA. Ei nicht doch! Geschwind kommen Sie; ich habe Ihrer
Jungfer Tochter noch keinen guten Morgen gesagt.

DER WIRT. O! viel Ehre - (Doch ohne von der Stelle zu gehn.)   -5-

FRANZISKA (faßt ihn an). Kommen Sie, wir wollen den Küchenzettel*
machen. - Lassen Sie sehen, was wir haben werden -

DER WIRT. Sie sollen haben; vors* erste -

FRANZISKA. Still, ja stille! Wenn das Fräulein jetzt schon weiß,
was sie zu Mittag speisen soll, so ist es um ihren Appetit ge- -10-
schehen*. Kommen Sie, das müssen Sie mir allein sagen. (Führet
ihn mit Gewalt ab.)

Neunter Auftritt
v. Tellheim. Das Fräulein.

DAS FRÄULEIN. Nun? irren wir uns noch?   -15-

V. TELLHEIM. Daß es der Himmel wollte! - Aber es gibt nur eine,
und Sie sind es. -

DAS FRÄULEIN. Welche Umstände! Was wir uns zu sagen haben, kann
jedermann hören.

V. TELLHEIM. Sie hier? Was suchen Sie hier, gnädiges Fräulein?   -20-

DAS FRÄULEIN. Nichts suche ich mehr. (Mit offnen Armen auf ihn
zugehend.) Alles, was ich suchte, habe ich gefunden.

V. TELLHEIM (zurückweichend). Sie suchten einen glücklichen,
einen Ihrer Liebe würdigen Mann; und finden - einen Elenden*.

DAS FRÄULEIN. So lieben Sie mich nicht mehr? - Und lieben eine -25-
andere?

V. TELLHEIM. Ah! der hat Sie nie geliebt, mein Fräulein, der eine
andere nach Ihnen lieben kann.

DAS FRÄULEIN. Sie reißen nur einen Stachel aus meiner Seele. -
Wenn ich ihr Herz verloren habe, was liegt daran, ob mich -30-

-----
6: menu. 8: =fürs. 11: i.e., spoiled. 24: double meaning: miser-
able, or impoverished (im Elend). MINNA takes the former.

Gleichgültigkeit oder mächtigere Reize darum gebracht? - Sie
lieben mich nicht mehr: und lieben auch keine andere? - Un-
glücklicher Mann, wenn Sie gar nichts lieben! -

V. TELLHEIM. Recht, gnädiges Fräulein; der Unglückliche muß gar
nichts lieben. Er verdient sein Unglück, wenn er diesen Sieg -5-
nicht über sich selbst zu erhalten weiß; wenn er es sich ge-
fallen lassen kann, daß die, welche er liebt, an seinem Unglück
Anteil nehmen dürfen. - Wie schwer ist dieser Sieg! - Seitdem
mir Vernunft und Notwendigkeit befehlen, Minna von Barnhelm zu
vergessen: was für Mühe habe ich angewandt! Eben wollte ich -10-
anfangen zu hoffen, daß diese Mühe nicht ewig vergebens sein
würde: - und Sie erscheinen, mein Fräulein! -

DAS FRÄULEIN. Versteh' ich Sie recht? - Halten Sie, mein Herr;
lassen Sie sehen, wo wir sind, ehe wir uns weiter verirren! -
Wollen Sie mir die einzige Frage beantworten?   -15-

V. TELLHEIM. Jede, mein Fräulein -

DAS FRÄULEIN. Wollen Sie mir auch ohne Wendung*, ohne Winkelzug*
antworten? Mit nichts, als einem trockenen Ja oder Nein?

V. TELLHEIM. Ich will es, - wenn ich kann.

DAS FRÄULEIN. Sie können es. - Gut: ohngeachtet* der Mühe, die -20-
Sie angewendet, mich zu vergessen, - lieben Sie mich noch,
Tellheim?

V. TELLHEIM. Mein Fräulein, diese Frage -

DAS FRÄULEIN. Sie haben versprochen, mit nichts, als Ja oder Nein
zu antworten.   -25-

V. TELLHEIM. Und hinzugesetzt: wenn ich kann.

DAS FRÄULEIN. Sie können; Sie müssen wissen, was in Ihrem Herzen
vorgeht. - Lieben Sie mich noch, Tellheim? - Ja, oder nein.

V. TELLHEIM. Wenn mein Herz -

DAS FRÄULEIN. Ja, oder nein!   -30-

V. TELLHEIM. Nun, ja!

DAS FRÄULEIN. Ja?

17: evasion; trick. 20: =ungeachtet notwithstanding.

TELLHEIM. Ja, ja! - Allein* -

DAS FRÄULEIN. Geduld! - Sie lieben mich noch: genug für mich. -
In was für einen Ton bin ich mit Ihnen gefallen! Ein widriger,
melancholischer, ansteckender Ton. - Ich nehme den meinigen
wieder an. - Nun, mein lieber Unglücklicher, Sie lieben mich -5-
noch, und haben Ihre Minna noch, und sind unglücklich? Hören
Sie doch, was Ihre Minna für ein eingebildetes, albernes Ding
war, - ist. Sie ließ, sie läßt sich träumen, Ihr ganzes Glück
sei sie. - Geschwind, kramen Sie Ihr Unglück aus*. Sie mag ver-
suchen*, wieviel sie dessen aufwiegt. - Nun?   -10-

V. TELLHEIM. Mein Fräulein, ich bin nicht gewohnt zu klagen.

DAS FRÄULEIN. Sehr wohl. Ich wüßte auch nicht, was mir an einem
Soldaten, nach dem Prahlen, weniger gefiele, als das Klagen.
Aber es gibt eine gewisse kalte, nachlässige Art, von seiner
Tapferkeit und von seinem Unglücke zu sprechen -   -15-

V. TELLHEIM. Die im Grunde doch auch geprahlt und geklagt ist.

DAS FRÄULEIN. O, mein Rechthaber*, so hätten Sie sich auch gar
nicht unglücklich nennen sollen. - Ganz geschwiegen, oder ganz
mit der Sprache heraus. - Eine Vernunft, eine Notwendigkeit,
die Ihnen mich zu vergessen befiehlt? - Ich bin eine große -20-
Liebhaberin von Vernunft, ich habe sehr viel Ehrerbietung für*
die Notwendigkeit. - Aber lassen Sie* doch hören, wie ver-
nünftig diese Vernunft, wie notwendig diese Notwendigkeit ist.

V. TELLHEIM. Wohl denn; so hören Sie, mein Fräulein. - Sie nennen
mich Tellheim; der Name trifft ein. - Aber Sie meinen, ich sei -25-
der Tellheim, den Sie in Ihrem Vaterlande gekannt haben; der
blühende Mann, voller Ansprüche, voller Ruhmbegierde; der
seines ganzen Körpers, seiner ganzen Seele mächtig* war; vor
dem die Schranken der Ehre und des Glückes eröffnet standen;
der Ihres Herzens und Ihrer Hand, *wenn er schon Ihrer noch -30-
nicht würdig war, täglich würdiger zu werden hoffen durfte. -
Dieser Tellheim bin ich ebensowenig, - als ich mein Vater bin.
Beide sind gewesen. - Ich bin Tellheim, der verabschiedete, der
an seiner Ehre gekränkte, der Krüppel, der Bettler. - Jenem,
mein Fräulein, versprachen Sie sich: wollen Sie diesem* Wort -35-
halten? -

DAS FRÄULEIN. Das klingt sehr tragisch! - Doch, mein Herr, bis
ich jenen wiederfinde, - in die Tellheims bin ich nun einmal

1: Only, But. 9: unpack. 10: (to see) how much of it she can
counterbalance. 17: dogmatist. 21: =Achtung vor. 22: sc. mich.
28: master of. 30: sc. selbst. 35: sc. Mann.

vernarret, - dieser wird mir schon aus der Not helfen müssen.-
Deine Hand, lieber Bettler! (Indem sie ihn bei der Hand er-
greift.)

V. TELLHEIM (der die andere Hand mit dem Hute vor das Gesicht
schlägt, und sich von ihr abwendet). Das ist zu viel! - Wo bin -5-
ich? - Lassen Sie mich, Fräulein! Ihre Güte foltert mich! -
Lassen Sie mich.

DAS FRÄULEIN. Was ist Ihnen? wo wollen Sie hin?

V. TELLHEIM. Von Ihnen! -

DAS FRÄULEIN. Von mir? (Indem sie seine Hand an ihre Brust -10-
zieht.) Träumer!

V. TELLHEIM. Die Verzweiflung wird mich tot zu ihren Füßen
werfen.

DAS FRÄULEIN. Von mir?

V. TELLHEIM. Von Ihnen. - Sie nie, nie wieder zu sehen. - Oder -15-
doch so entschlossen, so fest entschlossen, - keine Nieder-
trächtigkeit zu begehen, - Sie keine Unbesonnenheit begehen zu
lassen. - Lassen Sie mich, Minna! (Reißt sich los, und ab.)

DAS FRÄULEIN (ihm nach). Minna Sie lassen? Tellheim! Tellheim!
Ende des zweiten Aufzuges   -20-

DRITTER AUFZUG

Erster Auftritt
Die Szene, der Saal.
Just (einen Brief in der Hand).

Muß ich doch noch einmal in das verdammte Haus kommen! - Ein -25-
Briefchen von meinem Herrn an das gnädige Fräulein, das seine
Schwester sein will*. - Wenn sich nur da nichts anspinnt*! -
Sonst wird des Brieftragens kein Ende werden. - Ich wär es*
gern los; aber ich möchte auch nicht gern ins Zimmer hinein. -
Das Frauenszeug* fragt so viel; und ich antworte so ungern! - -30-
Ha, die Türe geht auf. Wie gewünscht! das Kammerkätzchen!

27: claims to be; develops. 28: i.e., **des Briefes**. 30: womenfolk.

                        Dritter Auftritt*
                 Franziska und [...] der Wirt.

FRANZISKA [...] will nach dem Zimmer des Fräuleins gehen, indem der
Wirt kömmt.

DER WIRT. Warte Sie doch, mein schönes Kind.   -5-

FRANZISKA. Ich habe jetzt nicht Zeit, Herr Wirt -

DER WIRT. Nur ein kleines Augenblickchen! - Noch keine Nachricht
von dem Herrn Major? Das konnte doch unmöglich sein Abschied
sein! -

FRANZISKA. Was denn?   -10-

DER WIRT. Hat es Ihr das gnädige Fräulein nicht erzählt? - Als
ich Sie, mein schönes Kind, unten in der Küche verließ, so kam
ich von ungefähr* wieder hier in den Saal -

FRANZISKA. Von ungefähr, in der Absicht, ein wenig zu horchen.

DER WIRT. Ei, mein Kind, wie kann Sie das von mir denken? Einem -15-
Wirte läßt nichts übler*, als Neugierde. - Ich war nicht lange
hier, so prellte auf einmal die Türe bei dem gnädigen Fräulein
auf*. Der Major stürzte heraus; das Fräulein ihm nach; beide in
einer Bewegung, mit Blicken, in einer Stellung - so was läßt
sich nur sehen*. Sie ergriff ihn; er riß sich los; sie ergriff -20-
ihn wieder. "Tellheim!" - "Fräulein, lassen Sie mich!" - "Wo-
hin?" - So zog er sie bis an die Treppe. Mir war schon bange,
er würde sie mit herabreißen. Aber er wand sich noch los. Das
Fräulein blieb an der obersten Schwelle stehn; sah ihm nach;
rief ihm nach; rang die Hände. Auf einmal wandte sie sich um, -25-
lief nach dem Fenster, von dem Fenster wieder zur Treppe, von
der Treppe in dem Saale hin und wieder. Hier stand ich; hier
ging sie dreimal bei mir vorbei, ohne mich zu sehen. Endlich
war es, als ob sie mich sähe; aber, Gott sei bei uns! ich
glaube, das Fräulein sahe mich für Sie an*, mein Kind.   -30-
"Franziska," rief sie, die Augen auf mich gerichtet, "Bin ich

-----
1: scene two between JUST And FRANZISKA has been omitted: JUST
tells in detail the history of his employment with TELLHEIM and
what happened to the other servants whom MINNA and FRANZISKA knew
from before. JUST defends himself from her biting wit and departs
with a caustic remark about the other servants being her **gute
Freunde**; a monologue in reference to the second scene has been
omitted: FRANZISKA says she deserves the remark from JUST and
concludes by calling him **der unglückliche Mann!** 13: by chance.
16: nothing befits a host less. 18: banged open. 20: sc. **und
nicht beschreiben.** 30: took me for you.

nun glücklich?" Darauf sahe sie steif an die Decke, und wie-
derum: "bin ich nun glücklich?" Darauf wischte sie sich die
Tränen aus dem Auge, und lächelte, und fragte mich wiederum:
"Franziska, bin ich nun glücklich?" - Wahrhaftig, ich wußte
nicht, wie mir war. Bis sie nach ihrer Türe lief; da kehrte sie   -5-
sich nochmals nach mir um: "So komm doch, Franziska; wer
jammert dich nun*?" - Und damit hinein.

FRANZISKA. O, Herr Wirt, das hat Ihnen geträumt.

DER WIRT. Geträumt? Nein, mein schönes Kind, so umständlich
träumt man nicht. - Ja, ich wollte wieviel drum geben, - ich -10-
bin nicht neugierig, - aber ich wollte wieviel drum geben, wenn
ich den Schlüssel dazu hätte.

FRANZISKA. Den Schlüssel? zu unsrer Türe? Herr Wirt, der steckt
innerhalb; wir haben ihn zur Nacht hereingezogen; wir sind
furchtsam.   -15-

DER WIRT. Nicht so einen Schlüssel; ich will sagen, mein schönes
Kind, den Schlüssel; die Auslegung gleichsam*; so den eigent-
lichen Zusammenhang von dem, was ich gesehen. -

FRANZISKA. Ja so! - Nun, adieu, Herr Wirt. Werden wir bald essen,
Herr Wirt?   -20-

DER WIRT. Mein schönes Kind, nicht zu vergessen, was ich eigent-
lich sagen wollte.

FRANZISKA. Nun? aber nur kurz -

DER WIRT. Das gnädige Fräulein hat noch meinen Ring; ich nenne
ihn meinen -   -25-

FRANZISKA. Er soll Ihnen unverloren sein.

DER WIRT. Ich trage darum auch keine Sorge; ich will's nur er-
innern*. Sieht Sie; ich will ihn gar nicht einmal wiederhaben.
Ich kann mir doch wohl an den Fingern abzählen, woher sie den
Ring kannte, und woher* er dem ihrigen so ähnlich sah. Er ist -30-
in ihren Händen am besten aufgehoben. Ich mag* ihn gar nicht
mehr, und will indes die hundert Pistolen, die ich darauf
gegeben habe, auf des gnädigen Fräuleins Rechnung setzen. Nicht
so recht, mein schönes Kind?

7: Now who are you sorry for.   17: the explanation, as it were.
28: I just want to remind (you) of it. 30: =**warum**. 31: =**will**.

Vierter Auftritt
Paul Werner. Der Wirt. Franziska.

WERNER. Da ist er ja!

FRANZISKA. Hundert Pistolen? Ich meinte*, nur achtzig.

DER WIRT. Es ist wahr, nur neunzig, nur neunzig. Das will ich -5-
tun, mein schönes Kind, das will ich tun.

FRANZISKA. Alles das wird sich finden, Herr Wirt.

WERNER (der ihnen hinterwärts näher kömmt und auf einmal der
Franziska auf die Schulter klopft). Frauenzimmerchen! Frauen-
zimmerchen!   -10-

FRANZISKA (erschrickt). He!

WERNER. Erschrecke Sie nicht! - Frauenzimmerchen, Frauen-
zimmerchen, ich sehe, Sie ist hübsch, und ist wohl gar fremd -
Und hübsche fremde Leute müssen gewarnet werden - Frauen-
zimmerchen, Frauenzimmerchen, nehm' Sie sich vor dem Manne in -15-
acht! (Auf den Wirt zeigend.)

DER WIRT. Je, unvermutete Freude! Herr Paul Werner! Willkommen
bei uns, willkommen! - Ah, es ist doch immer noch der lustige,
spaßhafte, ehrliche Werner! - Sie soll sich vor mir in acht
nehmen, mein schönes Kind! Ha, ha, ha!   -20-

WERNER. Geh' Sie ihm überall aus dem Wege*!

DER WIRT. Mir! mir! - Bin ich denn so gefährlich? - Ha, ha, ha! -
Hör' Sie doch, mein schönes Kind! Wie gefällt Ihr der Spaß?

WERNER. Daß es doch immer seinesgleichen* für Spaß erklären, wenn
man ihnen die Wahrheit sagt.   -25-

DER WIRT. Die Wahrheit! ha, ha, ha! - Nicht wahr, mein schönes
Kind, immer besser! Der Mann kann spaßen! Ich gefährlich? -
ich? - So vor zwanzig Jahren war was dran*. Ja, ja, mein
schönes Kind, da war ich gefährlich; da wußte manche davon zu -30-
sagen; aber jetzt -

WERNER. O über den alten Narrn!

DER WIRT. Da steckt's eben! Wenn wir alt werden, ist es mit
unsrer Gefährlichkeit aus. Es wird Ihm auch nicht besser gehen,

-----
4: would think. 21: Avoid him wherever you can. 24: people like
him. 28: there was something to that.

Herr Werner!

WERNER. Potz Geck*, und kein Ende! - Frauenzimmerchen, so viel
Verstand wird Sie mir wohl zutrauen, daß ich von der Gefähr-
lichkeit nicht rede. Der eine Teufel hat ihn verlassen, aber es
sind dafür sieben andre in ihn gefahren -   -5-

DER WIRT. O, hör' Sie doch, hör' Sie doch! Wie er das nun wieder
so herumzubringen* weiß! - Spaß über Spaß, und immer was Neues!
O, es ist ein vortrefflicher Mann, der Herr Paul Werner! - (Zur
Franziska, als ins Ohr*.) Ein wohlhabender Mann, und noch
ledig. Er hat drei Meilen von hier ein schönes Freischulzen-   -10-
gerichte*. Der hat Beute gemacht im Kriege! - Und ist Wacht-
meister bei unserm Herrn Major gewesen. O, das ist ein Freund
von unserm Herrn Major! das ist ein Freund! der sich für ihn
totschlagen ließe! -

WERNER. Ja! und das ist ein Freund von meinem Major! das ist ein -15-
Freund! - den der Major sollte totschlagen lassen.

DER WIRT. Wie? was? - Nein, Herr Werner, das ist nicht guter
Spaß. - Ich kein Freund vom Herrn Major? - Nein, den Spaß ver-
steh' ich nicht.

WERNER. Just hat mir schöne Dinge erzählt.   -20-

DER WIRT. Just? Ich dacht's wohl, daß Just durch Sie spräche.
Just ist ein böser, garstiger Mensch. Aber hier ist ein schönes
Kind zur Stelle; das* kann reden; das mag sagen, ob ich kein
Freund von dem Herrn Major bin? ob ich ihm keine Dienste er-
wiesen habe? Und warum sollte ich nicht sein Freund sein? Ist   -25-
er nicht ein verdienter Mann? Es ist wahr; er hat das Unglück
gehabt, abgedankt zu werden: aber was tut das? Der König kann
nicht alle verdiente Männer kennen; und wenn er sie auch alle
kennte, so kann er sie nicht alle belohnen.

WERNER. Das heißt* Ihn Gott sprechen! - Aber Just - freilich ist -30-
an Justen auch nicht viel Besonders; doch ein Lügner ist Just
nicht; und wenn das wahr wäre, was er mir gesagt hat -

DER WIRT. Ich will von Justen nichts hören! Wie gesagt: das
schöne Kind hier mag sprechen! (Zu ihr ins Ohr.) Sie weiß, mein
Kind; den Ring! - Erzähl' Sie es doch Herr Wernern*. Da wird er -35-
mich besser kennen lernen. Und damit es nicht herauskömmt, als
ob Sie mir nur zu Gefallen rede: so will ich nicht einmal dabei
sein; ich will gehen; aber Sie sollen mir es wiedersagen, Herr

-----
2: an expletive. 7: twist. 9: =als ob er ihr ins Ohr flüstere.
11: a nice farm, freehold property. 23: i.e., =sie. 30: is
directing, prompting (to). 35: =Herrn Werner.

Werner, Sie sollen mir es wiedersagen, ob Just nicht ein gar-
stiger Verleumder ist.

Fünfter Auftritt
Paul Werner. Franziska.

WERNER. Frauenzimmerchen, kennt Sie denn meinen Major?   -5-

FRANZISKA. Den Major von Tellheim? Ja wohl kenn' ich den braven
Mann.

WERNER. Ist es nicht ein braver Mann? Ist Sie dem Manne wohl gut?

FRANZISKA. Vom Grund meines Herzens.

WERNER. Wahrhaftig? Sieht Sie, Frauenzimmerchen; nun kömmt Sie -10-
mir noch einmal so schön vor. - Aber was sind denn das für
Dienste, die der Wirt unserm Major will erwiesen haben?

FRANZISKA. Ich wüßte eben nicht; es wäre denn*, daß er sich das
Gute zuschreiben wollte, welches glücklicherweise aus seinem
schurkischen Betragen entstanden.   -15-

WERNER. So wäre es ja wahr, was mir Just gesagt hat? - (**Gegen die
Seite, wo der Wirt abgegangen.**) Dein Glück, daß du gegangen
bist! - Er hat ihm wirklich die Zimmer ausgeräumt? - So einem
Manne, so einen Streich zu spielen, weil sich das Eselsgehirn
einbildet, daß der Mann kein Geld mehr habe! Der Major kein -20-
Geld?

FRANZISKA. So? hat der Major Geld?

WERNER. Wie Heu! Er weiß nicht, wieviel er hat. Er weiß nicht,
wer ihm alles schuldig ist. Ich bin ihm selber schuldig, und
bringe ihm hier ein altes Restchen*. Sieht Sie, Frauen-   -25-
zimmerchen, hier in diesem Beutelchen (**das er aus der einen
Tasche zieht**) sind hundert Louisdor; und in diesem Röllchen
(**das er aus der andern zieht**) hundert Dukaten. Alles sein Geld!

FRANZISKA. Wahrhaftig? Aber warum versetzt denn der Major? Er hat
ja einen Ring versetzt -   -30-

WERNER. Versetzt! Glaub' Sie doch so was nicht. Vielleicht, daß
er den Bettel* hat gern wollen los sein.

FRANZISKA. Es ist kein Bettel! es ist ein sehr kostbarer Ring,

-----

13: unless. 25: balance due. 32: trifle, worthless thing.

den er wohl noch dazu von lieben Händen hat.

WERNER. Das wird's auch sein. Von lieben Händen; ja, ja! So was
erinnert einen manchmal, woran man nicht gern erinnert sein
will. Drum schafft man's aus den Augen.

FRANZISKA. Wie?   -5-

WERNER. Dem Soldaten geht's in Winterquatieren wunderlich. Da hat
er nichts zu tun, und pflegt sich, und macht vor langer Weile
Bekanntschaften, die er nur auf den Winter meinet*, und die das
gute Herz, mit dem er sie macht, für zeitlebens annimmt*. Husch
ist ihm denn ein Ringelchen an den Finger praktiziert*, er weiß -10-
selbst nicht, wie es dran kömmt. Und nicht selten gäb' er gern
den Finger mit drum, wenn er es nur wieder los könnte.

FRANZISKA. Ei! und sollte es dem Major auch so gegangen sein?

WERNER. Ganz gewiß. Besonders in Sachsen; wenn er zehn Finger an
jeder Hand gehabt hätte, er hätte sie alle zwanzig voller Ringe -15-
gekriegt.

FRANZISKA (beiseite). Das klingt ja ganz besonders*, und verdient
untersucht zu werden. - Herr Freischulze, oder Herr Wacht-
meister -

WERNER. Frauenzimmerchen, wenn's Ihr nichts verschlägt*: - Herr -20-
Wachtmeister höre ich am liebsten.

FRANZISKA. Nun, Herr Wachtmeister, hier habe ich ein Briefchen
von dem Herrn Major an meine Herrschaft. Ich will es nur ge-
schwind hereintragen, und bin gleich wieder da. Will Er wohl so
gut sein, und so lange hier warten? Ich möchte gar zu gern mehr -25-
mit Ihm plaudern.

WERNER. Plaudert Sie gern, Frauenzimmerchen? Nun meinetwegen;
geh' Sie nur; ich plaudre auch gern; ich will* warten.

FRANZISKA. O, warte Er doch ja! (Geht ab.)*

8: which he only means (to last) for the winter. 9: assumes to be
permanent. 10: put by sleight-of-hand. 17: =sonderbar. 20: if
it's all the same to you. 28: =werde. 29: scene six, a monologue
by WERNER, is omitted: WERNER decides to look up RITTMEISTERIN
MARLOFF (cf. I,6) to tell her he can loan her some money after he
sells his property so that she can pay back TELLHEIM. He hopes
FRANZISKA won't get angry at his leaving. On the way out he runs
into TELLHEIM.

Siebenter Auftritt
v. Tellheim. Paul Werner.

V. TELLHEIM. So in Gedanken, Werner?

WERNER. Da sind Sie ja! ich wollte eben gehen, und Sie in ihrem
neuen Quartiere besuchen, Herr Major.   -5-

V. TELLHEIM. Um mir auf den Wirt des alten die Ohren voll-
zufluchen. Gedenke mir nicht daran*.

WERNER. Das hätte ich beiher* getan; ja. Aber eigentlich wollte
ich mich nur bei Ihnen bedanken, daß Sie so gut gewesen und mir
die hundert Louisdor aufgeoben. Just hat mir sie wiedergegeben. -10-
Es wäre mir wohl freilich lieb, wenn Sie mir sie noch länger
aufheben könnten. Aber Sie sind in ein neu Quartier gezogen,
das weder Sie, noch ich kennen. Wer weiß, wie's da ist. Sie
könnten Ihnen da gestohlen werden; und Sie müßten mir sie er-
setzen; da hülfe* nichts davor. Also kann ich's Ihnen freilich -15-
nicht zumuten.

V. TELLHEIM (**lächelnd**). Seit wenn* bist du so vorsichtig, Werner?

WERNER. Es lernt sich wohl. Man kann, heutzutage, mit seinem
Gelde nicht vorsichtig genug sein. - Darnach hatte ich noch was
an Sie zu bestellen, Herr Major; von der Rittmeisterin Marloff; -20-
ich kam eben von ihr her. Ihr Mann ist Ihnen ja vierhundert
Taler schuldig geblieben; hier schickt sie Ihnen auf Abschlag*
hundert Dukaten. Das übrige will sie künftige Woche schicken.
Ich mochte wohl selber Ursache sein, daß sie die Summe nicht
ganz schickt. Denn sie war mir auch ein Taler achtzig schuldig; -25-
und weil sie dachte, ich wäre gekommen, sie zu mahnen, - wie's
denn auch wohl wahr war; - so gab sie mir sie, und gab sie mir
aus dem Röllchen, das sie für Sie schon zurechtgelegt hatte. -
Sie können auch schon eher Ihre hundert Taler ein acht Tage*
noch missen, als ich meine paar Groschen. - Da nehmen Sie doch! -30-
(**Reicht ihm die Rolle Dukaten.**)

V. TELLHEIM. Werner!

WERNER. Nun? warum sehen Sie mich so starr an? - So nehmen Sie
doch, Herr Major! -

V. TELLHEIM. WERNER!   -35-

WERNER. Was fehlt Ihnen? Was ärgert Sie?

7: I beg you not to. 8: anyway. 15: =**würde**... **helfen**. 17: =**wann**.
22: account. 29: for a week.

V. TELLHEIM (bitter, indem er sich vor die Stirne schlägt, und
mit dem Fuße auftritt*). Daß es - die vierhundert Taler nicht
ganz sind!

WERNER.   Nun, nun, Herr Major!   Haben   Sie mich denn nicht ver-
standen?   -5-

V. TELLHEIM.   Eben weil ich dich verstanden habe! - Daß mich doch
die besten Menschen heut am meisten quälen müssen!

WERNER.   Was sagen Sie?

V. TELLHEIM.   Es geht dich nur zur Hälfte an! - Geh, Werner! (In-
dem er die   Hand, mit der ihm Werner die   Dukaten reichet, zu-   -10-
rückstößt.)

WERNER.   Sobald ich das los bin!

V. TELLHEIM.   Werner, wenn du nun von mir hörst, daß die
Marloffin, heute ganz früh, selbst bei mir gewesen ist?

WERNER.   So?   -15-

V. TELLHEIM.   Daß sie mir nichts mehr schuldig ist?

WERNER.   Wahrhaftig?

V. TELLHEIM.   Daß sie mich bei Heller   und Pfennig* bezahlt hat:
was wirst du denn sagen?

WERNER (der sich einen Augenblick besinnt).   Ich werde sagen, daß   -20-
ich gelogen   habe,   und daß   es eine   hundsfött'sche Sache   ums
Lügen ist*, weil man darüber ertappt werden kann.

V. TELLHEIM.   Und wirst dich schämen?

WERNER. Aber er, der mich zu lügen zwingt, was sollte der? Sollte
der   sich nicht auch   schämen? Sehen Sie, Herr Major; wenn ich   -25-
sagte,   daß mich Ihr Verfahren nicht   verdrösse*, so   hätte ich
wieder gelogen, und ich will nicht mehr lügen. -

V. TELLHEIM.   Sei nicht verdrießlich, Werner! Ich   erkenne   dein
Herz und deine Liebe zu mir. Aber ich brauche dein Geld nicht.

WERNER.   Sie brauchen   es nicht? Und verkaufen lieber, und ver-   -30-
setzen lieber,   und bringen   sich lieber   in der Leute Mäuler*?

2: stamps. 18: every last cent. 22: lying's a dirty business. 26:
didn't grieve,   displease.   31: become   the   topic   of   all   the
scandalmongers.

V. TELLHEIM. Die Leute mögen es immer wissen, daß ich nichts mehr
habe. Man muß nicht reicher scheinen wollen, als man ist.

WERNER. Aber warum ärmer? - Wir haben, so lange unser Freund hat.

V. TELLHEIM. Es ziemt sich nicht*, daß ich dein Schuldner bin.

WERNER. Ziemt sich nicht? - Wenn an einem heißen Tage, den uns   -5-
die Sonne und der Feind heiß machte, sich Ihr Reitknecht mit
den Kantinen* verloren hatte; und Sie zu mir kamen und sagten:
Werner, hast du nichts zu trinken? und ich Ihnen meine Feld-
flasche reichte, nicht wahr, Sie nahmen und tranken? - Ziemte
sich das? - Bei meiner armen Seele, wenn ein Trunk faules -10-
Wasser damals nicht oft mehr wert war, als alle der Quark*!
(Indem er auch den Beutel mit den Louisdoren herauszieht, und
ihm beides hinreicht). Nehmen Sie, lieber Major! Bilden Sie
sich ein, es ist Wasser. Auch das hat Gott für alle geschaffen.

V. TELLHEIM. Du marterst* mich; du hörst es ja, ich will dein -15-
Schuldner nicht sein.

WERNER. Erst ziemte es sich nicht; nun wollen Sie nicht? Ja, das
ist was anders. (Etwas ärgerlich.) Sie wollen mein Schuldner
nicht sein? Wenn Sie es denn aber schon wären, Herr Major? Oder
sind Sie dem Manne nichts schuldig, der einmal den Hieb auf- -20-
fing*, der Ihnen den Kopf spalten sollte, und ein andermal den
Arm vom Rumpfe hieb*, der eben losdrücken und Ihnen die Kugel
durch die Brust jagen wollte? - Was können Sie diesem Manne
mehr schuldig werden? Oder hat es mit meinem Halse weniger zu
sagen, als mit meinem Beutel? - Wenn das vornehm* gedacht ist, -25-
bei meiner armen Seele, so ist es auch sehr abgeschmackt ge-
dacht!

V. TELLHEIM. Mit wem sprichst du so, Werner? Wir sind allein;
jetzt darf ich es sagen; wenn uns ein dritter hörte, so wäre es
Windbeutelei*. Ich bekenne es mit Vergnügen, daß ich dir zwei- -30-
mal mein Leben zu danken habe. Aber, Freund, woran fehlte mir
es, daß ich bei Gelegenheit nicht ebensoviel für dich würde
getan haben? He!

WERNER. Nur an der Gelegenheit! Wer hat daran gezweifelt, Herr
Major? Habe ich Sie nicht hundertmal für den gemeinsten* Sol- -35-
daten, wenn er ins Gedränge gekommen war, Ihr Leben wagen
sehen?

4: It's not right. 7: i.e., the water supply. 11: rubbish, i.e.,
the gold. 15: are torturing. 21: parried the blow (of a sword).
22: struck (off). 25: in gentlemanly fashion. 30: idle boasting.
35: most common.

V. TELLHEIM. Also!

WERNER. Aber –

V. TELLHEIM. Warum verstehst du mich nicht recht? Ich sage: es
   ziemt sich nicht, daß ich dein Schuldner bin; ich will dein
   Schuldner nicht sein. Nämlich* in den Umständen nicht, in   -5-
   welchen ich mich jetzt befinde.

WERNER. So, so! Sie wollen es versparen, bis auf beßre Zeiten;
   Sie wollen ein andermal Geld von mir borgen, wenn Sie keines
   brauchen, wenn Sie selbst welches* haben, und ich vielleicht
   keines.   -10-

V. TELLHEIM.   Man muß nicht borgen, wenn man nicht wiederzugeben
   weiß.

WERNER. Einem Manne, wie Sie, kann es nicht immer fehlen.

V. TELLHEIM. Du kennst die Welt! – Am wenigsten muß man sodann*
   von einem borgen, der sein Geld selbst braucht.   -15-

WERNER. O ja, so einer bin ich! Wozu braucht'* ich's denn? – Wo
   man einen Wachtmeister nötig hat, gibt man ihm auch zu leben.

V. TELLHEIM.   Du brauchst es, mehr als Wachtmeister zu werden;
   dich auf einer Bahn weiter zu bringen, auf der, ohne Geld, auch
   der Würdigste zurückbleiben kann.   -20-

WERNER. Mehr als Wachtmeister zu werden? daran denke ich nicht.
   Ich bin ein guter Wachtmeister; und dürfte leicht ein
   schlechter Rittmeister, und sicherlich noch ein schlechtrer
   General werden. Die Erfahrung hat man.

V. TELLHEIM. Mache nicht, daß ich etwas Unrechtes von dir denken -25-
   muß, Werner! Ich habe es nicht gern gehört, was mir Just gesagt
   hat.   Du hast dein Gut verkauft, und willst wieder herum-
   schwärmen*. Laß mich nicht von dir glauben, daß du nicht sowohl
   das Metier*, als die wilde, liederliche Lebensart liebest, die
   unglücklicherweise damit verbunden ist. Man muß Soldat sein, -30-
   für sein Land; oder aus Liebe zu der Sache, für die gefochten*
   wird. Ohne Absicht heute hier, morgen da dienen: heißt wie ein
   Fleischerknecht* reisen, weiter nichts.

WERNER.   Nun ja doch, Herr Major; ich will Ihnen   folgen. Sie
   wissen besser, was sich gehört. Ich will bei Ihnen bleiben. – -35-

-----
5: Especially. 9: some. 14: =dann. 16: =würde... brauchen. 28:
rove about. 29: profession. 31: fought. 33: butcher's assistant.

Aber, lieber Major, nehmen Sie doch auch derweile* mein Geld.
Heut oder morgen muß Ihre Sache aus sein*. Sie müssen Geld die
Menge bekommen. Sie sollen mir es sodann mit Interessen* wie-
dergeben. Ich tu' es ja nur der Interessen wegen.

V. TELLHEIM. Schweig davon!   -5-

WERNER. Bei meiner armen Seele, ich tu' es nur der Interessen
wegen! - Wenn ich manchmal dachte: wie wird es mit dir aufs
Alter* werden? wenn du zu Schanden gehauen bist? wenn du nichts
haben wirst? wenn du wirst betteln gehen müssen? so dachte ich
wieder: Nein, du wirst nicht betteln gehn; du wirst zum Major -10-
Tellheim gehn; der wird seinen letzten Pfennig mit dir teilen;
der wird dich zu Tode füttern; bei dem wirst du als ein ehr-
licher Kerl sterben können.

V. TELLHEIM (indem er Werners Hand ergreift). Und, Kamerad, das
denkst du nicht noch?   -15-

WERNER. Nein, das denk' ich nicht mehr. - Wer von mir nichts
nehmen will, wenn er's bedarf, und ich's habe; der will mir
auch nichts geben, wenn er's hat, und ich's bedarf. - Schon
gut! (Will gehen.)

V. TELLHEIM. Mensch, mache mich nicht rasend! Wo willst du hin? -20-
(Hält ihn zurück.) Wenn ich dich nun auf meine Ehre versichere,
daß ich noch Geld habe; wenn ich dir auf meine Ehre verspreche,
daß ich dir es sagen will, wenn ich keines mehr habe; daß du
der erste und einzige sein sollst, bei dem ich mir etwas borgen
will: - bist du dann zufrieden?   -25-

WERNER. Muß ich nicht? - Geben Sie mir die Hand darauf, Herr
Major.

V. TELLHEIM. Da, Paul! - Und nun genug davon. Ich kam hieher, um
ein gewisses Mädchen zu sprechen -

                        Achter Auftritt   -30-
        Franziska (aus dem Zimmer des Fräuleins). v. Tellheim.
                        Paul Werner.

FRANZISKA (im Hereintreten). Sind Sie noch da, Herr Wachtmeister?
- (Indem sie den Tellheim gewahr wird.) Und Sie sind auch da,
Herr Major? - Den Augenblick bin ich zu Ihren Diensten. (Geht -35-
geschwind wieder in das Zimmer.)

1: in the meantime. 2: your affair will have to be settled. 3:
interest. 8: in old age.

Neunter Auftritt
v. Tellheim. Paul Werner.

V. TELLHEIM. Das war sie! - Aber ich höre ja, du kennst sie,
Werner?

WERNER. Ja, ich kenne das Frauenzimmerchen. -   -5-

V. TELLHEIM.   Gleichwohl*, wenn ich mich recht erinnere, als ich
in Thüringen Winterquartier hatte, warst du nicht bei mir?

WERNER. Nein, da besorgte ich in Leipzig Mundierungsstücke*.

V. TELLHEIM. Woher kennst du sie denn also?

WERNER.   Unsere Bekanntschaft ist noch blutjung. Sie ist von -10-
heute. Aber junge Bekanntschaft ist warm.

V. TELLHEIM. Also hast du ihr Fräulein wohl auch schon gesehen?

WERNER. Ist ihre Herrschaft ein Fräulein? Sie hat mir gesagt, Sie
kennten ihre Herrschaft.

V. TELLHEIM. Hörst du nicht? aus Thüringen her.   -15-

WERNER. Ist das Fräulein jung?

V. TELLHEIM. Ja.

WERNER. Schön?

V. TELLEHEIM. Sehr schön.

WERNER. Reich?   -20-

V. TELLHEIM. Sehr reich.

WERNER. Ist Ihnen das Fräulein auch so gut*, wie das Mädchen? Das
wäre ja vortrefflich!

V. TELLHEIM. Wie meinst du?

Zehnter Auftritt   -25-
**Franziska (wieder heraus, mit einem Brief in der Hand).
v. Tellheim. Paul Werner.**

FRANZISKA. Herr Major -

6: Yet. 8: uniforms and equipment. 22: friendly.

V. TELLHEIM. Liebe Franziska, ich habe dich noch nicht willkommen
heißen können.

FRANZISKA. In Gedanken werden Sie es doch schon getan haben. Ich
weiß, Sie sind mir gut. Ich Ihnen auch. Aber das ist gar nicht
artig, daß Sie Leute, die Ihnen gut sind, so ängstigen.   -5-

WERNER (vor sich). Ha, nun merk' ich. Es ist richtig!

V. TELLHEIM.   Mein Schicksal, Franziska! - Hast du ihr den Brief
übergeben?

FRANZISKA. Ja, und hier übergebe ich Ihnen - (Reicht ihm den
Brief.)   -10-

V. TELLHEIM. Eine Antwort? -

FRANZISKA. Nein, Ihren eignen Brief wieder.

V. TELLHEIM. Was? Sie will ihn nicht lesen?

FRANZISKA. Sie wollte wohl; aber - wir können Geschriebenes nicht
gut lesen.   -15-

V. TELLHEIM. Schäkerin*!

FRANZISKA. Und wir denken, daß das Briefschreiben für die nicht
erfunden ist, die sich mündlich miteinander unterhalten können,
sobald sie wollen.

V. TELLHEIM. Welcher Vorwand! Sie muß ihn lesen. Er enthält meine -20-
Rechtfertigung, - alle die Gründe und Ursachen -

FRANZISKA. Die will das Fräulein von Ihnen selbst hören, nicht
lesen.

V. TELLHEIM. Von mir selbst hören? Damit mich jedes Wort, jede
Miene von ihr verwirre, damit ich in jedem ihrer Blicke die -25-
ganze Größe meines Verlusts empfinde? -

FRANZISKA. Ohne Barmherzigkeit! - Nehmen Sie! (Sie gibt ihm den
Brief.) Sie erwartet Sie um drei Uhr. Sie will ausfahren, und
die Stadt besuchen. Sie sollen mit ihr fahren.

V. TELLHEIM. Mit ihr fahren?   -30-

FRANZISKA. Und was geben Sie mir, so lass' ich Sie beide ganz
allein fahren? Ich will zu Hause bleiben.

16: joker, jester.

V. TELLHEIM. Ganz allein?

FRANZISKA. In einem schönen verschloßnen Wagen.

V. TELLHEIM. Unmöglich!

FRANZISKA. Ja, ja; im Wagen muß der Herr Major Katz aushalten*;
    da kann er uns nicht entwischen.   Darum geschieht es eben. - -5-
    Kurz, Sie kommen, Herr Major; und Punkte drei. - Nun? Sie
    wollten mich ja auch allein sprechen. Was haben Sie mir denn zu
    sagen? - Ja so, wir sind nicht allein. (Indem sie Wernern an-
    sieht.)

V. TELLHEIM. Doch Franziska; wir wären* allein. Aber da das Fräu- -10-
    lein den Brief nicht gelesen hat, so habe ich dir noch nichts
    zu sagen.

FRANZISKA. So? wären wir doch allein? Sie haben vor dem Herrn
    Wachtmeister keine Geheimnisse?

V. TELLHEIM. Nein, keine.   -15-

FRANZISKA. Gleichwohl, dünkt mich*, sollten Sie welche vor ihm
    haben.

V. TELLHEIM. Wie das?

WERNER. Warum das, Frauenzimmerchen?

FRANZISKA. Besonders Geheimnisse von einer gewissen Art. - Alle -20-
    zwanzig, Herr Wachtmeister? (Indem sie beide Hände mit ge-
    spreizten Fingern in die Höhe hält.)

WERNER. St! st! Frauenzimmerchen, Frauenzimmerchen!

V. TELLHEIM. Was heißt das?

FRANZISKA. Husch ist's am Finger, Herr Wachtmeister? (Als ob sie -25-
    einen Ring geschwind ansteckte.)

V. TELLHEIM. Was habt ihr?

WERNER. Frauenzimmerchen, Frauenzimmerchen, Sie wird ja wohl Spaß
    verstehn?

V. TELLHEIM. Werner, du hast doch nicht vergessen, was ich dir -30-
    mehrmal gesagt habe; daß man über einen gewissen Punkt mit

-----
4: take what's coming to him. 10: are as good as. 16: =scheint es
mir.

dem Frauenzimmer nie scherzen muß?

WERNER. Bei meiner armen Seele, ich kann's vergessen haben! –
Frauenzimmerchen, ich bitte –

FRANZISKA. Nun, wenn es Spaß gewesen ist; dasmal* will ich es Ihm
verzeihen.   -5-

V. TELLHEIM. Wenn ich denn durchaus kommen muß, Franziska: so
mache doch nur, daß das Fräulein den Brief vorher noch lieset.
Das wird mir die Peinigung ersparen, Dinge noch einmal zu
denken, noch einmal zu sagen, die ich so gern vergessen möchte.
Da, gib ihr ihn! (**Indem er den Brief umkehrt, und ihr ihn zu-** -10-
reichen will, wird er gewahr, daß er erbrochen ist.) Aber sehe
ich recht? Der Brief, Franziska, ist ja erbrochen.

FRANZISKA. Das kann wohl sein. (**Besieht ihn.**) Wahrhaftig er ist
erbrochen. Wer muß ihn denn erbrochen haben? Doch gelesen haben
wir ihn wirklich nicht, Herr Major, wirklich nicht. Wir wollen   -15-
ihn auch nicht lesen, denn der Schreiber kömmt selbst. Kommen
Sie ja; und wissen Sie was, Herr Major? Kommen Sie nicht so,
wie Sie da sind; in Stiefeln, kaum frisiert. Sie sind zu ent-
schuldigen; Sie haben uns nicht vermutet. Kommen Sie in
Schuhen, und lassen Sie sich frisch frisieren. – So sehen Sie   -20-
mir gar zu brav, gar zu preußisch aus!

V. TELLHEIM. Ich danke dir, Franziska.

FRANZISKA. Sie sehen aus, als ob Sie vorige Nacht kampiert
hätten.

V. TELLHEIM. Du kannst es erraten haben.   -25-

FRANZISKA. Wir wollen uns gleich auch putzen*, und sodann essen.
Wir behielten* Sie gern zum Essen, aber Ihre Gegenwart möchte*
uns an dem Essen hindern; und sehen Sie, so gar verliebt sind
wir nicht, daß uns nicht hungerte*.

V. TELLHEIM. Ich geh'! Franziska, bereite sie indes* ein wenig   -30-
vor; damit ich weder in ihren, noch in meinen Augen verächtlich
werden darf. – Komm, Werner, du sollst mit mir essen.

WERNER. An der Wirtstafel, hier im Hause? Da wird mir kein Bissen
schmecken.

V. TELLHEIM. Bei mir auf der Stube.   -35-

4: =diesmal. 26: make ourselves up. 27: would have you stay (for
dinner); might. 29: wouldn't be hungry. 30: =indessen meanwhile.

WERNER. So folge ich Ihnen gleich. Nur noch ein Wort mit dem
Frauenzimmerchen.

V. TELLHEIM. Das gefällt mir nicht übel!
(Geht ab.)*

                        VIERTER AUFZUG   -5-

                        Erster Auftritt
              (Die Szene, das Zimmer des Fräuleins.)
    Das Fräulein (völlig* und reich, aber mit Geschmack gekleidet).
    Franziska. Sie stehen vom Tische auf, den ein Bedienter abräumt.

FRANZISKA. Sie können unmöglich satt sein, gnädiges Fräulein.   -10-

DAS FRÄULEIN. Meinst du, Franziska? Vielleicht, daß ich mich
nicht hungrig niedersetzte.

FRANZISKA. Wir hatten ausgemacht, seiner* während* Mahlzeit
nicht zu erwähnen. Aber wir hätten uns auch vornehmen sollen,
an ihn nicht zu denken.   -15-

DAS FRÄULEIN. Wirklich, ich habe an nichts als an ihn gedacht.

FRANZISKA. Das merkte ich wohl. Ich fing von hundert Dingen an zu
sprechen, und Sie antworteten mir auf jedes verkehrt. (Ein
andrer Bedienter trägt Kaffee auf.) Hier kömmt eine Nahrung,
bei der man eher Grillen machen* kann. Der liebe melan-   -20-
cholische Kaffee!

DAS FRÄULEIN. Grillen? Ich mache keine. Ich denke bloß der Lek-
tion nach, die ich ihm geben will. Hast du mich recht be-
griffen, Franziska?

FRANZISKA. O ja; am besten aber wäre es, er ersparte sie* uns.   -25-

DAS FRÄULEIN. Du wirst sehen, daß ich ihn von Grund aus kenne.
Der Mann, der mich jetzt mit allen Reichtümern verweigert, wird

-----
4: scenes eleven and twelve have been omitted: in scene eleven
WERNER attempts to correct his ring simile vis-à-vis FRANZISKA.
She ends the scene by saying der Mann gefällt mir. In scene
twelve MINNA VON BARNHELM reveals how noble and honest TELLHEIM'S
letter was, only that he is a little too proud, but that that is
no reason to reject a man. She tells FRANZISKA that she has a
plan to counter his pride with some of her own. 8: in complete
social attire. 13: =ihn; =während der. 20: can become moody,
melancholy, also: get strange ideas. 25: i.e., die Lektion.

mich der ganzen Welt streitig machen*, sobald er hört, daß ich
unglücklich und verlassen bin.

FRANZISKA (**sehr ernsthaft**). Und so was muß die feinste Eigenliebe
unendlich kitzeln.

DAS FRÄULEIN. Sittenrichterin*! Seht doch! vorhin ertappte sie   -5-
mich auf Eitelkeit; jetzt auf Eigenliebe. - Nun, laß mich nur,
liebe Franziska. Du sollst mit deinem Wachtmeister auch machen
können, was du willst.

FRANZISKA. Mit meinem Wachtmeister?

DAS FRÄULEIN. Ja, wenn du es vollends* leugnest, so ist es   -10-
richtig. - Ich habe ihn noch nicht gesehen; aber aus jedem
Worte, das du mir von ihm gesagt hast, prophezeie ich dir
deinen Mann.*

Vierter Auftritt
Paul Werner (der in einer steifen Stellung,   -15-
gleichsam im Dienste*, hereintritt).
Das Fräulein. Franziska.

FRANZISKA. Nein, es ist nur sein lieber Wachtmeister.

DAS FRÄULEIN. Lieber Wachtmeister? Auf wen bezieht sich dieses
Lieber?   -20-

FRANZISKA. Gnädiges Fräulein, machen Sie mir den Mann nicht

1: will dispute my rights to the entire world. 5: Moralist. 10:
=**völlig, ganz**. 13: scenes two and three are omitted. In scene two
the figure of RICCAUT DE LA MARLINIERE appears, a comic figure
who speaks a gibberish mixture of French and German, and whose
prototype can be found in earlier eighteenth-century plays. With
this character Lessing is parodying the German Francomania, begun
in the seventeenth century. RICCAUT informs MINNA and FRANZISKA
that TELLHEIM is to receive a favorable letter from the king.
When he tells of his own gambling, MINNA decides to dare a wager
and gives him **zehn Pistolen,** but is a little taken aback when she
hears him brag about his ability at cheating. RICCAUT leaves,
saying that he will bring back one hundred **Pistolen** or he won't
come back at all. MINNA wishes it were the latter. Scene three
between FRANZISKA and MINNA comments on the previous scene. FRAN-
ZISKA berates MINNA for giving in to such a swindler and for
playing a cruel game with TELLHEIM just because he is proud when
she, MINNA, doesn't have the character to deal with a person like
RICCAUT. 16: as if on duty.

verwirrt. - Ihre Dienerin, Herr Wachtmeister; was bringen Sie
uns?

WERNER (geht, ohne auf die Franziska zu achten, an das Fräulein).
Der Major von Tellheim läßt an das gnädige Fräulein von Barn-
helm durch mich, den Wachtmeister Werner, einen untertänigen -5-
Respekt vermelden, und sagen, daß er sogleich hier sein werde.

DAS FRÄULEIN. Wo bleibt er denn?

WERNER. Ihro Gnaden werden verzeihen; wir sind, noch vor dem
Schlage drei, aus dem Quartier gegangen; aber da hat ihn der
Kriegszahlmeister* unterwegens* angeredt; und weil mit der- -10-
gleichen* Herren des Redens immer kein Ende ist: so gab er mir
einen Wink, dem gnädigen Fräulein den Vorfall zu rapportieren*.

DAS FRÄULEIN. Recht wohl, Herr Wachtmeister. Ich wünsche nur, daß
der Kriegszahlmeister dem Major etwas Angenehmes möge zu sagen
haben.   -15-

WERNER. Das haben dergleichen Herren den Offizieren selten. -
Haben Ihro Gnaden etwas zu befehlen? (Im Begriffe wieder zu
gehen.)

FRANZISKA. Nun, wo denn schon wieder hin, Herr Wachtmeister?
Hätten wir denn nichts miteinander zu plaudern?   -20-

WERNER (sachte* zur Franziska, und ernsthaft). Hier nicht,
Frauenzimmerchen. Es ist wider* den Respekt, wider die Subor-
dination. - Gnädiges Fräulein -

DAS FRÄULEIN. Ich danke für Seine Bemühung, Herr Wachtmeister. -
Es ist mir lieb gewesen, Ihn kennen zu lernen. Franziska hat -25-
mir viel Gutes von Ihm gesagt. (Werner macht eine steife Ver-
beugung, und geht ab.)

                    Fünfter Auftritt
                  Das Fräulein. Franziska.

DAS FRÄULEIN. Das ist dein Wachtmeister, Franziska?   -30-

FRANZISKA. Wegen des spöttischen Tones habe ich nicht Zeit,
dieses dein nochmals aufzumutzen*. -- Ja, gnädiges Fräulein,
das ist mein Wachtmeister. Sie finden ihn, ohne Zweifel, ein

10: Paymaster-General; =unterwegs. 11: such. 12: report, inform
(of). 21: =leise. 22: =gegen. 32: to find fault with.

wenig steif und hölzern. Jetzt kam er mir fast auch so vor.
Aber ich merke wohl; er glaubte, vor Ihro Gnaden, auf die
Parade ziehen zu müssen*. Und wenn die Soldaten paradieren, -
ja freilich scheinen sie da mehr Drechslerpuppen*, als Männer.
Sie sollten ihn hingegen nur sehn und hören, wenn er sich   -5-
selbst gelassen ist.

DAS FRÄULEIN. Das müßte ich denn wohl!

FRANZISKA. Er wird noch auf dem Saale sein. Darf ich nicht gehen,
und ein wenig mit ihm plaudern?

DAS FRÄULEIN. Ich versage dir ungern dieses Vergnügen. Du mußt   -10-
hier bleiben, Franziska. Du mußt bei unserer Unterredung gegen-
wärtig sein! - Es fällt mir noch etwas bei. (Sie zieht ihren
Ring vom Finger.) Da, nimm meinen Ring, verwahre ihn, und gib
mir des Majors seinen dafür.

FRANZISKA. Warum das?   -15-

DAS FRÄULEIN (indem Franziska den andern Ring holt). Recht weiß
ich es selbst nicht; aber mich dünkt, ich sehe so etwas voraus,
wo ich ihn brauchen könnte. - Man pocht - Geschwind gib her!
(Sie steckt ihn an.) Er ist's!

                    Sechster Auftritt   -20-
    v. Tellheim (in dem nämlichen* Kleide*, aber sonst so, wie es
           Franziska verlangt). Das Fräulein. Franziska.

V. TELLHEIM. Gnädiges Fräulein, Sie werden mein Verweilen ent-
schuldigen -

DAS FRÄULEIN. O, Herr Major, so gar militärisch wollen wir es   -25-
miteinander nicht nehmen. Sie sind ja da! Und ein Vergnügen
erwarten, ist auch ein Vergnügen. - Nun? (indem sie ihm
lächelnd ins Gesicht sieht) lieber Tellheim, waren wir nicht
vorhin* Kinder?

V. TELLHEIM. Ja wohl Kinder, gnädiges Fräulein; Kinder, die sich   -30-
sperren*, wo sie gelassen folgen sollten.

DAS FRÄULEIN. Wir wollen ausfahren, lieber Major, - die Stadt ein
wenig zu besehen, - und hernach, meinem Oheim* entgegen*.

V. TELLHEIM. Wie?

3: put on an act, a show. 4: wooden puppets. 21: =demselben;
garb. 29: a little while ago (in II,9). 31: resist. 33: =Onkel;
to meet.

DAS FRÄULEIN. Sehen Sie; auch das Wichtigste haben wir einander
noch nicht sagen können. Ja, er trifft noch heut hier ein. Ein
Zufall ist Schuld, daß ich, einen Tag früher, ohne ihn an-
gekommen bin.

V. TELLHEIM. Der Graf von Bruchsall? Ist er zurück?   -5-

DAS FRÄULEIN. Die Unruhen des Krieges verscheuchten ihn nach
Italien; der Friede hat ihn wieder zurückgebracht. - Machen Sie
sich keine Gedanken, Tellheim. Besorgten wir schon ehemals das
stärkste Hindernis unsrer Verbindung von seiner Seite -

V. TELLHEIM. Unserer Verbindung?   -10-

DAS FRÄULEIN. Er ist Ihr Freund. Er hat von zu vielen, zu viel
Gutes von Ihnen gehört, um es nicht zu sein. Er brennet, den
Mann von Antlitz* zu kennen, den seine einzige Erbin gewählt
hat. Er kömmt als Oheim, als Vormund, als Vater, mich Ihnen zu
übergeben.   -15-

V. TELLHEIM. Ah, Fräulein, warum haben Sie meinen Brief nicht
gelesen? Warum haben Sie ihn nicht lesen wollen?

DAS FRÄULEIN. Ihren Brief? Ja, ich erinnere mich, Sie schickten
mir einen. Wie war es denn mit diesem Briefe, Franziska? Haben
wir ihn gelesen, oder haben wir ihn nicht gelesen? Was   -20-
schrieben Sie mir denn, lieber Tellheim? -

V. TELLHEIM. Nichts, als was mir die Ehre befiehlt.

DAS FRÄULEIN. Das ist, ein ehrliches Mädchen, das Sie liebt,
nicht sitzen zu lassen. Freilich befiehlt das die Ehre. Gewiß
ich hätte den Brief lesen sollen. Aber was ich nicht gelesen -25-
habe, das höre ich ja.

V. TELLHEIM. Ja, Sie sollen es hören -

DAS FRÄULEIN. Nein, ich brauch' es auch nicht einmal zu hören. Es
versteht sich von selbst. Sie könnten eines so häßlichen
Streiches fähig sein, daß Sie mich nun nicht wollten? Wissen -30-
Sie, daß ich auf Zeit meines Lebens* beschimpft* wäre? Meine
Landsmänninnen würden mit Fingern auf mich weisen. - "Das ist
sie", würde es heißen, "das ist das Fräulein von Barnhelm, die
sich einbildete, weil sie reich sei, den wackern Tellheim zu
bekommen: als ob die wackern Männer für Geld zu haben wären!" -35-
So würde es heißen: denn meine Landsmänninnen sind alle
neidisch auf mich. Daß ich reich bin, können sie nicht leugnen;
aber davon wollen sie nichts wissen, daß ich auch sonst ein

13: =Gesicht.   31: the rest of my life; disgraced.

ziemlich gutes Mädchen bin, das seines Mannes wert ist.   Nicht
wahr, Tellheim?

V. TELLHEIM. Ja, ja, gnädiges Fräulein, daran erkenne ich Ihre
Landsmänninnen.   Sie werden Ihnen einen abgedankten, an seiner
Ehre gekränkten Offizier, einen Krüppel, einen Bettler, treff- -5-
lich beneiden.

DAS FRÄULEIN. Und das alles wären Sie? Ich hörte so was, wenn ich
mich nicht irre, schon heute vormittage. Da ist Böses und Gutes
untereinander.   Lassen Sie uns doch jedes näher beleuchten. -
Verabschiedet sind Sie? So höre ich. Ich glaubte, Ihr Regiment -10-
sei bloß untergesteckt* worden. Wie ist es gekommen, daß man
einen Mann von Ihren Verdiensten nicht beibehalten?

V. TELLHEIM.   Es ist gekommen, wie es *kommen müssen. Die Großen
haben sich überzeugt, daß ein Soldat aus Neigung für sie ganz
wenig; aus Pflicht nicht viel mehr: aber alles seiner eignen -15-
Ehre wegen tut. Was können sie ihm also schuldig zu sein
glauben? Der Friede hat ihnen* mehrere meinesgleichen ent-
behrlich gemacht; und am Ende ist ihnen niemand unentbehrlich.

DAS FRÄULEIN. Sie sprechen, wie ein Mann sprechen muß, dem die
Großen hinwiederum* sehr entbehrlich sind.   Und niemals waren -20-
sie es mehr, als jetzt. Ich sage den Großen meinen großen Dank,
daß sie ihre Ansprüche auf einen Mann haben fahren lassen, den
ich doch nur sehr ungern mit ihnen geteilet hätte. - Ich bin
Ihre Gebieterin*, Tellheim; Sie brauchen weiter keinen Herrn. -
Sie verabschiedet zu finden, das Glück hätte ich mir kaum -25-
träumen lassen! - Doch Sie sind nicht bloß verabschiedet: Sie
sind noch mehr. Was sind Sie noch mehr? Ein Krüppel: sagten
Sie? Nun, (indem sie ihn von oben bis unten betrachtet) der
Krüppel ist doch noch ziemlich ganz und gerade; scheinet doch
noch ziemlich gesund und stark. - Lieber Tellheim, wenn Sie auf -30-
den Verlust Ihrer gesunden Gliedmaßen* betteln zu gehen denken:
so prophezeihe ich Ihnen voraus, daß Sie vor den wenigsten*
Türen etwas bekommen werden; ausgenommen vor den Türen der gut-
herzigen Mädchen, wie ich.

V. TELLHEIM.   Jetzt höre ich nur das mutwillige* Mädchen, liebe -35-
Minna.

DAS FRÄULEIN. Und ich höre in Ihrem Verweise nur das liebe Minna
- Ich will nicht mehr mutwillig sein.   Denn ich besinne mich,
daß Sie allerdings ein kleiner* Krüppel sind. Ein Schuß hat

11: incorporated into another one. 13: sc. hat. 17: i.e., den
Großen. 20: on the other hand. 24: master. 31: limbs. 32: i.e.,
poorest. 35: willful. 39: slight.

Ihnen den rechten Arm ein wenig gelähmt. - Doch alles wohl
überlegt: so ist auch das so schlimm nicht. Um so viel sichrer
bin ich vor Ihren Schlägen.

V. TELLHEIM. Fräulein!

DAS FRÄULEIN. Sie wollen sagen: Aber Sie um so viel weniger vor -5-
meinen. Nun, nun, lieber Tellheim, ich hoffe, Sie werden es
nicht dazu kommen lassen.

V. TELLHEIM. Sie wollen lachen, mein Fräulein. Ich beklage nur,
daß ich nicht mitlachen kann.

DAS FRÄULEIN. Warum nicht? Was haben Sie denn gegen das Lachen? -10-
Kann man denn auch nicht lachend sehr ernsthaft sein? Lieber
Major, das Lachen erhält uns vernünftiger, als der Verdruß. Der
Beweis liegt vor uns. Ihre lachende Freundin beurteilet Ihre
Umstände weit richtiger, als Sie selbst. Weil Sie verabschiedet
sind, nennen Sie sich an Ihrer Ehre gekränkt; weil Sie einen -15-
Schuß in dem Arme haben, machen Sie sich zu einem Krüppel. Ist
das so recht? Ist das keine Übertreibung? Und ist es meine Ein-
richtung, daß alle Übertreibungen des Lächerlichen so fähig
sind? Ich wette, wenn ich Ihren Bettler nun vornehme, daß auch
dieser ebensowenig Stich halten wird. Sie werden einmal, zwei- -20-
mal, dreimal Ihre Equipage verloren haben; bei dem oder jenem
Bankier werden einige Kapitale jetzt mit schwinden; Sie werden
diesen und jenen Vorschuß, den Sie im Dienste getan, keine
Hoffnung haben*, wiederzuerhalten: aber sind Sie darum ein
Bettler? Wenn Ihnen auch nichts übriggeblieben ist, als was -25-
mein Oheim für Sie mitbringt -

V. TELLHEIM. Ihr Oheim, gnädiges Fräulein, wird für mich nichts
mitbringen.

DAS FRÄULEIN. Nichts, als die zweitausend Pistolen, die Sie
unsern Ständen* so großmütig vorschossen*.   -30-

V. TELLHEIM. Hätten Sie doch nur meinen Brief gelesen, gnädiges
Fräulein!

DAS FRÄULEIN. Nun ja, ich habe ihn gelesen. Aber was ich über
diesen Punkt darin gelesen, ist mir ein wahres Rätsel. Unmög-
lich kann man Ihnen aus einer edlen Handlung ein Verbrechen -35-
machen wollen. - Erklären Sie mir doch, lieber Major. -

V. TELLHEIM. Sie erinnern sich, gnädiges Fräulein, daß ich Ordre

-----
24: place **keine Hoffnung** haben after **werden**. 30: Estates (i.e.,
the Thuringian government); advanced, loaned.

hatte, in den Ämtern* Ihrer Gegend die Kontribution* mit der
äußersten Strenge bar beizutreiben*. Ich wollte mir diese
Strenge ersparen, und schoß die fehlende Summe selbst vor. -

DAS FRÄULEIN. Jawohl erinnere ich mich. - Ich liebte Sie um
dieser Tat willen, ohne Sie noch gesehen zu haben.   -5-

V. TELLHEIM. Die Stände gaben mir ihren Wechsel*, und diesen
wollte ich, bei Zeichnung des Friedens, unter die zu rati-
habierende* Schulden eintragen lassen. Der Wechsel ward für
gültig erkannt, aber mir ward* das Eigentum desselben streitig
gemacht. Man zog spöttisch das Maul*, als ich versicherte, die   -10-
Valute* bar hergegeben zu haben. Man erklärte ihn für eine Be-
stechung, für das Gratial* der Stände, weil ich so bald mit
ihnen auf die niedrigste Summe einig geworden war, mit der ich
mich nur im äußersten Notfalle zu begnügen, Vollmacht hatte. So
kam der Wechsel aus meinen Händen, und wenn er bezahlt wird,   -15-
wird er sicherlich nicht an mich bezahlt. - Hierdurch, mein
Fräulein, halte ich meine Ehre für gekränkt; nicht durch den
Abschied, den ich gefordert haben würde, wenn ich ihn nicht
bekommen hätte. - Sie sind ernsthaft, mein Fräulein? Warum
lachen Sie nicht? Ha, ha, ha! Ich lache ja.   -20-

DAS FRÄULEIN. O, ersticken Sie dieses Lachen, Tellheim! Ich be-
schwöre Sie! Es ist das schreckliche Lachen des Menschenhasses!
Nein, Sie sind der Mann nicht, den eine gute Tat reuen kann,
weil sie üble Folgen für ihn hat. Nein, unmöglich können diese
üble* Folgen dauern! Die Wahrheit muß an den Tag kommen. Das   -25-
Zeugnis meines Oheims, aller unsrer Stände-

V. TELLHEIM. Ihres Oheims! Ihrer Stände! Ha, ha, ha!

DAS FRÄULEIN. Ihr Lachen tötet mich, Tellheim! Wenn Sie an Tugend
und Vorsicht* glauben, Tellheim, so lachen Sie so nicht! Ich
habe nie fürchterlicher fluchen hören, als Sie lachen. - Und   -30-
lassen Sie uns das Schlimmste setzen*! Wenn man Sie hier durch-
aus verkennen will: so kann man Sie bei uns nicht verkennen.
Nein, wir können, wir werden Sie nicht verkennen, Tellheim. Und
wenn unsere Stände die geringste Empfindung von Ehre haben, so
weiß ich was sie tun müssen. Doch ich bin nicht klug: was* wäre   -35-
das nötig? Bilden Sie sich ein, Tellheim, Sie hätten die zwei-
tausend Pistolen an einem wilden Abende verloren. Der König war
eine unglückliche Karte für Sie: die Dame* (auf sich weisend)
wird Ihnen desto günstiger sein. - Die Vorsicht, glauben Sie

1: administrative districts; levy.   2: raise in cash. 6: promis-
sory note. 8: to be acknowledged as due. 9: =wurde. 10: made a
sarcastic face. 11: amount. 12: gratuity. 25: =üblen, and passim.
29: Providence. 31: suppose. 35: =warum. 38: also: queen.

mir, hält den ehrlichen Mann immer schadlos*; und öfters schon
im voraus. Die Tat, die Sie einmal um zweitausend Pistolen
bringen sollte, erwarb mich Ihnen*. Ohne diese Tat, würde ich
nie begierig gewesen sein, Sie kennen zu lernen. Sie wissen,
ich kam uneingeladen in die erste Gesellschaft, wo ich Sie zu   -5-
finden glaubte. Ich kam bloß Ihretwegen. Ich kam in dem festen
Vorsatze*, Sie zu besitzen, wenn ich Sie auch so schwarz und
häßlich finden sollte, als den Mohr zu Venedig*. Sie sind so
schwarz und häßlich nicht; auch so eifersüchtig werden Sie
nicht sein. Aber Tellheim, Tellheim, Sie haben doch noch viel   -10-
Ähnliches mit ihm! O, über* die wilden, unbiegsamen Männer, die
nur immer ihr stieres Auge auf das Gespenst der Ehre haften!
für alles andere Gefühl sich verhärten! - Hierher Ihr Auge! auf
mich, Tellheim! (Der indes vertieft, und unbeweglich, mit
starren Augen immer auf eine Stelle gesehen.) Woran denken Sie? -15-
Sie hören mich nicht?

V. TELLHEIM (zerstreut). O ja! Aber sagen Sie mir doch, mein
Fräulein: wie kam der Mohr in venetianische Dienste? Hatte der
Mohr kein Vaterland? Warum vermietete er seinen Arm und sein
Blut einem fremden Staate? -   -20-

DAS FRÄULEIN (erschrocken). Wo sind Sie, Tellheim? - Nun ist es
Zeit, daß wir abbrechen; - Kommen Sie! (Indem sie ihn bei der
Hand ergreift.) - Franziska, laß den Wagen vorfahren.

V. TELLHEIM (der sich von dem Fräulein losreißt, und der Fran-
ziska nachgeht). Nein, Franziska; ich kann nicht die Ehre   -25-
haben, das Fräulein zu begleiten. - Mein Fräulein, lassen Sie
mir noch heute meinen guten Verstand, und beurlauben Sie mich*.
Sie sind auf dem besten Wege, mich darum zu bringen. Ich stemme
mich*, soviel ich kann. - Aber weil* ich noch bei Verstande
bin: so hören Sie, mein Fräulein, was ich fest beschlossen   -30-
habe; wovon mich nichts in der Welt abbringen soll. - Wenn
nicht noch ein glücklicher Wurf* für mich im Spiele ist, wenn
sich das Blatt* nicht völlig wendet, wenn -

DAS FRÄULEIN. Ich muß Ihnen ins Wort fallen, Herr Major. - Das
hätten wir ihm gleich sagen sollen, Franziska. Du erinnerst   -35-
mich auch an gar nichts. - Unser Gespräch würde ganz anders
gefallen* sein, Tellheim, wenn ich mit der guten Nachricht an-
gefangen hätte, die Ihnen der Chevalier de la Marlinière nur
eben zu bringen kam.

V. TELLHEIM. Der Chevalier de la Marlinière? Wer ist das?   -40-

-----
1: always indemnifies the honest man.   3: won me to you. 7: =Ab-
sicht. 8: i.e., Othello. 11: the pity of. 27: give me my leave.
29: resist; as long as. 32: throw (of the dice). 33: (hand of)
cards. 37: turn out.

FRANZISKA. Es mag ein ganz guter Mann sein, Herr Major, bis auf -

DAS FRÄULEIN. Schweig, Franziska! - Gleichfalls ein verab-
schiedeter Offizier, der aus holländischen Diensten -

V. TELLHEIM. Ha! der Leutnant Riccaut!

DAS FRÄULEIN. Er versicherte, daß er Ihr Freund sei.   -5-

V. TELLHEIM. Ich versichere, daß ich seiner nicht bin.

DAS FRÄULEIN. Und daß ihm, ich weiß nicht welcher Minister ver-
trauet habe, Ihre Sache sei dem glücklichsten Ausgange nahe. Es
müsse ein königliches Handschreiben an Sie unterwegens sein-

V. TELLHEIM. Wie kämen Riccaut und ein Minister zusammen? - Etwas   -10-
zwar muß in meiner Sache geschehen sein. Denn nur jetzt* er-
klärte mir der Kriegszahlmeister, daß der König alles nieder-
geschlagen habe, was wider mich urgieret* worden; und daß ich
mein schriftlich gegebenes Ehrenwort, nicht eher von hier zu
gehen, als bis man mich völlig entladen* habe, wieder zurück- -15-
nehmen könne. - Das wird es aber auch alles sein. Man wird mich
wollen laufen lassen. Allein man irrt sich; ich werde nicht
laufen. Eher soll mich hier das äußerste Elend, vor den Augen
meiner Verleumder, verzehren -

DAS FRÄULEIN. Hartnäckiger Mann!   -20-

V. TELLHEIM. Ich brauche keine Gnade; ich will Gerechtigkeit.
Meine Ehre -

DAS FRÄULEIN. Die Ehre eines Mannes, wie Sie -

V. TELLHEIM (hitzig). Nein, mein Fräulein, Sie werden von allen
Dingen recht gut urteilen können, nur hierüber nicht. Die Ehre -25-
ist nicht die Stimme unseres Gewissens, nicht das Zeugnis
weniger Rechtschaffnen --

DAS FRÄULEIN. Nein, nein, ich weiß wohl. - Die Ehre ist - die
Ehre.

V. TELLHEIM. Kurz, mein Fräulein, - Sie haben mich nicht ausreden -30-
lassen. - Ich wollte sagen: wenn man mir das Meinige so
schimpflich vorenthält, wenn meiner Ehre nicht die voll-
kommenste Genugtuung geschieht; so kann ich, mein Fräulein, der
Ihrige nicht sein. Denn ich bin es in den Augen der Welt nicht
wert, zu sein. Das Fräulein von Barnhelm verdienet einen un--35-
bescholtenen Mann. Es ist eine nichtswürdige Liebe, die kein

11: =gerade eben. 13: enacted. 15: exonerated.

Bedenken trägt, ihren Gegenstand der Verachtung auszusetzen. Es
ist ein nichtswürdiger Mann, der sich nicht schämet, sein
ganzes Glück einem Frauenzimmer zu verdanken, dessen blinde
Zärtlichkeit -

DAS FRÄULEIN. Und das ist Ihr Ernst, Herr Major? - (**Indem sie ihm**   -5-
plötzlich den Rücken wendet.) Franziska!

V. TELLHEIM. Werden Sie nicht ungehalten*, mein Fräulein -

DAS FRÄULEIN (**bei Seite zur Franziska**). Jetzt wäre es Zeit! Was
rätst du mir, Franziska? -

FRANZISKA. Ich rate nichts. Aber freilich macht er es Ihnen ein   -10-
wenig zu bunt. -

V. TELLHEIM (**der sie zu unterbrechen kömmt**). Sie sind ungehalten,
mein Fräulein -

DAS FRÄULEIN (**höhnisch**). Ich? im geringsten nicht.

V. TELLHEIM. Wenn ich Sie weniger liebte, mein Fräulein -   -15-

DAS FRÄULEIN (**noch in diesem Tone**). O gewiß, es wäre mein Un-
glück! - Und sehen Sie, Herr Major, ich will Ihr Unglück auch
nicht. - Man muß ganz uneigennützig lieben. - Ebensogut, daß
ich nicht offenherziger gewesen bin! Vielleicht würde mir Ihr
Mitleid gewähret haben, was mir Ihre Liebe versagt. - (**indem**   -20-
sie den Ring langsam vom Finger zieht.)

V. TELLHEIM. Was meinen Sie damit, Fräulein?

DAS FRÄULEIN. Nein, keines muß das andere, weder glücklicher noch
unglücklicher machen. So will es die wahre Liebe! Ich glaube
Ihnen, Herr Major; und Sie haben zu viel Ehre, als daß Sie die   -25-
Liebe verkennen sollten.

V. TELLHEIM. Spotten Sie, mein Fräulein?

DAS FRÄULEIN. Hier! Nehmen Sie den Ring wieder zurück, mit dem
Sie mir Ihre Treue verpflichtet. (**Überreicht ihm den Ring.**) Es
sei drum*! Wir wollen einander nicht gekannt haben!   -30-

V. TELLHEIM. Was höre ich?

DAS FRÄULEIN. Und das befremdet* Sie? - Nehmen Sie, mein Herr. -
Sie haben sich doch wohl nicht bloß gezieret*?

7: angry.   30: For all I care.   32: surprises.   33: being coy,
playing a role.

V. TELLHEIM (indem er den Ring aus ihrer Hand nimmt). Gott! So kann Minna sprechen! -

DAS FRÄULEIN. Sie können der Meinige in einem Falle nicht sein: ich kann die Ihrige in keinem sein. Ihr Unglück ist wahrscheinlich; meines ist gewiß. - Leben Sie wohl! (Will fort.)   -5-

V. TELLHEIM. Wohin, liebste Minna?

DAS FRÄULEIN. Mein Herr, Sie beschimpfen* mich jetzt mit dieser vertraulichen Benennung.

V. TELLHEIM. Was ist Ihnen, mein Fräulein? Wohin?

DAS FRÄULEIN. Lassen Sie mich. - *Meine Tränen vor Ihnen zu ver-   -10-
bergen, Verräter! (Geht ab.)

Siebenter Auftritt
v. Tellheim. Franziska.

V. TELLHEIM. Ihre Tränen? Und ich sollte sie lassen? (Will ihr nach.)   -15-

FRANZISKA (die ihn zurückhält). Nicht doch, Herr Major! Sie werden ihr ja nicht in ihr Schlafzimmer folgen wollen?

V. TELLHEIM. Ihr Unglück? Sprach sie nicht von Unglück?

FRANZISKA. Nun freilich; das Unglück, Sie zu verlieren, nachdem -

V. TELLHEIM. Nachdem? was nachdem? Hierhinter steckt mehr. Was   -20-
ist es, Franziska? Rede, sprich -

FRANZISKA. Nachdem sie, wollte ich sagen, - Ihnen so vieles aufgeopfert.

V. TELLHEIM. Mir aufgeopfert?

FRANZISKA. Hören Sie nur kurz. - Es ist für Sie recht gut, Herr   -25-
Major, daß Sie auf diese Art von ihr losgekommen sind. - Warum soll ich es Ihnen nicht sagen? Es kann doch länger kein Geheimnis bleiben. - Wir sind entflohen! - Der Graf von Bruchsall hat das Fräulein enterbt, weil sie keinen Mann von seiner Hand annehmen wollte. Alles verließ, alles verachtete sie hierauf. Was   -30-
sollten wir tun? Wir entschlossen uns denjenigen aufzusuchen, dem wir -

-----
7: mock. 10: sc. Ich gehe,.

V. TELLHEIM. Ich habe genug! - Komm, ich muß mich zu ihren Füßen
werfen.

FRANZISKA. Was denken Sie? Gehen Sie vielmehr, und danken* Ihrem
guten Geschicke -

V. TELLHEIM. Elende! für wen hältst du mich? - Nein, liebe Fran-   -5-
ziska, der Rat kam nicht aus deinem Herzen. Vergib meinem Un-
willen!

FRANZISKA. Halten Sie mich nicht länger auf. Ich muß sehen, was
sie macht. Wie leicht könnte ihr etwas zugestoßen sein. - Gehen
Sie! Kommen Sie lieber wieder, wenn Sie wiederkommen wollen. -10-
(Geht dem Fräulein nach.)

                    Achter Auftritt
                    v. Tellheim.

V. TELLHEIM. Aber Franziska! - O, ich erwarte euch hier! - Nein,
das* ist dringender! - Wenn sie Ernst sieht, kann mir ihre Ver-   -15-
gebung nicht entstehen*. - Nun brauch' ich dich, ehrlicher
Werner! - Nein, Minna, ich bin kein Verräter! (Eilends ab.)
                Ende des vierten Aufzuges

               FÜNFTER AUFZUG

                    Erster Auftritt   -20-
                 (Die Szene: der Saal.)
     v. Tellheim von der einen und Werner von der andern Seite.

V. TELLHEIM. Ha, Werner! ich suche dich überall. Wo steckst du?

WERNER. Und ich habe Sie gesucht, Herr Major; so geht's mit dem
Suchen. - Ich bringe Ihnen gar eine gute Nachricht.   -25-

V. TELLHEIM. Ah, ich brauche jetzt nicht deine Nachrichten: ich
brauche dein Geld. Geschwind, Werner, gib mir, soviel du hast;
und denn* suche so viel aufzubringen, als du kannst.

WERNER. Herr Major? - Nun, bei meiner armen Seele, habe ich's
doch gesagt: er wird Geld von mir borgen, wenn er selber   -30-
welches zu verleihen hat.

3: sc. **Sie.** 15: i.e., the need for money now. 16: If she sees my
earnestness I can't fail to get her forgiveness. 28: =**dann.**

V. TELLHEIM. Du suchst doch nicht Ausflüchte*?

WERNER. Damit ich ihm nichts vorzuwerfen habe, so nimmt er mir's
mit der Rechten, und gibt mir's mit der Linken wieder.

V. TELLHEIM. Halte mich nicht auf, Werner! - Ich habe den guten
Willen*, dir es wiederzugeben; aber wenn* und wie? - Das weiß -5-
Gott!

WERNER. Sie wissen es also noch nicht, daß die Hofstaatskasse*
Ordre hat, Ihnen Ihre Gelder zu bezahlen? Eben erfuhr ich es
bei -

V. TELLHEIM. Was plauderst du? Was lässest du dir weismachen*? -10-
Begreifst du denn nicht, daß, wenn es wahr wäre, ich es doch
wohl am ersten wissen müßte? - Kurz, Werner, Geld! Geld!

WERNER. Je nu, mit Freuden! hier ist was! - Das sind die hundert
Louisdor, und das die hundert Dukaten. - (Gibt ihm beides.)

V. TELLHEIM. Die hundert Louisdor, Werner, geh und bringe Justen. -15-
Er soll sogleich den Ring wieder einlösen*, den er heute früh
versetzt hat. - Aber wo wirst du mehr hernehmen, Werner? - Ich
brauche weit mehr.

WERNER. Dafür lassen Sie mich sorgen. - Der Mann, der mein Gut
verkauft hat, wohnt in der Stadt. Der Zahlungstermin wäre zwar -20-
erst in vierzehn Tagen; aber das Geld liegt parat*, und ein
halb Prozentchen Abzug* -

V. TELLHEIM. Nun ja, lieber Werner! - Siehst du, daß ich meine
einzige Zuflucht zu dir nehme? - Ich muß dir auch alles ver-
trauen. Das Fräulein hier, - du hast sie gesehn, - ist un- -25-
glücklich -

WERNER. O Jammer!

V. TELLHEIM. Aber morgen ist sie meine Frau -

WERNER. O Freude!

V. TELLHEIM. Und übermorgen geh' ich mit ihr fort. Ich darf fort; -30-
ich will fort. Lieber hier alles im Stiche gelassen! Wer weiß,
wo mir sonst ein Glück aufgehoben* ist. Wenn du willst, Werner,
so komm mit. Wir wollen wieder Dienste nehmen*.

1: excuses. 5: intention; =wann. 7: Royal Exchequer. 10: What are
you trying to make yourself believe. 16: redeem. 21: =bereit. 22:
discount, deduction. 32: in store. 33: enlist.

WERNER. Wahrhaftig? - Aber doch wo's Krieg gibt, Herr Major?

V. TELLHEIM. Wo sonst? - Geh, lieber Werner, wir sprechen davon weiter.

WERNER. O Herzensmajor! - Übermorgen? Warum nicht lieber morgen? - Ich will schon alles zusammenbringen - In Persien, Herr   -5-
Major, gibt's einen trefflichen Krieg; was meinen Sie?

V. TELLHEIM. Wir wollen das überlegen; geh nur, Werner! -

WERNER. Juchhe! es lebe der Prinz Heraklius*! (Geht ab.)

Zweiter Auftritt
v. Tellheim.   -10-

V. TELLHEIM. Wie ist mir? - Meine ganze Seele hat neue Trieb-
federn* bekommen. Mein eignes Unglück schlug mich nieder;
machte mich ärgerlich, kurzsichtig, schüchtern, lässig*: ihr
Unglück hebt mich empor, ich sehe wieder frei um mich, und
fühle mich willig und stark, alles für sie zu unternehmen -   -15-
Was* verweile ich? (Will nach dem Zimmer des Fräuleins, aus dem
ihm Franziska entgegenkömmt.)

Dritter Auftritt
Franziska. v. Tellheim.

FRANZISKA. Sind sie es doch? - Es war mir, als ob ich Ihre Stimme   -20-
hörte. - Was wollen Sie, Herr Major?

V. TELLHEIM. Was ich will? - Was macht dein Fräulein? - Komm! -

FRANZISKA. Sie will den Augenblick ausfahren.

V. TELLHEIM. Und allein? ohne mich? wohin?

FRANZISKA. Haben Sie vergessen, Herr Major? -   -25-

V. TELLHEIM. Bist du nicht klug*, Franziska? - Ich habe sie ge-
reizt, und sie ward empfindlich: ich werde sie um Vergebung
bitten, und sie wird mir vergeben.

8: Irakli II, ruler of what is now Russian Georgia. He defended
his realm against both Persians (with whom he was once aligned)
and Turks. 12: springs (of vitality). 13: indifferent. 16:
=Warum. 26: nicht klug silly.

FRANZISKA. Wie? - Nachdem Sie den Ring zurückgenommen, Herr Major?

V. TELLHEIM. Ha! - das tat ich in der Betäubung. - Jetzt denk' ich erst wieder an den Ring. - Wo habe ich ihn hingesteckt? - (Er sucht ihn.) Hier ist er.   -5-

FRANZISKA. Ist er das? (Indem er ihn wieder einsteckt, beiseite.) Wenn er ihn doch genauer besehen wollte!

V. TELLHEIM. Sie drang mir ihn auf, mit einer Bitterkeit - Ich habe diese Bitterkeit schon vergessen. Ein volles Herz kann die Worte nicht wägen. - Aber sie wird sich auch keinen Augenblick -10- weigern, den Ring wieder anzunehmen. - Und habe ich nicht noch ihren?

FRANZISKA. Den erwartet sie dafür zurück. - Wo haben Sie ihn denn, Herr Major? Zeigen Sie mir ihn doch.

V. TELLHEIM (etwas verlegen). Ich habe - ihn anzustecken ver- -15- gessen. - Just - Just wird mir ihn gleich nachbringen.

FRANZISKA. Es ist wohl einer ziemlich wie der andere; lassen Sie mich doch diesen sehen; ich sehe so was gar zu gern.

V. TELLHEIM. Ein andermal, Franziska. Jetzt komm -

FRANZISKA (beiseite). Er will sich durchaus nicht aus seinem -20- Irrtume bringen lassen.

V. TELLHEIM. Was sagst du? Irrtume?

FRANZISKA. Es ist ein Irrtum, sag' ich, wenn Sie meinen, daß das Fräulein doch noch eine gute Partie* sei. Ihr eigenes Vermögen ist gar nicht beträchtlich; durch ein wenig eigennützige Rech- -25- nungen* können es ihr die Vormünder völlig zu Wasser machen*. Sie erwartete alles von dem Oheim; aber dieser grausame Oheim -

V. TELLHEIM. Laß ihn doch! - Bin ich nicht Manns* genug, ihr ein- mal alles zu ersetzen? -

FRANZISKA. Hören Sie? Sie klingelt; ich muß herein.   -30-

V. TELLHEIM. Ich gehe mit dir.

FRANZISKA. Um des Himmels willen nicht! Sie hat mir ausdrücklich verboten, mit Ihnen zu sprechen. Kommen Sie wenigstens mir erst

-----
24: match. 26: accounts slightly to their own advantage; liqui- date. 28: =Mann.

nach. - (Geht herein).

Vierter Auftritt
v. Tellheim (ihr nachrufend).

V. TELLHEIM. Melde mich ihr! - Sprich für mich, Franziska! - Ich
folge dir sogleich! - Was werde ich ihr sagen? - Wo das Herz -5-
reden darf, braucht es keiner Vorbereitung. - Das einzige
möchte eine studierte Wendung* bedürfen: ihre Zurückhaltung,
ihre Bedenklichkeit, sich als unglücklich in meine Arme zu
werfen; ihre Beflissenheit, mir ein Glück vorzuspiegeln*, das
sie durch mich verloren hat. Dieses Mißtrauen in meine Ehre, in -10-
ihren eigenen Wert vor ihr selbst zu entschuldigen, vor ihr
selbst - Vor mir ist es schon entschuldiget! - Ha! hier kömmt
sie. -

Fünfter Auftritt
Das Fräulein. Franziska. v. Tellheim. -15-

DAS FRÄULEIN (im Heraustreten, als ob sie den Major nicht gewahr
würde). Der Wagen ist doch vor der Türe, Franziska? -- *Meinen
Fächer!

V. TELLHEIM (auf sie zu). Wohin, mein Fräulein?

DAS FRÄULEIN (mit einer affektierten Kälte). Aus, Herr Major. - -20-
Ich errate, warum Sie sich nochmals herbemühmet* haben: mir
auch meinen Ring wieder zurückzugeben. - Wohl, Herr Major;
haben Sie nur die Güte, ihn der Franziska einzuhändigen. -
Franziska, nimm dem Herrn Major den Ring ab! - Ich habe keine
Zeit zu verlieren. (Will fort.) -25-

V. TELLHEIM (der ihr vortritt*). Mein Fräulein! - Ah, was habe
ich erfahren, mein Fräulein! Ich war so vieler Liebe nicht
wert.

DAS FRÄULEIN. So, Franziska? Du hast dem Herrn Major -

FRANZISKA. Alles entdeckt. -30-

V. TELLHEIM. Zürnen Sie nicht auf mich, mein Fräulein. Ich bin
kein Verräter. Sie haben um mich* in den Augen der Welt viel
verloren, aber nicht in den meinen. In meinen Augen haben Sie
unendlich durch diesen Verlust gewonnen. Er war Ihnen noch zu
neu; Sie fürchteten, er möchte einen allzunachteiligen Eindruck -35-

-----
7: well-considered turn of phrase. 9: effort to feign happiness.
17: sc. **Bring** (my fan). 21: took the effort to come here. 26:
gets in her way. 32: =**wegen mir**.

auf mich machen; Sie wollten mir ihn vors erste verbergen. Ich
beschwere mich nicht über dieses Mißtrauen. Es entsprang aus
dem Verlangen, mich zu erhalten. Dieses Verlangen ist mein
Stolz! Sie fanden mich selbst unglücklich; und Sie wollten Un-
glück nicht mit Unglück häufen. Sie konnten nicht vermuten, wie -5-
sehr mich Ihr Unglück über das meinige hinaussetzen würde.

DAS FRÄULEIN. Alles recht gut, Herr Major! Aber es ist nun einmal
geschehen. Ich habe Sie Ihrer Verbindlichkeit erlassen*; Sie
haben durch Zurücknehmung des Ringes –

V. TELLHEIM. In nichts gewilliget! – Vielmehr halte ich mich -10-
jetzt für gebundener, als jemals. – Sie sind die Meinige,
Minna, auf ewig die Meinige. (Zieht den Ring heraus.) Hier,
empfangen Sie es zum zweiten Male, das Unterpfand meiner Treue-

DAS FRÄULEIN. Ich diesen Ring wiedernehmen? diesen Ring?

V. TELLHEIM. Ja, liebste Minna, ja! -15-

DAS FRÄULEIN. Was muten Sie mir zu? diesen Ring?

V. TELLHEIM. Diesen Ring nahmen Sie das erstemal aus meiner Hand,
als unser beider Umstände einander gleich, und glücklich waren.
Sie sind nicht mehr glücklich, aber wiederum einander gleich.
Gleichheit ist immer das festeste Band der Liebe. – Erlauben -20-
Sie, liebste Minna! – (Ergreift ihre Hand, um ihr den Ring an-
zustecken.)

DAS FRÄULEIN. Wie? mit Gewalt, Herr Major? – Nein, da ist keine
Gewalt in der Welt, die mich zwingen soll, diesen Ring wieder
anzunehmen! –– Meinen Sie etwa, daß es mir an einem Ringe -25-
fehlt? – O, Sie sehen ja wohl (auf ihren Ring zeigend*), daß
ich hier noch einen habe, der Ihrem nicht das geringste nach-
gibt? –

V. TELLHEIM (indem er die Hand des Fräuleins fahren läßt). Was
ist das? – Ich sehe das Fräulein von Barnhelm, aber ich höre -30-
es* nicht. – Sie zieren sich*, mein Fräulein. – Vergeben Sie,
daß ich dieses Wort nachbrauche*.

8: released you from your obligation. 26: MINNA gave back to
TELLHEIM the ring he pawned to the WIRT and now wears the ring
she once received from TELLHEIM. TELLHEIM, therefore, is trying
to give back to her the ring which he once accepted from her as a
symbol of their engagement. 31: i.e., MINNA; putting on airs. 32:
repeat after (cf. IV,6 and end).

DAS FRÄULEIN (in ihrem wahren Tone). Hat Sie dieses Wort be-
leidiget, Herr Major?

V. TELLHEIM. Es hat mir wehgetan.

DAS FRÄULEIN (gerührt). Das sollte es nicht, Tellheim. - Ver-
zeihen Sie mir, Tellheim.   -5-

V. TELLHEIM. Ha, dieser vertrauliche Ton sagt mir, daß Sie wieder
zu sich kommen, mein Fräulein, daß Sie mich noch lieben, Minna.

FRANZISKA (herausplatzend). Bald wäre der Spaß auch zu weit ge-
gangen. -

DAS FRÄULEIN (gebieterisch*). Ohne dich in unser Spiel zu mengen,   -10-
Franziska, wenn ich bitten darf!

FRANZISKA (bei Seite und betroffen). Noch nicht genug?

DAS FRÄULEIN. Ja, mein Herr; es wäre weibliche Eitelkeit, mich
kalt und höhnisch zu stellen. Weg damit! Sie verdienen es, mich
eben so wahrhaft zu finden, als Sie selbst sind. - Ich liebe   -15-
Sie noch, Tellheim, ich liebe Sie noch; aber demohngeachtet* -

V. TELLHEIM. Nicht weiter, liebste Minna, nicht weiter! (Ergreift
ihre Hand nochmals, ihr den Ring anzustecken).

DAS FRÄULEIN (die ihre Hand zurückzieht). Demohngeachtet, - um so
viel mehr werde ich dieses nimmermehr geschehen lassen; nimmer-   -20-
mehr! - Wo denken Sie hin, Herr Major? - Ich meinte, Sie hätten
an Ihrem eigenen Unglücke genug. - Sie müssen hier bleiben; Sie
müssen sich die allervollständigste Genugtuung - ertrotzen*.
Ich weiß in der Geschwindkeit kein ander Wort. - Ertrotzen, -
und sollte Sie auch das äußerste Elend, vor den Augen ihrer   -25-
Verleumder, darüber verzehren!

V. TELLHEIM. So dacht' ich, so sprach ich*, als ich nicht wußte,
was ich dachte und sprach. Ärgernis und verbissene* Wut hatten
meine ganze Seele umnebelt; die Liebe selbst, in dem vollesten
Glanze des Glückes, konnte sich darin nicht Tag* schaffen.   -30-
Aber sie sendet ihre Tochter, das Mitleid, die, mit dem
finstern Schmerze vertrauter, die Nebel zerstreuet und alle
Zugänge* meiner Seele den Eindrücken der Zärtlichkeit wiederum
öffnet. Der Trieb der Selbsterhaltung erwacht, da ich etwas
Kostbarers* zu erhalten habe, als mich, und es durch mich zu   -35-
erhalten habe. Lassen Sie mich, mein Fräulein, das Wort Mitleid

-----
10: peremptorily, imperiously. 16: =demungeachtet nonetheless.
23: extort... from, defiantly demand... from. 27: cf. IV,6. 28:
suppressed, bitter. 30: light. 33: avenues. 35: =Kostbareres.

nicht beleidigen. Von der unschuldigen Ursache unsers Unglücks
können wir es ohne Erniedrigung hören. Ich bin diese Ursache;
durch mich, Minna, verlieren Sie Freunde und Anverwandte, Ver-
mögen und Vaterland. Durch mich, in mir müssen Sie alles dieses
wiederfinden, oder ich habe das Verderben der Liebenswürdigsten   -5-
Ihres Geschlechts auf meiner Seele*. Lassen Sie mich keine Zu-
kunft denken, wo ich mich selbst hassen müßte. - Nein, nichts
soll mich hier länger halten. Von diesem Augenblicke an, will
ich dem Unrechte, das mir hier widerfährt, nichts als Ver-
achtung entgegensetzen. Ist dieses Land die Welt? Geht hier   -10-
allein die Sonne auf? Wo darf ich nicht hinkommen? Welche
Dienste wird man mir verweigern? Und* müßte ich sie unter dem
entferntesten Himmel suchen: folgen Sie mir nur getrost,
liebste Minna; es soll uns an nichts fehlen. - Ich habe einen
Freund, der mich gern unterstützet. -   -15-

                    Sechster Auftritt
        Ein Feldjäger*. v. Tellheim. Das Fräulein. Franziska.

FRANZISKA (indem sie den Feldjäger gewahr wird). St! Herr Major -

V. TELLHEIM (gegen den Feldjäger). Zu wem wollen Sie?

DER FELDJÄGER. Ich suche den Herrn Major von Tellheim. - Ah, Sie   -20-
sind es ja selbst. Mein Herr Major, dieses königliche Hand-
schreiben* (das er aus seiner Brieftasche nimmt) habe ich an
Sie zu übergeben.

V. TELLHEIM. An mich?

DER FELDJÄGER. Zufolge der Aufschrift -   -25-

DAS FRÄULEIN. Franziska, hörst du? - Der Chevalier hat doch wahr
geredet!

DER FELDJÄGER (indem Tellheim den Brief nimmt). Ich bitte um Ver-
zeihung, Herr Major; Sie hätten es bereits gestern erhalten
sollen; aber es ist mir nicht möglich gewesen, Sie auszu-   -30-
fragen*. Erst heute, auf der Parade habe ich Ihre Wohnung von
dem Leutnant Riccaut erfahren.

FRANZISKA. Gnädiges Fräulein, hören Sie? - Das ist des Chevaliers
Minister. - "Wie heißen der Minister, da drauß, auf die breite
Platz*?" -   -35-

6: conscience. 12: sc. selbst wenn. 17: king's messenger, mounted
orderly. 22: message with the king's signature. 31: discover your
whereabouts. 35: (incorrectly) said by Riccaut (IV,2), omitted.

V. TELLHEIM. Ich bin Ihnen für Ihre Mühe sehr verbunden.

DER FELDJÄGER. Es ist meine Schuldigkeit, Herr Major. (Geht ab.)

Siebenter Auftritt
v. Tellheim. Das Fräulein. Franziska.

V. TELLHEIM. Ah, mein Fräulein, was habe ich hier? Was enthält -5-
dieses Schreiben?

DAS FRÄULEIN. Ich bin nicht befugt*, meine Neugierde so weit zu
erstrecken.

V. TELLHEIM. Wie? sie trennen mein Schicksal noch von dem
Ihrigen? - Aber warum steh' ich an*, es zu erbrechen? - Es kann -10-
mich nicht unglücklicher machen, als ich bin; nein, liebste
Minna, es kann uns nicht unglücklicher machen; - wohl aber
glücklicher! - Erlauben Sie, mein Fräulein! (Erbricht und
lieset den Brief, indes daß* der Wirt an die Szene* ge-
schlichen* kömmt.)   -15-

Achter Auftritt
Der Wirt. Die Vorigen.

DER WIRT (gegen die Franziska). Bst! mein schönes Kind! auf ein
Wort!

FRANZISKA (die sich ihm nähert). Herr Wirt? - Gewiß, wir wissen -20-
selbst noch nicht, was in dem Briefe steht.

DER WIRT. Wer will vom Briefe wissen? - Ich komme des Ringes
wegen. Das gnädige Fräulein muß mir ihn gleich wiedergeben.
Just ist da, er soll ihn wieder einlösen.

DAS FRÄULEIN (das sich indes gleichfalls dem Wirte genähert). -25-
Sagen Sie Justen nur, daß er schon eingelöset sei; und sagen
Sie ihm nur von wem; von mir.

DER WIRT. Aber -

DAS FRÄULEIN. Ich nehme alles auf mich; gehen Sie doch! (Der Wirt
geht ab.)   -30-

7: authorized. 10: hesitate. 14: while; to the front edge of the
stage. 15: noiselessly.

Neunter Auftritt
v. Tellheim. Das Fräulein. Franziska.

FRANZISKA. Und nun, gnädiges Fräulein, lassen Sie es mit dem
armen Major gut sein.

DAS FRÄULEIN. O, über die Vorbitterin*! Als ob der Knoten sich -5-
nicht von selbst bald lösen müßte.

V. TELLHEIM (**nachdem er gelesen, mit der lebhaftesten Rührung**).
Ha! er* hat sich auch hier nicht verleugnet*! - O, mein Fräu-
lein, welche Gerechtigkeit! - Welche Gnade! - Das ist mehr, als
ich erwartet! - Mehr, als ich verdiene! - Mein Glück, meine -10-
Ehre, alles ist wiederhergestellt! - Ich träume doch nicht?
(**Indem er wieder in den Brief sieht, als um sich nochmals zu
überzeugen.**) Nein, kein Blendwerk* meiner Wünsche! - Lesen Sie
selbst, mein Fräulein; lesen Sie selbst!

DAS FRÄULEIN. Ich bin nicht so unbescheiden, Herr Major.   -15-

V. TELLHEIM. Unbescheiden? Der Brief ist an mich; an Ihren Tell-
heim, Minna. Er enthält, - was Ihnen Ihr Oheim nicht nehmen
kann. Sie müssen ihn lesen; lesen Sie doch!

DAS FRÄULEIN. Wenn Ihnen ein Gefalle* damit geschieht, Herr
Major - (**Sie nimmt den Brief und lieset.**)   -20-
"Mein lieber Major von Tellheim!
Ich tue Euch* zu wissen*, daß der Handel, der mich um Eure Ehre
besorgt machte, sich zu Eurem Vorteil aufgekläret hat. Mein
Bruder* war des Nähern* davon unterrichtet, und sein Zeugnis
hat Euch für mehr als unschuldig erkläret. Die Hofstaatskasse -25-
hat Ordre, Euch den bewußten* Wechsel wieder auszuliefern, und
die getanen Vorschüsse* zu bezahlen; auch habe ich befohlen,
daß alles, was die Feldkriegskassen* wider Eure Rechnungen
urgieren*, niedergeschlagen werde. Meldet mir, ob Euch Eure
Gesundheit erlaubet, wieder Dienste zu nehmen. Ich möchte nicht -30-
gern einen Mann von Eurer Bravour und Denkungsart entbehren.
Ich bin Euer wohlaffektionierter König" etc.

V. TELLHEIM. Nun, was sagen Sie hierzu, mein Fräulein?

DAS FRÄULEIN (**indem sie den Brief wieder zusammenschlägt, und**

5: =**Fürbitterein** interceder. 8: i.e., Frederick II (the Great);
been untrue. 13: illusion. 19: =**Gefallen** favor. 22: i.e., Tell-
heim: archaic form of address to subordinates (also **Ihr, Euer**);
am informing you. 24: i.e., Prince Heinrich of Prussia, brother
of Frederick the Great, in command of Saxony; about the details.
26: in question. 27: the advances which were made. 28: field pay-
master's offices. 29: enacted.

zurückgibt). Ich? nichts.

V. TELLHEIM. Nichts?

DAS FRÄULEIN. Doch ja: daß Ihr König, der ein großer Mann ist,
auch wohl ein guter Mann sein mag. - Aber was geht mich das an?
Er ist nicht mein König.   -5-

V. TELLHEIM. Und sonst sagen Sie nichts? Nichts in Rücksicht auf*
uns selbst?

DAS FRÄULEIN. Sie treten wieder in seine Dienste; der Herr Major
wird Oberstleutnant, Oberster* vielleicht. Ich gratuliere von
Herzen.   -10-

V. TELLHEIM. Und Sie kennen mich nicht besser? - Nein, da mir das
Glück so viel zurückgibt, als genug ist, die Wünsche eines ver-
nünftigen Mannes zu befriedigen, soll es einzig von meiner
Minna abhangen*, ob ich sonst noch jemanden wieder zugehören
soll, als ihr. Ihrem Dienste allein sei mein ganzes Leben ge-   -15-
widmet! Die Dienste der Großen sind gefährlich, und lohnen der
Mühe, des Zwanges, der Erniedrigung nicht, die sie kosten.
Minna ist keine von den Eiteln, die in ihren Männern nichts als
den Titel und die Ehrenstelle lieben. Sie wird mich um mich
selbst lieben; und ich werde um sie die ganze Welt vergessen.   -20-
Ich ward Soldat, aus Parteilichkeit, ich weiß selbst nicht für
welche politische Grundsätze, und aus der Grille, daß es für
jeden ehrlichen Mann gut sei, sich in diesem Stande eine Zeit-
lang zu versuchen, um sich mit allem, was Gefahr heißt, ver-
traulich zu machen, und Kälte* und Entschlossenheit zu lernen. -25-
Nur die äußerste Not hätte mich zwingen können, aus diesem Ver-
suche eine Bestimmung, aus dieser gelegentlichen Beschäftigung
ein Handwerk* zu machen. Aber nun, da mich nichts mehr zwingt*,
nun ist mein ganzer Ehrgeiz wiederum einzig und allein*, ein
ruhiger und zufriedener Mensch zu sein. Der werde ich mit   -30-
Ihnen, liebste Minna, unfehlbar werden; der werde ich in Ihrer
Gesellschaft unveränderlich bleiben. - Morgen verbinde uns das
heiligste Band; und sodann wollen wir um uns sehen, und wollen
in der ganzen weiten bewohnten Welt den stillsten, heitersten,
lachendsten Winkel suchen, dem zum Paradiese nichts fehlt, als -35-
ein glückliches Paar. Da wollen wir wohnen; da soll jeder
unserer Tage - Was ist Ihnen, mein Fräulein? **(die sich unruhig
hin und her wendet, und ihre Rührung zu verbergen sucht.)**

DAS FRÄULEIN **(sich fassend).** Sie sind sehr grausam, Tellheim, mir

-----
6: with regard to.   9: =Oberst colonel. 14: =abhängen. 25: cool-
ness.   28: vocation; constrains. 29: simply and purely.

ein Glück so reizend darzustellen, dem ich entsagen muß. Mein
Verlust -

V. TELLHEIM. Ihr Verlust? - Was nennen Sie Ihren Verlust? Alles,
was Minna verlieren konnte, ist nicht Minna. Sie sind noch das
süßeste, lieblichste, holdseligste, beste Geschöpf unter der   -5-
Sonne; ganz Güte und Großmut, ganz Unschuld und Freude! - Dann
und wann ein kleiner Mutwille*; hier und da ein wenig Eigensinn
- Desto besser! desto besser! Minna wäre sonst ein Engel, den
ich mit Schaudern verehren müßte, den ich nicht lieben könnte.
(Ergreift ihre Hand, sie zu küssen.)   -10-

DAS FRÄULEIN (die ihre Hand zurückzieht). Nicht so, mein Herr! -
Wie auf einmal so verändert? - Ist dieser schmeichelnde, stür-
mische Liebhaber der kalte Tellheim? - Konnte nur sein wieder-
kehrendes Glück ihn in dieses Feuer setzen? - Er erlaube mir,
daß ich, bei seiner fliegenden Hitze, für uns beide Überlegung* -15-
behalte. - Als er selbst überlegen konnte, hörte ich ihn sagen,
es sei eine nichtswürdige Liebe, die kein Bedenken trage, ihren
Gegenstand der Verachtung auszusetzen. - Recht; aber ich be-
strebe mich einer ebenso reinen und edeln Liebe, als er. -
Jetzt, da ihn die Ehre ruft, da sich ein großer Monarch um ihn -20-
bewirbt, sollte ich zugeben, daß er sich verliebten Träu-
mereien mit mir überließe? daß der ruhmvolle Krieger in einen
tändelnden Schäfer ausarte*? - Nein, Herr Major, folgen Sie dem
Wink* Ihres bessern Schicksals -

V. TELLHEIM. Nun wohl! Wenn Ihnen die große Welt reizender ist, -25-
Minna, - wohl! so behalte uns die große Welt! - Wie klein, wie
armselig ist diese große Welt! - Sie kennen sie nur erst von
ihrer Flitterseite*. Aber gewiß, Minna, Sie werden   - Es sei!
Bis dahin, wohl! Es soll Ihren Vollkommenheiter nicht an Be-
wundern fehlen, und meinem Glücke wird es nicht an Neidern ge- -30-
brechen*.

DAS FRÄULEIN. Nein, Tellheim, so ist es nicht gemeint! Ich weise
Sie in die große Welt, auf die Bahn der Ehre zurück, ohne Ihnen
dahin folgen zu wollen. - Dort braucht Tellheim eine unbe-
scholtene* Gattin! Ein sächsisches verlaufenes* Fräulein, das -35-
sich ihm an den Kopf* geworfen -

V. TELLHEIM (auffahrend und wild um sich sehend). Wer darf so
sprechen? - Ah, Minna, ich erschrecke vor mir selbst, wenn ich
mir vorstelle, daß jemand anders dieses gesagt hätte, als Sie.
Meine Wut gegen ihn würde ohne Grenzen sein.   -40-

7: whim.   16: deliberateness. 21: allow. 23: degenerate into a
frivolous shepherd. 24: beck 28: shiny side (**Flitter** tinsel). 31:
be lacking in envious persons. 35: irreproachable; run-away. 36:
i.e., =**Hals**.

DAS FRÄULEIN. Nun da! Das eben besorge ich. Sie würden nicht die
geringste Spötterei über mich dulden, und doch würden Sie täg-
lich die bittersten einzunehmen* haben. - Kurz; hören Sie also,
Tellheim, was ich fest beschlossen, wovon mich nichts in der
Welt abbringen soll -   -5-

V. TELLHEIM.   Ehe Sie ausreden, Fräulein, - ich beschwöre Sie,
Minna! - überlegen Sie es noch einen Augenblick, daß Sie mir
das Urteil über Leben und Tod sprechen! -

DAS FRÄULEIN. Ohne weitere Überlegung! - So gewiß ich Ihnen den
Ring zurückgegeben, mit welchem Sie mir ehemals Ihre Treue ver- -10-
pflichtet, so gewiß Sie diesen nämlichen Ring zurückgenommen:
so gewiß soll die unglückliche Barnhelm die Gattin des glück-
lichern Tellheims nie werden!

V. TELLHEIM.   Und hiermit brechen Sie den Stab*, Fräulein?

DAS FRÄULEIN*. Gleichheit ist allein das feste Band der Liebe. - -15-
Die glückliche Barnhelm wünschte, nur für den glücklichen Tell-
heim zu leben. Auch die unglückliche Minna hätte sich endlich
überreden lassen, das Unglück ihres Freundes durch sich, es sei
zu vermehren, oder zu lindern* - Er bemerkte es ja wohl, ehe
dieser Brief ankam, der alle Gleichheit zwischen uns wieder -20-
aufhebt, wie sehr zum Schein* ich mich nur noch weigerte.

V. TELLHEIM.   Ist das wahr, mein Fräulein? - Ich danke Ihnen,
Minna, daß Sie den Stab noch nicht gebrochen. - Sie wollen nur
den unglücklichen Tellheim? Er ist zu haben. (Kalt.) Ich emp-
finde eben, daß es mir unanständig* ist, diese späte Gerechtig- -25-
keit anzunehmen; daß es besser sein wird, wenn ich das, was man
durch einen so schimpflichen Verdacht entehrt hat, gar nicht
wiederverlange. - Ja; ich will den Brief nicht bekommen haben.
Das sei alles, was ich darauf antworte und tue! (im Begriffe,
ihn zu zerreißen.)   -30-

DAS FRÄULEIN (das ihm in die Hände greift). Was wollen Sie, Tell-
heim?

V. TELLHEIM.   Sie besitzen.

DAS FRÄULEIN. Halten Sie!

V. TELLHEIM. Fräulein, er ist unfehlbar zerrissen, wenn Sie nicht -35-

-----
3: tolerate. 14: Are you saying your final word. 15: compare the
following with IV,6. 19: that her beloved's unhappiness could be
either increased or assuaged by her. 21: pro forma. 25: unbe-
coming (for).

bald sich anders erklären. - Alsdann wollen wir doch sehen, was
Sie noch wider mich einzuwenden haben!

DAS FRÄULEIN. Wie? in diesem Tone? - So soll ich, so muß ich in
meinen eigenen Augen verächtlich werden? Nimmermehr! Es ist
eine nichtswürdige Kreatur, die sich nicht schämet, ihr ganzes   -5-
Glück der blinden Zärtlichkeit eines Mannes zu verdanken!

V. TELLHEIM. Falsch, grundfalsch!

DAS FRÄULEIN. Wollen Sie es wagen, Ihre eigene Rede in meinem
Munde zu schelten?

V. TELLHEIM. Sophistin! So entehrt sich das schwächere Geschlecht   -10-
durch alles, was dem stärkern nicht ansteht*? So soll sich der
Mann alles erlauben, was dem Weibe geziemet? Welches bestimmte
die Natur zur Stütze des andern?

DAS FRÄULEIN. Beruhigen Sie sich, Tellheim! - Ich werde nicht
ganz ohne Schutz sein, wenn ich schon die Ehre des Ihrigen*   -15-
ausschlagen muß. So viel muß mir immer noch werden*, als die
Not erfordert. Ich habe mich bei unserm Gesandten melden
lassen. Er will mich noch heute sprechen. Hoffentlich wird er
sich meiner annehmen*. Die Zeit verfließt. Erlauben Sie*, Herr
Major. -   -20-

V. TELLHEIM. Ich werde Sie begleiten, gnädiges Fräulein. -

DAS FRÄULEIN. Nicht doch, Herr Major; lassen Sie mich -

V. TELLHEIM. Eher soll Ihr Schatten Sie verlassen! Kommen Sie
nur, mein Fräulein, wohin Sie wollen; zu wem Sie wollen. Über-
all, an Bekannte und Unbekannte, will ich es erzählen, in Ihrer   -25-
Gegenwart des Tages* hundertmal erzählen, welche Bande Sie an
mich verknüpfen, aus welchem grausamen Eigensinne Sie diese
Bande trennen wollen -

Zehnter Auftritt
Just. Die Vorigen.   -30-

JUST (mit Ungestüm*). Herr Major! Herr Major!

V. TELLHEIM. Nun?

JUST. Kommen Sie doch geschwind, geschwind!

11: become, befit. 15: sc. **Schutzes.** 16: be granted, i.e., finan-
cial and other aid. 19: help me; formula of leave-taking. 26: =am
Tag. 31: obstreperously, furiously.

V. TELLHEIM. Was soll ich? Zu mir her! Sprich, was ist's?

JUST. Hören Sie nur - (**Redet ihm heimlich ins Ohr.**)

DAS FRÄULEIN (**indes beiseite zur Franziska**). Merkst du was, Franziska?

FRANZISKA. O, Sie Unbarmherziger! Ich habe hier gestanden, wie -5-
auf Kohlen!

V. TELLHEIM (**zu Justen**). Was sagst du? - Das ist nicht möglich! -
Sie? (**Indem er das Fräulein wild anblickt.**) - Sag' es laut;
sag' es ihr ins Gesicht! - Hören Sie doch, mein Fräulein! -

JUST. Der Wirt sagt, das Fräulein von Barnhelm habe den Ring, -10-
welchen ich bei ihm versetzt, zu sich genommen; sie habe ihn
für den ihrigen erkannt, und wolle ihn nicht wieder heraus-
geben. -

V. TELLHEIM. Ist das wahr, mein Fräulein? - Nein, das kann nicht
wahr sein!   -15-

DAS FRÄULEIN (**lächelnd**). Und warum nicht, Tellheim? - Warum kann
es nicht wahr sein?

V. TELLHEIM (**heftig**). Nun, so sei es wahr! - Welch schreckliches
Licht, das mir auf einmal aufgegangen! - Nun erkenne ich Sie,
die Falsche, die Ungetreue!   -20-

DAS FRÄULEIN (**erschrocken**). Wer? wer ist diese Ungetreue?

V. TELLHEIM. Sie, die ich nicht mehr nennen will!

DAS FRÄULEIN. Tellheim!

V. TELLHEIM. Vergessen Sie meinen Namen! - Sie kamen hierher, mit
mir zu brechen. Es ist klar! - Daß der Zufall so gern dem Treu- -25-
losen zustatten kömmt! Er führte Ihnen Ihren Ring in die Hände.
Ihre Arglist wußte mir den meinigen zuzuschanzen*.

DAS FRÄULEIN. Tellheim, was für Gespenster sehen Sie! Fassen Sie
sich doch, und hören Sie mich.

FRANZISKA (**vor sich**). Nun mag sie es haben!   -30-

27: palm off on.

Eilfter Auftritt
Werner (mit einem Beutel Gold). v. Tellheim. Das Fräulein.
Franziska. Just.

WERNER. Hier bin ich schon, Herr Major! -

V. TELLHEIM (**ohne ihn anzusehen**). Wer verlangt dich? -   -5-

WERNER. Hier ist Geld! tausend Pistolen!

V. TELLHEIM. Ich will sie nicht!

WERNER. Morgen können Sie, Herr Major, über noch soviel befehlen.

V. TELLHEIM. Behalte dein Geld!

WERNER. Es ist ja Ihr Geld, Herr Major. - Ich glaube, Sie sehen   -10-
nicht, mit wem Sie sprechen?

V. TELLHEIM. Weg damit! sag' ich.

WERNER. Was fehlt Ihnen? - Ich bin Werner.

V. TELLHEIM. Alle Güte ist Verstellung; alle Dienstfertigkeit
Betrug.   -15-

WERNER. Gilt das mir?

V. TELLHEIM. Wie du willst!

WERNER. Ich habe ja nur Ihren Befehl vollzogen. -

V. TELLHEIM. So vollziehe auch den, und packe dich!

WERNER. Herr Major! (**ärgerlich**) ich bin ein Mensch -   -20-

V. TELLHEIM. Da bist du was Rechts!

WERNER. Der auch Galle hat -

V. TELLHEIM. Gut! Galle ist noch das Beste, was wir haben.

WERNER. Ich bitte Sie, Herr Major, -

V. TELLHEIM. Wievielmal soll ich dir es sagen? Ich brauche dein   -25-
Geld nicht!

WERNER (**zornig**). Nun, so brauch' es, wer da will! (**Indem er ihm**
den Beutel vor die Füße wirft, und beiseite geht.)

DAS FRÄULEIN (**zur Franziska**). Ah, liebe Franziska, ich hätte dir

folgen sollen. Ich habe den Scherz zu weit getrieben. - Doch er
darf* mich ja nur hören - (Auf ihn zugehend.)

FRANZISKA (die, ohne dem Fräulein zu antworten, sich Wernern
nähert). Herr Wachtmeister! -

WERNER (mürrisch). Geh' Sie! -   -5-

FRANZISKA. Hu! was sind das für Männer!

DAS FRÄULEIN. Tellheim! - Tellheim! (Der vor Wut an den Fingern
naget, das Gesicht wegwendet und nichts höret.) - Nein, das ist
zu arg! - Hören Sie mich doch! - Sie betrügen sich! - Ein
bloßes Mißverständnis, - Tellheim! - Sie wollen Ihre Minna   -10-
nicht hören? - Können Sie einen solchen Verdacht fassen*? - Ich
mit Ihnen brechen wollen? - Ich darum hergekommen? - Tellheim!

                    Zwölfter Auftritt
    Zwei Bediente, nacheinander, von verschiedenen Seiten über den
              Saal laufend. Die Vorigen.   -15-

DER EINE BEDIENTE. Gnädiges Fräulein, Ihro Exzellenz, der Graf! -

DER ANDERE BEDIENTE. Er kömmt, gnädiges Fräulein! -

FRANZISKA (die ans Fenster gelaufen). Er ist es! er ist es!

DAS FRÄULEIN. Ist er's? - O nun geschwind, Tellheim -

V. TELLHEIM (auf einmal zu sich selbst kommend). Wer? wer kömmt? -20-
Ihr Oheim, Fräulein? dieser grausame Oheim? - Lassen Sie ihn
nur kommen; lassen Sie ihn nur kommen! - Fürchten Sie nichts!
Er soll Sie mit keinem Blicke beleidigen dürfen! Er hat es mit
mir zu tun. - Zwar verdienen Sie es um mich nicht -

DAS FRÄULEIN. Geschwind umarmen Sie mich, Tellheim, und vergessen -25-
Sie alles -

V. TELLHEIM. Ha, wenn ich wüßte, daß Sie es bereuen könnten! -

DAS FRÄULEIN. Nein, ich kann es nicht bereuen, mir den Anblick
Ihres ganzen Herzens verschafft zu haben! - Ah, was sind Sie
für ein Mann! - Umarmen Sie Ihre Minna, Ihre glückliche Minna; -30-
aber durch nichts glücklicher, als durch Sie! (Sie fällt ihm in
die Arme.) Und nun, ihm entgegen! -

V. TELLHEIM. Wem entgegen?

2: =braucht... zu. 11: conceive.

DAS FRÄULEIN. Dem besten Ihrer unbekannten Freunde.

V. TELLHEIM. Wie?

DAS FRÄULEIN. Dem Grafen, meinem Oheim, meinem Vater, Ihrem Vater
-- Meine Flucht, sein Unwille, meine Enterbung; - hören Sie
denn nicht, daß alles erdichtet ist? - Leichtgläubiger -5-
Ritter!

V. TELLHEIM. Erdichtet? - Aber der Ring? der Ring?

DAS FRÄULEIN. Wo haben Sie den Ring, den ich Ihnen zurückgegeben?

V. TELLHEIM. Sie nehmen ihn wieder? - O, so bin ich glücklich! -
Hier Minna! -   -10-
(Ihn herausziehend.)

DAS FRÄULEIN. So besehen Sie ihn doch erst! - O über die Blinden,
die nicht sehen wollen! - Welcher Ring ist es denn? Den ich von
Ihnen habe, oder den Sie von mir? - Ist es denn nicht eben der,
den ich in den Händen des Wirts nicht *lassen wollen?   -15-

V. TELLHEIM. Gott! was seh' ich? was hör' ich?

DAS FRÄULEIN. Soll ich ihn nun wiedernehmen? soll ich? - Geben
Sie her, geben Sie her! (Reißt ihn ihm aus der Hand, und steckt
ihn ihm selbst an den Finger.). Nun? ist alles richtig?

V. TELLHEIM. Wo bin ich? - (Ihre Hand küssend.) O boshafter -20-
Engel! - mich so zu quälen!

DAS FRÄULEIN. Dieses zur Probe, mein lieber Gemahl*, daß Sie mir
nie einen Streich spielen sollen, ohne daß ich Ihnen nicht
gleich darauf wieder einen spiele. - Denken Sie, daß Sie mich
nicht auch gequälet hatten?   -25-

V. TELLHEIM. O Komödiantinnen, ich hätte euch doch kennen sollen.

FRANZISKA. Nein, wahrhaftig; ich bin zur Komödiantin verdorben.
Ich habe gezittert und gebebt, und mir mit der Hand das Maul
zuhalten müssen.

DAS FRÄULEIN. Leicht ist mir meine Rolle auch nicht geworden. - -30-
Aber so kommen Sie doch!

V. TELLHEIM. Noch kann ich mich nicht erholen. - Wie wohl, wie
ängstlich ist mir! So erwacht man plötzlich aus einem schreck-
lichen Traume!

15: sc. habe. 22: =(Ehe)mann.

DAS FRÄULEIN. Wir zaudern. - Ich höre ihn schon.

Dreizehnter Auftritt
**Der Graf von Bruchsall, von verschiedenen Bedienten
und dem Wirte begleitet.
Die Vorigen.**   -5-

DER GRAF (im Hereintreten). Sie ist doch glücklich angelangt?

DAS FRÄULEIN (die ihm entgegenspringt). Ah, mein Vater! -

DER GRAF. Da bin ich, liebe Minna! (Sie **umarmend.**) Aber was,
Mädchen? (Indem **er den Tellheim gewahr wird.**) Vierundzwanzig
Stunden erst hier, und schon Bekanntschaft, und schon Gesell-   -10-
schaft?

DAS FRÄULEIN. Raten Sie, wer es ist? -

DER GRAF. Doch nicht dein Tellheim?

DAS FRÄULEIN. Wer sonst, als er? - Kommen Sie, Tellheim! (Ihn **dem
Grafen zuführend.**)   -15-

DER GRAF. Mein Herr, wir haben uns nie gesehen; aber bei dem
ersten Anblicke glaubte ich, Sie zu erkennen. Ich wünschte, daß
Sie es sein möchten*. - Umarmen Sie mich. - Sie haben meine
völlige Hochachtung. Ich bitte um Ihre Freundschaft. - Meine
Nichte, meine Tochter liebet Sie. -   -20-

DAS FRÄULEIN. Das wissen Sie, mein Vater! - Und ist sie blind,
meine Liebe?

DER GRAF. Nein, Minna; deine Liebe ist nicht blind; aber dein
Liebhaber - ist stumm*.

V. TELLHEIM (sich ihm in die Arme werfend). Lassen Sie mich zu -25-
mir selbst kommen, mein Vater! -

DER GRAF. So recht, mein Sohn! Ich höre es; wenn dein Mund nicht
plaudern kann, so kann dein Herz doch reden. - Ich bin sonst
den Offizieren von dieser Farbe* (auf **Tellheims Uniform
weisend**) eben nicht gut. Doch Sie sind ein ehrlicher Mann, -30-
Tellheim; und ein ehrlicher Mann mag stecken, in welchem Kleide
er will, man muß ihn lieben.

DAS FRÄULEIN. O, wenn Sie alles wüßten! -

18: might (be you). 24: silent, speechless. 29: i.e., Prussian.

DER GRAF. Was hindert's, daß ich nicht alles erfahre? - Wo sind me ne Zimmer, Herr Wirt?

DER WIRT. Wollen Ihro Exzellenz nur die Gnade haben, hier herzu-treten.

DER GRAF. Komm, Minna! Kommen Sie, Herr Major! (Geht mit dem -5- Wirte und den Bedienten ab.)

DAS FRÄULEIN. Kommen Sie, Tellheim!

V. TELLHEIM. Ich folge Ihnen den Augenblick, mein Fräulein. Nur noch ein Wort mit diesem Manne! (Gegen Wernern sich wendend.)

DAS FRÄULEIN. Und ja ein recht gutes; mich dünkt, Sie haben es -10- nötig. - Franziska, nicht wahr? (Dem Grafen nach.)

Vierzehnter Auftritt
v. Tellheim. Werner. Just. Franziska.

V. TELLHEIM (auf den Beutel weisend, den Werner weggeworfen). Hier, Just! - hebe den Beutel auf, und trage ihn nach Hause. -15- Geh! - (Just damit ab.)

WERNER (der noch immer mürrisch im Winkel* gestanden, und an nichts teilzunehmen geschienen; indem er das hört). Ja, nun!

V. TELLHEIM (vertraulich, auf ihn zugehend). Werner, wann kann ich die andern tausend Pistolen haben?   -20-

WERNER (auf einmal wieder in seiner guten Laune). Morgen, Herr Major, morgen. -

V. TELLHEIM. Ich brauche dein Schuldner nicht zu werden; aber ich will dein Rentmeister* sein. Euch gutherzigen Leuten sollte man allein einen Vormund setzen. Ihr seid eine Art Verschwender. - -25- Ich habe dich vorhin erzürnt, Werner! -

WERNER. Bei meiner Seele, ja! - Ich hätte aber doch so ein Tölpel* nicht sein sollen. Nun seh' ich's wohl. Ich verdiente hundert Fuchtel*. Lassen Sie mir sie auch schon geben; nur weiter keinen Groll*, lieber Major! -   -30-

V. TELLHEIM. Groll? - (Ihm die Hand drückend.) Lies es in meinen Augen, was ich dir nicht alles sagen kann. - Ha! wer ein bes-seres Mädchen, und einen redlichern Freund hat, als ich, den

-----

17: =Ecke. 24: investment manager. 28: dunce. 29: blows (with a cane or the flat side of a sword). 30: animosity.

will ich sehen! - Franziska, nicht wahr? (Geht ab.)

Fünfzehnter Auftritt
Werner. Franziska.

FRANZISKA (**vor sich**). Ja gewiß, es ist ein gar zu guter Mann! -
So einer kömmt mir nicht wieder vor. - Es muß heraus! -5-
(**Schüchtern und verschämt sich Wernern nähernd.**) Herr Wacht-
meister! -

WERNER (**der sich die Augen wischt**). Nu? -

FRANZISKA. Herr Wachtmeister -

WERNER. Was will Sie denn, Frauenzimmerchen?   -10-

FRANZISKA. Seh' Er mich einmal an, Herr Wachtmeister. -

WERNER. Ich kann noch nicht; ich weiß nicht, was mir in die Augen
gekommen.

FRANZISKA. So seh' Er mich doch an!

WERNER. Ich fürchte, ich habe Sie schon zu viel angesehen, -15-
Frauenzimmerchen! - Nun, da seh' ich Sie ja! Was gibt's denn?

FRANZISKA. Herr Wachtmeister, -- braucht Er keine Frau Wacht-
meisterin?

WERNER. Ist das Ihr Ernst, Frauenzimmerchen?

FRANZISKA. Mein völliger!   -20-

WERNER. Zöge* Sie wohl auch mit nach Persien?

FRANZISKA. Wohin Er will!

WERNER. Gewiß? - Holla! Herr Major! nicht groß getan*! Nun hab'
ich wenigstens ein ebenso gutes Mädchen, und einen ebenso red-
lichen Freund, als Sie! - Geb' Sie mir Ihre Hand, Frauen- -25-
zimmerchen! Topp*! - Über* zehn Jahr ist Sie Frau Generalin,
oder Witwe!

1767

21: =**Würde... ziehen** would... go. 23: I'm not bragging (when I
say:). 26: Agreed; in.

CHRISTOPH MARTIN WIELAND

FREUNDSCHAFT UND LIEBE AUF DER PROBE

Zwei junge Personen aus einer schon seit langer Zeit unter
französischer Botmäßigkeit* stehenden deutschen* Provinz waren
beinahe von ihrer Kindheit an in einer gegenseitigen Zuneigung
aufgewachsen, die sich in reifern Jahren zu einer so vollkommenen
Freundschaft ausbildete, daß sie an dem Ort ihres Aufenthalts   -5-
unter den Namen der Freundinnen* bekannter als unter ihrem
Geschlechtsnamen waren. Ich selbst lernte sie zuerst bei den eng-
lischen Damen in *** kennen, wo ihre Pensionszeit* beinahe ab-
gelaufen war, als die meinige anging*; denn beide sind einige
Jahre älter, als ich. So jung ich damals war, so hatte ich doch -10-
das Glück, ihnen zu gefallen, und, da unsre Eltern in eben der-
selben Stadt wohnten, versprachen wir uns, die angefangene Be-
kanntschaft in der Folge zu erneuern und zu unterhalten. Nach
meiner Zurückkunft* aus der Pension fand ich beide bereits ver-
heiratet. Ich hatte meine Mutter früh verloren; und da mein Vater -15-
mir viele Freiheit ließ, so suchte ich jede Gelegenheit auf, wo
ich die Freundinnen sehen konnte; und so entspann sich nach und
nach ein so vertrautes Verhältnis zwischen uns, daß ich gewis-
sermaßen die dritte Person in ihrem Bunde ward*. Diese enge Ver-
bindung verschaffte mir die Gelegenheit, mich von den Umständen -20-
der Anekdote, die ich Ihnen mitzuteilen kein Bedenken trage,
genauer als Andere zu unterrichten. Bevor ich aber zur Geschichte
meiner Freundinnen fortgehe, werde ich Ihnen, wenn auch nur mit
wenigen Zügen*, eine Idee von ihrem Charakter geben müssen.
Selinde (wie ich die jüngere von ihnen nennen will*) vereinigt -25-
mit der zierlichen Nymphengestalt einen Kopf, der das schönste
Modell zu einer Hebe* oder Psyche* abgeben könnte. Ihre Gemütsart
ist offen, aufrichtig, edel und gut; ohne die Tugend wie einen
Schild auszuhängen, trägt sie den Keim aller Tugenden in sich,
welche die Grundlage eines achtungswürdigen Charakters ausmachen; -30-
aber eine übermäßige Lebhaftigkeit und ein großes Teil Leichtsinn
werfen oft einen falschen Schein auf sie, den sie im Bewußtsein
ihrer Unbefangenheit und Unschuld zu wenig achtet. Die Begierde
zu gefallen und ein nicht minder starker Hang zur Freude und zu
allen Vergnügungen, die man unschuldig zu nennen gewohnt ist und -35-
sich daher auch wohl einiges Übermaß darin zu erlauben pflegt*,
scheinen ihre einzigen Leidenschaften zu sein, wenn man anders*

2: dominion, jurisdiction; goes with **einer** (l. 1). 6: "the
friends". 8: **Pension** (religious) boarding school. 9: =anfing. 14:
=Rückkunft=Rückkehr. 19: =**wurde**. 24: strokes (of the pen). 25:
=**werde**. 27: in mythology: a daughter of Zeus, the goddess of
youth; in mythology: her beauty caused Aphrodite to be jealous.
36: therefore indulge in with a certain excess. 37: unless.

Neigungen, die ihr so natürlich als das Atemholen sind und selten
der innern Ruhe ihres Gemütes Abbruch tun*, den Namen Leiden-
schaften geben kann.
    Eine sehr lebendige Einbildungskraft und e: ·e angeborne uner-
schöpfliche Ader von Witz*, der ihr öfters auch Achtung oder   -5-
Schonung fordernde Gegenstände* in einem lächerlichen Lichte
zeigt, sind die hervorstechenden Eigenschaften ihres Geistes.
Zwar ist auch ihr Verstand nicht ungebildet; aber, außerdem, daß
sie nie Geduld genug gehabt hat, sich lange mit ernsthaften
Dingen abzugeben, würde sie sich selbst lächerlich vorkommen,   -10-
wenn man in ihrer Art zu reden und zu sein etwas bemerkte, das
wie Weisheit aussähe*. Sie hat sich in ihr leichtes Köpfchen
gesetzt, daß es eine Menge liebenswürdiger kleiner Torheiten
gebe, die einem schönen Weibe* besser anstehen, als die Miene
eines weiblichen Sokrates, womit sie in ihren leichtfertigen   -15-
Augenblicken ihre Freundin aufzuziehen pflegt*. Selinde ist auch
nicht ohne Talente; aber, da die Begierde, durch sie zu gefallen,
nicht stärker bei ihr ist, as der Hang zu allen Arten angenehmer
Zerstreuungen, und da es ihr (zumal weil der Putztisch* einen
großen Teil ihres Vormittags wegnimmt) immer an Zeit gefehlt hat: -20-
so muß ich gestehen, daß sie in den schönen Künsten*, die man
heut zu Tage zur Erziehung junger Personen von Stand und Vermögen
rechnet, sehr zurückgeblieben ist.
    Clarisse (so mag die zweite der beiden Freundinnen heißen)
kann, wenigstens neben Selinden*, für keine Schönheit gelten;   -25-
indessen ist ihre Gesichtsbildung geistreich und angenehm, ihr
Körper, wiewohl* nach einem etwas größern Maßstab, in einem so
vollkommenen Ebenmaß gebaut, und ihre Gesundheit so rein und
blühend, daß man nicht zweifeln kann, sie würde, in Ansehung
mancher äußerlichen Reize ihrer Freundin den Vorzug streitig   -30-
machen* können, wenn sie es nicht vielmehr mit Fleiß* darauf an-
legte*, von dieser Seite, zumal neben Selinden, so wenig als mög-
lich bemerkt zu werden. Das, wodurch sie, wie durch einen ver-
borgenen, ihr selbst unbewußten Zauber, sanft anzieht und dauer-
haft fesselt, ist daher mehr etwas Geistiges als in die Sinne   -35-
Fallendes*; und wer beide Freundinnen beisammen sieht, wird auf
den ersten Anblick Selindens Liebhaber und Clarissens Freund. Man
kann schwerlich mehr Rechte an Hochachtung und Liebe haben und
weniger Ansprüche darauf machen, als Clarisse. Die Ausbildung
ihres Geistes, wiewohl die Frucht ihres Fleißes und ihrer immer   -40-
wohl angewandten Zeit, scheint eine bloße Gabe der Natur zu sein;
und die vielen Kenntnisse, die sie besitzt, blicken, wo es un-
schicklich wäre, sich verleugnen zu wollen*, so verschämt*

2: damage, disturb. 5: esprit, wit. 6: (d.o.): objects that de-
mand respect and consideration. 12: might appear as. 14: =**Frau**.
16: is accustomed to tease. 19: make-up table. 21: fine arts. 25:
archaic declension, and passim. 27: =**obwohl**. 31: rival (her
friend's superiority); =**Absicht**. 32: aimed, intended. 36: sen-
suous. 43. when it would be unseemly to wish to deny it;
modestly.

unter dem Schleier der Bescheidenheit hervor, daß weder die Un-
wissenheit der Weiber dadurch beschämt, noch der anmaßende Stolz
der Männer beleidigt wird. Sie besitzt verschiedene Talente in
einem nicht gemeinen* Grade; sie zeichnet und malt vortrefflich
und spielt Klavier und Harfe mit eben so viel Geschmack als   -5-
Fertigkeit; sie macht sogar, wiewohl sie es kaum ihren Ver-
trautesten gesteht, sehr artige kleine Verse.
    Es ist, wo nicht ganz unmöglich, doch gewiß etwas höchst
Seltenes, daß man es in irgend einer Kunst ohne Anstrengung und
hartnäckigen Fleiß zu einiger Vollkommenheit bringe. Clarisse   -10-
besitzt vielleicht von Natur nicht mehr Anlassungen, als Selinde;
aber ihr ruhiger, gesetzter und mehr in sich selbst gesammelter
Sinn macht sie geschickter und geneigter, diese Anlagen anzubauen
und zu üben. Sie liebt die zerstreuenden Ergötzungen weniger, als
ihre Freundin; sie ging immer sparsamer mit ihrer Zeit um, teilte   -15-
ihren Tag besser ein, und die Morgenstunden, welche Selinden
teils mit flüchtigem Herumblättern in Taschenbüchern*, Tage-
blättern* und neuen Brochuren*, teils und vornehmlich* am Putz-
tische durch die Finger schlüpften, wurden von Clarissen immer
nützlich und zu bestimmten Zwecken angewandt. Selinde las, um die   -20-
lange Weile zu verjagen oder sich mit angenehmen Bildern und
Phantasien zu ergötzen; Clarisse las immer mit Nutzen, denn sie
fragte sich immer selbst: Ist dies auch wahr? fühlst oder denkst
du wirklich, was der Autor will, daß du denken und fühlen sollst?
und wo nicht, liegt die Schuld an dir oder an ihm? Auf diese   -25-
Weise lernte sie vergleichen, unterscheiden, überschauen und zu-
sammenfassen, entdeckte, den Maßstab des Wahren und Schönen in
sich selbst und gewöhnte sich an eine richtige Schätzung der
Dinge. Alles dies gab ihr Klarheit des Sinnes, Schärfe und Rich-
tigkeit des Blickes und Freiheit von Launen*, Grillen*, über-   -30-
eilten Urteilen und leichtsinnigen Zu- und Abneigungen. Alles in
ihr ist ruhig, gemäßigt und in Harmonie mit sich selbst. Ohne
Leidenschaften, ohne Schwärmerei, eine geborne Feindin alles
Übertriebenen, aller Unnatur, Selbsttäuschung und Unredlichkeit
gegen Andere und sich selbst, genießt sie einer unzerstörbaren   -35-
innern Ruhe, und reine Liebe des Schönen und Guten ist in allen
ihren Umständen und Lagen die Seele ihrer Gedanken, Neigungen und
Handlungen. Natürlicher Weise ist sie mit einer solchen Gemüts-
verfassung immer zur Teilnehmung an Andern, zu jeder Nachsicht
gegen fremde Fehler und Schwachheiten gestimmt und überhaupt in   -40-
allen Vorfallenheiten* des Lebens aufgelegt, das Schicklichste zu
erwählen und zu tun. Ihr Ernst hat nichts Düstres, ihr gesetztes
Wesen nichts Schwerfälliges und Drückendes; Heiterkeit und Froh-
sinn ist immer über ihr liebliches Gesicht, wie Sonnenschein über
ein anmutiges Tal, ausgebreitet, und allgemeines Wohlwollen   -45-
scheint das Element zu sein, worin sie atmet. Dies ist meine

4: **nicht gemein** uncommon. 17: yearly magazines in a small format.
18: newspapers; i.e., magazine-like; =**besonders**.   30: whims;
melancholy thoughts. 41: matters.

Freundin Clarisse, und wenn anders Aristipps* Briefe mir einen
richtigen Begriff von dem, was Sokrates war, gegeben haben, so
müßt' ich mich sehr irren, wenn der Name eines weiblichen
Sokrates, womit sie von Selinden im Scherz geneckt wird, ihr
nicht in vollem Ernst zukommen sollte.   -5-
     Verzeihen Sie, wenn ich mich unvermerkt* zu lange bei der
Schilderung eines so liebenswürdigen Weibes verweilt haben
sollte. Ich bin keine sonderliche* Portraitmalerin; eine ge-
schicktere Hand würde vielleicht mit viel weniger Strichen dem
Bilde mehr Bestimmtheit und Leben gegeben haben. Aber ich habe -10-
die meinige* dem Antrieb meines Herzens überlassen; und daß ich
sie endlich zurückziehe, geschieht nicht, weil ich mit meinem
Gemälde zufrieden bin, sondern weil ich fühle, daß man aufzuhören
wissen muß.
     Es könnte beim ersten Anblick wunderbar scheinen, wie zwischen -15-
zwei so ungleichen Personen, als Clarisse und Selinde, eine so
vertraute Freundschaft habe entstehen oder wenigstens von Dauer
sein können. Aber, sobald man mit beiden genauer bekannt ist,
scheint mir nichts begreiflicher. Selindens Schönheit, Leichtsinn
und Gutherzigkeit auf der einen Seite und Clarissens gänzliche -20-
Anspruchlosigkeit auf der andern entfernen schon den bloßen
Schatten der Eifersucht von ihnen. Jene ließ sich nie einfallen,
daß ihr diese irgend einen von ihren Vorzügen streitig machen
könnte; dafür aber gestand sie ihr auch die ihrigen immer willig
zu und ist noch jetzt stolz darauf, für die vertrauteste Freundin -25-
einer Frau von so vielen Verdiensten bekannt zu sein. In der Tat
kann Clarissens Liebe zu Selinden (das Einzige an ihr, was einer
Leidenschaft ähnlich sieht) für diese nicht anders als schmei-
chelhaft sein; man könnte sagen, sie läßt sich von Clarissen
lieben, ungefähr wie der schöne Alcibiades* sich von Sokrates -30-
lieben ließ, und Clarissa rechnet nicht genauer mit ihr ab, als
dieser mit dem Sohne des Klinias, ob sie eben so viel von ihr
wiedergeliebt werde. Denn die schöne Selinde ist, die Wahrheit zu
sagen (vielleicht ohne sich's bewußt zu sein), zu sehr in sich
selbst verliebt, um in eben dem Grade, wie sie geliebt wird,   -35-
wiederlieben zu können. Aber eines ihrer größten und gefühltesten
Bedürfnisse ist, immer eine Vertraute und Ratgeberin in ihren
Verlegenheiten zu haben, welcher sie sich ganz aufschließen darf;
und wo hätte sie eine Person finden können, die sich dazu besser
schickte, als Clarisse? Die Gefälligkeit, die Nachsicht, die an- -40-
scheinende Parteilichkeit der letztern gegen die erstere geht so
weit über die Grenzen der gewöhnlichen Freundschaften unter Per-
sonen unsers Geschlechts: daß Selinde, überzeugt von Clarissens

-----
1: Aristippus: flourished c. 370 B.C., a follower of Socrates.
His writings are now not extant. 6: unintentionally. 8: spe-
cial(ly skilled). 11: sc. **Schilderung**. 30: c. 450-404 B.C.,
wealthy and handsome son of Clinias, raised by Pericles, be-
friended by Socrates who sought in vain to steer him from his
debauched ways.

gänzlicher Anhänglichkeit an sie, auch sogar unangenehme Wahr-
heiten und (was sie sonst von Niemand verträgt) Widerspruch und
Tadel von ihr vertragen konnte. Die Fälle, wo sie ein wenig an
einander anstießen, waren also immer äußerst selten; und wenn ja
so etwas sich ereignete, so wußte Clarissens Santftheit und guter -5-
Verstand Alles gar bald wieder ins Gleiche zu bringen.
     Sowie die beiden Freundinnen aus dem Kloster zurückgekommen
waren, ließen die Eltern sich angelegen sein*, ihren geliebten
Töchtern die Mühe, sich Männer nach ihren Augen oder nach ihrem
Herzen selbst auszusuchen, zu ersparen, und glaubten alles Mög- -10-
liche für sie getan zu haben, indem sie unter den verschiedenen
Mitbewerbern*, die sich hervortaten*, diejenigen auswählten, die
in Ansehung des Vermögens, des Alters, der Figur und andrer Füg-
lichkeiten dieser Art* für die beste Partie gelten konnten. Durch
eine sonderbare Laune des Zufalls fiel die Wahl auf zwei junge -15-
Männer, die von ihrer frühesten Jugend an durch einen nicht
weniger engen Freundschaftsbund vereinigt waren, als Selinde und
Clarisse. Überall, wo man sie kannte, wurden Raimund und Mondor
(wie ich sie statt ihres wahren Namens nennen will), wenn von
Freundschaft die Rede war, als ein Beispiel angeführt, daß es -20-
selbst in unsern ausgearteten* Zeiten noch Freunde gebe, die man
einem Pylades und Orestes*, Phintias und Damon* und andern von
den Alten so hoch gepriesnen Freundschaftshelden entgegen stellen
könne.
     Um das gehörige Licht über die Geschichte dieses Doppelpaars zu -25-
verbreiten, seh' ich mich genötigt, meine wenige Fertigkeit in
der Portraitmalerei abermals an den Tag zu legen.
     Mondor, dem die reizende Selinde zu Teil wurde, verband mit
einer vorteilhaften Außenseite, einem sehr ansehnlichen Vermögen
und einem ziemlich jungen Adelsbrief* beinahe Alles, was man -30-
überhaupt zum Charakter eines achtungswerten Mannes fordert, Er-
ziehung, Talente, Sitten und, was heut zu Tage unter seines-
gleichen seltner als jemals sein soll, einen unbescholtenen Ruf.
Mit allen diesen guten Eigenschaften könnte sich's dennoch
fügen*, daß ein Mann kein schicklicher Ehegehilfe* für eine Dame, -35-
wie Selinde, wäre; und dies schien, nachdem sie einige Zeit an
Hymens* sanftem Joche zusammen gezogen hatten, wirklich der Fall

-----
8: made it their business. 12: suitors; appeared. 14: pre-
requisites of this sort. 21: degenerate. 22: in mythology: son of
Agamemnon and Clytemnestra. After the murder of his father by
Clytemnestra and her lover Aegisthus, he was taken with the help
of his sister Electra to Strophius, King of Phocis. There he
formed a close friendship with Strophius' son, Pylades, who
helped him return to Argos and avenge his father's death by
killing Clytemnestra and Aegisthus; in mythology: Phintias was
condemned to die for his involvement in a plot against Dionysus
I of Syracuse. By offering his friend Damon as security, he
obtained leave to return home to settle his affairs. He returned
just in time to redeem Damon, and Dionysus was so struck with
their friendship that he pardoned them. 30: patent of nobility.
35: **sich fügen=geschehen**; partner in marriage. 37: god of
marriage.

zu sein. Mondor war von einer ernsthaften, mit etwas schwarzer
Galle tingirten* Sinnesart, von warmem Kopf und noch wärmerm
Blut; äußerst reizbar, heftig und anhaltend in seinen Leiden-
schaften und schwer von einer Idee, die er sich in seinen Kopf
gesetzt hatte, abzubringen. Seine Phantasie, eine Fee*, die eine -5-
ziemlich tyrannische Gewalt über ihn ausübte, pflegte ihm Alles
in der Welt entweder in das zarteste Rosenroth oder in pech-
schwarzes Dunkel zu malen. Der Gegenstand seiner Liebe konnte
nichts Geringers als ein Engel sein; aber wehe dem Engel, wenn
Mondor irgend einen dunkeln Flecken an ihm entdeckte! er mußte -10-
sich dann glücklich schätzen, wenn er in seiner Meinung und Zu-
neigung nicht tiefer als bis zur gemeinen Alltagsmenschheit her-
absank. In allen Ideen, Gefühlen und Forderungen dieses jungen
Mannes war immer etwas Übermäßiges und Grenzenloses. Eine natür-
liche Folge hievon* war, daß er mehr in seiner eignen Ideenwelt -15-
lebte, als in der wirklichen, und daß ihm in der letzten beinahe
nichts recht oder gut genug war. Daher war er auch kein Freund
von öffentlichen Lustbarkeiten*; die gewöhnlichen Gesellschaften
machten ihm tödliche lange Weile, und weil er wenig Geschäfte
hatte, so brachte er meistens den größten Teil des Tages in -20-
seinem Büchersaale zu, der mit den besten Werken in allen Fächern
und Sprachen reichlich versehen war.
    Von diesem Allem beinahe ist sein Freund Raimund das Gegenteil;
eine leichte, fröhliche, sorglose, jovialische Seele; der ent-
schiedenste Liebhaber aller gesellschaftlichen Freuden und Zeit- -25-
kürzungen*; etwas zu rasch und unbeständig in seinen Neigungen
und Phantasien und zu sinnlich in seinen Vergnügungen; aber im
Grunde ein gutartiger, biederherziger Mensch und, insofern nur
keine Aufopferung seiner Lieblingsneigungen von ihm gefordert
wird, sehr edler Handlungen fähig und geneigt, zu allem Guten -30-
mitzuwirken; kurz, einer von den glücklichen Sterblichen, die
Alles anlacht, die sich überall gefallen und mit allen Menschen
leben können. Er war der Sohn und Enkel eines Malers und in
seiner Jugend zur Kunst seiner Väter angeführt worden. Eine
reiche Erbschaft, die ihm unverhofft zufiel, befreite ihn von der -35-
Notwendigkeit, sein Talent geltend zu machen; doch blieb die
Liebe zur Kunst eine seiner herrschenden Neigungen. Er besitzt
eine auserlesene Bildersammlung, malt selbst zu seinem eigenen
und seiner* Freunde Vergnügen und läßt, wie man ehedem* vom
Apelles* sagte, selten einen Tag ohne einen Pinselstrich ver- -40-
gehen.
    Eine vertraute Freundschaft zwischen so ungleichartigen
Menschen wie Raimund und Mondor mag vielleicht noch unbegreif-
licher scheinen, als zwischen Selinde und Clarisse; aber auch
hier, wie überall, ging Alles ganz natürlich zu. Die Knabenjahre,
wo die Verschiedenheit der Sinnesarten noch nicht so stark

2: tinged with... bile. 15: =hiervon=davon. 18: entertainment.
26: (forms of) amusement. 39: gen. pl.; =einst, früher. 40: Greek
painter, flourished c. 325 B.C. The following allusion is to the
proverb **nulla dies sine linea.**

ausgesprochen ist, legten den ersten Grund; ein wichtiger Dienst,
welchen Raimund in der Folge mit Gefahr seines Lebens Mondorn
leistete, zog das anfangs lose Band unauflöslich zusammen. Sie
waren nun Freunde auf Leben und Tod. Raimund hatte so viel für
Mondorn getan, daß dieser nie zu viel für jenen tun konnte. Alle   -5-
ihre Dissonanzen lösten sich immer in diesen reinen Akkord auf;
jeder machte sich's zur Pflicht, die Seite, von welcher er dem
andern mißfällig werden konnte, möglichst zu verbergen. Auch die
Liebe der Kunst, die beiden gemein war, trug nicht wenig bei,
ihren Umgang immer unterhaltend zu machen. Überdies hatte Mondor   -10-
seine Stunden, wo ihm Raimunds genialischer Frohsinn wohl tat; so
wie dieser sich oft herzlich an den witzigen Übertreibungen be-
lustigte, woran jener, so oft ihn die Laune, sich über die
menschlichen Torheiten zu erbosen*, anwandelte*, unerschöpflich
war*. Selbst das Nützliche gesellte sich in ihrer Verbindung   -15-
öfters zu dem Angenehmen: denn, so oft als einer von beiden in
die Lage kam, wo ihm der Rat und Beistand eines Freundes unent-
behrlich wurde, konnte er gewiß sein, beides bei dem andern zu
finden; der leichtsinnige Raimund in Mondors ernster Besonnen-
heit, der schwärmerische Mondor in Raimunds kaltblütiger Ansicht   -20-
der Dinge.
Raimunds und Clarissens Eheverbindung hatte ein so vernunft-
mäßiges Ansehen, das ihnen Jedermann das dauerhafteste Glück
weissagte*. Das, was jener für seine Verlobte empfand, hatte
Alles, was jeden Andern, als Clarissen bereden konnte*, es für   -25-
Liebe zu halten; nur sie konnt' es nicht täuschen; denn sie war
selbst frei und hatte Raimunds Charakter zu richtig gefaßt, um
nicht zu sehen, daß er keiner enthusiastischen Liebe fähig sei.
Dies war es eben, was sie entschlossen machte, seine Bewerbung zu
begünstigen. Hätte sie es geliebt, wie Mondor Selinden, schwer-   -30-
lich würde sie zu bewegen gewesen sein, ihm ihre Hand zu geben.
Denn, ihrer Denkart nach, soll die Ehe nicht ein Werk des blinden
Liebesgottes, sondern der ruhigen Überlegung, des besonnenen
Wohlgefallens an einander und des gegenseitigen Vertrauens sein;
wobei denn doch auf beiden Seiten noch immer mehr oder weniger   -35-
gewagt werden muß. Sie hatte keine wesentliche Einwendung gegen
Raimund; und da sie es (sagte sie lächelnd) doch einmal mit einem
der ungeschlachten* Geschöpfe wagen müsse, so kenne sie keinen
Andern, zu dem sie mehr Zutrauen und Neigung fühle, als zu ihm.
Bei Raimunden war es nicht völlig dasselbe. Wirklich war zu der   -40-
Achtung für* Clarissens Charakter und zu dem Wohlgefallen an ihre
Person und ihren Talenten noch etwas hinzugekommen, das seiner
Bewerbung um sie etwas Leidenschaftliches gab, wiewohl er es
sorgfältig vor ihr zu verheimlichen suchte. Sein Kunstsinn
spielte nämlich hier die Rolle, die sonst dem Liebesgott zukommt. -45-

-----
14: =böse zu werden. 15: verb of Laune; verb of jener i.e.,
Mondor. 24: predicted. 25: which could convince everyone but
Clarisse (to). 38: uncouth. 41: =vor, and passim.

Er hatte über die damals ungewöhnliche vestalenmäßige* Art, wie
Clarisse sich kleidete, ich weiß nicht welchen kleinen Argwohn
geschöpft und durch Bestechung des Kammermädchens* Mittel ge-
funden, sich seiner Zweifel auf eine vollständigere Art, als er
hätte hoffen dürfen, zu entledigen.   Welche Entdeckung für einen   -5-
Kunstfreund, der selbst Künstler ist! Von diesem Augenblicke an
schwor er sich, Clarisse müsse sein werden, und wenn* sie an
Jupiters goldner Kette zwischen Himmel und Erde schwebte.
    Mit Mondors Leidenschaft für Selinden hatte es eine ganz andere
Bewandtnis*. Im ersten Augenblick war hier Alles ausgemacht; denn   -10-
auf den ersten Blick in ihr Engelsgesicht, in ihre himmlischen
blauen Augen hatte ihm die reinste, schönste, liebenswürdigste
aller weiblichen Seelen entgegen gelächelt.   Welchen Himmel voll
überirdischer Seligkeit versprachen ihm diese Augen! Konnt' er
genug eilen, sich des Besitzes desselben zu versichern? Hätte   -15-
Mondor (wie öfters der Fall ist) zwei oder drei Jahre am Spinn-
rocken* der vollkommenen Liebe spinnen müssen, so würden sich ihm
wahrscheinlich in so langer Zeit Gelegenheiten genug aufgedrungen
haben, sich von der Menschlichkeit seiner Göttin zu überzeugen.
Indessen ließ es sogar in der kurzen Zeit, die zwischen seiner   -20-
Bewerbung und dem Hochzeittag verstrich, die unbefangene und mit
ihrer Menschlichkeit sehr zufriedene Selinde nicht an solchen
Gelegenheiten fehlen.   Aber Selinde war Mondors erste Liebe, und
die erste Liebe - wie ich einst von einem hochgelehrten Herrn,
der sich auf ich weiß nicht welchen alten lateinischen Dichter   -25-
berief, behaupten hörte - die erste Liebe wirft einen gar selt-
samen Zauber auf die Augen des Liebhabers, gibt allen Mängeln und
Gebrechen* der Geliebten sanfte, mildernde und verschönernde
Namen und verwandelt sie in eben so viele herzschmelzende
Reizungen und Vollkommenheiten.   Mondor sah an Selinden nichts,   -30-
als was seine Glut zu einer immer höhern Flamme anfachte; und
Selinde an ihrem Teil*, sobald sie, dem Befehl ihrer Eltern
gehorsam, die Seinige zu werden entschlossen war, begegnete ihm
so gefällig und verbindlich, daß der ehrliche Schwärmer das Alles
für den reinsten Einklang ihrer Seele mit der seinigen und für   -35-
das Unterpfand* einer Gegenliebe ansah, die ihm keinen andern
Wunsch übrig ließ, als daß sie ewig dauern möchte*.
    Wirklich war auch seiner Wonne während der ersten Tage und
Wochen keine andere Wonne gleich.   Aber ewig konnt' er nicht
dauern, der süße Wahn. Der Besitz entkräftet unvermerkt den vor-   -40-
besagten Zauber der ersten Liebe; seine Augen wurden aufgetan
oder vielmehr in ihren natürlichen Stand hergestellt, und er fing
an, allerlei an seiner Gemahlin* wahrzunehmen, das seinen hoch-
gespannten Erwartungen keineswegs zusagte.   Er hatte gehofft, daß
sie für ihn allein leben, mit ihm allein sich beschäftigen,   -45-
-----
1: pure, virginal (like the Vestal virgins who vowed chastity).
3: chambermaid.   7: **selbst wenn**.   10: things were quite different.
17: distaff: staff on which flax or wool is wound.   28: weak-
nesses, defects.   32: for her part.   36: =**Pfand** security.   37:
might.   43: =**Ehefrau**.

allen zerstreuenden Ergötzlichkeiten, ja sogar ihren meisten
gesellschaftlichen Verbindungen entsagen und ihr höchstes Glück
in dem Bewußtsein, daß sie das seinige mache, finden werde. Aber
so hatte es die schöne Selinde nicht gemeint; das hatte sie ihm
nie versprochen, und der Gedanke, durch ihre Heirat in ihren   -5-
Neigungen und Vergnügungen eingeschränkt zu werden, war so fern
von ihr gewesen, daß sie dadurch erst recht in die Freiheit, nach
ihrem eignen Sinne zu leben, gesetzt zu werden gehofft hatte. Sie
war sich nichts Böses bewußt; was sie verlangte, war die un-
schuldigste Sache von der Welt; sie wollte nichts als gefallen   -10-
und sich vergnügen. Mondor hatte sich über seinen Mangel an Zärt-
lichkeit und Gefälligkeit zu beklagen; sie liebte ihn, soviel sie
lieben konnte, kurz, ihr Herz machte ihr keine Vorwürfe. Man
denke also, wie sie erstaunte, als sie aus dem Munde des Mannes,
der sie vor kurzem noch wie eine Gottheit angebetet, blindlings   -15-
an sie geglaubt und sich mit Allem, was sie sagte und tat, unend-
lich zufrieden gezeigt hatte - den ersten Widerspruch und, was
noch schlimmer war, sehr bald auch die ersten Vorwürfe hören
mußte. Nichts war in der Tat ihrem Erstaunen gleich - als das
Erstaunen ihres Gemahls, in dieser sanften Engelsseele, die er in   -20-
einen so reinen Einklang mit der seinigen gestimmt glaubte, einen
Eigenwillen, eine Widersetzlichkeit, ja sogar einen kleinen Trotz
zu finden, der ihrem schönen Gesichte zwar recht gut ließ*, und
den ein Liebhaber bezaubernd gefunden hätte, der sie aber, in den
Augen eines Ehemanns wie Mondor, von der Höhe, auf welche er sie   -25-
in seiner Einbildung erhoben hatte, plötzlich herabstürzte und
mit den gemeinen Erdetöchtern in **eine** Linie stellte.
   Die ehelichen Mißverständnisse, die aus dem wechselseitigen
Irrtum, den jedes in Ansehung des andern gehegt hatte, ent-
standen, wurden anfangs, nach einigem Wortwechsel und Widerstand   -30-
auf beiden Seiten, immer noch unter Amors und Hymens unsichtbarem
Einfluß in Güte beigelegt. Eine zärtliche Liebkosung, im Notfall
eine kleine funkelnde Träne in Selindens schönen sanftbittenden
Augen, waren da noch hinlänglich, Mondors Herz zur Nachgiebigkeit
zu schmelzen; und mehr als ein Mal machte sie sich noch ein Ver-   -35-
dienst bei ihm daraus, wenn sie irgend einen Ausflug, eine Tanz-
gesellschaft oder etwas dieser Art, auf seine Bitte, den Abend
ihm zu schenken, der ehelichen Gefälligkeit aufopferte. Aber,
sobald sie nach Verfluß* einiger Zeit merkte, daß Mondor ihre
zärtliche Nachgiebigkeit zum Nachteil ihrer Rechte mißbrauchen   -40-
wolle; sobald er einen herrischen Ton annahm und Machtsprüche
tat*, weil seine Bitten immer seltner die verlangte Wirkung
taten; da erinnerte sich Selinde, daß sie - ein Weib sei und, wo
nicht den allgemeinen Beifall ihres eignen Geschlechts, doch ge-
wiß die Stimmen aller artigen jungen Männer und loyalen Ritter   -45-
für sich habe. Von diesem Augenblick an war die zarte geistige
Band, das Mondorn an sie gefesselt hatte, zerrissen; und wiewohl
er sich zuweilen gestehen mußte, das Alles, was er ihr zum

23: =**stand**. 39: passage (of some time). 42: used strong words.

Verbrechen machte, in hundert andrer Männer Augen ganz gleich-
gültige Dinge oder höchstens sehr verzeihliche jugendliche Eitel-
keiten wären, so konnt' er doch nicht von sich erhalten*, ihr die
Beschämung vor sich selbst zu verzeihen, die er, bei dem Ge-
danken, sich so gröblich an ihr geirrt zu haben*, auf seinen   -5-
Wangen brennen fühlte. Ungleich waren indessen die Folgen des
Risses, der durch die immer häufigern, bald unbedeutenden, bald
sehr ernsthaften Zwistigkeiten zuletzt zwischen ihnen erfolgte.
Denn der arme Mondor, dessen zärtliche Schwachheit für seine
schöne Hälfte von Zeit zu Zeit mit allen Zufällen eines hitzigen   -10-
Seelenfiebers wieder zurückkehrte, litt durch diese Trennung
ihrer Gemüter wirklich stark an seiner Ruhe und befand sich oft
sehr übel: Selinde hingegen, die den Mann, von welchem sie sich
unverzeihlich beleidigt hielt, eigentlich nie geliebt hatte, fand
sich durch die Freiheit, nach ihrer Phantasie zu leben, die er   -15-
ihr gern oder ungern lassen mußte, reichlich entschädigt und
hatte, als Überschuß, noch das unschuldige Vergnügen, ihn, so oft
er seinem Vorsatz, sich nicht weiter um ihr Tun und Lassen zu
bekümmern, ungetreu wurde, durch ihre kaltblütige Höflichkeit und
Artigkeit beinahe zum Wahnsinn zu treiben.   -20-
  Daß Clarisse, die mit ihrem eignen Manne auf einem sehr
hübschen Fuß lebte, das Benehmen ihrer Freundin gegen den ihrigen
nicht gebilligt haben könne, brauche ich kaum zu sagen. Wirklich
versuchte sie bei ihr und ihm Alles, was sich von ihrer Klugheit
und dem warmen Anteil, so* sie an ihnen nahm, erwarten läßt, um   -25-
sie zu gegenseitiger Nachsicht und Gefälligkeit zu bewegen. Aber,
da jeder Teil immer Recht haben wollte und alles Unrecht nur bei
dem andern sah, so ließ sie endlich von ihnen ab und begnügte
sich, durch ihren Einfluß beide wenigstens so viel zu erhalten,
daß es zu keinen Ausbrüchen kam, wodurch sie die Fabel* der Stadt   -30-
geworden wären.
  Weil Mondor aus Veranlassung einer ehlichen Drangsale* öfters
Gelegenheit bekam, die Gattin seines Freundes näher kennen zu
lernen, faßte er unvermerkt eine Achtung für sie, die anfangs die
unschuldigste Sache von der Welt schien, aber in der Folge seiner   -35-
Ruhe sehr nachteilig wurde. Jedesmal, daß er sie sah, verwunderte
er sich mehr, wie er so blind habe sein können, Clarissens auf-
fallende Vorzüge vor Selinden nicht schon längst wahrzunehmen.
Welch ein Weib ist diese Clarisse! sagte er oft zu sich selbst:
frei von allen Schwächen und Unarten ihres Geschlechts, vereinigt   -40-
sie mit Allem, was an einem Weibe liebenswürdig ist, Alles, was
einen Mann hochachtungswürdig macht. Und nun rechnete er sich
ihre sämtlichen Vorzüge, Talente, Tugenden und Annehmlichkeiten,
Stück vor* Stück, vor, verglich sie mit Allem, was an Selinden
tadelhaft oder ihm wenigstens mißfällig war, und endigte* immer   -45-

-----
3: bring himself to. 4: having made such a big mistake concerning
her. 25: which. 30: talk. 32: conjugal distress. 44: =für. 45:
=(be)endete.

mit einem tiefen Seufzer über das Glück des leichtsinnigen Rai-
mund, der den Wert des Schatzes, den er besaß, nicht einmal zu
fühlen schien und mit jedem andern hübschen und gutartigen Weibe
eben so glücklich hätte leben können.

Indessen ging doch eine geraume* Zeit hin, bevor Mondor sich   -5-
selbst bei Gedanken und Wünschen überraschte, die mit dem, was er
seinem Weibe und seinem Freunde schuldig war, nicht ganz ver-
träglich schienen. Er suchte anfangs bei Clarissen bloß, was er
immer bei ihr fand, Aufheiterung, Zerstreuung seines Unmuts,
Unterhaltung des Geistes und zwangfreien Gedankentausch. Er ging   -10-
immer ruhiger von ihr weg, als er gekommen war, und Selinde
konnte es jedesmal an seiner guten Laune merken, wenn er ein paar
Abendstunden bei ihrer Freundin zugebracht hatte. In der Folge -
als er sich nicht länger verbergen konnte, daß seine Verehrung
für Clarissen immer wärmer, wie seine Besuche immer häufiger   -15-
wurden - täuschte er sich noch eine Zeit lang mit dem schönen
Hirngespinst* der platonischen Seelenliebe; einem Selbstbetrug,
der ihm um so leichter wurde, da selbst der scharfäugigste und
tadelsüchtigste Belauscher an Clarissens Benehmen gegen ihn nicht
das Geringste wahrgenommen hätte, was die Phantasie hätte auf-   -20-
regen oder* als eine stille Aufmunterung geheimer Wünsche *aus-
gedeutet werden können. Aber eben diese Unbefangenheit, diese
gänzliche Entferntheit von allen den kleinen spinnenartigen
Künsten der weiblichen Coquetterie - wovon selbst diejenigen
unter uns, die sich keiner bestimmten Ansicht dabei bewußt sind,   -25-
nach dem Vorgeben der Männer nicht ganz frei sein sollen - mußte
bei einem Manne, wie Mondor, gerade das Gegenteil von dem, was
Clarisse vielleicht verhüten wollte, bewirken; denn gerade dies
war es, was ein Weib in seinen Augen zum Engel machte. Kein
Wunder also, daß aus dem, was eine Zeit lang die reinste Freund-   -30-
schaft gewesen war, auf einer Seite endlich eine entschiedene
Leidenschaft wurde, die um so größere Verwüstungen in seinem
Innern anrichtete, weil er sich gezwungen sah, sie aufs sorg-
fältigste vor Clarissen zu verbergen.

Um diese Zeit ereignete sich ein kleiner Vorfall, der für den   -35-
armen Mondor zu keiner ungelegnern* hätte kommen können. Raimund
hatte zu seinem eignen Vergnügen ein Gemälde in Lebensgröße ver-
fertigt, welches die ewig jungfräuliche Göttin Pallas* vor-
stellte, wie sie zufälliger Weise von dem jungen Tiresias* im
Bade überrascht wird. Nie war etwas Schöneres gesehen worden, als   -40-
was der junge Thebaner* hier zu seinem Unglück - nicht sah; denn

-----
5: considerable length of. 17: fanciful idea. 21: sc. **was**; sc.
hätte. 36: sc. **Zeit**. 38: i.e., Pallas Athena, daughter of Zeus,
often identified as a (warlike) virgin goddess concerned with the
fertility of animal and plant life. 39: in mythology: he was
blinded, according to one account, by Athena for watching her and
his mother, an attendant of Athena, bathe. Zeus then compensated
him with the gift of prophecy. 41: a citizen of ancient Thebes.

in eben dem Augenblick, da er die Göttin ansichtig wurde*, er-
blindete der arme Mensch an beiden Augen.   Dieses Gemälde hing
schon seit geraumer Zeit in einem Seitenkabinett* von Raimunds
Zimmer; aber Mondor hatte es noch nie gesehen. Von ungefähr* traf
sich's einst, daß die Tür des Kabinetts halb offen stand, da Mon-   -5-
dor seinen Freund auf seinem Zimmer besuchte. Ein heller Morgen-
sonnenblick fiel gerade auf die Hauptfigur des Gemäldes und er-
regte Mondors Aufmerksamkeit und Neugier.   Er mußte gestehen,
weder in der Natur, noch in der Kunst je eine so vollkommene Ge-
stalt gesehen zu haben, und machte seinem Freunde große Kompli- -10-
mente über die Gunst, worin er bei den Bewohnern des Olympus*
stehe; denn notwendig* müsse die Göttin ihm in Person zu diesem
Bilde gesessen sein.   Raimund, von einem Anfall unbesonnener
Eitelkeit hingerissen, gestand, daß er durch unablässiges Bitten
Clarissen endlich übermocht* habe, das Modell zu dieser Pallas -15-
abzugeben.   Er mußte, wiewohl er sich nichts ansehen ließ, so
blind als Tiresias gewesen sein, wenn er nicht bemerkt hätte, wie
Mondor bei dieser traulichen Eröffnung plötzlich so blaß wie ein
Gipsbild* und eben so schnell wieder so feuerrot wie eine unter-
gehende Herbstsonne wurde und sich so hastig aus dem Kabinett -20-
entfernte, als ob er ein Gespenst darin gesehen hätte. Von dieser
Stunde an war der Gemütszustand des armen Mondor in der Tat mit-
leidenswert.
   Ich gestehe, daß ich Raimunden im Verdacht habe, er sei von
einem geheimen Bewegungsgrund verleitet worden, bei diesem Anlaß -25-
den Kandaules* mit seinem Freunde zu spielen. Denn ich kann nicht
länger verbergen, daß zu eben der Zeit, da die Hochachtung Mon-
dors für Clarissen sich von Stufe zu Stufe dem Punkt näherte, wo
sie sich in die heftigste Leidenschaft verwandelte, zwischen Rai-
mund und Selinde sich ebenfalls der Liebe Ähnliches* entsponnen -30-
hatte, welches ernsthafter zu werden drohte, als es anfangs wohl
die Meinung* war.   Der vertraute Umgang unter den beiden Freun-
dinnen gab Raimunden häufige Gelegenheit, Selinden zu sehen und
unvermerkt auf einen vertraulichen Fuß mit ihr zu kommen.   Nun
walteten vielerlei Ähnlichkeiten und Übereinstimmungen zwischen   -35-
beiden vor*. Selinde war ein sehr schönes Weib, und Raimund ein
sehr schöner Mann. Selinde war von sehr leichtem Sinn, immer
fröhlich und eine leidenschaftliche Liebhaberin aller geselligen
Vergnügungen; dabei voll Witz und lebhafter Einfälle, die nicht
selten der Überlegung zuvorliefen. Das Alles war Raimund auch. -40-

-----
1: ansichtig wurde=erblickte, sah. 3: private compartment. 4: by
chance. 11: i.e., Mt. Olympus, mythological home of the gods and
goddesses. 12: it was necessary (that). 15: convinced, persuaded.
19: plaster of Paris figure. 26: Candaules, King of Lydia (7th
century B.C.), married to the beautiful Rhodope. He was so vain
of her physical beauty that he persuaded Gyges, a member of his
bodyguard, to see her naked. She saw him, was insulted, and
compelled Gyges to kill Candaules, and Gyges became king. 30:
something similar to love. 32: intention. 36: existed, prevailed.

Keines von beiden war einer Liebe fähig, die das Glück oder Un-
glück des Lebens entscheidet; beide waren im Grunde, wie Rosa-
lindens Narcissus und Narcissa*, nur in sich selbst verliebt.
Aber Selinde fand ihr größtes Vergnügen daran, Herzen zu um-
spinnen, wiewohl sie nicht wußte, was sie mit ihnen anfangen -5-
sollte; und Raimund konnte kein schönes Weib sehen, ohne zu
wünschen, daß sie sein wäre, und er hätte aus bloßem Kunstsinn
einen zahlreichen Harem gehalten, als König Salomo*, wenn er
Macht und Vermögen dazu gehabt hätte. Mit so vielen Berührungs-
punkten war nichts natürlicher, als daß sie einander anzogen. Nun -10-
kamen aber noch Selindens Mißverhältnisse mit ihrem Tyrannen (wie
sie ihren Mann scherzweise zu nennen pflegte) dazu, *Raimunden
ihr und sie Raimunden interessanter zu machen. Jener konnte durch
Vergleichung seiner Artigkeit, Gefälligkeit und guten Laune mit
Mondors trocknem Ernst, Ungeselligkeit, strengen Forderungen und -15-
überspannten Ideen bei Selinden nicht anders als gewinnen: diese
wurde noch einmal* so schön und liebreizend in Raimunds Augen,
wenn er sah, daß gerade das, was ihn an ihr bezauberte, ihrem
Gemahl das Mißfälligste an ihr war. Wie war es möglich, gegen
eine solche Frau nicht die Gefälligkeit selbst zu sein? Mondor -20-
war sein Freund und würde ihm immer bereit gefunden haben, sein
Leben für ihn zu wagen: aber wär' es nicht ein wahres Freund-
schaftsstück*, sagte er oft lachend zu sich selbst, wenn ich ihm
von einer Frau hälfe, die ihn mit aller ihrer Liebenswürdigkeit
nur unglücklich macht? Er sagte sich das so oft als einen bloßen -25-
Scherz, bis er es endlich in ganzem Ernst glaubte. Wenn wir unsre
Weiber tauschen könnten, dachte er, dann wär uns beiden geholfen.
Aber die Frage, wie dies möglich zu machen wäre, konnt' er sich
mit allem seinem Witz* nicht beantworten.
   Zu gutem Glück erschien in Frankreich um eben diese Zeit das -30-
berüchtigte Gesetz, welches die Unauflöslichkeit der Ehe aufhob
und die Scheidungen so leicht und willkürlich machte, als es der
Leichtsinn und Wankelmut des lebhaftesten Volkes auf dem Erd-
boden* nur immer wünschen konnte. Eine Menge übel zusammen-
gejochter oder einander überdrüssiger Ehepaare eilten, was sie -35-
konnten*, von dieser Freiheit Gebrauch zu machen, und die Bei-
spiele getrennter Ehen wurden in kurzem in den größten Städten so
häufig, daß die Furcht vor dem öffentlichen Urteil Niemanden mehr
abschrecken konnte, zu tun, was sein Herz gelüstete*.

3: in mythology: Narcissus was a beautiful youth who had no
feeling of love. Nemesis caused him to see his own image re-
flected in a fountain, whereupon he became so enamored of it,
that he gradually pined away until he was metamorphosed into the
flower that bears his name. Rosalinde was apparently a painter
who depicted a scene with Narcissus and a female counterpart,
Narcissa. 8: King Solomon. 12: sc. designed to make. 17: i.e.,
twice as. 23: act of friendship. 29: cleverness, cunning. 34:
nation on earth. 36: as fast as they could. 39: desired.

Diese fast täglich vorfallenden Ehescheidungen waren eine Zeit
lang der beliebteste Gegenstand der Unterhaltung in Gesell-
schaften. Auch unsre beiden Freunde sprachen gern und öfters über
das neue Gesetz; und wiewohl Mondor die Sache in einem ernst-
haftern Lichte betrachtete, als Raimund, so stimmte er am Ende -5-
doch immer, mit einem Seufzer, dem letztern bei, der dieses
Gesetz, insofern es nur nicht zu sehr mißbraucht wurde, für das
heilsamste unter allen hielt, an welchen die Revolution* so
fruchtbar war.
Mehr als einmal schien den beiden Freunden etwas zwischen den -10-
halb offnen Lippen zu schweben, das sie einander zu entdecken
hätten; aber eben so oft drückte, ich weiß nicht was, das sich
heraufarbeitende Geheimnis in ihre Brust zurück; bis es endlich
beiden gleich unmöglich fiel, es länger verborgen zu halten.
Eines Morgens machte sich Raimund auf den Weg zu Mondorn, in -15-
der Absicht, sich dessen zu entledigen*, als ihm dieser auf der
Hälfte des Weges in die Hände lief*.
"Ich war im Begriff, zu dir zu gehen, Mondor."
"Das war auch meine Absicht, lieber Raimund."
"Ich habe dir", fuhr dieser fort, "etwas zu sagen, das mir -20-
schon lange auf dem Herzen liegt."
"Das ist gerade mein Fall auch, mein Freund."
"Suchen wir also einen bequemen Ort, wo wir uns ohne Zeugen
davon erleichtern können!"
Sie begaben sich nun, ohne ein Wort weiter zu reden, in die -25-
einsamsten Gänge eines öffentlichen Lustgartens, und sobald sie
sich allein sahen, fing Raimund von neuem an:
"Du hast eine sehr schöne, sehr liebenswürdige Frau, mein
Freund" -
Mondor seufzte und schwieg.   -30-
"- die dich nicht glücklich macht?"
"Leider!"
"Und mit welcher ich hingegen glücklich wäre, wie ein Gott."
"Nicht unmöglich!"
"Clarisse ist ein herrliches Weib, das weißt du."   -35-
Mondor schwieg abermals.
"Wie*, wenn wir mit einander tauschten, Mondor? Alles müßte
mich betrügen, oder Clarisse wäre gerade die Frau, die dir nötig
ist."
"Und du könntest ihr entsagen, Raimund?"   -40-
"Mondor, wir sind alte Freunde, laß uns offen gegen einander
sein. Ich habe keine Ursache, mich von Clarissen zu scheiden:
aber ich gestehe dir unverhohlen, ich bin in Selinden vernarrt, -
und du, wie ich schon lange merke, liebst Clarissen. Was in aller
Welt also könnte uns zurückhalten, uns das neue Gesetz zu Nutze -45-
zu machen?"
"Auch ich muß dir gestehen, Raimund, daß ich Clarissen anbete.

8: i.e., French Revolution (1789). 16: to rid himself of it,
i.e., the secret. 17: ran into him. 37: sc. **wäre es.**

Sie hat einige* Freundschaft für mich; aber wird sie einwilligen,
sich von dir zu trennen? Und wenn sie auch einwilligt, wird sie
darum die Meinige werden wollen?"
    "Zu jenem hoffe ich sie leicht zu überreden; dieses wird dann
deine Sache sein. Unter uns gesagt, sie ist etwas kalt; das wirst -5-
du dir gefallen lassen müssen."
    "Alles in der Welt, wenn sie nur einwilligt, mit mir zu leben.
Ich verlange kein größer* Glück, als der erste ihrer Freunde zu
sein."
    "Höre, lieber Mondor! Ich weiß, was ich an Clarissen verliere; -10-
es ist viel – aber Selinde wird mich reichlich entschädigen."
    "Du gibst mir das Leben zum zweiten Mal wieder, bester Raimund!
Du willst also Alles mit Clarissen richtig machen? Denn mit
Selinden bist du, wie es scheint, bereits einverstanden."
    "Nicht so ganz, wie du glaubst; aber, wenn du dir aus deiner -15-
Gefälligkeit gegen deinen Freund ein Verdienst bei ihr machen
wolltest, so würde sie vielleicht zu bewegen sein. Denn mit allen
deinen Vorzügen vor mir –"
    "Keine Komplimente unter Freunden! Wenn du nur Clarissen ge-
winnen kannst, so wird sich das Übrige von selbst machen. – Du -20-
nimmst also die Sache auf dich, Raimund?"
    "Hier ist meine Hand!"
    "Und hier die meinige! Waren wir nicht Kindsköpfe, daß wir uns
vor einander fürchteten?"
    Die beiden Freunde trennten sich nun, jeder mit dem andern sehr -25-
zufrieden, und der ungeduldige Raimund machte sich noch am näm-
lichen Morgen an Clarissen* und trug ihr, nach einigen Vorbe-
reitungen, die er sich hätte ersparen können, sein und seines
Freundes Anliegen mit einer angenommenen leichtsinnigen Lustig-
keit vor, hinter welche er seine Verlegenheit, einer Frau, wie -30-
Clarisse, einen solchen Antrag zu tun, zu verstecken suchte. "Es
ist am Ende nur Scherz", sagte er mit einer unschuldigen Schalks-
miene*; "aber wir täten vielleicht nicht übel*, wenn wir Ernst
daraus machten. Was meinst du, liebe Clarisse?"
    "Es kommt dich also wirklich so leicht an*, mich aufzugeben, -35-
Freund Raimund?"
    "Ich schäme mich, vor einer so weisen Frau, als du, wie ein
kleiner Junge dazustehen. Mein Antrag hat in der Tat keinen
Menschenverstand. Du bist das liebenswürdigste Weib, das ich je
sehen werde. Ich kenne und fühle deinen ganzen Wert, wiewohl ich -40-
deiner* nicht würdig war. Aber ich kann es nicht über mein Herz
bringen, dich zu betrügen. Dieses Hexengesicht von Selinden hat
mir nun einmal den Kopf verrückt*. Ich muß wirklich bezaubert
sein, der leibhafte* Teufel-Amor ist mir in die Glieder gefahren,
und ich sehe kein Mittel, seiner* los zu werden, als wenn ich ihm -45-

-----
1: a certain degree (of). 8: =größeres. 27: went to see Clarisse
that very morning. 33: a roguish look; perhaps it wouldn't be a
bad thing. 35: So it's quite easy for you. 41: of you. 43: driven
me mad. 44: incarnate. 45: him.

den Willen tue."

"Du magst wohl recht haben, lieber Raimund", sagte Clarisse
lachend; "wenigstens mag es das angenehmste Mittel sein, diesen
Teufel auszutreiben."

"Ich will dir Alles bekennen, bestes Weib", fuhr Raimund fort.   -5-
Ich habe mein Möglichstes getan, aber, leider! vergebens,
Selinden zu einem geheimen gütlichen Vergleich zu bewegen*."

"Leichtfertiger Mensch! So etwas bei einer Frau, wie Selinde,
nur zu denken!"

"Schilt mich nicht, Clarisse; es geschah bloß, weil ich den   -10-
Gedanken, dich zu verlieren, hasse."

"Du hättest uns wohl lieber alle beide?"

"Das wäre freilich das Beste", sagte der leichtfertige Mensch,
indem er ihr, wie aus Dankbarkeit, die Hand küßte -

"und bedauertest* dann doch, daß du kein Muselmann* seist und   -15-
noch ein paar gasellenaugige* Circassierinnen* dazu nehmen
könntest? - Aber Scherz bei Seite, Herr Gemahl! du kennst mich,
hoffe ich. Du und Selinden zu lieb bin ich Alles zufrieden*,
wofern* dein Freund Mondor eben so gefällig ist, wie ich. Aber
warum willst du mich nicht ledig bleiben lassen? Warum soll denn   -20-
gerade ich Selindens Stellvertreterin sein?"

"Als ob du nicht wüßtest, daß dich Mondor anbetet, daß er nicht
ohne dich leben kann?"

"Das ist wirklich mehr, als ich weiß."

"So weiß ich's desto gewisser. Ich lese schon lange in seiner   -25-
Seele. Selinde paßt nicht für ihn. Mit dir wär' er der glück-
lichste Mann unter der Sonne, mit ihr ist es das Gegenteil. Ich
muß dir sagen, Clarisse, er hat mich oft so herzlich gedauert*,
daß es Augenblicke gab, wo ich aus bloßem Mitleid fähig gewesen
wäre, dich ihm abzutreten, dich sogar fußfällig* um deine Ein-   -30-
willigung zu bitten, wäre mir Selinde auch so gleichgültig
gewesen, wie die Favoriten des Königs Salomo."

"Raimund, das verdient einen Kuß, wie du noch keinen von mir
bekommen hast!" - Sie hielt Wort.

"Clarisse, Clarisse", rief Raimund, - "wenn du es so anfängst"-   -35-
"Sprich es nicht aus, was du sagen wolltest", fiel sie ihm in
die Rede; "du würdest dich sehr irren. Es sollte bloß der Ab-
schiedskuß sein. Es ist der letzte, darauf kannst du dich ver-
lassen!"

"Wir scheiden doch als Freunde?" sagte Raimund halb wehmütig.   -40-

"Ganz gewiß! Nur irre dich nicht, lieber Raimund. Es könnte
eine Zeit kommen, wo dich die Reue anwandelte*" -

7: to persuade Selinde to enter into a clandestine agreement. 15:
=(du) würdest... bedauern; =Moslem. 16: gazelle-eyed; Circassian,
from Circassia, a region of the USSR, north of the Caucasus
Mountains, bordering the Black Sea. 18: For your and Selinde's
sake I'm prepared to do anything. 19: =wenn. 28: I have often
felt... pity for him. 30: even to fall at your feet. 42: might be
overcome by remorse.

"Sehr möglich!"

"Daß du dir ja nicht einbildest, es brauche dann weiter nichts*, als zu mir zurückzukommen und von deinem ehemaligen Platz wieder Besitz zu nehmen! Daran ist dann gar nicht mehr zu denken!" -5-

"Bei dem, was wir vorhaben, darf auch so etwas gar nicht vorausgesehen werden", sagte Raimund lächelnd.

"Es ist immer gut, mein Freund", erwiderte sie, "auf alle Fälle zu wissen, worauf man sich zu versehen hat*." - Und hiermit erhielt Raimund seine Entlassung und eilte, was er konnte, Mondorn -10- und Selinden von dem guten Erfolg seiner Unterhandlung mit Clarissen zu benachrichtigen.

Alles Nötige wurde nun ohne Aufschub besorgt, um dem sonderbarsten Tausch, der vielleicht je gemacht worden ist, die gehörige Gesetzmäßigkeit zu geben. -15-

Clarisse hatte sich noch zwei Hauptbedingungen ausbedungen*, welchen die andern drei ihre Beistimmung nicht versagen konnten: die eine, daß Mondor mit Clarissen die ersten sechs Monate auf seinem Gute*, vier oder fünf Meilen von der Stadt gelegen, zubringen; die andere, daß Raimund Clarissen, und Mondor Selinden -20- künftig nie anders als an öffentlichen Orten sehen und sprechen sollten. Auch wurde, auf ein paar Worte, welche Clarisse ihrem ehemaligen Gemahl ins Ohr sagte, die badende Pallas, wohl zugedeckt und eingepackt, aus Raimunds Kabinett nach Mondors Landgute abgeführt. -25-

Clarisse hat mir im Vertrauen noch einen geheimen Artikel entdeckt, wozu sich Mondor gegen sie verbindlich machen mußte, und wozu schwerlich ein Anderer, als ein so platonischer Schwärmer wie er, sich verstanden haben würde*. Es war dieselbe Bedingung, unter welcher, in dem bekannten kleinen Roman **Abbassai***, der -30- Khalife Harun Alreschid* seine Schwester dem Großvezier* Giafar zur Gemahlin gibt; jedoch mit der billigen Milderung*, daß, insofern Mondor sich nur alles zwangsrechtlichen Anspruchs begebe*, ihm die Freiheit unbenommen* bleiben sollte, zu versuchen, wie weit er es im Wege der Güte bei ihr bringen könne. Was der Erfolg -35- dieser Anrede war, geziemte mir nicht* zu fragen, und ihr vielleicht nicht mir zu offenbaren.

Bis hieher* werden Sie meine Anekdote so sonderbar eben nicht gefunden haben; aber das Seltsamste kommt noch.

Die beiden Freunde schienen im ersten halben Jahr ihres neuen -40- Ehestandes mit ihrem Tausch unendlich zufrieden zu sein. Mondor, bei welchem ehemals* ein Tag, der ohne einen Sturm zwischen ihm und Selinden vorüber ging, eine Seltenheit war, glaubte mit der

-----

3: As long as you don't get the idea all you need to do is to. 9: to know what one may expect in every eventuality. 16: stipulated. 19: estate. 29: would have agreed to. 31: the Caliph Harun Al Rashid; Grand Vizier. 32: commendable moderation. 33: inasmuch as Mondor was only renouncing every legally compelling claim (on her); full freedom. 36: it would not be proper for me. 38: =hierher. 42: =früher.

sanften, heitern, immer sich selbst gleichen Clarisse in einem
wahren Elysium* zu leben. Bei ihr fand er Alles, was ihm Selinde,
auch wenn sie gewollt hätte, nicht gewähren konnte: angenehme,
mannigfaltige Unterhaltung des Geistes, traulichen Umtausch der
Gedanken und Gesinnungen, zarte Teilnahme und zuvorkommende Auf-   -5-
merksamkeit. Ihre Kenntnisse, ihre Talente schienen uner-
schöpfliche Quellen von Vergnügen für den Glücklichen, der un-
mittelbar aus ihnen schöpfen konnte. Sie lebte fast ganz allein
für ihn, so wie auch er nur selten und gezwungener Weise von
ihrer Seite kam. Denn es war nun einmal in der Natur des guten   -10-
Mondor, Alles auf die äußerste Spitze zu treiben; und je kürzer
ihn Clarisse in andern Rücksichten hielt, desto gieriger übernahm
er sich* in den geistigen Genüssen, die sie ihm mit der gefäl-
ligsten Freigebigkeit zugestand. Er geizte mit jedem Augenblick*
und würde sich's nicht verziehen haben, wenn er, durch seine   -15-
Schuld, um eine einzige Minute, die er mit ihr zubringen konnte,
gekommen wäre*. Die natürlichen Folgen dieser übermenschlichen
Art, glücklich zu sein, konnten für beide nicht ausbleiben. Auch
in geistigen Genüssen zieht Übersättigung und Unmäßigkeit -
Gleichgültigkeit und Erschlaffung der innern Sinne nach sich. Wie -20-
viel Clarisse auch zu geben hatte, endlich hatte sie doch Alles
gegeben; wie* liebenswürdig sie war, so blieb sie doch immer die-
selbe, und es war nicht in ihrem Charakter, daß sie sich hätte
anstrengen sollen, die Eigenschaften und Vorzüge, wodurch sie
Mondorn bezaubert hatte, ihm unter neuen Gestalten darzustellen.   -25-
Der täuschende Zauber lag in ihm, nicht in ihr; in ihr war Alles
wahr und anspruchlos. Daß er schwärmte, war nicht ihre Schuld;
daß er endlich aufhörte zu schwärmen, war es eben so wenig; aber
schon eine ∞ziemliche* Zeit, bevor sie ihm gleichgültig zu werden
anfing, war er ihr durch seine Schwärmerei nur zu oft widerlich   -30-
gewesen. Unvermerkt ward er ihr durch den Zwang, den ihr seine
Unzertrennlichkeit auflegte, auch überlästig, und sie dachte
nicht selten mit einiger Sehnsucht an die Tage zurück, da
Raimunds gefälliger Kaltsinn ihr unbeschränkte Freiheit ließ,
sich und ihre Zeit nach eigenem Belieben anzuwenden. Das   -35-
Schlimmste war indessen, daß sich zwischen ihrer beiderseitigen
Vorstellungsart nach und nach ein Mißverhältnis offenbarte,
welches notwendig für beide an unangenehmen Folgen fruchtbar sein
mußte. Clarisse war nämlich eine geborne Feindin alles Über-
triebenen und Unwahren - und Mondor übertrieb unaufhörlich.   -40-
Clarisse hegte keine Vorwürfe, keine Lieblingsmeinungen; Mondor
hingegen hatte eine Menge Dulcineen*, deren Schönheit er immer
gegen die ganze Welt mit eingelegter Lanze zu verfechten bereit
war. Es zeigte sich also, nachdem sie einige Monate beisammen

-----
2: paradise. 13: overexerted himself. 14: coveted every moment.
17: had lost, forfeited (a single minute). 22: however. 29:
=ziemlich lange. 42: Dulcineas: Dulcinea is the plain peasant
girl in Cervantes' **Don Quixote** whom the hero imagines to be a
beautiful lady and with whom he falls in love--hence, an ide-
alized love.

gelebt hatten, daß sie über Vieles ganz verschieden dachten.
Anfangs fand Clarissens Gefälligkeit immer Mittel, dergleichen*
Dissonanzen durch geschickte Ausbeugungen* oder vermittelnde
Ideen wieder ins Gleiche zu bringen: aber mit der Zeit wurde
diese schonende Nachgiebigkeit immer seltener, und sie spielte   -5-
meistens ihre eigene Partie fertig weg*, ohne sich zu bekümmern,
ob sein Instrument mit dem ihrigen* rein zusammen gestimmt war,
oder ob sie nicht gar aus zweierlei Tonarten spielten. Alle diese
Unfüglichkeiten würde gleichwohl ihre Weisheit und Sanftmütigkeit
sehr erträglich gemacht haben, wenn nicht gerade diese Weisheit   -10-
das gewesen wäre, was den heftigen und in seine Ideen und Grillen
verliebten Mondor bei manchen Gelegenheiten am meisten zur Un-
geduld getrieben hätte.   Gerade daß sie keine Blößen gab* und im
Grunde immer Recht hatte, reizte bei ihm den Geist des Wider-
spruchs desto stärker auf, und so behauptete er oft die wider-   -15-
sinnigsten Dinge, weniger um seinen Witz zu zeigen, als ihrem
Verstande weh zu tun und sie um eine Antwort verlegen zu machen.
Unter den kleinen Mißhelligkeiten*, die hieraus entstanden, litt
indessen Niemand mehr, als Mondor. Clarisse, welche selten warm
und niemals bitter wurde, war gleich wieder bereit, Friede zu   -20-
machen; ihre Seele war wie ein heitrer Himmel, der durch kleine
schnell vorüberziehende Wölkchen nicht verdüstert wird. Aber Mon-
dors Reizbarkeit und Hitze, die ihn immer über die Grenzen der
Mäßigung hinaustrieben, machten auch, daß er weder so schnell,
noch mit so guter Art wieder ins Gleichgewicht kam. Unwillig über -25-
sich selbst, unwillig über die Veranlassung des Streits, unwillig
darüber, daß irgend etwas die Harmonie zwischen ihm und Clarissen
stören könne, machte seine übermäßige Empfindlichkeit und un-
bändige Einbildungskraft aus einem kleinen Übel ein großes, und
nicht selten schmollte er ziemlich lange mit Clarissen, bloß weil -30-
er sich selbst nicht verzeihen konnte, daß er sich gegen sie ver-
gessen hatte*. Alle diese und ähnliche kleine Ursachen brachten,
bevor noch das erste Jahr um war, eine große Wirkung hervor, näm-
lich, daß Mondor, gegen alle seine Erwartung, sich mit Clarissen
noch weniger glücklich fühlte, als mit Selinden.   -35-
   Als der herannahende Winter ihn vom Lande in die Stadt zurück-
rief, hatte er das nicht ganz reine Vergnügen, zu sehen, daß im
Gegenteil sein Freund Raimund mit der schönen Selinde in der er-
baulichsten Eintracht lebte, und daß sie allgemein für das glück-
lichste Paar im ganzen Distrikt gepriesen wurden. Sie schienen   -40-
ganz für einander gemacht zu sein; gleiche Neigungen, gleicher
Geschmack, einerlei Wille, wiewohl keines dem andern den gering-
sten Zwang auflegte, und jedes tat, was ihm beliebte. Von Miß-
verhältnissen und Verkältungen keine Spur! Fanden sie sich
zusammen, so schienen sie so entzückt von einander, als ob sie   -45-
sich lange nicht gesehen hätten; waren sie, wie meistens, an

2: =solche. 3: avoidance. 6: played out her own score. 7: **dem
ihrigen=ihrem.**   13: didn't reveal any weaknesses. 18: petty un-
pleasantness. 32: had lost his head.

verschiedenen Orten, so schien keines das andre zu vermissen.
Mondor konnte sich mit aller seiner Freundschaft für Raimunden
eines kleinen Anfalls von Eifersucht nicht erwehren*. Die Er-
innerungen aus den goldnen Tagen der ersten Liebe wurden immer
lebendiger in seiner Phantasie, das Verlangen, Selinden wieder zu   -5-
sehen, immer ungeduldiger in seiner Brust; und da er sie nur
öffentlich sehen durfte, überwand er sogar seine alte Abneigung
vor großen, vermischten und lärmenden Gesellschaften und suchte
sie überall in Assembleen und Tanzpartien auf. Sie war (däuchte
ihn*) seit er die Torheit begangen*, sich von ihr zu scheiden,   -10-
noch einmal so schön geworden, als zuvor; sie war ihm wieder das
Ideal aller Grazien, und er begriff immer weniger, wie der Be-
sitzer einer so reizenden Frau jemals mit ihr habe unglücklich
sein können. Hiezu kam noch, daß sie im Grunde das unschuldigste
Geschöpf von der Welt war; denn nie hatte das Einzige, was er   -15-
ehmals an ihr auszusetzen hatte*, ihr Leichtsinn, ihr Hang zu den
Vergnügungen und Ihre Begierde zu gefallen, ihrem Ruf den min-
desten Flecken zugezogen; und, indem sie allen Männern Netze zu
stellen schien, war kein Einziger, der sich der geringsten Auf-
munterung oder Begünstigung von ihr zu rühmen hatte. Ihre Fehler,   -20-
sagte Mondor jetzt zu sich selbst, machen sie nur desto liebens-
würdiger und verdienen eigentlich diesen Namen nicht einmal. Denn
sie sind es eben, die ihr diese unerschöpflichen, immer neuen
Reize geben, welche Überdruß und Sättigung unmöglich machen.
Diese Betrachtungen führten ihn unvermerkt auf die Entdeckung: -25-
daß die schöne Selinde, Alles wohl überlegt und in einander ge-
rechnet, sich doch besser für ihn schicke, als die kalte, ein-
förmige, sich selbst genügsame Clarisse, mit ihrer sokratischen
Hochweisheit und ihrer unbelebten Bildsäulengestalt, - und daß
alle Schuld seines ehemaligen Mißverhältnisses mit der erstern   -30-
bloß an seinen grillenhaften, überspannten Forderungen gelegen
habe. Hätte ihn die Scham vor Clarissen und die Furcht, von Rai-
munden ausgelacht und von Selinden abgewiesen zu werden, nicht
mit Gewalt zurückgehalten - kaum getraute er sich selbst zu ge-
stehen, was er zu tun fähig gewesen wäre.   -35-
Indessen suchte er sich* doch, soviel der Wohlstand zulassen
wollte, Selinden immer mehr zu nähern; und da sie sich so un-
befangen und artig gegen ihn betrug, als ob sie einander erst
jetzt kennen lernten: so fühlte er sich dadurch aufgemuntert,
das, was in seinem Herzen vorging, immer deutlicher, wiewohl   -40-
unter der zartesten Verschleierung, aus seinem ganzen Benehmen
gegen sie hervorschimmern zu lassen.   Selindens Eitelkeit wurde
dadurch nicht wenig geschmeichelt, und alle ihre Freundschaft für
Clarissen konnte nicht verhindern, daß es ihr nicht Mühe kostete,
die Freude zu verbergen, die sie über einen so schönen Triumph   -45-
ihrer Reizungen empfand. Unvermerkt erwachten auch in ihr die
Bilder der ersten Tage und Wochen ihrer Verbindung mit Mondorn,

-----
3: resist (a).   10: =glaubte er; sc. hatte. 16: had found fault
with. 36: he tried.

und sie konnte sich nicht enthalten, stille Vergleichungen
zwischen ihm und Raimunden anzustellen, die immer zu seinem Vor-
teil ausfielen. Mondor beobachtete sie zu scharf, um die Spuren
dessen, was in ihrem Innern vorging, nicht in ihren Augen und in
tausend kleinen, andern Leuten unsichtbaren Äußerungen* wahr-   -5-
zunehmen, und die Sehnsucht nach Wiederherstellung ihres ehe-
maligen Verhältnisses nahm jetzt mit der Hoffnung täglich zu.
Clarisse, die einzige ganz unbefangene* Person unter den vier
Freunden (denn auch Raimund hatte seine Ursachen, sich in den
vorigen Stand zurückzuwünschen, wiewohl er zu bösem Spiele zu   -10-
lächeln wußte*); Clarisse, sage ich, sah der Komödie mit ruhiger
Erwartung der Entwicklung zu, ohne die Spielenden weder aufzu-
muntern noch abzuschrecken, ungefähr wie man einem Kinderspiel
zusieht; um so ruhiger, da sie, ihrer Denkart nach, bei dem vor-
hergesehenen Ausgang mehr zu gewinnen, als zu verlieren hatte. -15-
Denn sie hatte sich (wie wir wissen) nicht aus Wahl, sondern aus
bloßer Gefälligkeit gegen ihre Freundin und Raimunden, von
letzterem getrennt; und da dieser nichts Angelegeneres zu haben
schien, als sie zu überzeugen, daß sein Mittel, den kleinen, ihm
von Selinden eingezauberten Liebesteufel los zu werden, trefflich -20-
angeschlagen habe*; so war kein Zweifel, daß es nur von ihr ab-
hängen werde, ob und auf welche Bedingungen sie es noch einmal
mit ihm wagen wolle.
So standen die Sachen zwischen den vier Freunden, als Mondor,
der leidenschaftlichste unter ihnen, sich endlich entschloß, das -25-
Eis zu brechen und sich von Raimunds und Selindens Gesinnungen,
wie sie auch ausfallen möchten, gewiß zu machen. "Unser Tausch",
sagte er an einem schönen Morgen zu seinem Freund, "ist dir, wie
ich sehe, sehr wohl bekommen*, Raimund."
"Meinst du?" erwiderte dieser in einem etwas leichtfertigen   -30-
Tone.
"Man kann, dünkt mich, nicht glücklicher sein, als du mit
Selinden bist."
"Wenigstens nicht glücklicher, als du mit Clarissen, sollt' ich
denken."   -35-
Mondor seufzte.
"Höre, lieber Mondor, es wäre grausam, wenn ich mit einem
Freunde, sein Glück einen so schweren Seufzer auspreßt, nur einen
Augenblick länger scherzen wollte. Du würdest dich sehr irren,
Bruder, wenn du mein Glück nach dem äußern Anschein oder nach -40-
deinem Gefühl beurteilen wolltest. Nicht Alles, was gleißt*, ist
Gold, würde Sancho Pansa* an meiner Stelle sagen, und Niemand
weiß, wo einen Andern der Schuh drückt, wie neu und zierlich der
Schuh auch sein mag. Laß uns offenherzig mit einander sprechen,
und weg mit der falschen Scham! Wir haben beide eine große   -45-

-----
5: remarks which went unnoticed by other people. 8: natural, un-
affected. 11: knew how to put a smiling face on a bad situation.
21: had succeeded excellently. 29: has suited. 41: =glänzt. 42:
Don Quixote's sidekick.

Torheit begangen, Mondor! Wir konnten mit unserm Los* zufrieden
sein*, glaubten uns verbessern* zu können und sind nun beide
überzeugt, wir hätten besser getan, wenn jeder das Seinige be-
halten hätte. Selinde und Clarisse sind beide in ihrer Art sehr
liebenswürdige Weiber; aber darum taugen sie nicht für jeden. Du   -5-
und ich sind unter den Männern nicht die schlechtesten; jeder von
uns, denke ich, ist die beste Frau wert. Aber die beste für Rai-
mund ist darum nicht auch die beste für Mondor, und umgekehrt.
Dir, z.B., ist Clarisse nicht warm, nicht lebhaft genug; ich hin-
gegen habe gerade eine so kalte und weise Frau zum Gegengewicht   -10-
meines Leichtsinns nötig.   Du hast einen zu warmen Kopf für
Clarissen, und ich bin nicht reich genug für Selinden. Wer konnte
so grausam sein, einer so schönen und gutartigen Frau, wie
Selinde, irgend eine ihrer kleinen Phantasien, ihrer im Grunde so
unschuldigen Vergnügungen zu versagen? Aber, um beide ohne Nach-   -15-
teil befriedigen zu können, reichen meine Mittel nicht zu; und da
ich ihr nichts abschlagen kann, würde sie mich in wenig Jahren zu
Grunde gerichtet haben. Du hingegen bist reich genug für eine
noch viel kostbarere Frau, als Selinde. Überdies ist auch sie,
wie du und ich, durch die Erfahrung weiser worden*: du wirst   -20-
gefälliger gegen sie sein, und sie wird dich durch ihre Mäßigung
dafür belohnen. Je weniger du von ihr forderst, desto mehr wird
sie für dich tun. Nimm also deine Selinde wieder, Bruder, und gib
mir meine Clarisse zurück, mit der ich ehmals zufrieden und
glücklich war; so glücklich, daß ich sie selbst in Selindens   -25-
Armen nie vergessen konnte.
    Mondor fand, daß sein Freund sehr richtige Schlüsse mache; und
da ihm nichts gewisser war, als daß man entweder wahnsinnig sein
müßte (wie er gewesen zu sein bekannte) oder* einer Frau, wie
Selinde, ohne Schmerzen nicht entsagen könne, so rechnete er   -30-
Raimunden als verdienstliche Großmut und als den höchsten Beweis
seiner Freundschaft an, was in der Tat bloß das Werk der Klugheit
und der Sorge für sein eignes Bestes* war.
    Alles trat nun wieder in die Ordnung zurück. Mondor und Selinde
hatten einander gleich viel zu verzeihen und vereinigten sich -35-
wieder, mit dem Vorsatz, durch Fehler klüger gemacht, einander
desto reichlicher zu entschädigen. Beide hielten sich Wort; und
Clarisse, zu gesunden Kopfes*, um eine Empfindlerin*, und zu
reines Herzens, um weder eine wahre und geheuchelte Spröde zu
sein*, erlaubte dem entzauberten Raimund, ohne ihm eine allzu-   -40-
schwere Buße aufzulegen, das Bild und Urbild* seiner Pallas im
Bade im Triumph in sein Haus zurück zu führen.
    Beide Freunde und Freundinnen sind seit dieser Zeit täglich mit
ihrem Rücktausch zufriedener, und (was für alle Viere sehr viel
beweist) nie hat auch nur der Schatten von Argwohn und Eifersucht   -45-

-----
1: lot. 2: could have been; improve it, i.e., our lot. 20: =ge-
worden. 29: sc. daß man. 33: his own best interests. 38: too
sound an intellect; sentimentalist. 40: genuinely or hypo-
critically coy. 41: i.e., the original.

weder der Liebe noch der Freundschaft den geringsten Abbruch bei
ihnen getan.   Ich habe daher meine Anekdote den rechten Namen zu
geben geglaubt,   indem ich sie Liebe und Freundschaft auf der
Probe betitelte: und nun bleibt mir nichts übrig, als zu
wünschen, daß sie meinen gütigen und nachsichtsvollen Zuhörern -5-
nicht mißfallen haben möge.

                        1805*

-----
after 6: in **Das Hexameron von Rosenhain.**

BARTHOLD HINRICH BROCKES

Kirschblüte bei der Nacht

Ich sahe* mit betrachtendem Gemüte*
Jüngst einen Kirschbaum, welcher blühte,
In kühler Nacht beim Mondenschein;
Ich glaubt, es könne nichts von größrer Weiße sein.
Es schien, als wär ein Schnee gefallen;   -5-
Ein jeder, auch der kleinste Ast
Trug gleichsam* eine rechte Last
Von zierlich weißen runden Ballen*.
Es ist kein Schwan so weiß, da nämlich jedes Blatt,
Indem daselbst* des Mondes sanftes Licht   -10-
Selbst durch die zarten Blätter bricht,
Sogar den Schatten weiß und sonder* Schwärze hat.
Unmöglich, dacht ich, kann auf Erden
Was weißers* aufgefunden werden.
Indem ich nun bald hin, bald* her   -15-
Im Schatten dieses Baumes gehe,
Sah ich von ungefähr*
Durch alle Blumen in die Höhe
Und ward* noch einen weißern Schein,
Der tausendmal so weiß, der tausendmal so klar*,   -20-
Fast halb darob* erstaunt, gewahr*.
Der* Blüte Schnee schien schwarz zu sein
Bei diesem weißen Glanz. Es fiel mir ins Gesicht
Von einem hellen Stern ein weißes Licht,
Das mir recht in die Seele strahlte.   -25-
Wie sehr* ich mich an Gott im Irdischen ergetzte*,
Dacht ich, hat er dennoch weit größre Schätze.
Die größte Schönheit dieser Erden
Kann mit der himmlischen doch nicht verglichen werden.
                                                      1727

Das Blümlein Vergißmeinnicht

An einem wallenden, kristallengleichen Bach,
Der allgemach*
Die glatte Flut durch tausend Blumen lenkte
Und schlanke Binsen*, Klee und Gras
Mit silberreinen Tropfen tränkte,   -5-

1: =sah; observant frame of mind. 7: as it were. 8: bundles. 10:
there, in that very place. 12: =ohne. 14: =etwas Weißeres. 15: now...
now. 17: by chance. 19: =wurde. 20: sc. war. 21: =darüber; ward
(wurde) gewahr noticed, perceived. 22: genitive. 26: However much;
=ergötzte might delight (in)./2: =allmählich. 4: rushes, reeds.

Saß ich an einem kleinen Hügel,
Bewunderte bald in der blauen Flut
Des Luftsaphirs saphirnen Spiegel,
Bald* den smaragdnen* Rahm* des Grases, dessen Grün
Der güldne* Sonnenstrahl beschien,   -10-
Und fand von Kräutern, Gras und Klee
In so viel tausend schönen Blättern
Aus dieses Weltbuchs A B C*
So viel, so schön gemalt, so rein gezogne Lettern,
Daß ich, dadurch gerührt, den Inhalt dieser Schrift   -15-
Begierig wünschte zu verstehen.
Ich konnt es überhaupt auch alsbald* sehn
Und, daß er von des großen Schöpfers Wesen*
Ganz deutlich handelte, ganz deutlich lesen.

Ein jedes Gräschen war mit Linien geziert,   -20-
Ein jedes Blatt war vollgeschrieben;
Denn jedes Äderchen, durchs Licht illuminiert,
Stellt' einen Buchstab vor. Allein,
Was eigentlich die Worte sein*,
Blieb mir noch unbekannt,   -25-
Bis der Vergißmeinnicht* fast himmelblauer Schein,
Der in dem holden Grünen strahlte
Und in dem Mittelpunkt viel güldne Striche malte,
Mir einen klaren Unterricht
Von dreien Worten gab, indem mich ihre Pracht   -30-
Auf die Gedanken bracht*:

Da Gott in allem, was wir sehen,
Uns sein Allgegenwart und wie er alles liebet*
So wunderbarlich* zu verstehen,
So deutlich zu erkennen gibet*;   -35-
So deucht mich*, hör ich durchs Gesicht*,
Daß in dem saubern Blümchen hier
Sowohl zu dir als mir
Der Schöpfer der Vergißmeinnicht selbst spricht:
Vergiß mein* nicht!   -40-
                    c. 1730

9: now... now; emerald; =**Rahmen**.   10: =**gold(e)ne**. 13: object of
aus. 17: forthwith, immediately. 18: object of **von**. 24: =**seien**
were.   26: gen. pl. 31: =**brachte**. 33: =**liebt**, and passim.   34:
=**wunderbarerweise**. lets, allows. 36: =**scheint (es) mir**; appear-
ance, vision. 40: =**mich**.

FRIEDRICH VON HAGEDORN

Der Tag der Freude

Ergebet* euch mit freiem Herzen
Der jugendlichen Fröhlichkeit:
Verschiebet nicht das süße Scherzen,
Ihr Freunde, bis ihr älter seid.
Euch lockt die Regung holder Triebe;   -5-
Dies soll ein Tag der Wollust sein:
Auf*! ladet hier den Gott der Liebe,
Auf! ladet hier die Freuden ein.

Umkränzt mit Rosen eure Scheitel*,
(Noch stehen euch die Rosen gut)   -10-
Und nennet kein Vergnügen eitel,
Dem Wein und Liebe Vorschub tut*.
Was kann das Totenreich gestatten?
Nein! lebend muß man fröhlich sein.
Dort herzen wir nur kalte Schatten;   -15-
Dort trinkt man Wasser und nicht Wein.

Seht! Phyllis* kommt: o neues Glücke*!
Auf! Liebe, zeige deine Kunst,
Bereich're hier die schönsten Blicke
Mit Sehnsucht und mit Gegengunst*.   -20-
O Phyllis! glaube meiner Lehre:
Kein Herz muß unempfindlich sein.
Die Sprödigkeit* bringt etwas Ehre;
Doch kann die Liebe mehr erfreun*.

Die Macht gereizter Zärtlichkeiten,   -25-
Der* Liebe schmeichelnde Gewalt,
Die werden doch kein Herz erbeuten*;
Und du ergibst dich nicht zu bald.
Wir wollen heute dir vor allen
Die Lieder und die Wünsche weihn.   -30-
O könnten Küsse dir gefallen
Und deiner Lippen würdig sein!

Der Wein, den ich dir überreiche,
Ist nicht vom herben Alter schwer.
Doch, daß ich dich mit ihm vergleiche,   -35-
Sei jung und feurig, so wie er.

1: =**Ergebt**, and passim. 7: Come (on). 9: crown (of the head). 12: assists, aids. 17: common name of a shepherdess; =**Glück**. 20: reciprocal favors, kindness. 23: coyness, reserve. 24: =**erfreuen**, and passim. 26: genitive. 27: capture, take as booty.

So kann man dich vollkommen nennen:
So darf die Jugend uns erfreun,
Und ich* der Liebe selbst bekennen:
Auf Phyllis' Liebe schmeckt der Wein.   -40-
                        1740

Anakreon

In Tejos und in Samos*
Und in der Stadt Minervens*
Sang ich von Wein und Liebe,
Von Rosen und vom Frühling,
Von Freundschaft und von Tänzen,   -5-
Doch höhnt ich nicht die Götter,
Auch nicht der* Götter Diener,
Auch nicht der Götter Tempel,
Wie hieß ich sonst der Weise?

Ihr Dichter voller Jugend,   -10-
Wollt ihr bei froher Muße
Anakreontisch singen,
So singt von milden Reben,
Von rosenreichen Hecken,
Vom Frühling und von Tänzen,   -15-
Von Freundschaft und von Liebe,
Doch höhnet* nicht die Gottheit,
Auch nicht der Gottheit Diener,
Auch nicht der Gottheit Tempel.
Verdienet, selbst im Scherzen,   -20-
Den Namen echter Weisen.
                        1747

39: sc. **darf.**/1: Anacreon (c. 560-475 B.C.) was born in Teos, an
Ionian city in Asia Minor.   He later lived at Samos under the
patronage of Polycrates.   2: goddess of wisdom and patroness of
all the arts and trades. 7. genitive plural, and passim. 17:
=**höhnt**, and passim.

JOHANN PETER UZ

Ein Traum

O Traum, der mich entzücket*!
Was hab' ich nicht erblicket!
Ich warf die müden Glieder
In einem Tale nieder,
Wo einen Teich, der silbern floß,   -5-
Ein schattigtes* Gebüsch umschloß.

Da sah ich durch die Sträuche
Mein Mädchen bei dem Teiche.
Das* hatte sich, zum Baden,
Der* Kleider meist entladen*,   -10-
Bis auf ein untreu weiß* Gewand*,
Das keinem Lüftchen widerstand.

Der freie Busen lachte,
Den Jugend reizend machte.
Mein Blick blieb lüstern stehen   -15-
Bei diesen regen Höhen,
Wo Zephyr* unter Lilien blies
Und sich die Wollust fühlen ließ.

Sie fing nun an, o Freuden!
Sich vollends* auszukleiden: -20-
Doch ach! indem's geschiehet,
Erwach' ich, und sie fliehet.
O schlief'* ich doch von neuem ein!
Nun wird sie wohl im Wasser sein.
                            1743/1744

Gott im Frühlinge

In seinem schimmernden Gewand*
Hast du den Frühling uns gesandt
Und Rosen um sein Haupt* gewunden.
Holdlächelnd kömmt* er schon!
Es führen ihn die Stunden*,   -5-
O Gott, auf seinen Blumenthron.

1: =entzückt hat, and passim. 6: =schattiges. 9: i.e., Das Mäd-
chen. 10: genitive plural; unburdened, freed from, i.e., taken
off. 11: =weißes; garment. 17: (mild, gentle) west wind. 20:
=völlig, ganz. 23: =schliefe=würde schlafen./1: garmet. 3: =Kopf.
4: =kommt. 5: in Greek myth the goddesses of the seasons, jus-
tice, order, and peace.

Er geht in Büschen und sie blühn;
Den Fluren* kömmt ihr frisches Grün,
Und Wäldern wächst ihr Schatten wieder,
Der West*, liebkosend, schwingt   -10-
Sein tauendes Gefieder*,
Und jeder frohe Vogel singt.

Mit eurer* Lieder süßem Klang,
Ihr Vögel, soll auch mein Gesang
Zum Vater der Natur sich schwingen.   -15-
Entzückung reißt mich hin!
Ich will dem Herrn lobsingen*,
Durch den ich wurde, was ich bin!

O Gütigster! Denn wer ist *gut
Wie du, der allen* Gutes tut?   -20-
Du sorgtest auch für mein Vergnügen,
Als aus dem großen Plan
Erstaunte Welten stiegen
Und Sonnen sich geschaffen sahn.

Schön ist die Erde, wann* sie blüht   -25-
Und, ganz um unsre Lust bemüht,
Sich in des Frühlings Farben kleidet
Und überall voll Pracht,
Selbst wo die Herde weidet,
In bunter Zierde düftend lacht: -30-

Der Gottheit würdiger Altar,
Worauf das blumenreiche Jahr,
O Herr, zu deinem Wohlgefallen
Sein süßes Rauchwerk* bringt,
Indes* von Nachtigallen   -35-
Ein froher Lobgesang erklingt!

Du hast mit Schönheit, die entzückt,
Das Antlitz* der Natur geschmückt.
O aller Schönheit reiche Quelle!
Dir geht kein Wesen vor!   -40-
Die reinste Liebe schwelle
Mein ganzes Herz zu dir empor*!
                                    1763

8: dat. pl. (and l. 9). 10: =Westwind. 11: plumage. 13: gen. pl.,
and passim. 17: sing praises to (biblical). 19: sc. so. 20: in-
direct object. 25: =wenn. 34: (frank)incense (biblical). 35: =In-
dessen while.   38: =Gesicht. 42: May the purest love raise... up
to you.

JOHANN WILHELM LUDWIG GLEIM

An Doris

Könnt' ich Holz, wie Menschen schnitzen,
Lauter* Nymphen wollt'* ich schnitzen;
Könnt' ich Marmorsäulen hauen,
Lauter Nymphen wollt' ich hauen;
Könnt' ich nur Tapeten wirken*,   -5-
O so wirkt' ich lauter Nymphen;
Lauter zärtliche Blondinen,
Lauter willige Brünetten,
Und die zuckerschöne Schöne,
Die mich itzt* so zärtlich küßte,   -10-
Sollte mir zum Muster dienen.
                    1744/1745

Trinklied

Brüder, trinkt: es trinkt die Sonne,
Und sie hat schon tausend Ströme
Ohne Bruder ausgetrunken!
Brüder, trinkt: es trinkt die Erde;
Seht, sie durstet, seht, wie durstig   -5-
Trinkt sie diese Regentropfen!
Seht, dort um den Vater Bacchus*
Stehn die Reben frisch am Berge;
Denn es hat das Naß* der Wolken
Ihren heißen Durst gelöschet*,   -10-
Brüder, seht, das Naß der Reben
Wartet in den vollen Gläsern:
Wollt ihr euren Durst nicht löschen?
                    1744/1745

Einladung zum Tanz

Kein tödliches Sorgen
Beklemmet* die Brust!
Mit jeglichem* Morgen
Erwach' ich zur Lust.

2: Nothing but; =würde... wollen (and l. 4, 6, 10). 5: weave. 10:
=jetzt./7: ancient Greek and Roman god of wine and revelry. 9:
wetness, water. 10: =gelöscht./2: =Beklemmt. 3: =jedem.

Hier, unter den Reben,   -5-
Die Bacchus* gepflanzt*,
Mir Schatten zu geben,
Sei heute getanzt!

Kommt, freundliche Schönen,
Gesellet euch hier!   -10-
Erfüllet die Szenen
Der Freude mit mir.
Laßt alten Betrübten*
Geiz, Laster und Pein
Und folget Geliebten   -15-
In tanzenden Reih'n.

Unschuldige Jugend,
Dir sei es bewußt!
Nur Feinde der Tugend
Sind Feinde der Lust.   -20-
Die Wolken der Grillen*
Verraten genug
Boshaftigen Willen
Und bösen Betrug.

Denn Tugend und Freude   -25-
Sind ewig verwandt!
Es knüpfet sie beide
. Ein himmlisches Band.
Ein reines Gewissen,
Ein ehrliches Herz   -30-
Macht munter zu Küssen,
Zu Tänzen und Scherz.

Ihr Faunen, ihr Nymphen!
Es gab euch ein Gott
Die Gabe zu schimpfen   -35-
Und Mienen zum Spott.
Des Tanzes Verächter
Verachten auch euch!
Ein höhnisch* Gelächter
Verjage* sie gleich.   -40-
                 1749

6: Greek and Roman god of wine and revelry; sc. **hat**, and passim.
13: dative plural. 21: melancholy thoughts. 39: =**höhnisches**. 40:
May... dispel.

Bei Eröffnung des Feldzuges* 1756*

Krieg ist mein Lied! Weil alle Welt
  Krieg will, so sei es Krieg*!
Berlin sei Sparta! Preußens Held*
  Gekrönt mit Ruhm und Sieg!

Gern will ich seine Taten tun,   -5-
  Die Leier in der Hand,
Wenn meine blut'gen Waffen ruhn
  Und hangen* an der Wand.

Auch stimm' ich hohen Schlachtgesang
  Mit seinen Helden an*   -10-
Bei Pauken- und Trompetenklang,
  Im Lärm von Roß und Mann;

Und streit'*, ein tapfrer Grenadier*,
  Von Friedrichs Mut erfüllt!
Was* acht' ich es, wenn über mir   -15-
  Kanonendonner brüllt?

*Ein Held fall' ich; noch sterbend droht
  Mein Säbel in der Hand!
Unsterblich macht der* Helden Tod,
  Der Tod fürs Vaterland!   -20-

Auch kömmt* man aus der Welt davon
  Geschwinder wie* der Blitz;
Und wer ihn* stirbt, bekömmt zum Lohn
  Im Himmel hohen Sitz!

Wenn aber ich als solch ein Held   -25-
  Dir*, Mars*, nicht sterben soll,
Nicht glänzen soll im Sternenzelt*:
  So leb' ich dem Apoll*!

So werd'* aus Friedrichs Grenadier,
  Dem Schutz, der Ruhm des Staats;   -30-
So lern' er deutscher* Sprache Zier
  Und werde sein Horaz*.

-----
before 1: (military) campaign; beginning of the Seven Years' War
(1756-1763). 2: So let there be war. 3: i.e., Frederick the
Great. 8: =hängen. 10: strike up. 13: =kämpf'; a member of a
special regiment. 15: =Warum. 17: sc. Wenn als. 19: gen. pl. 21:
=kommt. 22: =als. 23: i.e., den Heldentod. 26: for you (cf. l. 28
and 33); god of war. 27: heavens. 28: here: the god of music and
poetry. 29: may... become (cf. l. 31 and 32). 31: genitive. 32:
Roman poet (65-8 B.C.), friend of the emperor Augustus.

Dann singe Gott und Friedrich*,
Nichts Kleiners, stolzes Lied!
Dem Adler* gleich erhebe dich,   -35-
Der in die Sonne sieht!
1756

33: dative: to, for.   35: symbol of Prussia.

KARL WILHELM RAMLER

An den Frieden

Wo bist du hingeflohn*, geliebter Friede?
Gen* Himmel, in dein mütterliches Land?
Hast du dich, ihrer* Ungerechtigkeiten müde,
Ganz von der Erde weggewandt?

Wohnst du nicht noch auf einer von den Fluren*   -5-
Des Ozeans, in Klippen tief versteckt,
Wohin kein Wucherer, keine Missetäter fuhren,
Die kein Eroberer entdeckt*?

Nicht, wo, mit Wüsten rings umher bewehret,
Der Wilde sich in deinem Himmel dünkt*?   -10-
Sich ruhig von den Früchten seines Palmbaums nähret?
Vom Safte seines Palmbaums trinkt?

O! wo du wohnst, laß endlich dich erbitten:
Komm wieder, wo dein süßer Feldgesang
Von herdevollen Hügeln und aus Weinbeerhütten   -15-
Und unter Kornaltären klang.

Sieh' diese Schäfersitze, deine Freude,
Wie Städte lang, wie Rosengärten schön,
Nun sparsam, nun wie Bäumchen auf verbrannter Heide,
Wie Gras auf öden Mauern stehn.   -20-

Die Winzerinnen halten nicht mehr Tänze;
Die jüngst verlobte Garbenbinderin*
Trägt ohne Saitenspiel und Lieder ihre Kränze
Zum Dankaltare weinend hin.

Denn ach! der Krieg verwüstet Saat und Reben   -25-
Und Korn und Most, vertilget Frucht und Stamm,
Erwürgt die frommen Mütter, die die Milch uns geben,
Erwürgt das kleine fromme Lamm.

Mit unsern Rossen fährt er Donnerwagen,
Mit unsern Sicheln mäht er Menschen ab;   -30-
Den Vater hat er jüngst, er hat den Mann erschlagen,
Nun fordert er den Knaben ab.

1: =hingeflohen, and passim. 2: =Gegen. 3: their, i.e., men's. 5:
meadows, fields. 8: sc. hat. 9: Sc. Wohnst du; =bewehrt, and
passim: armed. 10: =glaubt. 22: Garben sheaves.

Erbarme dich* des langen Jammers! rette
Von deinem Volk den armen Überrest!
Bind' an der* Hölle Tor mit siebenfacher Kette   -35-
Auf ewig den Verderber fest.
                                1760*

33: Have mercy (on the). 35: genitive. after 36: during the Seven
Years' War (1756-1763).

FRIEDRICH GOTTLIEB KLOPSTOCK

Der Zürchersee

Schön ist, Mutter Natur, deiner* Erfindung* Pracht
Auf die Fluren* verstreut, schöner* ein froh* Gesicht*,
    Das den großen Gedanken
      Deiner Schöpfung noch **einmal** denkt*.

Von des schimmernden Sees Traubengestaden* her,   -5-
Oder, flohest* du schon wieder zum Himmel auf,
    Komm in rötendem Strahle
      Auf dem Flügel der Abendluft,

Komm, und lehre mein Lied jugendlich heiter sein,
Süße Freude, wie du! gleich dem beseelteren   -10-
    Schnellen Jauchzen des Jünglings,
      Sanft, der fühlenden Fanny gleich.

Schon lag hinter uns weit Uto*, an dessen Fuß
Zürch* in ruhigem Tal freie Bewohner nährt;
    Schon war manches Gebirge   -15-
      Voll von Reben vorbeigeflohn.

Jetzt entwölkte sich fern silberner Alpen Höh,
Und der Jünglinge Herz schlug schon empfindender,
    Schon verriet* es beredter*
      Sich der schönen Begleiterin.   -20-

"Hallers Doris"*, die sang, selber des Liedes wert,
Hirzels Daphne*, den Kleist* innig wie Gleimen* liebt*;
    Und wir Jünglinge sangen
      Und empfanden wie Hagedorn*.

1: genitive, and passim; creation. 2: fields, meadows; sc. **ist;**
=**frohes,** and passim; i.e., a happy person. 4: thinks of, con-
siders. 5: **Gestaden** banks, shores. 6: =flohst, and passim. 12:
sc. **Und;** early, unrequited love of Klopstock. 13: =der **Ütliberg.**
14: =**Zürich.** 19: revealed; more eloquently. 21: character in a
pastoral song by Albrecht von Haller (1708-1777). 22: wife of the
Zurich doctor Hirzel, a Greek name often used by the Anacreontic
poets; i.e., Christian Ewald von Kleist (1715-1759), Enlighten-
ment poet; archaic declension: i.e., Johann Wilhelm Ludwig Gleim
(1719- 1803), Enlightenment poet; like Gleim, much esteemed by
Kleist. 24: i.e., Friedrich von Hagedorn (1708-1754), Enlighten-
ment poet.

Jetzo* nahm uns die Au* in die beschattenden   -25-
Kühlen Arme des Waldes, welcher die Insel krönt;
   Da, da kamest du, Freude!
   Volles Maßes* auf uns herab!

Göttin Freude, du selbst! dich, wir empfanden dich!
Ja, du warest es selbst, Schwester der Menschlichkeit, -30-
   Deiner Unschuld Gespielin*,
   Die sich über uns ganz ergoß!

Süß ist, fröhlicher Lenz*, deiner Begeistrung Hauch,
Wenn die Flur dich gebiert*, wenn sich dein Odem* sanft
   In der Jünglinge Herzen,   -35-
   Und die Herzen der Mädchen gießt.

Ach du machst das Gefühl siegend, es steigt durch dich
Jede blühende Brust schöner, und bebender,
   Lauter redet der* Liebe
   Nun entzauberter Mund durch dich!   -40-

Lieblich winket* der Wein, wenn er Empfindungen,
Beßre sanftere Lust, wenn er Gedanken* winkt,
   Im sokratischen* Becher
   Von der tauenden* Ros' umkränzt;

Wenn er dringt bis ins Herz, und zu Entschließungen,   -45-
Die der Säufer verkennt, jeden Gedanken weckt,
   Wenn er lehret verachten,
   Was nicht würdig des Weisen ist.

Reizvoll klinget des Ruhms lockender Silberton
In das schlagende Herz, und die Unsterblichkeit   -50-
   Ist ein großer Gedanke,
   Ist des Schweißes der Edlen wert!

Durch der Lieder Gewalt, bei der Urenklin
Sohn und Tochter noch sein; mit der Entzückung Ton
   Oft beim Namen genennet*,   -55-
   Oft gerufen vom Grabe her,

Dann ihr* sanfteres Herz bilden, und, Liebe, dich,
Fromme Tugend, dich auch gießen ins sanfte Herz,

25: =Jetzt; meadow. 28: to a full extent. 31: =Spielgefährtin
playmate (Humanity is the companion of Joy's harmless pleasures).
33: =Frühling. 34: third person sing. of **gebären**, to give birth;
=Atem. 39: genitive. 41: inspires. 42: reflections. 43: i.e.,
temperate, modest in size, or, perhaps, mortal, due to Socrates'
death from a **Becher** of hemlock juice. 44: =**betauten** bedewed. 55:
=**genannt**. 57: i.e., the descendants.

*Ist, beim Himmel! nicht wenig!
Ist des Schweißes der Edlen wert!   -60-

Aber süßer ist noch, schöner und reizender,
In dem Arme des Freunds wissen ein Freund zu sein!
So das Leben genießen,
    Nicht unwürdig der Ewigkeit!

Treuer Zärtlichkeit voll, in den Umschattungen,   -65-
In den Lüften des Walds, und mit gesenktem Blick
Auf die silberne Welle,
    Tat ich schweigend den frommen Wunsch:

Wäret ihr auch bei uns, die ihr* mich ferne* liebt,
In des Vaterlands Schoß* einsam* von mir verstreut,   -70-
Die in seligen Stunden
    Meine suchende Seele fand;

O so bauten* wir hier Hütten* der Freundschaft uns!
Ewig wohnten wir hier, ewig! Der Schattenwald
Wandelt'* uns* sich in Tempe*,   -75-
    Jenes Tal in Elysium!*
                    (1750) 1771*

               Die Frühlingsfeier

Nicht in den Ozean der Welten alle
Will ich mich stürzen! schweben nicht,
Wo die ersten Erschaffnen, die Jubelchöre der Söhne des Lichts,
Anbeten, tief anbeten! und in Entzückung vergehn!

Nur um den Tropfen am Eimer,   -5-
Um die Erde nur, will ich schweben, und anbeten!
Halleluja! Halleluja! Der Tropfen am Eimer
Rann aus der Hand des Allmächtigen auch!

Da* der* Hand des Allmächtigen
Die größeren Erden entquollen!   -10-
Die Ströme des Lichts rauschten, und Siebengestirne* wurden,
Da* entrannest* du, Tropfen*, der Hand des Allmächtigen!

59: sc. **Das.** 69: you who; =in der Ferne. 70: lap, bosom; =ein-
zeln. 73: =**würden... bauen** (and l. 74); i.e., Tabernacles (cf.
Mark 9:5). 75: =**verwandelte**=**würde... verwandeln**; for us; valley
at the foot of Mt. Olympus in Greece. 76: paradise. after 76:
revised for the first edition of his odes in 1771./9: =**Als;**
dative: out of (cf. l. 12). 11: group of stars called the Plei-
ades. 12: =**Dann;** imperfect tense of **rinnen** to flow, run; cf.
Isaiah 40:15 ("the nations are like a drop from the bucket").

Da ein Strom des Lichts rauscht', und unsre Sonne wurde!
Ein Wogensturz* sich stürzte wie vom Felsen
Der Wolk' herab, und den Orion gürtete,   -15-
Da entrannest du, Tropfen, der Hand des Allmächtigen!

Wer sind die tausendmal tausend, wer die Myriaden alle,
Welche den Tropfen bewohnen, und bewohnten? und wer bin ich?
Halleluja dem Schaffenden! *mehr wie* die Erden, die quollen!
Mehr, wie die Siebengestirne, die aus Strahlen zusammenströmten!--20-

Aber du Frühlingswürmchen*,
Das grünlichgolden neben mir spielt,
Du lebst; und bist vielleicht
Ach nicht unsterblich!

Ich bin herausgegangen anzubeten,   -25-
Und ich weine? Vergib, vergib
Auch diese Träne dem Endlichen,
O du, der* sein wird!

Du wirst die Zweifel alle mir enthüllen,
O du, der mich durch das dunkle Tal   -30-
Des Todes führen wird*! Ich lerne dann,
Ob eine Seele das goldene Würmchen hatte.

Bist du nur gebildeter Staub,
Sohn des Mais, so werde denn
Wieder verfliegender Staub,   -35-
Oder was sonst der Ewige will!

Ergeuß* von neuem du, mein Auge,
Freudentränen!
Du, meine Harfe,
Preise den Herrn!   -40-

Umwunden wieder*, mit Palmen
Ist meine Harf' umwunden! Ich singe dem Herrn*!
Hier steh ich. Rund um mich
Ist alles Allmacht! und Wunder alles!

Mit tiefer Ehrfurcht schau ich die Schöpfung an,   -45-
Denn du!
Namenloser, du!
Schufest* sie!

14: the stars in Orion's belt.   19: sc. **Ich bin;** =als. 21: June
bug. 28: sc. **ewig.** 31: cf. 23rd Psalm. 37: =**Ergieß** Effuse. 41:
i.e., and so my faith has been reconfirmed. 42: sing to, praise
the Lord. 48: =**schufst**, and passim: created.

Lüfte, die um mich wehn, und sanfte Kühlung
Auf mein glühendes Angesicht* hauchen,   -50-
Euch, wunderbare Lüfte,
Sandte der Herr! der Unendliche!

Aber jetzt werden sie* still, kaum atmen sie.
Die Morgensonne wird schwül!
Wolken strömen herauf!   -55-
Sichtbar ist, der kommt, der Ewige!

Nun schweben sie, rauschen sie, wirbeln die Winde!
Wie beugt sich der Wald! wie hebt sich der Strom!
Sichtbar, wie du es Sterblichen* sein kannst,
Ja, das bist du, sichtbar, Unendlicher!   -60-

Der Wald neigt sich, der Strom fliehet, und ich
Falle nicht auf mein Angesicht?
Herr! Herr! Gott! barmherzig und gnädig!
Du Naher! erbarme dich meiner*!

Zürnest du*? Herr,   -65-
Weil Nacht dein Gewand* ist?
Diese Nacht ist Segen der Erde.
Vater, du zürnest nicht!

Sie kommt, Erfrischung auszuschütten,
Über den stärkenden Halm*!   -70-
Über die herzerfreuende Traube*!
Vater, du zürnest nicht!

Alles ist still vor dir, du Naher!
Ringsumher ist alles still!
Auch das Würmchen mit Golde bedeckt, merkt auf*!   -75-
Ist es vielleicht nicht seelenlos? Ist es unsterblich?

Ach, vermöcht'* ich dich, Herr, wie ich dürste, zu preisen!
Immer herrlicher offenbarest du dich!
Immer dunkler wird die Nacht um dich,
Und voller der Segen!   -80-

Seht Ihr den Zeugen des Nahen, den zückenden Strahl?
Hört ihr Jehovas Donner?
Hört ihr ihn? hört ihr ihn,
Den erschütternden Donner des Herrn?

50: =Gesicht. 53: i.e., die Lüfte. 59: dat. pl. 64: Have mercy on
me. 65: Are you angry. 66: garment. 70: blade (of grain). 71: cf.
Psalm 104:15. 75: Give heed. 77: If only I were able.

Herr! Herr! Gott!   -85-
Barmherzig, und gnädig!
Angebetet, gepriesen
Sei dein herrlicher Name*!

Und die Gewitterwinde? Sie tragen den Donner!
Wie sie rauschen! wie sie mit lauter Woge den Wald durchströmen! -90-
Und nun schweigen sie. Langsam wandelt
Die schwarze Wolke.

Seht ihr den neuen Zeugen des Nahen, den fliegenden Strahl?
Höret ihr hoch in der Wolke den Donner des Herrn?
Er ruft: Jehova! Jehova!   -95-
Und der geschmetterte Wald dampft!

Aber nicht unsre Hütte!
Unser Vater gebot*
Seinem Verderber,
Von unsrer Hütte* vorüberzugehn!   -100-

Ach, schon rauscht, schon rauscht
Himmel, und Erde vom gnädigen Regen!
Nun ist, wie dürstete sie! die Erd' erquickt,
Und der Himmel der Segensfüll' entlastet!

Siehe, nun kommt Jehova nicht mehr im Wetter*,   -105-
In stillem, sanftem Säuseln
Kommt Jehova,
Und unter ihm neigt sich der Bogen* des Friedens!
                        (1759) 1771*

                    Die frühen Gräber

            Willkommen, o silberner Mond,
              Schöner, stiller Gefährt* der Nacht!
                Du entfliehst? Eile nicht, bleib, Gedankenfreund!
                Sehet*, er bleibt, das Gewölk wallte nur hin.

            Des Maies Erwachen ist nur   -5-
              Schöner noch, wie die Sommernacht,
                Wenn ihm Tau, hell wie Licht, aus der Locke träuft*,
                Und zu dem Hügel herauf rötlich er kömmt*.

88: cf. Psalm 72:19. 98: imperfect of **gebieten** to order, command.
100: cf. Exodus 12:23.   105: =**Gewitter**   storm. 108: =**Regenbogen**
(cf. Genesis 9:13 ff.).   after 108: revised in the collected odes
of 1771./2: =**Gefährte**   companion. 4: =**Seht**. 7: drips, trickles
(down). 8: =**kömmt**.

Ihr Edleren*, ach es bewächst
 Eure Male* schon erstes Moos!   -10-
  O wie war glücklich ich, als ich noch mit euch
   Sahe* sich röten den Tag, schimmern die Nacht.
                                    (1764) 1771*

                    Die Sommernacht

Wenn der Schimmer von dem Monde nun herab
 In die Wälder sich ergießt, und Gerüche
  Mit den Düften von der Linde
   In den Kühlungen* wehn;

So umschatten mich Gedanken an das Grab   -5-
 Der Geliebten*, und ich seh in dem Walde
  Nur es dämmern, und es weht mir
   Von der Blüte nicht her.

Ich genoß einst, o ihr Toten, es mit euch!
 Wie umwehten uns der Duft und die Kühlung,   -10-
  Wie verschönt warst von dem Monde,
   Du o schöne Natur!
                    (1766) 1771*

9: i.e., the dead. 10: monuments, graves. 12: =**Sah**. after 12: in
the collected odes of 1771./4: freshness (of the summer night).
6: plural (cf. l. 9). after 12: in the collected odes of 1771.

MATTHIAS CLAUDIUS

Der Schwarze in der Zuckerplantage

Weit von meinem Vaterlande
  Muß ich hier verschmachten und vergehn*,
Ohne Trost, in Müh' und Schande;
  Ohhh die weißen Männer!! Klug und schön!
Und ich hab' den Männern ohn' Erbarmen   -5-
  Nichts getan.
Du im Himmel! hilf mir armen
  Schwarzen Mann!
                    1773

Abendlied

Der Mond ist aufgegangen,
Die goldnen Sternlein prangen
  Am Himmel hell und klar;
Der Wald steht schwarz und schweiget*,
Und aus den Wiesen steiget   -5-
  Der weiße Nebel wunderbar.

Wie ist die Welt so stille,
Und in der* Dämmrung Hülle
  So traulich und so hold!
Als eine stille Kammer*,   -10-
Wo ihr des Tages Jammer
  Verschlafen und vergessen sollt.

Seht ihr den Mond dort stehen? -
Er ist nur halb zu sehen,
  Und ist doch rund und schön!   -15-
So sind wohl manche Sachen,
Die wir getrost* belachen,
  Weil unsre Augen sie nicht sehn.

Wir stolze Menschenkinder
Sind eitel arme Sünder   -20-
  Und wissen gar nicht viel;
Wir spinnen Luftgespinste*
Und suchen viele Künste*
  Und kommen weiter von dem Ziel.

2: languish and waste away./4: =schweigt, and passim. 8: geni-
tive. 10: chamber, room. 17: confidently.   22: chimeras, foolish
fancies. 23: tricks.

Gott, laß uns dein Heil schauen,   -25-
Auf nichts Vergänglichs trauen,
  Nicht Eitelkeit uns freun!
Laß uns einfältig* werden
Und vor dir hier auf Erden
  Wie Kinder fromm und fröhlich sein!   -30-
                                    1779

Der Mensch

Empfangen* und genähret*
  Vom Weibe* wunderbar*
Kömmt* er und sieht und höret*
  Und nimmt des Trugs* nicht wahr*;
Gelüstet und begehret*,   -5-
  Und bringt sein Tränlein dar*;
Verachtet und verehret*,
  *Hat Freude und Gefahr;
Glaubt, zweifelt, wähnt* und lehret,
  Hält nichts und alles wahr;   -10-
Erbauet und zerstöret*;
  Und quält sich immerdar*;
Schläft, wachet, wächst und zehret*;
  Trägt braun und graues Haar etc.
Und alles dieses währet*,   -15-
  Wenn's hoch kömmt*, achtzig Jahr.
Denn* legt er sich zu seinen Vätern nieder,
Und er kömmt nimmer wieder.
                                    1783

Christiane*

Es stand ein Sternlein am Himmel,
  Ein Sternlein guter Art;
Das tät so lieblich scheinen*,
  So lieblich und so zart!

28: simple (in a positive sense)./1: conceived; =genährt, and
passim. 2: =Frau; miraculously. 3: =Kommt, and passim; =hört, and
passim. 4: deception; perceives, notices. 5: present tenses. 6:
offers up.   7: past participles. 8: sc. Er. 9: thinks, reflects.
11: present tenses. 12: for ever and ever. 13: consumes. 15:
=dauert. 16: at most. 17: =Dann./before 1. 1: Claudius' daughter,
who died in 1796 at the age of twenty. 3: tät... scheinen=schien.

Ich wußte* seine Stelle   -5-
  Am Himmel, wo es stand;
Trat* Abends vor die Schwelle
  Und suchte, bis ich's fand;

Und blieb denn* lange stehen,
  Hatt' große Freud' in mir,   -10-
Das Sternlein anzusehen;
  Und dankte Gott dafür.

Das Sternlein ist verschwunden;
  Ich suche hin und her,
Wo ich es sonst* gefunden*,   -15-
  Und find' es nun nicht mehr.
               1798

5: knew of.   7: sc. **Ich**. 9: =**dann**. 15: formerly; sc. **habe**.

LUDWIG CHRISTOPH HEINRICH HÖLTY

Das Landleben

Wunderseliger Mann, welcher der Stadt entfloh!
Jedes Säuseln des Baums, jedes Geräusch des Bachs,
  Jeder blinkende Kiesel,
    Predigt Tugend und Weisheit ihm!

Jedes Schattengesträuch ist ihm ein heiliger   -5-
Tempel, wo ihm sein Gott näher vorüberwallt;
  Jeder Rasen ein Altar,
    Wo er vor dem Erhabnen kniet.

Seine Nachtigall tönt Schlummer herab auf ihn,
Seine Nachtigall weckt flötend ihn wieder auf,   -10-
  Wenn das liebliche Frührot
    Durch die Bäum* auf sein Bette* scheint.

Dann bewundert er dich, Gott, in der Morgenflur*,
In der steigenden Pracht deiner Verkünderin*,
  Der allherrlichen Sonne,   -15-
    Dich* im Wurm und im Knospenzweig.

Ruht im wehenden Gras, wann sich die Kühl ergießt,
Oder strömet* den Quell über die Blumen aus;
  Trinkt den Atem der Blüte,
    Trinkt die Milde der Abendluft.   -20-

Sein bestrohtes Dach, wo sich das Taubenvolk
Sonnt, und spielet und hüpft, winket* ihm süßre Rast,
  Als dem Städter der Goldsaal,
    Als der Polster der Städterin.

Und der spielende Trupp schwirret zu ihm herab,   -25-
Gurrt und säuselt ihn an, flattert ihm auf den Korb;
  Picket Krumen und Erbsen,
    Picket Körner ihm aus der Hand.

Einsam wandelt er oft, Sterbegedanken voll,
Durch die Gräber des Dorfs, setzet sich auf ein Grab, -30-
  Und beschauet die Kreuze,
    Und den wehenden Totenkranz.

12: =Bäume, and passim; =Bett. 13: Flur meadow, field. 14: mes-
senger, harbinger. 16: in apposition with l. 13. 17: sc. Er;
=wenn. 18: =strömt, and passim. 22: beckons, is (to, for him).

Wunderseliger Mann, welcher der Stadt entfloh!
Engel segneten ihn, als er geboren ward*,
   Streuten Blumen des Himmels   -35-
     Auf die Wiege des Knaben aus.
              1777*

34: =wurde. after 36: in (Göttingen) Musenalmanach für das Jahr
1777, edited by Johann Heinrich Voß.

STORM AND STRESS

JOHANN WOLFGANG GOETHE

ZUM SHAKESPEARES-TAG

Mir kommt vor, das sei die edelste von unsern Empfindungen, die
Hoffnung, auch dann zu bleiben, wenn das Schicksal uns zur all-
gemeinen Nonexistenz zurückgeführt zu haben scheint. Dieses
Leben, meine Herren, ist für unsre Seele viel zu kurz, *Zeuge,
daß jeder Mensch, der geringste wie der höchste, der unfähigste -5-
wie der würdigste, eher alles müd' wird als zu leben; und daß
keiner sein Ziel erreicht, wornach* er so sehnlich ausging* -
denn wenn es einem auf seinem Gange auch noch so lang' glückt,
fällt er doch endlich, und oft im Angesicht* des gehofften
Zwecks, in eine Grube, die ihm, Gott weiß wer, gegraben hat, und -10-
wird für nichts gerechnet.
Für nichts gerechnet! Ich! Der ich* mir alles bin, da ich alles
nur durch mich kenne! So ruft jeder, der sich fühlt, und macht
große Schritte durch dieses Leben, eine Bereitung für* den unend-
lichen Weg drüben. Freilich jeder nach seinem Maß. Macht der eine -15-
mit dem stärksten Wandertrab sich auf, so hat der andre Sieben-
meilenstiefel an, überschreitet ihn, und zwei Schritte des
letzten bezeichnen die Tagreise des ersten. Dem sei, wie ihm
wolle, dieser emsige Wandrer bleibt unser Freund und unser Ge-
selle, wenn wir die gigantischen Schritte jenes anstaunen und -20-
ehren, seinen Fußtapfen folgen, seine Schritte mit den unsrigen
abmessen.
Auf die Reise, meine Herren! die Betrachtung so eines einzigen
Tapfs* macht unsre Seele feuriger und größer als das Angaffen
eines tausendfüßigen königlichen Einzugs*. -25-
Wir ehren heute das Andenken des größten Wandrers und tun uns
dadurch selbst eine Ehre an. Von Verdiensten, die wir zu schätzen
wissen, haben wir den Keim in uns.
Erwarten Sie nicht, daß ich viel und ordentlich schreibe, Ruhe
der Seele ist kein Festtagskleid; und noch zurzeit habe ich wenig -30-
über Shakespearen* gedacht; geahndet*, empfunden, wenn's hoch
kam*, ist das höchste, wohin ich's habe bringen können. Die erste
Seite, die ich in ihm las, machte mich auf zeitlebens* ihm
eigen*, und wie* ich mit dem ersten Stücke fertig war, stund* ich
wie ein Blindgeborner, dem eine Wunderhand das Gesicht* in einem -35-
Augenblicke schenkt. Ich erkannte, ich fühlte aufs lebhafteste
meine Existenz um eine Unendlichkeit erweitert, alles war mir

-----

4: sc. **ist.** 7: =**wonach;** toward which he started out so ardently.
9: in the presence (of), in view of. 12: I who. 14: =**Vorbereitung
auf.** 24: =**Fuß(s)tapfe(ns).** 25: (entrance) parade. 31: archaic
declension; =**geahnt** had a presentiment (about). 32: at most. 33:
for life. 34: beholden; =**als;** =**stand.** 35: sight.

neu, unbekannt, und das ungewohnte Licht machte mir Augen-
schmerzen. Nach und nach lernt' ich sehen, und, Dank sei meinem
erkenntlichen* Genius, ich fühle noch immer lebhaft, was ich ge-
wonnen habe.

Ich zweifelte keinen Augenblick, dem regelmäßigen Theater* zu   -5-
entsagen. Es schien mir die Einheit des Orts so kerkermäßig
ängstlich, die Einheiten der Handlung und der Zeit lästige Fes-
seln unsrer Einbildungskraft. Ich sprang in die freie Luft und
fühlte erst, daß ich Hände und Füße hatte. Und jetzo*, da ich
sahe*, wie viel Unrecht mir die Herrn* der Regeln* in ihrem Loch   -10-
angetan haben, wie viel freie Seelen noch drinne* sich krümmen,
so wäre mein Herz geborsten, wenn ich ihnen nicht Fehde ange-
kündigt hätte* und nicht täglich suchte, ihre Türne* zusammen-
zuschlagen.

Das griechische Theater, das die Franzosen zum Muster nahmen,   -15-
war nach innrer und äußerer Beschaffenheit so, daß eher ein Mar-
quis den Alcibiades* nachahmen könnte, als es Corneillen* dem
Sophokles* zu folgen möglich wär'.

Erst Intermezzo des Gottesdienstes, dann feierlich politisch,
zeigte das Trauerspiel einzelne große Handlungen der Väter dem   -20-
Volk mit der reinen Einfalt der Vollkommenheit, erregte ganze,
große Empfindungen in den Seelen, denn es war selbst ganz und
groß.

Und in was für Seelen!

Griechischen! Ich kann mich nicht erklären, was das heißt, aber   -25-
ich fühl's und berufe mich der Kürze halber* auf Homer und Sopho-
kles und Theokrit*, die haben's mich fühlen gelehrt.

Nun sag' ich geschwind hintendrein*. "Französchen, was willst
du mit der griechischen Rüstung*, sie ist dir zu groß und zu
schwer."   -30-

Drum sind auch alle französche* Trauerspiele Parodien von sich
selbst.

Wie das so regelmäßig zugeht, und daß sie einander ähnlich sind
wie Schuhe und auch langweilig mitunter*, besonders in genere* im
vierten Akt, das wissen die Herren leider aus der Erfahrung, und   -35-
ich sage nichts davon.

Wer eigentlich zuerst drauf gekommen ist, die Haupt- und
Staatsaktionen* aufs Theater zu bringen, weiß ich nicht, es gibt
Gelegenheit für den Liebhaber zu einer kritischen Abhandlung. Ob

-----

3: grateful. 5: i.e., the traditional, (neo-)classical theater of
the Enlightenment. 9: =jetzt. 10: =als ich sah; =Herren; i.e.,
advocates of a (neo-)classical theater. 11: =drinnen. 13: hadn't
challenged; =Türme. 17: Athenian politician and general (c.
450-404 B.C.); archaic declension. Pierre Corneille (1606-1684),
classical French dramatist. 18: Greek dramatist (?496-406 B.C.).
26: =wegen. 27: Greek pastoral poet (3rd c. B.C.). 28: as an
afterthought. 29: armor, panoply. 31: =französische. 34: =manch-
mal; (L.) in general. 38: political, historical dramatic back-
ground.

Shakespearen die Ehre der Erfindung gehört, zweifl' ich genung*,
er brachte diese Art auf den Grad, der noch immer der höchste
geschienen hat, da so wenig Augen hinaufreichen, und also schwer
zu hoffen ist, einer könne ihn übersehen oder gar übersteigen.

Shakespeare, mein Freund, wenn du noch unter uns wärest, ich   -5-
könnte nirgend* leben als mit dir, wie gern wollt'* ich die
Nebenrolle eines Pylades* spielen, wenn du Orest* wärst, lieber
als die geehrwürdigte* Person eines Oberpriesters im Tempel zu
Delphos*.

Ich will abbrechen, meine Herren, und morgen weiter schreiben,   -10-
denn ich bin in einem Ton, der Ihnen vielleicht nicht so erbau-
lich ist, als er mir von Herzen geht.

Shakespeares Theater ist ein schöner Raritätenkasten*, in dem
die Geschichte der Welt vor unsern Augen an dem unsichtbaren
Faden der Zeit vorbeiwallt. Seine Plane* sind, nach dem gemeinen*   -15-
Stil zu reden, keine Plane, aber seine Stücke drehen sich alle um
den geheimen Punkt (den noch kein Philosoph gesehen und bestimmt
hat), in dem das Eigentümliche unsres Ichs, die prätendierte
Freiheit unsres Wollens, mit dem notwendigen Gang des Ganzen zu-
sammenstößt. Unser verdorbner Geschmack aber umnebelt dergestalt*   -20-
unsere Augen, daß wir fast eine neue Schöpfung nötig haben, uns
aus dieser Finsternis zu entwickeln.

Alle Franzosen und angesteckte Deutsche, sogar Wieland* haben
sich bei dieser Gelegenheit wie bei mehreren wenig Ehre gemacht.
Voltaire*, der von jeher* Profession machte, alle Majestäten zu   -25-
lästern, hat sich auch hier als ein echter Thersit* bewiesen.
Wäre ich Ulysses, er sollte seinen Rücken unter meinem Szepter
verzerren.*

Die meisten von diesen Herren stoßen auch besonders an seinen
Charakteren an*.   -30-

Und ich rufe: Natur! Natur! nichts so Natur als Shakespeares
Menschen.

Da hab' ich sie alle überm Hals.

Laßt mir Luft, daß ich reden kann!

Er wetteiferte mit dem Prometheus*, bildete ihm Zug vor* Zug   -35-
seine Menschen nach, nur in **kolossalischer Größe**; darin liegt's,

-----

1: =genug. 6: =nirgends(wo); =würde... wollen. 7: nephew of Aga-
memnon and trusted friend of Orestes; son of Agamemnon who
avenged his father's murder by killing his mother, Clytemnestra,
and her lover, Aegisthus. 8: venerable. 9: site on Mt. Parnassus
of the oracle of Apollo. 13: peep-box: a box in which scenes are
depicted which one sees through a hole in the box. 15: =**Pläne**,
and passim; =**allgemeinen**. 20: to such a degree. 23: Christoph
Martin Wieland (1737-1813), Enlightenment author and later friend
of Goethe in Weimar. 25: French dramatist and philosopher
(1694-1778); all along. 26: foul-mouthed troublemaker among the
Greeks at Troy. 28: have twisted, distorted (from pain). 30: take
offense at. 35: stole fire from heaven to help man, and in some
legends created man out of earth and water; =**für**.

daß wir unsre Brüder verkennen; und dann belebte er sie alle mit
dem Hauch **seines** Geistes, **er** redet aus allen, und man erkennt
ihre Verwandtschaft.

Und was* will sich unser Jahrhundert unterstehen*, von Natur zu
urteilen? Wo sollten wir sie her kennen, die wir* von Jugend auf   -5-
alles geschnürt und geziert an uns fühlen und an andern sehen.
Ich schäme mich oft vor Shakespearen, denn es kommt manchmal vor,
daß ich beim ersten Blick denke, das hätt' ich anders gemacht!
Hintendrein erkenn' ich, daß ich ein armer Sünder bin, daß aus
Shakespearen die Natur weissagt, und daß meine Menschen Seifen-   -10-
blasen sind, von Romanengrillen* aufgetrieben.

Und nun zum Schluß, ob* ich gleich noch nicht angefangen habe.

Das, was edle Philosophen von der Welt gesagt haben, gilt auch
von Shakespearen, das, was wir bös nennen, ist nur die andre
Seite vom Guten, die so notwendig zu seiner Existenz und in das   -15-
Ganze gehört, als Zona torrida brennen und Lappland einfrieren
muß, daß* es einen gemäßigten* Himmelsstrich* gebe. Er führt uns
durch die ganze Welt, aber wir verzärtelte, unerfahrne Menschen
schreien bei jeder fremden Heuschrecke, die uns begegnet: "Herr,
er will uns fressen*."   -20-

Auf*, meine Herren! trompeten Sie mir alle edle Seelen aus dem
Elysium* des sogenannten guten Geschmacks*, wo sie schlaftrunken
in langweiliger Dämmerung halb sind, halb nicht sind, Leiden-
schaften im Herzen und kein Mark* in den Knochen haben und, weil
sie nicht müde genug zu ruhen und doch zu faul sind, um tätig zu   -25-
sein, ihr Schattenleben zwischen Myrten und Lorbeergebüschen*
verschlendern und vergähnen.

1771

4: =**wie**; dare, venture. 5: we who. 11: unbelievable fancies. 12:
=**obwohl**. 17: =**damit**; balanced, moderate; climate. 20: cf. Tobit
6:3 (Old Testament Apocrypha). 21: Come on, Up with you. 22: par-
adise; as a tenet of Enlightenment dramatists and theorists of
the drama. 24: marrow. 26: as symbols of beauty and (poetic) vic-
tory.

JOHANN WOLFGANG GOETHE

DIE LEIDEN DES JUNGEN WERTHERS
[excerpt]

Was ich von der Geschichte des armen Werthers nur habe auf-
finden können, habe ich mit Fleiß gesammelt und leg' es euch hier
vor und weiß, daß ihr mir's danken werdet. Ihr könnt seinem Geist
und seinem Charakter* eure Bewunderung und Liebe und seinem
Schicksale eure Tränen nicht versagen.   -5-
Und du, gute Seele, die du* eben den Drang fühlst wie er,
schöpfe Trost aus seinem Leiden, und laß das Büchlein deinen
Freund sein, wenn du aus Geschick oder eigner Schuld keinen
nähern finden kannst.

Erster Teil   -10-

Am 4. Mai 1771
Wie froh bin ich, daß ich weg bin! Bester Freund, was ist das
Herz des Menschen! Dich zu verlassen, den ich so liebe, von dem
ich unzertrennlich war, und froh zu sein! Ich weiß, Du verzeihst
mir's. Waren nicht meine übrigen Verbindungen recht ausgesucht -15-
vom Schicksal, um ein Herz wie das meine zu ängstigen? Die arme
Leonore! Und doch war ich unschuldig! Konnt' ich dafür*, daß,
während die eigensinnigen* Reize ihrer Schwester mir einen an-
genehmen Unterhalt verschafften, daß eine Leidenschaft in dem
armen Herzen sich bildete! Und doch - bin ich ganz unschuldig? -20-
Hab' ich nicht ihre Empfindungen genährt? Hab' ich mich nicht an
den ganz wahren Ausdrücken der Natur, die uns so oft zu lachen
machten, so wenig lächerlich sie waren, selbst ergötzt! Hab ich
nicht... Oh, was ist der Mensch, daß er über sich klagen darf! -
Ich will, lieber Freund, ich verspreche Dir's, ich will mich -25-
bessern, will nicht mehr das bißchen Übel, das das Schicksal uns
vorlegt, wiederkäuen*, wie ich's immer getan habe. Ich will das
Gegenwärtige genießen, und das Vergangene soll mir vergangen
sein. Gewiß, Du hast recht, Bester: der* Schmerzen wären minder
unter den Menschen, wenn sie nicht - Gott weiß, warum sie so -30-
gemacht sind - mit so viel Emsigkeit der Einbildungskraft sich
beschäftigten, die Erinnerungen des vergangenen Übels zurück-
zurufen, ehe denn eine gleichgültige Gegenwart zu tragen.
Du bist so gut, meiner Mutter zu sagen, daß ich ihr Geschäfte*
bestens betreiben und ihr ehstens* Nachricht davon geben werde. -35-
Ich habe meine Tante gesprochen und habe bei weitem das böse

4: temperament, individuality. 6: you who. 17: Could I help it.
18: capricious. 27: ruminate, repeat. 29: gen. pl. (fewer [of]).
34: archaic singular form. 35: =baldigst, möglichst bald.

Weib* nicht gefunden, das man bei uns aus ihr macht: sie ist eine
muntere, heftige* Frau von dem besten Herzen. Ich erklärte ihr
meiner* Mutter Beschwerden über den zurückgehaltenen Erbschafts-
anteil. Sie sagte mir ihre Gründe, Ursachen und die Bedingungen,
unter welchen sie bereit wäre, alles herauszugeben, und mehr als   -5-
wir verlangten - kurz, ich mag jetzo* nichts davon schreiben; sag
meiner Mutter, es werde alles gut gehen. Und ich habe, mein
Lieber! wieder bei diesem kleinen Geschäfte gefunden, daß Miß-
verständnisse und Trägheit vielleicht mehr Irrungen in der Welt
machen, als List und Bosheit nicht* tun. Wenigstens sind die   -10-
beiden letztern gewiß seltner.
    Übrigens find' ich mich hier gar wohl. Die Einsamkeit ist
meinem Herzen köstlicher Balsam* in dieser paradiesischen Gegend,
und diese Jahrszeit der Jugend wärmt mit aller Fülle mein oft
schauderndes Herz. Jeder Baum, jede Hecke ist ein Strauß von   -15-
Blüten, und man möchte zur Maienkäfer* werden, um in dem Meer von
Wohlgerüchen herumschweben und alle seine Nahrung darinne* finden
zu können.
    Die Stadt ist selbst unangenehm, dagegen* ringsumher eine un-
aussprechliche Schönheit der Natur. Das bewog den verstorbenen   -20-
Grafen von M***, einen Garten* auf einem der Hügel anzulegen, die
mit der schönsten Mannigfaltigkeit der Natur sich kreuzen und die
lieblichsten Täler bilden. Der Garten ist einfach, und man fühlt
gleich bei dem Eintritte, daß nicht ein wissenschaftlicher Gärt-
ner*, sondern ein fühlendes Herz den Plan bezeichnet*, das sein   -25-
selbst hier genießen wollte. Schon manche Träne hab' ich dem Ab-
geschiedenen in dem verfallnen Kabinettchen* geweint, das sein
Lieblingsplätzchen war und auch meins ist. Bald werd' ich Herr
vom Garten sein: der Gärtner ist mir zugetan, nur seit den paar
Tagen, und er wird sich nicht übel davon befinden*.   -30-

                                                        Am 10. Mai
    Eine wunderbare Heiterkeit hat meine ganze Seele eingenommen,
gleich den süßen Frühlingsmorgen, die ich mit ganzem Herzen ge-
nieße. Ich bin so allein und freue mich so meines Lebens in
dieser Gegend, die für solche Seelen geschaffen ist wie die   -35-
meine. Ich bin so glücklich, mein Bester, so ganz in dem Gefühl
von ruhigem Dasein versunken, daß meine Kunst darunter leidet.
Ich könnte jetzo nicht zeichnen, nicht einen Strich, und bin nie-
malen* ein größerer Maler gewesen als in diesen Augenblicken.
Wenn das liebe Tal um mich dampft und die hohe Sonne an der Ober- -40-
fläche der undurchdringlichen Finsternis meines Waldes ruht und
nur einzelne Strahlen sich in das innere Heiligtum stehlen und
ich dann im hohen Grase am fallenden Bache liege und näher an der

-----
1: =**Frau**. 2: impetuous. 3: genitive, and passim. 6: =**jetzt**. 10:
redundant. 13: balm. 16: June bug. 17: =**darin**. 19: sc. **ist**. 21:
park. 25: i.e., as in a French garden (as opposed to an English
garden); sc. **hat**, and passim. 27: pavilion. 30: be less well off
(in consequence). 39: =**niemals**.

Erde tausend mannigfaltige Gräschen mir merkwürdig werden, wenn
ich das Wimmeln der kleinen Welt zwischen Halmen, die unzähligen,
unergründlichen Gestalten all der Würmchen, der Mückchen näher an
meinem Herzen fühle und fühle die Gegenwart des Allmächtigen, der
uns all nach seinem Bilde* schuf, das Wehen des Allliebenden, der -5-
uns in ewiger Wonne schwebend trägt und erhält, - mein Freund,
wenn's denn* um meine Augen dämmert* und die Welt um mich her und
der Himmel ganz in meiner Seele ruht wie die Gestalt einer Ge-
liebten, dann sehn' ich mich oft und denke: "Ach! könntest du das
wieder ausdrücken, könntest du dem Papier das einhauchen, was so -10-
voll, so warm in dir lebt, daß es würde* der Spiegel deiner
Seele, wie deine Seele ist der Spiegel des unendlichen Gottes."
Mein Freund - aber ich gehe darüber* zugrunde, ich erliege unter
der Gewalt der Herrlichkeit dieser Erscheinungen.

                                        Am 12. Mai -15-
    Ich weiß nicht, ob so* täuschende Geister um diese Gegend
schweben oder ob die warme himmlische Phantasie in meinem Herzen
ist, die mir alles ringsumher so paradiesisch macht. Da ist
gleich vor dem Orte ein Brunn*, ein Brunn, an den ich gebannt bin
wie Melusine* mit ihren Schwestern. Du gehst einen kleinen Hügel -20-
hinunter und findest dich vor einem Gewölbe, da* wohl zwanzig
Stufen hinabgehen, wo unten das klarste Wasser aus Marmorfelsen
quillt. Das Mäuerchen, das oben umher die Einfassung macht, die
hohen Bäume, die den Platz ringsumher bedecken, die Kühle des
Orts, das hat alles so was Anzügliches*, was Schauerliches. Es -25-
vergeht kein Tag, daß ich nicht eine Stunde dasitze. Da kommen
denn die Mädchen aus der Stadt und holen Wasser, - das harm-
loseste Geschäft und das nötigste, das ehmals die Töchter der
Könige selbst verrichteten. Wenn ich dasitze, so lebt die patri-
archalische Idee so lebhaft um mich, wie* sie alle die Altväter* -30-
am Brunnen Bekanntschaft machen und freien* und wie um die Brun-
nen und Quellen wohltätige Geister schweben.   O der muß nie nach
einer schweren Sommertagswanderung sich an des Brunnens Kühle
gelabt haben, der das nicht mit empfinden kann*!

                                        Am 13. Mai -35-
    Du fragst, ob Du mir meine Bücher schicken sollst? Lieber, ich
bitte Dich um Gottes willen, laß mir sie vom Hals. Ich will nicht
mehr geleitet, ermuntert, angefeuert sein, braust dieses Herz
doch genug aus sich selbst; ich brauche Wiegengesang und den hab'
ich in seiner Fülle gefunden in meinem Homer. Wie oft lull' ich -40-

-----

5: image. 7: =dann; when my vision is dimmed. 11: so that it
might become.   13: =daran.   16: certain.   19: =Brunnen (well-)
spring. 20: mermaid of French and German folklore. 21: =wo. 25:
attractive. 30: i.e., as if. 30: Ancients (and, in the Bible:
patriarchs). 31: court. 34: O, a man who cannot share that ex-
perience must never have been refreshed, after an arduous journey
in the summer, by the coolness of a well-spring.

mein empörendes* Blut zur Ruhe, denn so ungleich, so unstet hast
Du nichts gesehn als dieses Herz. Lieber! brauch ich Dir das zu
sagen, der Du so oft die Last getragen hast, mich vom Kummer zur
Ausschweifung* und von süßer Melancholie zur verderblichen
Leidenschaft übergehn zu sehn? Auch halt' ich mein Herzchen wie   -5-
ein krankes Kind: all sein Wille wird ihm gestattet. Sag das
nicht weiter! es gibt Leute, die mir's verübeln würden.

                                                        Am 15. Mai
     Die geringen Leute* des Orts kennen mich schon und lieben mich,
besonders die Kinder. Eine traurige Bemerkung hab' ich gemacht.   -10-
Wie ich im* Anfange mich zu ihnen gesellte, sie freundschaftlich
fragte über dies und das, glaubten einige, ich wollte ihrer*
spotten, und fertigten mich wohl gar grob ab. Ich ließ mich das
nicht verdrießen, nur fühlt' ich, was ich schon oft bemerkt habe,
auf das lebhafteste: Leute von einigem Stande werden sich immer   -15-
in kalter Entfernung vom gemeinen* Volke halten, als glaubten sie
durch Annäherung zu verlieren; und dann gibt's Flüchtlinge und
üble Spaßvögel*, die sich herabzulassen scheinen, um ihren Über-
mut* dem armen Volke desto empfindlicher zu machen.
     Ich weiß wohl, daß wir nicht gleich sind noch* sein können.   -20-
Aber ich halte dafür, daß der, der glaubt nötig zu haben, vom
sogenannten Pöbel sich zu entfernen, um den Respekt zu erhalten,
ebenso tadelhaft ist als ein Feiger, der sich für* seinem Feinde
verbirgt, weil er zu unterliegen fürchtet.
     Letzthin* kam ich zum Brunnen und fand ein junges Dienst-   -25-
mädchen, das ihr Gefäß auf die unterste Treppe gesetzt hatte und
sich umsah, ob keine Kamerädin kommen wollte, ihr's auf den Kopf
zu helfen. Ich stieg hinunter und sah sie an. "Soll ich Ihr*
helfen, Jungfer*?" sagt' ich. Sie ward* rot über und über. "O
nein, Herr!" sagte sie. - "Ohne Umstände*!" - Sie legte ihren   -30-
Kringen* zurechte, und ich half ihr. Sie dankte und stieg hinauf.

                                                        Den 17. Mai
     Ich hab' allerlei Bekanntschaft gemacht, Gesellschaft hab' ich
noch keine gefunden. Ich weiß nicht, was ich Anzügliches für die
Menschen haben muß, es mögen mich ihrer so viele* und hängen sich   -35-
an mich, und da tut mir's immer weh, wenn unser Weg nur so eine
kleine Strecke miteinander geht. Wenn du fragst, wie die Leute
hier sind, muß ich dir sagen: wie überall! Es ist ein einförmig*
Ding ums* Menschengeschlecht. Die meisten verarbeiten den größten
Teil der Zeit, um zu leben, und das bißchen, das ihnen von Frei-   -40-
heit übrigbleibt, ängstigt sie so, daß sie alle Mittel aufsuchen,

-----
1: tumultuous. 4: exaltation. 9: lower classes. 11: =am. 12: gen.
pl. (=über sie). 16: common. 18: frivolous persons. 19: arro-
gance. 20: nor. 23: =vor, and passim. 25: =Vor kurzem. 28:
(archaic)=dir. 29: =Fräulein; =wurde. 30: Don't stand on
ceremony. 31: (circular) head pad. 35: so many of them like me.
38: =einförmiges, and passim: uniform. 39: about, concerning.

um's loszuwerden. O Bestimmung des Menschen!
  Aber eine rechte, gute Art Volks! Wann* ich mich manchmal ver-
gesse, manchmal mit ihnen die Freuden genieße, die so den
Menschen noch gewährt sind: an einem artig besetzten Tisch mit
aller Offen- und Treuherzigkeit sich herumzuspaßen, eine Spazier- -5-
fahrt, einen Tanz zur rechten Zeit anzuordnen und dergleichen, -
das tut eine ganz gute Würkung* auf mich, nur muß mir nicht ein-
fallen, daß noch so viele andere Kräfte in mir ruhen, die alle
ungenutzt vermodern und die ich sorgfältig verbergen muß. Ach!
das engt all das Herz so ein... Und doch! mißverstanden zu werden -10-
ist das Schicksal von unsereinem*.
  Ach, daß die Freundin meiner Jugend dahin ist! ach, daß ich sie
je gekannt habe! Ich würde* zu mir sagen: "Du bist ein Tor! du
suchst, was hienieden* nicht zu finden ist." Aber ich hab' sie
gehabt, ich habe das Herz gefühlt, die große Seele, in deren -15-
Gegenwart ich mir schien mehr zu sein, als ich war, weil ich
alles war, was ich sein konnte. Guter Gott, blieb da eine einzige
Kraft meiner Seele ungenutzt? konnt' ich nicht vor ihr all das
wunderbare Gefühl entwickeln, mit dem mein Herz die Natur umfaßt?
War unser Umgang nicht ein ewiges Weben von feinster Empfindung, -20-
schärfstem Witze, dessen Modifikationen bis zur Unart alle mit
dem Stempel des Genies bezeichnet waren? Und nun... Ach! ihre
Jahre, die sie voraus hatte, führten sie früher ans Grab als
mich. Nie werd' ich ihrer* vergessen, nie ihren festen Sinn und
ihre göttliche Duldung. -25-
  [...] einen braven Mann hab' ich kennen lernen, den fürstlichen
Amtmann*, einen offenen, treuherzigen Menschen. Man sagt, es soll
eine Seelenfreude sein, ihn unter seinen Kindern zu sehen, deren
er neune hat. Besonders macht man viel Wesens* von seiner ältsten
Tochter. Er hat mich zu sich gebeten, und ich will ihn ehster -30-
Tage* besuchen; er wohnt auf einem fürstlichen Jagdhofe*, andert-
halb Stunden von hier, wohin er nach dem Tode seiner Frau zu
ziehen die Erlaubnis erhielt, da ihm der Aufenthalt hier in der
Stadt und dem Amthause zu weh tat.
  Sonst sind einige verzerrte Originale* mir in den Weg gelaufen, -35-
an denen alles unausstehlich ist, am unerträglichsten ihre
Freundschaftsbezeugungen.
  Leb wohl! der Brief wird dir recht sein, er ist ganz his-
torisch*.

                                               Am 22. Mai -40-
  Daß das Leben des Menschen nur ein Traum sei, ist manchem schon
so vorgekommen, und auch mit mir zieht dieses Gefühl immer herum.
Wenn ich die Einschränkung so ansehe, in welche die tätigen und

-----

2: =**Wenn**, and passim. 7: =**Wirkung**, and passim. 11: people like
us, me. 13: sc. **sonst**. 14: here below, on earth. 24:
(genitive)=**sie**. 27: magistrate. 29: much to-do (about). 31: very
soon, one of these days; hunting lodge, country house. 35:
extreme eccentrics. 39: factual.

forschenden Kräfte des Menschen eingesperrt sind, wenn ich sehe,
wie alle Würksamkeit dahinaus läuft, sich die Befriedigung von
Bedürfnissen zu verschaffen, die wieder keinen Zweck haben, als
unsere arme Existenz zu verlängern, und dann, daß alle Beruhigung
über gewisse Punkte des Nachforschens nur eine träumende Resig-   -5-
nation ist, da man sich die Wände, zwischen denen man gefangen
sitzt, mit bunten Gestalten und lichten Aussichten bemalt, - das
alles, Wilhelm, macht mich stumm. Ich kehre in mich selbst zurück
und finde eine Welt! Wieder mehr in Ahndung* und dunkler* Begier
als in Darstellung und lebendiger Kraft. Und da schwimmt alles   -10-
vor meinen Sinnen, und ich lächle dann so träumend weiter in die
Welt.
     Daß die Kinder nicht wissen, warum sie wollen, darin sind alle
hochgelahrte* Schul- und Hofmeister* einig. Daß aber auch Erwach-
sene gleich Kindern auf diesem Erdboden herumtaumeln, gleichwie   -15-
jene nicht wissen, woher sie kommen und wohin sie gehen, ebenso-
wenig nach wahren Zwecken handeln, ebenso durch Biskuit und
Kuchen und Birkenreiser* regiert werden, das will niemand gern
glauben, und mich dünkt, man kann's mit Händen greifen.
     Ich gestehe dir gern, denn ich weiß, was du mir hierauf* sagen   -20-
möchtest, daß diejenige die glücklichsten sind, die gleich den
Kindern in'n Tag hinein leben, ihre Puppe herumschleppen, aus-
und anziehen und mit großem Respekte um die Schublade herum-
schleichen, wo Mama das Zuckerbrot hineinverschlossen hat, und
wenn sie das gewünschte endlich erhaschen, es mit vollen Backen   -25-
verzehren, und rufen: Mehr! Das sind glückliche Geschöpfe! Auch
denen ist's wohl, die ihren Lumpenbeschäftigungen* oder wohl gar
ihren Leidenschaften prächtige Titel geben und sie dem Menschen-
geschlechte als Riesenoperationen zu dessen Heil und Wohlfahrt
anschreiben*. Wohl dem, der so sein kann! Wer aber in seiner   -30-
Demut erkennt, wo das alles hinausläuft, der so sieht, wie artig
jeder Bürger, dem's wohl ist, sein Gärtchen zum Paradiese zu-
zustutzen* weiß und wie unverdrossen dann doch auch der Unglück-
liche unter der Bürde seinen Weg fortkeicht* und alle gleich
interessiert sind, das Licht dieser Sonne noch eine Minute länger -35-
zu sehn, - ja! der ist still und bildet auch seine Welt aus sich
selbst und ist auch glücklich, weil er ein Mensch ist. Und dann,
so eingeschränkt er ist, hält er doch immer im Herzen das süße
Gefühl von Freiheit, und daß er diesen Kerker verlassen kann,
wann er will.   -40-

                                              Am 26. Mai
Du kennst von alters her meine Art, mich anzubauen*, irgend mir

-----
9: =**Ahnung** presentiment; indefinite. 14: =**hochgelehrte**; private
tutors. 18: beatings with a birch rod. 20: =**hierüber** about this.
27: rogueries. 30: commend (to). 33: to form, shape (... into).
34: =**fortkeucht** goes panting, wheezing along. 42: to settle in.

an einem* vertraulichen Orte ein Hüttchen aufzuschlagen und da
mit aller Einschränkung zu herbergen. Ich hab' auch hier wieder
ein Plätzchen angetroffen, das mich angezogen hat.
    Ohngefähr* eine Stunde von der Stadt liegt ein Ort, den sie
Wahlheim# nennen. Die Lage an einem Hügel ist sehr interessant,   -5-
und wenn man oben auf dem Fußpfade zum Dorfe herausgeht, über-
sieht man mit einem* das ganze Tal. Eine gute Wirtin, die ge-
fällig und munter in ihrem Alter ist, schenkt* Wein, Bier,
Kaffee; und was über alles geht, sind zwei Linden, die mit ihren
ausgebreiteten Ästen den kleinen Platz vor der Kirche bedecken, -10-
der ringsum mit Bauerhäusern, Scheuern* und Höfen eingeschlossen
ist. So vertraulich, so heimlich* hab' ich nicht leicht ein
Plätzchen gefunden, und dahin lass' ich mein Tischchen aus dem
Wirtshause bringen und meinen Stuhl, und trinke meinen Kaffee da
und lese meinen Homer. Das erstemal, als ich durch einen Zufall -15-
an einem schönen Nachmittage unter die Linden kam, fand ich das
Plätzchen so einsam. Es war alles* im Felde. Nur ein Knabe von
ohngefähr vier Jahren saß an der Erde und hielt ein andres, etwa
halbjähriges, vor ihm zwischen seinen Füßen sitzendes Kind mit
beiden Armen wider seine Brust, so daß er ihm zu einer Art von -20-
Sessel diente und ohngeachtet* der Munterkeit, womit er aus
seinen schwarzen Augen herumschaute, ganz ruhig saß. Mich ver-
gnügte der Anblick, und ich setzte mich auf einen Pflug, der
gegenüber stund*, und zeichnete die brüderliche Stellung mit
vielem Ergötzen; ich fügte den nächsten Zaun, ein Tennentor* und -25-
einige gebrochne Wagenräder bei, wie es all hintereinander stund,
und fand nach Verlauf einer Stunde, daß ich eine wohlgeordnete,
sehr interessante Zeichnung verfertigt hatte, ohne das mindeste
von dem Meinen* hinzuzutun. Das bestärkte mich in meinem Vor-
satze, mich kräftig allein an die Natur zu halten. Sie allein ist -30-
unendlich reich, und sie allein bildet den großen Künstler. Man
kann zum Vorteile der Regeln viel sagen, ohngefähr was man zum
Lobe der bürgerlichen* Gesellschaft sagen kann: Ein Mensch, der
sich nach ihnen bildet, wird nie etwas Abgeschmacktes und
Schlechtes hervorbringen, wie einer, der sich durch Gesetze und   -35-
Wohlstand* modeln läßt, nie ein unerträglicher Nachbar, nie ein
merkwürdiger Bösewicht werden kann; dagegen wird aber auch alle
Regel, man rede, was man wolle*, das wahre Gefühl von Natur und
den wahren Ausdruck derselben zerstören! Sag' du: das ist zu

#Der Leser wird sich keine Mühe geben, die hier genannten Orte zu -40-
suchen; man hat sich genötigt gesehen, die im Originale befind-
lichen wahren Namen zu verändern.

-----
l: =mir an irgendeinem. 4: =Ungefähr, and passim. 7: =ein(em)mal
all at once. 8: serves. 11: =Scheunen barns. 12: comfortable. 17:
i.e., alle everybody (was working in). 21: =ungeachtet notwith-
standing. 24: =stand, and passim. 25: barn door. 29: i.e., sub-
jectivity. 33: polite. 36: propriety. 38: say what one will.

hart! sie schränkt nur ein, beschneidet die geilen* Reben usw.
-Guter Freund, soll ich dir ein Gleichnis geben? Es ist damit wie
mit der Liebe: Ein junges Herz hängt ganz an einem Mädchen,
bringt alle Stunden seines Tags bei ihr zu, verschwendet all
seine Kräfte, all sein Vermögen, um ihr jeden Augenblick aus-   -5-
zudrücken, daß er sich ganz ihr hingibt. Und da käme ein Phi-
lister, ein Mann, der in einem öffentlichen Amte steht, und sagte
zu ihm: "Feiner junger Herr, lieben ist menschlich, nur müßt Ihr*
menschlich lieben! Teilet Eure Stunden ein, die einen zur Arbeit,
und die Erholungsstunden widmet Eurem Mädchen, berechnet Euer   -10-
Vermögen, und was Euch von Eurer Notdurft* übrigbleibt, davon
verwehr' ich Euch nicht, ihr ein Geschenk, nur nicht zu oft, zu
machen. Etwa zu ihrem Geburts- und Namenstage usw." Folgt der
Mensch, so gibt's einen brauchbaren jungen Menschen, und ich will
selbst jedem Fürsten raten, ihn in ein Kollegium* zu setzen; nur   -15-
mit seiner Liebe ist's am Ende, und wenn er ein Künstler ist, mit
einer Kunst. O meine Freunde! warum der Strom des Genies so sel-
ten ausbricht, so selten in hohen Fluten hereinbraust* und eure
staunende Seele erschüttert? Liebe Freunde, da wohnen die ge-
laßnen* Kerls auf beiden Seiten des Ufers, denen ihre* Garten-   -20-
häuschen, Tulpenbeete und Krautfelder zugrunde gehen würden und
die daher inzeiten* mit Dämmen und Ableiten der künftig drohenden
Gefahr abzuwehren wissen.

                                                    Am 27. Mai
Ich bin, wie ich sehe, in Verzückung, Gleichnisse und Dekla-   -25-
mation verfallen und habe drüber vergessen, Dir auszuerzählen,
was mit den Kindern weiter worden* ist. Ich saß ganz in male-
rische Empfindungen vertieft, die dir mein gestriges Blatt sehr
zerstückt darlegt, auf meinem Pfluge wohl zwei Stunden. Da kommt
gegen Abend eine junge Frau auf die Kinder los, die sich die Zeit   -30-
gerührt hatten, mit einem Körbchen am Arme, und ruft von weitem:
"Philips*, du bist recht brav." Sie grüßte mich, ich dankte ihr,
stand auf, trat näher hin und fragte sie, ob sie Mutter zu den
Kindern wäre. Sie bejahte es, und indem sie dem Ältesten einen
halben Weck* gab, nahm sie das Kleine auf und küßte es mit aller   -35-
mütterlichen Liebe. "Ich habe", sagte sie, "meinem Philips das
Kleine zu halten gegeben und bin in die Stadt gegangen mit meinem
Ältesten, um weiß Brot* zu holen und Zucker und ein irden Brei-
pfännchen*." Ich sah das alles in dem Korbe, dessen Deckel ab-
gefallen war. "Ich will meinem Hans" (das war der Name des   -40-
Jüngsten) ein Süppchen* kochen zum Abende; der lose Vogel*, der
Große, hat mir gestern das Pfännchen zerbrochen, als er sich mit

-----
1: wild (tendrils). 8: (archaic)=Sie. 11: necessary expenditures.
15: (ministerial) council. 18: storms along. 20: composed, i.e.,
conservative; denen ihre=deren. 22: =beizeiten in time. 27: =ge-
worden, and passim. 32: short for Philippus. 35: bun. 38: white
bread was more expensive and considered a treat. 39: (earthen-
ware) saucepan. 41: supper (also: Suppe); high-spirited rascal.

Philipsen* um die Scharre* des Breis zankte." Ich fragte nach dem
Ältsten, und sie hatte mir kaum gesagt, daß er auf der Wiese sich
mit ein paar Gänsen herumjagte, als er hergesprungen kam und dem
zweiten eine Haselgerte* mitbrachte. Ich unterhielt mich weiter
mit dem Weibe und erfuhr, daß sie des Schulmeisters Tochter sei   -5-
und daß ihr Mann eine Reise in die Schweiz gemacht habe, um die
Erbschaft eines Vettern zu holen. "Sie haben ihn darum betrügen
wollen", sagte sie, "und ihm auf seine Briefe nicht geantwortet,
da ist er selbst hineingegangen*. Wenn ihm nur kein Unglück pas-
siert ist, ich höre nichts von ihm." Es ward mir schwer, mich von -10-
dem Weibe loszumachen, *gab jedem der Kinder einen Kreuzer*, und
auch fürs jüngste gab ich ihr einen, ihm einen Weck mitzubringen
zur Suppe, wenn sie in die Stadt ging, und so schieden wir von-
einander.
    Ich sage Dir, mein Schatz*, wenn meine Sinnen gar nicht mehr   -15-
halten* wollen, so lindert's all den Tumult, der Anblick* eines
solchen Geschöpfs, das in der glücklichen Gelassenheit so den
engen Kreis seines Daseins ausgeht*, von einem Tag zum andern
sich durchhilft, die Blätter abfallen sieht und nichts dabei
denkt, als daß der Winter kömmt*.   -20-
    Seit der Zeit bin ich oft drauß, die Kinder sind ganz an mich
gewöhnt. Sie kriegen Zucker, wenn ich Kaffee trinke, und teilen
das Butterbrot und die saure* Milch mit mir des Abends*. Sonntags
fehlt ihnen der Kreuzer nie, und wenn ich nicht nach der Bet-
stunde da bin, so hat die Wirtin Ordre, ihn auszubezahlen.   -25-
    Sie sind vertraut*, erzählen mir allerhand, und besonders er-
götz' ich mich an ihren Leidenschaften und simplen Ausbrüchen des
Begehrens, wenn mehr Kinder aus dem Dorfe sich versammeln.
    Viel Mühe hat mich's gekostet, der Mutter ihre Besorgnis zu
benehmen: "Sie möchten* den Herrn inkommodieren."   -30-

                                                   Am 30. Mai
    Was ich dir neulich von der Malerei sagte, gilt gewiß auch von
der Dichtkunst; es ist nur, daß man das Vortreffliche erkennen*
und es auszusprechen wage, und das ist freilich mit wenigem viel
gesagt. Ich habe heute eine Szene gehabt, die, rein ab-   -35-
geschrieben, die schönste Idylle von der Welt gäbe; doch was soll
Dichtung, Szene und Idylle? muß es denn immer gebosselt* sein,
wenn wir teil an einer Naturerscheinung nehmen sollen?
    Wenn du auf diesen Eingang* viel Hohes und Vornehmes erwartest,
so bist du wieder übel betrogen; es ist nichts als ein Bauer-   -40-
busch, der mich zu dieser lebhaften Teilnehmung hingerissen hat.
Ich werde, wie gewöhnlich, schlecht erzählen, und du wirst mich,

-----
1: (dat.): archaic declension; scrapings. 4: switch from a hazel
(birch) tree. 9: =hingegangen (i.e., in die Schweiz). 11: sc.
ich; small coin. 15: dear friend. 16: be stable; subject of lin-
dert. 18: paces. 20: =kommt, and passim. 23: clabbered, curdled;
=am Abend. 26: confiding. 30: might. 33: should recognize (and
should dare). 37: (we be) tinkering, playing. 39: introduction.

wie gewöhnlich, denk' ich, übertrieben finden; es ist wieder
Wahlheim, und immer Wahlheim, das diese Seltenheiten hervor-
bringt.
   Es war eine Gesellschaft draußen unter den Linden, Kaffee zu
trinken. Weil sie mir nicht ganz anstand*, so blieb ich unter   -5-
einem Vorwande zurück.
   Ein Bauerbursch kam aus einem benachbarten Hause und beschäf-
tigte sich, an dem Pfluge, den ich neulich gezeichnet hatte,
etwas zurecht zu machen. Da mir sein Wesen gefiel, redete ich ihn
an, fragte nach seinen Umständen, wir waren bald bekannt und, wie -10-
mir's gewöhnlich mit dieser Art Leuten geht, bald vertraut. Er
erzählte mir, daß er bei einer Witwe in Diensten sei und von ihr
gar wohl gehalten* werde. Er sprach so vieles von ihr und lobte
sie dergestalt*, daß ich bald merken konnte, er sei ihr mit Leib
und Seele zugetan. Sie sei nicht mehr jung, sagte er, sie sei von -15-
ihrem ersten Mann übel gehalten worden, wolle nicht mehr hei-
raten, und aus seiner Erzählung leuchtete so merklich hervor, wie
schön, wie reizend sie für ihn sei, wie sehr er wünsche, daß sie
ihn wählen möchte*, um das Andenken der Fehler ihres ersten
Mannes auszulöschen, daß ich Wort für Wort wiederholen müßte, um -20-
dir die reine Neigung, die Liebe und Treue dieses Menschen an-
schaulich zu machen. Ja, ich müßte die Gabe des größten Dichters
besitzen, um dir zugleich den Ausdruck seiner Gebärden, die Har-
monie seiner Stimme, das heimliche Feuer seiner Blicke lebendig
darstellen zu können. Nein, es sprechen keine Worte die Zartheit -25-
aus, die in seinem ganzen Wesen und Ausdruck war; es ist alles
nur plump, was ich wieder vorbringen könnte. Besonders rührte
mich, wie er fürchtete, ich möchte über sein Verhältnis zu ihr
ungleich denken* und an ihrer guten Aufführung zweifeln. Wie
reizend es war, wenn er von ihrer Gestalt, von ihrem Körper   -30-
sprach, der ihn ohne jugendliche Reize gewaltsam an sich zog und
fesselte, kann ich mir nur in meiner innersten Seele wiederholen.
Ich hab' in meinem Leben die dringende Begierde und das heiße,
sehnliche Verlangen nicht in dieser Reinheit gesehen, ja wohl
kann ich sagen, in dieser Reinheit nicht gedacht und geträumt.   -35-
Schelte mich nicht, wenn ich dir sage, daß bei der Erinnerung
dieser Unschuld und Wahrheit mir die innerste Seele glüht, und
daß mich das Bild dieser Treue und Zärtlichkeit überall verfolgt,
und daß ich, wie selbst davon entzündet, lechze und schmachte.
   Ich will nun suchen, auch sie ehstens zu sehn, oder vielmehr, -40-
wenn ich's recht bedenke, ich will's vermeiden. Es ist besser,
ich sehe sie durch die Augen ihres Liebhabers; vielleicht er-
scheint sie mir vor meinen eigenen Augen nicht so, wie sie jetzt
vor mir steht, und warum soll ich mir das schöne Bild verderben?

5: suited. 13: treated. 14: in such a way. 19: might. 29: (might)
get the wrong idea.

Am 16. Juni
Warum ich Dir nicht schreibe? Fragst du das und bist doch auch
der Gelehrten einer*? Du solltest raten, daß ich mich wohl-
befinde, und zwar - kurz und gut, ich habe eine Bekanntschaft
gemacht, die mein Herz näher angeht. Ich habe - ich weiß nicht.   -5-
Dir in der Ordnung* zu erzählen, wie's zugegangen ist, daß ich
eins der liebenswürdigsten Geschöpfe habe kennen lernen, wird
schwer halten*; ich bin vergnügt und glücklich, und so kein guter
Historienschreiber.
Einen Engel! Pfui! das sagt jeder von der Seinigen! Nicht wahr?   -10-
Und doch bin ich nicht imstande, Dir zu sagen, wie sie vollkommen
ist, warum sie vollkommen ist; genug, sie hat all meinen Sinn
gefangengenommen.
So viel Einfalt bei so viel Verstand, so viel Güte bei so viel
Festigkeit, und die Ruhe der Seele bei dem wahren Leben und der   -15-
Tätigkeit. -
Das ist alles garstiges Gewäsche*, was ich da von ihr sage,
leidige Abstraktionen, die nicht einen Zug ihres Selbst aus-
drücken. Ein andermal - nein, nicht ein andermal, jetzt gleich
will ich Dir's erzählen. Tu' ich's jetzt nicht, geschäh's nie-   -20-
mals. Denn, unter uns, seit ich angefangen habe zu schreiben, war
ich schon dreimal im Begriffe, die Feder niederzulegen, mein
Pferd satteln zu lassen und hinauszureiten, und doch schwur ich
mir heut früh, nicht hinauszureiten, - und gehe doch alle Augen-
blicke ans Fenster, zu sehen, wie hoch die Sonne noch steht.   -25-
Ich hab's nicht überwinden können, ich mußte zu ihr hinaus. Da
bin ich wieder, Wilhelm, und will mein Butterbrot* zu Nacht essen
und Dir schreiben. Welch eine Wonne das für meine Seele ist, sie
in dem Kreise der lieben, muntern Kinder, ihrer acht Geschwister,
zu sehen! -   -30-
Wenn ich so   fortfahre, wirst Du am Ende so klug sein wie am
Anfange; höre denn, ich will mich zwingen, ins Detail zu gehen.
Ich schrieb dir neulich, wie ich den Amtmann S*** habe kennen-
lernen und wie er mich geboten habe, ihn bald in seiner Ein-
siedelei oder vielmehr seinem kleinen Königreiche zu besuchen. -35-
Ich vernachlässigte das und wäre vielleicht nie hingekommen,
hätte mir der Zufall nicht den Schatz entdeckt, der in der
stillen Gegend verborgen liegt.
Unsere jungen Leute hatten einen Ball auf dem Lande angestellt,
zu dem ich mich denn auch willig finden ließ. Ich bot einem hie- -40-
sigen* guten, schönen, weiters* unbedeutenden Mädchen die Hand*,
und es wurde ausgemacht, daß ich eine Kutsche nehmen, mit meiner
Tänzerin und ihrer Base* nach dem Ort der Lustbarkeit* hinaus-
fahren und auf dem Wege Charlotten S*** mitnehmen sollte. "Sie
werden ein schönes Frauenzimmer kennenlernen", sagte meine   -45-

-----
3: even though you are one... 6: in an orderly fashion. 8: be
hard to do. 17: disgusting verbiage. 27: i.e., supper. 41: local;
otherwise; invited. 43: cousin; place of festivities.

Gesellschafterin, da* wir durch den weiten, schön ausgehauenen* Wald fuhren. "Nehmen Sie sich in acht", versetzte die Base, "daß Sie sich nicht verlieben!" "Wieso?" sagt' ich. "Sie ist schon vergeben"*, antwortete jene, "an einen sehr braven Mann, der weg- gereist ist, seine Sachen in Ordnung zu bringen nach seines -5- Vaters Tod und sich um eine ansehnliche Versorgung* zu bewerben." Die Nachricht war mir ziemlich gleichgültig.

Die Sonne war noch eine Viertelstunde vom Gebürge*, als wir vor dem Hoftore anfuhren; es war sehr schwüle, und die Frauenzimmer äußerten ihre Besorgnis wegen eines Gewitters, das sich in weiß- -10- grauen, dumpfigen* Wölkchen rings am Horizonte zusammenzuziehen schien. Ich täuschte* ihre Furcht mit anmaßlicher* Wetterkunde, ob* mir gleich selbst zu ahnden anfing, unsere Lustbarkeit werde einen Stoß leiden.

Ich war ausgestiegen. Und eine Magd*, die ans Tor kam, bat uns, -15- einen Augenblick zu verziehen*, Mamsell Lottchen würde gleich kommen. Ich ging durch den Hof nach dem wohlgebauten Hause, und da ich die vorliegenden Treppen hinaufgestiegen war und in die Türe trat, fiel mir das reizendste Schauspiel* in die Augen, das ich jemals gesehen habe. In dem Vorsaale wimmelten sechs Kinder, -20- von eilf* zu zwei Jahren, um ein Mädchen von schöner mittlerer Taille*, die ein simples weißes Kleid mit blaßroten Schleifen* an Arm und Brust anhatte. Sie hielt ein schwarzes Brot und schnitt ihren Kleinen ringsherum jedem sein Stück nach Proportion ihres Alters und Appetites ab, gab's jedem mit solcher Freundlichkeit, -25- und jedes rufte* so ungekünstelt sein "Danke!", indem es mit den kleinen Händchen lang in die Höh' gereicht hatte, eh' es noch abgeschnitten war, und nun mit seinem Abendbrote vergnügt ent- weder wegsprang oder nach seinem stillern Charakter gelassen da- von nach dem Hoftore zuging, um die Fremden und die Kutsche zu -30- sehen, darinnen ihre Lotte wegfahren sollte. "Ich bitte um Ver- gebung", sagte sie, "daß ich Sie hereinbemühe* und die Frauen- zimmer* warten lasse. Über* dem Anziehen und allerlei Bestel- lungen fürs Haus in meiner Abwesenheit habe ich vergessen, meinen Kindern ihr Vesperstück* zu geben, und sie wollen von niemandem -35- Brot geschnitten haben als von mir." Ich machte ihr ein unbe- deutendes Kompliment, und meine ganze Seele ruhte auf der Ge- stalt, dem Tone, dem Betragen, und* hatte eben Zeit, mich von der Überraschung zu erholen, als sie in die Stube lief, ihre Hand- schuh' und Fächer zu nehmen. Die Kleinen sahen mich in einiger -40- Entfernung so von der Seite an, und ich ging auf das jüngste los, das ein Kind von der glücklichsten Gesichtsbildung war. Es zog sich zurück, als eben Lotte zur Türe herauskam und sagte: "Louis,

-----

1: =als as; thinned out. 4: promised (to). 6: position of some importance. 8: =Gebirge. 11: dull, hazy. 12: quieted; pretended. 13: obwohl. 15: servant (girl). 16: =warten. 19: spectacle. 21: =elf. 22: average build; bows (ribbons). 26: =rief. 32: cause (you) the trouble of coming in. 33: =Frauen; because of. 35: i.e., Abendbrot. 38: sc. ich.

gib dem Herrn Vetter* eine Hand." Das tat der Knabe sehr frei-
mütig, und ich konnte mich nicht enthalten, ihn ohngeachtet*
seines kleinen Rotznäschens* herzlich zu küssen. "Vetter?" sagt'
ich, indem ich ihr die Hand reichte, "glauben Sie, daß ich des
Glücks wert sei, mit Ihnen verwandt zu sein?" "Oh!" sagte sie,   -5-
mit einem leichtfertigen* Lächeln, "unsere Vetterschaft ist sehr
weitläuftig*, und es wäre mir leid, wenn Sie der schlimmste
drunter sein sollten." Im Gehen gab sie Sophien, der ältsten
Schwester nach ihr, einem Mädchen von ohngefähr eilf Jahren, den
Auftrag, wohl auf die Kleinen achtzuhaben und den Papa zu grüßen, -10-
wenn er vom Spazierritte zurückkäme. Den Kleinen sagte sie, sie
sollten ihrer Schwester Sophie folgen, als wenn sie's selbst
wäre, das denn auch einige ausdrücklich versprachen. Eine kleine
nasweise* Blondine aber, von ohngefähr sechs Jahren, sagte: "Du
bist's doch nicht, Lottchen! wir haben dich doch lieber." Die   -15-
zwei ältsten der Knaben waren hinten auf die Kutsche geklettert,
und auf mein Vorbitten* erlaubte sie ihnen, bis vor den Wald mit-
zufahren, wenn sie versprächen, sich nicht zu necken und sich
recht festzuhalten.
    Wir hatten uns kaum zurechtgesetzt, die Frauenzimmer sich be- -20-
willkommt, wechselweis' über den Anzug und vorzüglich die Hütchen
ihre Anmerkungen gemacht und die Gesellschaft, die man zu finden
erwartete, gehörig durchgezogen*, als Lotte den Kutscher halten
und ihre Brüder herabsteigen ließ, die noch einmal ihre Hand zu
küssen begehrten, das denn der ältste mit aller Zärtlichkeit, die -25-
dem Alter mit fünfzehn Jahren eigen sein kann, der andere mit
viel Heftigkeit und Leichtsinn tat. Sie ließ die Kleinen noch
einmal grüßen, und wir fuhren weiter.
    Die Base fragte, ob sie mit dem Buche fertig wäre, das sie ihr
neulich geschickt hätte. "Nein", sagte Lotte, "es gefällt mir   -30-
nicht, Sie können's wieder haben. Das vorige war auch nicht
besser." Ich erstaunte, als ich fragte, was es für Bücher wären,
und sie mir antwortete:...# Ich fand so viel Charakter in allem,
was sie sagte, ich sah mit jedem Wort neue Reize, neue Strahlen
des Geistes aus ihren Gesichtszügen hervorbrechen, die sich nach -35-
und nach vergnügt zu entfalten schienen, weil sie an mir fühlte,
daß ich sie verstund.
    "Wie ich jünger war", sagte sie, "liebte ich nichts so sehr als
die Romanen. Weiß Gott, wie wohl mir's war, mich so sonntags in
ein Eckchen zu setzen und mit ganzem Herzen an dem Glücke und   -40-

#Man sieht sich genötigt, diese Stelle des Briefs zu unter-
drücken, um niemand Gelegenheit zu einiger Beschwerde zu geben,
obgleich im Grunde jedem Autor wenig an dem Urteile eines ein-
zelnen Mädchens und eines jungen unsteten Menschen gelegen sein
kann.   -45-

1: "cousin," gentleman. 2: in spite of. 3: runny little nose. 6:
easy. 7: =weitläufig extensive, large. 14: pert. 17: =Fürbitte
intercession. 23: criticized.

Unstern* einer Miß Jenny* teilzunehmen.   Ich leugne auch nicht,
daß die Art* noch einige Reize für mich hat.   Doch da ich so
selten an ein Buch komme, so müssen sie auch recht nach meinem
Geschmacke sein.   Und der Autor ist mir der liebste, in dem ich
meine Welt wieder finde, bei dem's zugeht wie um mich und dessen   -5-
Geschichte mir doch so interessant, so herzlich wird als mein
eigen häuslich Leben, das freilich kein Paradies, aber doch im
ganzen eine Quelle unsäglicher Glückseligkeit ist."
    Ich bemühte mich, meine Bewegungen über diese Worte zu ver-
bergen. Das ging freilich nicht weit, denn da ich sie mit solcher   -10-
Wahrheit im Vorbeigehn vom **Landpriester von Wakefield***, vom...# -
reden hörte, kam ich eben außer mich und sagte ihr alles, was ich
wußte, und bemerkte erst nach einiger Zeit, da Lotte das Gespräch
an die andern wendete, daß diese die Zeit über mit offnen Augen,
als säßen sie nicht da, dagesessen hatten. Die Base sah mich mehr   -15-
als einmal mit einem spöttischen Näschen an, daran mir aber
nichts gelegen war.
    Das Gespräch fiel auf das Vergnügen am Tanze.   "Wenn diese
Leidenschaft ein Fehler ist", sagte Lotte, "so gesteh' ich Ihnen
gern, ich weiß nichts übers* Tanzen.   Und wenn ich was im Kopfe   -20-
habe und mir auf meinem verstimmten Klaviere einen Kontertanz*
vortrommle, so ist alles wieder gut."
    Wie ich mich unter dem Gespräche in den schwarzen Augen wei-
dete, wie die lebendigen Lippen und die frischen, muntern Wangen
meine ganze Seele anzogen, wie ich, in den herrlichen Sinn ihrer   -25-
Rede ganz versunken, oft gar die Worte nicht hörte, mit denen sie
sich ausdrückte, - davon hast du eine Vorstellung, weil du mich
kennst. Kurz, ich stieg aus dem Wagen wie ein Träumender, als wir
vor dem Lusthause* stillhielten, und war so in Träumen rings in
der dämmernden Welt verloren, daß ich auf die Musik kaum achtete,   -30-
die uns von dem erleuchteten Saale herunter entgegenschallte.
    Die zwei Herren Audran und ein gewisser N.N.* (wer behält all
die Namen!), die der Base und Lottens Tänzer waren, empfingen uns
am Schlage*, bemächtigten sich* ihrer Frauenzimmer, und ich
führte das meinige hinauf.   -35-

#Man hat auch hier die Namen einiger vaterländischer Autoren aus-
gelassen.   Wer teil* an Lottens Beifall hatte, wird es gewiß an
seinem Herzen fühlen, wenn er diese Stelle lesen sollte.   Und
sonst braucht's ja niemand zu wissen.

1: misfortune; allusion to either **Histoire de Miss Jenny Glan-
ville**, a sentimental novel by the French writer Marie-Jeanne Ric-
coboni, or to **Miss Fanny Wilkes** (1766), by J. T. Hermes, whose
heroine is a Miss Jenny. 2: i.e., such reading. 11: i.e., **The
Vicar of Wakefield** (1766), by Oliver Goldsmith. 20: i.e., that
surpasses.   21: **contredanse**, a dance in which the partners form
two facing lines. 29: summerhouse, pavilion. 32: =**nomen nescio**
(L.): I don't know his name. 34: carriage door; took charge (of).
37: sympathy (with).

Wir schlangen uns in Menuetts umeinander herum, ich forderte
ein Frauenzimmer nach dem andern auf, und just die unleidlichsten
konnten nicht dazu kommen, einem die Hand zu reichen und ein Ende
zu machen. Lotte und ihr Tänzer fingen einen Englischen* an, und
wie wohl mir's war, als sie auch in der Reihe die Figur mit uns   -5-
anfing, magst du fühlen. Tanzen muß man sie sehen. Siehst du, sie
ist so mit ganzem Herzen und mit ganzer Seele dabei, ihr ganzer
Körper eine Harmonie, so sorglos, so unbefangen, als wenn das
eigentlich alles wäre, als wenn sie sonst nichts dächte, nichts
empfände, und in dem Augenblicke gewiß schwindet alles andere vor -10-
ihr.
Ich bat sie um den zweiten Kontertanz, sie sagte mir den
dritten zu, und mit der liebenswürdigsten Freimütigkeit von der
Welt versicherte sie mich, daß sie herzlich gern deutsch* tanzte.
"Es ist hier so Mode", fuhr sie fort, "daß jedes Paar, das zu- -15-
sammengehört, beim Deutschen zusammenbleibt, und mein Chapeau*
walzt schlecht und dankt mir's, wenn ich ihm die Arbeit erlasse;
Ihr Frauenzimmer kann's auch nicht und mag nicht, und ich habe
im* Englischen gesehn, daß Sie gut walzen; wenn Sie nun mein sein
wollen für's Deutsche, so gehn Sie und bitten sich's aus von   -20-
meinem Herrn, ich will zu Ihrer Dame gehn." Ich gab ihr die Hand
drauf, und es wurde schon arrangiert, daß Ihrem Tänzer inzwischen
die Unterhaltung meiner Tänzerin aufgetragen ward.
Nun ging's, und wir ergötzten uns eine Weile an manchfaltigen*
Schlingungen der Arme. Mit welchem Reize, mit welcher Flüchtig- -25-
keit bewegte sie sich! Und da wir nun gar ans Walzen kamen und
wie die Sphären umeinander herumrollten, ging's freilich anfangs,
weil's die wenigsten können*, ein bißchen bunt durcheinander*.
Wir waren klug und ließen sie austoben, und wie die Unge-
schicktesten den Plan* geräumt hatten, fielen wir ein und hielten -30-
mit noch einem Paare, mit Audran und seiner Tänzerin, wacker aus.
Nie ist mir's so leicht vom Flecke gegangen*. Ich war kein Mensch
mehr. Das liebenswürdigste Geschöpf in den Armen zu haben und mit
ihr herumzufliegen wie Wetter*, daß alles ringsumher verging
und... Wilhelm, um ehrlich zu sein, tat ich aber doch den Schwur, -35-
daß ein Mädchen, das ich liebte, auf das ich Ansprüche hätte, mir
nie mit einem andern walzen sollte als mit mir, und wenn ich da-
rüber zugrunde gehen müßte. Du verstehst mich!
Wir machten einige Touren* gehend im Saale, um zu verschnaufen.
Dann setzte sie sich, und die Zitronen, die ich weggestohlen -40-
hatte beim Punschmachen, die nun die einzigen noch übrigen waren
und die ich ihr in Schnittchen mit Zucker zur Erfrischung

4: =contredanse. 14: with one partner, as in a waltz. 16: escort.
19: i.e., during. 24: =mannigfaltigen various (interlacings). 28:
because very few are skilled at it; (there was) a little con-
fusion.   30: field, i.e., dance floor. 32: Never did I move more
easily. 34: lightning. 39: circuits (walking).

brachte, taten fürtreffliche Würkung*, nur daß mir mit jedem
Schnittchen, das ihre Nachbarin aus der Tasse nahm, ein Stich
durchs Herz ging, der ich's nun freilich Schanden halber* präsen-
tieren mußte.
  Beim dritten Englischen waren wir das zweite Paar. Wie wir die -5-
Reihe so durchtanzten und ich, weiß Gott mit wieviel Wonne, an
ihrem Arme und Auge hing, das voll vom wahrsten Ausdrucke des
offensten reinsten Vergnügens war, kommen wir an eine Frau, die
mir wegen ihrer liebenswürdigen Miene auf einem nicht mehr ganz
jungen Gesichte merkwürdig gewesen war. Sie sieht Lotten lächelnd -10-
an, hebt einen drohenden Finger auf und nennt den Namen Albert
zweimal im Vorbeifliegen mit viel Bedeutung.
  "Wer ist Albert", sagte ich zu Lotten, "wenn's nicht Vermessen-
heit ist zu fragen." Sie war im Begriffe zu antworten, als wir
uns scheiden mußten, die große Achte* zu machen, und mich -15-
dünkte*, einiges Nachdenken auf ihrer Stirne zu sehen, als wir
voreinander vorbeikreuzten. "Was* soll ich's Ihnen leugnen",
sagte sie, indem sie mir die Hand zur Promenade bot. "Albert ist
ein braver Mensch, dem ich so gut als verlobt bin!" Nun war mir
das nichts Neues, denn die Mädchen hatten mir's auf dem Wege -20-
gesagt, und war mir doch so ganz neu, weil ich das noch nicht im
Verhältnisse auf sie, die mir in so wenig Augenblicken so wert
geworden war, gedacht hatte. Genug, ich verwirrte mich, vergaß
mich und kam zwischen das unrechte Paar hinein, daß alles drunter
und drüber ging, und Lottens ganze Gegenwart und Zerren und -25-
Ziehen nötig war, um's schnell wieder in Ordnung zu bringen.
  Der Tanz war noch nicht zu Ende, als die Blitze, die wir schon
lange am Horizonte leuchten gesehn und die ich immer für Wetter-
kühlen* ausgegeben hatte, viel stärker zu werden anfingen und der
Donner die Musik überstimmte. Drei Frauenzimmer liefen aus der -30-
Reihe, denen ihre Herren folgten, die Unordnung ward allgemein,
und die Musik hörte auf. Es ist natürlich, wenn uns ein Unglück
oder etwas Schröckliches* im Vergnügen überrascht, daß es
stärkere Eindrücke auf uns macht als sonst, teils wegen dem
Gegensatze, der sich so lebhaft empfinden läßt, teils und noch -35-
mehr, weil unsere Sinnen einmal der Fühlbarkeit* geöffnet sind
und also desto schlimmer einen Eindruck annehmen. Diesen Ursachen
muß ich die wunderbaren Grimassen zuschreiben, in die ich mehrere
Frauenzimmer ausbrechen sah. Die Klügste setzte sich in eine
Ecke, mit dem Rücken gegen das Fenster, und hielt die Ohren zu; -40-
eine andere kniete sich vor ihr nieder und verbarg den Kopf in
der ersten Schoß*; eine dritte schob sich zwischen beide hinein
und umfaßte ihr Schwesterchen mit tausend Tränen. Einige wollten
nach Hause; andere, die noch weniger wußten, was sie taten,
hatten nicht so viel Besinnungskraft, den Keckheiten unserer -45-
jungen Schluckers* zu steuern, die sehr beschäftigt zu sein

1: =vortreffliche Wirkung. 3: out of politeness. 15: figure
eight. 16: =ich glaubte. 17: =Warum. 29: heat lightning. 33:
=Schreckliches. 36: emotion. 42: in the first one's lap. 46:
gluttons.

schienen, alle die ängstlichen Gebete, die dem Himmel bestimmt
waren, von den Lippen der schönen Bedrängten* wegzufangen. Einige
unserer Herren hatten sich hinabbegeben*, um ein Pfeifchen in
Ruhe zu rauchen, und die übrige Gesellschaft schlug es nicht aus,
als die Wirtin auf den klugen Einfall kam, uns ein Zimmer an-   -5-
zuweisen, das Läden* und Vorhänge hätte. Kaum waren wir da an-
gelangt, als Lotte beschäftigt war, einen Kreis von Stühlen zu
stellen, die Gesellschaft zu setzen und den Vortrag zu einem
Spiele zu tun*.
    Ich sahe* manchen, der in der Hoffnung auf ein saftiges Pfand* -10-
sein Mäulchen spitzte und seine Glieder reckte. "Wir spielen
Zählens", sagte sie, "nun gebt acht! Ich gehe im Kreise herum von
der Rechten zur Linken, und so zählt ihr auch ringsherum, jeder
die Zahl, die an ihn kommt, und das muß gehn wie ein Lauffeuer,
und wer stockt oder sich irrt, kriegt eine Ohrfeige, und so bis   -15-
tausend." Nun war das lustig anzusehen. Sie ging mit aus-
gestrecktem Arme im Kreise herum: "Eins!" fing der erste an, der
Nachbar: "zwei!", "drei!" der folgende, und so fort; dann fing
sie an, geschwinder zu gehn, immer geschwinder. Da versah's*
einer- patsch! eine Ohrfeige - und über das Gelächter der   -20-
folgende auch - patsch! Und immer geschwinder. Ich selbst kriegte
zwei Maulschellen* und glaubte mit innigem Vergnügen zu bemerken,
daß sie stärker seien, als sie den übrigen zuzumessen pflegte*.
Ein allgemeines Gelächter und Geschwärme* machte dem Spiel ein
Ende, ehe noch das Tausend ausgezählt war. Die Vertrautesten   -25-
zogen einander beiseite, das Gewitter war vorüber, und ich folgte
Lotten in den Saal. Unterwegs sagte sie: "Über* die Ohrfeigen
haben sie Wetter und alles vergessen!" Ich konnte ihr nichts ant-
worten. "Ich war", fuhr sie fort, "eine der Furchtsamsten, und
indem ich mich herzhaft stellte*, um den andern Mut zu geben, bin -30-
ich mutig geworden." Wir traten ans Fenster; es donnerte abseit-
wärts, und der herrliche Regen säuselte auf das Land, und der
erquickendste Wohlgeruch stieg in aller Fülle einer warmen Luft
zu uns auf. Sie stand auf ihrem Ellenbogen gestützt, und ihr
Blick durchdrang die Gegend; sie sah gen* Himmel und auf mich,   -35-
ich sah ihr Auge tränenvoll, sie legte ihre Hand auf die meinige
und sagte: "Klopstock!" Ich erinnerte mich sogleich der* herr-
lichen Ode*, die ihr in Gedanken lag, und versank in dem Strome
von Empfindungen, den sie in dieser Losung* über mich ausgoß. Ich
ertrug's nicht, neigte mich auf ihre Hand und küßte sie unter den -40-
wonnevollesten Tränen... und sah nach ihrem Augen wieder...

2: beauties in distress. 3: had gone below. 6: shutters. 9: pro-
pose, outline a game. 10: =sah; forfeit, prize. 19: slipped up,
made a mistake. 22: slaps. 23: usually dealt. 24: excitement,
commotion. 27: because of. 30: pretended to be brave. 35: =gegen.
37: =an die. 38: allusion to **Die Frühlingsfeier** (1759) by Fried-
rich Gottlieb Klopstock, an important herald of the Storm and
Stress. Part of the poem details people's reaction to a thunder-
storm. 39: word.

Edler*! hättest du deine Vergötterung in diesem Blicke gesehn,
und möcht'* ich nun deinen so oft entweihten Namen nie wieder
nennen hören!

Am 19. Juni

-5-

Wo ich neulich mit meiner Erzählung geblieben bin, weiß ich
nicht mehr; das weiß ich, daß es zwei Uhr des Nachts war, als ich
zu Bette kam, und daß, wenn ich dir hätte vorschwatzen können,
statt zu schreiben, ich dich vielleicht bis an Tag* aufgehalten
hätte.

Was auf unserer Hereinfahrt* vom Balle passiert ist, hab' ich -10-
noch nicht erzählt, hab' auch heute keinen Tag dazu.

Es war der liebwürdigste Sonnenaufgang. Der tröpfelnde Wald und
das erfrischte Feld umher! Unsere Gesellschafterinnen nickten
ein. Sie* fragte mich, ob ich nicht auch von der Partie sein
wollte, ihrentwegen* sollt' ich unbekümmert sein*. "Solang ich -15-
diese Augen offen sehe", sagt' ich und sah sie fest an, "solang
hat's keine Gefahr." Und wir haben beide ausgehalten* bis an ihr
Tor, da* ihr die Magd leise aufmachte und auf ihr Fragen vom
Vater und den Kleinen versicherte, daß alles wohl sei und noch
schlief'. Und da verließ ich sie mit dem Versichern, sie selbigen -20-
Tags* noch zu sehn, und hab' mein Versprechen gehalten; und seit
der Zeit können Sonne, Mond und Sterne geruhig ihre Wirtschaft
treiben*, ich weiß weder, daß Tag noch daß Nacht ist, und die
ganze Welt verliert sich um mich her. [...]

1774

1: i.e., Klopstock. 2: would that I might never. 8: i.e., morn-
ing. 10: trip back to town. 14: i.e., Lotte. 15: =ihretwegen;
whether I wanted to be one of the group (of dozers), not bother-
ing to stay awake on her account. 17: stuck it out i.e., stayed
awake. 18: which. 21: that same day. 23: calmly go about their
business.

JAKOB MICHAEL REINHOLD LENZ

DIE SOLDATEN

Eine Komödie*

Personen

WESENER, ein Galanteriehändler* in Lille
FRAU WESENER, seine Frau
MARIE
CHARLOTTE (ihre Töchter)
STOLZIUS, Tuchhändler in Armentières   -5-
Seine Mutter
Jungfer ZIPFERSAAT*
DESPORTES, ein Edelmann aus dem französischen Heenegau*, in
    französischen Diensten
Der GRAF VON SPANNHEIM, sein Oberster*   -10-
PIRZEL, ein Hauptmann
EISENHARDT, Feldprediger*
HAUDY
RAMMLER (Offiziers)
MARY   -15-
Die GRÄFIN DE LA ROCHE
Ihr Sohn*
FRAU BISCHOF
Ihre Kusine
und Andere*   -20-

    Der Schauplatz ist im französischen Flandern.

-----

before 1: later: **Ein Schauspiel.** 1: dealer in jewelry and novel-
ties. 7: Miss "Pipseed." 8: Hainaut, formerly a county southeast
of Flanders.   10: =**Oberst** colonel. 12: chaplain. 17:   also: VON
SPANNHEIM'S cousin, DER JUNGE GRAF.   20: these include: Wesener's
mother; AARON, **ein Jude**; VON GILBERT, ein Offizier; and STEFFEN,
Bedienter bei Weseners.

ERSTER AUFZUG*

Erste Szene

In Lille.
Marie. Charlotte.

MARIE (mit unterstütztem Kopf einen Brief schreibend). Schwester,   -5-
weißt du nicht, wie schreibt man **Madam**, M-a-ma, t-a-m-m-tamm,
m-e-me

CHARLOTTE (sitzt und spinnt). So 'st recht.

MARIE. Hör, ich will dir vorlesen, ob's so angeht, wie ich
schreibe: "Meine liebe Matamm! Wir sein* gottlob glücklich in   -10-
Lille arriviert", ist's recht so - arriviert: a-r-ar,
r-i-e-w-wiert?

CHARLOTTE. So 'st recht.

MARIE. "Wir wissen nicht, womit* die Gütigkeit nur verdient
haben, womit uns überschüttet*, wünschte nur imstand zu sein" -   -15-
ist so recht?

CHARLOTTE. So lies doch, bis der Verstand aus ist*.

MARIE. "Ihro* alle die Politessen und Höflichkeit wiederzuer-
statten. Weil aber es noch nicht in unsern Kräften steht, als
bitten um fernere Kontinuation."   -20-

CHARLOTTE. Bitten wir um fernere.

MARIE. Laß doch sein, was* fällst du mir in die Rede.

CHARLOTTE. Wir bitten um fernere Kontinuation.

MARIE. Ei, was redst du doch, der Papa schreibt ja auch so.
(Macht alles geschwind wieder zu und will den Brief ver-   -25-
siegeln).

CHARLOTTE. Nu, so les' Sie* doch aus.

MARIE. Das übrige geht dich nichts an. Sie will allesfort* klüger
sein als der Papa; letzthin sagte der Papa auch, es wäre nicht

-----
1: =Akt. 10: =sind, and passim. 14: sc. wir (omitted due to her
bad grammar). 15: sc. wird. 17: until it fails to make sense. 18:
Your (majesty). 22: =warum. 27: archaic form of address (=du
[also: Dich, etc., and Ihr, Euch, etc.]). 28: =immer.

höflich, wenn man immer "wir" schreibe und "ich" und so der-
gleichen. (Siegelt zu.) Da, Steffen (gibt ihm Geld), tragt den
Brief auf die Post.

CHARLOTTE. Sie wollt' mir den Schluß nicht vorlesen, gewiß hat
Sie da was Schönes vor* den Herrn Stolzius.   -5-

MARIE. Das geht dich nichts an.

CHARLOTTE. Nu seht doch, bin ich denn schon schalu* darüber ge-
wesen? Ich hätt' ja ebensogut schreiben können als du, aber ich
habe dir das Vergnügen nicht berauben wollen, deine Hand zur
Schau zu stellen*.   -10-

MARIE. Hör, Lotte, laß mich zufrieden mit dem Stolzius, ich sag'
dir's, oder ich geh' gleich herunter und klag's dem Papa.

CHARLOTTE. Denk doch, was mach' ich mir daraus; er weiß ja doch,
daß du verliebt in ihn bist, und daß du's nur nicht leiden
kannst, wenn ein andrer ihn nur mit Namen nennt.   -15-

MARIE. Lotte! (Fängt an zu weinen und läuft herunter.)

Zweite Szene

In Armentières
Stolzius und seine Mutter

STOLZIUS (mit verbundenem Kopf). Mir ist nicht wohl, Mutter!   -20-

MUTTER (steht eine Weile und sieht ihn an). Nu, ich glaube, Ihm
steckt das verzweifelte Mädel im Kopf, darum tut er Ihm so weh.
Seit sie weggereist ist, hat Er keine vergnügte Stunde mehr.

STOLZIUS. Aus Ernst, Mutter, mir ist nicht recht.

MUTTER. Nu, wenn du mir gute Worte gibst, so will ich dir das -25-
Herz wohl leichter machen. (Zieht einen Brief heraus.)

STOLZIUS (springt auf). Sie hat Euch geschrieben?

MUTTER. Da kannst du's lesen. (Stolzius reißt ihr aus der Hand
und verschlingt den Brief mit den Augen.) Aber hör, der
Obriste* will das Tuch haben für die Regimenter.   -30-

STOLZIUS. Laßt mich den Brief beantworten, Mutter!

5: =für. 7: =(Fr.) jaloux jealous. 10: to show off your hand-
writing. 30: =Oberst.

MUTTER. Hans Narr, ich rede vom Tuch, das der Obrist bestellt hat
für die Regimenter. Kommt denn -

Dritte Szene

In Lille
Marie. Desportes.   -5-

DESPORTES. Was machen Sie denn da, meine göttliche Mademoiselle?

MARIE (die ein Buch* weiß* Papier vor sich liegen hat, auf dem
sie kritzelte, steckt schnell die Feder hinters Ohr). Oh,
nichts, nichts, gnädiger Herr - (Lächelnd.) Ich schreib' gar zu
gern.   -10-

DESPORTES. Wenn ich nur so glücklich wäre, einen von Ihren
Briefen, nur eine Zeile von Ihrer schönen Hand zu sehen.

MARIE. Oh, verzeihen Sie mir, ich schreibe gar nicht schön, ich
schäme mich, von meiner Schrift zu weisen*.

DESPORTES. Alles, was von einer solchen Hand kommt, muß schön   -15-
sein.

MARIE. O Herr Baron, hören Sie auf, ich weiß doch, daß das alles
nur Komplimenten sein.

DESPORTES (kniend). Ich schwöre Ihnen, daß ich noch in meinem
Leben nichts Vollkommeners gesehen habe, als Sie sind.   -20-

MARIE (strickt, die Augen auf ihre Arbeit niedergeschlagen).
Meine Mutter hat mir doch gesagt - sehen Sie, wie falsch Sie
sind.

DESPORTES. Ich falsch? Können Sie das von mir glauben, göttliche
Mademoiselle? Ist das falsch, wenn ich mich vom Regiment weg-   -25-
stehle, da ich mein Semester doch verkauft habe* und jetzt ris-
kiere, daß, wenn man erfährt, daß ich nicht bei meinen Eltern
bin, wie ich vorgab, man mich in Prison wirft, wenn ich wieder-
komme - ist das falsch, nur um das Glück zu haben, Sie zu
sehen, Vollkommenste?   -30-

MARIE (wieder auf ihre Arbeit sehend). Meine Mutter hat mir doch
oft gesagt, ich sei noch nicht vollkommen ausgewachsen, ich sei
in den Jahren, wo man weder schön noch häßlich ist.
Wesener tritt herein.

7: twenty-four sheets; =weißes, and passim. 14: =zeigen. 26:
although I've already sold my leave (to another officer).

WESENER. Ei, sieh doch! gehorsamer Diener*, Herr Baron, wie
kommt's denn, daß wir wieder einmal die Ehre haben? (Umarmt
ihn).

DESPORTES. Ich bin nur auf einige Wochen hier, einen meiner Ver-
wandten zu besuchen, der von Brüssel angekommen ist.   -5-

WESENER. Ich bin nicht zu Hause gewesen, *werden verzeihen, mein
Marieel wird Sie ennuyiert* haben; wie befinden sich denn die
werten Eltern? werden die Tabatieren* doch erhalten haben...

DESPORTES. Ohne Zweifel, ich bin nicht bei ihnen gewesen, wir
werden auch noch eine Rechnung miteinander haben, Vaterchen.   -10-

WESENER. Oh, das hat gute Wege*, es ist ja nicht das erstemal.
Die gnädige Frau* sind* letzten Winter nicht zu unserm Karneval
herabgekommen.

DESPORTES. Sie befindet sich etwas unpaß* - waren viele Bälle?

WESENER. So, so, es ließ sich noch halten - Sie wissen, ich komme -15-
auf keinen, und meine Töchter noch weniger.

DESPORTES. Aber ist denn das auch erlaubt, Herr Wesener, daß Sie
Ihren Töchtern alles Vergnügen so versagen? Wie können sie da-
bei gesund bleiben?

WESENER. Oh, wenn sie arbeiten, werden sie schon gesund bleiben. -20-
Meinem Marieel fehlt doch, Gott sei Dank, nichts, und sie hat
immer rote Backen.

MARIE. Ja, das läßt sich der Papa nicht ausreden, und ich krieg'
doch so bisweilen* so eng um das Herz, daß ich nicht weiß, wo
ich vor Angst in der Stube bleiben soll.   -25-

DESPORTES. Sehn Sie, Sie gönnen Ihrer Mademoiselle Tochter kein
Vergnügen, und das wird noch einmal Ursach' sein, daß sie
melancholisch werden wird.

WESENER. Ei was, sie hat Vergnügen genug mit ihren Kamerädinnen;
wenn sie zusammen sind, hört man sein eigen Wort nicht.   -30-

DESPORTES. Erlauben Sie mir, daß ich die Ehre haben kann, Ihre
Mademoiselle Tochter einmal in die Komödie* zu führen. Man gibt
heut ein ganz neues Stück.

1: (your) obedient servant. 6: sc. **Sie**. 7: bored, bothered. 8:
snuffboxes (which I sold you). 11: There is no hurry. 12: i.e.,
your mother; archaic usage of plural verb with singular subject,
and passim. 14: =unwohl, schlecht. 24: =ab und zu. 32: play, the-
ater.

MARIE. Ach Papa!

WESENER. Nein - Nein, durchaus nicht, Herr Baron! Nehmen Sie
mir's nicht ungnädig, davon kein Wort mehr. Meine Tochter ist
nicht gewohnt, in die Komödie zu gehen; das würde nur Gerede
bei den Nachbarn geben - und mit einem jungen Herrn von den   -5-
Milizen* dazu.

DESPORTES. Sie sehen, ich bin im Bürgerskleide; wer kennt mich.

WESENER. Tant pis*! ein für allemal, es schickt sich mit keinem
jungen Herrn; und denn* ist es* auch noch nicht einmal zum
Tisch des Herrn* gewesen und soll schon in die Komödie und die   -10-
Staatsdame* machen. Kurz und gut, ich erlaube es nicht, Herr
Baron.

MARIE. Aber Papa, wenn den Herrn Baron nun niemand kennt!

WESENER (Etwas leise). Willstu's* Maul halten? Niemand kennt,
tant pis, wenn ihn niemand kennt. Werden pardonieren, Herr   -15-
Baron! so gern als* Ihnen den Gefallen tun wollte, in allen
andern Stücken* haben zu befehlen.

DESPORTES. Apropos, lieber Wesener! wollten Sie mir doch nicht
einige von ihren Zitternadeln* weisen?

WESENER. Sogleich. (Er geht heraus.)   -20-

DESPORTES. Wissen Sie was, mein englisches*, mein göttliches
Marieel? wir wollen Ihrem Vater einen Streich spielen. Heut
geht es nicht mehr an, aber übermorgen geben sie ein für-
treffliches* Stück, **La chercheuse d'esprit***, und die erste
Piece* ist der **Deserteur*** - haben Sie hier nicht eine gute Be-   -25-
kannte?

MARIE. Frau Weyher.

DESPORTES. Wo wohnt sie?

MARIE. Gleich hier, an der Ecke beim Brunnen.

DESPORTES. Da komm' ich hin, und da kommen Sie auch hin, so gehen   -30-
wir miteinander in die Komödie.

6: militia. 8: (Fr.): Too bad! 9: =dann; i.e., Marie. 10: com-
munion. 11: great lady. 14: =**Willst du das**. 16: sc. ich. 17: mat-
ters. 19: aigrettes, jeweled plumes. 21: =**engelhaftes** angelic.
24: =**vortreffliches**; The Girl Who Sought Wit, comic opera with a
text by Charles Favart. 25: i.e., curtain-raiser; **The Deserter**, a
drama by Sebastien Mercier (or comic opera by Sedaine).

WESENER (kommt wieder mit einer großen Schachtel Zitternadeln. **Marie winkt Desportes lächelnd zu**). Sehen Sie, da sind zu allen Preisen. - Diese zu hundert Talern, diese zu fünfzig, diese zu hundertfünfzig, wie es befehlen*.

DESPORTES (besieht eine nach der andern und weist die Schachtel **Marien***). Zu welcher rieten* Sie mir? (Marie lächelt und, sobald der Vater beschäftigt ist, eine herauszunehmen, winkt sie ihm zu).   -5-

WESENER. Sehen Sie, die ṣpielt* gut, auf meine Ehr'.

DESPORTES. Das ist wahr. (Hält sie Marien an den Kopf.) Sehen Sie, auf so schönem Braun, was das für eine Wirkung tut. O hören Sie, Herr Wesener, sie steht Ihrer Tochter gar zu schön, wollen Sie mir die Gnade tun und sie behalten?   -10-

WESENER (gibt sie ihm lächelnd zurück). Ich bitte Sie, Herr Baron - das geht nicht an - meine Tochter hat noch in ihrem Leben keine Präsente von den Herren angenommen.   -15-

MARIE (die Augen fest auf ihre Arbeit geheftet). Ich würde sie auch zudem nicht haben tragen können, sie ist zu groß für meine Frisur.

DESPORTES. So will ich sie meiner Mutter schicken. (Wickelt sie sorgfältig ein.)   -20-

WESENER (indem er die anderen einschachtelt, brummt etwas heimlich zu Marien). Zitternadel du selber! sollst in deinem Leben keine auf den Kopf bekommen, das ist kein Tragen für dich. (Sie schweigt still und arbeitet fort.)   -25-

DESPORTES. So empfehle ich mich* denn, Herr Wesener! Eh' ich wegreise, machen wir richtig*.

WESENER. Das hat gute Wege, Herr Baron, das hat gute Wege; sein* Sie so gütig und tun uns einmal wieder die Ehre an.

DESPORTES. Wenn Sie mir's erlauben wollen - Adieu, Jungfer Marie! (Geht ab.)   -30-

MARIE. Aber sag' Er mir doch, Papa, wie ist Er denn auch*?

WESENER. Na, hab' ich dir schon wieder nicht recht gemacht. Was

-----

4: as you wish. 6: dative (archaic declension); =**würden... raten.**
9: (that aigrette) reflects light and color (well). 26: take my
leave. 27: a settlement of accounts. 28: =**seien.** 32: What's the
matter with you, Why did you do that.

verstehst du doch von der Welt, dummes Keuchel*.

MARIE. Er hat doch gewiß ein gutes Gemüt, der Herr Baron.

WESENER. Weil er dir ein paar Schmeicheleien und so und so - Einer ist so gut wie der andere; lehr du mich die jungen Mi-lizen nit* kennen! Da laufen Sie alle in alle Aubergen* und in alle Kaffeehäuser und erzählen sich, und eh' man sich's ver-sieht*, wips! ist ein armes Mädel in der* Leute Mäuler: "Ja, und mit der und der Jungfer ist's auch nicht zum besten be-stellt, und die und die kenne ich auch, und die hätt' ich auch gern..." -10-

MARIE. Papa! (**Fängt an zu weinen.**) Er ist auch immer so grob.

WESENER (**klopft sie auf die Backen**). Du mußt mir das so übel nicht nehmen, du bist meine einzige Freude, Narr, darum trag' ich auch Sorge für dich.

MARIE. Wenn Er mich doch nur wollte für mich selber sorgen -15-lassen. Ich bin doch kein klein Kind mehr.

Vierte Szene

In Armentières.
Der Obriste Graf Spannheim am Tisch mit seinem Feldprediger Eisenhardt, einem jungen Grafen, seinem Vetter, und dessen -20-Hofmeister, Haudy, Untermajor, Mary und andern Offiziers.

DER JUNGE GRAF. Ob wir nicht bald wieder eine gute Truppe* werden herbekommen?

HAUDY. Das wäre zu wünschen, beonders für unsere jungen Herren. Man sagt, Godeau* hat herkommen wollen. -25-

HOFMEISTER. Es ist doch in der Tat nicht zu leugnen, daß die Schaubühne eine fast unentbehrliche Sache für eine Garnison ist, **c'est-à-dire***, eine Schaubühne, wo Geschmack herrscht, wie zum Exempel auf der französischen.

EISENHARDT. Ich sehe nicht ab, wo der Nutzen stecken sollte. -30-

OBRISTER. Das sagen Sie wohl nur so, Herr Pastor, weil Sie die beiden weißen Läppchen* unterm Kinn haben; ich weiß, im Herzen denken Sie anders.

1: =**Küchlein** chick. 5: =**nicht**; =**Herbergen** inns. 7: before you can say...; gen. pl. 22: (acting) troupe. 25: a French actor. 28: (Fr.): that is to say. 32: bands (of a Protestant pastor).

EISENHARDT. Verzeihen Sie, Herr Obriste! ich bin nie Heuchler
gewesen, und wenn das ein notwendiges Laster für unsern Stand
wäre, so dächt' ich, wären doch die Feldprediger davon wohl
ausgenommen, da sie mit vernünftigern Leuten zu tun haben. Ich
liebe das Theater selber und gehe gern hinein, ein gutes Stück   -5-
zu sehen, aber deswegen glaube ich noch nicht, daß es ein so
heilsames Institut für das Korps Offiziers sei.

HAUDY. Aber um Gottes willen, Herr Pfaff oder Herr Pfarr, wie Sie
da heißen, sagen Sie mir einmal, was für Unordnungen werden
nicht vorgebeugt* oder abgehalten durch die Komödie. Die Offi-   -10-
ziers müssen doch einen Zeitvertreib haben!

EISENHARDT. Mit aller Mäßigung, Herr Major! Sagen Sie lieber, was
für Unordnungen werden nicht eingeführt unter den Offiziers
durch die Komödie.

HAUDY. Das ist nun wieder so in den Tag hineinräsoniert*. Kurz   -15-
und gut, Herr (lehnt sich mit den beiden Ellenbogen auf den
Tisch), ich behaupte Ihnen hier, daß eine einzige Komödie, und*
wenn's die ärgste Farce wäre, zehnmal mehr Nutzen, ich sage
nicht unter den Offiziers allein, sondern im ganzen Staat, an-
gerichtet hat, als alle Predigten zusammengenommen, die Sie und -20-
Ihresgleichen in Ihrem ganzen Laben gehalten haben und halten
werden.

OBRISTER (winkt Haudy unwillig). Major!

EISENHARDT. Wenn ich mit Vorurteilen für mein Amt eingenommen
wäre, Herr Major, so würde ich böse werden. So aber wollen wir   -25-
alles das beiseitesetzen, weil ich weder Sie noch viele von den
Herren für fähig halte, den eigentlichen Nutzen unsers Amts in
Ihrem ganzen Leben beurteilen zu können, und wollen nur bei der
Komödie bleiben und den erstaunenden Nutzen betrachten, den sie
für die Herren von Korps haben soll. Ich bitte Sie, beantworten -30-
Sie mir eine einzige Frage: Was lernen die Herren dort?

MARY. Ei was, muß man denn immer lernen? wir amüsieren uns, ist
das nicht genug?

EISENHARDT. Wollte Gott, daß Sie sich bloß amüsierten, daß Sie
nicht lernten! So aber ahmen Sie nach, was Ihnen dort vor-   -35-
gestellt wird, und bringen Unglück und Fluch in die Familien.

OBRISTER. Lieber Herr Pastor, Ihr Enthusiasmus ist löblich, aber
er schmeckt nach dem schwarzen Rock, nehmen Sie mir's nicht
übel. Welche Familie ist noch je durch einen Offizier unglück-
lich geworden? Daß ein Mädchen einmal ein Kind kriegt, das es   -40-

-----
10: avoided. 15: just empty speculation. 17: sc. selbst.

nicht besser haben will*...

HAUDY. Eine Hure wird immer eine Hure, sie gerate unter welche Hände sie will; wird's keine Soldatenhure, so wird's eine Pfaffenhure.

EISENHARDT. Herr Major, es verdrießt mich, daß Sie immer die Pfaffen mit ins Spiel mengen, weil Sie mich dadurch verhindern, Ihnen freimütig zu antworten. Sie könnten denken, es mische sich persönliche Bitterkeit in meine Reden, und wenn ich in Feuer gerate, so schwöre ich Ihnen doch, daß es bloß die Sache ist, von der wir sprechen, nicht Ihre Spöttereien und Anzüglichkeiten* über mein Amt. Das kann durch alle dergleichen witzigen Einfälle weder verlieren noch gewinnen.

HAUDY. Na, so reden Sie, reden Sie, schwatzen Sie, dafür sind wir ja da; wer verbietet es Ihnen?

EISENHARDT. Was sie vorhin gesagt haben, war ein Gedanke, der eines Nero oder Oglei Oglu* Seele würdig gewesen wäre und auch da bei seiner ersten Erscheinung vielleicht Grausen würde verursacht haben: Eine Hure wird immer eine Hure. Kennen Sie das andere Geschlecht so genau?

HAUDY. Herr, Sie werden es mich nicht kennen lehren.

EISENHARDT. Sie kennen es von den Meisterstücken Ihrer Kunst* vielleicht; aber erlauben Sie mir, Ihnen zu sagen, eine Hure wird niemals eine Hure, wenn sie nicht dazu gemacht wird. Der Trieb ist in allen Menschen; aber jedes Frauenzimmer* weiß, daß sie dem Triebe ihre ganze künftige Glückseligkeit zu danken hat; und wird sie die aufopfern, wenn man sie nicht darum betrügt?

HAUDY. Red' ich denn von honetten Mädchen?

EISENHARDT. Eben die honetten Mädchen müssen zittern vor Ihren Komödien; da lernen Sie die Kunst, sie malhonett zu machen.

MARY. Wer wird so schlecht denken?

HAUDY. Der Herr hat auch ein verfluchtes Maul über die Offiziers. Element*! wenn mir ein anderer das sagte. Meint Er, Herr, denn, wir hören auf, Honettehommes* zu sein, sobald wir in Dienste treten?

-5-

-10-

-15-

-20-

-25-

-30-

-35-

1: that she would rather not have. 11: insinuating allusions. 16: =Ögedei Genghis Khan's successor. 21: of your (French) art (of seduction). 24: =Frau. 33: There'd be the devil to pay (if). 34: =(Fr.) honnêtes gens decent people.

EISENHARDT. Ich wünsche Ihnen viel Glück zu diesen Gesinnungen. Solang ich aber noch entretenierte* Mätressen und unglückliche Bürgerstöchter sehen werde, kann ich meine Meinung nicht zurücknehmen.

HAUDY. Das verdiente einen Nasenstüber*.   -5-

EISENHARDT (steht auf). Herr, ich trag' einen Degen.

OBRISTER. Major, ich bitt' Euch - Herr Eisenhardt hat nicht unrecht, was wollt Ihr von ihm? Und der erste, der ihm zu nahe kommt - setzen Sie sich, Herr Pastor, er soll Ihnen Genugtuung geben. (Haudy geht hinaus). Aber Sie gehen auch zu weit, Herr -10-
Eisenhardt, mit alledem. Er ist kein Offizier, der nicht wissen sollte, was die Ehre von ihm fodert*.

EISENHARDT. Wenn er Zeit genug hat, dran zu denken. Aber werden ihm nicht in den neuesten Komödien die gröbsten Verbrechen gegen die heiligsten Rechte der Väter und Familien unter so -15-
reizenden Farben vorgestellt, den giftigsten Handlungen so der Stachel genommen, daß ein Bösewicht dasteht, als ob er ganz neulich vom Himmel gefallen wäre? Sollte das nicht aufmuntern, sollte das nicht alles ersticken, was das Gewissen aus der Eltern Haus mitgebracht haben kann? Einen wachsamen Vater zu -20-
betrügen oder ein unschuldig Mädchen in Lastern zu unterrichten, das sind die Preisaufgaben*, die dort aufgelöst werden.

HAUDY (im Vorhause* mit andern Offiziers, da die Tür aufgeht). Der verfluchte Schwarzrock -   -25-

OBRISTER. Laßt uns ins Kaffeehaus gehn, Pfarrer, Sie sind mir die Revanche* im Schach schuldig. - Und Adjutant! wollten Sie doch den Major Haudy für heut bitten, nicht aus seiner Stube zu gehen. Sagen Sie ihm, ich werde ihm morgen früh seinen Degen selber wiederbringen.   -30-

                            Fünfte Szene

                            In Lille
        Wesener sitzt und speist zu Nacht mit seiner Frau und ältesten
              Tochter. Marie tritt ganz geputzt* herein.

MARIE (fällt ihm un den Hals). Ach Papa! Papa!   -35-

2: kept.   5: (would deserve) a snubbing, slap. 12: =fordert demands.   22: prize questions, tasks. 24: hall. 27: (Fr.): revenge. 34: dressed up.

WESENER (mit vollem Munde). Was ist's, was fehlt dir?

MARIE. Ich kann's Ihm nicht verhehlen, ich bin in der Komödie
gewesen. Was das für Dings ist! (Wesener rückt seinen Stuhl vom
Tisch weg und kehrt das Gesicht ab.) Wenn Er gesehen hätte, was
ich gesehen habe, Er würde wahrhaftig nicht böse sein, Papa.   -5-
(Setzt sich ihm auf den Schoß.) Lieber Papa, was das für Dings
alles durcheinander ist, ich werde die Nacht nicht schlafen
können für* lauter* Vergnügen. Der gute Herr Baron!

WESENER. Was, der Baron hat dich in die Komödie geführt?

MARIE (etwas furchtsam). Ja, Papa - lieber Papa!   -10-

WESENER (stößt sie von seinem Schoß). Fort von mir, du Luder*! -
willst die Mätresse vom Baron werden?

MARIE (mit dem Gesicht halb abgekehrt, halb weinend). Ich war bei
der Weyhern*... und da stunden* wir an der Tür... (stotternd)
und da redt' er uns an.   -15-

WESENER. Ja, lüg nur, lüg nur dem Teufel ein Ohr ab - geh mir aus
den Augen, du gottlose Seele!

CHARLOTTE. Das hätt' ich dem Papa wollen voraussagen, daß es so
gehen würde. Sie haben immer Heimlichkeiten miteinander gehabt,
sie und der Baron.   -20-

MARIE (weinend). Willst du das Maul halten.

CHARLOTTE. *Denk' doch, vor dir gewiß nicht. Will noch komman-
dieren dazu und führt sich so auf*.

MARIE. Nimm dich nur selber in acht mit deinem jungen Herrn Hei-
devogel. Wenn ich mich so schlecht aufführte als du.   -25-

WESENER. Wollt ihr schweigen? (Zu Marieel.) Fort in deine Kammer,
den Augenblick, du sollst heut nicht zu Nacht essen - schlechte
Seele! (Marie geht fort). Und schweig du auch nur! du wirst
auch nicht engelrein sein. Meinst du, kein Mensch sieht, warum
der Herr Heidevogel so oft ins Haus kommt?   -30-

CHARLOTTE. Das ist alles das Marieel schuld. (Weint.) Die gott-
vergeßne Alleweltshure will honette Mädels in Blame* bringen,
weil sie so* denkt.

8: =vor, and passim; sheer. 11: trollop. 14: i.e., Frau Weyher;
=standen. 22: sc. Ich. 23: On top of this she wants to give me
orders and behaves that way! 32: (Fr.): shame, disgrace. 33:
i.e., disgracefully.

WESENER (sehr laut).   Halt's Maul! Marie hat ein viel zu edles
Gemüt, als daß sie von dir reden sollte, aber du schalusierst*
auf deine eigene Schwester; weil du nicht so schön bist als
sie, sollst du zum wenigsten besser denken. Schäm dich - (Zur
Magd*.) Nehmt ab, ich esse nichts mehr. (Schiebt Teller und -5-
Serviette fort, wirft sich in einen Lehnstuhl und bleibt in
tiefen Gedanken sitzen.)

Sechste Szene

Mariens Zimmer
Sie sitzt auf ihrem Bette, hat die Zitternadel in der Hand   -10-
und spiegelt* damit, in den tiefsten Träumereien. Der Vater
tritt herein, sie fährt auf und sucht die Zitternadel
zu verbergen.

MARIE. Ach Herr Jesus -

WESENER. Na, so mach' Sie doch das Kind nicht. (Geht einige Male -15-
auf und ab, dann setzt er sich zu ihr.) Hör, Marieel! du weißt,
ich bin dir gut*; sei du nur recht aufrichtig gegen mich, es
wird dein Schade nicht sein. Sag mir, hat dir der Baron was von
der Liebe vorgesagt?

MARIE (sehr geheimnisvoll). Papa! - Er ist verliebt in mich, das -20-
ist wahr. Sieht Er einmal, diese Zitternadel hat er mir auch
geschickt.

WESENER. Was tausend Hagelwetter - Potz Mord noch einmal (nimmt
ihr die Zitternadel weg)! hab' ich dir nicht verboten...

MARIE.   Aber Papa, ich kann doch so grob nicht sein und es ihm -25-
abschlagen.   Ich sag' Ihm, er hat getan wie wütend, als ich's
nicht annehmen wollte; (läuft nach dem Schrank) hier sind auch
Verse, die er auf mich gemacht hat. (Reicht ihm ein Papier.)

WESENER (liest laut).
"Du höchster Gegenstand von meinen reinen Trieben,   -30-
ich bet' dich an, ich will dich ewig lieben,
weil die Versicherung von meiner Lieb und Treu',
du allerschönstes Licht, mit jedem Morgen neu."*
Du allerschönstes Licht, hahaha!

MARIE. Wart' Er, ich will Ihm noch was weisen; er hat mir auch -35-

-----
2: =bist schalu are jealous. 5: servant (girl). 11: displays it
(lets its stones reflect light).   17: I love you. 33: =erneut
werden wird (The verses, in Alexandrines, are to be regarded as
old-fashioned and "unnatural.")

ein Herzchen geschenkt, mit kleinen Steinen besetzt in einem
Ring. (Geht wieder zum Schrank. Der Vater besieht es gleich-
gültig.)

WESENER (liest noch einmal). "Du höchster Gegenstand von meinen
reinen Trieben..." (Steckt die Verse in die Tasche.) Er denkt   -5-
doch honett, seh' ich. Hör aber, Marieel, was ich dir sage: du
mußt kein Präsent mehr von ihm annehmen. Das gefällt mir nicht,
daß er dir so viele Präsente macht.

MARIE. Das ist sein gutes Herz, Papa.

WESENER. Und die Zitternadel gib mir her, die will ich ihm zu-   -10-
rückgeben. Laß mich nur machen, ich weiß schon, was zu deinem
Glück dient; ich hab' länger in der Welt gelebt als du, mein*
Tochter, und du kannst nur immer allesfort mit ihm in die Komö-
die gehn, nur nimm jedesmal die Madam Weyher mit; und laß dir
nur immer nichts davon merken, als ob ich davon wüßte*, sondern -15-
sag nur, daß er's recht geheimhält* und daß ich sehr böse
werden würde, wenn ich's erführe. Nur keine Präsente von ihm
angenommen*, Mädel, um Gottes willen!

MARIE. Ich weiß wohl, daß der Papa mir nicht übel raten wird.
(Küßt ihm die Hand.) Er soll sehn, daß ich Seinem Rat in allen -20-
Stücken* folgen werde. Und ich werde Ihm alles wiedererzählen,
darauf kann Er sich verlassen.

WESENER. Na, so denn. (Küßt sie.) Kannst noch einmal* gnädige
Frau werden, närrisches Kind. Man kann nicht wissen, was einem
manchmal für ein Glück aufgehoben* ist.   -25-

MARIE. Aber, Papa, (etwas leise) was wird der arme Stolzius
sagen?

WESENER. Du mußt darum den Stolzius nicht sogleich abschrecken,
hör einmal. - Nu, ich will dir schon sagen, wie du den Brief an
ihn einzurichten hast. Unterdessen schlaf' Sie gesund, Meer-   -30-
katze*.

MARIE (küßt ihm die Hand). Gute Nacht, Papuschka*! - (Da er fort
ist, tut sie einen tiefen Seufzer und tritt ans Fenster, indem
sie sich aufschnürt*.) Das Herz ist mir so schwer. Ich glaube,
es wird gewittern die Nacht*. Wenn es einschlüge - (Sieht in   -35-
die Höhe, die Hände über ihre offene Brust schlagend.)

12: =meine. 15: don't let anybody notice by looking at you that I
know something. 16: (tell him) to keep it under wraps. 18:
=nimm... an. 21: in every way. 23: someday still. 25: in store.
31: little monkey. 32: little father (Livonian-Slavic usage). 34:
unlaces (her bodice). 35: there will be a thunderstorm tonight.

Gott! was hab' ich denn Böses getan?... Stolzius, - ich lieb'
dich ja noch, - aber wenn ich nun mein Glück besser machen
kann... und Papa selber mir den Rat gibt... (**Zieht die Gardine
vor.**) Trifft mich's, so trifft mich's, ich sterb' nicht anders
als gerne. (**Löscht ihr Licht aus.**)   -5-

ZWEITER AUFZUG

Erste Szene

In Armentières.
Haudy und Stolzius spazieren an der Lys*.

HAUDY. Er muß sich dadurch nicht gleich ins Bockshorn jagen las- -10-
sen*, guter Freund! Ich kenne den Desportes: er ist ein Spitz-
bube, der nichts sucht, als sich zu amüsieren; er wird Ihm
darum Seine Braut nicht gleich abspenstig machen* wollen.

STOLZIUS. Aber das Gerede, Herr Major! Stadt und Land ist voll
davon. Ich könnte mich den Augenblick ins Wasser stürzen, wenn -15-
ich dem Ding nachdenke.

HAUDY (**faßt ihn unterm Arm**). Er muß sich das nicht so zu Herzen
gehen lassen, zum Teufel! Man muß viel über sich reden lassen
in der Welt. Ich bin Sein bester Freund, das kann Er versichert
sein, und ich würd' es Ihm gewiß sagen, wenn Gefahr dabei wäre. -20-
Aber es ist nichts, Er bildt* sich das nur so ein; mach' Er
nur, daß die Hochzeit diesen Winter sein kann, solange wir noch
hier in Garnison liegen! und macht Ihm der Desportes alsdenn*
die geringste Unruhe, so bin ich Sein Mann; es soll Blut
kosten, das versichere ich Ihn. Unterdessen kehr' Er sich* ans -25-
Gerede nicht; Er weiß wohl, die Jungfern, die am bravsten sind,
von denen wird das meiste dumme Zeug räsoniert; das ist ganz
natürlich, daß sich die jungen **fats*** zu rächen suchen, die
nicht haben ankommen* können.

Zweite Szene   -30-

Das Kaffeehaus
Eisenhardt und Pirzel im Vordergrunde auf einem Sofa
und trinken Kaffee. Im Hintergrunde eine Gruppe Offiziers
schwatzend und lachend.

EISENHARDT (**zu Pirzel**). Es ist lächerlich, wie die Leute alle um -35-

-----
9: =**Leie** tributary of the Schelde. 11: be intimidated. 13: entice
away. 21: =**bildet.** 23: =**dann.** 25: don't pay attention (to),
let... bother (you). 28: (Fr.): insolent fellows. 29: succeed.

den armen Stolzius herschwärmen wie Fliegen um einen Honig-
kuchen. Der zupft ihn da, der stößt ihn hier, der geht mit ihm
spazieren, der nimmt ihn mit ins Kabriolett*, der spielt Bil-
lard mit ihm, - *wie Jagdhunde, die Witterung* haben. Und wie
augenscheinlich sein Tuchhandel zugenommen hat, seitdem man   -5-
weiß, daß er die schöne Jungfer heiraten wird, die neulich hier
durchgegangen*!

PIRZEL (faßt ihn an die Hand mit viel Energie). Woher kommt's,
Herr Pfarrer? Daß die Leute nicht denken. (Steht auf in einer
sehr malerischen Stellung, halb nach der Gruppe zugekehrt.) Es   -10-
ist ein vollkommenstes Wesen. Dieses vollkommenste Wesen kann
ich entweder beleidigen oder nicht beleidigen.

EINER AUS DER GESELLSCHAFT (kehrt sich um). Nun, fängt er schon
wieder an?

PIRZEL (sehr eifrig). Kann ich es beleidigen (er kehrt sich ganz   -15-
gegen die Gesellschaft), so würde es aufhören, das Vollkom-
menste zu sein.

EIN ANDERER AUS DER GESELLSCHAFT. Ja, ja, Pirzel, du hast recht,
du hast ganz recht.

PIRZEL (kehrt sich geschwind zum Feldprediger). Kann ich es nicht -20-
beleidigen... (Faßt ihn an die Hand und bleibt stockstill in
tiefen Gedanken.)

ZWEI, DREI AUS DEM HAUFEN. Pirzel, zum Teufel! redst du mit uns?

PIRZEL (kehrt sich sehr ernsthaft zu ihnen). Meine lieben Kame-
raden, ihr seid verehrungswürdige Geschöpfe Gottes, also kann   -25-
ich euch nicht anders als respektieren und hochachten; ich bin
auch ein Geschöpf Gottes, also müßt ihr mich gleichfalls in
Ehren halten.

EINER. Das wollten wir dir auch raten.

PIRZEL (kehrt sich wieder zum Pfarrer). Nun...   -30-

EISENHARDT. Herr Hauptmann, ich bin in allen Stücken Ihrer Mei-
nung. Nur war die Frage, wie es den Leuten in den Kopf gebracht
werden könnte, vom armen Stolzius abzulassen und nicht Eifer-
sucht und Argwohn in zwei Herzen zu werfen, die vielleicht auf
ewig einander glücklich gemacht haben würden.   -35-

PIRZEL (der sich mittlerweile gesetzt hatte, steht wieder sehr

-----

3: a light, two-wheeled carriage.   4: sc. sie sind; scent. 7: sc.
ist, and passim.

hastig auf). Wie ich Ihnen die Ehre und das Vergnügen hatte zu
sagen, Herr Pfarrer, das macht, weil die Leute nicht denken.
Denken, denken, was der Mensch ist, das ist ja meine Rede.
(Faßt ihn an die Hand.) Sehen Sie, das ist Ihre Hand, aber was
ist das? Haut, Knochen, Erde, (klopft ihm auf den Puls) da, da -5-
steckt es, das ist nur die Scheide, da steckt der Degen drein,
im Blut, im Blut... (Sieht sich plötzlich herum, weil Lärm
wird.)

HAUDY (tritt herein mit großem Geschrei). Leute, nun hab' ich
ihn, es ist der frömmste Herrgott von der Welt. (Brüllt ent- -10-
setzlich.) Madam Roux! gleich lassen Sie Gläser schwenken* und
machen uns guten Punsch zurecht. Er wird gleich hier sein; ich
bitte euch, geht mir artig mit dem Menschen um.

EISENHARDT (bückt sich vor). Wer, Herr Major, wenn's erlaubt
ist...   -15-

HAUDY (ohne ihn anzusehen). Nichts - ein guter Freund von mir.
(Die ganze Gesellschaft drängt sich um Haudy.)

EINER. Hast du ihn ausgefragt, wird die Hochzeit bald sein?

HAUDY. Leute, ihr müßt mich schaffen lassen, sonst verderbt ihr
mir den ganzen Handel. Er hat ein Zutrauen zu mir, sag' ich -20-
euch, wie zum Propheten Daniel, und wenn einer von euch sich
darein mengt, so ist alles verschissen*. Er ist ohnedem* eifer-
süchtig genug, das arme Herz; der Desportes macht ihm grausam
zu schaffen*, und ich hab' ihn mit genauer Not* gehalten, daß
er nicht ins Wasser sprang. Mein Pfiff* ist, ihm Zutrauen zu -25-
seinem Weibe* beizubringen; er muß sie wohl kennen, daß sie
keine von den sturmfesten ist. Das sei euch also zur Nachricht,
daß ihr mir den Menschen nicht verderbt.

RAMMLER. Was willst du doch reden! ich kenn' ihn besser als du;
er hat eine feine Nase, das glaub du mir nur.   -30-

HAUDY. Und du eine noch feinere, merk' ich.

RAMMLER. Du meinst, das sei das Mittel, sich bei ihm einzu-
schmeicheln, wenn man ihm Gutes von seiner Braut sagt. Du irrst
dich, ich kenn' ihn besser; grad das Gegenteil. Er stellt sich,
als ob er dir's glaubte, und schreibt es sich hinter die -35-
Ohren*. Aber wenn man ihm seine Frau verdächtig macht, so
glaubt er, daß wir's aufrichtig mit ihm meinen -

11: rinse (for refilling). 22: i.e., spoiled; =sowieso. 24: is
giving him more than enough trouble; with difficulty, just
barely. 25: plan, stratagem. 26: =Frau (here: also, fiancée). 36:
marks it well.

HAUDY. Mit deiner erhabenen Politik, Rotnase! Willst du dem Kerl
den Kopf toll machen? meinst du, er hat nicht Grillen* genug
drin? Und wenn er sie sitzen läßt oder sich aufhängt, - So hast
du's darnach*. Nicht wahr, Herr Pfarrer, eines Menschen Leben
ist doch kein Pfifferling*.   -5-

EISENHARDT. Ich menge mich in Ihren Kriegsrat nicht.

HAUDY. Sie müssen mir aber doch recht geben?

PIRZEL. Meine werten Brüder und Kameraden, tut niemand unrecht.
Eines Menschen Leben ist ein Gut, das er sich nicht selber ge-
geben hat. Nun aber hat niemand ein Recht auf ein Gut, das ihm -10-
von einem andern ist gegeben worden. Unser Leben ist ein
solches Gut...

HAUDY (faßt ihn an die Hand). Ja, Pirzel, du bist der bravste
Mann, den ich kenne (setzt sich zwischen ihn und den Pfarrer),
aber der Jesuit (den Pfarrer umarmend), der gern selber möchte -15-
Hahn im Korbe sein*...

RAMMLER (setzt sich auf die andere Seite zum Pfarrer und zischelt
ihm in die Ohren). Herr Pfarrer, Sie sollen nur sehen, was ich
dem Haudy für einen Streich spielen werde.
                    Stolzius tritt herein.   -20-
HAUDY (springt auf). Ach, mein Bester! kommen Sie, ich habe ein
gut Glas Punsch für uns bestellen lassen, der Wind hat uns vor-
hin so durchgeweht. (Führt ihn an einen Tisch.)

STOLZIUS (den Hut abziehend, zu den übrigen). Meine Herren, Sie
werden mir vergeben, daß ich so dreist bin, auf Ihr Kaffeehaus -25-
zu kommen; es ist auf Befehl des Herrn Major geschehen. (Alle
ziehen die Hüte ab, sehr höflich, und schneiden Komplimente).

RAMMLER (steht auf und geht näher). Oh, *gehorsamer Diener, es
ist uns eine besondere Ehre.

STOLZIUS (rückt noch einmal den Hut, etwas kaltsinnig*, und setzt -30-
sich zu Haudy). Es geht ein so scharfer Wind draußen, ich
meine, wir werden Schnee bekommen.

HAUDY (eine Pfeife stopfend). Ich glaub' es auch. - Sie rauchen
doch, Herr Stolzius?

STOLZIUS. Ein wenig.   -35-

2: melancholy thoughts. 4: =danach (Then you'll have done it). 5:
i.e. a trifle, something to be trifled with. 16: be the center of
attention. 28: sc. ich bin Ihr. 30: coolly.

RAMMLER. Ich weiß nicht, wo denn unser Punsch bleibt, Haudy
(**steht auf**), was die verdammte Roux so lange macht.

HAUDY. Bekümmere dich um deine Sachen. (**Brüllt mit einer er-
schrecklichen Stimme.**) Madam Roux, Licht her! - und unser
Punsch, wo bleibt er?   -5-

STOLZIUS. O mein Herr Major, als* ich Ihnen Ungelegenheit* machen
sollte, würd' es mir sehr von Herzen leid tun.

HAUDY. Ganz und gar nicht, lieber Freund (**präsentiert ihm die
Pfeife**), die Lysluft kann doch wahrhaftig der Gesundheit nicht
gar zu zuträglich sein.   -10-

RAMMLER (**setzt sich zu ihnen an den Tisch**). Haben Sie neulich
Nachrichten aus Lille gehabt? Wie befindet sich Ihre Jungfer
Braut? (**Haudy macht ihm ein paar fürchterliche Augen, er bleibt
lächelnd sitzen.**)

STOLZIUS (**verlegen**). Zu Ihren Diensten, mein Herr - aber ich   -15-
bitte gehorsamst um Verzeihung, ich weiß noch von keiner Braut,
ich habe keine.

RAMMLER. Die Jungfer Wesener aus Lille, ist sie nicht Ihre Braut?
Der Desportes hat es mir doch geschrieben, daß Sie verlobt
wären.   -20-

STOLZIUS. Der Herr Desportes müßte es denn besser wissen als ich.

HAUDY (**rauchend**). Der Rammler schwatzt immer in die Welt hinein*,
ohne zu wissen, was er redt und was er will.

EINER AUS DEM HAUFEN. Ich versichere Ihnen, Herr Stolzius, Des-
portes ist ein ehrlicher Mann.   -25-

STOLZIUS. Daran habe ich ja gar nicht gezweifelt.

HAUDY. Ihr Leute wißt viel vom Desportes. Wenn ihn ein Mensch
kennen kann, so muß ich es doch wohl sein; er ist mir von
seiner Mutter rekommandiert worden, als er ans Regiment kam,
und hat nichts getan, ohne mich zu Rat zu ziehen. Aber ich ver-   -30-
sichere Ihnen, Herr Stolzius, daß Desportes ein Mensch ist, der
Sentiment und Religion hat.

RAMMLER. Und wir sind Schulkameraden miteinander gewesen. Keinen
blödern* Menschen mit dem Frauenzimmer* habe ich noch in meinem
Leben gesehen.   -35-

6: =**wenn**; inconvenience. 22: gossips aimlessly. 34: shyer; =**Frau**.

HAUDY. Das ist wahr, darin hat er* recht. Er* ist nicht imstande,
ein Wort hervorzubringen, sobald ihn ein Frauenzimmer freund-
lich ansieht.

RAMMLER (mit einer pedantisch plumpen Verstellung*). ich glaube
in der Tat, - wo mir recht ist... - ja, es ist wahr, er korre- -5-
spondiert noch mit ihr; ich habe den Tag seiner Abreise einen
Brief gelesen, den er an eine Mademoiselle in Brüssel schrieb,
in die er ganz zum Erstaunen verliebt war. Er wird sie wohl nun
bald heiraten, denke ich.

EINER AUS DER GESELLSCHAFT. Ich kann nur nicht begreifen, was er -10-
so lang in Lille macht.

HAUDY. Wetter Element! wo bleibt unser Punsch denn? - Madam
Roux!!!

RAMMLER. In Lille? Oh, das kann euch niemand erklären als ich.
Denn ich weiß um alle seine Geheimnisse. Aber es läßt sich -15-
nicht öffentlich sagen.

HAUDY (verdrießlich). So sag heraus, Narre*! was hältst du hinter
dem Berge*.

RAMMLER (lächelnd). Ich kann euch nur soviel sagen, daß er eine
Person dort erwartet, mit der er in der Stille fortreisen will. -20-

STOLZIUS (steht auf und legt die Pfeife fort*). Meine Herren, ich
habe die Ehre, mich Ihnen zu empfehlen.

HAUDY (erschrocken). Was ist...? wohin, liebster Freund? - wir
werden den Augenblick* bekommen.

STOLZIUS. Sie nehmen mir's nicht übel - mir ist den Moment etwas -25-
zugestoßen*...

HAUDY. Was denn? - Der Punsch wird Ihnen gut tun, ich versichere
Sie.

STOLZIUS. ...daß ich mich nicht wohl befinde, lieber Herr Major.
Sie werden mir verzeihen - erlauben Sie -, aber ich kann keinen -30-
Augenblick länger hierbleiben, oder ich falle um...

HAUDY. Das ist die Lysluft - oder war der Tabak zu stark?

1: i.e., Rammler (Haudy addresses Stolzius); i.e., Desportes. 4:
obvious dissimulation. 17: singular. 18: what are you holding
back. 21: =weg. 24: sc. den Punsch. 26: happened (to me, so
that... [l. 29]).

STOLZIUS. Leben Sie wohl. (Geht wankend ab.)

HAUDY. Da haben wir's! Mit euch verfluchten Arschgesichtern!

RAMMLER. Haha! haha! - (Besinnt sich eine Weile, herumgehend.)
Ihr dummen Teufels, seht ihr denn nicht, daß ich das alles mit
Fleiß* angestellt habe? - Herr Pfarrer, hab' ich's Ihnen nicht -5-
gesagt?

EISENHARDT. Lassen Sie mich aus dem Spiel, ich bitte Sie.

HAUDY. Du bist eine politische* Gans, ich werde dir das Genick
umdrehen.

RAMMLER. Und ich brech' dir Arm und Bein entzwei und werf' sie -10-
zum Fenster hinaus. (Spaziert thrasonisch* umher.) Ihr kennt
meine Finten* noch nicht.

HAUDY. Ja, du steckst voll Finten wie ein alter Pelz voll Läuse.
Du bist ein Kerl zum Speien mit deiner Politik*.

RAMMLER. Und ich pariere*, daß ich dich und all euch Leute hier -15-
beim Stolzius in 'n Sack stecke, wenn ich's darauf ansetzte.

HAUDY. Hör, Rammler! es ist nur schade, daß du ein bißchen zuviel
Verstand bekommen hast, denn er macht sich selber zunicht; es
geht dir wie einer allzuvollen Bouteille*, die man umkehrt, und
doch kein Tropfen herausläuft, weil einer dem andern im Wege -20-
steht. Geh, geh! wenn ich eine Frau habe, geb' ich dir die Er-
laubnis, bei ihr zu schlafen, wenn du sie dahin bringen kannst.

RAMMLER (sehr schnell auf und ab gehend). Ihr sollt nur sehen,
was ich aus dem Stolzius noch machen will. (Ab.)

HAUDY. Der Kerl macht einem das Gallenfieber* mit seiner Dumm- -25-
heit. Er kann nichts als andern Leuten das Konzept verderben*.

EINER. Das ist wahr, er mischt sich in alles.

MARY. Er hat den Kopf immer voll Intrigen und Ränken* und meint,
andere Leute können ebensowenig darohne* leben als er. Letzt*

5: =Absicht. 8: cautious, sly. 11: boastfully (like the braggart
soldier of Terence's [Roman dramatist, 2nd c. B.C.] Miles Glori-
osus). 12: tricks. 14: scheming. 15: wager (that if I try I'll
outwit you all along with Stolzius). 19: (Fr.): bottle. 25: bili-
ous fever. 26: spoil things for others. 28: tricks. 29: =ohne
das; Recently.

sagt' ich dem Reitz* ins Ohr, er möcht'* mir doch auf morgen
seine Sporen leihen; ist er* mir nicht den ganzen Tag nach-
gegangen und hat mich um Gottes willen gebeten, ich möcht' ihm
sagen, was wir vorhätten. Ich glaub', es ist ein Staatsmann an
ihm verdorben.   -5-

EIN ANDRER. Neulich stellt' ich mich an ein Haus, einen Brief im
    Schatten zu lesen; er meinte gleich, es wär' ein Liebesbrief,
    der mir aus dem Hause wär' herabgeworfen worden, und ist die
    ganze Nacht bis um zwölf Uhr um das Haus herumgeschlichen. Ich
    dachte, ich sollte aufbersten für Lachen; es wohnt ein alter -10-
    Jude von sechzig Jahren in dem Hause, und er hatte überall an
    der Straße Schildwachten* ausgestellt, die mir auflauern
    sollten und ihm ein Zeichen geben, wenn ich hereinginge. Ich
    habe einem von den Kerls mit drei Livres* das ganze Geheimnis
    abgekauft; ich dacht', ich sollte rasend werden.   -15-

ALLE. Hahaha! Und er meint, es sei ein hübsch Mädchen drin!

MARY. Hört einmal! wollt ihr einen Spaß haben, der echt ist, so
    wollen wir den Juden avertieren*, es sei einer da, der Ab-
    sichten auf sein Geld habe.

HAUDY. Recht, recht! Daß euch die Schwerenot*! wollen wir so-   -20-
    gleich zu ihm gehen. Das soll uns eine Komödie geben, die
    ihresgleichen nicht hat. Und du, Mary, bring ihn nur immer mehr
    auf die Gedanken, daß da die schönste Frau in ganz Armentières
    wohnt, und daß Gilbert dir anvertraut hat, er werde diese Nacht
    zu ihr gehn.   -25-

Dritte Szene

In Lille
Marie weinend auf einem Lehnstuhl, einen Brief in der Hand.
Desportes tritt herein.

DESPORTES. Was fehlt Ihnen, mein goldnes Marieel, was haben Sie? -30-

MARIE (will den Brief in die Tasche stecken). Ach...

DESPORTES. Um's Himmels willen, was ist das für ein Brief, der
    Ihnen Tränen verursachen kann?

MARIE (etwas leiser). Sehen Sie nur, was mir der Mensch, der
    Stolzius, schreibt, recht* als ob er ein Recht hätte, mich -35-

-----
1: name of an officer; might. 2: i.e., Rammler. 12: =Schildwachen
watchmen. 14: French money. 18: warn. 20: Hang it all (literally:
May the falling sickness - epilepsy - strike you). 35: =genau.

anzuschelten. (Weint wieder.)

DESPORTES (liest stille). Das ist ein impertinenter Esel. Aber
sagen Sie mir, warum wechseln Sie Briefe mit solch einem Hunde-
jungen?

MARIE (trocknet sich die Augen). Ich will Ihnen nur sagen, Herr   -5-
Baron, es ist, weil er angehalten hat um mich* und ich ihm
schon so gut als halb versprochen bin.

DESPORTES. Er um Sie angehalten? Wie darf sich der Esel das
unterstehen! Warten Sie, ich will ihm den Brief beantworten.

MARIE. Ja, mein lieber Herr Baron! Und Sie können nicht glauben, -10-
was ich mit meinem Vater auszustehen habe; er liegt mir immer
in den Ohren*: ich soll mein Glück nicht verderben.

DESPORTES. Ihr Glück – mit solch einem Lümmel! Was denken Sie
doch, liebstes Marieel, und was denkt Ihr Vater? Ich kenne ja
des Menschen seine Umstände. Und kurz und gut, Sie sind für   -15-
keinen Bürger gemacht.

MARIE. Nein, Herr Baron, davon* wird nichts; das sind nur leere
Hoffnungen, mit denen Sie mich hintergehen. Ihre Familie wird
das nimmermehr* zugeben.

DESPORTES. Das ist meine Sorge. Haben Sie Feder und Tinte, ich -20-
will dem Lumpenhund seinen Brief beantworten; warten Sie ein-
mal.

MARIE. Nein, ich will selber schreiben. (Setzt sich an den Tisch
und macht das Schreibzeug zurecht.)

DESPORTES (stellt sich ihr hinter die Schulter). So will* ich   -25-
Ihnen diktieren.

MARIE. Das sollen Sie auch nicht. (Schreibt.)

DESPORTES (liest ihr über die Schulter). "Monsieur" – Flegel*
setzen Sie dazu. (Tunkt eine Feder ein und will dazuschreiben.)

MARIE (beide Arme über den Brief ausbreitend). Herr Baron... (Sie -30-
fangen an zu schäkern*; sobald sie den Arm rückt, macht er
Miene zu schreiben; nach vielem Lachen gibt sie ihm mit der
nassen Feder eine große Schmarre* übers Gesicht. Er läuft zum
Spiegel, sich abzuwischen; sie schreibt fort.)

6: asked for my hand in marriage. 12: continually bothers me,
saying. 17: =daraus. 19: =nimmer=nie. 25: =werde. 28: lout, boor.
31: tease, flirt (with each other). 33: smear.

DESPORTES.   Ich belaure Sie doch.   (Er kommt näher, sie droht ihm
mit der Feder; endlich   steckt   sie das Blatt in die Tasche; er
will sie daran   verhindern, sie ringen   zusammen; Marie kitzelt
ihn, er macht   ein   erbärmliches Geschrei, bis er   endlich halb
atemlos auf den Lehnstuhl fällt.)   -5-

WESENER (tritt   herein).   Na,   was gibt's? - die Leute   von der
Straße werden bald hereinkommen.

MARIE (erholt sich).   Papa, denkt doch, was der grobe Flegel, der
Stolzius,   mir   für einen   Brief   schreibt: er nennt mich Unge-
treue!   Denk   doch, als ob ich die Säue mit ihm gehütet hätte*;   -10-
aber ich will ihm antworten darauf, daß er   sich nicht vermuten
soll*, der Grobian.

WESENER.   Zeig mir her den Brief - ei, sieh doch die Jungfer Zip-
fersaat! -, ich will ihn unten im Laden lesen. (Er geht ab.)
                Jungfer Zipfersaat tritt herein.   -15-
MARIE (hier   und da   launicht* herumknicksend*).   Jungfer Zipfer-
saat, hier hab' ich die Ehre, dir einen Baron zu   präsentieren,
der sterblich verliebt in dich ist.   Hier,   Herr Baron, ist die
Jungfer,   von der wir so viel gesprochen haben, und   in die Sie
sich neulich in der Komödie so sterblich verschameriert* haben.   -20-

JUNGFER   ZIPFERSAAT (beschämt*).   Ich weiß   nicht,   wie du bist,
Marieel.

MARIE (macht einen tiefen Knicks).   Jetzt können Sie Ihre Liebes-
deklaration machen.   (Läuft   ab,   die Kammertür hinter   sich zu-
schlagend.   Jungfer Zipfersaat, ganz verlegen, tritt   ans Fen-   -25-
ster.   Desportes, der   sie   verächtlich angesehen, paßt auf*
Marien, die·von Zeit   zu Zeit die Kammertür ein wenig eröffnet.
Endlich steckt   sie den   Kopf   heraus; höhnisch):   Na, seid ihr
bald   fertig? (Desportes   sucht sich   zwischen die   Tür einzu-
klemmen, Marie sticht   ihn mit einer großen Stecknadel fort; er   -30-
schreit und läuft plötzlich heraus, um durch eine andere Tür in
jenes Zimmer zu kommen.   Jungfer Zipfersaat geht ganz verdrieß-
lich fort,   derweil* das Geschrei und   Gejauchze im Nebenzimmer
fortwährt*.)

WESENERS ALTE MUTTER (kriecht durch die Stube, die Brille auf der   -35-
Nase,   setzt   sich in   eine   Ecke   des Fensters und strickt und
singt - oder   krächzt vielmehr - mit ihrer   alten,   rauhen

-----
10:   i.e., had   been on intimate terms with him.   12: not be pre-
sumptuous.   16: =launig, and passim: humorously; curtseying about.
20: corruption of scharmieren (Fr.   charmer)   become   infatuated,
fall   in love with.   21: abashed, embarrassed.   26: watches (for).
33: =während.   34: =fortdauert.

Stimme).
Ein Mädele jung ein Würfel ist,
wohl auf den Tisch gelegen*:
das kleine Rösel aus Hennegau
wird bald zu Gottestisch gehen.   -5-
(Zählt die Maschen* ab.)
Was lächelst du so froh, mein liebes Kind?
Dein Kreuz* wird dir n'* schon kommen,
wenn's heißt, das Rösel aus Hennegau
hab' nun einen Mann genommen.   -10-
    O Kindlein mein, wie tut's mir so weh,
wie dir dein' Äugelein lachen
und wenn ich die tausend Tränelein seh',*
die werden dein' Bäckelein waschen! (Indessen dauert das Ge-
schäker im Nebenzimmer fort. Die alte Frau geht hinein, sie zu -15-
berufen.)

                          DRITTER AUFZUG

                          Erste Szene

               In Armentières. - Des Juden Haus.

RAMMLER (mit einigen verkleideten Leuten, die er stellt*; zum -20-
    letzten). Wenn jemand hineingeht, so huste; ich will mich unter
    die Treppe verstecken, daß ich ihm gleich nachschleichen kann.
    (Er verkriecht sich unter die Treppe).

AARON (sieht aus dem Fenster). Gad*! was ein gewaltiger Kamplatt*
    ist das unter meinem eignen Hause.   -25-

MARY, im Roquelaure* eingewickelt, kommt die Gasse heran, bleibt
    unter des Juden Fenster stehen und läßt ein subtiles Pfeifchen
    hören.

AARON (leise herab). Sein Sie's gnädiger Herr? (Jener winkt.) Ich
    werde soglach* aufmachen. (Mary geht die Treppe hinauf. Einer -30-
    hustet leise. Rammler schleicht ihm auf den Zehen nach, ohne
    daß er sich umsieht. Der Jude macht die Türe auf, beide gehen
    hinein.)
               Der Schauplatz verwandelt sich in
                  Das Zimmer des Juden.   -35-

3: pronounced: gele'en. 6: stitches. 8: trial, ordeal; =nun. 13:
i.e., foresee. 20: positions. 24: =Gott; =Komplott. 26:
knee-length cloak. 30: =sogleich.

(Es ist stockdunkel. Mary und Aaron flüstern sich in die Ohren.
Rammler schleicht immer von weitem herum, weicht aber gleich
zurück, sobald jene eine Bewegung machen.)

MARY. Er ist hier drinne.

AARON. O wai mer*!   -5-

MARY. Still nur! er soll Euch kein Leides* tun; laßt mit Euch
machen, was er will, und wenn er Euch auch knebelte*, in einer
Minute bin ich wieder bei Euch mit der Wache, - es soll ihm
übel genug bekommen*. Legt Euch nur zu Bette.

AARON. Wenn er mich aber ams* Leben bringt, he?   -10-

MARY. Seid nur ohne Sorgen, ich bin im Augenblick wieder da. Er
kann sonst nicht überführt* werden. Die Wache steht hier unten
schon parat*, ich will sie nur hereinrufen. Legt Euch - (Er
geht hinaus. Der Jude legt sich zu Bette. Rammler schleicht
näher hinan.)   -15-

AARON (klappt mit den Zähnen). Adonai*! Adonai!

RAMMLER (vor sich*). Ich glaube gar, es ist eine Jüdin. (Laut,
indem er Marys Stimme nachzuahmen sucht.) Ach, mein Schätzchen,
wie kalt ist es draußen!

AARON (immer leiser). Adonai!   -20-

RAMMLER. Du kennst mich doch; ich bin dein Mann nicht, ich bin
Mary. (Er zieht sich Stiefel und Rock aus.) Ich glaube, wir
werden noch Schnee bekommen, so kalt ist es.
(Mary mit einem großen Gefolge Offizieren mit Laternen stürzen
herein und schlagen ein abscheulich Gelächter auf. Der Jude   -25-
richtet sich erschrocken auf.)
HAUDY. Bist du toll geworden, Rammler? willst du mit dem Juden
Unzucht treiben*?

RAMMLER (steht wie versteinert da. Endlich zieht er seinen
Degen). Ich will euch in Kreuzmillionen* Stücken zerhauen alle -30-
miteinander. (Läuft verwirrt heraus. Die andern lachen nur noch
rasender.)

AARON. Ich bin was Gad* halb tot gewesen. (Steht auf. Die andern
laufen alle Rammlern nach, der Jude folgt ihnen.)

5: =weh mir. 6: archaic: Leid. 7: clubbed, beat. 9: He'll get
his. 10: =ums. 12: tricked. 13: =bereit. 16: Lord. 17: =für sich
aside. 28: here: commit an immoral act. 30: millions and mil-
lions. 33: =weiß Gott.

Zweite Szene

Stolzius' Wohnung.
Er sitzt mit verbundenem Kopf an einem Tisch, auf dem eine Lampe
brennt, einen Brief in der Hand, seine Mutter neben ihm.

MUTTER (die auf einmal sich ereifert*). Willst du denn nicht -5-
schlafen gehen, du gottloser Mensch! So red doch, so sag, was
dir fehlt! das Luder ist deiner* nicht wert gewesen. Was grämst
du dich, was wimmerst du um eine solche... Soldatenhure?

STOLZIUS (mit dem äußersten Unwillen vom Tisch sich aufrichtend).
Mutter...   -10-

MUTTER. Was ist sie denn anders - du -, und du auch, daß du dich
an solche Menscher* hängst?

STOLZIUS (faßt ihr beide Hände). Liebe Mutter, schimpft nicht auf
sie, sie ist unschuldig, der Offizier hat ihr den Kopf ver-
rückt*. Seht einmal, wie sie mir sonst geschrieben hat. Ich muß -15-
den Verstand verlieren darüber. Solch ein gutes Herz!

MUTTER (steht auf und stampft mit dem Fuß). Solch ein Luder. -
Gleich zu Bett mit dir, ich befehl' es dir. Was soll daraus
werden, was soll da herauskommen? Ich will dir weisen, junger
Herr, daß ich deine Mutter bin.   -20-

STOLZIUS (an seine Brust schlagend). Marieel - nein, sie ist es
nicht mehr, sie ist nicht dieselbe mehr. - (Er springt auf.)
Laßt mich...

MUTTER (weint). Wohin, du Gottvegessener?

STOLZIUS. Ich will dem Teufel, der sie verkehrt* hat... (Fällt -25-
kraftlos auf die Bank, beide Hände in die Höhe.) Oh, du sollst
mir's bezahlen, du sollst mir's bezahlen! (Kalt.) Ein Tag ist
wie der andere, was nicht heut kommt, kommt morgen, und was
langsam kommt, kommt gut. Wie heißt's in dem Liede, Mutter?
wenn ein Vögelein von einem Berge alle Jahr ein Körnlein weg- -30-
trüge, endlich würde es ihm doch gelingen.

MUTTER. Ich glaube, du phantasierst schon (greift ihm an den
Puls); leg dich zu Bett, Karl, ich bitte dich um Gottes willen,
ich will dich warm zudecken. Was wird da herauskommen, du
großer Gott? das ist ein hitziges Fieber - um solch eine -35-
Metze*...

5: =aufregt. 7: genitive (worthy of you). 12: plural of **das**
Mensch: wench, slut. 15: turned (her head). 25: corrupted. 36:
=**Hure**.

STOLZIUS. Endlich - endlich - alle Tage ein Sandkorn, ein Jahr
hat zehn, zwanzig, dreißig, hundert... (Die Mutter will ihn fort-
leiten.) Laßt mich, Mutter, ich bin gesund.

MUTTER. Komm nur, komm (ihn mit Gewalt fortschleppend), Narre! -
Ich werd' dich nicht loslassen, das glaub' mir nur. (Ab.)   -5-

                         Dritte Szene

                          In Lille.
             Jungfer Zipfersaat. Eine Magd aus Weseners Hause.

ZIPFERSAAT. Sie ist zu Hause, aber sie läßt sich nicht sprechen? Denk'
doch, ist sie so vornehm geworden?   -10-

MAGD. Sie sagt, sie hat zu tun; sie liest in einem Buch.

ZIPFERSAAT. Sag' Sie ihr nur, ich hätt' ihr etwas zu sagen, woran
ihr alles in der Welt gelegen ist.

MARIE (kommt, ein Buch in der Hand; mit nachlässigem Ton). Guten
Morgen, Jungfer Zipfersaat. Warum hat Sie sich nicht gesetzt.   -15-

ZIPFERSAAT. Ich kam, Ihr nur zu sagen, daß der Baron Desportes
diesen Morgen weggelaufen ist.

MARIE. Was redst du da? (Ganz außer sich.)

ZIPFERSAAT. Sie kann es mir glauben; er ist meinem Vetter über
die siebenhundert Taler schuldig geblieben, und als sie auf -20-
sein Zimmer kamen, fanden sie alles ausgeräumt und einen Zettel
auf dem Tisch, wo er ihnen schrieb, sie sollten sich keine ver-
gebliche Mühe geben, ihm nachzusetzen, er hab' seinen Abschied
genommen und wolle in österreichische Dienste gehen.

MARIE (schluchzend, läuft heraus und ruft). Papa! Papa!   -25-

WESENER (hinter der Szene*). Na, was ist?

MARIE. Komm Er doch geschwind herauf, lieber Papa!

ZIPFERSAAT. Da sieht Sie, wie die Herren Offiziers sind. Das
hätt' ich Ihr wollen zum voraus sagen.

WESENER (kommt herein). Na, was ist - Ihr Diener, Jungfer Zipfer- -30-
saat.

26: off stage.

MARIE. Papa, was sollen wir anfangen? Der Desportes ist weg-
gelaufen.

WESENER. Ei sieh doch, wer erzählt dir denn so artige His-
törchen*?

MARIE. Er ist dem jungen Herrn Seidenhändler* Zipfersaat sieben-   -5-
hundert Taler schuldig geblieben und hat einen Zettel auf dem
Tisch gelassen, daß er in seinem Leben nicht nach Flandern
wiederkommen will.

WESENER (sehr böse). Was das ein gottloses verdammtes Gered' -
(Sich auf die Brust schlagend.) Ich sag' gut* für die sieben-   -10-
hundert Taler, versteht Sie mich, Jungfer Zipfersaat? Und für
noch einmal soviel, wenn Sie's haben will. Ich hab' mit dem
Hause* über die dreißig Jahr verkehrt, aber das sind die gott-
vergessenen Neider...

ZIPFERSAAT. Das wird meinem Vetter eine große Freude machen, Herr   -15-
Wesener, wenn Sie es auf sich nehmen wollen, den guten Namen
vom Herrn Baron zu retten.

WESENER. Ich geh' mit Ihr, den Augenblick. (Er sucht seinen Hut.)
Ich will den Leuten das Maul stopfen, die sich unterstehen
wollen, mir das Haus in übeln Ruf zu bringen; versteht Sie   -20-
mich?

MARIE. Aber, Papa... (Ungeduldig). Oh, ich wünschte, daß ich ihn
nie gesehen hätte! (Wesener und Jungfer Zipfersaat gehen ab.
Marie wirft sich in den Sorgstuhl* und, nachdem sie eine Weile
in tiefen Gedanken gesessen, ruft sie ängstlich.) Lotte! - -   -25-
Lotte!

CHARLOTTE (kommt). Na, was willst du denn, daß du mich so rufst?

MARIE (geht ihr entgegen). Lottchen, - mein liebes Lottchen. (Ihr
unter dem Kinn streichelnd.)

CHARLOTTE. Na, Gott behüt', wo kommt das Wunder?   -30-

MARIE. Du bist auch mein allerbestes Charlottel, du.

CHARLOTTE. Gewiß will Sie wieder Geld von mir leihen.

MARIE. Ich will dir auch alles zu Gefallen tun.

CHARLOTTE. Ei, was, ich habe nicht Zeit. (Will gehen.)

4: stories. 5: his profession: silk merchant. 10: vouch. 13:
(Desportes') family. 24: =Sorgenstuhl easy chair.

MARIE. *Nur ein paar Zeilen - ich lass' dir auch die Perlen vor sechs Livres.

CHARLOTTE. An wen denn?

MARIE (beschämt). An den Stolzius.

CHARLOTTE (fängt an zu lachen). Schlägt Ihr das Gewissen?   -5-

MARIE (halb weinend). So laß doch...

CHARLOTTE (setzt sich an den Tisch). Na, was willst ihm denn schreiben? - Sie weiß, wie ungern ich schreib'.

MARIE. Ich hab' so ein Zittern in den Händen - schreib so oben oder in einer Reihe*, wie du willst - "Mein liebwertester   -10- Freund".

CHARLOTTE. Mein liebwertester Freund.

MARIE. "Dero* haben in Ihrem letzten Schreiben mir billige Gelegenheit* gegeben, da meine Ehre angegriffen.

CHARLOTTE. Angegriffen.   -15-

MARIE. "Indessen müssen* nicht alle Ausdrücke auf der Waagschale legen, sondern auf das Herz ansehen, das Ihnen -" wart, wie soll ich nun schreiben?

CHARLOTTE. Was weiß ich?

MARIE. So sag doch, wie heißt das Wort nun!   -20-

CHARLOTTE. Weiß ich denn, was du ihm schreiben willst?

MARIE. "Daß mein Herz und -" (Fängt an zu weinen und wirft sich in den Lehnstuhl.)

CHARLOTTE (sieht sie an und lacht). Na, was soll ich ihm denn schreiben?   -25-

MARIE (schluchzend). Schreib, was du willst.

CHARLOTTE (schreibt und liest). "Daß mein Herz nicht so wankelmütig ist, als Sie es sich vorstellen" - ist so recht?

MARIE (springt auf und sieht ihr über die Schulter). Ja, so ist's

-----
1: sc. Schreib. 10: somewhere at the top, or on a line. 13: =Sie. 14: suitable reason (to be offended). 16: sc. Sie.

recht. (Sie umhalsend.) Mein altes Charlottel, du.

CHARLOTTE. Na, so laß mich doch ausschreiben! (Marie spaziert ein
    paarmal auf und ab, dann springt sie plötzlich zu ihr, reißt
    ihr das Papier unter dem Arm weg und zerreißt es in tausend
    Stücken).   -5-

CHARLOTTE (in Wut). Na, seht doch - ist das nicht ein Luder -
    eben da ich den besten Gedanken hatte - aber so eine canaille*
    ist Sie!

MARIE. Canaille vous-même*.

CHARLOTTE (droht ihr mit dem Tintenfaß). Du...   -10-

MARIE. Sie sucht einen noch mehr zu kränken, wenn man schon im
    Unglück ist.

CHARLOTTE. Luder! warum zerreißt du denn, da ich eben im besten
    Schreiben bin?

MARIE (ganz hitzig). Schimpf nicht!   -15-

CHARLOTTE (auch halb weinend). Warum zerreißt du denn?

MARIE. Soll ich ihm denn vorlügen? (Fängt äußerst heftig an zu
    weinen und wirft sich mit dem Gesicht* auf einen Stuhl.)
                    Wesener tritt herein.
MARIE (sieht auf und fliegt ihm an den Hals; zitternd). Papa,   -20-
    lieber Papa, wie steht's? - um Gottes willen, red' Er doch!

WESENER. So sei doch nicht so närrisch, er ist ja nicht aus der
    Welt - Sie tut ja wie abgeschmackt -

MARIE. Wenn er aber fort ist...

WESENER. Wenn er fort ist, so muß er wiederkommen; ich glaube,   -25-
    Sie hat den Verstand verloren und will mich auch wunderlich*.
    Ich kenne das Haus seit länger als gestern, sie werden doch das
    nicht wollen auf sich sitzen lassen. Kurz und gut, schick her-
    auf zu unserm Notarius droben*, ob er zu Hause ist; ich will
    den Wechsel, den ich für ihn unterschrieben habe, vidimieren*   -30-
    lassen, zugleich die Kopie von dem promesse de mariage, und
    alles den Eltern schicken.

MARIE. Ach, Papa, lieber Papa! ich will gleich selber laufen und
    ihn holen. (Läuft über Hals und Kopf ab.)

7: wretch. 9: (wretch) yourself. 18: face first. 26: (as) strange
(as you are). 29: =da oben. 30: be certified.

WESENER. Das Mädel kann, Gott verzeih' mir, einem **Louis Quatorze***
selber das Herz machen in die Hosen fallen. Aber schlecht ist
das auch von **Monsieur le Baron**; ich will es bei seinem Herrn
Vater schon für ihn kochen*; wart du nur. - Wo bleibt sie denn?
(**Geht Marien nach.**)   -5-

Vierte Szene

In Armentières.
Ein Spaziergang auf dem eingegangenen* Stadtgraben.
Eisenhardt und Pirzel spazieren.

EISENHARDT. Herr von Mary will das Semester in Lille zubringen, -10-
was mag das zu bedeuten haben? Er hat doch dort keine Ver-
wandte, soviel ich weiß.

PIRZEL. Er ist auch keiner von denen, die es weghaben - flüchtig,
flüchtig*. - Aber der Obristleutnant, das ist ein Mann.

EISENHARDT (**beiseite**). Weh mir, wie bring' ich den Menschen aus -15-
seiner Metaphysik* zurück! - (**Laut.**) Um den Menschen zu kennen,
müßte man meines Erachtens bei dem Frauenzimmer anfangen.

PIRZEL (**schüttelt mit dem Kopf**).

EISENHARDT (**beiseite**). Was die andern zuviel sind, ist der zu-
wenig. O Soldatenstand, furchtbare Ehlosigkeit, was für Krank- -20-
heiten machst du aus den Menschen!

PIRZEL. Sie meinen, beim Frauenzimmer? - das wär' grad, als ob
man bei den Schafen anfinge. Nein, was der Mensch ist... (**Den
Finger an die Nase***.)

EISENHARDT (**beiseite**). Der philosophiert mich zu Tode. (**Laut.**) -25-
Ich habe die Anmerkung* gemacht, daß man in diesem Monat keinen
Schritt vors Tor tun kann, wo man nicht einen Soldaten mit
einem Mädchen karessieren sieht.

PIRZEL. Das macht, weil die Leute nicht denken.

EISENHARDT. Aber hindert Sie das Denken nicht zuweilen* im Exer- -30-
zieren*?

1: Louis XIV: had boldly invaded almost every country bordering
France. 4: make hot. 8: former (moat). 14: with any depth of
understanding - he's superficial. 16: i.e., faulty thinking. 24:
gesture for knowingness. 26: =**Beobachtung**. 30: =**manchmal, ab und
zu**. 31: drilling.

PIRZEL. Ganz und gar nicht, das geht so mechanisch. Haben doch
die andern auch nicht die Gedanken beisammen, sondern schweben
ihnen alleweile* die schönen Mädchens vor den Augen.

EISENHARDT. Das muß seltsame Bataillen geben. Ein ganzes Regiment
mit verrückten Köpfen muß Wundertaten tun.   -5-

PIRZEL. Das geht alles mechanisch.

EISENHARDT. Ja, aber Sie laufen auch mechanisch. Die preußischen
Kugeln müssen Sie bisweilen* sehr unsanft aus Ihren süßen
Träumen geweckt haben. (Sie gehen weiter.)

                     Fünfte Szene   -10-

              In Lille. - Marys Wohnung.
              Mary. Stolzius als Soldat.

MARY (zeichnet, sieht auf). Wer da (sieht ihn lang an und steht
auf), Stolzius?

STOLZIUS. Ja, Herr.   -15-

MARY. Wo zum Element kommt Ihr denn her? und in diesem Rock?
(Kehrt ihn um.) Wie verändert, wie abgefallen, wie blaß! Ihr
könntet mir's hundertmal sagen, Ihr wärt Stolzius, ich glaubt'
es Euch nicht.

STOLZIUS. Das macht der Schnurrbart, gnädiger Herr. Ich hörte, -20-
daß Ew.* Gnaden einen Bedienten brauchten, und weil ich dem
Herrn Obristen sicher* bin, so hat er mir die Erlaubnis ge-
geben, hieherzukommen, um allenfalls* Ihnen einige Rekruten
anwerben zu helfen und Sie zu bedienen.

MARY. Bravo! Ihr seid ein braver Kerl! und das gefällt mir, daß -25-
Ihr dem König dient. Was kommt auch heraus bei dem Philister-
leben? Und Ihr habt was zuzusetzen, Ihr könnt honett leben und
es noch einmal weit bringen*; ich will für Euch sorgen, das
könnt Ihr versichert sein. Kommt nur, ich will gleich ein
Zimmer für Euch besprechen*; Ihr sollt diesen ganzen Winter bei -30-
mir bleiben, ich will es schon gutmachen beim Obristen.

STOLZIUS. Solang ich meine Schildwachten bezahle, kann mir nie-
mand was anhaben. (Sie gehen ab.)

3: =immer. 8: =manchmal, ab und zu. 21: =Euer Your (Grace). 22:
reliable. 23: =vielleicht, nötigenfalls. 28: you have something
to venture, can live well and still get ahead. 30: arrange.

Sechste Szene

[Weseners Haus.]
Frau Wesener. Marie. Charlotte.

FRAU WESENER. Es ist eine Schande, wie Sie mit ihm* umgeht. Ich
seh' keinen Unterschied, wie du dem Deportes begegnet* bist, so   -5-
begegnest du ihm auch.

MARIE. Was soll ich denn machen, Mama? Wenn er nun sein bester
Freund ist und er uns allein noch Nachrichten von ihm ver-
schaffen kann.

CHARLOTTE. Wenn er dir nicht so viele Präsente macht, würdest du   -10-
auch anders mit ihm sein.

MARIE. Soll ich ihm denn die Präsente ins Gesicht zurückwerfen?
Ich muß doch wohl höflich mit ihm sein, da er noch der einzige
ist, der mit ihm korrespondiert. Wenn ich ihn abschrecke, da
wird schön Dings herauskommen; er fängt ja alle Briefe auf,   -15-
die der Papa an seinen Vater schreibt, das hört' Sie ja.

FRAU WESENER. Kurz und gut, du sollst nun nicht ausfahren mit
diesem, das leid' ich nicht.

MARIE. So kommen Sie denn mit, Mama! er hat Pferd' und Kabriolett
bestellt, sollen die wieder zurückfahren?   -20-

FRAU WESENER. Was geht's mich an!

MARIE. So komm du denn mit, Lotte. - Was fang' ich nun an? Mama,
Sie weiß nicht, was ich alles aussteh' um Ihretwillen.

CHARLOTTE. Sie ist frech obenein*.

MARIE. Schweig du nur still.   -25-

CHARLOTTE (etwas leise für sich). Soldatenmensch!

MARIE (tut, als ob sie's nicht hörte, und fährt fort, sich vor
dem Spiegel zu putzen*). Wenn wir den Mary beleidigen, so haben
wir alles uns selber vorzuwerfen.

CHARLOTTE (laut, indem sie schnell zur Stube hinausgeht). Sol-   -30-
datenmensch!

MARIE (kehrt sich um). Seh' Sie nur, Mama! (Die Hände faltend*.)

4: i.e., Mary. 5: treated. 24: =obendrein in addition, to boot.
28: dress (herself) up. 32: clasping (tightly).

FRAU WESENER. Wer kann dir helfen, du machst es darnach*!
Mary tritt herein.
MARIE (heitert schnell ihr Gesicht auf. Mit der größten Munter-
keit und Freundschaft ihm entgegengehend). Ihre Dienerin, Herr
von Mary! Haben Sie wohl geschlafen?   -5-

MARY. Unvergleichlich, meine gnädige Mademoiselle! Ich habe das
ganze gestrige Feuerwerk im Traum zum andernmal* gesehen.

MARIE. Es war doch recht schön.

MARY. Es muß wohl schön gewesen sein, weil es Ihre Approbation
hat.   -10-

MARIE. Oh, ich bin keine Connoisseuse von den Sachen, ich sage
nur wieder, wie ich es von Ihnen gehört habe. (Er küßt ihr die
Hand, sie macht einen tiefen Knicks). Sie sehen uns hier noch
ganz in Rumor*; meine Mutter wird gleich fertig sein.

MARY. Madam Wesener kommen also mit?   -15-

FRAU WESENER (trocken). Wieso? Ist kein Platz für mich da?

MARY. O ja, ich steh' hinten auf, und mein Kaspar* kann zu Fuß
vorangehen.

MARIE. Hören Sie! Ihr Soldat gleicht sehr viel einem gewissen
Menschen, den ich ehemals gekannt habe, und der auch um mich -20-
angehalten hat.

MARY. Und Sie gaben ihm ein Körbchen*. Daran ist auch der Des-
portes wohl schuld gewesen?

MARIE. Er hat mir's eingetränkt*.

MARY. Wollen wir? (Bietet ihr die Hand, sie macht ihm einen -25-
Knicks und winkt auf ihre Mutter; er gibt Frau Wesener die
Hand, und sie folgt ihnen.)

Siebente* Szene

In Philippeville.

DESPORTES (allein, ausgezogen, in einem grünen Zimmer, einen -30-

-----
1: the way you're acting? (you're doing so well!). 7: =zweiten-
mal, wieder. 14: a turmoil. 17: i.e., his servant, orderly (Stol-
zius). 22: refusal. 24: maliciously put me up to it. 28: =Siebte.

Brief schreibend, ein brennend Licht vor ihm; brummt, indem er
schreibt). Ich muß ihr doch das Maul ein wenig schmieren, sonst
nimmt das Briefschreiben kein Ende, und mein Vater fängt noch
wohl gar einmal einen auf. (Liest den Brief.) "Ihr bester Vater
ist böse auf mich, daß ich ihn so lange aufs Geld warten lasse;   -5-
ich bitte Sie, besänftigen Sie ihn, bis ich eine bequeme Gele-
genheit finde, meinem Vater alles zu entdecken und ihn zu der
Einwilligung zu bewegen, Sie, meine Geliebte, auf ewig zu be-
sitzen. Denken Sie, ich bin in der größten Angst, daß er nicht
schon einige von Ihren Briefen aufgefangen hat; denn ich sehe   -10-
aus Ihrem letzten, daß Sie viele an mich müssen geschrieben
haben, die ich nicht erhalten habe. Und das könnte uns alles
verderben. Darf ich bitten, so schreiben Sie nicht eher an
mich, als bis ich Ihnen eine neue Adresse geschickt habe, unter
der ich die Briefe sicher erhalten kann." (Siegelt zu.) Wenn   -15-
ich den Mary recht verliebt in sie machen könnte, daß sie mich
vielleicht vergißt! Ich will ihm schreiben, er soll nicht von
meiner Seite kommen, wenn ich meine anbetungswürdige Marie
werde glücklich gemacht haben; er soll ihr Cicisbeo* sein, wart
nur. (Er spaziert einigemal tiefsinnig auf und nieder, dann   -20-
geht er heraus.)

Achte Szene

In Lille.
Der* Gräfin La Roche Wohnung.
Die Gräfin. Ein Bedienter. [Dann der junge Graf].   -25-

GRÄFIN (sieht nach ihrer Uhr). Ist der junge Herr noch nicht
zurückgekommen?

BEDIENTER. Nein, gnädige Frau.

GRÄFIN. Gebt mir den Hauptschlüssel und legt Euch schlafen. Ich
werde dem jungen Herrn selber aufmachen. Was macht Jungfer   -30-
Kathrinchen?

BEDIENTER. Sie hat den Abend große Hitze* gehabt.

GRÄFIN. Geht nur noch einmal hinein und seht, ob die Made-
moiselle* auch noch munter ist. Sagt ihr nur, ich gehe nicht zu
Bett, um ein Uhr werde ich kommen und sie ablösen (Bedienter   -35-
ab).

GRÄFIN (allein). Muß denn ein Kind seiner Mutter bis ins Grab
Schmerzen schaffen? Wenn du nicht mein Einziger wärst und ich

-----
19: (It.): the recognized lover of a married woman (here: con-
stant friend). 24: genitive. 32: =Fieber. 34: governess.

dir kein so empfindliches Herz gegeben hätte! (**Man pocht. Sie geht heraus und kommt wieder herein mit ihm.**)

GRAF. Aber, gnädige Mutter, wo ist denn der Bediente? Die verfluchten Leute! wenn es nicht so spät wäre, ich ließ* den Augenblick nach der Wache gehen und ihm alle Knochen im Leibe -5- entzweischlagen.

GRÄFIN. Sachte*, sachte, mein Sohn. Wie*, wenn ich mich nun gegen dich so übereilte, wie du gegen den unschuldigen Menschen.

GRAF. Aber es ist doch nicht auszuhalten.

GRÄFIN. Ich selbst habe ihn zu Bette geschickt. Ist's nicht -10- genug, daß der Kerl den ganzen Tag auf dich aufpassen muß, soll er sich auch die Nachtruhe entziehen um deinetwillen? Ich glaube, du willst mich lehren, die Bedienten anzusehen wie die Bestien.

GRAF (**küßt ihr die Hand**). Gnädige Mutter!   -15-

GRÄFIN. Ich muß ernsthaft mit dir reden, junger Mensch! Du fängst an, mir trübe Tage zu machen. Du weißt, ich habe dich nie eingeschränkt, mich in alle Deine Sachen gemischt als deine Freundin, nie als Mutter. Warum fängst du mir denn jetzt an, ein Geheimnis aus deinen Herzensangelegenheiten zu machen, da -20- du doch sonst keine jugendlichen Torheiten vor mir geheimhieltest und ich, weil ich selbst ein Frauenzimmer bin, dir allezeit den besten Rat zu geben wußte? (**Sieht ihn steif an.**) Du fängst an luderlich* zu werden, mein Sohn.

GRAF (**ihr die Hand mit tränen küssend**). Gnädige Mutter, ich -25- schwöre Ihnen, ich habe kein Geheimnis für* Sie. Sie haben mir nach dem Nachtessen mit Jungfern Wesenern begegnet; Sie haben aus der Zeit und aus der Art, mit der wir sprachen, Schlüsse gemacht... - es ist ein artig Mädchen, und das ist alles.

GRÄFIN. Ich will nichts mehr wissen. Sobald du Ursache zu haben -30- glaubst, mir was zu verhehlen... - aber bedenk auch, daß du hernach die Folgen deiner Handlungen nur dir selber zuzuschreiben hast. Fräulein Anklam hat hier Verwandte, und ich weiß, daß Jungfer Wesener nicht in dem besten Ruf steht - ich glaube, nicht aus ihrer Schuld: das arme Kind soll hintergangen -35- worden sein...

GRAF (**kniend**). Ebendas, gnädige Mutter! eben ihr Unglück. - Wenn Sie die Umstände wüßten! Ja, ich muß Ihnen alles sagen; ich

-----

4: =ließe=würde lassen. 7: =Langsam; sc. wäre es. 24: =liederlich dissolute. 26: =vor from.

fühle, daß ich einen Anteil an dem Schicksal des Mädchens nehme
- und doch, - wie leicht ist sie zu hintergehen gewesen! ein so
leichtes, offenes, unschuldiges Herz! - es quält mich, Mama,
daß sie nicht in bessere Hände gefallen ist.

GRÄFIN. Mein Sohn, überlaß das Mitleiden mir. Glaube mir (umarmt -5-
ihn), glaube mir, ich habe kein härteres Herz als du. Aber mir
kann das Mitleiden nicht so gefährlich werden. Höre meinen Rat,
folge mir! Um deiner Ruhe willen, geh nicht mehr hin, reis aus
der Stadt, reis zu Fräulein Anklam - und sei versichert, daß es
Jungfer Wesenern hier nicht übel werden* soll. Du hast ihr in -10-
mir ihre zärtlichste Freundin zurückgelassen. - Versprichst du
mir das?

GRAF (sieht sie lange zärtlich an). Gut, Mama, ich verspreche
Ihnen alles. - Nur noch ein Wort, eh' ich reise. Es ist ein
unglückliches Mädchen, das ist gewiß.   -15-

GRÄFIN. Beruhige dich nur. (Ihm auf die Backen klopfend.) Ich
glaube dir's mehr, als du mir es sagen kannst.

GRAF (steht auf und küßt ihr die Hand). Ich kenne Sie... (Beide
gehen ab.)

                    Neunte Szene   -20-

                  [Weseners Haus.]
                  Frau Wesener. Marie.

MARIE. Lass' Sie nur sein, Mama! Ich will ihn recht quälen.

FRAU WESENER. Ach, geh doch! Was? Er* hat dich vergessen, er ist
in drei Tagen nicht hier gewesen, und die ganze Welt sagt, er -25-
hab' sich verliebt in die kleine Madam Düval, da in der Brüßler
Straße.

MARIE. Sie kann nicht glauben, wie kompläsant der Graf* gegen
mich ist.

FRAU WESENER. Ei was! der soll ja auch schon versprochen sein. -30-

MARIE. So quäl' ich doch den Mary damit. Er kommt den Abend nach
dem Nachtessen wiederher. Wenn uns doch der Mary nur einmal
begegnen wollte mit seiner Madam Düval!

EIN BEDIENTER (tritt herein). Die Gräfin La Roche läßt fragen, ob
Sie zu Hause sind?   -35-

10: go badly (for). 24: i.e., Mary. 28: i.e., La Roche.

MARIE (in der äußersten Verwirrung). Ach Himmel, die Mutter vom
Herrn Grafen! - Sag' Er nur... - Mama, so sag' Sie doch, was
soll er sagen? (Frau Wesener will gehen). Sag' Er nur, es wird
uns eine hohe Ehre... - Mama! Mama! so red' Sie doch.

FRAU WESENER. Kannst du denn das Maul nicht auftun? Sag' Er, es   -5-
wird uns eine hohe Ehre sein -

MARIE. Nein, nein, wart' Er nur, ich will selber an den Wagen
herabkommen. (Geht herunter mit dem Bedienten. Die alte Wesener
geht fort.)

                        Zehnte Szene   -10-

        Die Gräfin La Roche und Marie, die wieder hereinkommt.

MARIE. Sie werden verzeihen, gnädige Frau, es ist hier alles in
der größten Rapuse*.

GRÄFIN. Mein liebes Kind, Sie brauchen mit mir nicht die aller-
geringsten Umstände zu machen. (Sie faßt sie an der Hand und   -15-
setzt sich mit ihr aufs Kanapee*.) Sehen Sie mich als Ihre
beste Freundin an (sie küssend), ich versichere Sie, daß ich
den aufrichtigsten Anteil nehme an allem, was Ihnen begegnen
kann.

MARIE (sich die Augen wischend). Ich weiß nicht, womit ich die   -20-
besondere Gnade verdient habe, die Sie für mich tragen.

GRÄFIN. Nichts von Gnade, ich bitte Sie! Es ist mir lieb, daß wir
allein sind; ich habe Ihnen viel, vieles zu sagen, das mir auf
dem Herzen liegt, und Sie auch manches zu fragen. (Marie sehr
aufmerksam, die Freude in ihrem Gesicht.) Ich liebe Sie, mein   -25-
Engel! ich kann mich nicht enthalten, es Ihnen zu zeigen.
(Marie küßt ihr inbrunstvoll* die Hand.) Ihr ganzes Betragen
hat so etwas Offenes, so etwas Einnehmendes*, daß mir Ihr Un-
glück dadurch doppelt schmerzlich wird. Wissen Sie denn auch,
meine neue liebe Freundin, daß man viel, viel in der Stadt von   -30-
Ihnen spricht.

MARIE. Ich weiß wohl, daß es allenthalben* böse Zungen gibt.

GRÄFIN. Nicht lauter* böse, auch gute sprechen von Ihnen. Sie
sind unglücklich; aber Sie können sich damit trösten, daß Sie
sich Ihr Unglück durch kein Laster zugezogen. Ihr einziger   -35-
Fehler war, daß Sie die Welt nicht kannten, daß Sie den

13: disorder (literally: distribution of booty). 16: =Sofa. 27:
passionately. 28: prepossessing. 32: =überall. 33: =Nicht nur.

Unterschied nicht kannten, der unter den verschiedenen Ständen
herrscht, daß Sie die **Pamela*** gelesen haben, das gefährlichste
Buch, das eine Person aus Ihrem Stande lesen kann.

MARIE.   Ich kenne das Buch ganz und gar nicht.

GRÄFIN.   So haben Sie den Reden der jungen Leute zuviel getraut.   -5-

MARIE.   Ich habe nur einem zuviel getraut, und es ist noch nicht
ausgemacht, ob er falsch gegen mich denkt.

GRÄFIN.   Gut, liebe Freundin! Aber sagen Sie mir, ich bitte Sie,
wie kamen Sie doch dazu, über Ihren Stand heraus sich nach
einem Mann umzusehen.   Ihre Gestalt, dachten Sie, könnte Sie   -10-
schon weiter führen als Ihre Gespielinnen. Ach, liebe Freundin,
ebendas hätte Sie sollen vorsichtiger machen! Schönheit ist
niemals ein Mittel, eine gute Heurat* zu stiften, und niemand
hat mehr Ursache zu zittern als ein schön Gesicht. Tausend
Gefahren mit Blumen überstreut, tausend Anbeter und keinen   -15-
Freund, tausend unbarmherzige Verräter.

MARIE.   Ach, gnädige Frau, ich weiß wohl, daß ich häßlich bin.

GRÄFIN.   Keine falsche Bescheidenheit. Sie sind schön, der Himmel
hat Sie damit gestraft.   Es fanden sich Leute über Ihren Stand,
die Ihnen Versprechungen taten.   Sie sahen gar keine Schwierig-   -20-
keit, eine Stufe höher zu rücken; Sie verachteten Ihre Gespie-
linnen. Sie glaubten nicht nötig zu haben, sich andere liebens-
würdige Eigenschaften zu erwerben, Sie scheuten die Arbeit, Sie
begegneten jungen Mannsleuten* Ihres Standes verächtlich, Sie
wurden gehaßt.   Armes Kind! wie glücklich hätten Sie einen   -25-
rechtschaffenen Bürger machen können, wenn Sie diese fürtreff-
lichen* Gesichtszüge, dieses einnehmende bezaubernde Wesen mit
einem demütigen menschenfreundlichen Geist beseelt hätten! wie
wären Sie von allen Ihresgleichen angebetet, von allen Vor-
nehmen nachgeahmt und bewundert worden! Aber Sie wollten von   -30-
Ihresgleichen beneidet werden.   Armes Kind, wo dachten Sie hin,
und gegen welch ein elendes Glück wollten Sie alle diese Vor-
züge eintauschen? Die Frau eines Mannes zu werden, der um
Ihretwillen von seiner ganzen Familie gehaßt und verachtet
würde! Und einem so unglücklichen Hasardspiel* zu Gefallen Ihr   -35-
ganzes Glück, Ihre ganze Ehre, Ihr Leben selber auf die Karte
zu setzen! Wo dachten Sie hinaus? wo dachten Ihre Eltern hin-
aus? Armes betrogenes, durch die Eitelkeit gemißhandeltes Kind!
(**Drückt sie an ihre Brust.**) Ich wollte mein Blut hergeben, daß

2: **Pamela Or, Virtue Rewarded** (1740), very popular novel by
Samuel Richardson in which a girl's virtue is rewarded by a mar-
riage above her station. 13: =**Heirat**. 24: =**Männern**. 27: =**vor-
trefflichen** fine.   35: game of chance.

das nicht geschehen wäre.

MARIE (weint auf ihre Hand). Er liebt mich aber.

GRÄFIN. Die Liebe eines Offiziers, Marie – eines Menschen, der an
jede Art von Ausschweifung, von Veränderung gewöhnt ist, der
ein braver Soldat zu sein aufhört, sobald er ein treuer Lieb-   -5-
haber wird, der dem König schwört, es nicht zu sein, und sich
dafür von ihm bezahlen läßt. Und Sie glaubten, die einzige Per-
son auf der Welt zu sein, die ihn, trotz des Zorns seiner
Eltern, trotz des Hochmuts seiner Familie, trotz seines
Schwurs, trotz seines Charakters, trotz der ganzen Welt, treu -10-
erhalten wollten? Das heißt, Sie wollten die Welt umkehren. – –
Und da Sie nun sehen, daß es fehlgeschlagen hat, so glauben
Sie, bei andern Ihren Plan auszuführen, und sehen nicht, daß
das, was Sie für Liebe bei den Leuten halten, nichts als Mit-
leiden mit Ihrer Geschichte oder gar was Schlimmeres ist. -15-
(Marie fällt vor ihr auf die Knie, verbirgt ihr Gesicht in
ihren Schoß und schluchzt.) Entschließ dich, bestes Kind! Un-
glückliches Mädchen, noch ist es Zeit, noch ist der Abgrund zu
vermeiden! ich will sterben, wenn ich dich nicht herausziehe.
Lassen Sie sich alle Anschläge auf meinen Sohn vergehen*! er -20-
ist versprochen, die Fräulein Anklam hat seine Hand und sein
Herz. Aber kommen Sie mit in mein Haus; Ihre Ehre hat einen
großen Stoß erlitten, das ist der einzige Weg, sie wieder-
herzustellen. Werden Sie meine Gesellschafterin, und machen Sie
sich gefaßt, in einem Jahr keine Mannsperson zu sehen. Sie -25-
sollen mir meine Tochter erziehen helfen – kommen Sie, wir
wollen gleich zu Ihrer Mutter gehen und sie um Erlaubnis
bitten, daß Sie mit mir fahren dürfen.

MARIE (hebt den Kopf rührend aus ihrem Schoß auf). Gnädige Frau –
es ist zu spät.   -30-

GRÄFIN (hastig). Es ist nie zu spät, vernünftig zu werden. Ich
setze Ihnen tausend Taler zur Aussteuer aus; ich weiß, daß Ihre
Eltern Schulden haben.

MARIE (noch immer auf den Knien, halb rückwärts fallend, mit ge-
falteten Händen). Ach, gnädige Frau, erlauben Sie mir, daß ich -35-
mich drüber bedenke, – daß ich alles das meiner Mutter vor-
stelle.

GRÄFIN. Gut, liebes Kind, tun Sie Ihr Bestes. – Sie sollen Zeit-
vertreib genug bei mir haben, ich will Sie im Zeichen, Tanzen
und Singen unterrichten lassen.   -40-

MARIE (fällt auf ihr Gesicht). O gar zu, gar zu gnädige Frau!

20: Cease all attempts (to win my son).

GRÄFIN. Ich muß fort - Ihre Mutter würde mich in einem wunder-
lichen Zustand antreffen. (Geht schnell ab, sieht noch durch
die Tür hinein nach Marien, die noch immer wie im Gebet liegt.)
Adieu, Kind! (Ab.)

                         VIERTER AUFZUG   -5-

                          Erste Szene

                        [Marys Wohnung.]
                        Mary. Stolzius.

MARY. Soll ich dir aufrichtig sagen, Stolzius, wenn der Desportes
das Mädchen nicht heuratet, so heurate ich's. Ich bin zum   -10-
Rasendwerden verliebt in sie. Ich habe schon versucht, mir die
Gedanken zu zerstreuen - du weißt wohl - mit der Düval; und
denn* gefällt mir die Wirtschaft* mit dem Grafen gar nicht, und
daß die Gräfin sie nun gar ins Haus genommen hat; aber alles
das... verschlägt doch nichts*, ich kann mir die Narrheit nicht -15-
aus dem Kopf bringen.

STOLZIUS. Schreibt denn der Desportes gar nicht mehr?

MARY. Ei freilich schreibt er. Sein Vater hat ihn neulich wollen
zu einer Heurat zwingen und ihn vierzehn Tage bei Wasser und
Brot eingesperrt... (Sich an den Kopf schlagend.) Und wenn ich -20-
noch so denke, wie sie neulich im Mondschein mit mir spazieren
ging und mir ihre Not klagte, wie sie manchmal mitten in der
Nacht aufspränge, wenn ihr die schwermütigen Gedanken einkämen,
und nach einem Messer suchte. (Stolzius zittert.) Ich fragte,
ob sie mich auch liebte. Sie sagte, sie liebe mich zärtlicher -25-
als alle ihre Freunde und Verwandten und drückte meine Hand
gegen ihre Brust. (Stolzius wendet sein Gesicht gegen die
Wand.) Und als ich sie um ein Schmätzchen* bat, so sagte sie,
wenn es in ihrer Gewalt stände, mich glücklich zu machen, so
täte sie es gewiß. So aber müßte ich erst die Erlaubnis vom   -30-
Desportes haben. - (Faßt Stolzius hastig an.) Kerl, der Teufel
soll mich holen, wenn ich sie nicht heurate, wenn der Desportes
sie sitzen läßt.

STOLZIUS (sehr kalt). Sie soll doch recht gut mit der Gräfin
sein.   -35-

MARY. Wenn ich nur wüßte, wie man sie zu sprechen bekommen
könnte. Erkundige dich doch.

13: =dann; business, mess. 15: makes no difference. 28: little
kiss.

Zweite Szene

In Armentières.
Desportes in der Prison. Haudy bei ihm.

DESPORTES. Es ist mir recht lieb, daß ich in Prison itzt* bin;,
so erfährt kein Mensch, daß ich hier sei.   -5-

HAUDY. Ich will den Kameraden allen verbieten, es zu sagen.

DESPORTES. Vor allen Dingen, daß es nur der Mary nicht erfährt.

HAUDY. Und der Rammler. Der ohnedem so ein großer Freund von dir
sein will und sagt, er ist mit Fleiß darum ein paar Wochen spä-
ter zum Regiment gekommen, um dir die Anciennität* zu lassen.   -10-

DESPORTES. Der Narr!

HAUDY. O hör, neulich ist wieder ein Streich mit ihm gewesen, der
zum Fressen* ist. Du weißt, der Gilbert logiert bei einer alten
krummen, schielenden Witwe, bloß um ihrer schönen Kusine
willen. Nun gibt er alle Wochen der zu Gefallen ein Konzert im   -15-
Hause; einmal besäuft sich mein Rammler, und weil er meint, die
Kusine schläft dort, so schleicht er sich vom Nachtessen weg
und nach seiner gewöhnlichen Politik oben auf* der Witwe
Schlafzimmer, zieht sich aus und legt sich zu Bette. Die Witwe,
die sich auch den Kopf etwas warm gemacht hat, bringt noch erst   -20-
ihre Kusine, die auf der Nachbarschaft wohnt, mit der Laterne
nach Hause; wir meinen, unser Rammler ist nach Hause gegangen,
sie steigt hernach in ihr Zimmer herauf, will sich zu Bett
legen und findt meinen Monsieur da, der in der äußersten Kon-
fusion ist. Er entschuldigt sich, er habe die Gelegenheit* vom   -25-
Hause nicht gewußt; sie transportiert ihn ohne viele Mühe
wieder herunter, und wir lachen uns über den Mißverstand die
Bäuche fast entzwei. Er bittet sie und uns alle um Gottes
willen, doch keinem Menschen was von der Histoire zu sagen. Du
weißt nun aber, wie der Gilbert ist: der hat's nun alles dem   -30-
Mädel wiedererzählt, und die hat dem alten Weibe steif und
fest* in den Kopf gesetzt, Rammler wäre verliebt in sie. In der
Tat hat er auch ein Zimmer in dem Hause gemietet, vielleicht um
sie zu bewegen, nicht Lärm davon zu machen. Nun solltest du
aber dein Himmelsgaudium* haben, ihn und das alte Mensch in   -35-
Gesellschaft beisammen zu sehen. Sie minaudiert* und liebäugelt
und verzerrt ihr schiefes runzlichtes* Gesicht gegen ihn, daß
man sterben möchte; und er mit seiner roten Habichtsnase und

4: =jetzt. 10: seniority. 13: great. 18: and following his usual
tactics goes quietly up to. 25: lay-out. 32: convincingly. 35:
fun (of). 36: puts on airs, is affected. 37: =runz(e)liges
wrinkled.

den stieren erschrockenen Augen! — siehst du, es ist ein An-
blick, an den man nicht denken kann, ohne zu zerspringen*.

DESPORTES. Wenn ich wieder frei werde, soll doch mein erster Gang
zu Gilbert sein. Meine Mutter wird nächstens an den Obristen
schreiben, das Regiment soll für meine Schulden gutsagen.   -5-

                    Dritte Szene

     In Lille. — Ein Gärtchen an der Gräfin La Roche Hause.

GRÄFIN (in einer Allee*). Was das Mädchen haben mag, daß es so
spät in den Garten hinausgegangen ist? Ich fürchte, ich
fürchte, es ist etwas Abgeredtes. Sie zeichnet zerstreut,   -10-
spielt die Harfe zerstreut, ist immer abwesend, wenn ihr der
Sprachmeister was vorsagt. — Still! hör' ich nicht jemand? —
Ja, sie ist oben im Lusthause, und von der Straße antwortet ihr
jemand. (Lehnt ihr Ohr an die grüne Wand des Gartens.)
                     (Hinter der Szene.)   -15-
MARYS STIMME. Ist das erlaubt, alle Freunde, alles, was Ihnen
lieb war, so zu vergessen?

MARIENS STIMME. Ach, lieber Herr Mary, es tut mir leid genug,
aber es muß schon so sein. Ich versichere Ihnen, die Frau
Gräfin ist die scharmanteste Frau, die auf Gottes Erdboden ist. -20-

MARY. Sie sind ja aber wie in einem Kloster da; wollen Sie denn
gar nicht mehr in die Welt? Wissen Sie, daß Desportes ge-
schrieben hat, er ist untröstlich, er will wissen, wo Sie sind,
und warum Sie ihm nicht antworten?

MARIE. So? — Ach! ich muß ihn vergessen, sagen Sie ihm das, er -25-
soll mich nur auch vergessen.

MARY. Warum denn? — Grausame Mademoiselle! Ist das erlaubt,
Freunden so zu begegnen?

MARIE. Es kann nun schon nicht anders sein. — Ach, Herrgott, ich
höre jemand im Garten unten. Adieu, adieu! — Flattieren Sie   -30-
sich nur nicht... (Kommt herunter.)

GRÄFIN. So, Marie! ihr gebt euch Rendezvous?

MARIE (äußerst erschrocken). Ach, gnädige Frau... es war ein Ver-
wandter von mir — mein Vetter, und der hat nun erst erfahren,
wo ich bin —   -35-

2: explode (with laughter). 8: garden-walk.

GRÄFIN (sehr ernsthaft). Ich habe alles gehört.

MARIE (halb auf den Knien). Ach Gott! so verzeihen Sie mir nur diesmal!

GRÄFIN. Mädchen, du bist wie das Bäumchen hier im Abendwinde, jeder Hauch verändert dich. Was denkst du denn, daß du hier -5- unter meinen Augen den Faden mit dem Desportes wieder anzu- spinnen denkst, dir Rendezvous mit seinen guten Freunden gibst? Hätt' ich das gewußt, ich hätte mich deiner* nicht angenommen.

MARIE. Verzeihen Sie mir nur diesmal!

GRÄFIN. Ich verzeih' es dir niemals, wenn du wider dein eigen -10- Glück handelst. Geh! (Marie geht ganz verzweiflungsvoll ab. Gräfin allein.) Ich weiß nicht, ob ich dem Mädchen ihren Roman* fast mit gutem Gewissen nehmen darf. Was behält das Leben für Reiz übrig, wenn unsere Imagination nicht welchen* hineinträgt; Essen, Trinken, Beschäftigungen ohne Aussicht, ohne sich selbst -15- gebildetem Vergnügen*, sind nur ein gefristeter Tod*. Das fühlt sie auch wohl, und stellt sich* nur vergnügt. Wenn ich etwas ausfindig machen* könnte, ihre Phantasie mit meiner Klugheit zu vereinigen, ihr Herz, nicht ihren Verstand zu zwingen, mir zu folgen! -20-

Vierte Szene

In Armentières.

DESPORTES (im Prison, hastig auf und ab gehend, einen Brief in der Hand). Wenn sie mir hierher kommt, ist mein ganzes Glück verdorben - zu Schand' und Spott bei allen Kameraden. (Setzt -25- sich und schreibt.) - - Mein Vater darf sie auch nicht sehen...

Fünfte Szene

In Lille. - Weseners Haus.

Der alte Wesener. Ein Bedienter der Gräfin.

WESENER. Marie fortgelaufen -! Ich bin des Todes*. (Er läuft hin- -30- aus. Der Bediente folgt.)

8: (genitive)=dich. 12: romance. 14: some (pleasure Reiz). 16: without satisfactions of our own creating; reprieve from death. 17: pretends (to be). 18: ausfindig machen=finden. 30: I'm doomed.

Sechste Szene

Marys Wohnung
Mary. Stolzius, der ganz bleich und verwildert dasteht.

MARY. So laßt uns ihr nachsetzen, zum Tausendelement! Ich bin
schuld an allem. Gleich lauf hin und bring' Pferde her.   -5-

STOLZIUS. Wenn man nur wissen könnte, wohin...

MARY. Nach Armentières. Wo kann sie anders hin sein? (Beide ab.)

Siebente Szene

Weseners Haus.
Frau Wesener und Charlotte in Kappen*.   -10-
Wesener kommt wieder.

WESENER. Es ist alles umsonst. Sie ist nirgends ausfindig zu
machen. (**Schlägt in die Hände.**) Gott! - wer weiß, wo sie sich
ertränkt hat!

CHARLOTTE. Wer weiß aber noch, Papa...   -15-

WESENER. Nichts. Die Boten der Frau Gräfin sind wiedergekommen,
und es ist noch keine halbe Stunde, daß man sie vermißt hat. Zu
jedem Tor ist einer herausgeritten, und sie kann doch nicht aus
der Welt sein in so kurzer Zeit.

Achte Szene   -20-

In Philippeville.

DESPORTES' JÄGER (einen Brief von seinem Herrn in der Hand). Oh,
da kommt mir ja ein schönes Stück Wildbret* recht ins Garn*
hereingelaufen! Sie hat meinem Herrn geschrieben, sie würde
grad nach Philippeville zu ihm kommen (sieht in den Brief), zu   -25-
Fuß - oh, das arme Kind, - ich will dich erfrischen!

Neunte Szene

In Armentières.
Ein Konzert im Hause der Frau Bischof.

Verschiedene Damen im Kreise um das Orchester, unter denen auch -30-

-----
10: hooded capes. 23: game, venison; net, snare.

Frau Bischof und Ihre Kusine. Verschiedene Offiziere, unter denen
auch Haudy, Rammler, Mary, Desportes, Gilbert, stehen vor ihnen
und unterhalten die Damen.

MADEMOISELLE BISCHOF (zu Rammler). Und Sie sind auch hier ein-
gezogen, Herr Baron? (Rammler verbeugt sich stillschweigend und -5-
wird rot über und über.)

HAUDY. Er hat sein Logis im zweiten Stock genommen, grad gegen-
über Ihrer Frau Base* Schlafkammer.

MADEMOISELLE BISCHOF. Das hab' ich gehört. Ich wünsche meiner
Base viel Glück.   -10-

MADAM BISCHOF (schielt und lächelt auf eine kokette Art). He, he,
he, der Herr Baron wäre wohl nicht eingezogen, wenn ihm nicht
der Herr von Gilbert mein Haus so rekommandiert hätte. Und zum
andern begegne ich allen meinen Herren auf eine solche Art, daß
sie sich nicht über mich werden zu beklagen haben.   -15-

MADEMOISELLE BISCHOF. Das glaub' ich, Sie werden sich gut mit-
einander vertragen.

GILBERT. Es ist mit alledem so ein kleiner Haken* unter den
beiden, sonst wäre Rammler nicht hier eingezogen.

MADAM BISCHOF. So? (Hält den Fächer vorm Gesicht.) He, he, he, -20-
seiter wenn denn*, meinten Sie, Herr von Gilbert, seiter wenn
denn?

HAUDY. Seit dem letzten Konzertabend, wissen Sie wohl, Madam.

RAMMLER (zupft Haudy). Haudy!

MADAM BISCHOF (schlägt ihn mit dem Fächer). Unartiger Herr Major! -25-
müssen Sie denn auch alles gleich herausplappern?

RAMMLER. Madam! ich weiß gar nicht, wie wir so familiär mit-
einander sollten geworden sein, ich bitte mir's aus*...

MADAM BISCHOF (sehr böse). So, Herr? und Sie wollten sich noch
mausig* machen? Und zum andern müßten Sie sich das noch für -30-
eine große Ehre halten, wenn eine Frau von meinem Alter und von
meinem Charakter sich familiär mit Ihnen gemacht hätte; und
denk doch einmal, was er sich nicht einbildt, der junge Herr!

ALLE OFFIZIERS. Ach, Rammler - pfui, Rammler - das ist doch nicht

-----
8: cousin's. 18: attachment. 21: =seit wann denn. 28: must pro-
test that. 30: impudent.

recht, wie du der Madam begegnest.

RAMMLER. Madam, halten Sie das Maul, oder ich brech' Ihnen Arm
und Bein entzwei und werf' Sie zum Fenster hinaus.

MADAM BISCHOF (steht **wütend auf**). Herr, komm' Er - (**faßt ihn am
Arm**), den Augenblick komm' Er, probier' Er, mir was Leids zu -5-
tun.

ALLE. In die Schlafkammer, Rammler, Sie fodert* dich heraus.

MADAM BISCHOF. Wenn Er sich noch breitmacht*, so werf' ich Ihn
zum Hause heraus, weiß Er das*. Und der Weg zum Kommandanten
ist nicht weit. (**Fängt an zu weinen.**) Denk doch, mir in meinem -10-
eigenen Hause Impertinenzien zu sagen, der impertinente
Flegel...

MADEMOISELLE BISCHOF. Nun still doch, Bäslein! der Herr Baron hat
es ja so übel nicht gemeint. Er hat ja nur gespaßt, so sei Sie
doch ruhig.   -15-

GILBERT. Rammler, sei vernünftig, ich bitte dich. Was für Ehre
hast du davon, ein alt Weib zu beleidigen.

RAMMLER. Ihr könnt mir alle - (**Läuft heraus**)!

MARY. Ist das nicht lustig, Desportes? Was fehlt dir? du lachst
ja nicht.   -20-

DESPORTES. Ich hab' erstaunende Stiche auf der Brust. Der Katarrh
wird mich noch umbringen.

MARY. Ist das aber nicht zum Zerspringen mit dem Original*? Sahst
du, wie er braun und blau um die Nase ward für Ärgernis? Ein
anderer würde sich lustig gemacht haben mit der alten Vettel*. -25-
Stolzius kommt herein und zupft Mary.
MARY. Was ist?

STOLZIUS. Nehmen Sie doch nicht ungnädig, Herr Leutnant! wollten*
Sie nicht auf einen Augenblick in die Kammer kommen?

MARY. Was gibt's denn? Habt Ihr wo was* erfahren? (**Stolzius** -30-
schüttelt mit dem Kopf.) Nun denn - (**geht etwas weiter vor-
wärts**), so sagt nur hier.

7: =fordert (is challenging). 8: continue to be obstreperous. 9:
(just) you know note that. 23: eccentric. 25: slut. 28: =wür-
den... wollen. 30: =irgendwo (irgend)etwas.

STOLZIUS. Die Ratten haben die vorige Nacht Ihr bestes En-
toilagenhemd* zerfressen; eben als ich den Wäscheschrank* auf-
machte, sprangen mir zwei, drei entgegen.

MARY. Was ist daran gelegen? - laßt Gift aussetzen.

STOLZIUS. Da muß ich ein versiegeltes Zettelchen von Ihnen haben. -5-

MARY (unwillig). Warum kommt Ihr mir denn just jetzt?

STOLZIUS. Auf den Abend hab' ich nicht Zeit, Herr Leutnant - ich
muß heute noch bei der Lieferung von den Montierungsstücken*
sein.

MARY. Da habt Ihr meine Uhr, Ihr könnt ja mit meinem Petschaft* -10-
zusiegeln. (Stolzius geht ab. Mary tritt wieder zur Gesell-
schaft. - Eine Symphonie hebt an.)

DESPORTES (der sich in einen Winkel gestellt hat, für sich). Ihr
Bild steht unaufhörlich vor mir - pfui Teufel! fort mit den
Gedanken! Kann ich dafür*, daß sie so eine wird. Sie hat's ja -15-
nicht besser haben wollen. (Er tritt wieder zur andern* Gesell-
schaft und hustet erbärmlich. Mary steckt ihm ein Stück
Lakritze* in den Mund. Er erschrickt. Mary lacht.)

Zehnte Szene

In Lille. - Weseners Haus.   -20-
Frau Wesener. Ein Bedienter der Gräfin.

FRAU WESENER. Wie? Die Frau Gräfin haben sich zu Bett gelegt vor
Alteration*? Vermeld' Er unsern untertänigsten Respekt der Frau
Gräfin und der Fräulein; mein Mann ist nach Armentières ge-
reist, weil ihm die Leute alles im Hause haben versiegeln -25-
wollen wegen der Kaution* und er gehört hat, daß der Herr von
Desportes beim Regiment sein soll. Und es tut uns herzlich
leid, daß die Frau Gräfin sich unser Unglück so zu Herzen
nimmt.

Elfte Szene   -30-

In Armentières.

STOLZIUS (geht vor einer Apotheke herum. Es regnet). Was zitterst

-----

2: lace shirt; linen press. 8: uniforms and equipment. 10: signet
(used as a watch fob). 15: Can I help it. 16: rest of the. 18:
licorice. 23: excitement. 26: security (on Desportes' debts).

du? - Meine Zunge ist so schwach, daß ich fürchte, ich werde
kein einziges Wort hervorbringen können. Er wird mir's an-
sehen... Und müssen denn die zittern, die Unrecht leiden, und
die allein fröhlich sein, die Unrecht tun? - Wer weiß, zwischen
welchem Zaun sie jetzt verhungert. Herein, Stolzius! Wenn's   -5-
nicht für ihn ist, so ist's doch für dich. Und das ist ja
alles, was du wünschest - (Geht hinein.)

FÜNFTER AUFZUG

Erste Szene

Auf dem Wege nach Armentières.   -10-

WESENER (der ausruht). Nein, keine Post* nehm' ich nicht, und*
sollt' ich hier liegenbleiben. Mein armes Kind hat mich genug
gekostet, eh' sie zu der Gräfin kam: das mußte immer die
Staatsdame gemacht sein*, und Bruder und Schwester sollen's ihr
nicht vorzuwerfen haben. Mein Händel hat auch nun schon zwei   -15-
Jahre gelegen*; wer weiß, was Desportes mit ihr tut, was er mit
uns allen tut - denn bei ihm ist sie doch gewiß. Man muß Gott
vertrauen - (Bleibt in tiefen Gedanken.)

Zweite Szene

MARIE (auf einem andern Wege nach Armentières unter einem Baum -20-
ruhend, zieht ein Stück trockenes Brot aus der Tasche). Ich
habe immer geglaubt, daß man von Brot und Wasser allein leben
könnte. (Nagt daran.) Oh! hätt' ich nur einen Tropfen von dem
Wein, den ich so oft aus dem Fenster geworfen, - womit ich mir
in der Hitze die Hände wusch... (Kontorsionen*.) Oh, das quält! -25-
- nun* ein Bettelmensch. - (Sieht das Stück Brot an.) Ich
kann's nicht essen, Gott weiß es. Besser verhungern. (Sie wirft
das Stück Brot hin und rafft sich auf.) Ich will kriechen, so
weit ich komme, und fall' ich um, desto besser.

Dritte Szene   -30-

In Armentières. - Marys Wohnung.
Mary und Desportes sitzen beide ausgekleidet an einem kleinen
gedeckten Tisch. Stolzius nimmt Servietten aus.

11: postal coach; sc. **selbst wenn.** 14: she always had to be the
grand lady. 16: been inactive. 25: convulsive movements. 26: sc.
bin ich.

DESPORTES. Wie ich dir sage, es ist eine Hure vom Anfang an ge-
wesen, und sie ist mir nur darum gut gewesen, weil ich ihr Prä-
sente machte. Ich bin ja durch sie in Schulden gekommen, daß es
erstaunend war; sie hätte mich um Haus und Hof gebracht, hätt'
ich das Spiel länger getrieben. Kurzum, Herr Bruder, eh' ich   -5-
mich's versehe*, krieg' ich einen Brief von dem Mädel: sie will
zu mir kommen nach Philippeville. Nun stell' dir das Spektakel
vor, wenn mein Vater die hätte zu sehen gekriegt! (Stolzius
**wechselt einmal ums andere die Servietten um, um Gelegenheit zu
haben, länger im Zimmer zu bleiben.**) Was zu tun, ich schreib'   -10-
meinem Jäger, er soll sie empfangen und ihr so lange Stuben-
arrest auf meinem Zimmer ankündigen, bis ich selber wieder nach
Philippeville zurückkäme und sie heimlich zum Regiment abholte.
Denn sobald mein Vater sie zu sehen kriegte, wäre sie des
Todes. Nun, mein Jäger ist ein starker robuster Kerl; die Zeit   -15-
wird ihnen schon lang werden auf einer Stube allein. Was der
nun aus ihr macht, will ich abwarten (**lacht höhnisch**), ich hab'
ihm unterderhand zu verstehen gegeben, daß es mir nicht zuwider
sein würde.

MARY. Hör, Desportes, das ist doch malhonett*.   -20-

DESPORTES. Was malhonett! Was willst du... ist sie nicht versorgt
genug, wenn mein Jäger sie heuratet? Und für so eine...

MARY. Sie war doch sehr gut angeschrieben* bei der Gräfin. Und
hol' mich der Teufel! Bruder, ich hätte sie geheiratet, wenn
mich nicht der junge Graf in die Quer' gekommen wäre*, denn der   -25-
war auch verflucht gut bei ihr angeschrieben.

DESPORTES. Da hättest du ein schön Sauleder* an den Hals be-
kommen. (**Stolzius geht heraus.**)

MARY (**ruft ihm nach**). Macht, daß der Herr seine Weinsuppe* bald
bekommt. - Ich weiß nicht, wie es kam, daß der Mensch* mit ihr   -30-
bekannt ward; ich glaube gar, sie wollte mich eifersüchtig
machen, denn ich hatte eben ein paar Tage her mit ihr gemault*.
Das hätt' alles noch nichts zu sagen gehabt, aber einmal kam
ich hin, es war in den heißesten Hundstagen, und sie hatte eben
wegen der Hitze nur ein dünnes, dünnes Röckchen von Nesseltuch* -35-
an, durch das ihre schönen Beine durchschienen.   Sooft sie
durchs Zimmer ging und das Röckchen ihr so nachflatterte - hör,
ich hätte die Seligkeit drum geben mögen, die Nacht bei ihr zu
schlafen. Nun stell dir vor, zu allem Unglück muß den Tag der
Graf hinkommen; nun kennst du des Mädels Eitelkeit; sie tat wie   -40-

-----
6: before I know it. 20: dishonest. 23: in good (standing) with.
25: hadn't crossed, thwarted my plans. 27: trollop. 29: gruel
with wine and sugar, for invalids. 30: i. e., **der junge Graf**. 32:
been sulking. 35: muslin.

unsinnig mit ihm, ob nun mich zu schagrinieren, oder weil
solche Mädchens gleich nicht wissen, woran sie sind, wenn ein
Herr von hohem Stande sich herabläßt, ihnen ein freundlich
Gesicht zu weisen. (Stolzius kommt herein, trägt vor Desportes
auf und stellt sich totenbleich hinter seinen Stuhl.) Mir   -5-
ging's wie dem überglühenden Eisen, das auf einmal kalt wie Eis
wird. (Desportes schlingt die Suppe begierig in sich.) Aller
Appetit zu ihr verging mir. Von der Zeit an hab' ich ihr nie
wieder recht gut werden können. Zwar wie ich hörte, daß sie von
der Gräfin weggelaufen sei...   -10-

DESPORTES (im Essen). Was reden wir weiter von dem Knochen*? Ich
will dir sagen, Herr Bruder, du tust mir einen Gefallen, wenn
du mir ihrer nicht mehr erwähnst. Es ennuyiert* mich, wenn ich
an sie denken soll. (Schiebt die Schale weg.)

STOLZIUS (hinter dem Stuhl, mit verzerrtem Gesicht). Wirklich?   -15-
(Beide sehen ihn an voll Verwunderung.)

DESPORTES (hält sich die Brust). Ich kriege Stiche - Aie! -
(Mary, steif den Blick auf Stolzius geheftet, ohne ein Wort zu
sagen. Desportes wirft sich in einen Lehnstuhl.) Eije! - (Mit
Kontorsionen.) Mary!   -20-

STOLZIUS (springt hinzu, faßt ihn an den Ohren und heftet sein
Gesicht auf das seinige. Mit fürchterlicher Stimme). Marie! -
Marie! - Marie! (Mary zieht den Degen und will ihn durchbohren.
Stolzius kehrt sich kaltblütig um und faßt ihm an den Degen).
Geben Sie sich keine Mühe, es ist schon geschehen. Ich sterbe   -25-
vergnügt, da ich den mitnehmen kann.

MARY (läßt ihm den Degen in der Hand und läuft heraus). Hülfe*! -
Hülfe! -

DESPORTES. Ich bin vergiftet.

STOLZIUS. Ja, Verräter, das bist du - und ich bin Stolzius,   -30-
dessen Braut du zur Hure machtest. Sie war meine Braut. Wenn
Ihr nicht leben könnt, ohne Frauenzimmer unglücklich zu machen,
warum wendet Ihr Euch an die, die Euch nicht widerstehen
können, die Euch aufs erste Wort glauben. - Du bist gerochen*,
meine Marie! Gott kann mich nicht verdammen... Sinkt nieder.)   -35-

DESPORTES. Hülfe! (Nach einigen Verzuckungen stirbt er gleich-
falls.)

11: (meatless) bone, unprofitable topic. 13: irritates. 27:
=Hilfe. 34: =gerächt avenged.

Vierte Szene

Wesener spaziert an der Lys in tiefen Gedanken. Es ist Dämmerung. Eine verhüllte Weibsperson zupft ihn am Rock.

WESENER. Lass' Sie mich - ich bin kein Liebhaber von solchen Sachen. -5-

WEIBSPERSON (mit halb unvernehmlicher Stimme). Um Gottes willen, ein klein Almosen, gnädiger Herr!

WESENER. Ins Arbeitshaus mit Euch. Es sind hier der lüderlichen Bälge* die Menge; wenn man allen Almosen geben sollte, hätte man viel zu tun. -10-

WEIBSPERSON. Gnädiger Herr, ich bin drei Tage gewesen, ohne einen Bissen Brot in'n Mund zu stecken; haben Sie doch die Gnade und führen mich in ein Wirtshaus, wo ich einen Schluck Wein tun kann.

WESENER. Ihr lüderliche Seele! Schämt Ihr Euch nicht, einem -15-honetten Mann das zuzumuten? Geht, lauft Euern Soldaten nach. (Weibsperson geht fort, ohne zu antworten.) Mich deucht*, sie seufzte so tief. Das Herz wird mir so schwer. (Zieht den Beutel hervor.) Wer weiß, wo meine Tochter itzt Almosen heischt*. (Läuft ihr nach und reicht ihr zitternd ein Stück Geld.) Da hat -20-Sie einen Gulden - aber bessere Sie sich.

WEIBSPERSON (fängt an zu weinen). O Gott! (Nimmt das Geld und fällt halb ohnmächtig nieder.) Was kann mir das helfen?

WESENER (kehrt sich ab und wischt sich die Augen. Zu ihr ganz außer sich.) Wo ist Sie her? -25-

WEIBSPERSON. Das darf ich nicht sagen - aber ich bin eines honetten Mannes Tochter.

WESENER. War Ihr Vater ein Galanteriehändler? (Weibsperson schweigt stille.) Ihr Vater war ein honetter Mann? - Steh' Sie auf, ich will Sie in mein Haus führen. (Sucht ihr aufzuhelfen.) -30-Wohnt Ihr Vater nicht etwan* in Lille... (Beim letzten Wort fällt sie ihm um den Hals. Wesener schreit laut). Ach, meine Tochter!

MARIE. Mein Vater! (Beide wälzen sich halbtot auf der Erde. Eine Menge Leute versammeln sich um sie und tragen sie fort.) -35-

-----

9: (a lot of dissolute) urchins. 17: =mir scheint. 19: begs (for). 31: perhaps.

Fünfte und letzte Szene

Des Obristen Wohnung.
Der Obriste Graf von Spannheim. Die Gräfin La Roche.

GRÄFIN. Haben Sie die beiden Unglücklichen gesehen? Ich habe das
Herz noch nicht. Der Anblick tötete* mich.   -5-

OBRISTER. Er* hat mich zehn Jahr älter gemacht. Und daß bei
meinem Korps... - Ich will dem Mann alle seine Schulden be-
zahlen, und noch tausend Taler zu seiner Schadloshaltung* oben-
ein. Hernach will ich sehen, was ich bei dem Vater des Böse-
wichts* für diese durch ihn verwüstete Familie auswirken kann. -10-

GRÄFIN. Würdiger Mann! nehmen SSie meinen heißesten Dank in dieser
Träne. - Das beste liebenswürdigste Geschöpf! was für Hoff-
nungen fing ich nicht schon an von ihr zu schöpfen! (**Weint.**)

OBRISTER. Diese Tränen machen Ihnen Ehre. Sie erweichen auch
mich. Und warum sollte ich nicht weinen? ich, der fürs Vater- -15-
land streiten und sterben soll; einen Bürger desselben durch
einen meiner Untergebenen* mit seinem ganzen Hause in den un-
wiederbringlichsten Untergang gestürzt zu sehen.

GRÄFIN. Das sind die Folgen des ehlosen Standes der Herren Sol-
daten.   -20-

OBRISTER (**zuckt die Schultern**). Wie ist dem abzuhelfen? Schon
Homer hat, deucht mich, gesagt, ein guter Ehmann sei ein
schlechter Soldat. Und die Erfahrung bestätigt's. - Ich habe
allezeit eine besondere Idee gehabt, wenn ich die Geschichte
der Andromeda* gelesen. Ich sehe die Soldaten an wie das Un- -25-
geheuer, dem schon von Zeit zu Zeit ein unglückliches Frauen-
zimmer freiwillig aufgeopfert werden uß, damit die übrigen
Gattinnen und Töchter verschont bleiben.

GRÄFIN. Wie verstehen Sie das?

OBRISTER. Wenn der König eine Pflanzschule* von Soldatenweibern -30-
anlegte; die müßten sich aber freilich denn schon dazu ver-
stehen, den hohen Begriffen, die ein junges Frauenzimmer von
ewigen Verbindungen macht, zu entsagen.

5: =**würde... töten.** 6: i.e., **der Anblick.** 8: indemnification,
compensation. 10: scoundrel's (i.e., Desportes'). 17: subor-
dinates. 25: in Greek myth: offered as a sacrifice to a sea mon-
ster for the welfare of Ethiopia (and then rescued by Perseus).
30: seminary.

GRÄFIN. Ich zweifle, daß sich ein Frauenzimmer von Ehre dazu ent-
schließen könnte.

OBRISTER. Amazonen müßten es sein. Eine edle Empfindung, deucht
mich, hält hier der andern die Waage: die Delikatesse der weib-
lichen Ehre* dem Gedanken, eine Märtyrerin für den Staat zu   -5-
sein.

GRÄFIN. Wie wenig kennt ihr Männer doch das Herz und die Wünsche
eines Frauenzimmers!

OBRISTER. Freilich müßte der König das Beste tun, diesen Stand*
glänzend und rühmlich zu machen. Dafür ersparte* er die Werbe-   -10-
gelder*, und die Kinder gehörten ihm. Oh, ich wünschte, daß
sich nur einer fände, diese Gedanken bei Hofe durchzutreiben!
ich wollte ihm schon Quellen* entdecken. Die Beschützer des
Staats würden sodann auch sein Glück sein, die äußere Sicher-
heit desselben* nicht die innere aufheben* und in der bisher   -15-
durch uns zerrütteten Gesellschaft* Fried' und Wohlfahrt aller
und Freude sich untereinander küssen*.

                         (1774-1775) 1776

5: sc. **hält die Waage** balances. 9: condition (of concubinage).
10: =**würde.. ersparen** (and 11. 11 and 12). 11: bounty payments
(for recruits).   13: precedents.   15: sc. **würde**; invalidate. 16:
sc. **würden**. 17: Old Testament language and imagery.

KARL PHILIPP MORITZ

ANTON REISER
Ein psychologischer Roman
[excerpts]

Allein wie er* sich schon so oft aus seiner wirklichen Welt in
die Bücherwelt gerettet hatte, wenn es aufs Äußerste kam*, so
fügte es sich auch diesmal, daß er sich gerade vom Bücher-
antiquarius die Wielandsche Übersetzung vom Shakespear* liehe* -
und welch eine neue Welt eröffnete sich nun auf einmal wieder für -5-
seine Denk- und Empfindungskraft! -
Hier war   mehr   als alles, was er bisher gedacht, gelesen und
empfunden   hatte. - Er las Makbeth, Hamlet, Lear, und fühlte
seinen Geist unwiderstehlich mit emporgerissen - jede Stunde
seines Lebens, wo er den Shakespear las, ward* ihm unschätzbar. - -10-
Im Shakespear lebte, dachte und träumte er nun, wo er ging und
stund* - und seine größte Begierde war, das alles, was er beim
Lesen desselben empfand, mitzuteilen - und der nächste, dem er es
mitteilen konnte, und welcher Gefühl dafür hatte, war sein Freund
Philipp Reiser, der in einer abgelegenen Gegend der Stadt wohnte, -15-
wo er sich eine neue Werkstätte angelegt hatte, und Klaviere zim-
merte, - dabei sang er noch immer im Chore mit, aber nicht in
dem, worin sich Anton Reiser befand. - Sie waren also durch ihre
äußern Verhältnisse eine lange Zeit, ohngeachtet* ihrer ersten
vertrauten Freundschaft, voneinander getrennt worden. -   -20-
Nun aber, da Anton Reiser seinen Shakespear unmöglich für sich
allein genießen konnte, so wußte er zu keinem bessern damit zu
eilen, als zu seinem romantischen* Freunde. -
Diesem nun ein ganzes Stück aus dem Shakespear vorzulesen, und
auf alle dessen Empfindungen und Äußerungen dabei mit Wohl- -25-
gefallen zu merken, war die größte Wonne, welche Reiser in seinem
Leben genossen hatte. -
Sie widmeten ganze Nächte zu dieser Lektüre, wo Philipp Reiser
den Wirt machte, um Mitternacht Kaffee kochte, und Holz im Ofen
nachlegte - dann saßen sie beide bei einer kleinen Lampe an einem -30-
Tischchen - und Philipp Reiser hatte sich mit langem Halse her-
übergebeugt, sowie Anton Reiser weiter las, und die schwellende
Leidenschaft mit dem wachsenden Interesse der Handlung stieg. -
Diese Shakespearnächte gehören zu den angenehmsten Erinnerungen
in Reisers Leben. - Aber wenn auch durch irgend etwas sein Geist -35-
gebildet wurde, so war es durch diese Lektüre, wogegen alles, was

-----
1: i.e., Anton Reiser. 2: when things were at their worst. 4:
i.e., Theatralische Werke, aus dem Englischen übersetzt von Herrn
Wieland [=Christoph Martin Wieland (1733-1813)], Zürich, 1762-
1766; =lieh, and passim. 10: =wurde. 12: =stand. 19: =ungeachtet
notwithstanding. 23: fanciful, imaginative.

er sonst Dramatisches gelesen hatte, gänzlich in Schatten gesetzt
und verdunkelt wurde. Selbst über seine äußern Verhältnisse
lernte er sich auf eine edlere Art hinwegsetzen - selbst bei
seiner Melancholie nahm seine Phantasie einen höhern Schwung. -
Durch den Shakespear war er die Welt der menschlichen Leiden-   -5-
schaften hindurchgeführt - der enge Kreis seines idealischen Da-
seins hatte sich erweitert - er lebte nicht mehr so einzeln und
unbedeutend, daß er sich unter der Menge verlor - denn er hatte
die Empfindungen Tausender beim Lesen des Shakespear mit durch-
empfunden. -   -10-
Nachdem er den Shakespear, und so wie er ihn gelesen hatte, war
er schon kein gemeiner* und alltäglicher Mensch mehr - es dauerte
auch nun nicht lange, so arbeitete sich sein Geist unter allen
seinen äußern drückenden Verhältnissen, unter allem Spott und
Verachtung, worunter er vorher erlag, empor - wie der Verfolg*   -15-
dieser Geschichte zeigen wird. -
Die Monologen des Hamlet hefteten sein Augenmerk* zuerst auf
das **Ganze** des menschlichen Lebens - er dachte sich nicht mehr
allein, wenn er sich gequält, gedrückt, und eingeengt fühlte; er
fing an, dies als das allgemeine Los der Menschheit zu be-   -20-
trachten. -
Daher wurden seine Klagen edler als vorher - die Lektüre von
Youngs Nachtgedanken* hatte dies zwar auch schon gewißermaßen
bewirkt, aber durch den Shakespear wurden auch Youngs Nacht-
gedanken verdrängt - der Shakespeare knüpfte zwischen Philipp   -25-
Reisern und Anton Reisern das lose Band der Freundschaft fester.
- Anton Reiser bedurfte jemanden, an den er alle seine Gedanken
und Empfindungen richten konnte, und auf wen sollte wohl eher
seine Wahl gefallen sein, als auf denjenigen, der einmal seinen
angebeteten Shakespear mit durchempfunden hatte! -   -30-
Das Bedürfnis, seine Gedanken und Empfindungen mitzuteilen,
brachte ihn auf den Einfall, sich wieder eine Art von Tagebuch zu
machen, worin er aber nicht sowohl seine äußern geringfügigen
Begebenheiten, wie ehemals, sondern die innere Geschichte seines
Geistes aufzeichnen und das, was er aufzeichnete, in Form eines   -35-
Briefes an seinen Freund richten wollte. -
Dieser sollte denn wiederum an ihn schreiben, und dies sollte
für beide eine wechselseitige Übung im Stil werden. - Diese Übung
bildete Anton Reisern* zuerst zum Schriftsteller; er fing an, ein
unbeschreibliches Vergnügen daran zu empfinden, Gedanken, die er   -40-
für sich gedacht hatte, nun in anpassende Worte einzukleiden, um
sie seinem Freunde mitteilen zu können - so entstanden ihm unter
den Händen eine Anzahl kleiner Aufsätze, deren er sich zum Teil
auch in reifern Jahren nicht hätte schämen dürfen*. -
[...]

12: commonplace. 15: course. 17: attention. 23: i.e., **The Com-
plaint Or, Night Thoughts on Life, Death, and Immortality**
(1742-1745), by Edward Young, a very influential work in Germany.
39: (acc.): archaic declension. 44: = (zu) brauchen.

Zu diesem allen kam nun noch, daß gerade in diesem Jahre die
Leiden des jungen Werthers erschienen waren*, welche nun zum Teil
in all seine damaligen Ideen und Empfindungen von **Einsamkeit,**
Naturgenuß, patriarchalischer Lebensart, daß das Leben ein Traum
sei*, usw. eingriffen. -   -5-
Er bekam sie im* Anfange des Sommers durch Philipp Reisern in
die Hände, und von der Zeit an blieben sie seine beständige Lek-
türe, und kamen nicht aus seiner Tasche. - Alle die Empfindungen,
die er an dem trüben Nachmittage auf seinem einsamen Spaziergange
gehabt hatte, und welche das Gedicht* an Philipp Reisern ver-   -10-
anlaßten, wurden dadurch wieder lebhaft in seiner Seele. - Er
fand hier seine Idee vom **Nahen** und **Fernen** wieder, die er in
seinen Aufsatz über die Liebe zum Romanhaften* bringen wollte -
seine Betrachtungen über Leben und Dasein fand er hier fort-
gesetzt. - **"Wer kann sagen, das ist, da alles mit Wetterschnelle**   -15-
vorbeifliebt?"* Das war eben der Gedanke, der ihm schon so lange
seine eigne Existenz wie Täuschung, Traum, und Blendwerk vor-
gemalt hatte. -
Was aber nun die eigentlichen Leiden Werthers anbetraf, so
hatte er dafür keinen rechten Sinn. - Die Teilnehmung an den   -20-
Leiden der Liebe kostete ihm einigen Zwang - er mußte sich mit
Gewalt in diese Situation zu versetzen suchen, wenn sie ihn
rühren sollte, - denn ein Mensch der liebte und geliebt ward,
schien ihm ein fremdes ganz von ihm verschiedenes Wesen zu sein,
weil es ihm unmöglich fiel, sich selbst jemals, als einen Gegen-   -25-
stand der Liebe von einem Frauenzimmer* zu denken. - Wenn Werther
von seiner Liebe sprach, so war ihm nicht viel anders dabei, als
wenn ihn Philipp Reiser von den allmählichen Fortschritten, die
er in der Gunst seines Mädchens getan hatte, oft stundenlang
unterhielt. -   -30-
Aber die allgemeinen Betrachtungen über Leben und Dasein, über
das Gaukelspiel* menschlicher Bestrebungen, über das zwecklose
Gewühl auf Erden; die dem Papier lebendig eingehauchten echten
Schilderungen einzelner Naturszenen, und die Gedanken über
Menschenschicksal und Menschenbestimmung waren es, welche vor-   -35-
züglich Reisers Herz anzogen. -
Die Stelle, wo Werther das Leben mit einem Marionettenspiel
vergleicht*, wo die Puppen am Draht gezogen werden, und er selbst
auf die Art mitspielt oder vielmehr mitgespielt wird, seinen
Nachbar bei der hölzernen Hand ergreift, und zurückschaudert -   -40-
erweckte bei Reisern die Erinnerung an ein ähnliches Gefühl, das
er oft gehabt hatte, wenn er jemandem die Hand gab. Durch die
tägliche Gewohnheit vergißt man am Ende, daß man einen Körper
hat, der ebensowohl allen Gesetzen der Zerstörung in der Körper-
welt unterworfen ist, als ein Stück Holz, das wir zersägen oder   -45-

-----
2: in 1774. 5: from the beginning of the novel (4 May-30 May
1771). 6: =**am**. 10: omitted. 13: fanciful, imaginative. 16: an
inexact quotation from the letter of 18 August 1771. 26: =**Frau**.
32: illusion. 38: letter from 20 January 1772.

zerschneiden, und daß er sich nach eben den Gesetzen, wie jede
andere von Menschen zusammengesetzte körperliche Maschine bewegt.
- Diese Zerstörbarkeit und Körperlichkeit unsers Körpers wird uns
nur bei gewissen Anlässen lebhaft - und macht daß wir vor uns
selbst erschrecken, indem wir plötzlich fühlen, daß wir etwas zu -5-
sein glaubten, was wir wirklich nicht sind, und statt dessen
etwas sind, was wir zu sein uns fürchten. - Indem man nun einem
andern die Hand gibt, und bloß den Körper sieht und berührt,
indem man von dessen Gedanken keine Vorstellung hat, so wird da-
durch die Idee der Körperlichkeit lebhafter, als sie es bei der -10-
Betrachtung unseres eignen Körpers wird, den wir nicht so von den
Gedanken, womit wir ihn uns vorstellen, trennen können, und ihn
also über diese Gedanken vergessen.
    Nichts aber fühlte Reiser lebhafter, als wenn Werther erzählt,
daß sein kaltes freudennloses Dasein neben Lotten in gräßlicher -15-
Kälte ihn anpackte*. - Dies war gerade, was Reiser empfand, da*
er einmal auf der Straße sich selbst zu entfliehen wünschte, und
nicht konnte, und auf einmal die ganze Last seines Daseins
fühlte, mit der man einen und alle Tage aufstehen und sich nie-
derlegen muß. - Der Gedanke wurde ihm damals ebenfalls unerträg- -20-
lich, und führte ihn mit schnellen Schritten an den Fluß, wo er
die unerträgliche Bürde dieses elenden Daseins abwerfen wollte -
und wo **seine Uhr auch noch nicht ausgelaufen war***. -
    Kurz, Reiser glaubte sich mit allen seinen Gedanken und Emp-
findungen, bis auf den Punkt der Liebe, im Werther wieder- -25-
zufinden. - "Laß das Büchlein deinen Freund sein, wenn du aus
Geschick oder eigner Schuld keinen nähern finden kannst"*. - An
diesen Worten dachte er, sooft er das Buch aus der Tasche zog - -
er glaubte sie auf sich vorzüglich passend. - Denn bei ihm war
es, wie er glaubte, teils Geschick, teils eigne Schuld, daß er so -30-
verlassen in der Welt war; und so wie mit diesem Buche konnte er
sich doch auch selbst mit seinem Freunde nicht unterhalten. -
    Fast alle Tage ging er nun bei heiterm Wetter mit seinem
Werther in der Tasche den Spaziergang auf der Wiese längst dem
Flusse, wo die einzelnen Bäume standen, nach dem kleinen Gebüsch -35-
hin, wo er sich **wie zu Hause fand***, und sich unter ein grünes
Gesträuch setzte, das über ihm eine Art von Laube bildete - weil
er nun **denselben** Platz immer wieder besuchte, so wurde er ihm
fast so lieb, wie das Plätzchen am Bache - und er lebte auf die
Weise bei heiterm Wetter mehr in der offenen Natur, als zu Hause, -40-
indem er zuweilen fast den ganzen Tag so zubrachte, daß er unter
dem grünen Gesträuch den Werther, und nachher am Bache den Vergil
oder Horaz* las. -

16: letter from 20 December 1772 (in a note written by Werther to
Lotte on Dec. 21); **als**. 23: letter from 12 December 1772. 27:
closing sentence of the editor's preface. 36: cf. letter from 26
May 1771 and Werther's favorite spot (his **Hügel**) to where he went
to read his Homer. 43: Roman poets: 70-19 B.C., and 65-8 B.C.,
respectively.

Allein die   zu oft wiederholte Lektüre des Werthers brachte
seinen Ausdruck sowohl als seine Denkkraft um vieles   zurück,
indem ihm die Wendungen und selbst die Gedanken in diesem
Schriftsteller durch die öftere Wiederholung so geläufig waren,
daß er sie oft für seine eigenen hielt, und noch verschiedene   -5-
Jahre nachher bei den Aufsätzen, die er entwarf, mit Remi-
niszenzen aus dem Werther zu kämpfen hatte, welches der Fall bei
mehrern jungen Schriftstellern gewesen ist, die sich seit der
Zeit gebildet haben. - Indes fühlte er sich durch die Lektüre des
Werthers, ebenso wie durch den Shakespear, sooft er ihn las, über -10-
alle seine Verhältnisse erhaben; das verstärkte Gefühl seines
isolierten Daseins, indem er sich als ein Wesen dachte, worin
Himmel und Erde sich wie in einem Spiegel darstellt, ließ ihn,
stolz auf seine Menschheit, nicht mehr ein unbedeutendes weg-
geworfenes Wesen sein, das er sich in den Augen andrer Menschen -15-
schien. - Was Wunder also, daß seine ganze Seele nach einer Lek-
türe hing, die ihm, sooft er sie kostete*, sich selber wieder-
gab! -

                          1786*

17: experienced. after 18: from part three (part one appeared in
1785, part two in 1786, and part four in 1790).

JOHANN WOLFGANG GOETHE

Die Nacht

Gern verlass' ich diese Hütte,
Meiner Schönen* Aufenthalt,
Und durchstreich mit leisem Tritte
Diesen ausgestorbnen Wald.
Luna bricht die Nacht der Eichen,   -5-
Zephirs* melden ihren Lauf,
Und die Birken streun mit Neigen
Ihr den süßten Weihrauch auf.

Schauer, der das Herze* fühlen,
Der die Seele schmelzen macht,   -10-
Wandelt im Gebüsch im Kühlen.
Welche schöne, süße Nacht!
Freude! Wollust! Kaum zu fassen!
Und doch wollt'* ich, Himmel, dir
Tausend deiner Nächte lassen,   -15-
Gäb' mein Mädchen eine mir.
                                   1768

[Kleine Blumen, kleine Blätter]

Kleine Blumen, kleine Blätter
Streuen mir mit leichter Hand
Gute junge Frühlings-Götter
Tändelnd auf ein luftig Band*.

Zephir*, nimm's auf deine Flügel,   -5-
Schling's um meiner Liebsten* Kleid!
Und dann tritt sie für* den Spiegel
Mit zufriedner Munterkeit.

Sieht mit Rosen sich umgeben,
Sie wie eine Rose jung.   -10-
Einen Kuß, geliebtes Leben,
Und ich bin belohnt genung*.

Schicksal, segne diese Triebe,
Laß mich ihr und laß sie mein,
Laß das Leben unsrer Liebe   -15-
Doch kein Rosen-Leben sein!

2: genitive. 6: (gentle) west winds. 9: =Herz. 14: =würde...
wollen./4: painted ribbons were given as tokens of endearment. 5:
(gentle) west wind. 6: genitive. 7: =vor. 12: =genug.

Mädchen, das wie ich empfindet,
Reich mir deine liebe Hand!
Und das Band, das uns verbindet,
Sei* kein schwaches Rosen-Band!   -20-
                    1771

Maifest [Mailied]

Wie herrlich leuchtet
Mir die Natur!
Wie glänzt die Sonne!
Wie lacht die Flur*!

Es dringen Blüten   -5-
Aus jedem Zweig
Und tausend Stimmen
Aus dem Gesträuch

Und Freud' und Wonne
Aus jeder Brust.   -10-
O Erd', o Sonne,
O Glück, o Lust,

O Lieb', o Liebe,
So golden schön
Wie Morgenwolken   -15-
Auf jenen Höhn*,

Du segnest herrlich
Das frische Feld -
Im Blütendampfe
Die volle Welt*!   -20-

O Mädchen, Mädchen,
Wie lieb' ich dich!
Wie blinkt* dein Auge,
Wie liebst du mich!

So liebt die Lerche   -25-
Gesang und Luft,
Und Morgenblumen
Den Himmelsduft,

20: Let, May... be./4: field, meadow. 16: =Höhen hills. 19: the
entire landscape in its rain of blossoms. 23: shines (as in the
later version, with no change of meaning: blickt).

                    Wie ich dich liebe
                    Mit warmen* Blut,   -30-
                    Die du* mir Jugend
                    Und Freud' und Mut

                    Zu neuen Liedern
                    Und Tänzen gibst.
                    Sei ewig glücklich,   -35-
                    Wie du mich liebst*.
                         (1771) 1775

        [Es schlug mein Herz. Geschwind, zu Pferde!]
              (Willkommen und Abschied)

            Es schlug mein Herz. Geschwind, zu Pferde!
            Und fort, wie ein Held zur Schlacht.
            Der Abend wiegte schon die Erde,
            Und an den Bergen hing die Nacht.
            Schon stund* im Nebelkleid die Eiche   -5-
            Wie ein getürmter Riese da,
            Wo Finsternis aus dem Gesträuche
            Mit hundert schwarzen Augen sah.

            Der Mond von einem Wolkenhügel
            Sah schläfrig aus dem Duft hervor,   -10-
            Die Winde schwangen leise Flügel,
            Umsausten schauerlich mein Ohr.
            Die Nacht schuf tausend Ungeheuer,
            Doch tausendfacher war mein Mut,
            Mein Geist war ein verzehrend* Feuer,   -15-
            Mein ganzes Herz zerfloß in Glut.

            Ich sah dich, und die milde Freude
            Floß aus dem süßen Blick auf mich.
            Ganz war mein Herz an deiner Seite,
            Und jeder Atemzug* für dich.   -20-
            Ein rosenfarbes* Frühlingswetter
            Lag auf dem lieblichen Gesicht
            Und Zärtlichkeit für mich, ihr Götter,
            Ich hofft' es, ich verdient' es nicht.

30: later: **warmem**. 31: You who. 36: i.e., May you long be happy
in your love for me./before 1: the title comes from a later, re-
vised version.   5: =stand. 15: =verzehrendes. 20: sc. **war ganz**.
21: =rosenfarbnes (as in the later version).

Der Abschied, wie bedrängt, wie trübe!   -25-
Aus deinen Blicken sprach dein Herz.
In deinen Küssen welche Liebe,
O welche Wonne, welcher Schmerz!
Du gingst, ich stund und sah zur Erden
Und sah dir nach mit nassem Blick.   -30-
Und doch, welch Glück, geliebt zu werden,
Und lieben, Götter, welch ein Glück!
                        (1771) 1775

[Wandrers Sturmlied]*

Wen du* nicht verlässest*, Genius*,
Nicht der Regen, nicht der Sturm
Haucht ihm Schauer übers Herz.
Wen du nicht verlässest, Genius,
Wird dem Regengewölk,   -5-
Wird dem Schloßensturm*
Entgegen singen
Wie die Lerche
Du, dadroben* -

Den du nicht verlässest, Genius,   -10-
*Wirst ihn heben übern Schlammpfad
Mit den Feuerflügeln.
Wandeln wird er
Wie mit Blumenfüßen*
Über Deukalions* Flutschlamm,   -15-
Python* tötend, leicht, groß,
Pythius Apollo.

Dem* du nicht verlässest, Genius,
*Wirst die wollnen Flügel unterspreiten,
Wenn er auf dem Felsen schläft,   -20-
Wirst mit Hüterfittichen* ihn decken
In des Haines* Mitternacht.

-----
before 1: the title comes from a later, revised version. 1: Him
who; =verläßt; benevolent spirit (here: Dionysus - Bacchus - as
god of ecstatic inspiration). 6: hailstorm. 9: =da oben. 11: sc.
Du, and passim (den, dem). 14: i.e., as though he were walking on
flowers. 15: after the opening of Pandora's box, Zeus sent a de-
luge which killed everyone except for Deucalion (a son of Pro-
metheus) and Pyrrha (daughter of Pandora), who then began mankind
anew. 16: the dragon that sprang up from the deluge. Killed by
Apollo who was then called Pythian Apollo. 18: Den in the later
version. 19: sc. Dem. 21: guardian wings. 22: grove, Sylvan
glade.

Wen du nicht verlässest, Genius,
Wirst im Schneegestöber*
Warmumhüllen.   -25-
Nach der Wärme ziehn sich Musen,
Nach der Wärme Charitinnen* -

Umschwebt mich, ihr Musen,
Ihr Charitinnen!
Das ist Wasser, das ist Erde   -30-
Und der Sohn* des Wassers und der Erde,
Über den ich wandle
Göttergleich.

Ihr seid rein, wie das Herz der Wasser,
Ihr seid rein, wie das Mark* der Erde;   -35-
Ihr umschwebt mich, und ich schwebe
Über Wasser, über Erde
Göttergleich.

Soll der zurückkehren,
Der kleine schwarze feurige Bauer*!   -40-
Soll der zurückkehren, erwartend
Nur deine Gaben, Vater Bromius*,
Und helleuchtend umwärmend Feuer,
Der kehren* mutig,
Und ich*, den ihr begleitet,   -45-
Musen und Charitinnen all,
Den alles erwartet, was ihr,
Musen und Charitinnen,
Umkränzende Seligkeit*
Rings ums Leben verherrlicht habt,   -50-
Soll mutlos kehren?

Vater Bromius,
Du bist Genius,
Jahrhunderts* Genius,
Bist, was innre Glut   -55-
Pindarn* war,
Was der Welt
Phöb* Apoll ist.

24: snowstorm.   27: =Chariten: the Graces.   31: i.e., mud. 35:
core.   40: i.e., Deucalion.   42: Noisy (epithet of Bacchus). 44:
=kehren... heim.   45: sentence ends   on l. 51.   49: in apposition
with **alles** (I whom all the crowning   bliss awaits   with which you
have made life resplendent. 54: i.e., the new, anti-Enlightenment
"genius" demanded by the pioneers   of Storm and Stress, Johann
Georg Hamann (1730-1788) and Johann Gottfried Herder (1744-1803).
56: Greek lyric poet (522-443 B.C.).   Archaic declension, and
passim. 58: i.e., Phoebus: Apollo as the sun god.

```
Weh! Weh! Innre Wärme,
Seelenwärme,                                              -60-
Mittelpunkt,
Glüh' entgegen
Phöb Apollen,
Kalt wird sonst
Sein Fürstenblick                                         -65-
Über dich vorübergleiten,
Neidgetroffen*
Auf der* Zeder Kraft verweilen,
Die zu grünen
Sein nicht harrt*.                                        -70-

Warum nennt mein Lied dich zuletzt,
Dich, von dem es begann,
Dich, in dem es endet,
Dich, aus dem es quillt,
Jupiter Pluvius*!                                         -75-
Dich, dich strömt mein Lied,
Und Castalischer Quell*
Rinnt, ein Nebenbach*,
Rinnet* müßigen
Sterblich Glücklichen*                                    -80-
Abseits von dir,
Der du* mich fassend deckst*,
Jupiter Pluvius.

Nicht am Ulmenbaum
Hast du* ihn* besucht -                                   -85-
Mit dem Taubenpaar
In dem zärtlichen Arm,
Mit der freundlichen Ros' umkränzt,
Tändlenden ihn blumenglücklichen
Anakreon,                                                 -90-
Sturmatmende Gottheit.

Nicht im Pappelwald
An des Sybaris* Strand,
```

67: enviously, hostilely. 68: genitive. 70: =Auf ihn nicht war-
tet. 75: Jupiter as the god of rain. 76: pours forth, i.e., sings
about. 77: spring on Mount Parnassus, sacred to the Muses. 78:
i.e., to that of Jupiter's rain, the source of the poet's song.
79: =Rinnt. 80: dat. pl.: for idle, contented mortals. 82: You
who; encompass me (with rain). 85: i.e., Jupiter (in apposition
with l. 91); i.e., Anakreon, Greek lyric poet (572?-488? B.C.),
here as poet of light love - hence: doves, rose wreath (in appo-
sition with l. 88-89). 93: a South Italian river - here erro-
neously thought of as being in Sicily, one reputed home of The-
ocritus, Greek pastoral poet (3rd. c. B.C.).

```
An des Gebürges*
Sonnbeglänzter* Stirn nicht                        -95-
Faßtest du ihn,
Den bienensingenden
Honiglallenden
Freundlichwinkenden
Theokrit.                                          -100-

Wenn die Räder rasselten
Rad an Rad, rasch ums Ziel weg
*Hoch flog
Siegdurchglühter*
Jünglinge Peitschenknall,                          -105-
Und sich Staub wälzt'
Wie vom Gebürg herab
Kieselwetter* ins Tal,
*Glüht deine Seel' Gefahren, Pindar,
Mut*. - Glühte -                                   -110-
Armes Herz -
Dort auf dem Hügel,
Himmlische Macht,
Nur so viel Glut*,
Dort meine Hütte*,                                 -115-
Dort hin zu waten.
           (1772) 1810
```

Prometheus

```
Bedecke deinen Himmel, Zeus,
Mit Wolkendunst!
Und übe, *Knaben gleich,
Der Diesteln* köpft*,
An Eichen dich* und Bergeshöhn*!              -5-
*Mußt mir meine Erde
Doch lassen stehn,
Und meine Hütte,
Die du nicht gebaut*,
Und meinen Herd,                             -10-
Um dessen Glut
Du mich beneidest.
```

94: Gebirgs in later version: i.e., Mt. Etna.   95: goes with **An**
(l. 94). 103. sc. **Wenn**. 104: gen. pl. 108: hail. 109: sc. **Dann**.
110: in the face of dangers (your soul glows courageously).   114:
only (grant me) enough ardor. 115: parenthetical: my cottage is
there (on the hill)./3: sc. **dem** (as in later version). 4:
=**Disteln** thistles; lops off, beheads. 5: goes with **übe** (l. 3);
=**Bergeshöhen** mountain tops. 6: sc. **Du**. 9: sc. **hast**, and passim.

Ich kenne nichts Ärmer's
Unter der Sonn' als euch Götter.
Ihr nähret* euch kümmerlich   -15-
Von Opfersteuern*
Und Gebetshauch
Eure Majestät
Und darbtet*, wären
Nicht Kinder und Bettler   -20-
Hoffnungsvolle Toren.

Da* ich ein Kind war*,
Nicht wußte, wo aus, wo ein*,
Kehrte mein verirrtes Aug'
Zur Sonne, als wenn drüber* wär'   -25-
Ein Ohr, zu hören meine Klage,
Ein Herz wie meins,
Sich des Bedrängten zu erbarmen*.

Wer half mir wider*
Der* Titanen Übermut?   -30-
Wer rettete vom Tode mich,
Von Sklaverei?
Hast du's nicht alles selbst vollendet,
Heilig glühend* Herz?
Und glühtest*, jung und gut,   -35-
Betrogen, Rettungsdank
Dem Schlafenden* dadroben*?

Ich dich ehren? Wofür?
Hast du die Schmerzen gelindert
Je* des Beladenen?   -40-
Hast du die Tränen gestillet*
Je des Geängsteten?

Hat nicht mich zum Manne geschmiedet
Die allmächtige Zeit
Und das ewige Schicksal,   -45-
Meine Herrn* und deine?

Wähntest* du etwa,
Ich sollte das Leben hassen,

15: =nährt, and passim. 16: levied sacrifices. 19: =würdet darben
would starve, would be wanting. 22: =Als; cf. 1 Corinthians 13:11
ff. 23: what to do, where to go. 25: i.e., =da oben. 28: To have
mercy on one so oppressed. 29: =gegen. 30: gen. pl. 34: =glü-
hendes. 35: even though you... gave glowing thanks. 37: i.e.,
Jove; =da oben. 40: goes with Hast du... gelindert Have you ever
soothed (and l. 41-42). 41: =gestillt. 46: =Herren. 47: =Glaub-
test.

In Wüsten fliehn,
Weil nicht alle Knabenmorgen-   -50-
Blütenträume reiften?

Hier sitz' ich, forme Menschen
Nach meinem Bilde,
Ein Geschlecht, das mir gleich sei,
Zu leiden, weinen,   -55-
Genießen und zu freuen sich,
Und dein* nicht zu achten,
Wie ich.
            (1774) 1785

            Ganymed*

Wie im Morgenrot
Du rings mich anglühst,
Frühling, Geliebter!
Mit tausendfacher Liebeswonne
Sich an mein Herz drängt   -5-
Deiner* ewigen Wärme
Heilig* Gefühl,
Undendliche Schöne!

Daß ich dich fassen möcht'
In diesen Arm!   -10-

Ach, an deinem Busen
Lieg' ich, schmachte,
Und deine Blumen, dein Gras
Drängen sich an mein Herz.
Du kühlst den brennenden   -15-
Durst meines Busens,
Lieblicher Morgenwind,
Ruft drein* die Nachtigall
Liebend nach mir aus dem Nebeltal.

Ich komme! Ich komme!   -20-
Wohin? Ach, wohin?

Hinauf, hinauf strebt's,
Es schweben die Wolken
Abwärts, die Wolken
Neigen sich der sehnenden Liebe,   -25-
Mir, mir!

57: genitive, =dich./before 1: according to Homer "the most beau-
tiful of all mortals," he served as cupbearer to Zeus. 6: gen-
itive. 7: =Heiliges. 18: =darein therein, thereto.

In eurem Schoße
Aufwärts,
Umfangend umfangen!
Aufwärts   -30-
An deinen Busen,
Alliebender Vater!
                    1774

            Der König von Thule

        Es war ein König in Thule,
        Ein' goldnen Becher er hätt*
        Empfangen von seiner Buhle*
        Auf ihrem Todesbett.

        Den Becher hätt er lieber*,   -5-
        Trank draus* bei jedem Schmaus.
        Die Augen gingen ihm über*,
        So oft er trank daraus.

        Und als er kam zu sterben,
        Zählt' er seine Städt' und Reich',   -10-
        Gönnt' alles seinen Erben,
        Den Becher nicht zugleich

        Am hohen Königsmahl,
        Die Ritter um ihn her,
        Im alten Vätersaale   -15-
        Auf seinem Schloß am Meer

        Da saß der alte Zecher*,
        Trank letzte Lebensglut
        Und warf den heiligen Becher
        Hinunter in die Flut.   -20-

        Er sah ihn sinken und trinken
        Und stürzen tief ins Meer.
        Die Augen täten ihm sinken*,
        Trank keinen Tropfen mehr.
                    1774

2: =hatt(e) (and l. 5). 3: lover, sweetheart. 5: i.e., gern. 6:
=daraus.   7: flowed with tears. 17: reveller, carouser. 23:
täten... sinken=sanken.

Neue Liebe, neues Leben

Herz, mein Herz, was soll das geben,
Was bedränget* dich so sehr?
Welch ein fremdes neues Leben -
Ich erkenne dich nicht mehr.
Weg ist alles, was du liebtest,   -5-
Weg, worum du dich betrübtest,
Weg dein Fleiß und deine Ruh -
Ach, wie kamst du nur dazu?

Fesselt dich die Jugendblüte,
Diese liebliche Gestalt,   -10-
Dieser Blick voll Treu und Güte
Mit unendlicher Gewalt?
Will ich rasch mich ihr entziehen,
Mich ermannen, ihr entfliehen,
Führet mich im Augenblick   -15-
- Ach - mein Weg zu ihr zurück.

Und an diesem Zauberfädchen,
Das sich nicht zerreißen läßt,
Hält das liebe lose Mädchen
Mich so wider Willen fest.   -20-
Muß in ihrem Zauberkreise
Leben nun auf ihre Weise;
Die Verändrung, ach, wie groß!
Liebe*, Liebe, laß mich los!
                                    1775

2: =bedrängt, and passim. 24: =Geliebte Beloved.

JAKOB MICHAEL REINHOLD LENZ

[Wo bist du itzt, mein unvergeßlich Mädchen]

Wo bist du itzt*, mein unvergeßlich* Mädchen
Wo singst du itzt?
Wo lacht die Flur*? Wo triumphiert das Städtchen
Das dich besitzt?

Seit du entfernt*, will keine Sonne scheinen   -5-
Und es vereint
Der Himmel sich, dir zärtlich nachzuweinen
Mit deinem Freund.

All unsre Lust ist fort mit dir gezogen
Still überall   -10-
Ist Stadt und Feld - Dir nach ist sie geflogen
Die Nachtigall.

O komm zurück! Schon rufen Hirt und Herden
Dich bang* herbei.
Komm bald zurück! sonst wird es Winter werden   -15-
Im Monat Mai.
　　　　　　　c. 1772

An**

In der Nacht im kalten Winter
Wird's so schwarz und graulich nicht,
Als in meinem armen Herzen
Fern von deinem Angesicht*.

Aber wenn es wieder lächelt   -5-
In die Seele mir hinein,
Werd' ich jung und neu geboren,
Wie das Feld im Sonnenschein.

Du allein gibst Trost und Freude,
Wärst du nicht in dieser Welt,   -10-
Stracks* fiel'* alle Lust zusammen,
Wie ein Feuerwerk zerfällt.

1: =jetzt; =unvergeßliches. 3: meadow, field. 5: sc. bist. 14:
anxiously./4: =Gesicht. 11: straightway, immediately; =fiele=
würde... fallen.

          Wenn die schöne Flamm' erlöschet*,
          Die das all gezaubert hat,
          Bleiben Rauch und Brände* stehen   -15-
          Von der königlichen Stadt.

13: =erlöscht.   15: charred remains.

GOTTFRIED AUGUST BÜRGER

Lenore

Lenore fuhr ums Morgenrot*
Empor aus schweren Träumen:
"Bist* untreu, Wilhelm, oder tot?
Wie lange willst du säumen*?" -
Er war mit König Friedrichs* Macht*   -5-
Gezogen in die Prager Schlacht*
Und hatte nicht geschrieben,
Ob er gesund geblieben*.

Der König und die Kaiserin*,
Des langen Haders* müde,   -10-
Erweichten ihren harten Sinn
Und machten endlich Friede;
Und jedes Heer, mit Sing und Sang,
Mit Paukenschlag und Kling und Klang,
Geschmückt mit grünen Reisern*,   -15-
Zog heim zu seinen Häusern.

Und überall, allüberall
Auf Wegen und auf Stegen,
Zog alt und jung dem Jubelschall
Der Kommenden entgegen.   -20-
Gottlob! rief Kind und Gattin laut,
Willkommen! manche frohe Braut.
Ach! aber für Lenoren*
War Gruß und Kuß verloren.

Sie frug* den Zug* wohl auf und ab   -25-
Und frug nach allen Namen;
Doch keiner war, der Kundschaft* gab,
Von allen, so* da kamen.
Als nun das Heer vorüber war,
Zerraufte sie ihr Rabenhaar   -30-
Und warf sich hin zur Erde
Mit wütiger Gebärde.

1: at sunrise. 3: sc. du. 4: tarry. 5: i.e., des Großen; forces.
6: during the Seven Years' War (1756-1763). 8: sc. wäre, and pas-
sim. 9: i.e., Maria Theresa (1717-1780), queen of Hungary and
Bohemia, archduchess of Austria. 10: quarrel. 15: twigs, sprigs.
23: archaic declension. 25: =fragte; procession (of returning
soldiers). 27: information. 28: =die.

Die Mutter lief wohl hin zu ihr: -
"Ach, daß sich Gott erbarme*!
Du trautes* Kind, was ist mit dir?" -   -35-
Und schloß sie in die Arme. -
"O Mutter, Mutter! hin ist hin!
Nun fahre* Welt und alles hin!
Bei Gott ist kein Erbarmen.
O weh, o weh mir Armen!" -   -40-

"Hilf Gott, hilf! Sieh uns gnädig an!
Kind, bet ein Vaterunser!
Was Gott tut, das ist wohlgetan.
Gott, Gott erbarmt sich unser!" -
"O Mutter, Mutter! Eitler Wahn*!   -45-
Gott hat an mir nicht wohlgetan!
Was half, was half mein Beten?
Nun ist's nicht mehr vonnöten*." -

"Hilf Gott, hilf! Wer den Vater kennt,
Der weiß, er hilft den Kindern.   -50-
Das hochgelobte Sakrament
Wird deinen Jammer lindern." -
"O Mutter, Mutter! was mich brennt,
Das lindert mir kein Sakrament!
Kein Sakrament mag Leben   -55-
Den Toten wiedergeben." -

"Hör, Kind! wie, wenn der falsche Mann
Im fernen Ungerlande*
Sich seines Glaubens abgetan*
Zum neuen Ehebande?   -60-
Laß fahren, Kind, sein Herz dahin!
Er hat es nimmermehr Gewinn*!
Wann* Seel' und Leib* sich trennen,
Wird ihn sein Meineid brennen." -

"O Mutter, Mutter! Hin ist hin!   -65-
Verloren ist verloren!
Der Tod, der Tod ist mein Gewinn!
O wär' ich nie geboren!
Lisch aus*, mein Licht, auf ewig aus!
Stirb hin, stirb hin in Nacht und Graus*!   -70-
Bei Gott ist kein Erbarmen.
O weh, o weh mir Armen!" -

34: God have mercy. 35: dear. 38: Let, May... go. 45: futile
thought. 48: =nötig. 58: =Ungarn. 59: has renounced his faith.
62: He won't gain anything at all from it. 63: =Wenn; body. 69:
extinguish. 70: horror.

"Hilf Gott, hilf! Geh nicht ins Gericht*
Mit deinem armen Kinde!
Sie weiß nicht, was die Zunge spricht.   -75-
Behalt ihr* nicht die Sünde!
Ach, Kind, vergiß dein irdisch* Leid
Und denk an Gott und Seligkeit!
So wird doch deiner Seelen*
Der Bräutigam nicht fehlen." -   -80-

"O Mutter! Was ist Seligkeit?
O Mutter! Was ist Hölle?
Bei ihm, bei ihm ist Seligkeit,
Und ohne Wilhelm Hölle! -
Lisch aus, mein Licht, auf ewig aus!   -85-
Stirb hin, stirb hin in Nacht und Graus!
Ohn' ihn mag ich auf Erden,
Mag dort nicht selig werden." ---

So wütete Verzweifelung
Ihr in Gehirn und Adern,   -90-
Sie fuhr mit Gottes Vorsehung*
Vermessen* fort zu hadern;
Zerschlug den Busen und zerrang
Die Hand* bis Sonnenuntergang,
Bis auf am Himmelsbogen*   -95-
Die goldnen Sterne zogen.

Und außen, horch! ging's trapp trapp trapp,
Als wie von Rosseshufen;
Und klirrend stieg ein Reiter ab
An des Geländers Stufen;   -100-
Und horch! und horch! den Pfortenring
Ganz lose, leise, klinglingling!
Dann kamen durch die Pforte
Vernehmlich diese Worte:

"Holla, Holla! Tu auf, mein Kind!   -105-
Schläfst, Liebchen, oder wachst du*?
Wie bist noch gegen mich gesinnt*?
Und weinest* oder lachst du?" -
"Ach, Wilhelm, du? - So spät bei Nacht? -
Geweinet hab ich und gewacht;   -110-
Ach, großes Leid erlitten!
Wo kommst du hergeritten?" -

75: take to task. 76: Don't hold against her. 77: =irdisches, and
passim: worldly, mortal.   79. dat. sing. 91: Providence. 92: pre-
sumptuously.   94: i.e., **Hände**. 95: vault of heaven, sky. 106: are
you awake, keeping vigil. 107: disposed. 108: =**weinst**, and pas-
sim.

Wir satteln nur um Mitternacht.
Weit ritt ich her von Böhmen.
Ich habe spät mich aufgemacht   -115-
Und will dich mit mir nehmen." -
"Ach, Wilhelm, erst herein geschwind!
Den Hagedorn durchsaust der Wind,
Herein, in meinen Armen,
Herzliebster, zu erwarmen*!" -   -120-

"Laß* sausen durch den Hagedorn,
Laß sausen, Kind, laß sausen!
Der Rappe* scharrt; es klirrt der Sporn,
Ich darf allhier* nicht hausen.
Komm, schürze*, spring und schwinge dich   -125-
Auf meinen Rappen hinter mich!
Muß heut noch hundert Meilen
Mit dir ins Brautbett eilen."

"Ach! wolltest hundert Meilen noch
Mich heut ins Brautbett tragen?   -130-
Und horch! es brummt die Glocke noch,
Die elf *schon angeschlagen." -
"Sieh hin, sieh her! der Mond scheint hell.
Wir und die Toten reiten schnell.
Ich bringe dich, zur Wette,   -135-
Noch heut ins Hochzeitbette." -

"Sag an, wo ist dein Kämmerlein*?
Wo? Wie dein Hochzeitbettchen?" -
"Weit, weit von hier! - Still, kühl und klein! -
Sechs Bretter und zwei Brettchen!" -   -140-
"Hat's Raum für mich?" - "Für dich und mich!
Komm, schürze, spring und schwinge dich!
Die Hochzeitgäste hoffen;
Die Kammer steht uns offen." -

Schön Liebchen schürzte, sprang und schwang   -145-
Sich auf das Roß behende;
Wohl um den trauten Reiter schlang
Sie ihre Lilienhände;
Und hurre hurre, hop hop hop!
Ging's fort in sausendem Galopp,   -150-
Daß Roß und Reiter schnoben*
Und Kies und Funken stoben."

120: =erwärmen. 121: sc. es. 123: black horse. 124: =hier. 125:
get ready. 132: sc. hat. 137: =Zimmerlein. 151: panted, puffed.
152: flew up.

Zur rechten und zur linken Hand,
Vorbei vor ihren Blicken,
Wie flogen Anger*, Heid' und Land! -155-
Wie donnerten die Brücken! -
"Graut* Liebchen* auch? - Der Mond scheint hell!
Hurra! die Toten reiten schnell!
Graut Liebchen auch vor Toten?" -
"Ach nein! - Doch laß die Toten!" - -160-

Was klang dort für Gesang und Klang?
Was* flatterten die Raben? -
Horch, Glockenklang! horch, Totensang:
"Laßt uns den Leib begraben!"
Und näher zog ein Leichenzug, -165-
Der Sarg und Totenbahre trug.
Das Lied war zu vergleichen
Dem Unkenruf* in Teichen.

"Nach Mitternacht begrabt den Leib
Mit Klang und Sang und Klage! -170-
Jetzt führ ich heim mein junges Weib*.
Mit, mit zum Brautgelage*!
Komm, Küster*, hier! Komm mit dem Chor,
Und gurgle mir das Brautlied vor!
Komm, Pfaff', und sprich den Segen, -175-
Eh' wir zu Bett uns legen!" -

Still *Klang und Sang. - Die Bahre schwand*. -
Gehorsam seinem Rufen*
Kam's, hurre hurre! nachgerannt,
Hart hinter'*s Rappen Hufen. -180-
Und immer weiter, hop hop hop!
Ging's fort in sausendem Galopp,
Daß Roß und Reiter schnoben,
Und Kies und Funken stoben.

Wie flogen rechts, wie flogen links -185-
Gebirge, Bäum' und Hecken!
Wie flogen links und rechts und links
Die Dörfer, Städt' und Flecken! -
"Graut Liebchen auch? - Der Mond scheint hell!
Hurra! die Toten reiten schnell! -190-
Graut Liebchen auch vor Toten?" -
"Ach! Laß sie ruhn, die Toten!" -

155: village green. 157: sc. es: Does... dread; dative. 162:
=Wie, Warum. 168: croaking of toads. 171: =Frau. 172: wedding
banquet. 173: verger, sexton (of the church). 177: sc. war; =ver-
schwand. 178: obeying his summons. 180: =hinter des.

Sieh da! sieh da! am Hochgericht*
Tanzt um des Rades Spindel,
Halb sichtbarlich bei Mondenlicht,   -195-
Ein luftiges Gesindel*.
"Sasa! Gesindel, hier! Komm hier!
Gesindel, komm und folge mir!
Tanz uns den Hochzeitreigen*,
Wann* wir zu Bette steigen!" -   -200-

Und das Gesindel, husch husch husch!
Kam hinten nachgeprasselt,
Wie Wirbelwind am Haselbusch
Durch dürre Blätter rasselt.
Und weiter, weiter, hop hop hop!   -205-
Ging's fort in sausendem Galopp,
Daß Roß und Reiter schnoben,
Und Kies und Funken stoben.

Wie flog, was rund* der Mond beschien,
Wie flog es in die Ferne!   -210-
Wie flogen oben überhin*
Der Himmel und die Sterne! -
"Graut Liebchen auch? - Der Mond scheint hell!
Hurra! die Toten reiten schnell!
Graut Liebchen auch vor Toten?" -   -215-
"O weh! Laß ruhn die Toten!" ---

"Rapp'! Rapp'! Mich dünkt*, der Hahn schon ruft. -
Bald wird der Sand verrinnen -
Rapp'! Rapp'! Ich wittre* Morgenluft -
Rapp'! Tummle dich von hinnen*!   -220-
Vollbracht, vollbracht ist unser Lauf!
Das Hochzeitbette tut sich auf!
Die Toten reiten schnelle!
Wir sind, wir sind zur Stelle." ---

Rasch auf* ein eisern Gittertor   -225-
Ging's mit verhängtem Zügel*.
Mit schwanker Gert ein Schlag* davor
Zersprengte Schloß und Riegel.
Die Flügel* flogen klirrend auf,
Und über Gräber ging der Lauf.   -230-
Es blinkten Leichensteine*
Rundum im Mondenscheine.

193: gallows. 196: motley crew. 199: wedding dance. 200: =**Wenn**.
209: =**rund(um[her])** all around.   211: over and above.   217: =**Mir
scheint**. 219: =**rieche**. 220: Hurry and dismount from the back.
225: toward. 226: with reins flying. 227: with the blow of his
supple riding whip.   229: wings (of the gate). 231: =**Grabsteine**.

Ha sieh! Ha sieh! im Augenblick,
Huhu! ein gräßlich Wunder!
Des Reiters Koller*, Stück für Stück,   -235-
Fiel ab wie mürber Zünder*,
Zum Schädel, ohne Zopf und Schopf*,
Zum nackten Schädel ward* sein Kopf;
Sein Körper zum Gerippe*,
Mit Stundenglas und Hippe*.   -240-

Hoch bäumte sich*, wild schnob der Rapp',
Und sprühte Feuerfunken;
Und hui! war's unter ihr* hinab
Verschwunden und versunken.
Geheul*! Geheul aus hoher Luft*,   -245-
Gewinsel kam aus tiefer Gruft.
Lenorens Herz, mit Beben,
Rang* zwischen Tod und Leben.

Nun tanzten wohl bei Mondenglanz,
Rundum herum im Kreise,   -250-
Die Geister einen Kettentanz
Und heulten diese Weise*:
"Geduld! Geduld! *Wenn's Herz auch bricht!
Mit Gott im Himmel hadre* nicht!
Des Leibes bist du* ledig*;   -255-
Gott sei der Seele gnädig*!"
                         1773

                    Der Bauer

        An seinen durchlauchtigen Tyrannen*

        Wer bist du, Fürst, daß ohne Scheu
        Zerrollen mich dein Wagenrad,
        Zerschlagen darf dein Roß?

        Wer bist du, Fürst, daß in mein Fleisch
        Dein Freund, dein Jagdhund, ungebleut*   -5-
        Darf Klau' und Rachen haun*?

235: jerkin, doublet. 236: soft tinder. 237: pigtail and scalp.
238: =wurde.   239: skeleton. 240: scythe. 241: reared (up). 243:
i.e., **Lenore**. 245: lamentation; from above. 248: struggled. 252:
tune. 253: sc. **Selbst**. 254: quarrel, dispute. 255: sc. **sonst**; You
are freed of your body. 256: God have mercy on your soul./before
1: play on the expression **Seine Durchlaucht** His Highness (durch-
lauchtig serene, most illustrious). 5: not beaten black and blue,
i.e., unpunished. 6: =hauen.

Wer bist du, daß durch Saat und Forst
Das Hurra deiner Jagd mich treibt,
Entatmet, wie das Wild? -

Die Saat, so* deine Jagd* zertritt,   -10-
Was Roß und Hund und du verschlingst,
Das Brot, du Fürst, ist mein.

Du Fürst hast nicht, bei Egg'* und Pflug,
Hast nicht den Erntetag durchschwitzt.
Mein, mein ist Fleiß und Brot! -   -15-

Ha! du wärst Obrigkeit* von Gott?
Gott spendet Segen aus*; du raubst!
Du* nicht von Gott, Tyrann!
                    1773

10: =die; hunting party. 13: harrow. 16: authority. 17: bestows.
18: sc. bist.

FRIEDRICH SCHILLER

Rousseau

Monument von unsrer* Zeiten Schande!
Ewge* Schandschrift deiner Mutterlande*
  Rousseaus Grab*, gegrüßet* seist du mir.
Fried und Ruhe den Trümmern* deines Lebens!
Fried und Ruhe suchtest du vergebens,   -5-
  Fried und Ruhe fandst du hier.

Kaum ein Grabmal ist ihm überblieben,
Den von Reich zu Reich der Neid getrieben*,
  *Frommer Eifer umgestrudelt hat.
Ha! Um den einst Ströme Bluts zerfließen,   -10-
Wems gebühr, ihn prahlend Sohn zu grüßen*,
  *Fand im Leben keine Vaterstadt.

Und wer sind sie, die den Weisen richten?
Geisterschlacken*, die zur Tiefe flüchten
  Vor dem Silberblicke des Genies*   -15-
Abgesplittert von dem Schöpfungswerke
Gegen Riesen Rousseau* kindsche Zwerge,
  Denen nie Prometheus Feuer blies*.

Brücken* vom Instinkte zum Gedanken,
Angeflicket an der Menschheit Schranken*,   -20-
  Wo schon gröbre Lüfte wehn.
In die Kluft der Wesen eingekeilet,
Wo der Affe aus dem Tierreich geilet*,
  Und die Menschheit anhebt abzustehn.

Neu und einzig - eine Irresonne*   -25-
Standest du am Ufer der Garonne*
  Meteorisch für Franzosenhirn*.
Schwelgerei und Hunger brüten Seuchen,

1: gen. pl., and passim. 2: =Ewige, and passim; =deines Mutter-
landes, i.e., Switzerland. 3: Rousseau died on July 2, 1778; =ge-
grüßt, and passim. 4: remains (dat. pl.: for, to). 8: sc. hat,
and passim: i.e., from France to England. Especially during the
last part of his life, Rousseau was persecuted for his liberal
religious beliefs. 9: sc. Den. 11: Who would deserve to be proud-
ly hailed as son. 12: sc. Der. 14: intellectual dross. 17: sc.
sind sie. 18: i.e., never gave them vitality. 19: i.e., halfway
between. 20: patchwork in the human realm. 23: jumps. 25: comet.
26: river in southwestern France (having historically nothing to
do with Rousseau). 27: Hirn=Gehirn.

Tollheit rast mavortisch* in den Reichen* -
Wer ist schuld - das arme Irrgestirn.   -30-

Deine Parze* - hat sie gar geträumet?
Hat in Fieberhitze sie gereimet*
  Die* dich an der Seine* Strand gesäugt*?
Ha! schon seh ich unsre Enkel staunen,
Wann* beim Klang belebender Posaunen   -35-
  Aus Franzosengräbern - Rousseau steigt!

Wann wird doch die alte Wunde narben*?
Einst wars finster - und die Weisen starben,
  Nun ists lichter* - und der Weise stirbt.
Sokrates ging unter durch Sophisten,   -40-
Rousseau leidet - Rousseau fällt durch Christen,
  Rousseau - der aus Christen Menschen wirbt.

Ha! mit Jubel, die sich feurig gießen,
Sei, Religion, von mir gepriesen,
  Himmelstochter, sei geküßt!   -45-
Welten werden durch dich zu Geschwistern,
Und der* Liebe sanfte Odem* flistern*
  Um die Fluren*, die* dein Flug begrüßt.

Aber wehe - Basiliskenpfeile*
*Deine Blicke - Krokodilgeheule   -50-
  Deiner Stimme sanfte Melodien,
Menschen bluten unter deinem Zahne,
Wenn verderbengeifernde Imane
  Zur Erennys dich verziehn*.

Ja! im acht und zehnten Jubeljahre*,   -55-
Seit das Weib* den Himmelsohn gebare*
  (Chroniker, vergeßt es nie),
Hier erfanden schlauere Perille*

29: Martially, from Mars, the god of war; i.e., in Europe.   31:
Destiny. 32: Was she crazy. 33: She who; i.e., in France (though
Rousseau was Swiss); suckled, i.e., raised.   35: =Wenn. 37: heal
over.   39: i.e., during the Age of Enlightenment. 47: genitive;
=Atem (here: plural); =flüstern. 48: meadows, fields; direct
object. 49: arrows from basilisk (a mythological lizard-like mon-
ster with deadly breath and gaze). 50: sc. Sind. 54: priests
sputtering destruction   pervert you to a Fury (Iman=Moslem
priest-ruler). 55: i.e., the eighteenth century. 56: =Frau, i.e.,
Mary; =gebar bore. 58: designers of bronze oxen like that which
Perillus constructed for the tyrant Phalaris to roast alive his
(roaring) victims.

Ein noch musikalischer Gebrülle,
Als dort aus dem ehrnen* Ochsen schrie.   -60-

Mag es, Rousseau! mag das Ungeheuer
Vorurteil ein türmendes Gemäuer
  Gegen kühne Reformanten stehn,
Nacht und Dummheit* boshaft sich versammeln,
Deinem Licht die Pfade zu verrammeln,   -65-
  Himmelstürmend dir entgegen gehn.

Mag die hunderttrachtigte* Hyäne
Eigennutz die gelben Zackenzähne*
  Hungerglühend in die Armut haun,
Erzumpanzert* gegen Waisenträne,   -70-
Turmumrammelt gegen Jammertöne,
  Goldne Schlösser auf Ruinen baun.

Geh, du Opfer dieses Trillingsdrachen*,
Hüpfe freudig in den Todesnachen*,
  Großer Dulder! frank und frei*.   -75-
Geh, erzähl dort in der Geister Kreise,
Diesen Traum vom Krieg der Frösch und Mäuse*,
  Dieses Lebens Jahrmarktsdudelei*.

Nicht für diese Welt warst du - zu bieder
Warst du ihr, zu hoch - vielleicht zu nieder -   -80-
  Rousseau, doch du warst ein Christ.
Mag der Wahnwitz diese Erde gängeln*!
Geh du heim zu deinen Brüdern Engeln,
  Denen du entlaufen bist.
                         (c. 1778-1779) 1782

Gruppe aus dem Tartarus*

Horch - wie Murmeln des empörten Meeres,
  Wie durch hohler* Felsen Becken weint ein Bach,
Stöhnt dort dumpfigtief ein schweres - leeres,
  Qualerpreßtes Ach!

60: =ehernen bronze. 64: sc. mögen. 67: pregnant with a hundred
offspring. 68: jagged teeth. 70: with armor plating. 71: sc. Mag
er; i.e., protected by a fortress. 73: i.e., religious hypocrisy,
prejudice, and selfishness. 74: Charon's boat that takes you to
the Afterworld. 75: without any restraint. 77: subject of a Greek
satiric poem long attributed to Homer. 78: fairground enter-
tainment. 82: keep in a child's harness./before 1: in Greek myth
the lowest region of hell, where the most wicked were punished.
2: gen. pl., and passim.

Schmerz verzerret*   -5-
Ihr* Gesicht - Verzweiflung sperret
    Ihren Rachen fluchend auf.
Hohl sind ihre Augen - ihre Blicke
Spähen bang nach des Cocytus* Brücke,
    Folgen tränend seinem Trauerlauf. -   -10-

Fragen sich einander ängstlich leise,
    Ob noch nicht Vollendung sei? -
Ewigkeit schwingt über ihnen Kreise,
    Bricht die Sense* des Saturns entzwei.
                        (1781) 1782

                    Die Größe der Welt

*Die der schaffende Geist einst aus dem Chaos schlug,
Durch die schwebende Welt flieg ich des Windes Flug,
        Bis am Strande
        Ihrer Wogen ich lande,
Anker werf, wo kein Hauch mehr weht   -5-
Und der Markstein der Schöpfung steht.

Sterne sah ich bereits jugendlich auferstehn,
Tausendjährigen Gangs* durchs Firmament zu gehn,
        Sah sie spielen
        Nach den lockenden Zielen,   -10-
Irrend suchte mein Blick umher,
Sah die Räume schon - sternenleer.

Anzufeuern den Flug weiter zum Reich des Nichts,
Steuer ich mutiger fort, nehme den Flug des Lichts,
        Neblicht* trüber   -15-
        Himmel* an mir vorüber,
Weltsysteme, Fluten* im Bach
Strudeln dem Sonnenwandrer nach.

Sieh, den einsamen Pfad wandelt ein Pilger mir
Rasch entgegen - "Halt an! Waller*, was suchst du hier?" -20-
        "Zum Gestade*
        Seiner* Welt* meine Pfade!
*Segle hin, wo kein Hauch mehr weht
Und der Markstein der Schöpfung steht!"

5: =verzerrt, and passim. 6: of those in Tartarus. 9: river of
wailing in Hades. 14: symbol of measurable time./1: sc. **Durch die
Welt,**. 8: in the course of a thousand years. 15: =Neblig. 16: sc.
strudelt whirls.   17: (mere) waves (in a brook). 20: traveller.
21: =Ufer. 22: God's; sc. **gehen, führen.** 23: sc. **Ich.**

"Steh! du segelst umsonst - vor dir Unendlichkeit!"   -25-
"Steh! du segelst umsonst - Pilger, auch hinter mir! -
      Senke nieder,
      Adlergedank, dein Gefieder*!
Kühne Seglerin, Phantasie,
Wirf ein mutloses Anker hie*."
                                    1782

28: feathers, i.e., wings.   30: =hier.

CHRISTIAN FRIEDRICH DANIEL SCHUBART

Die Fürstengruft*

Da liegen sie, die stolzen Fürstentrümmer*,
 Ehmals* die Götzen* ihrer Welt!
Da liegen sie, vom fürchterlichen Schimmer
 Des blassen Tags erhellt!

Die alten Särge leuchten in der dunkeln   -5-
 Verwesungsgruft*, wie faules Holz;
Wie matt die großen Silberschilde funkeln,
 Der* Fürsten letzter Stolz!

Entsetzen packt* den Wandrer hier am Haare,
 Geußt* Schauer über seine Haut,   -10-
Wo Eitelkeit, gelehnt an eine Bahre,
 Aus hohlen Augen schaut.

Wie fürchterlich ist hier des Nachhalls* Stimme,
 Ein Zehentritt stört seine Ruh'!
Kein Wetter Gottes spricht mit lauterm Grimme: -15-
 O Mensch, wie klein bist du!

Denn ach! hier liegt der edle Fürst, der gute,
 Zum Völkersegen einst gesandt,
Wie* der, den Gott zur Nationenrute*
 Im Zorn zusammenband.   -20-

An ihren Urnen weinen Marmorgeister,
 Doch kalte Tränen nur, von Stein,
Und lachend grub vielleicht ein welscher* Meister
 Sie einst dem Marmor ein.

Da liegen Schädel mit verloschnen Blicken,   -25-
 Die ehmals hoch herabgedroht*,
Der Menschheit Schrecken! denn an ihrem Nicken*
 Hing Leben oder Tod.

Nun ist die Hand herabgefault* zum Knochen,
 Die oft mit kaltem Federzug*   -30-

-----
before 1: **Gruft** vault, tomb. 1: remains. 2: =**Früher**; idols. 6:
Verwesung decay, putrefaction. 8: gen. pl., and passim. 9:
siezes, grabs. 10: =**Gießt**. 13: =**Echos**. 19: Just like; **Rute** birch
rod, switch (as method of punishment). 23: here: =italienischer.
26: sc. **haben**, and passim. 27: nod (i.e., command). 29: **faulen**
decompose, rot. 30: stroke of the (feather) pen.

Den Weisen, der am Thron zu laut gesprochen,
   In harte Fesseln schlug*.

Zum Totenbein ist nun die Brust geworden,
   Einst eingehüllt in Goldgewand,
Daran ein Stern und ein entweihter Orden*   -35-
   Wie zween* Kometen stand.

Vertrocknet und verschrumpft sind die Kanäle*,
   Drin* geiles Blut wie Feuer floß,
Das* schäumend* Gift der Unschuld in die Seele,
   Wie in den Körper goß.   -40-

Sprecht Höflinge*, mit Ehrfurcht auf der Lippe,
   Nun Schmeichelei'n ins taube Ohr!
Beräuchert das durchlauchtige* Gerippe
   Mit Weihrauch, wie zuvor!

Er steht nicht auf, euch Beifall zuzulächeln,   -45-
   Und wiehert* keine Zoten* mehr,
Damit geschminkte Zofen* ihn befächeln*,
   Schamlos und geil, wie er.

Sie liegen nun, den eiser'n Schlaf zu schlafen,
   Die Menschengeiseln, unbetraurt*,   -50-
Im Felsengrab, verächtlicher als Sklaven,
   In Kerker eingemaurt.

Sie, die im eh'rnen Busen niemals fühlen
   Die Schrecken der Religion,
Und* gottgeschaffne, bessre Menschen hielten   -55-
   Für Vieh, bestimmt zur Frohn*;

Die* das Gewissen, jenen mächt'gen Kläger,
   Der **alle Schulden** niederschreibt,
Durch Trommelschlag, durch welsche Trillerschläger*
   Und Jagdlärm übertäubt*;   -60-

Die Hunde nur und Pferd' und fremde Dirnen*
   Mit Gnade lohnten, und Genie

32: slapped into hard fetters, chains. 35: profane medal. 36:
=**zwei**. 37: i.e., veins, arteries. 38: =**darin**. 39: subject;
=**schäumendes**. 41: courtiers. 43: most illustrious. 46: neighs,
gives as a belly-laugh; obscenities. 47: chambermaids; fan. 50:
=**unbetrauert**, and passim. 55: sc. die. 56: =**Fron** forced labor.
57: object of **das Gewissen**. 59: songs played on a **Trillerpfeife**.
60: drowned out. 61: =**Mädchen**.

Und Weisheit darben* ließen; denn das Zürnen
 Der Geister* schreckte sie; -

Die liegen nun in dieser Schauergrotte,   -65-
 Mit Staub und Würmern zugedeckt,
So stumm! so ruhmlos! noch von keinem Gott
 Ins Leben aufgeweckt.

Weckt sie nur nicht mit eurem bangen Ächzen,
 Ihr Schaaren*, die sie arm gemacht,   -70-
Verscheucht die Raben, daß* von ihrem Krächzen
 Kein Wütrich* hier erwacht!

Hier klatsche* nicht des armen Landmanns Peitsche,
 Die Nachts das Wild vom Acker scheucht,
An diesem Gitter weile nicht der Deutsche,   -75-
 Der siech* vorüberkeucht*!

Hier heule nicht der bleiche Waisenknabe,
 Dem ein Tyrann den Vater nahm;
Nie fluche hier der Krüppel an dem Stabe,
 Von fremdem Solde* lahm!   -80-

Damit die Quäler nicht zu früh erwachen,
 Seid menschlicher, erweckt sie nicht.
Ha! früh genug wird über ihnen krachen
 Der Donner am *Gericht,

Wo Todesengel nach Tyrannen greifen,   -85-
 Wenn sie im Grimm der Richter weckt,
Und ihre Gräul* zu einem Berge häufen,
 Der flammend sie bedeckt.

Ihr aber, bessre Fürsten, schlummert süße
 Im Nachtgewölbe dieser Gruft!   -90-
Schon wandelt euer Geist im Paradiese,
 Gehüllt in Blütenduft.

Jauchzt nur entgegen jenem großen Tage,
 Der aller* Fürsten Taten wiegt;
Wie Sternenklang tönt euch des Richters Wage*,   -95-
 Drauf eure Tugend liegt.

63: starve, go wanting.   64: the anger of (more intelligent)
minds. 70: =**Scharen** masses. 71: =soda**ß**, **damit**. 72: =**Wüterich**
ruthless tyrant. 73: may, let... crack, and passim. 76: sickly;
keuchen gasp, wheeze.   80: (mercenary) soldier's pay. 84: i.e.,
sc. **Jüngsten** Last Judgment.   87: =**Greuel** here: abominable deeds.
94: gen. pl. 95: =**Waage** scale (of justice).

Ach, unterm Lispel eurer frohen Brüder -
  Ihr habt sie satt und froh gemacht -
Wird eure volle Schale* sinken nieder,
  Wenn ihr zum Lohn erwacht.   -100-

Wie wird's euch sein, wenn ihr vom Sonnenthrone
  Des Richters Stimme wandeln hört;
"Ihr Brüder, nehmt auf ewig hin die Krone,
  Ihr seid zu herrschen wert."
                   1786

99: vessel (cf. 2 Timothy 2:21).

Introduction to High Middle German

Note: Since spelling in MHG manuscripts is so varied, the practice has been, when preparing critical editions, to "normalize," i.e., regularize the orthography. Almost all the texts in this volume have been taken from such normalized editions, and the following introduction to the grammar assumes it. Despite this normalization, some fluctuations remain. The final e is often elided both from nouns and verb endings. Also, MHG spelling reflects pronunciation in some instances where modern German does not. Thus uninflected forms of nouns are spelled as they are pronounced; e.g., walt (Wald) or tac (Tag). And initial sl, sp, and st (slâfen, spehen, stein) are pronounced as written, and not as in modern German.

PRONUNCIATION

Vowels: Simple: 1. Short: a, e, i, o, u, ä(e), ö, ü

               2. Long: â, ê, î, ô, û, ae, oe, iu

        Diphthongs: ei, ou, eu (öu, öi), ie, uo, üe

Short vowels are pronounced as short in modern German. Thus, for example, MHG leben, sagen, etc., are pronounced as though spelled in modern German lebben, saggen, etc. The diphthong ei was in flux in the 13th century and may be pronounced either as in modern German or as "ay" in the English "way." The diphthongs ie (liebe), uo (buoch), and üe (füeze) were pronounced as they are in modern southern German and Austrian dialects.

Consonants: pronounced as in modern German with the following exceptions:

    1. k and c are both pronounced like a modern German k.
    2. As in modern German, f and v are the same sound and are used orthographically interchangeably. In dictionaries all entries beginning with this sound will be found under v.
    3. The h is always sounded but has two functions. At the beginning of a syllable it is sounded like a modern German h (e.g., in MHG sehen it is a rough breathing sound separating the two e sounds). At the end of a syllable, alone or in combination with other consonants, it is sounded like the modern German ch (e.g., ouch, sah, niht).
    4. Ph is the modern pf (MHG phlegen = pflegen).
    5. The w was in flux and may be pronounced either as in modern German or as in modern English (but one should be consistent).
    6. The z is sounded two ways. Where it represents the modern German z, it is pronounced as in modern German (e.g., zît = Zeit). Otherwise, it is pronounced like an unvoiced s (e.g., wazzer, daz).
    7. Sch is sometimes spelled sc (e.g., scoene = schoene).

FORMS

Strong Declension of Nouns:

	Masc.	Fem.	Neut.
Singular:			
Nom.	tac	kraft	wort
Gen.	tages	kraft (or) krefte	wortes
Dat.	tage	kraft (or) krefte	worte
Acc.	tac	kraft	wort
Plural:			
Nom.	tage	krefte	wort
Gen.	tage	krefte	worte
Dat.	tagen	kreften	worten
Acc.	tage	krefte	wort

Notes: 1. Feminine nouns may have umlauts in gen. and dat. sing.
2. Neuter plurals have no endings in the nom. and acc.

Weak Declension of Nouns: Weak nouns such as bote (masc.), zunge (fem.), and herze (neut.) add an n to all cases except nom. sing. Exception: The neut. acc. sing. does not add an n.

Declension of Der (as article, demonstrative, and relative pronoun):

	Masc.	Fem.	Neut.		Masc. and Fem.	Neut.
Singular:				Plural:		
Nom.	der	diu	daz		die	diu
Gen.	des	der	des		der	der
Dat.	dem(e)	der	dem(e)		den	den
Acc.	den	die	daz		die	diu

Notes: 1. Here, as with all noun, pronoun, and adjective forms, it is important to remember that s is always a sign of the gen. case and z is a sign of the nom. or acc. case.
2. MHG employs the genitive case much more frequently than modern German, especially as complements to verbs and adjectives; e.g., sînes glückes vrô (happy at his success), hüetet wol sîn (take care of him well).

Strong Declension of Adjectives:

	Masc.	Fem.	Neut.	Masc. and Fem.	Neut.

Singular: Plural:

	Masc.	Fem.	Neut.	Masc. and Fem.	Neut.
Nom.	guot(er)	guot(iu)	guot(ez)	guote	guotiu
Gen.	guotes	guoter	guotes	guoter	guoter
Dat.	guotem	guoter	guotem	guoten	guoten
Acc.	guoten	guote	guot(ez)	guote	guotiu

Notes: 1. In the nom. sing. of all genders and in the acc. sing. neut. endings
          are sometimes omitted.
       2. Occasionally adjectives placed after the noun have endings.

Weak Declension of Adjectives: Nom. sing. of all genders: guote. All other
     forms: guoten.

Comparison of Adjectives should not offer much difficulty. Some irregulars:

guot	bezzer	be(zz)st
übel	wirser	wirs(es)t
lützel (little)	minre, minner	minnest, minnest
michel (big)	mêre	meist

Adverbs: Most adverbs end in -e. Many adjectives when used as adverbs lose
         their umlauts: E.g., schône (beautifully), vaste (firmly, strongly),
         ange (from enge, narrowly, oppressively). Wol is the adverb for
         guot.

Declension of Personal Pronouns:

First Pers.:   Second Pers.:

Nom.	ich	wir		du	ir
Gen.	mîn	unser		dîn	iuwer
Dat.	mir	uns		dir	iu
Acc.	mich	uns		dich	iuch

Third Pers.:   Third Pers. Reflexive:

Nom.	er	si(e),siu	ez			
Gen.	es,sîn	ir	es,sîn	sîn	ir	sîn
Dat.	im(e)	ir	im(e)	im(e)	ir	im(e)
Acc.	in	si(e),siu	ez	sich	sich	sich

Third Pers. Plural:

Nom.	si(e), siu	
Gen.	ir	ir
Dat.	in	in
Acc.	si(e),siu	sich

Notes: 1. The dat. form of the 3 pers. reflexive is not sich, but im, ir, or
          in (pl.).
       2. The second person polite form of address (sing. and pl.) is ir.
          However, du is sometimes used where we would expect the polite form.
       3. Forms such as dar ûf (darauf), dâ inne (darin), and the like are
          always written separately and may be separated by a number of words.
          E.g., dâ waere ich gerne nâhen bî. (I would like to be near by it.)
       4. Swer and swaz are general relatives: Whoever, whatever.

THE VERB: <u>Weak</u> <u>Verbs</u>:

Pres. Indic.: ich lobe   Past Indic.: ich lobete   Imper.: lobe
              du lobest   du lobetest   lobe(n)t
              er lobet   er lobete
              wir loben   wir lobeten   Infin: loben
              ir lobe(n)t   ir lobetet   Pres. Part.: lobende
              si lobent   si lobeten   Past Part.: gelobet

Pres. Subj.: ich lobe   Past Subj.: same as Past   Gerund:
             du lobest   Indicative   gen.: lobennes
             er lobe   dat.: lobenne
             wir loben
             ir lobet
             si loben

<u>Irregular</u> <u>Weak</u> <u>Verbs</u>: The following irregular weak verbs occur frequently:

Infin.	Past Indic.	Past Part.	
bringen	brâhte	(ge)brâht	bring
denken	dâhte	gedâht	think
dunken	dûhte	gedûht	seem (acc. of person)
vürhten	vorhte	gevorht	fear
würken	worhte	geworht	make, fashion

<u>"Rückumlaut"</u> <u>Verbs</u>: Some verbs inflected weak lose their mutated vowel or
                 diphthong in past time. For example:

            ich setze, ich satzte, gesetzet (or) gesatzt   place, set
            ich hoere, ich hôrte,   gehoeret (or) gehôrt   hear
            ich loese, ich lôste,   geloeset (or) gelôst   loosen
            ich küsse, ich kuste,   kiss
            ich füere, ich fuorte,   lead
            ich antwürte, ich antwurte,   answer
            ich decke, ich dahte, gedecket (or) gedaht   cover

Strong Verbs:

Pres. Indic.:	ich nime	Past Indic.:	ich nam	Imper.: nim
	du nimest		du naeme	neme(n)t
	er nimet		er nam	
	wir nemen		ir nâmen	Infin.: nemen
	ir neme(n)t		ir nâmet	Pres. Part.: nemende
	si nement		si nâmen	Past Part.: genomen

Pres. Subj.:	ich neme	Past Subj.:	ich naeme	Gerund:
	du nemest		du naemest	gen.: nemennes
	er neme		er naeme	dat.: nemenne
	wir nemen		wir naemen	
	ir nemet		ir naemet	
	si nemen		si naemen	

Ablaut Series: Strong verbs are classified according to the vowels of their infinitive, pres. indic. sing., past indic. sing., past indic. pl., and past part. Almost all strong verbs belong to one of the following seven classes:

		Infin. (and) Pres. Indic. Pl.	Pres. Indic. Sing.	Past Indic. Sing.	Past Indic. Pl.	Past Part.
I.	(a)	rîten	(same)	reit	riten	geriten
	(b)	lîhen	(same)	lêch	lihen	gelihen
II.	(a)	biegen	biuge	bouc	bugen	gebogen
	(b)	bieten	biute	bôt	buten	geboten
III.	(a)	binden	(same)	bant	bunden	gebunden
	(b)	helfen	hilfe	half	hulfen	geholfen
IV.		nemen	nime	nam	nâmen	genomen
V.	(a)	geben	gibe	gap	gâben	gegeben
	(b)	sitzen	(same)	saz	sâzen	gesezzen
VI.		tragen	(same)	truoc	truogen	getragen
VII.	(a)	vallen	(same)	viel	vielen	gevallen
	(b)	vâhen (vân)	(same)	vienc (vie)	viengen	gevangen
	(c)	stôzen	(same)	stiez	stiezen	gestôzen

Common Irregular Verbs:

Pres. Indic.	Past Indic.	Pres. Subj.	Past. Subj.	Past Part.

1. Sîn or Wesen: to be.

ich bin	ich was	ich sî	ich waere	gewesen
du bist	du waere	du sîst	(regular)	
er ist	er was	er sî		
wir sîn (birn)	wir wâren	wir sîn		
ir sît (birt)	ir wâret	ir sît		
si sint	si wâren	si sîn		

2. Hân or Haben: to have, (usually when uncontracted) to possess, consider, stop.

ich hân	ich hâte	ich habe	ich haete	gehât or
du hâst or	ich hete	etc.	etc.	gehabet
er hât				
wir hân				
ir hât				
si hânt				

3. Tuon: to do.

ich tuo(n)	ich tete	ich tuo	ich taete	getân
du tuost	du taete	etc.	etc.	
er tuot	er tete			
wir tuon	wir tâten			
ir tuot	ir tâtet			
si tuont	si tâten			

4. Gân or Gên: to go.

ich gân (gên)	ich gie(nc)	ich gâ (gê)	ich gienge	gegangen
du gâst (gêst)	du gienge	etc.	etc.	or gegân
er gât (gêt)	er gie(nc)			
wir gân (gên)	wir giengen			
ir gât (gêt)	ir gienget			
si gânt (gênt)	si giengen			

5. Stân or Stên: to stand.

ich stân (stên)	ich stuont	ich stâ (stê)	ich stüende	gestanden
du stâst (stêst)	du stüende	etc.	etc.	or gestân
er stât (stêt)	er stuont			
wir stân (stên)	wir stuonden			
ir stât (stêt)	ir stuondet			
si stânt (stênt)	si stuonden			

Preterit-Present Verbs: There are a few more of these than in modern German
and their meaning is different in some cases:

Infin. and Pres. Indic. Pl.	Pres. Indic. Sing.	Past Indic. (P.Subj.)	Meaning
(be)durfen (dürfen)	ich, er darf du darft	ich dorfte (dörfte)	to need
kunnen (künnen)	ich, er kan du kanst	ich kunde (kunde, künde)	to know how to, to be able to
müezen	ich, er muoz du muost	ich muos(t)e (müese, müeste)	must, shall, may
mugen (mügen)	ich, er mac du maht	ich mohte (möhte)	to be able to
suln (soln)	ich, er sol du solt	ich solte (solte, sölte, solde)	should, shall
wizzen	ich, er weiz du weist	ich wiste (wisste, wesse)	to know
gunnen (günnen)	ich, er gan du ganst	ich gunde (gunde, günde)	to grant, to not begrudge
tugen (tügen)	ich, er touc	ich tohte (töhte)	to be suitable, to be capable
turren (türren)	ich, er tar du tarst	ich torste (törste)	to dare
wellen	ich, er wil du wil(t)	ich wolte (wolte, wölte)	to want to, to intend, shall

Differences in Usage of Verbs:

Future Tense: is formed by using the present tense of suln, wellen, or müezen
plus the present infinitive. (Werden is not used.)

Passive: ist getân - was getân: these forms sometimes have the meaning of ist
getan worden and war getan worden.

Subjunctive: used in many subordinate clauses where modern German would employ
the indicative.

Loss of "n": In the first pers. pl. the n is often dropped when the subject
follows the verb; e.g., nû lâze wir (now let us...).

The <u>Prefix</u> <u>ge</u>-: 1) is usually, <u>but</u> <u>not</u> <u>always</u>, attached to the past
participle; e.g., <u>er</u> <u>was</u> <u>komen</u>.
        2) may be attached to other forms of the verb with these
possible functions:
                a) for metrical reasons;
                b) to give a verb a clearly perfective meaning, as
opposed to a durative meaning; e.g., <u>ich</u> <u>sach</u> (I was looking
at) - <u>ich</u> <u>gesach</u> (I caught sight of), <u>sitzen</u> (to be sitting) -
<u>gesitzen</u> (to sit down);
                c) in subordinate clauses to give the past tense a
pluperfect meaning; e.g., <u>dô</u> <u>ich</u> <u>in</u> <u>gesach</u> (when I had seen
him);
                d) with no apparent change in meaning.

<u>Negation</u>: 1. A sentence is usually negated by placing <u>en</u>-, -<u>ne</u>, or -<u>n</u> before
the verb and <u>niht</u> after it; e.g., <u>ich</u> <u>ensach</u> <u>in</u> <u>niht</u> (I did not see him).
        2. With some verbs <u>en</u>-, -<u>ne</u>, or -<u>n</u> is used alone; e.g., <u>ichne</u> <u>weiz</u>
(I do not know), <u>er</u> <u>enruoche</u> (he did not see fit).
        3. Sometimes <u>niht</u> is used alone; e.g., <u>liep</u> <u>âne</u> <u>leit</u> <u>mac</u> <u>niht</u> <u>gesîn</u>
(joy cannot exist without suffering).
        4. A <u>double</u> <u>negative</u> sometimes intensifies the negative meaning,
sometimes gives the sentence a positive meaning.
        5. <u>Kein</u> or <u>dehein</u> (<u>dekein</u>) usually means "any" but may mean "not a."
<u>En</u>-, <u>ne</u>-, or -<u>n</u> plus <u>kein</u> means "not a."
        6. <u>Niht</u> means "nothing" in addition to being part of the negative.

<u>En</u>- <u>with</u> <u>Subjunctive</u>: <u>En</u>-, <u>ne</u>-, or -<u>n</u> with the subjunctive in a subordinate
clause 1) usuually corresponds to an English "unless": <u>mich</u> <u>enwende</u> <u>es</u>
             <u>der</u> <u>tôt</u> (unless death turns me away from it);
           2) but occurs also after main verbs of "preventing," "doubting,"
           and "fearing" and then does not have a negative meaning:
              <u>Sît</u> <u>ich</u> <u>dich</u>, <u>herze</u>, <u>niht</u> <u>wol</u> <u>mac</u> <u>erwenden</u>,
              <u>dun</u> <u>wellest</u> <u>mich</u> <u>vil</u> <u>trûreclîchen</u> <u>lân</u>.
              (Since, heart, I truly cannot prevent you
              from wanting to leave me most sadly.)

VOCABULARY

Although most MHG words have the meaning they have in modern German, there are
quite a number whose meaning has changed. This fact can often mislead the
unwary reader into thinking he has understood a sentence when he has not.
Misunderstandings most frequently occur in the case of abstract concepts which
have meanings related to their modern counterparts but can actually mean
something quite different. A few examples to clarify:

1. liebe: joy, pleasure
2. miete: reward
3. tugent: ability, suitability, proficiency (taugen)
4. veige: doomed to die
5. rîch: powerful
6. wirtschaft: hospitality, Bewirtung